普通高等教育农业农村部“十三五”规划教材

土地资源调查与评价

第2版

刘黎明◎主编

Land Resources Survey and Land Evaluation

中国农业大学出版社
China Agricultural University Press

内 容 简 介

全书包括12章,第一至第六章为土地资源调查的内容,其中第一章系统地介绍了土地资源调查的基本内容和方法;第二章为新增的土地资源调查的遥感数据获取与处理;第三和第四章分别是土地类型调查方法和土地利用(现状)调查方法;第五章介绍了土地资源专项调查;第六章为土地资源调查的成果整理和检查验收。第七至第十二章是土地评价的内容,其中第七章概述了土地评价的基本方法和过程;第八至第十一章分别介绍了不同目的的土地资源评价方法,包括土地质量评价、土地自然适宜性评价、土地生产潜力评价以及土地经济评价;第十二章则简要介绍了土地评价专家系统。该教材适用于土地资源管理、国土空间规划、土地整治、农业资源与环境等自然资源管理相关专业。

图书在版编目(CIP)数据

土地资源调查与评价/刘黎明主编. —2版. —北京:中国农业大学出版社,2022.8

ISBN 978-7-5655-2680-0

Ⅰ.①土…　Ⅱ.①刘…　Ⅲ.①土地资源—资源调查②土地评价　Ⅳ.①F301

中国版本图书馆CIP数据核字(2021)第259484号

书　　名　土地资源调查与评价　第2版

作　　者　刘黎明　主编

策划编辑　梁爱荣　　**责任编辑**　刘　聪

封面设计　李尘工作室

出版发行　中国农业大学出版社

社　　址　北京市海淀区圆明园西路2号　　**邮政编码**　100193

电　　话　发行部 010-62733489,1190　　读者服务部 010-62732336

编辑部 010-62732617,2618　　出　版　部 010-62733440

网　　址　http://www.caupress.cn　　**E-mail** cbsszs@cau.edu.cn

经　　销　新华书店

印　　刷　北京溢漾印刷有限公司

版　　次　2022年8月第2版　2022年8月第1次印刷

规　　格　185 mm×260 mm　16开本　25.75印张　640千字

定　　价　79.00元

图书如有质量问题本社发行部负责调换

第 2 版编委会

主　　编　刘黎明

副 主 编　吴克宁　袁承程　钟来元

编写人员　（以姓氏笔画为序）

冯　喆　中国地质大学
刘黎明　中国农业大学
齐　伟　山东农业大学
许　皞　河北农业大学
李洪庆　河海大学
吴克宁　中国地质大学
邱孟龙　陕西师范大学
张蚌蚌　西北农林科技大学
陈凌伟　唐山师范学院
季　翔　福建农林大学
周　德　浙江工商大学
钟来元　广东海洋大学
段建南　湖南农业大学
起晓星　中山大学
袁承程　中国农业大学

第 1 版编委会

主　　编　刘黎明

副 主 编　张荣群　许　皞　田晓东

参　　编　(按姓氏笔画排序)

马秀珍　内蒙古农业大学
田晓东　山西农业大学
刘友兆　南京农业大学
刘黎明　中国农业大学
齐　伟　山东农业大学
许　皞　河北农业大学
张荣群　中国农业大学
钟来元　湛江海洋大学
段建南　湖南农业大学

第2版前言

改革开放以来，随着社会经济快速发展，人口数量持续增长，工业和城镇化建设规模不断扩大，现代农业对土地的利用强度也不断增加，造成土地资源面临着极大的供需压力，并导致耕地减少、土地污染、土地退化、土地利用变化加剧等一系列问题不断产生。如何及时、准确地掌握土地资源的基本状态、利用现状及存在问题，是自然资源管理部门实现统一的确权登记、编制科学的国土空间规划、制定严格的用途管制措施、开展自然资源资产清查和实施国土空间生态修复的重要基础。因此，按时、按需地统一开展土地资源调查与评价已成为十分重要的基础工作。通过不同目的、不同尺度或规模的土地资源调查，及时且可靠地获取不同区域土地资源的类型、数量、权属、空间分布及其利用情况，进而通过土地评价对土地资源的质量、适宜性、生产潜力等做出科学鉴定，为土地资源的可持续利用与管理提供了直接依据。

自20世纪80年代以来，我国已经开展三次全国性的国土资源详查工作，全面摸清了我国土地资源的基本国情。在此基础上，自然资源管理部门又进行了土地利用变更调查、土地利用遥感动态监测、耕地质量评价、国土空间规划与用途管制等一系列工作。因此，土地资源调查、评价、规划及信息化动态管理已经成为当前国土资源管理中的一套最基本的工作思路，土地资源调查与评价也由此成为土地资源管理专业中最重要的一门专业主干课程之一。

《土地资源调查与评价》的最初版本由科学技术文献出版社于1994年正式出版，经过近10年的广泛使用以后，中国农业大学出版社在2004年组织相关院校的教师进行了重新编写，并被出版社选入“高等院校资源与环境系列精品课程建设教材”。该版本基本保留了原书的大纲结构，但在内容上进行了全面更新，以期能够反映当时本领域的最新成果和科学技术。迄今为止，此教材已经历近30年的广泛使用，并受到普遍认可和好评，可以说是本领域的一本经典教材。2019年，《土地资源调查与评价》又被评为普通高等教育农业农村部“十三五”规划教材。

本次修订将尽力体现以下几方面的特色：①系统性。土地资源调查与评价是一项技术性很强的工作，十分注重方法和工作流程，因此，在编写大纲的设计上也体现了这样的一种基本思路，各章节的内容基本上是按土地调查的技术流程进行分解的。②精确性。土地资源调查与评价是一项涉及数据、信息、面积、模型、制图等内容的系统工作，对“精度”的追求是其最明显的特色，这就要求教材中的所有内容也必须做到精确无误。因此，该教材在编写时特别注重对专业术语进行准确、简洁的阐述；对方法流程的描述尽量做到明确、无误；对模型和图件的应用尽量做到精确、规范。③前瞻性。由于资源调查技术的发展和更新十分迅速，因此在教材修订过程中特别强调能反映近年来该领域的最新土地资源调查成果和技术方法，并关注学科的新领域、新方法、新技术、新任务，如3S技术的综合应用、土地资源专项调查、土地评价专家系统等。④实践性。土地资源调查与评价是一项实践性工作，课程教学过程中需要课堂实验和野外实习相配合。为了使学生更好地理解各种方法或流程的实际操作内容，编写时还选用了一些典型案例进行系统剖析，以增加学生的感性认识。

全书共十二章。第一至第六章为土地资源调查的内容，其中第一章系统地介绍了土地资源调查的基本内容和方法，由刘黎明执笔；第二章为新增加的内容，讲述了土地资源调查的遥感数据获取与处理，由袁承程执笔；第三章和第四章分别是土地类型调查方法和土地利用现状调查方法，由钟来元、李洪庆执笔；第五章介绍了耕地、林地、草地、湿地等四类专项土地资源的调查方法，即土地资源专项调查，由袁承程执笔；第六章为土地资源调查的成果整理和检查验收，由陈凌伟执笔。第七至第十二章是土地评价的内容，其中第七章概述了土地评价的基本方法和过程，由吴克宁、冯喆执笔；第八至第十一章分别介绍了不同目的的土地资源评价方法，包括土地质量评价、土地自然适宜性评价、土地生产潜力评价以及土地经济评价，分别由邱孟龙、起晓星和段建南、季翔、张蚌蚌和许皞执笔；第十二章简要介绍了土地评价专家系统，由周德、齐伟执笔。

最后，作者要真诚地感谢各位同行多年来对本教材的选用，以及提出的宝贵修改意见。在本次修订过程中，我们吸纳了各方的很多建议，并参考了大量文献，这也是本书能够顺利修编成功的重要保证和坚实基础。本书出版后，真诚地希望各位同行朋友们能够一如既往地不吝指教！

编　者

2022年5月

第1版前言

土地资源调查与评价是土地资源管理领域中的一项十分重要的技术性基础工作。通过对不同目的或规模的土地资源进行调查，才能及时、可靠地获取不同区域的土地类型的数量、空间分布规律及其利用情况，进而通过土地评价对土地资源的质量、适宜性、生产潜力等做出科学鉴定，为土地资源的动态监测、可持续利用与管理提供现实的依据。20世纪80年代开展的全国范围的县级土地利用详细调查工作，基本上摸清了我国土地资源的国情，在此基础上，国土资源部又进行了逐年的土地利用变更调查、土地资源评价、农用地分等定级、土地利用规划与分区管制等一系列工作。因此，土地资源调查、评价、规划及土地资源信息化动态管理已经成为当前土地资源管理中的一套最基本的技术路线和工作思路；土地资源调查与评价也理所当然地成为土地资源管理专业中最重要的一门专业主干课程之一。

《土地资源调查与评价》是在科学技术文献出版社1994年出版的基础上进行了重新编写的，原来的大纲结构基本保持不变，但在内容上进行了重新组织，特别反映近年来该领域的最新成果和技术方法。除此之外，根据教材的特点，又突出两点：①对基本概念的阐述做到明确、简洁，具体内容一是要新颖有创意，版面活泼，图文并茂；二是要有超前意识，注意学科前沿信息、新知识、新观点和新应用的吸收。②为了使学生更好地理解有关方法或过程的相关内容，编写时尽可能地选用了一些典型实例进行剖析，并附相应的思考题。

本书各章节的编写任务分工为：第一章由山西农业大学的田晓东副教授执笔；第二、八章由南京农业大学的刘友兆教授、中国农业大学的刘黎明教授共同完成；第三、六、七章由中国农业大学的张荣群副教授执笔；第四、五章由中国农业大学的刘黎明教授执笔；第九章由内蒙古农业大学的马秀珍副教授执笔；第十、十一章由湖南农业大学的段建南教授撰写；第十二章由河北农业大学的许皞教授撰写；第十三章由湛江海洋大学的钟来元副教授撰写；第十四章由山东农业大学的齐伟博士完成。全书由刘黎明统一定稿。

最后，本书的各位编者真诚地感谢在该领域中一直共同努力工作的诸位前辈及同行，书中所引用的大量文献是本书编写成功的重要保证和坚实基础，真心希望继续得到各位朋友的指正和帮助。

编　者

2004年12月

目　　录

第一章　土地资源调查的基本内容和方法

第一节　土地资源调查的目的、任务和历史

一、土地资源调查的目的

土地资源调查是对土地资源的类型、数量、质量、空间分布及其在社会经济活动中利用和管理状况进行综合考察的一项基础性工作，其目的主要有以下4个方面。

（一）为土地资源管理提供基础数据

土地资源是人类最宝贵的自然资源，对土地资源进行科学管理是解决当前人口与土地紧张关系的当务之急。及时、准确、全面地掌握土地资源数据是有效实施土地管理工作的基本保障。因此，土地资源调查早已成为自然资源管理部门的一项十分重要的基础工作。土地管理通常包括两方面的核心内容，即对土地资源的利用情况监测以及对土地所有权、使用权的管理。要实现上述两项核心任务，土地管理部门应当具备三套基本数据：①有关土地资源的基本数量、质量状况、土地类型及其空间分布等自然禀赋方面的数据，也就是所谓的"基本家底"；②有关土地利用及其社会经济效益方面的数据；③有关土地所有权、使用权或其他权属方面的数据，统称地籍数据，这是土地管理部门对土地出让、土地税收、土地纠纷等行使行政手段的基本依据。

（二）为土地资源评价和土地利用规划提供属性数据和基础图件

土地资源调查是合理利用土地，充分开发土地生产潜力，保护生态平衡的基础工作。我国人口多、耕地少，珍惜每寸土地，合理利用每寸土地是我国的基本国策。土地利用规划是科学统筹和布局土地利用的一项综合性措施，它是在综合考察区域土地资源的基础上，对土地资源的总体特征，如数量、质量、空间分布、适宜性、生产潜力等做出评价后，提出土地资源合理利用与开发的意见和规划方案的一项系统工程。

（三）土地资源调查是土地资源动态监测的实施过程

随着经济建设的快速发展和人口的不断增长，土地利用变化日益频繁，尤其是城市化导致非农用地迅速扩大，加上缺乏管理，使滥占耕地及土地浪费现象十分严重。除此之外，各种不合理的土地利用活动造成水土流失、土地次生盐渍化、土地沙漠化和土地污染等问题也在不断重现。因而土地管理部门必须周期性地开展土地资源清查工作，以便对土地利用现状和土地数量、质量的变化动态进行监测，及时采取防范和管控措施，调整或优化土地利用方式和土地利用结构，保障土地资源的可持续利用。

（四）土地资源调查数据是制定国民经济宏观计划和国土空间规划的重要依据

制定国民经济宏观计划，合理安排农、林、牧各业的比例关系，确定农、畜、林、特产品的生产指标，划定国土空间规划中的"三区三线"，即城镇空间、农业空间、生态空间以及城镇开发边界、永久基本农田、生态保护红线等，基本上所有社会经济活动的发展计划或规划都必须要以土地资源的"基本家底"数据及其利用现状作为依据。

二、土地资源调查的任务

土地资源调查的任务是清查土地的类型、数量、质量及其空间分布和利用现状，并进行综合分析和评价，具体任务包括以下 4 个方面。

(一)查清各类土地资源的数量

新中国成立以来，我国曾组织过几十次自然资源考察活动，但这些调查工作都是围绕一定目标或针对某个特殊区域开展的，所获数据缺乏系统性，不同来源或不同研究深度的调查数据往往有很大差异，无法统一。例如，此前由各地统计汇总的耕地面积不足 1 亿 hm^2，但用卫星遥感调绘或由典型调查推算的面积，却有 1.2 亿 hm^2、1.33 亿 hm^2，甚至 1.47 亿 hm^2 等不同说法。由于认定标准不同，对天然草地、宜农荒地和宜林荒山荒地面积的统计，也经常不一致。因此，从 1984 年开始的全国县级土地详查工作是中国第一次真正意义上的全国统一土地资源调查，简称“一调”。在“一调”中明确了土地资源数量清查方面的基本任务是查清各级用地单位的土地总面积和土地类型面积及其分布；查清各级用地单位的土地利用类型面积及其空间布局；查清工程、交通用地等线状地物(主要是沟、渠、路)的面积及其分布。

(二)查清土地资源的基本特性和质量状况

查清土地各构成要素的基本情况，包括气候、地形地貌、土壤、水文地质、植被及有关的社会经济条件等；然后进行综合叠加和分析，对区域土地资源的基本特征(如限制因子、质量差异、适宜性条件、生产潜力等)做出初步评价，为土地利用规划提供科学依据。

(三)分析土地利用现状及存在问题，提出土地利用优化建议和具体对策

根据土地利用现状的分析和土地评价的结果，提出区域土地资源合理利用、开发、整治、保护和管理的建议和具体方案。

(四)土地资源调查成果记录和发布

土地资源调查成果通常以系列成图、数据库和调查报告的形式发布。图件主要包括相同比例尺的专题系列图，如土地利用现状图、土地类型图、土地资源的各个构成要素图，以及其他各种专门要求的专题图；也包括同一专题的不同比例尺的系列图，如 1∶1 000，1∶1 万，1∶5 万，1∶50 万，直至 1∶100 万等。这些系列图相互印证、互为补充，从不同侧面、不同程度，由局部到整体、由要素到系统地刻画出土地这一自然地理综合体的全貌和各种细节。土地资源数据库是土地资源管理信息系统中的核心要件，为充分应用和及时更新土地资源数据提供了信息化的高效工具。土地资源调查成果最后以调查报告的形式发布。

三、土地资源调查的历史回顾与现状

(一)历史上的土地清丈情况

自古以来，土地清丈主要是为了赋役征收服务，通常以清丈耕地为主。中国地域广阔，要举行全国性土地清丈来获取地籍管理所需土地面积非常困难，因此历史上能顺利完成全国统一土地清丈工作的记录不多(图 1-1)。东汉光武帝建武十五年(公元 39 年)，因天下垦田数不实，皇帝下诏州郡检复，这是历史上第一次全国性土地丈量。宋代对农田清丈比较重视，历朝皇帝都进行过小规模的清丈，北宋最大一次清丈是在神宗时，采用王安石所创的方田均税法进行土地清丈。明朝举行过两次有成效的全国性土地清丈。清朝继续使用了明朝的清丈资料，只在局部进行了清丈工作。

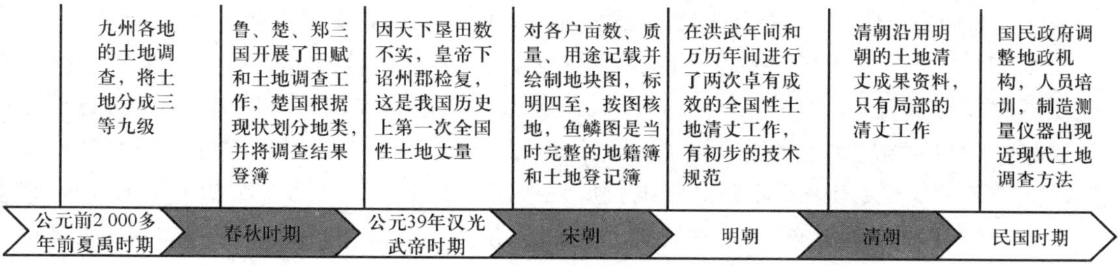

图 1-1　历史上的土地资源调查发展历程

明代洪武、万历两朝在土地清丈中编制了鱼鳞册，在技术规程上对方向方位、成图方法、计量单位与计算方法、地图格式、符号表示等都有了明确统一的规定。方位方向规定一律上南下北、左东右西；计量单位统一“横 1 丈，纵 60 丈”为亩（1 亩≈667 m^2）。成图方法与计算方法统一并记录在簿。每个地块的形状要绘到图上，并附有实测数据、计算方法及实测总面积。数字计算用开方法，即把不规则形状进行裁补，尽可能变成有规则易计算的形状。格式统一，每幅地块图都必须填写位置、地质、四至、业主、佃田人、征税标准。

民国时期的政府基本上继承了明、清以来清丈田亩的举措，并在技术方法上也有改进。1914 年，北洋政府下令“清理田亩，厘定径界”，相继建立径界局，制定径界法规草案，成立测量队。1928 年，南京政府于当时的内政部设土地司，掌理全国土地测量。上海市于 1927 年 8 月开始地籍测量，是中国用近代测量技术进行地籍测量最早的地方；其后江西、江苏、湖北、浙江、安徽、河南等省相继开展地籍测量。1934—1939 年完成地籍测量面积较大的省有江苏（1.23 万 km^2）、安徽（1.1 万 km^2）、江西（1.05 万 km^2）、浙江（7 288 km^2）、湖北（5 729 km^2）、河南（1 873 km^2）。这一时期地籍测量还尝试采用了航空摄影方法，陆地测量总局航摄队于 1933—1939 年航测了1∶1 000、1∶2 000地籍图 84 597 幅。

（二）20 世纪 50 年代以后中国土地资源调查概况

自 20 世纪 50 年代以来（中华人民共和国成立以后），我国在土地资源调查和开发利用领域取得了开创性的成绩。

第一，通过组织各种有针对性的大规模自然资源综合考察和调查队，对我国的主要自然地理区，主要特产经济林作物，以及各种可利用的荒山、荒地、荒滩等的土地资源开展了不同程度的考察研究。例如，宜农荒地资源、川滩资源、草场资源、土壤资源等综合调查及其合理利用；橡胶等热带、亚热带生物资源考察；盐湖资源开发利用，以及黄土高原资源、环境和经济潜力的综合考察等，积累了大量的第一手调查数据和资料，为区域土地资源综合开发、利用与管理提供了可靠依据。据统计，1953—1986 年，仅由中国科学院国家计划委员会、自然资源综合考察委员会组织的重大考察任务就有 34 项，参加的各类科技人员达 14 000 人次。这些任务大致可以分为三类：第一类是以特定地区为对象的综合考察，如青藏高原、黑龙江流域、黄土高原、南方山地、西南山区，以及青海、甘肃、宁夏、内蒙古、西藏、新疆等地区的综合考察，大体上以自然条件和自然资源调查为基础，以区域经济发展和生产力布局为中心，并且以专业多、考察内容广、持续时间较长为特色；第二类是以特定问题为对象的综合考察，如宜农荒地、天然草地、热带作物和生物、紫胶、治沙、水土保持等，虽然任务性质比较单一，但也要动员较多学科，牵涉自然、经济、技术等广泛领域，经历较长时期才能完成；第三类是以特定科学任务为主，兼对资源性质的综合考察，如登山考察。

第二，以 1958 年组织的全国土壤普查为起点，逐步开启了全国性的土地资源调查工作。1979 年以后，在全国农业区划委员会的组织与推动下，各省级行政区先后开展了以土地资源为重点的农业资源调查，在资料分析、图件面积量算与典型调查相结合的基础上，对各地区的耕地、园地、天然草地、森林和林地做了一次全面清查和评价。1985 年 5 月，国务院又批发了农牧渔业部等部委《关于进一步开展土地资源调查工作的报告》，即第一次全国土地详查，要求各地在 1990 年以前，全面查清土地的类型、数量、质量、分布、利用状况，并做出科学评价。1986 年，我国开始建立了专门的各级土地管理机构，并接管和组织了第一次全国统一的土地资源调查研究工作。第一次全国土地调查(以下简称“一调”)主要采用外业调查的方式，同时也使用了部分航片，但航片标准不一，实时性不强，增加了外业调绘的难度和新增地物补测的工作量，影响了调查进度和质量。经过 10 多年的努力，到 1995 年 5 月底，全国2 843个县级单位全部完成土地详查任务，1998 年全国各地 30 个省级行政区的土地调查汇总成果，全部通过国家验收，1999 年年底基本完成全国调查成果的汇总工作。在此基础上，启动了“土地资源监测与调查工程”“数字国土工程—土地资源基础数据库建设”等数字化升级项目。这项历时近 20 年，用资 10 多亿元(其中中央财政 3.15 亿元)、投入人力 200 多万的巨大调查工程的完成，结束了长期以来我国土地资源家底不清、数据不实的局面，取得了从每一个地块到村、乡、县、地、省和全国土地利用现状的翔实的第一手资料(包括数据、图件和文字报告)，从而为编制国民经济和社会发展计划、制定有关政策或科学决策提供了重要的依据。这是我国迄今为止最系统、全面、准确的土地国情、国力资料，可以说是完成了一项在中华民族历史上前所未有的伟业。

第三，2007—2009 年，我国又开展了第二次全国土地调查工作(以下简称“二调”)，并于 2008 年 2 月 7 日公布了《土地调查条例》(中华人民共和国国务院令 第 518 号)。条例明确了全国土地调查的目的、内容、方法、技术规程、组织实施、成果处理和质量控制等(详见本章附录)。土地资源第二次调查充分利用现有土地调查成果，运用航天航空遥感、地理信息系统、全球卫星定位和数据库及网络通信等技术，采用内外业相结合的调查方法，形成集信息获取、处理、存储、传输、分析和应用服务为一体的土地调查技术流程，获取全国每一块土地的类型、面积、权属和分布信息，建立连通的“国家—省—市—县”四级土地调查数据库。第二次全国土地调查建立了具有中国特色的土地调查制度，包括 10 年周期的全国土地调查、年度变更调查、热点地区遥感动态监测等。

第四，2017—2020 年，我国又开展了第三次全国土地调查。随着云技术、网络技术、大数据应用、PDA 的有效融合，第三次全国国土调查(以下简称“三调”)全方位应用了以 3S 技术，即遥感(RS)、地理信息系统(GIS)、全球导航卫星系统(GNSS)为主体的现代先进技术，使得调查速度和精度有了极大提高。此外，2018 年国家机构改革后，为满足土地管理的现实需要，国家将森林资源、草原资源、水资源、湿地资源、海域海岛资源等自然资源调查管理职责集中整合到自然资源部，拓宽了国土调查的范围，使之与自然资源调查更加紧密衔接。

(三)三次全国土地调查的主要特点

在简要总结我国土地资源调查发展历程的基础上，下面将重点对三次全国国土调查的特点和技术发展进行系统梳理，有助于我们更有效地应用历次调查成果和数据图件。表 1-1 展示了我国三次土地调查的各项指标对比情况，包括调查内容、技术方法、土地分类标准、坐标系与比例尺等方面，从中可以发现，历次调查的内容和技术方法既遵循了继承性原则，也紧跟新技术发展和应用趋势，每一次均有较大的创新发展。

表 1-1　我国三次土地利用现状调查的对比情况表

全称	调查内容	技术方法	土地分类标准	坐标系与比例尺
第一次全国土地调查	农村土地调查为主	航片为主，卫星遥感补充，人工遥感解译，常规野外调查	按照《土地利用现状调查技术规程》分成8个一级类、46个二级类	1954北京坐标系，多数是1∶1万和1∶2.5万比例尺，边远地区和高寒山区是1∶5万的比例尺
第二次全国土地调查	农村土地调查、城镇土地调查、基本农田调查、土地调查数据库及管理系统建设	卫星遥感为主，航空补充，数字化野外调查，应用3S技术和PDA，制作正射影像图、内外业相结合、统一建库标准	按照《土地利用现状分类》(GB/T 21010—2007)分成12个一级类和57个二级类	1980西安坐标系，农村土地调查以1∶1万比例尺为主，荒漠、沙漠、高寒等地区可采用1∶5万比例尺，经济发达地区和大中城市结合部，可根据需要采用1∶2 000或1∶5 000比例尺，城镇土地调查采用1∶500比例尺
第三次全国国土调查	土地利用现状调查(同时标注属性、建立系列单独图层)、土地权属调查、专项用地调查评价、同步推进相关自然资源专业调查、各级国土调查数据库建设	国家统一制作和下发高分辨率正射影像图，基于高精度土地调查外业数据采集与"互联网＋"举证的外业核查新模式，在逐地块实地调查土地地类的基础上，重点对国家和省下发不一致图斑调查举证核实	按照《土地利用现状分类》(GB/T 21010—2017)分成12个一级类，73个二级类，工作分类分成13个一级类，55个二级类	2000国家大地坐标系，根据不同调查目的分别采用1∶2 000、1∶5 000、1∶10 000比例尺

通过对历次土地调查成果的全面比较，第三次土地调查体现了如下主要特点。

1. 土地资源调查内容更加全面

遵循党中央关于生态文明建设的总体部署以及山水林田湖草是一个生命共同体的理念，与前两次土地调查相比，三调内容更加系统和全面。它不仅增加了专项用地调查与评价，包括耕地细化调查、批准未建设的建设用地调查、永久基本农田调查、耕地分等调查评价等，同时还同步推进森林资源、草地资源、水资源、湿地资源等自然资源的专项调查。此外，根据《关于调整第三次全国国土调查有关内容与要求的补充通知》国土调查办发〔2019〕7号文件要求，在土地利用现状调查的基础上，采用标注属性、建立系列单独图层等方式，进一步细化和扩充了图斑调查内容，掌握了耕地所处的地理环境、种植和利用方式、耕地质量等情况，便于后续对临时用地、拆除未尽地块进行监管。

2. 土地调查技术更加先进

一调主要采用常规野外调查的方式，遥感数据以航片为主，卫星遥感作补充，采用了目视遥感解译方法。但航片标准不一，现势性不强，增加了外业调绘的难度和新增地物补测的工作量，影响了调查进度和质量。二调数据以卫星遥感为主、航片作为补充，主要利用3S技术，加上掌上电脑，全面使用正射影像图，统一完成基础底图的制作，提高了数据获取准确度。但在调查过程中，部分调查人员过分依赖影像，而忽略了野外逐图斑调绘，未做到“走到、看到、问到”，尤其对一些条件较艰苦的地区，较少甚至不去实地调查，导致地类调查出现错误、漏调林下或者偏远村庄等质量问题。三调在技术方法、调查精度、工作程序、质量控制上都进行了优化：①国家统一制作分辨率优于 1 m 的数字正射影像图，开展图斑对比工作，统一下发影像和不一致图斑等资料，提高了调查效率和质量；②采用城乡一体化的调查技术路线，保证了调查成果的整体性和管理应用；③采用基于“互联网＋”和国土调查云技术，在调查过程中，通过拍摄带有定位、方向等信息的实地照片，对不一致图斑进行举证，在国家核查时，可以实时进行远程在线核查；④调查比例尺较大，提高了调查精度；⑤对道路、河流等线状地物以面状图斑的形式调查，便于调查成果的管理和应用。

3. 分类标准更加注重生态与实用

历次土地调查的土地分类系统变化明显，通过对比分析发现，三调工作分类体现以下原则：①继承性和可追溯性，继承了前两次土地分类中的主要分类，沿用 12 个一级类的分类框架体系，部分二级类可以追溯到一调的土地分类体系。②科学性和实用性，根据土地的自然和社会经济属性，对土地分类进行归并与细分，如橡胶产业是西双版纳的支柱产业，对经济发展起着举足轻重的作用，在三调土地工作分类中宜单独列出橡胶园二级类，以满足集约、节约评价，分类化管理及落实耕地保有量目标责任制等需求；三调土地工作分类对果园、茶园、其他园地、乔木林地、竹林地、其他林地、天然牧草地等二级地类进行细分，增加了可调整为耕地的地类；对于二调土地分类中细分过细，可操作性不强的地类进行了合并，如对特殊用地进行了归并。③衔接性和协调性，为了凸显土地分类对生态文明建设和自然资源统一调查的支撑作用，将红树林地、森林沼泽、灌丛沼泽、沼泽草地、盐田、沿海滩涂、内陆滩涂、沼泽地等二级类从原来的一级分类中移出，统一归到湿地一级类中。

(四)中国土地资源调查的成效与未来趋势

新中国成立以来，通过一系列的区域尺度土地资源调查以及全国国土的三次调查，查清了国土利用现状和自然资源变化情况，建立了各级土地资源调查数据库，实现了成果信息化管理与共享，为国民经济建设和社会发展提供了可靠的土地资源数据。

1. 土地调查为保障国家粮食安全奠定了基础

耕地是粮食生产最重要的物质基础。开展土地调查，掌握耕地家底，全面查清全国耕地的数量、质量、分布；开展基本农田调查，耕地分等调查评价，将基本农田上图入库，是落实耕地保护、严守耕地红线的根本前提和基础，也是监督、考核各地耕地和基本农田保护任务完成情况，保障国家粮食安全的重要内容。土地一调查明我国有 20 亿亩耕地，土地二调显示我国有 20.3 亿亩耕地；耕地基数很大，但人均耕地仅为 1.4 亩，不足世界平均水平的 40%，人地矛盾十分突出。另外，我国耕地质量总体情况是优等地占 2.90%，高等地占 26.59%，中等地占 52.72%，低等地占 17.79%。由此可见，我国优等地较少，中等地居多，低等地仍有较大面积。

保障国家粮食安全，建立粮食生产功能区和重要农产品保护区，落实藏粮于地、藏粮于技战略，确保谷物基本自给，口粮绝对安全，推进供给侧结构性改革，优化农业区域布局，完善农业调控方式，推进农业现代化。土地调查为两区划定提供了土地利用现状调查成果、高标准农田建设资料和基本农田划定成果，为优化农业生产布局，聚焦主要品种和优势产区，实行精细化管理起到了积极促进作用。

2. 土地调查为我国开展各级各类规划提供了依据

土地调查成果在编制土地利用总体规划中得到广泛应用。土地利用总体规划的目的是守住18亿亩的耕地红线，保障科学发展的建设用地，土地生态保护和建设取得积极成效，土地利用结构得到优化，土地整理复垦开发全面推进，土地管理在宏观调控中的作用明显增强。在未进行土地调查之前，各类资源家底不清，规划不实。在完成全国土地详查之后，得到了全国各种土地利用类型、面积、位置和权属等信息状况，为省市县各级编制土地利用总体规划奠定了基础。

主体功能区规划、土地利用总体规划、城乡规划、海洋功能区规划等统称为国土空间规划。国土空间规划并不是采取拼凑模式，将这些规划简单合并，而是将这些规划恰当衔接，实现空间优化布局和资源有效配置。三调成果必将在国土空间规划中发挥重要作用。在自然资源部关于全面开展国土空间规划工作的通知中要求规划编制统一采用三调作为规划现状底数和地图基础，各地要按此要求尽快形成现状底数和地图基础。统筹考虑全国水资源、森林资源、草原资源、湿地资源、矿产资源等调查监测成果，规划成果数据库按照统一的国土空间规划数据库标准与规划编制工作同步建设，实现城乡国土空间规划管理全域覆盖、全要素管控。自然资源部办公厅关于开展国土空间规划"一张图"建设和现状评估工作的通知提出：各地应以第三次全国国土调查成果为基础，整合规划编制所需要的空间关联现状数据和信息，形成坐标一致、边界吻合、上下贯通的一张底图，用于支撑国土空间规划编制。一张底图是支撑国土空间规划编制的各类基础现状、专题现状、现行规划空间数据的集合。但一张底图不是各类数据的简单叠加，一张底图的数据需要以三调数据为基础，确保与三调数据成果的有效衔接，不能出现矛盾。当出现矛盾冲突时，需要通过专项补充调查、现场踏勘等方法保证数据的准确性，确保空间关系正确、逻辑关系清晰、数据成果规范。

3. 土地调查为土地管理日常工作给予了全方位支撑

历次全国土地调查成果在各级土地资源管理中得到广泛应用。如在土地征收中的应用，国家为了公共利益的需要，依法将集体所有土地转为国家所有，并对被征收人给予补偿。在实际土地征收中，可以应用土地调查成果和变更调查成果，经实地核实后，直接统计征收范围内的各类用地类型、面积、位置、权属等，并统计拟征收人的土地面积，为补偿安置相关税费的缴纳提供依据，并编制土地征收勘界报告等技术文件，并上报审批后，完成征收补偿工作，同时更新土地利用现状数据库。另外，在建设项目选址、审批及监管中起到积极作用，将建设项目拟选址位置与土地调查成果叠加，得到选址范围内土地利用类型、位置、面积、权属等情况，在用地审批时坚持节约土地资源，多利用荒地等未利用地，少占或者不占耕地（尤其是基本农田）。利用土地调查成果建成的综合监管平台，可以对建设用地进行动态监管，防止未批即用、批而未征、征而未供、供而未用现象的发生。

自然资源统一确权登记是对水系、森林、山岭、草原、荒地、滩涂、海域、无居民海岛以及探明储量的矿产资源等自然资源的所有权和所有自然生态空间统一进行确权登记。全国国土调查和自然资源专项调查成果为获取自然资源登记单元内各类自然资源的坐落、空间范围、面积、类型、数量、质量等信息提供支持。

土地资源调查成果除了运用于以上所述外，还可以用于土地节约集约利用、地质灾害监测、乡村振兴、国土空间用途管制、生态环境修复、自然资源监测和日常管理所需的"一张底版、一套数据和一个平台"的建设等领域。

当然，由于土地调查对象、内容、技术方法等涉及面广，尤其是当前已将土地调查调整为国土调查，并强调统筹其他自然资源调查，使得今后国土调查内容更广、精度要求更高。因此，今后将重点在以下几方面加强土地资源调查的研究和创新。

(1)进一步加强土地资源专项调查工作

对于三调未开展土地资源调查，或者因工作标准不同导致三调不能提供完整基础数据的，须补充基础调查成果。例如，开展湿地资源专项调查试点、湿地资源专项调查技术规范编制、湿地边界划定技术规范研究等工作，明确湿地定义、湿地类型、湿地边界划分依据。充分应用现阶段科技成果，综合应用航空航天遥感影像，地面调查技术手段，完成“空、天、地”协同观测调查，运用“互联网＋物联网”进行全要素信息采集、实时传输数据、在线更新调查监测成果。

(2)进一步完善土地分类系统

遵循生态文明建设的总体部署和山水林田湖草生命共同体的理念，在借鉴吸纳国内外有关土地分类成果的基础上，按照“连续、稳定、转换、创新”的要求，结合现有森林资源分类、湿地分类、草地分类以及国土空间规划与用途管制分类等多种分类需求，对现有土地利用系统进行统一梳理和重构，建立服务于自然资源统一调查管理的土地利用分类系统，从而指导土地资源调查，形成各部门公认的数据成果，实现调查成果共享。

(3)加大土地资源调查公众参与力度

国土资源调查成果要做到真实、客观、准确，离不开公众的积极参与和监督。无论是自然资源调查规程编制、自然资源调查，还是调查成果核查，都应举行论证会、听证会，或者采取其他形式，征求有关单位、专家和公众对土地资源调查的意见和建议。

(五)国外土地资源调查简介

随着近代人口不断增加，人口、资源、环境等要素间矛盾日趋严重，其中土地资源是最突出的要素。因此，一些发达国家早在20世纪30年代就开展了土地资源调查工作，其中英、美、日、澳等国还建立了专门的土地调查规划和管理机构，先后开展了全国性和地区性的土地利用调查与制图。当然，由于国情和制度不同，在土地调查内容、技术、法律法规、土地分类与成果、制图比例尺等方面各具特点，如表1-2所示。

英国于1930年成立不列颠土地利用调查所，并于1931—1939年开展全国土地利用调查。土地利用分类方法与官方统计相一致，共分9类。1960年又开展第二次土地利用调查，土地利用划分为12类，成图比例尺为1：25万。

美国土地利用调查工作开展较早，1934年进行了以土壤侵蚀为主题的土地调查；1937年又开展了土地调查，制定了土地保护计划方案，把土地按适宜性分为8级。20世纪70年代，美国利用大量遥感信息资料和自动化技术编制1：10万和1：25万土地利用图和土地覆盖图。其多层次的土地利用分类体系很有特色：第一层次是根据卫星图像，经过目视可以判读的地物，分为9大类；第二层次是根据U2和RB-57飞机拍摄的1：8万红外彩色照片判读，分出37类；第三层根据低空飞行所拍摄1：2万红外彩色照片判读，能分辨出更细的地类。第一、二层次分类应用于编制1：10万和1：25万土地利用图，第三层次应用于编制大比例尺城市土地利用图。

表 1-2　国外土地资源调查发展概略

国家	调查内容	调查技术	土地分类标准与成果	制图比例尺
英国	主要是农业用地划分	不详	1931 年第一次土地调查划分为 6 类，1960 年第二次土地调查将土地利用划分为 12 类	1931 年绘制 1∶10 万地图，1960 年绘制 1∶25 万地图，20 世纪 60 年代绘制 1∶6.5 万的英格兰和威尔士土地分类图
美国	1934 年以土壤侵蚀程度为调查内容	“二战”后，为了城市规划，美国用中比例尺航片进行土地利用制图；20 世纪 60 年代后广泛使用小比例尺航片和卫星影像；利用遥感信息资料和自动化技术	1972 年在遥感技术支持下形成地质测量局土地利用、土地覆盖分类方案；1937 年土地按照适宜性划分为 8 级，70 年代划分为 9 级	编制 1∶10 万和 1∶25 万土地利用图和土地覆盖图
加拿大	对土地利用和管理进行全面的调查和规划，主要是森林土壤调查	第一个建成土地资源信息系统（LIS），起初用于实现专题地图的叠加、面积量算等，而后得到长足发展并广泛运用	1967 年生物自然土地分类小组委员会草拟“生物自然土地分类准则”，分为 4 级：土地区域、土地地区、土地系统和土地型；1976 年全国生态土地分类委员会分为 7 级：生态带、生态省、生态区域、生态区、生态段、生态立地、生态元素	不详
日本	基础调查、地籍调查、土地分类调查、水资源调查、土地保护（如自然灾害）事项等	不详	日本传统分类标准，分为 35 种类；基于传统分类，后来对城市土地利用依据城市机能分类，对农业用地、林业用地依据植被分类	1∶20 万是全国统一标准的比例尺，最具代表意义；根据各种需要，也编制各种比例尺的土地利用现状图
澳大利亚	涉及地质地貌学、土壤学、植物生态学、土地分类学及森林学、农学、经济学的综合调查，是生态调查可行性研究	通过建立模型，综合了澳大利亚统计局农业商品的数据、卫星影像和其他土地利用信息，确保了对趋势预测的可行性和准确性	依据 2005 年 6 月完成的澳大利亚土地利用管理分类体系（ALUM）标准	①国家土地利用调查为 1∶250 万；②小流域土地利用调查为 1∶2.5 万，可细分为 3 类：灌溉和近城市区 1∶2.5 万，大范围的耕作区 1∶10 万，半干旱和干旱放牧区 1∶25 万

日本在 1949 年编制了全国性 1∶80 万土地利用图，同年又编制了 1∶20 万土地利用图。1951 年起实施国土调查法，1953—1973 年进行了 1∶5 万土地利用调查。1974 年设置国土厅，制定了国土利用计划法，国土地理院利用航空像片开始编制全国 1∶2.5 万土地利用图，这

是土地利用制图方面一项跨时代的跃进。1∶2.5万土地利用调查分类细致,1级分5类,2级分19类,3级分26类,规定上图的最小图斑为2 mm^2,而且重视实用性,与国土规划和城市规划中的土地利用分类相互协调,便于对照。1∶2.5万土地利用图自1975年开始调查编制,至1982年完成1 167幅,覆盖了全国主要居住区,共9万 km^2。1∶2.5万土地利用图是全国土地利用信息数据化的基础,为全国和地区土地利用规划提供了主要依据。

欧洲各国都开展了各自的土地利用调查,如意大利在国家研究委员会和普查局的主持下,调查编制了全国1∶20万土地利用图26幅,土地利用分21类。苏联自20世纪50年代起根据地区综合开发的需要开展了土地资源调查,把土地利用分为农业用地、非农业用地、林业用地、城市居民点用地和水利资源用地5大类。20世纪60年代末,20多个欧洲国家合作编制了1∶150万全欧洲土地利用图,由匈牙利编辑完成,共分12幅,土地利用分6个一级类,22个二级类。

进入21世纪以来,随着生态环境问题的出现,土地资源的可持续利用越来越受到各方关注,如日本的土地调查不仅包括土地和水面,还加入了土地保护(如自然灾害)事项等的内容;加拿大成立土地生态机构,对土地资源进行全面管理;澳大利亚近年来在澳洲南部开展土地资源生态环境调查研究,以更好地为土地利用服务。

此外,3S技术在土地资源调查中得到广泛应用。加拿大早在20世纪60年代就建成了第一个土地资源信息系统,即加拿大LIS,这个系统初步实现了专题地图的叠加、面积量算等。到20世纪90年代,土地资源信息系统得到广泛应用,美、日、英等国都建立了专门的土地资源信息系统。到目前为止,国际上已经形成了以遥感、全球定位系统、地理信息系统集成的3S技术,有效推动了各国土地资源调查工作的开展,数据更加精确。

第二节　土地资源调查的内容

土地资源调查包括对土地资源构成要素的调查和分析,以及土地类型和土地利用类型的空间分布、数量、质量、权属调查的内容,并在此基础上进行土地统计、土地登记、土地评价、土地利用规划和土地管理方面的相关工作。土地资源调查也可以不定期地针对某一特定区域重复进行,实现土地资源的动态监测。

不同时期土地资源调查的具体目标和侧重点不同,土地资源调查的内容和项目也不一样。例如,以反映土地类型及其数量、质量、空间分布为主题的土地类型调查,以反映土地权属状况为主的土地权属调查,以反映土地质量为主的气候、土壤、植被、地质、地貌、水文等的土地构成要素调查,以反映土地利用状况为主的土地利用现状调查,以及为区域土地资源综合开发和利用为目标的区域土地资源综合调查等。

一、土地构成要素和土地质量的调查分析

土地资源是由陆地表面一定立体空间的气候、土壤、水、生物、地质、地貌等自然要素构成的自然地理综合体,同时还包含过去和现在人类活动对其的影响结果,因此它具有自然和社会经济的两重属性。要想充分认识土地这一历史自然地理综合体,应从土地资源构成要素的分析入手,从侧面到整体,从要素到系统,了解各构成要素与土地类型的相互关系及对土地资源特性和生产力的影响,然后加以综合分析,对区域土地资源的特征如数量、质量、适宜性、限制

性、生产潜力等进行诊断或评价，在此基础上进一步研究土地类型空间格局、土地利用状况及存在问题，并提出区域土地资源合理利用与开发的意见及规划方案。

当然，土地构成要素调查是一项综合程度极高的科学考察工作，涉及很多学科，包括土地、地貌、水文、地质、气象、自然地理、生物、农业、社会经济等。因此，这类调查工作通常需要由多学科专业人员组成的自然资源综合考察队来承担，如黄土高原自然资源综合考察、新疆自然资源综合考察、南方山地资源综合考察等。在一般情况下，我国绝大部分的区域都已进行过有关部门的专业调查，如土壤调查、地质调查、水文调查、生物资源调查等。如果已有的各部门调查数据和资料比较齐全，而且时效也较新，能基本满足土地管理部门所开展的国土空间规划、土地综合整治或其他相关工作的需求，那么该项调查工作的重点即以对土地构成要素的资料收集、完善补充、整理分析为主；同时，根据时效性或分类精度的要求，应当辅以必要的野外补充调查，以验证、更新或完善现有资料。

二、土地类型调查

土地类型概念最初源于自然地理学的研究范畴，也被称为景观生态单元。它是依据气候、土壤、地质、地貌、水文、植被等各自然地理要素的空间异质性的综合表现而划分的。因此，土地类型可定义为构成土地的各个自然要素的性质相对均一的土地单元，也就是说，土地类型是根据土地的自然属性在空间上的综合变异程度而划分的空间单元。一般情况下，土地类型是进行土地资源质量评定和衡量其生产潜力的基本单元，即直接作为土地评价单元；也是进行土地资源合理利用、开发、改造和规划的基本单元。因此在土地资源调查中，土地类型的研究和调查是一项最重要的基础工作，为土地评价、土地利用规划和土地管理提供基础图件。但是，由于土地所包含的自然要素及其属性非常复杂，不同区域的土地特性千差万别，要建立一套逻辑关系清晰的土地类型分类系统是一项具有挑战的研究工作。鉴于土地类型对描述区域土地资源空间异质性的特殊作用，以及在土地资源评价、土地生产潜力测算、国土空间规划等领域的应用需求，关于土地类型及其制图的研究已经成为当前一项十分迫切的任务之一。事实上，我国早在1978—1985年科学技术规划和1986—2000年的长远科学技术规划中，就把土地类型研究列为其中的重要内容，并确定要编制全国1∶100万土地类型图，后续也有一些区域性的土地类型分类和调查制图的研究，但直至目前仍然没有确立一套完整的从全国到县域的土地分类系统标准。

三、土地利用现状调查

土地利用现状调查的任务是查清各种土地利用类型的面积及分布、土地的权属状况及利用状况。在此基础上，按行政区逐级汇总出各乡、县、市、省和全国的土地总面积及土地分类面积。面积是度量土地数量、土地利用规模的重要指标，因此要查清农村集体土地所有者，以及农、林、牧、渔场和机关、团体、部队、学校、厂矿等国有土地使用者的各类土地数量及分布，为土地管理部门全面掌握土地利用现状，制订土地利用规划，实施土地利用管控提供基本依据。土地权属调查是了解土地关系的重要途径，它对协调和稳定土地关系，维护土地所有制具有重要意义。

土地利用现状调查内容包括①查清村集体和农、林、牧、渔及居民点外的厂矿、机关、团体、部队、学校等用地单位的土地权属界线，以及村以上各级行政辖区范围界线；②查清各种土地利用类型及空间分布，并量算出各地类面积；③按土地权属单位及行政辖区范围汇总出土地总面积和各地类面积；④编制分幅界线图和县、乡两级土地利用现状图(岛图)；⑤调查、分析、总结土地利用及土地权属的存在问题和管理经验，提出合理利用土地资源或确权方案的对策和建议。

四、专项土地资源调查

除了常规性的土地利用现状和土地类型调查外，在管理实践中还有针对特定目的而进行的专项土地资源调查。例如，农业部门为更详细、更准确地掌握各类耕地资源的数量、质量与分布而进行的耕地调查；林草部门针对林地的数量、质量、分布以及木材蓄积量进行的林地调查，还有草地调查和湿地调查。此外，还有为开发利用滩涂、沙地进行的耕地后备资源调查；为发展旅游产业所进行的风景旅游资源调查等。

以上专项土地资源调查均属土地资源调查的实施范畴，但作为专项资源调查，又有其特定的目的和技术要求。一般来说，要根据调查目的的特殊要求，增加一些特殊调查项目，比一般的土地资源调查更有针对性，记载内容与分级，以及调查比例尺也更为详细。如专项草地调查，不仅要调查各种草地类型的数量、质量与分布，而且要调查与草地有关的各种自然因素和社会经济因素，调查草地类型的形成和分布规律，绘制草地类型图，统计各类型的面积，评价生产潜力等级，调查各种饲用植物的分布和饲用价值；还要调查当地利用和培育草地、进行草地建设的问题和管理措施等情况。又如风景旅游资源调查，不仅要调查其景点特色和分布范围，还要调查其旅游交通的便捷程度，距港口、机场、城镇和商业中心的距离，分析近期与潜在的旅游价值，评估对周围环境的影响等。

五、区域土地资源综合调查

区域土地资源综合调查一般适用于两种情况。一种情况是适用于一些过去未曾开展过系统性的土地资源综合调查的地区；或者虽然在不同时期为了某一特定目的进行过一些专业调查，但调查资料不完整，对该区域的土地资源无法获得一个全面了解的地区。这些地区往往是一些人少地多的边远地区或山区，被称为“调查盲区”。例如，20 世纪 70 年代的青海、海南荒地资源考察，贵州山地资源考察；20 世纪 80 年代的南方山区土地资源考察，黄土高原综合考察和西南地区自然资源综合考察；2017 年由中国科学院和西藏自治区共同组织的第二次青藏高原综合科学考察研究等。这些大型的综合考察活动的目的就是要全面查清这些地区的土地资源类型、质量、分布，以及区域开发前景、生态环境变化等基础数据。

另一种情况是围绕一定的开发目标或主题而进行的多学科综合调查。土地是由气候、土壤、生物、水、地质、地貌等众多自然要素所构成的自然地理综合体，即土地生态系统。如果要对某一区域进行特定目标的开发，那么必然会涉及不同自然要素与人类开发活动的相互作用及其对生态环境的影响，因此必须要组织各相关专业人员进行全面的自然资源综合考察，综合分析土地资源的开发潜力，并对土地生态系统环境影响进行综合评估，以论证该开发计划的可行性。如 20 世纪 70 年代末围绕南水北调工程而开展的南水北调相关地区的综合考察，20 世纪 80 年代以三峡水库为主题的长江三峡地区的综合考察等。

区域土地资源综合调查具有两个显著的特点：一是多学科的协同工作；二是以系列成图的形式来体现综合调查的成果，即用相同比例尺的不同专业成果的系列专题制图或同一专业成果的不同比例尺的系列制图。

第三节　土地资源调查的基本方法

土地资源调查的主要成果是各种专题图件，如土地利用现状图、土地类型图、土地资源要素图等。20世纪80年代之前，土地资源详查主要依靠传统的测绘方法和航空遥感相结合的手段来完成测图工作，而进入20世纪90年代以后，随着高精度卫星遥感数据和全球定位技术的应用，土地资源调查工作越来越向信息化方向发展，土地资源调查数据的获取、传输、核验和应用变得更加便捷和实时。当然，因为比例尺不同，所要求的精度不同，所以在土地资源调查中采用的方法也有一定的差异。一般来说，大于1∶5万比例尺的县、乡(镇)土地资源调查制图主要采用航空遥感、高分卫星遥感以及全球定位系统相结合的方法；而小于1∶10万比例尺的土地资源调查图则基本上可以实现卫星遥感的计算机自动分类与制图。但是，对于大于1∶5 000的超大比例尺土地资源调查，除了有条件使用航测方法之外，有时还需要用到传统的地面测绘制图方法，如经纬仪、平板仪或全站仪等。

一、地面测绘制图方法

(一)经纬仪测图方法

经纬仪测图法就是将经纬仪安置在测站上，绘图板设在测站旁，用经纬仪测量碎部点方向与已知方向之间的夹角、测站点至碎部点的距离和碎部点的高程，然后用量角器和比例尺把碎部点的平面位置展绘在图纸上，并在点的右侧注明高程，再对照实地勾绘等高线或地物轮廓线(图1-2)。

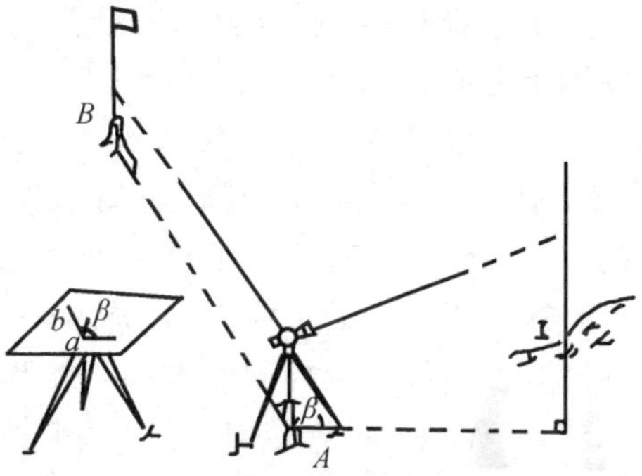

图1-2　经纬仪测图

1. 安置仪器

经纬仪安置在控制点上后，需要对中、整平和定向三个步骤。随后量取仪器高，并将测站点名、定向点名、仪器高度等填入手簿。最后在仪器近旁安放图板，使图纸方向与实地方向基本一致。

2. 立尺

观测小组共同分析并选择测站周围的地物、地貌特征点，拟订跑尺路线，跑尺员依次在碎部点立尺。

3. 观测与记录

瞄准立尺，读取上、中、下三丝及水平角和竖盘读数，填入手簿，按视距测量的计算公式算出碎部点至测站点之间的距离和高差，并按测站点的高程算出碎部点高程。观测时，为减少大气扰动影响，应注意使尺下端读数处距地面大于20 cm。

4. 展绘碎部点

转动量角器，将量角器上等于β角值的刻划线对准起始方向线ab。此时量角器的零方向便是碎部点1的方向，然后用测图比例尺按测得的水平距离在该方向定出点1的位置，并在点的右侧注明其高程。

5. 同法测绘其余各碎部点

测绘完成后应实地勾绘等高线和地物界线。为了便于与其他图幅拼接，每一幅图需测绘到图廓外 5 mm。

6. 检查

每测 20～30 个点，应对定向点进行检查，偏差不得大于 4′。

7. 检测

仪器搬到下一测站后，应先检测前站所测的某些明显碎部点，看两测站测量是否符合。

经纬仪测绘法适用于各类地区，方便灵活，但是用经纬仪测绘地形点时，划线误差达 5′，不能适应高精度测图的需要，同时也不便于计算机处理，所以现在越来越倾向于使用解析法测图。

（二）平板仪测图方法

平板仪是地形测图的一种仪器，其特点是用图解的方法求得角度和直线的水平投影，测和绘同时完成。平板仪分大平板仪和小平板仪 2 种，其构造基本相似，但照准设备和平板不同。

平板仪测图的基本思路是先把已展绘了控制点的图纸裱糊在图板上，然后将平板仪安置在控制点上，把周围地物地貌的特征点的位置直接定在图纸上（图 1-3）。

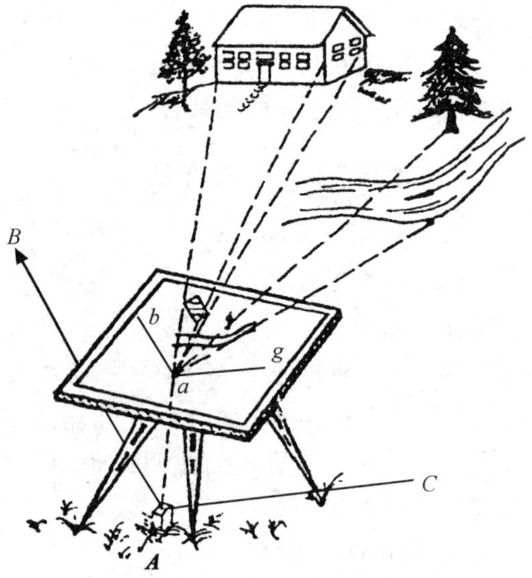

图 1-3　平板仪测图

1. 安置平板仪于测站上

平板仪测图是以图形的相似性原理为依据的。平板仪安置就是使平板图纸上控制点在过地面相应控制点的铅垂线上，这称为平板仪的对中；同时要使平板图纸控制点方向与实地点布置方向一致，这称为平板仪定向；还应使平板处于水平位置，提供一个水平投影面，这称为整平。平板仪的对中、整平、定向是相互影响的，一般采取逐步接近的方法进行，但因方向对测图影响最大，所以最后要保证方向正确。

2. 施测碎部点

照准仪直尺边紧贴图上控制点，以此为圆心转动照准仪（图板不动），瞄准待测的碎部点上的立尺，读出上、中、下 3 个读数和竖直角。根据视距测量计算公式，用计算器计算出碎部点距离和高程。

3. 点出碎部点位置

沿直尺方向，依测图比例尺得出图上的水平距离，点出碎部点位置，可直接从比例尺上用分规量取并在图纸上刺出点位，同时注明高程绘出地物界线或等高线。

4. 检查图板方向

每测 20～30 个点后，应检查图板方向有否变动，偏差不得大于图上 0.3 mm。

平板仪测图把测与绘集中于一步完成，节约时间和人力，同时也不需过多的设备，所以至今仍在应用。地籍测量有时也用于地籍图和宗地图的绘制。但它不能以坐标形式把点位表示出来，否则不利于测量资料的计算机管理和测图的自动化和现代化。

(三)全站仪测图方法

全站仪测图方法是指在野外直接用全站仪进行数字化的地类图斑信息采集,并在成图软件支持下获取数字土地调查图件的方法,其实质是一种全解析的土地测量技术。全站仪测图与传统的图解法测图相比,具有自动化程度高、精度高、不受图幅限制、便于管理等特点。利用全站仪进行土地调查制图与数据更新通常包括测区控制网测量、图根控制测量和碎部点测量3个阶段。

1. 全站仪测量的主要过程

(1)测区控制网测量

测区控制网测量应遵循从整体到局部和分级布网的原则,并尽可能利用已有控制网。测区控制网的控制点和图根控制点(简称图根点)的密度依据土地调查图件的比例尺而定,每幅图的埋石点为2～4个点。在更新调查中,测区控制网测量应在国家平面控制网的基础上施测,它既是首级控制,同时又是图根控制测量的基础。测区控制网测量包括平面控制网测量和高程控制网测量。

平面控制网测量是为了解决地面点的精确平面位置,其内容包括平面控制坐标系统的确定,首级网的等级,起算数据的配置,加密层次及图形结构点的密度,埋石要求,使用的仪器和施测方法,平差计算方法,各项主要限差及其应达到的精度指标。

高程控制测量是为了解决地面点的海拔高度,其内容包括高程系统的选择,首级高程控制的等级及其起算数据的选择,加密方案及图形结构,路线长度和点的密度,埋石要求,使用的仪器和施测方法,平差计算方法,各项主要限差及其应达到的精度指标。

为了便于更新调查成果,满足汇总工作的需要,平面控制坐标系应以国家坐标系为准,如果使用地方独立坐标系,可采用联网的方法,将地方独立坐标系转换成国家坐标系。

(2)图根控制测量

由于测区控制网的控制点的密度较小,依据这些控制点来测图,显然是不够的。因此,需要在基本平面控制点的基础上,进一步加密足够的、能满足测图需要而精度较低的控制点,即图根控制点。图根点是在测区控制网的基础上加密的,一般可扩展两次。直接由测区控制网的控制点扩展的,叫一级图根点;在一级图根点上再扩展一次的,就是二级图根点。

图根点的测量方法应根据测区控制网的控制点的分布、测图比例尺、测区内的地形等因素来选择。但无论采用哪种方法,都应保证整个测区内有足够密度和精度的控制点。解析图根控制的布设形式一般包括图根三角网(锁)、图根导线、测角交会法等。

(3)碎部点测量

土地调查中的碎部点测量就是要确定各种土地类型地类界的位置,并按照制图分类系统规定的图形符号描绘在图纸上或存贮在电子手簿上。碎部点平面位置的测定方法有极坐标法、距离交会法、方向距离交会法、方向交会法和直角坐标法5种方法。

2. 全站仪野外数据采集方法

根据图形信息码的方式不同,野外数据采集的工作程序通常分为侧记法和电子平板法。侧记法是在观测碎部点时绘制工作草图,在工作草图上记录地类要素名称、地类界拐点连接关系。然后在室内将地类界拐点显示在计算机屏幕上,根据工作草图,采用人机交互方式连接地类界拐点,输入图形信息码(地类代码)和生成图形。

电子平板法是以笔记本电脑和PDA掌上电脑作为野外数据采集记录器,可以在观测地类界拐点之后,对照实地土地类型输入图形信息码和生成图形。电子平板法的基本过程包括①利用计算机将测区的意志控制点及测站点的坐标传输到全站仪的内存中，或手工输入控制点及测站点的坐标到全站仪的内存中。②在测站点上架好仪器，并把笔记本电脑或 PDA 与全站仪用电缆连接好，开机后进入测图系统；设置全站仪的通信参数；选定所使用的全站仪类型；分别在全站仪和笔记本电脑或 PDA 上完成测站和定向点的设置工作。③全站仪照准碎部点，利用计算机控制全站仪的测角和测距，每测完一个点，笔记本电脑或 PDA 屏幕上都会及时显示出来。④根据被测点的类型，在测图系统上找到相应的操作，将被测点绘制出来，现场成图。

二、遥感调查制图方法

（一）航空遥感方法

航空遥感制图方法是在充分研究航片影像特征(形状、色调、纹理、图形等)与地物、土地构成要素、土地利用等的相互关联或对应关系的基础上进行土地类型、土地利用的判读、调查和绘注等工作。航片调绘一般包括地类调查、线状地物调绘、境界和土地权属界的调绘等内容。利用航空像片进行土地资源调查研究可以将大量野外工作转移到室内来完成，当然也不能完全废除野外工作。1985 年起，开展的全国县级土地资源详查工作基本上都要求采用航片调绘方法。

土地资源调查中，航片调绘主要包括资料分析和划分航片调绘面积、室内预判、外业调绘和补测、室内转绘和整饰 4 个阶段。具体调查方法将在第二章中详细介绍。

（二）卫星遥感方法

不合理的人为活动往往会引起土壤侵蚀、土地沙化、土壤次生盐渍化等土地退化问题；土地利用和覆被也随着人类活动的加剧而时刻发生着变化。若想及时了解和监测区域土地资源的上述动态变化信息，则必须拥有实时实地的信息化采集手段。卫星遥感的多时相特性恰好能够成为土地资源调查与动态监测的有效工具。

卫星遥感图像记录了地物辐射能量的空间分布，以及辐射能量的强弱与实际地物的辐射特性的相关性，并以数据的形式提供给用户。通过对卫星遥感图像数据进行处理、校正、增强，可以提取出人们感兴趣的各种地表信息。因此，遥感数字图像处理将 GIS 分析技术与卫星图像处理和专业解译相结合，使专业目标的自动识别和制图成为可能，并且逐渐成为未来土地资源调查的主要手段。具体工作方法将在下一章中详细介绍。

三、现代 3S 技术综合制图方法

现代 3S 技术是遥感(RS)、地理信息系统(GIS)和全球定位系统(GPS)的合称。3S 综合制图是针对特定区域内统一编制反映土地的不同要素、不同类型、不同精度的系列专题图件，如土壤图、植被图、土地类型图、土地利用现状图等。以 3S 技术为支撑，以数字化操作方法为主导是未来土地资源调查的一个基本特征，例如，最新航空航天遥感数字正射纠正、实地补测调绘 GPS-PDA 数字化采集、内业人机交互式解译、全数字化环境下的成果入库处理、快速更新土地资源数据库等。因此，在 3S 技术支持下开展土地资源调查，可更好地融合和发挥 RS、GIS 和 GPS 的技术优势，从而极大地提高土地资源调查与制图的速度和精度，而且也为后续土地资源动态监测、更新调查以及调查成果的应用提供了数字化产品，大大提高了土地资源管理的信息化水平。三调基本普及了 3S 技术应用，并形成了一套比较完整的方法体系和技术规范。与二调相比，三调的显著特点之一为“细化”，而 3S 技术的全面应用为实现三调的精准化调查提供了关键保障。采用 3S 一体化外业调查技术，可以精准地查清城乡每一块土地的面积、权属、利用类型以及分布状况，结合现代化“互联网＋”技术核实调查数据的真实性，充分运用大数据、云计算和互联网等新技术，经县、市、省逐级质量检查合格后，生成县域土地调查数据库，为提高三调的社会化服务成果奠定了基础。3S一体化技术综合应用的制图方法的关键点是如何做好不同技术方法和软件平台的协同配合(图1-4)。采用“互联网＋”移动端进行土地调查工作的外业调查工作，作业员实地核实不一致图斑、地类判定，实时将采集的图像、判定地类情况、耕地细化标注等相关信息一并上传，内业人员能够在“互联网＋”PC端进行审核，并针对外业人员调查情况进行判定，对不符合规程的判定结果予以退回，重新举证。因此，“互联网＋”技术的运用能够快速、实时、准确地对外业举证情况进行判定，提高数据质量，保证项目进度。另一方面，内业人员在数据处理过程中，对发现的疑问图斑、接边地物需要核实等情况，可以在“互联网＋”平台下发举证信息，外业人员能够根据下发的举证信息，对需要举证的地物进行实地核实举证，内外业协同工作，确保数据的准确性。

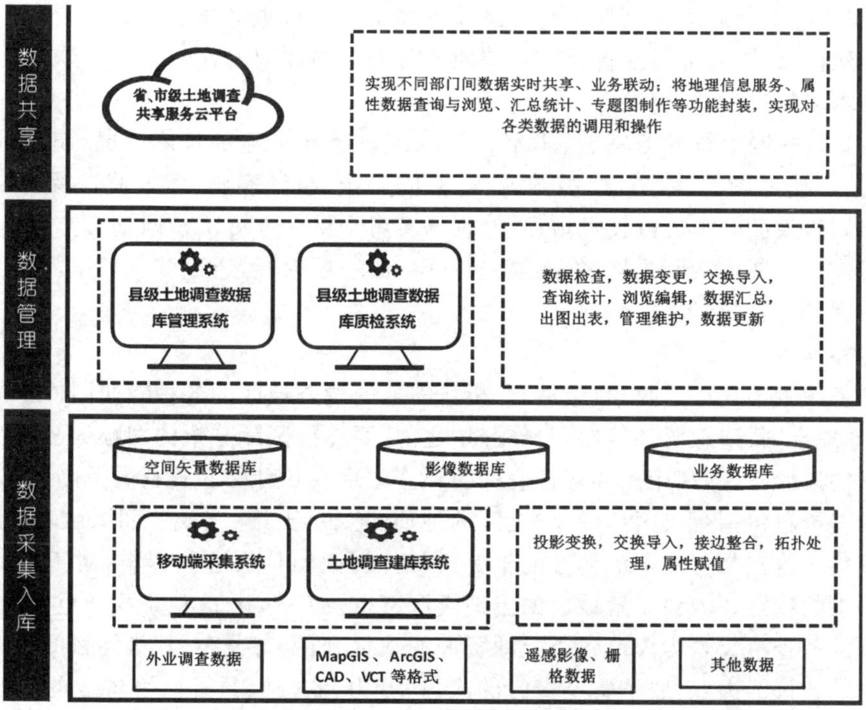

图1-4　基于3S技术应用的内外业一体化综合调绘方法(黄尔双,2020)

3S内外业一体化技术和综合调绘方法仍可大致分为外业调查实施阶段和内业数据处理实施阶段，但这有别于以往对外业工作和内业工作的认识。二调时，外业工作和内业工作一般是可以脱节的，技术人员进行外业调查采集第一手原始数据后，需要通过工程扫描仪等数据录入设备配合GIS软件，将纸质的调查原始数据转化为电子栅格数据，然后才过渡到内业处理阶段。而在三调中所应用的3S内外业一体化技术和综合调绘方法是指利用手机、平板电脑等便携式仪器，在硬件中加载调查底图数据和已有的基础数据，直接电子化采集原始数据，将采集的矢量数据无缝对接至内业处理阶段。

第四节 土地资源调查的基本程序

土地资源调查是一项涉及面广、技术性强、操作头绪多且繁杂的工作，因此在整个过程中必须遵循严谨的技术流程，掌握科学的调绘方法。土地资源调查的基本程序一般分为准备工作、遥感影像处理和室内预判、外业调绘和举证、内业工作和检查验收 5 个阶段。

一、准备工作

土地资源调查的前期准备工作包括资料准备、技术准备、仪器设备配置和人员队伍建设。制定好土地资源调查工作流程和熟悉外业调绘过程是做好调查准备工作的前提。调查准备工作做得越细、越周到、越充分，土地资源调查的质量和效率就越高；否则就容易导致工作效率低下，甚至增加不必要的返工和重复工作。下面按照土地资源调查的技术准备、资料准备、人员培训和队伍建设，仪器和工具准备等阐明前期准备工作的详细内容。

(一)技术准备

技术准备包括制定技术方案、技术培训和试点。结合本地区具体情况，制定调查技术方案，主要包括工作底图、技术方法、技术流程、时间安排、组织实施、质量监控及主要成果等内容。对参与调查人员必须进行技术培训，经现场实习合格后方可从事调查工作。

试点工作是开展更新调查地区，必须先行开展的一项内容，通过试点工作，可以统一认识、细化实施细则、培训调查人员。

(二)资料准备

资料准备的主要任务是收集、整理、分析所需要的调查地区的各种专业图件、文字资料、工作底图(包括地形图、遥感图件等)。工作开始之前，要先按国际分幅的图幅编号查明调查区内各种比例尺的地形图，并利用图幅接合表标明调查区现有各种图面资料的范围。

专业调查资料包括行政区挂图，调查区的地质、地貌、土壤、气候、森林、牧场、水资源等专业图件和资料。这些是土地资源调查的重要资料。阅读和分析这些资料，对于了解调查区土地资源各要素的特点和大致了解该区的土地资源特点及其利用、改良是相当重要的。

土地资源调查不仅是为摸清各类土地资源的数量、质量与分布，其最终目的是为合理经济利用土地提供建议。因此，要了解调查区的人口、劳力，农、林、牧、副、渔各业的现状、历史、经营方式、各业产值，以及土地利用中存在的问题和经验。

(三)人员培训和队伍建设

土地资源调查是一项综合性的科学研究工作，涉及地学、土壤学、农学、测绘学、土地管理等多门学科，要求调查人员具备上述各学科的知识和科学素质。因此建立一支综合性的专业队伍是整个土地资源调查过程的关键。除此之外，还要配备遥感、计算机、图像处理等技术支持系统的工作人员。队伍组建后要进行技术培训，并制定统一规范，使不同专业的人员能够在整个调查工作中统一认识，协同工作。

(四)仪器和工具准备

调查前要准备好调查必需的仪器、工具和设备，包括配备必要的测绘仪器、转绘仪器、面积量算仪器、绘图工具、计算工具、聚酯薄膜等；印制各种外业调查手簿、权属界线协议书、权属争议缘由书、各种表格；准备必要的生活、交通和劳动用品等。

二、遥感影像处理与室内预判

在完成上述各项准备工作之后，对遥感影像的进一步处理与初步判读是开展外业调绘之前的一项重要工作，一般包括以下内容。

(一)正射影像图(DOM)制作

DOM 的制作是土地调查前期工作的一个关键步骤。DOM 是利用数字高程模型(DEM)，对数字化航空影像或者遥感图像的逐个像元进行投影差纠正后，按照影像镶嵌，依据图幅范围裁剪而成的影像数据，它是同时具有地图几何精度和影像特征的图像。DOM 不仅是地类与边界提取的基础，而且是各种土地调查面积计算的基础。

(二)制定工作分类系统

在路线勘察、社会调查和专业资料阅读分析的基础上，制定调查区地类调绘的工作分类系统及其遥感影像的解译标志，并系统编码。工作分类系统是外业调绘的基础。

(三)室内预判

这是利用遥感影像进行土地资源调查的特殊工序，主要是利用路线勘察已了解到的土地类型和土地利用等不同地物在遥感影像上的表现及其分布规律，在正式外业工作之前，充分利用遥感影像所提供的大量信息而进行专业解译，并在外业工作中予以验证、修改，以大大减少外业工作量。

(四)外业调查底图制作

外业调查底图是指在国家下发的调查底图基础上，将已有的调查成果(如土地利用更新变更调查成果)通过坐标系转换、地类转换、数据格式转换、拓扑关系(逻辑关系)处理等套合到调查底图上，将确定的县界、乡(镇)界叠加到调查底图上，依据影像特征对调查底图进行解译并将解译结果标绘、标注在调查底图上，同时将收集到的有关资料(如收集到的有关部门提供的公路、铁路、河流、湖泊、水库、干渠等图件、文字资料等)标绘在调查底图上，形成用于外业调查核实的调查工作底图。

三、外业调绘与举证

外业调绘是土地调查中的关键阶段，选择合理的方法、程序、步骤，对保证调查质量和提高调查效率起到重要作用。以是否建立土地资源数据库为前提，外业调绘方法可以分为综合调绘法和全野外调绘法。综合调绘法是内业解译(判读、判译、预判、判绘)和外业核实、补充调查相结合的调绘方法。全野外调绘法是持调查底图直接到实地，将影像所反映的地类信息与实地状况一一对照、识别，将各种地类的位置、界线用规定的线划、符号在调查底图上标绘出来，将地物属性标注在调查底图上，最终获得能够反映调查区域内的土地利用状况的原始调查图件和资料，作为内业数据库建设的依据。以上两种调绘方法各有优缺点，前者内外业结合，充分发挥内业优势，精度高又可节省时间且工作强度低，适用于影像现势性强、分辨率高、具有影像解译能力和具备一定调绘经验的人员使用；后者调绘工作一次性完成，精度高但用时较长且工作强度大，适用于影像分辨率低、影像现势性不强、影像解译能力较差和调绘经验不足的人员使用。

目前，综合调绘法是土地资源调查中采用的主要方法，是内业解译与外业核实或补充调查相结合的调绘方法。内业解译采用的方式包括直接目视解译标绘与直接利用已有土地资源数据库和调查底图套合解译及标绘。通过室内解译，从影像中解译地类和界线，并标绘在调查底图上。将能够确认的地类和界线、不能够确认的地类或界线、无法解译的影像等，分别用不同的线划、颜色、符号、注记等形式标绘在调查底图上。前期广泛收集的调查区域有关资料，如土地利用现状图件、土地资源数据库、自然地理状况、交通图、水利图、河流湖泊分布图、农作物分布图、地名图等是室内解译的重要参考依据。

在实地勘查阶段，需要对内业标绘的地类、界线等内容逐一进行核实、修正或补充调查。当影像上的地类界线与实地一致时，将地类界线直接调绘到调查底图上；当影像不清晰或实地地物与影像不一致时，采用实地测量方法，将地物测量到调查底图上；当有设计图、竣工图等有关资料时，可通过实地核实将新增地物的地类界线直接转绘在土地利用现状图上。将不正确的予以修正，并测量新增加的地物，用规定的线划、符号在调查底图上标绘出来，将地物属性标注在调查底图上，并填写在《土地调查记录手簿》上。最终获得能够反映调查区域内土地利用状况的调查图件和资料，以此作为内业数据库建设的依据。

综合调绘法可以将大量外业调绘工作提前到室内完成，减轻了外业调绘的劳动强度，提高了调绘的工作效率。其详细过程包括如下环节。

①设计调绘路线。在外业实地调查核实前，要先在室内设计好外业调绘路线。调绘路线以既要少走路又不至于漏掉要调绘的地物为原则，例如，可以选垂直于主要地貌类型的断面线，这样可以走最短的路线了解最多的地类；同时也要充分考虑各种地类与遥感影像特征之间的对应关系，如色调、形状、纹理、图形等影像标志所反映的一些典型地类的分布规律。

②地类调绘。地类调绘工作是整个土地资源调查工作的核心，一定要根据外业规程，边调绘边检查，不得遗漏，调绘工作底图可用地形图，也可用航片、卫片。在地类调绘过程中，站立点的选择是关系调绘效果的关键，站立点要选在地势高、视野广、按比例尺要求前后两次停顿所画的地物能联系起来的明显地物点上。调绘时由远到近，从总貌到碎部。先从底图上最明显的地物标志去找实地上相应的地物，然后再逐步扩展开。而对于土地类型调查来说，抓住一些地形特征线如山脊线、沟谷线、洪积扇扇缘线、坡脚线等，往往会给土地类型界线的确定找到有效的证据。

③补测。当调查地区的新增地物和地类边界与所采用的遥感影像或地形图相比变化较大时，则需要进行补测。当变化范围超过 1/3 以上时，需要重测或重摄。补测可在航片或工作底图上进行。在具有近期大比例尺地形图或像片平面图和影像图的条件下，最好直接补测在图上。通常外业补测与外业调绘结合进行。

④样区调绘验证。如果是应用遥感影像进行土地资源调查与制图的外业工序，那么选择一些样区来验证遥感判读和调绘的结果是很必要的。它是在室内地类判读调绘完成的基础上，选择一些有代表性的样区。根据验证统计的要求，在野外验证预判地类判对率及其界线勾绘的精度能达到制图精度要求，则验证合格，否则要修改。修改中要计算判对率及其界线勾绘的精度，并要总结错判的原因。对一些疑难影像也要实地验证，因为在室内判读时，难免有个别影像解译不出来，所以对这些疑难影像也要进行实地调查。

⑤外业调查举证。举证是要求各地使用带卫星定位和方向传感器的手机，利用统一的“互联网＋”举证软件，对国家下发的重点地类变化、不一致图斑及容易混淆的地类等进行实地举证，拍摄包含图斑实地卫星定位坐标、拍摄方位角、拍摄时间、实地照片及举证说明等综合信息的加密举证数据包，上传至统一举证平台，以便国家核查。

四、内业工作

内业工作是对野外工作成果进行技术处理和整理的阶段，包括转绘、数据建库、面积量算和统计、编图和图面整饰、成果整理等内容。

(一)转绘

外业调绘完毕的专业图都要转绘到地理底图上，方可进行面积量算和编图。若用地形图或正射影像图做调绘工作底图完成的专业图，则可直接转绘到地理底图上。而使用单张航片调绘的专业图在转绘时还存在地物点对应和几何纠正的问题，因此需要先纠正再转绘到地理底图上。当然，在3S内外业一体化技术和综合调绘的数字化环境下，则无须转绘环节。

(二)数据建库

数据建库是土地调查的一个关键环节。土地调查数据库是指按照数据类型和规定的数据结构组织、覆盖调查区域、储存在计算机内可共享土地调查数据的集合。土地调查数据库包括调查区域的航空航天遥感影像、每一块土地的利用信息和自然条件、土地的行政区域界线、土地权属界线等信息。

(三)面积量算和统计

土地面积量算可为各级行政单位、各土地权属单位计算出土地总面积和分类土地面积。面积量算的过程大体可分为3步：控制面积量算、碎部面积量算、面积统计汇总和校核。土地面积量算方法较多，调查的目的、条件和要求不同，可选取的技术方法差异也很大。常用方法有精密解算法、图解法、方格法、求积仪法、计算机面积量算法等。然而，在3S内外业一体化综合调绘的数字化环境下，地类面积可以通过统计汇总直接获得。

(四)编图和图面整饰

编图是指编绘原图，它包括分幅图的拼接、绘图和图面设计等内容。土地调查图的图面整饰内容一般包括主图范围、图廓、图名、图例、插图、土地利用现状面积统计表、比例尺、内外图廓线之间经纬度短线及注记、公里网短线及注记，以及调绘、编绘的日期、单位、人员、说明文字等位置安排。图面布置一定要合理得当，协调一致。成功的图面布置，应使整个图面构成一个有机联系的整体。

(五)成果整理

成果整理包括原图的复制出版和编写调查报告。一般来说，编绘原图满足不了印刷要求，因此需要绘制出版原图。出版原图也叫印刷原图或清绘原图，清绘的过程就是对编绘原图进行工艺再加工的过程。

土地资源调查成果集中体现在调查报告中，一般分以下主要内容：①调查区域的自然地理特征及社会经济概况。②采用的工作底图及工作过程。③各类土地的数量、质量与分布(要求附图)。④开发利用土地的意见。

五、检查验收

对调查成果的质量检查和验收是整个土地调查工程的重要组成部分，是确保调查成果质量能够真实准确地反映我国土地资源类型的空间分布、数量和质量特征的技术保障。为确保调查工作取得高质量的成果以及检查验收工作的顺利开展，不仅要明确土地调查的检查制度、检查程序、验收内容以及关键技术环节，还需要在检查验收合格的基础上，对成果的质量进行综合评价。检查验收分别针对外业和内业两方面内容。

①以外业调绘和补测地物为重点检查对象,如各种地类的一致性判别、地类界线、精度、线状地物量测、新增地物的补测精度等,具体可参照表1-3进行定量打分。

表1-3　外业质量评价等级计算表

被检查单位：　市　县(市、区)　检查单位：

序号	检查内容	满分	小项合格率	得分	外业评价等级
1	各种界线合格率				
2	地类划分合格率				
3	上图图斑、图斑符号合格率				
4	新增地类、可调整地类调绘、测量合格率				
5	线状地物量测核实合格率				
6	变化地类核实合格率				
7	各种补充调查数表合格率				
	合计	100			

检查人：　检查日期：

②内业工作着重检查转绘精度、面积量算精度、成图质量、数据库等。具体评价内容如表1-4所示。

表1-4　内业定量评价等级计算表

被检查单位：　市　县(市、区)　检查单位：

序号	检查内容	满分	小项合格率	得分	内业评价等级
1	转绘或标绘或展绘点位合格率	10			
2	图斑面积量算、计算合格率	10			
3	线状地物面积量算合格率	10			
4	新增地类、可调整地类面积量算合格率	10			
5	各种数表项目内容填写计算合格率	10			
6	各种图件整饰合格率	10			
7	数据库建设成果符合要求	20			
8	文字报告结构、内容、分析合格率	15			
9	成果资料整理、装订合格率	5			
	合计	100			

检查人：　检查日期：

思考题

1. 为什么要进行土地资源调查？土地资源调查的主要任务是什么？
2. 根据不同的目的和任务,土地资源调查一般有哪些不同的类型？
3. 土地资源调查中有哪些常用的基本方法？
4. 请系统阐述土地资源调查的一般工作程序。

附录　《土地调查条例》

中华人民共和国国务院令

第518号

（2008年2月7日中华人民共和国国务院令第518号公布，根据2016年2月6日《国务院关于修改部分行政法规的决定》第一次修正，根据2018年3月19日《国务院关于修改和废止部分行政法规的决定》第二次修正）

土地调查条例

第一章　总　　则

第一条　为了科学、有效地组织实施土地调查，保障土地调查数据的真实性、准确性和及时性，根据《中华人民共和国土地管理法》和《中华人民共和国统计法》，制定本条例。

第二条　土地调查的目的，是全面查清土地资源和利用状况，掌握真实准确的土地基础数据，为科学规划、合理利用、有效保护土地资源，实施最严格的耕地保护制度，加强和改善宏观调控提供依据，促进经济社会全面协调可持续发展。

第三条　土地调查工作按照全国统一领导、部门分工协作、地方分级负责、各方共同参与的原则组织实施。

第四条　土地调查所需经费，由中央和地方各级人民政府共同负担，列入相应年度的财政预算，按时拨付，确保足额到位。

土地调查经费应当统一管理、专款专用、从严控制支出。

第五条　报刊、广播、电视和互联网等新闻媒体，应当及时开展土地调查工作的宣传报道。

第二章　土地调查的内容和方法

第六条　国家根据国民经济和社会发展需要，每10年进行一次全国土地调查；根据土地管理工作的需要，每年进行土地变更调查。

第七条　土地调查包括下列内容：

（一）土地利用现状及变化情况，包括地类、位置、面积、分布等状况；

（二）土地权属及变化情况，包括土地的所有权和使用权状况；

（三）土地条件，包括土地的自然条件、社会经济条件等状况。

进行土地利用现状及变化情况调查时，应当重点调查基本农田现状及变化情况，包括基本农田的数量、分布和保护状况。

第八条　土地调查采用全面调查的方法，综合运用实地调查统计、遥感监测等手段。

第九条　土地调查采用《土地利用现状分类》国家标准、统一的技术规程和按照国家统一标准制作的调查基础图件。

土地调查技术规程，由国务院国土资源主管部门会同国务院有关部门制定。

第三章　土地调查的组织实施

第十条　县级以上人民政府国土资源主管部门会同同级有关部门进行土地调查。

乡（镇）人民政府、街道办事处和村（居）民委员会应当广泛动员和组织社会力量积极参与土地调查工作。

第十一条　县级以上人民政府有关部门应当积极参与和密切配合土地调查工作，依法提供土地调查需要的相关资料。

社会团体以及与土地调查有关的单位和个人应当依照本条例的规定，配合土地调查工作。

第十二条　全国土地调查总体方案由国务院国土资源主管部门会同国务院有关部门拟订，报国务院批准。县级以上地方人民政府国土资源主管部门会同同级有关部门按照国家统一要求，根据本行政区域的土地利用特点，编制地方土地调查实施方案，报上一级人民政府国土资源主管部门备案。

第十三条　在土地调查中，需要面向社会选择专业调查队伍承担的土地调查任务，应当通过招标投标方式组织实施。承担土地调查任务的单位应当具备以下条件：

（一）具有法人资格；

（二）有与土地调查相关的工作业绩；

（三）有完备的技术和质量管理制度；

（四）有经过培训且考核合格的专业技术人员。

国务院国土资源主管部门应当会同国务院有关部门加强对承担土地调查任务单位的监管和服务。

第十四条　土地调查人员应当坚持实事求是，恪守职业道德，具有执行调查任务所需要的专业知识。

土地调查人员应当接受业务培训，经考核合格领取全国统一的土地调查员工作证。

第十五条　土地调查人员应当严格执行全国土地调查总体方案和地方土地调查实施方案、《土地利用现状分类》国家标准和统一的技术规程，不得伪造、篡改调查资料，不得强令、授意调查对象提供虚假的调查资料。

土地调查人员应当对其登记、审核、录入的调查资料与现场调查资料的一致性负责。

第十六条　土地调查人员依法独立行使调查、报告、监督和检查职权，有权根据工作需要进行现场调查，并按照技术规程进行现场作业。

土地调查人员有权就与调查有关的问题询问有关单位和个人，要求有关单位和个人如实提供相关资料。

土地调查人员进行现场调查、现场作业以及询问有关单位和个人时，应当出示土地调查员工作证。

第十七条　接受调查的有关单位和个人应当如实回答询问，履行现场指界义务，按照要求提供相关资料，不得转移、隐匿、篡改、毁弃原始记录和土地登记簿等相关资料。

第十八条　各地方、各部门、各单位的负责人不得擅自修改土地调查资料、数据，不得强令或者授意土地调查人员篡改调查资料、数据或者编造虚假数据，不得对拒绝、抵制篡改调查资料、数据或者编造虚假数据的土地调查人员打击报复。

第四章　调查成果处理和质量控制

第十九条　土地调查形成下列调查成果：

（一）数据成果；

（二）图件成果；

（三）文字成果；

（四）数据库成果。

第二十条　土地调查成果实行逐级汇交、汇总统计制度。

土地调查数据的处理和上报应当按照全国土地调查总体方案和有关标准进行。

第二十一条　县级以上地方人民政府对本行政区域的土地调查成果质量负总责，主要负责人是第一责任人。

县级以上人民政府国土资源主管部门会同同级有关部门对调查的各个环节实行质量控制，建立土地调查成果质量控制岗位责任制，切实保证调查的数据、图件和被调查土地实际状况三者一致，并对其加工、整理、汇总的调查成果的准确性负责。

第二十二条　国务院国土资源主管部门会同国务院有关部门统一组织土地调查成果质量的抽查工作。抽查结果作为评价土地调查成果质量的重要依据。

第二十三条　土地调查成果实行分阶段、分级检查验收制度。前一阶段土地调查成果经检查验收合格后，方可开展下一阶段的调查工作。

土地调查成果检查验收办法，由国务院国土资源主管部门会同国务院有关部门制定。

第五章　调查成果公布和应用

第二十四条　国家建立土地调查成果公布制度。土地调查成果应当向社会公布，并接受公开查询，但依法应当保密的除外。

第二十五条　全国土地调查成果，报国务院批准后公布。

地方土地调查成果，经本级人民政府审核，报上一级人民政府批准后公布。

全国土地调查成果公布后，县级以上地方人民政府方可逐级依次公布本行政区域的土地调查成果。

第二十六条　县级以上人民政府国土资源主管部门会同同级有关部门做好土地调查成果的保存、管理、开发、应用和为社会公众提供服务等工作。

国家通过土地调查，建立互联共享的土地调查数据库，并做好维护、更新工作。

第二十七条　土地调查成果是编制国民经济和社会发展规划以及从事国土资源规划、管理、保护和利用的重要依据。

第二十八条　土地调查成果应当严格管理和规范使用，不作为依照其他法律、行政法规对调查对象实施行政处罚的依据，不作为划分部门职责分工和管理范围的依据。

第六章　表彰和处罚

第二十九条　对在土地调查工作中做出突出贡献的单位和个人，应当按照国家有关规定给予表彰或者奖励。

第三十条　地方、部门、单位的负责人有下列行为之一的，依法给予处分；构成犯罪的，依法追究刑事责任：

（一）擅自修改调查资料、数据的；

（二）强令、授意土地调查人员篡改调查资料、数据或者编造虚假数据的；

（三）对拒绝、抵制篡改调查资料、数据或者编造虚假数据的土地调查人员打击报复的。

第三十一条　土地调查人员不执行全国土地调查总体方案和地方土地调查实施方案、《土地利用现状分类》国家标准和统一的技术规程，或者伪造、篡改调查资料，或者强令、授意接受调查的有关单位和个人提供虚假调查资料的，依法给予处分，并由县级以上人民政府国土资源主管部门、统计机构予以通报批评。

第三十二条　接受调查的单位和个人有下列行为之一的，由县级以上人民政府国土资源主管部门责令限期改正，可以处5万元以下的罚款；构成违反治安管理行为的，由公安机关依

法给予治安管理处罚;构成犯罪的,依法追究刑事责任:

(一)拒绝或者阻挠土地调查人员依法进行调查的;

(二)提供虚假调查资料的;

(三)拒绝提供调查资料的;

(四)转移、隐匿、篡改、毁弃原始记录、土地登记簿等相关资料的。

第三十三条　县级以上地方人民政府有下列行为之一的,由上级人民政府予以通报批评;情节严重的,对直接负责的主管人员和其他直接责任人员依法给予处分:

(一)未按期完成土地调查工作,被责令限期完成,逾期仍未完成的;

(二)提供的土地调查数据失真,被责令限期改正,逾期仍未改正的。

第七章　附　　则

第三十四条　军用土地调查,由国务院国土资源主管部门会同军队有关部门按照国家统一规定和要求制定具体办法。

中央单位使用土地的调查数据汇总内容的确定和成果的应用管理,由国务院国土资源主管部门会同国务院管理机关事务工作的机构负责。

第三十五条　县级以上人民政府可以按照全国土地调查总体方案和地方土地调查实施方案成立土地调查领导小组,组织和领导土地调查工作。必要时,可以设立土地调查领导小组办公室负责土地调查日常工作。

第三十六条　本条例自公布之日起施行。

第二章　土地资源调查的遥感数据获取与处理

20 世纪以来，随着人类技术的进步，飞机、飞艇和卫星等高新技术的发展，以及遥感技术的进步，人类可以站得更高，看得更远。土地调查技术和方法发生了深刻的变化，由传统的实地调查为主，转为以遥感为主和实地验证为辅的模式。当前，土地调查的数据来源更是如此，遥感已经成为开展土地调查必不可少的工具，通过遥感技术手段获得的遥感数据不仅是开展土地调查的主要信息源，也是土地数据库建设和管理的依据和基础。我国地域辽阔，土地利用多样，有农区、牧区、半农半牧区、林区、沙漠、无人区等；有经济发达的东部地区、经济欠发达的中西部地区等；有土地集约化程度高低不同的地区等。因此，根据不同调查目的与区域特点，采用不同的遥感影像，既能满足调查要求、保证调查质量，又能节约经费。

第一节　土地资源调查的遥感数据类型及其主要特征

一、土地调查遥感数据获取类型

遥感顾名思义是“遥远的感知”，它是一种远离目标，在不与目标对象直接接触的情况下，通过某种平台上装载的传感器获取其特征信息，然后对所获取的信息进行提取、判定、加工处理及应用分析的综合性技术。遥感作为土地调查最为重要的数据来源，按照遥感平台类型、工作波段、工作方式可划分不同的类型。

(一)依据遥感工作波段划分

可分为紫外遥感、可见光遥感、红外遥感、多波段遥感、微波遥感。

紫外遥感的探测波段为 0.05～0.38 μm，由于紫外遥感对大气密度、大气臭氧、气溶胶及其他微量气体的密度和垂直分布极为敏感，因此紫外遥感在气象观测上有较大的用处，而对土地调查应用较少。

土地调查中最常用的工作波段是可见光-近红外遥感(表 2-1)，其探测波段为 0.38～0.76 μm，其特点是：①对大气状况有要求，易受天气因素影响；②只能采集地表信息，不具备穿透力；③近红外波段主要用于光学摄影，只能在白天工作。

表 2-1　按工作波段的遥感分类

遥感类型	工作波段
紫外遥感	0.32～0.4 μm
可见光-近红外遥感	0.4～0.77 μm
红外遥感	3～14 μm
多波段遥感	0.32～14 μm
微波遥感	0.01～1.0 m

红外遥感探测波段为0.76～1 000 μm，其特点是：①所观测的电磁波的辐射源是目标物；②比3 μm短的波长主要用于观测目标物的反射辐射，比3 μm长的波长主要观测目标物的热辐射；③所观测的电磁波的辐射源是太阳；④物体的热辐射能量的大小，直接和物体表面的温度相关。

微波遥感探测波段为1 mm～1 m。与可见光、红外遥感技术相比，微波遥感技术具有以下特点：①具有昼夜工作能力，能穿透云层，不易受气象条件和日照水平的影响；②能穿透植被，具有探测地表下目标的能力；③获取的微波图像有明显的立体感，能提供可见光照相和红外遥感以外的信息。

多波段遥感（又称多光谱遥感），是利用具有两个以上波谱通道的传感器对地物进行同步成像的一种遥感技术，它将物体反射辐射的电磁波信息分成若干波谱段进行接收和记录。其原理与“分色摄影”相似，通常利用多波段摄影机、多波段扫描仪或多波段电视摄像系统来实现。该技术可获得多波段摄影影像或扫描影像，经彩色合成后形成假彩色像片，提供比单波段摄影更为丰富的遥感信息。多波段遥感利用的是可见光和近红外波段，且集二者各自的优点。在该波谱范围内，太阳辐射通量密度占总辐射通量密度的85%以上，成像效果好。

近几年来随着遥感技术的发展，在多光谱遥感基础上，又发展了高光谱遥感技术。高光谱分辨率遥感是用很窄且连续的光谱通道对地物持续遥感成像的技术。在可见光到短波红外波段，其光谱分辨率高达纳米(nm)数量级，通常具有波段多的特点，光谱通道数多达数百甚至上千，而且各光谱通道间往往是连续的。与传统的低光谱分辨率的遥感技术相比，高光谱遥感主要有以下特点：①波段多，可为每个像元提供十几、数百甚至上千个波段，有利于地物的精细分类与识别；②光谱范围窄，波段范围一般小于10 nm；③波段连续，有些传感器可以在350～2 500 nm的太阳光谱范围内提供几乎连续的地物光谱，有利于利用光谱特征分析来研究地物；④数据量大，随着波段数的增加，数据量呈指数增加；⑤由于相邻波段高度相关，冗余信息也相对增加。

国土行业主要应用的遥感卫星多是全色+多光谱卫星，其波段设置主要参考美国陆地卫星，各波段范围和主要用途如下。

①全色波段(0.52～0.90 μm)：目前最常用的全色波段设置区间，该区间覆盖的光谱范围较广，有利于提高信噪比和空间分辨率，一般比多光谱波段要高出3～4倍。

②红波段(0.63～0.69 μm)：用于测量植物叶绿素吸收率，进行人工地物和植被的区分以及植被分类，对水进行遥感时，必须考虑水的吸收特性和反射特性。

③绿波段(0.51～0.60 μm)：用于探测健康植物的绿色反射率，实现森林普查、监测水温和污水、监测水质及水下植物材料等特征。

④蓝波段(0.45～0.52 μm)：该段波谱反射率与植物的相关性很强，但是受大气状况、特别是大气中细微颗粒物及水分子含量的影响很大，可用于测定叶绿素浓度及含量，绘制水系图及森林图，识别土壤及常绿落叶植被，并获得地物相交处的边界信息。

⑤近红外波段(0.76～0.90 μm)：在区别水陆交接线，确定作物分布区域及长势、分类、估产、污染及病虫灾害监测等方面有不可替代的作用。

除了上述最常用的4个多光谱波段，还有一些卫星多光谱遥感器同时具有以下几个波段。

①短波红外波段(1.55～1.75 μm)：位于两个水体吸收带之间，对植物和土壤水分含量敏感，从而提高区分作物的能力。此外，在该波段上雪比云的反射率低，两者易于区分，该波段的

信息量大，应用率较高。

②热红外波段(10.5～12.5 μm)：该波段对地物热量辐射敏感，根据辐射热差异可用于区分作物和森林，识别水体、岩石等地表特征。

③短波外波段(2.08～2.35 μm)：波长比 1.55～1.75 μm 范围内的短波红外波段大，是专为地质调查追加的波段，该波段对岩石、特定矿物反应敏感，用于区分主要岩石类型、岩石水热蚀变，探测岩石有关的黏土矿物等。

在应用中，要根据具体的解译要求来选择遥感数据的最佳波段，以提高解译的速度和精度。具体针对土地调查的应用，主要利用高空间分辨率图像(分辨率多为 0.5～5 m)，主要监测的地类包括植被(耕地、林地、草地等)、水体、裸土、人工地物等，而且监测的手段是人工解译。人眼对可见光范围内的电磁波敏感，在土地利用动态监测的变化提取方面使用可见光-近红外波段图像即可，其中近红外波段用于改善和提高真彩色图像的目视效果，即利用近红外波段和红、绿、蓝三个波段合成模拟真彩色图像，以提高人对地表生物量估测能力以及变化图斑解译的精度和效果。所以，土地利用变更调查监测与核查，一般都需要红、绿、蓝、近红外这 4 个波段的遥感数据。图 2-1 是土地行业常用的波段设置。

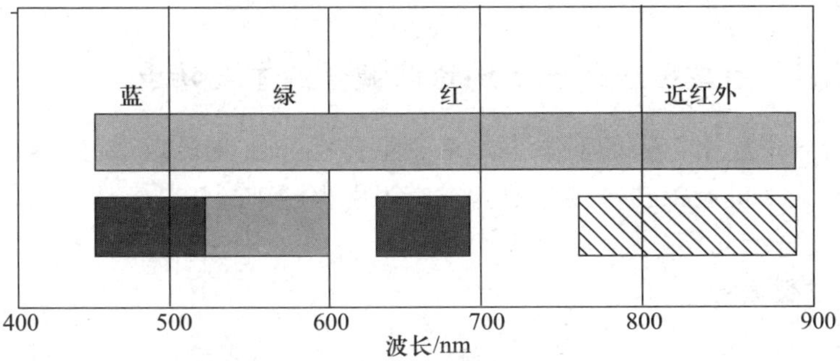

图 2-1　常用遥感器的波段设置

(二)依据遥感的工作方式划分

可分为被动遥感和主动遥感。被动遥感主要包括光学照相遥感、物面扫描遥感、像面扫描遥感、非成像遥感；而主动遥感主要包括成像遥感(如微波雷达、激光雷达)和非成像遥感。主动遥感由探测器主动发射一定电磁波能量，并接收目标的后向散射信号；被动遥感的传感器不向目标发射电磁波，仅被动接收目标物自身发射的和对自然辐射源的反射波(表 2-2)。在土地调查中，经常使用的是被动遥感，如可见光遥感。但是，由于受气象因素的影响，近年也时常应用主动遥感，如合成孔径雷达(synthetic aperture radar，SAR)。合成孔径雷达是利用合成孔径原理，实现高分辨的微波成像，具备全天时、全天候、高分辨、大幅宽等多种特点。合成孔径雷达又分聚焦和非聚焦两种。前者方位分辨率好、与目标距离无关、覆盖面积大、测绘速度快，但设备复杂。后者方位分辨率与波长和距离的平方根成正比，其所形成的天线长度有一个最大的可能值。合成孔径雷达的优点是可全天候工作，不受云雾影响，具备一定的穿

表 2-2　按工作方式的遥感分类

类型	遥感类型	具体实例
被动遥感	光学照相遥感	光学照相机
	物面扫描遥感	多光谱扫描仪
	像面扫描遥感	光电摄像机、成像光谱仪
	非成像遥感	微波辐射计
主动遥感	侧视雷达 全景雷达	真实孔径雷达、合成孔径雷达

透力，能穿透树木和建筑，而缺点是精度不高，噪点较多，易受到电磁干扰，会受到大气和土壤湿度的影响。

(三)按照对地观察平台划分

可分为航天卫星遥感、平流层飞艇遥感、航空机载遥感、低空无人遥感及地面遥感等。以上各种平台搭载可见光、红外波、高光谱和微波等多种探测手段，并且相互配合利用，实现对地球陆地的立体、实时地观测和动态监测，提供宏观、准确、综合、连续多样的地球土地利用信息和数据，为土地资源调查提供多源、多分辨率、多时相的数据资源(表 2-3)。

表 2-3　土地调查监测数据获取方法分类

获取方法	测量距离	精度	主要适用范围
航天卫星遥感	100 km	1 m	中小比例尺制图
平流层飞艇遥感	1～30 km	1 m	中比例尺制图
航空机载遥感	1～5 km	0.1 m	大比例尺测图
低空无人遥感	1 km 以下	0.1 m	大比例尺测图

二、不同遥感平台数据应用于土地资源调查的主要特点

目前，土地调查中应用较多的遥感平台是卫星遥感和航空机载遥感。随着无人机技术的发展，近几年低空无人机遥感技术在土地调查应用中也越来越广泛。由于各类遥感平台不同，获取的数据也不完全相同。

(一)卫星遥感数据特点

1. 宏观性强

一幅陆地卫星图像覆盖 3 万 km^2 左右，覆盖面积小的 SPOT 卫星图像也至少有 3 000 km^2，使影像具有广阔的视野，可以发现航片上难以发现的宏观地学现象，如地质构造、地貌类型、草原沙化、大型滑坡、湖泊水位变化、海涂范围等。

2. 多时相重复、资料更新快

卫星十几天或二十几天即可重复覆盖同一地区获得新的卫星图像，有利于土地资源调查分析、动态监测和作物估产等。

3. 多波段性(即多光谱性)

资源卫星可获取并分段提供从可见光到近红外、热红外部分的电磁波反射信息。一方面扩大了资料来源，光谱信息远比航片丰富；另一方面，分波段的光谱资料对不同的地物有不同的反映，便于用光学处理或计算机处理的方法合成彩片，能增强对地物的识别能力，便于各种专业调查应用。

4. 多资料性

卫星遥感产品除图像以外，还能用计算机进行各种处理(如几何校正、比值增强、密度分割、合成、自动分类识别等)，大大增强了专业解译能力和工作效率。

5. 近于垂直投影

卫星图像由于高度大、视场角度小，属扫描多中心投影方式，几何误差很小，接近垂直投影。一幅 1∶25 万 MSS 图像，几何误差仅为几毫米。一般专业图可不经纠正直接成图，用于

土地资源调查可大大加快土地资源调查速度，并节约费用。

6. 商业性强、价格低廉

卫星影像一般由商业渠道公开购买，无保密性，且价格低廉。

如以同比例尺的卫星影像与航片相比，一幅完整的1∶5万的 SPOT 卫星图像，合成为假彩色片总费用约 6 000 元，平均每平方千米约 1.7 元；而同样大面积的彩色红外航片的飞行费、底片费和像片费约 12 万元，还不包括纠正、转绘所需费用。

7. 资料调查速度快、费用省

卫星遥感由于上述特点，特别是多时相、近于垂直投影、不需要转绘等优点，可以大大提高资料调查的速度并节约费用。据国内外的一般情况，卫星遥感调查比航空遥感调查的速度可加快 30%～50%，节省经费 1/3～1/2。

(二)航空机载遥感数据的特点

航空机载遥感是遥感技术的重要组成部分，与其他遥感技术系统相比，具有如下优点。

1. 空间分辨率高、信息容量大

利用航空影像可以取得较精确的位置、方位、距离、面积、高度、体积和坡度等数据，主要服务于较大比例尺的区域土地资源调查与制图。

2. 遥感灵活，适用于一些专题遥感研究

它可以根据用户的需求，灵活选择具有特定空间分辨率、波谱分辨率、时间分辨率的传感器，设计航空遥感飞行的方案和路线等。

3. 信息获取方便

航天遥感需要发射卫星，会受到时间和空间限制，不能随时对感兴趣的目标进行观测。而航空摄影的平台主要是飞机，受到的限制少，可以随时随地对需要调查的地区进行遥感。

与其他遥感技术系统一样，航空遥感也有其固定的弱点，主要表现在：航空遥感受天气等条件限制大，航空遥感的观测范围受到限制，航空遥感数据周期性和连续性不如航天遥感。

(三)低空无人机遥感的特点

1. 分辨率高

当前商业遥感卫星全色波段分辨率最高可达到 0.5 m，相匹配的多光谱波段一般为 2 m，经融合处理后可获得 0.5 m 彩色影像。而无人机航摄由于航高低，分辨率一般可达到 5～40 cm，且可直接获得真彩色影像，各波段分辨率相同。

2. 机动性强

遥感卫星一般是同步太阳轨道运行，发射后轨道周期是刚性的，虽然采用侧摆技术可以缩短重访周期，但依然需要数天的时间。完成一次成功的拍摄必须同时满足卫星过境和天气良好两个条件。无人机没有轨道限制，一旦空域申请通过后，即可前往目标地区伺机拍摄，有利于抓住短暂的天气窗口。

3. 对天气要求低

无人机对天气条件要求不高，只要光照满足，在上午、下午均可拍摄。因其飞行高度低，可进行云下拍摄，所以能够有效避免多云天气造成的影响。

4. 大范围拍摄能力弱

无人机飞行高度低，单景幅宽窄、面积小，大范围拍摄需要无人机往返多次进行，效率较低。同时，无人机因有效载荷一般较低，燃油携带量有限，单次作业时间短，航程短，航摄效率不高。相反，卫星遥感单景幅宽较大，最宽的高分卫星可达 20 km，单次拍摄面积大，效率高，适于大面积拍摄。

5. 价格较高

根据目前市场情况，无人机航摄价格相对较高。无人机系统采购、维护和生产的成本较高，仅航摄价格就在 500～700 元/km^2。而高分辨率卫星遥感就我们目前使用的价格，仅为其 1/15～1/12，差距巨大。

6. 后期处理难度大

由于航片基线短、倾角大、范围小、航片数量多，采用传统经典的遥感数据平台处理无人机航摄数据时会遇到很多问题。虽然后期数据处理技术近几年有了较大发展，但在数据处理的精度和速度方面还有不足，数据后期处理相对卫星数据比较困难，且需要使用专门软件进行。卫星遥感数据相对规范，通用商业遥感处理软件即可完成处理，且因单景影像面积大，相对精度和处理效率均较高。

三、土地调查遥感卫星数据主要获取平台

近几年来，卫星遥感技术有了飞速发展，主要体现在如下方面。

(一)相机光学孔径进一步增大，整星分辨率稳步提高

商用卫星中 1 m 分辨率的卫星早已进入实用。优于 0.5 m 分辨率的卫星也已经开始应用。美国 1999 年 9 月 24 日发射的 IKONOS 卫星是第一颗 1 m 分辨率的民用对地成像卫星；2001 年发射的 Quickbird 卫星全色谱分辨率达到 0.61 m。美国 2008 年底发射的 GeoEye-1 卫星全光谱分辨率达到 0.41 m。IKONOS-1 卫星的相机光学孔径 0.7 m，IKONOS-2 卫星光学孔径达到 1.1 m，焦距由 10 m 提高到 13.3 m。

(二)机动能力进一步增强

单星重返周期进一步缩短。IKONOS-2 卫星在地面像元分辨率达到 1～2 m 的情况下，借助姿态机动单颗卫星重访周期可实现 1～3 d。从 WorldView-1 卫星到 WorldView-2 卫星重返周期在 1 m 分辨率时从 1.7 d 缩短到 1.1 d。GeoEye-1 等卫星具备多轨道工作能力。

(三)卫星寿命稳步延长

国外遥感卫星的寿命已经由 5 年左右，稳步向 10 年左右推进。IKONOS-2 卫星设计寿命 5 年，实际工作寿命大于 8 年。QuickBird、GeoEye、WorldView 等卫星设计寿命都超过 7 年，以色列 EROS 卫星设计寿命达到 10 年。由于卫星遥感技术的进步，目前在土地调查中主要还是应用卫星遥感数据。目前，国内市场上可以获取的主要国内外中高分辨率光学遥感卫星有 20 多个型号，在土地调查遥感监测中，主要采用以下型号的高分辨率遥感卫星(表 2-4)。

近年来，我国成立了 8 个主流的遥感影像免费共享平台，调查者可依据调查的目的，需要的数据类型，在这些平台申请和下载。这些平台分别是自然资源卫星遥感云服务平台、中国遥感数据共享网、中国资源卫星中心、地理空间数据云、全球变化科学研究数据出版系统、国家综合地球观测数据共享平台、地理国情监测云平台。

表 2-4　主要光学卫星数据情况统计表

序号	分类	数据源	分辨率/m	幅宽/km	重复周期/d	测视角/°	发射时间/年
1	小于 1 m 分辨率	IKONOS	1+4	11	11	±25	1999
2		QuickBird	0.61+2.44	16.5	21	±25	2001
3		EROS-B	0.7	7	21	±45	2006
5		WorldView-1	0.5 全色	17.5	21	±45	2007
6		WorldView-2	0.5+2	17.5	21	±45	2009
7		WorldView-3	0.31	13.1	1	/	2014
8		GeoEye-1	0.4+1.6	15	/	±45	2009
9		Pléiades	0.5 全色 +1+2 多光谱	20	2	45°侧视角(赤道地区)30°侧视角(纬度40°地区)	2011
10		遥感五号	1	24	4	±15	2009
11		北京二号	1+4	24	1	/	2015
12		高分二号	1+4	45	5	±35	2014
13		吉林一号	0.72+2.88	11.6	/	/	2015
14	2.5 m 左右分辨率	EROS-A	1.9	14	5	/	2000
15		SPOT5	2.5+10/5	60	26	±27	2002
16		SPOT6	1.5+6	60	26	±30	2012
17		ALOS	2.5+10	35～70	46	/	2006
18		遥感二号	2 全色	24	4	±15	2007
19		高分一号	2 全色 +8+16 多光谱	60(两台相机组合) 800(四台相机组合)	4	±25	2013
20		福卫二号	2+10	24	1	/	2004
21		天绘一号	2+10	60	58	/	2010
22	5 m 左右分辨率	RapidEye	5 多光谱	77	5	±20	2008
23		北京一号	4+32	24～300	/	±30	2005
24		遥感八号	5 全色	360	1.5	±7.5	2009
25	其他分辨率	LANDSAT5	30	185	16	/	1984
26		HJ-1A/1B	30	360	4	/	2008
27		资源三号	3.5+2.5+2.1+6	52	3～5	±32°	2012

四、土地调查遥感数据质量要求

遥感数据对当今的生活和生产有着不可替代的作用,并且其影响还在日益增大。然而随着卫星遥感技术的迅猛发展,人类可获取的遥感数据呈爆发式增长,但是并非所有的遥感数据都是有价值的,其质量通常好坏混杂。这就需要我们从海量的遥感数据中筛选出优质的数据用于支撑土地调查,以保障调查成果质量。

①分辨率要求:根据土地利用更新调查遥感解译的实际经验,在1∶1万土地利用现状变更调查中,选取的遥感数据空间分辨率应优于5 m。目前,我国土地利用现状图的比例尺主要是1∶1万、1∶2.5万、1∶5万。根据土地利用现状图更新的有关技术规定,最小上图图斑为2 mm×2 mm,那么对于1∶1万、1∶2.5万、1∶5万比例尺的土地利用现状图来说,最小信息单元对应的实地面积分别为400 m^2、2 500 m^2、10 000 m^2。对于1∶5万图件,如果采用空间分辨率为30 m的遥感数据,最小信息单元包含的像元数为11个,勉强能够满足需要。随着遥感数据空间分辨率的降低,最小信息单元对应的像元数急剧减少。

②侧视角标准:卫星遥感侧视角为平原地区小于25°,山区丘陵不大于20°。航空摄影中一般规定航片倾角不大于2°,最大不超过3°。图像几何精度纠正所选控制点应均匀分布,纠正后的图面中误差一般不大于0.5 mm,最大不大于1 mm。对于丘陵、山区侧视角较大的图像,原则上需利用数字高程模型(DEM)进行正射纠正。

③每景数据的云雪雾量小于10%,且不能落在重点调查区域。若某景影像数据中云雪或雾量超过规定要求,则需要剔出数据,若超量区域连续,则需要补拍数据。

④为避免由于光谱溢出等影响对地物边界的准确确定,数据不得有光谱溢出、数据质量不稳定、压缩比过高等情况出现。原则上,掉线情况也应尽量避免,根据具体情况,一般要求掉线不能出现在连片区域,掉线不得多于3条。

⑤卫星遥感接收的数据要求相邻两景间重叠区不小于10%。而航片的航向重叠率不小于53%,旁向重叠率不小于15%。另外,对航线的旋偏角和弯曲度也有一定的要求,前者不能大于6°,后者不能大于3%。

五、遥感信息源的综合评判与应用选择

在应用遥感信息进行土地资源调查中,因为所要求的成图比例尺不同或地貌及覆盖物的复杂程度差异较大,所以往往需要选择相应的最佳遥感信息源。评价一种遥感信息源的质量及其适用性,所采用的影响因素是多方面的,如影像的几何分辨率、时效性、成本等,这些因素在包括从数据的"获取—处理—应用—推广"等一系列过程中都有其不同程度的影响。应合理选择这些因子进行定量或半定量的综合评判,为土地资源调查和制图选择最佳的遥感信息源。

进行遥感信息源评判,要先了解遥感影像的特性。遥感信息源在土地利用制图上的选择条件主要是遥感影像的专业分辨率、几何分辨率等,工作地区的土地特征及土地利用特征,制图的比例尺和所需的经费等4个方面。具体分析如图2-2所示。

(一)物理特性

主要包括地面分辨率和光谱分辨率。关于光谱分辨率,前人已做了很多工作。John G. Townshend(1987)用TM光谱波段对农业土地覆盖分类做了研究,认为分辨覆盖类型的最佳波段组合的选择应包括一个可见光波段、一个近红外波段和一个中或远红外波段,即可满足

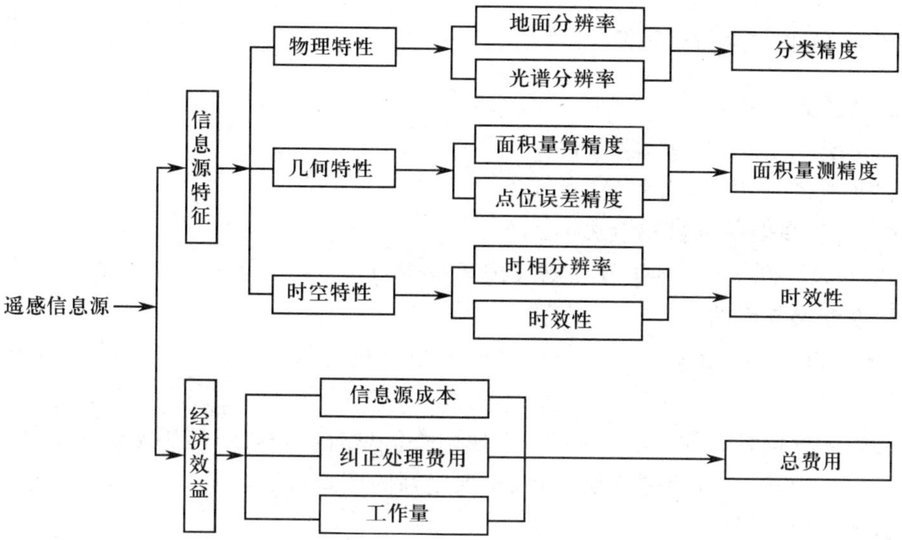

图 2-2　遥感信息源评判因子分析图

要求。王长耀(1988)研究结果表明:TM 资料的光谱信息量高于 SPOT 卫片,但 SPOT 卫片所选择的 3 个光谱波段所提供的信息量基本上可以满足土地利用调查的要求。光谱分辨率与地面分辨率一起反映了影像的综合信息,以分类精度来表示。

(二)几何特性

主要包括点位误差精度和面积量测精度。如果点位误差精度满足制图要求,则评判时可不予考虑;如果不够制图要求,则要进行纠正处理,那么它对遥感信息源优劣的贡献可以在经济效益中体现,可不做单独因子参与评判。面积量算精度反映了遥感影像能否准确描述各地类的数量特征,是反映遥感信息源优劣的重要因子。

(三)时空特性

时效性是信息源资料获取的周期,主要反映信息源获取是否及时。对土地利用现状调查要求时效性非常有意义,更便于土地利用状况动态监测的反映。评判时可用周期(天数)表示。

(四)经济效益

这是进行综合评判不可缺少的一部分,必须对经济效益进行分析,才能较全面地反映信息源的优劣。

第二节　土地调查数字正射影像图(DOM)

土地调查遥感数据获取之后,多种原因导致图像模糊失真、相对位置改变,不能直接应用的,需要对遥感影像进行校正,并制作数字正射影像图(digital orthophoto map,DOM)。DOM 是利用数字高程模型(DEM),对数字化航空影像或者遥感图像逐个像元进行投影差纠正后,按照影像镶嵌,依据图幅范围裁剪而成的影像数据,它是同时具有地图几何精度和影像特征的图像。DOM 不仅是土地调查类型与边界提取的基础,而且是各种土地调查面积计算的基础,关系到整个调查工作能否保质、保量、按时完成,是土地利用现状调查、权属调查、数据库建设、成果汇总的依据。

一、DOM的技术指标要求

(一)数学基础

①坐标系统:2000国家大地坐标系。

②高程系统:1985国家高程基准。

③投影方式:高斯—克吕格投影。

④1∶2 000、1∶5 000、1∶1万比例尺按3°分带,1∶5万比例尺按6°分带。

(二)标准分幅与整饬

DOM按标准比例尺图幅进行分幅,分幅与编号执行《国家基本比例尺地形图分幅和编号》(GB/T 13989—2012)。

叠加行政区域调查界线、注记等有关土地调查信息要素,并按《遥感影像平面图制作规范》(GB/T 15968—2008)进行图廓整饬,形成标准分幅的调查底图。

(三)影像时相与模式

①影像时相:使用近1年土地调查获取的遥感影像。对我国西南等难以接收光学影像、土地利用变化较小的地区,可使用近3年的影像。

②影像模式:航天遥感影像应同时采用全色和多光谱影像。

(四)精度要求

①DOM平面位置精度:DOM地物点相对于实地同名地物点的点位中误差,不得大于表2-5所示之规定,特殊地区可放宽0.5倍。取中误差的两倍为最大误差。

表2-5　DOM平面点位中误差

DOM比例尺	平地、丘陵地/m	山地、高山地/m
1∶5 000	2.50	3.75
1∶1万	5.00	7.50
1∶5万	25.00	37.50

②配准控制点残差限差:差中误差不大于表2-6所示规定,取中误差的两倍为其最大误差。若配准控制点残差超限,须查找原因并重新选点。

表2-6　配准控制点残差限差

地形差别	平地、丘陵地/像素	山地、高山地/像素
残差限差	1.0	2.0

注:全色与多光谱影像不同步或不同源时,可放宽0.5倍。

③影像接边要求:一是同一批次内标准分幅之间光谱及几何接边应为无缝接边。二是不同批次标准分幅之间接边精度应满足接边精度指标,如表2-7所示。三是在丘陵、山区等侧视角较大地区(一般大于15°),卫星数据相邻纠正单元之间接边误差允许存在局部超限现象,涉及的标准分幅调查底图通过选择适当的镶嵌线,避免出现地物错位的现象。

表 2-7 航天 DOM 接边限差

DOM 比例尺	平地、丘陵地/m	山地、高山地/m
1：5 000	2.5	4.0
1：1 万	5.0	8.0
1：5 万	25.0	40.0

④重叠精度要求：两幅相同的标准分幅同名地物点之间的相对点位之间的中误差应满足表 2-8 所示规定。

表 2-8 相同标准分幅之间的中误差

DOM 比例尺	平地、丘陵地/m	山地、高山地/m
1：5 000	3.5	5.6
1：1 万	7.0	10.5
1：5 万	35.0	52.5

注：特殊地物可放宽 0.5 倍，最大误差值不得超过 2 倍中误差。

(五)影像质量要求

①DOM 应纹理清晰，色调均匀，亮度、反差适中，无明显的信息损失，耕地、建设用地等主要地类边界清晰。彩色影像应模拟自然真彩色，无明显偏色现象，光谱信息丰富。

②同一标准分幅图内，云、雪覆盖量应小于 10%(常年积雪除外)，且不能遮盖耕地、建设用地等重要地类。

③相邻景之间时相相同或相近时，色彩、亮度、对比度应尽量保持一致。

④相邻景之间时相相差较大时，保证单景影像色彩正确，亮度和对比度一致、适中。

(六)影像镶嵌要求

①镶嵌线路径合理，保证地物、地块完整。

②相邻景卫星影像镶嵌时，应尽量保留时相佳、侧视角小、纹理清晰的影像。

③影像镶嵌时，羽化值应适度，镶嵌线处无模糊、锯齿、重影、晕边等现象。

二、DOM 的制作流程

航天 DOM 制作包括 1：1 万和 1：5 万两种成图比例尺，其制作流程基本相同，实测纠正控制点或从已有 DOM 上采集纠正控制点，结合 DEM 或其他高程数据，正射纠正全色遥感数据，再将多光谱遥感数据与之配准、融合，也可直接正射纠正多光谱彩色合成数据。经过色彩调整、镶嵌、裁切、整饰与注记，形成标准分幅为单元的模拟自然真彩色数字正射影像图，技术流程如图 2-3 所示。

三、DOM 的制作方法

(一)正射纠正

正射纠正是制作高质量数字正射影像图的基础和前提，主要技术环节包括准备工作、控制点采集、纠正模型选择、重采样方法确定及精度检查等。

1. 准备工作

(1)控制资料准备

控制资料主要包括平面控制资料和高程控制资料。平面控制资料主要包括实测控制点、

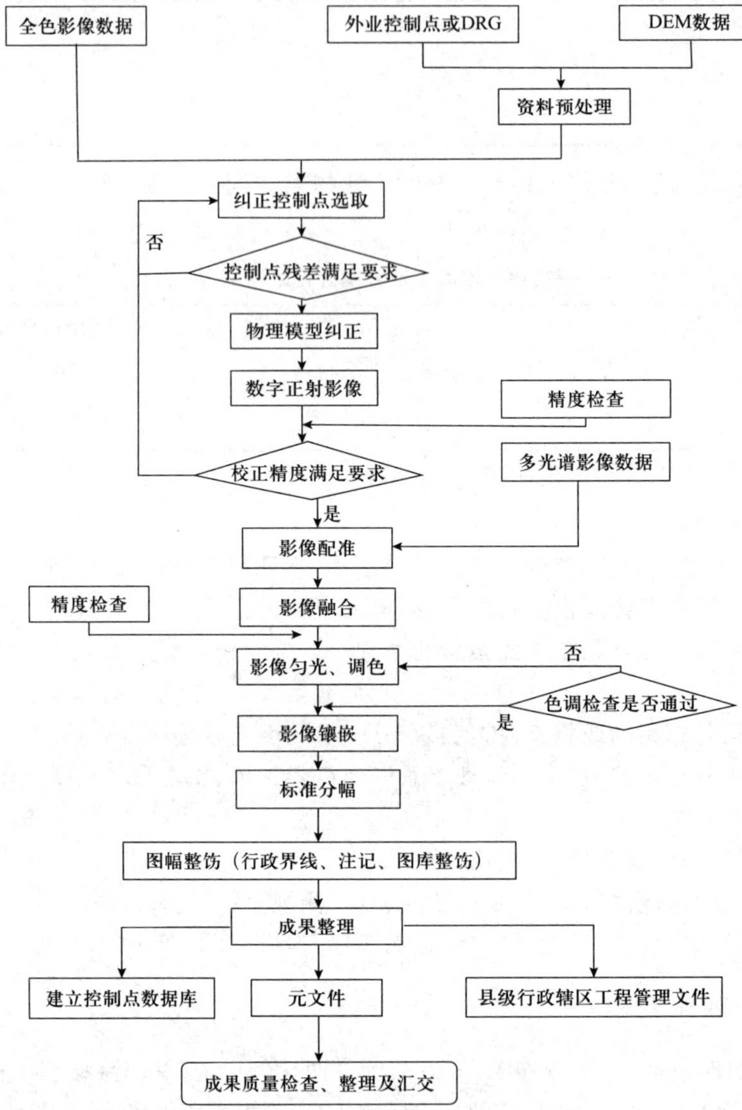

图 2-3　航天 DOM 的制作流程图

地形图或已有 DOM、土地利用数据库，平面控制资料的比例尺一般高于或等于被纠正影像的成图比例尺。高程控制资料包括数字高程模型(DEM)和其他高程数据，如 SRTM(shuttle radar topography mission)和 ASTGTM 30 m 高程数据等，不同比例尺 DOM 与高程数据的关系如表 2-9 所示。

表 2-9　不同比例尺 DOM 与高程数据的关系

DOM 比例尺	高程数据比例尺(采样间隔/m)	影像分辨率/m
1∶5 000	1∶1 万(12.5)	高于 0.5
1∶1 万	1∶1 万(12.5)/1∶5 万(25/30)	高于 1.0
1∶5 万	1∶5 万(25/30)/1∶1 万(50)	高于 5.0

(2)原始影像准备

根据调查区域范围界线确定原始影像的覆盖情况，并进行相应检查，主要检查内容包括①检查相邻景影像之间是否有重叠，原则上不少于2%；②检查原始影像光谱信息是否丰富；③检查原始影像是否存在噪声和掉线；④以景为单位，检查云、雪覆盖量是否超过10%，或是否覆盖城乡接合部及公路两侧等重点地区；⑤检查平原和山区侧视角是否满足制作DOM的精度要求（通常在同等条件下，以侧视角小为优，实际作业中按调查要求与任务目标确定对侧视角大小的限定）；⑥检查使用不同传感器、不同时相影像组合时，多光谱与全色影像分辨率的倍率关系，一般以不超过4倍为宜。

2. 控制点采集

采用预处理后的平面和高程控制资料为纠正基础，选取待纠正影像和控制资料上同名的明显特征地物点为纠正控制点。当控制资料为已有DOM时，应避免在其镶嵌线附近、存在错误或误差超限的区域采集。

以单景影像为纠正单元时，每景影像控制点数量一般在9～15个，山地应适当增加控制点，相邻景重叠区应选取不少于3个公共点，同时选择的纠正控制点应尽量均匀分布，控制影像四周。控制点选取位置必须为遥感影像上明显的特征地物点，点位具有唯一性和相对固定性，如道路、桥涵和各种构筑物拐角某一则或一端形成的线性交义顶点等，注意不要选择道路、河流等地物交叉的中心位置，因其有不确定性；不要在高大建筑物周围选点，其阴影会影响精度。

纠正单元可以单景影像、条带影像或区域影像。通常情况下，如果提供的原始数据为条带影像，尽量以条带为单元进行正射纠正，可以提高纠正精度和效率。在软件支持的条件下，采用区域影像纠正可以减少纠正控制点的数量，提高相邻影像的接边精度，同时可以大幅度提高纠正效率。

根据纠正过程中软件自动记录的控制点残差文件检查正射纠正控制点的点位精度。纠正控制点残差中误差应不大于表2-10所示的规定，取中误差的两倍为其最大误差。若控制点残差超限，须查找原因并重新选点。

表2-10　纠正控制点残差

地形类别	平地、丘陵地/像素	山地、高山地/像素
残差中误差	1.0	2.0

3. 纠正模型选择

目前常用的纠正模型包括物理模型、有理函数模型和几何多项式模型。实际生产过程中应根据卫星数据的类型、控制资料的种类和遥感处理软件来合理选择几何纠正模型。

(1)物理模型

在卫星轨道参数和成像参数已知的情况下，使用严格的物理传感器模型，它描述了真实的物理成像关系，在理论上是严密的。该类模型的建立涉及传感器物理构造、成像方式及各种成像参数。在这类模型中，每个定向参数都有严格的物理意义，并且彼此是相互独立的。物理传感器模型是与传感器密切相关的，因此不同类型的传感器需要不同的传感器模型。物理传感器模型通常以像点和相应地面点的坐标关系来表示，如式(2.1)所示。

$$x_{ij}=f_x(X_i,Y_i,Z_i,X_{sj},Y_{sj},Z_{sj},\omega_j,\varphi_j,k_j)$$
$$y_{ij}=f_x(X_i,Y_i,Z_i,X_{sj},Y_{sj},Z_{sj},\omega_j,\varphi_j,k_j) \tag{2.1}$$

式中：x_{ij} 为横坐标；y_{ij} 为纵坐标；f 为相机主距；X_s,Y_s,Z_s 为描述投影中心位置的 3 个参数；ω,φ,k 为描述传感器姿态的 3 个角度参数，这 6 个参数称为影像的外方位元素。

利用卫星的物理传感器模型，其模型的定位精度较高，纠正后的结果影像平面精度优于其他通用模型处理的结果。因此，对于可以获得卫星星历参数且商业遥感软件支持该种数据模型的遥感数据，都应利用物理传感器模型和 DEM 数据进行影像正射纠正，如 SPOT5、ALOS、SPOT2/4、IRS P5/P6、TM/ETM 等。通常情况下，纠正控制点个数在 12 个以上，控制整景且均匀分布。

(2)有理函数模型

有理函数模型(简称 RFM)是将像点坐标(x,y)表示为以相应地面点空间坐标(X,Y,Z)为自变量的多项式的比值，如式(2.2)所示。有理函数模型是多项式模型的扩展形式，即当 $Q=N=1$ 时，RFM 就变成了一般的多项式。

该模型需要提供影像的 Rational Polynomial Coefficient(简称 RPC)文件和 DEM 数据，适用于 QuickBird、WorldView1、IKONOS、EROS-B、GeoEye-1、RapidEye 等卫星数据。另外选择足够数量的控制点和 DEM 数据实现卫星数据的有理多项式模型纠正，比使用 RPC 参数进行纠正的结果精度会略有下降。

$$x=\frac{P^{(n)}(X,Y,Z)}{Q^{(n)}(X,Y,Z)}$$
$$y=\frac{M^{(n)}(X,Y,Z)}{N^{(n)}(X,Y,Z)} \tag{2.2}$$

式中：x,y 为像点坐标；X,Y,Z 为地面点大地坐标；P,Q,M,N 为多项式，取前若干项即可得到实用的近似模型，一般取 $n\leqslant 3$。

(3)几何多项式模型

几何多项式模型回避了遥感成像的空间几何过程，直接对图像变形的本身进行数学模拟。遥感图像的几何变形由多种因素引起，其变化规律十分复杂，难以用一个严格的数学表达式来描述。为此，可以把遥感图像的总体变形看作平移、缩放、旋转、仿射、偏扭、弯曲及更高次的基本变形的综合作用结果，用一个适当的多项式来描述纠正前后图像相应点之间的坐标关系。利用地面控制点的图像坐标和其同名点的地面坐标，通过平差原理计算多项式中的系数，然后用该多项式对图像进行纠正。

一般多项式纠正公式如式(2.3)所示。

$$x=a_0+(a_1X+a_2Y)+(a_3X^2+a_4XY+a_5Y^2)+(a_6X^3+a_7X^2Y+a_8XY^2+a_9Y^3)+\cdots$$
$$y=b_0+(b_1X+b_2Y)+(b_3X^2+b_4XY+b_5Y^2)+(b_6X^3+b_7X^2Y+b_8XY^2+b_9Y^3)+\cdots \tag{2.3}$$

式中：x,y 为某像素原始图像坐标；X,Y 为同名像素的地面坐标。

多项式的项数(即系数个数)N 与其阶数 n 的固定关系为 $N=\frac{1}{2}(n+1)(n+2)$。

由于几何多项式模型未考虑高程信息，因此利用几何多项式模型对遥感影像纠正精度，比物理传感器模型和有理函数模型要低，特别是在地形起伏较大的区域。因此，几何多项式模型一般用于地形起伏较小的区域的几何纠正或同源卫星全色数据与多光谱数据的配准等。

4. 重采样方法确定

当像素变换的坐标计算值不是整数时，原始图像阵列中该非整数点位上就没有现成的亮度值存在，于是就需要采用适当的方法把该点位周围邻近像素的亮度值对该点亮度的贡献积累起来，构成该点位的新亮度值。这个过程称为像素亮度值重采样或重抽样。常用的重采样方法包括最邻近法、双线性内插法和三次卷积内插法。

(1)最邻近法

将最邻近像素的亮度值赋予该像素。最邻近法重采样最简单、最省时，但它会造成像素点在一个像素范围内的位移，其几何精度和影像质量较其他方法差。通常不采用该方法进行影像纠正。

(2)双线性内插法

从邻近 4 个像素点的亮度值通过双线性内插获得该像素值。双线性内插法的计算较为简单，几何精度较高。考虑到计算效率和纠正精度，通常采用该方法进行影像纠正。

(3)三次卷积法

从周围 16 个点进行 3 次卷积内插赋予该像素。虽然 3 次卷积法计算复杂，需要的时间较长，但是相比最邻近法和双线性内插法，其纠正精度最高。

5. 精度检查

正射影像精度检查方法通常采用随机读点法、透明叠加法和拉窗帘法等。

(1)随机读点法

通过在纠正后的影像和平面控制资料上随机、均匀读取一定数量的同名特征点，计算它们之间的纵横坐标偏差及检查点中的误差，判读是否满足相关规定要求。通常情况下每景影像的检查点数量不少于 20 个。

(2)透明叠加法

将纠正后影像与平面控制资料在同一窗口中打开，使上层影像 50%透明，逐屏检查，判读并量测正射影像的平面精度。

(3)拉窗帘法

将校正后的影像与平面控制资料在同一窗口中打开，采用“拉窗帘”的方法逐屏幕检查，判读并量测正射影像的平面精度。

3 种精度检查方法通用。在实际作业过程中，可通过透明叠加法和拉窗帘法快速检查图面精度情况。对于正射影像需要精度检核及获取精度检测报告的情况，可选择随机读点法进行检查，应用误差公式计算其精度偏差情况。

(二)影像配准

影像配准的原理和方法与正射纠正的原理和方法基本相同，其精度直接影响融合影像的质量。通常包括配准控制点采集、配准模型的选择、重采样方法的确定及精度检查等内容。

同源、同步获取的多光谱与全色影像可采用“先配准再正射”的方法，即先利用几何多项式模型或二维有理多项式模型，将多光谱影像参照全色影像进行相对配准纠正，之后进行影像融合和正射纠正。之用该方法一般配准控制点的数量较少，且全色影像与多光谱影像的配准精度较高；否则应采用“先正射后配准”的方法，即以正射纠正后全色影像为基础，对多光谱影像进行配准纠正。

对于 RapidEye 和 IRS P6 多光谱遥感数据，在山区或部分地区存在多光谱波段不匹配现象时，可以先对各波段进行相互配准、合成，再进行正射纠正。

1. 配准控制点采集

以全色数字正射影像和高程数据为基础，选取待配准影像和全色数据正射影像上特征明显的同名地物点为配准控制点。

配准控制点应均匀分布，控制影像四周，每景控制点数量在 9～15 个。山地应适当增加控制点。

2. 配准模型的选择

配准模型采用物理模型或有理函数模型。同步获取的全色与多光谱影像，可选择几何多项式模型，为了避免产生局部扭曲和变形，阶数一般不大于 2。

3. 重采样方法的确定

重采样方法采用双线性内插法或 3 次卷积法。

4. 精度检查

影像配准精度通常采用快速融合、透明叠加和拉窗帘等方法检查。影像配准中的误差，一般地区不大于 0.5 个像元，平地、丘陵严格控制在 0.5 个像元以内，山地、高山地可适当放宽。当配准精度不能满足要求时，应在有重影的地区适当加密控制点，重新进行纠正配准，直到精度符合要求。

(1)快速融合检查

对配准后数据进行快速融合处理，目视检查融合图是否有重影现象。

(2)透明叠加检查

利用遥感影像处理软件的连接和分层交互显示功能目视检查数据配准精度。

(3)拉窗帘检查

叠加纠正后的全色影像和多光谱影像，以略大于原始分辨率的比例逐屏"拉窗帘"检查，检查分析二者的配准精度。

(三)影像融合

要保证全色与多光谱影像融合的最佳效果，除上述影像配准精度外，融合前影像处理、影像融合方法的选择、融合效果检查及融合后影像处理等几个方面至关重要。

1. 融合前影像处理

纠正、配准后满足精度要求的全色与多光谱数据还需要在融合前进行预处理。一方面，提高全色数据的亮度，增强局部反差，突出纹理细节，尽可能降低噪声；另一方面，对多光谱数据进行色彩增强，拉大不同地类之间的色彩反差，突出其多光谱彩色信息。

(1)全色数据处理

融合中要突出全色数据的高空间分辨率特征，因此融合前处理的目的是为了增强局部灰度的反差，从而突出纹理细节，通过细化来尽可能减少噪声。常用的全色数据处理方法包括灰度线性拉伸、高通滤波等。

(2)多光谱数据处理

多光谱数据具有多个光谱波段和丰富的光谱信息，不同波段影像对不同地物有特殊的贡献。因此在影像融合前需要选择最佳波段的组合和进行彩色合成，以最大程度地利用各波段的信息量，辅助影像的判读与分析。

融合前对多光谱数据的处理以色彩增强为主，调整亮度、色度、饱和度，拉开不同地类之间的色彩反差，对局部的纹理要求不高。有时为了保证光谱色彩，可适当削弱纹理信息来确保融合影像的效果。

2. 影像融合的方法选择

(1)基本要求

①相同季节的影像融合后，其色调要基本一致，不同季节影像色彩应反映当时地类光谱特征；②根据影像波段的光谱范围、地物和地形特征等因素，选择能清晰表现土地利用类型特征和边界、颜色接近自然真彩色的融合算法；③当原始影像质量较差时，融合影像建设用地边界清晰；④融合影像应无重影、模糊等现象。

(2)融合方法

在遥感影像处理过程中，通常采用的融合方法主要包括 IHS 变换、主成分变换、加权乘积、比值变换、小波变换、高通滤波、BROVERY 及 PANSHARP 等。实际工作中可根据应用需求和融合方法的特点合理选择融合方法，如表 2-11 所示。

表 2-11　常用融合方法的优缺点

融合方法	优点	缺点
HIS 变换	运算简单、实现容易，能较好地保留全色影像纹理细节和多光谱影像的彩色关系	限 3 个波段参加，融合后同色系较缺少层次，影响类型判读
主成分变换	能较好地保留全色影像的纹理，不限参加波段的数量，可减少信息的损失	融合后各波段的物理含义发生变化，难掌握彩色关系，不易获得较好的融合结果
线性加权乘积	能够较好地保留多光谱数据的色彩，全色与多光谱数据完全融为一体，可生成较好的融合影像	降低了影像亮度，给融合后处理的色调调整带来困难，全色数据纹理相应减弱，增加了全色数据预处理难度
加权融合	实现简单、运算速度快，抑制噪声，不限多光谱的参与波段数	抑制原图像中的某些显著特征，融合影像的对比度较低，容易出现褪色现象，增加后期处理难度
Brovey 变换	算法简单，能较好保持原多光谱数据和全色数据的信息，后处理难度相对较小	融合后影像色彩偏暗，需要进一步进行亮度调整及色彩调整
小波变换法	最大程度保持原多光谱数据和全色数据的信息，减少后处理难度	算法复杂，融合后影像存在振铃效应，影像呈锯齿不连续状，因此在土地利用动态监测中较少应用
高通滤波	最大程度保持原多光谱数据和全色数据的信息，减少后处理难度	算法较复杂，融合过程需要时间相对较长
PANSHARP 融合	无须对光全色和多光谱数据进行融合前处理，最大程度保持原多光谱数据和全色数据的信息，减少后处理难度	算法较复杂，支持该总算法的遥感处理软件相对较少，目前只有 PCI 软件支持该算法

3. 融合效果检查

①检查融合影像整体亮度,色彩反差是否适度、是否蒙雾;②检查融合影像整体色调是否均匀连贯,不同季节影像亮度一致,可不考虑植被变化引起的色彩差异;③检查融合影像纹理及色彩信息是否丰富,有无细节损失,层次深度是否足够,特别是各植被、地物等地类是否可见和容易判读;④检查清晰度,判断各种地物边缘是否清晰明确,特别是城乡接合部的建设用地和耕地。

4. 融合后影像处理

融合后影像处理是保证成果质量的重要技术环节。融合后的影像通常亮度偏低、灰阶分布动态范围小,色彩不够丰富,需要采用线性或非线性拉伸、亮度对比度、色彩平衡、色度、饱和度和明度调整等方法进行色调调整。处理后的影像要达到灰阶分布须具有较大动态范围,纹理清晰、色调均匀、反差适中,色彩接近自然真彩色,可以清晰地判别建设用地和耕地等重要地类类型。

①色阶拉伸。对反差较低,亮度偏暗的融合影像,调整输入输出范围,改变反差系数进行线性拉伸,使其各色直方图接近正态分布,尽可能扩大影像的灰度动态范围,提高影像的清晰度及饱和度。

②USM 锐化。通过变化阈值、半径、锐化程度来使居民点、耕地及线状地物等边界清晰,容易分辨。同时通过增强反差、提高色彩饱和度来消除蒙雾,并适当抑制噪点。

③色彩平衡。经过融合运算后,影像一般会有一定程度的偏色,通过调整色彩平衡来加以改正。

④色度、饱和度、明度。经过上述调整后,影像的色彩仍然不能达到理想效果,此时可通过调整色度、饱和度和明度来增强色彩对比度等。当影像偏向某单一颜色时,采用该方法可起到很好的作用,如 SPOT5 影像上存在的洋红色。

⑤亮度对比度。为了提高不同色彩之间的区分度,调整亮度对比度最直接有效,但对高亮度或低亮度的细节损失较为严重,因此使用时应时刻注意观察高亮区和暗调区的变化。

(四)影像镶嵌

影像镶嵌的质量高低直接影响数字正射影像图的图面效果和成果应用。因此,要特别注意重叠精度检查、镶嵌前影像处理、镶嵌线选择及镶嵌方法的确定等关键环节,保证镶嵌后的影像满足相关规定的要求。

1. 重叠精度检查

叠加相邻纠正单元,采用“拉窗帘”方式逐屏幕目视检查相邻纠正单元间重叠区域的精度;若同名地物出现“抖动”或“错位”现象,则量测该处同名点误差,检查是否超限。

2. 镶嵌前影像处理

重叠精度检查合格后,对待镶嵌影像进行亮度对比度和色彩调整,保证时相相同或相近的影像基本保持一致;时相相差较大的影像应保证各自影像色调正确,亮度反差基本一致,同一地块内光谱特征保持一致。

3. 镶嵌线选择

镶嵌线应尽量选取线状地物或地块边界等明显分界线,以使镶嵌影像中的拼接尽可能消除,且镶嵌处无裂缝、模糊、重影现象。选择的镶嵌线应避免切割居民地、地块儿等,保证地物完整,以便判读。另外,镶嵌线选择时还应遵循影像质量最优原则,尽量使镶嵌后影像避开云、雾、雪及其他质量相对较差的区域。

4. 镶嵌方法的确定

镶嵌线绘制完成后，在相应的遥感软件中进行影像的镶嵌。镶嵌后影像应避免产生重影、错位、硬线、模糊、晕边等现象。若产生上述问题，则可通过调整镶嵌线的位置或改变过渡值来消除此类现象。镶嵌后影像存在硬线主要是由于没有按照要求绘制镶嵌线。镶嵌后影像存在晕边是由于软件中的参数设置不正确产生的。

(五)裁切

一般以标准分幅或县级行政区域调查界线为单元进行影像裁切，以县级行政调查区域为单元进行影像裁切时，可以按照县级行政调查区域界线（县级调查界线）外扩 1 000 m 范围，沿最小外接矩形裁切，根据不同应用需求，县级行政区域调查界线外扩 1 000 m 至最小外接矩形之间的区域可填充黑色（RGB 值为 0,0,0 或全色灰度值为 0），也可保留影像。

(六)整饰与注记

根据不同应用的需求，在数字正射影像上叠加公里格网、名称注记、调查界线等要素，形成标准分幅数字正射影像图。

第三节　土地调查遥感影像解译基础

一、遥感影像解译样本采集

(一)样本的定义

遥感影像解译时，对地理环境的正确认知是保证解译结果正确的基本前提。遥感影像解译样本数据是利用具有对照关系的地面照片和遥感影像为主的解译样本数据，可以为遥感影像解译者建立对相关地域的正确认识提供重要支持，并可在解译结果的质量控制方面发挥重要作用。遥感影像解译样本数据采集是外业调查和核查的主要工作内容。

(二)样本数据的作用

①认知：帮助解译人员对遥感影像地域直观、正确的认知，确保解译精度，提高解译效率。

②记录：用具有对照关系的实地照片和遥感影像实例记录地理环境信息。

③验证：在解译结果的质量控制方面发挥重要作用，为长期监测积累实地参考资料。

根据区域自然地理、地形地貌特征、植被类型及景观结构、分布规律与耕作方式等情况，建立调查区典型景观类型解译标志。

(三)样本内容

遥感解译样本数据包含两类：一是地面照片数据，二是遥感影像实例数据。地面照片是用数码相机或其他外业调查设备，在地面实地拍摄的、能较全面清晰反映一定范围内地物特征的照片。遥感影像实例是从经过正射校正处理的影像数据源上截取的，与地面照片拍摄范围和内容一致的航空（航天）遥感影像。

两类数据分别从不同的侧面反映地物影像形态特征，起到相互印证的作用，可以帮助解译人员更高效地认识遥感影像所蕴含信息可知。根据位置和反映内容可知，两类数据之间具有明确的对应关系，对应关系有以下几种情况。

①一对一关系：一张地面照片只对应一幅遥感影像实例。这种情况下，可用的遥感影像数

据源比较单一。

②一对多关系：一张地面照片对应多张不同类型或时相的遥感影像实例。

③多对一关系：多张地面照片对应一幅遥感影像。这种情况一般针对比较复杂的地面环境，难以通过一张地面照片全面反映其特征，需要从不同位置和角度对同一地点的地物拍摄多张地面照片。但针对拍摄对象所在区域，只有一种可供采集遥感影像实例的数据源。

④多对多关系：多张地面照片对应多幅遥感影像实例。这是上面第②和第③两种情况的综合。在第③种情况的基础上，有多种类型或时相的数据源可供采集遥感影像实例。

(四)样本数据采集要求

1. 地面照片采集要求

(1)总体原则

采集的地面照片需要充分保证样本的典型性。每一个样本应能够代表所属的景观类型，能综合反映该类型的总体特征，或者突出反映该类型某一方面的特征；在地表地物分布和覆盖类型相对比较一致的一定区域内，样本总体在数量上应能代表该区域的整体特征，在分布上应符合地物和覆盖类型的分布趋势。

地面照片反映的地表季相或覆盖状态应尽可能与遥感影像的时相接近；如果季相差别较大，需确保通过照片判别出的景观类型与影像判读一致，否则不应作为样本保留。

地面照片的拍摄，可在路线踏勘阶段进行，通过设计好路线，并大致确定拍摄位置，在外业调查中有目的性地拍摄。此外也可不设计路线，而在外业调查中直接拍摄典型地物，并做好记录。

(2)数量要求

在前述总体原则的基础上，对所有要求识别的景观类型开展样本采集，在实际操作中可以根据具体区域情况参照以下要求确定样本数量。

以影像数据源类型、时相比较一致(同属一个季节)且连片、地理环境差异不大的区域作为对象，如果区域范围超过 1 000 km^2 的区域范围，各覆盖类型平均采样点应≥15 个；小于1 000 km^2 的区域范围，各覆盖类型平均采样点应≥10 个。

样点的分布应尽可能与图斑的分布相一致且均匀。难以到达的特殊困难地区，各覆盖类型平均采样点数应不少于 3 个。图斑数很少且图斑总面积很小的覆盖类型若具有典型性，也必须至少采集 1 个样点。实际操作可依区域具体情况按要求灵活确定样本数量。

(3)质量要求

应尽可能拍摄距离相机 200 m 范围以内的景物，避免照片与遥感影像实例之间的空间对应关系失真；难以到达、只能通过远距离拍摄的，拍摄距离大于 200 m 时，应估测拍摄距离并记录。可以现场估测，也可以通过内业确定拍摄对象位置后测算其与相机位置之间的距离得到。地面照片尽可能使用精细模式保存，总像素数量应在 200 万像素以上。

2. 遥感影像信息采集要求

遥感影像信息采集时需要根据地面照片的相关属性值，采用手工或自动方式完成遥感影像裁切、拍摄点位置标绘以及地面照片视野范围标绘。遥感影像裁切时，根据其姿态信息，从正射处理过的可用遥感数据源中裁切，裁切时应尽可能把地面照片拍摄的主体地物置于影像中间，同时保证拍摄点也位于遥感影像实例范围内。原则上所有用到的遥感影像数据源类型都应采集相应的遥感影像实例。卫片优先选正射处理过的分景多光谱影像。如果只有全色影像，则考虑正射处理过的分景全色影像。航片优先选正射处理过的分幅多光谱影像。如果只有全色影像，则考虑正射处理过的分幅全色影像。样点组如满足以上要求，可以用一个一致的范围裁切遥感数据，只裁切一次。如果难以用同一范围裁切，则分开裁切。此外，裁切后的遥感影像实例采用与遥感影像数据源相同的数学基础。

3. 遥感影像解译样本数据表

在土地调查中，遥感影像解译样本数据信息表可依据调查的目的和内容进行设计，但是至少需要包括以下内容：照片标识符、拍摄时间、拍摄点经度、拍摄点纬度、拍摄距离、土地类型、照片缩略图、影像类型、影像分辨率、影像拍摄时间、影像波段数、影像截图，具体要求见表 2-12。

表 2-12　遥感影像解译样本数据属性定义及采集要求

序号	属性内容	获取说明	采集要求
1	照片标识符	按照一定的规则命名	依据拍照的时间经纬度命名
2	拍摄时间	相机自动记录	采用北京时间，格式为 YYYY-MM-DDTHH，MM，SS.
3	拍摄点经度	部分相机自动记录，也可通过与 GPS 设备同步提取	从照片 EXIF 信息的 GPS longitude 标记中读取，采用 WGS-84 坐标
4	拍摄点纬度	同上	同上
5	拍摄距离	需估测填写	当拍摄距离大于 200 m 时填写
6	土地类型	依据土地分类填写	
7	照片缩略图	JPG 格式	
8	影像类型	依据影像数据源的元数据填写	
9	影像分辨率	与影像数据源相同	
10	影像拍摄时间	依据影像数据源的元数据填写	采用北京时间，格式为 YYYY-MM-DDTHH，MM，SS.
11	影像波段数	与影像数据源相同	
12	影像截图	JPG 格式	

二、遥感影像解译标志

在遥感影像上，不同地物有其不同的影像特征，这些影像特征是专业解译时识别各种地物的依据，故称之为解译标志。遥感影像解译标志是地物本身属性在影像上的表现，它反映了地物所固有的空间特征和物理特性，根据这些特征可以直接从影像辨认出相应的地面物体，如影像的形状、大小、色调、阴影、图形、纹理及相关特征等都是常用的遥感影像解译标志。

（一）形状

形状就是物体的外轮廓。遥感影像上的地物图形是俯视图，其详细程度取决于比例尺的大小。也就是说，随着摄影比例尺的缩小，微小碎部的形状便逐渐难以区分，甚至消失，而总的形状则逐渐变得比较简单。例如，在小比例尺遥感影像上，树顶会变成一个小圆点，甚至完全看不出来。

地物的影像形状，并不是与实际形状严格相似。影像倾斜、地面起伏及地物本身具有的空间高度，都会引起构象形状的变形。但是，由于目前使用的航空影像倾斜角都在 3°以内，卫星影像侧视角标准要求小于25°,对影像判读而言,可以近似认为是水平航片或卫片。这样,地面上水平的平面形目标(如水田、库塘、体育场等),在影像上的形状与地物实际形状就可以认为是相似的。

但是,当平面形地物位于倾斜的地面上(不水平)或地物本身具有空间高度时,情况就不一样了。这时,由于遥感影像是中心投影图,地物在像片上的形状就会发生变形。同一地物在像片上不同的部位也会表现出不同的形状。

如图2-4所示,具有空间高度的地物在影像上不同部位的构象形状具有下列规则。

①位于像主点附近的地物,不论空间高度如何,在影像上的构象,为地物顶部的正射投影图形。

②位于像主点外的地物,在影像上的构象,顶部图形变形,并显示地物的部分侧面图像,仿佛地物是倾斜的,倾斜的方向是由像主点向外辐射的方向。

③地物在影像上的长度与本身高度及离开主点的距离成正比。

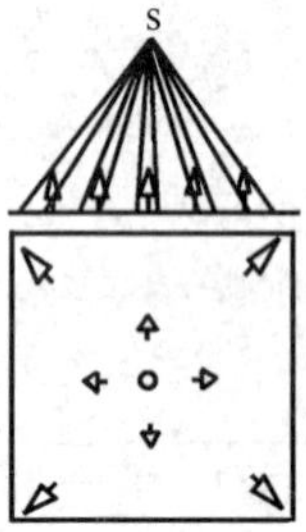

图2-4 地物在影像上的构象形状

(二)大小

大小是指物体的尺寸、面积和体积按比例缩小后在影像上的记录。如果已了解影像的比例尺,可以根据影像的大小直接算出地物的尺寸和规模。线状地物如果与背景的反差较大,其影像大小往往超出其按比例计算的尺寸。所以遥感影像大小除主要取决于影像的比例尺外,还受影像倾斜、地形起伏和目标物本身的形状及亮度等因素的影响。

(三)色调

色调是地物反射或发射电磁波的强弱程度在影像上的记录。遥感影像上的色调是地物电磁辐射特性的反映。全色遥感影像的色调是地物波谱特性的直接记录,彩色合成卫星影像上的色彩是地物在几个不同波段上的波谱特性的综合反映。利用卫星影像上色调和色彩的不同来区分各种地物,这是判读遥感影像的首要依据。在红外航片上,色调深浅的差异是判读的关键标志,它比普通影像上的色调差异具有更突出的意义。在普通黑白航空影像上,一般将影像色调划分为10级灰阶:白、灰白、淡灰、浅灰、灰、暗灰、深灰、淡黑、浅黑、黑。物体颜色与影像色调的一般关系如表2-13所示。

表2-13 物体颜色与影像色调的关系

影像色调	白	灰白	淡灰	浅灰	灰	暗灰	深灰	淡黑	浅黑	黑
物体颜色	白	浅黄	黄 褐黄	深黄 橙 浅红 浅蓝	红 蓝	深红 紫红 淡绿 深蓝	绿 紫	深绿	黑绿	黑

影响色调变化的因素很多,如物体含水量、太阳入射角等都直接影响影像色调的某些变异。因此,普通遥感影像的色调往往不能作为稳定可靠的判读标志,而是需要与其他判读标志配合。判读往往不是根据色调的分级来识别地物,而是根据各地物间色调的相对差异来区别地物类型。对彩色遥感影像而言,除记录地物的亮度以外,还记录了地物的色别和色阶,如深绿色的针叶林在彩色影像上也呈深绿色,但由于人眼与传感器的光谱响应的差别以及其他因素的影响,往往造成彩色失真现象。当然,彩色影像的信息量比全色遥感影像要大得多,特别有利于目视判读。

常用 MSS 影像的下边框标出 15 级灰阶，使解译人员可以比较准确地确定在某一波段原影像上各种地物影像的灰度等级。在可见光波段的黑白卫星影像上，凡是反射较低的深色物体，其影像的色调一般也呈深色调，而反射率较高的浅色或白色物体，其影像色调也呈浅色调。例如，暗紫红色砂页岩的影像一般呈深色调，而黄土则呈浅色调。地物的颜色、表面粗糙度、风化情况、植被覆盖、湿度、太阳光照条件和气象条件等因素都影响其色调的变化。土层的湿度大或植被繁茂，在影像上均表现为深色调。

以南京初夏的陆地卫星 MSS 影像为例，在 MSS4 波段的影像上，植被覆盖的紫金山等低山丘陵的色调呈浅黑色，长江两岸的平原呈均匀的暗灰色，阶地呈花斑状的灰色，长江呈浅灰色，石臼湖等湖泊呈灰白色。在 MSS5 影像上，这些地形景观的色调结构与 MSS4 大体相似，只是色调的深浅略有差异，有的稍加深，有的稍变浅。而在近红外波段的影像上，上述地形景观类型的色调与以上 2 个可见光影像有较大的差异。在 MSS6 和 MSS7 的影像上，由于植被较强地反射红外线而水体强烈地吸收红外线，使山丘呈现为灰白或浅灰色；长江、湖泊等水体表现为淡黑色和黑色；平原和谷地因植被和农作物覆盖而使影像色调相比可见光波段的变浅，呈均匀的浅灰或灰色；局部低洼处，则因积水或土壤湿度大，使色调相对加深，呈暗灰或深灰色，在 MSS7 上有的甚至呈灰黑色。在阶地地区，由于有沟谷网而色调明显加深，水系轮廓清晰，从而使斑状的花纹图案显得十分醒目(但在可见光波段的影像上，阶地地区的沟谷网是比较模糊的)。

通过上述 4 个波段卫星影像的对比分析，就可以获得比单一波段的全色像片或近红外像片多得多的信息量。只要弄清各个地区不同时期内某一地物波谱特性的变化规律，则根据该地物的波谱特征曲线，与其同一环境条件下的多波段卫星影像的色调差异进行对比分析，就可以比较明显地识别这一地物，并可以比较准确地圈定它的界线。因此，充分利用卫星影像的多波段的优越性，就可以更好地有效区分和识别不同的地物。

在专业判读中，并不需要使用过多的不同波段的影像(因为这样既不经济又很费时间)，而是选择一两个最佳和较佳的波段影像来进行对照判读。一般来说，判读陆地卫星多波段扫描图像，以运用 MSS5 和 MSS7 这两个波段的图像为主，必要时参考其余两波段的图像，就可基本满足判读要求。例如，判读植被时，MSS5 图像上生长正常的树木，在该波段的反射率低，其影像呈深色调，而受病虫害为害或已枯死的树木，却具有较高的反射率，其色调显著变浅；如果参照 MSS4 图像，情况恰好相反，健康的树木因反射率较高而色调较浅，病害或死亡的树木因反射率较低而色调较深。在 MSS7 影像上，健康和病害树木的色调差异更明显，后者的色调要比前者深。在这一波段，茂盛的阔叶林反射率很高，在影像上呈明亮的浅色调，而针叶林的反射率要差一些，其色调也略深一些。

在彩色密度分割图像上，最佳波段卫星影像上的色调差异被许多鲜明的色彩表现出来，它能反映出色调差异很小的物体和肉眼难以区别的灰阶等级，从而将卫星图像色调标志的效用大大地扩展和深化。

假彩色合成的方法大大改善了多波段卫星影像分析判读的速度和精度。在标准的假彩色合成卫星影像上，植被呈红色、水体呈蓝色至黑色、沙地为黄色、荒地为灰色、城市为蓝灰色等。不同波段和滤光片的结合，对于判读某些突出目标极有效，不过这要事先做许多实验研究工作，确定最佳的波段组合方案。

(四)阴影

阴影的产生是由于具有一定高差的地物的背光面及其在地面上的投影在像片上反映出比阳光直射面的色调更阴暗的现象。阴影有助于增强地物影像的立体感,阴影的形状有助于识别地物的外貌。但在阴影内的地物,则往往被其掩盖而不能识别,尤其是近红外像片的阴影,更加浓黑。

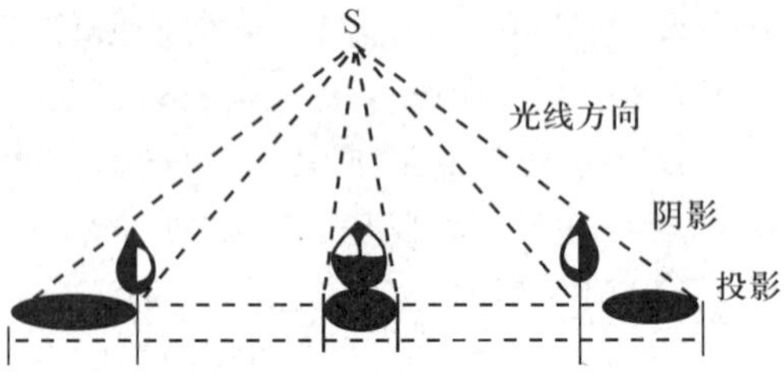

图 2-5 阴影的投影与本影关系示意图

阴影有两种,即本影和投影(图 2-5)。本影是地物未被阳光直接照射到的阴暗部分在像片上的影像,它反映了物体受光面与背光面的色调差异,所以有助于获得立体感。投影是物体投射在地面上的影子(如树影、云影等)在像片上的成像。它一方面可以显示出物体的侧面形状;另一方面使处在投影中的地物变得模糊不清,甚至完全被遮盖。从而给判读和立体测图造成困难。

(五)图形

图形是由形状、大小、色调、纹理等影像特征组合而成的模型化的判读标志。例如,眼、耳、鼻、唇等结构的差异,组成了每个人特有的面部肖像,以至于人们可以从上百张照片中容易地分辨出自己熟悉的人来。地物同样具有各自独特的图案结构特点。

例如,经济林与天然树林同样是由众多的树株组成,但是它们的空间排列图案有明显差别,经济林是经过人工规划的树林,行距、株距都有一定的规律,又如一条公路和一条铁路在航空像片上都是一种相似的线状地物。但是公路有较大的坡度,较急的弯度,许多交叉口,而铁路则坡度较小,弯道的曲率半径大,没有或很少有平面的交叉。这些图案结构上的差别,使我们在航空像片区分这两种道路几乎没有困难。

卫星影像的图形标志是地物形态特征和波谱特征的综合反映。地物在影像上的图形结构,主要取决于该地物的平面形态和高低起伏的特征,当然也与由地物的波谱特性所造成的基本色调有关。地表某一种岩类,因受内、外营力的综合作用而造成一定的地貌形态,它在卫星影像上就具有一定的图形结构。例如,我国北方黄土地区,水土流失严重,地面沟谷纵横,切割得十分破碎,在卫星影像上表现为大面积浅灰色的、细密的树枝状水系图形结构。借此图形标志,我们就可确定黄土墚峁地貌分布的范围。又如,在我国南方碳酸盐类岩石广泛分布的地区,地表喀斯特形态十分明显,峰丛、峰林、干谷、洼地等正负喀斯特形态错纵交织,在卫星影像上构成麻点状、橘皮状和菱形网格状等图案。据此也可以判读喀斯特地貌分布的范围。总之,卫星影像上的图形结构是地物整体形态或宏观特征在影像上的模型。因此,我们运用卫星影像的图形标志可以有效地识别各种地物的属性。

影像的图形结构通常表现为由不同形状、色调及纹理特征组合而成的图案,即包括点状、斑状、条状、块状、格状、栅状、垅状、环状等纹形组成的各种花纹图案。为更好地细分不同地物的图形特征,还可冠以粗的、细的、疏的、密的、明显的、模糊的等形容词,并与其色调特征结合起来加以描述。

(六)纹理

纹理是地物反映在图形内的色调变化频率,它是地物的细部或细小的物体在影像上构成的细纹或细小的图案。地物在影像上的纹理特征与像片的比例尺有关。当比例尺缩小时,表现为纹理的地物尺寸则相对增大。例如,在大比例尺航片上可显示出一颗颗树冠的纹理,据此可区分不同的树；而在比例尺较小的像片上则表现为一系列树冠的顶部构成整个森林的纹理。纹理可用点状、线状、斑状、条状、格状等术语，并加粗、中、细等形容词来加以描述。

（七）相关特征

事物的产生、存在和发展，总是和周围环境相互联系、相互依存。地面上的各种地物之间常常有某种联系，这就是地物的相关特征，它也同样能反映物体的性质，是判读的依据之一。对于一些难以独立识别的地物影像，可根据与其他已知地物的相关特征间接地判译出来。例如，在地质判读中，常使用反映地貌、植被等状况的影像特征作为分析岩性、构造的相关特征标志。

三、不同土地利用类型的影像特征

土地利用类型是不同土地利用条件、利用目的、利用方式的综合反映。它是人们在一定生产方式下，综合利用土地资源的结果。利用遥感影像资料，根据其影像特征和其他因素的分析，可以把不同土地利用类型区分开来，并确定其类型界线和轮廓。但最根本的问题是要在综合分析的基础上，抓住不同土地利用类型最本质的特征，分析研究其成像本质，才能进一步确定其判读标志和内容的归属。此外，掌握不同区域的土地利用条件特点、重要农事活动、耕作制度，是土地利用研究和土地利用航片判读的重要环节。因为在不同的自然、经济、历史等条件的影响下，各个区域的土地利用特点和土地利用结构具有明显的区域特色，其土地利用状况，特别是农业土地利用状况，经常随农事活动、耕作制度、季节变化而变化，而且其变化也随区域的不同而分异。本部分内容在遥感影像解译样本采集和遥感影像解译标志介绍的基础之上，以常见的耕地，园地，林地，居民点及道路，草地、沼泽地及盐碱地，沙地、荒地及裸岩为例，举例说明各种土地利用类型的解译标志。

（一）耕地

耕地又可进一步细分为水田和旱地。北方地区的耕地基本上是一年一茬，水田及旱地的位置比较固定，无论何时摄影，都可依相应的影像特征区分耕地的类型。南方水、旱两熟的地区，不同季节进行摄影可呈现不同的作物色调，此时应以主要作物为判读依据。

1. 水田

水田的特点是田面水平，由明显的田埂分隔成块状，能够蓄水，在水稻生长期内有充足的水源。因此水田一般主要分布在河渠两旁和村镇附近。在彩色红外航片上，其影像呈现鲜红色，有明显的横向田埂痕迹；上、下渠系比较清晰，呈蓝色线条，而其间距比旱作田要窄。

根据水稻的生育期特点，其影像特征大致可分为 3 个类型：一是蓄水时的水田（指蓄水插秧前的水田和蓄水过冬的水田）在全色影像中呈浅黑色，纹理细腻，与白色的田埂影像组成了水田影像特征。二是生长期的水稻田。此时水面影像不可见，影像上见到的是水稻。它的色调随着生长情况而从灰白到深灰不同。总的来说，色调比蓄水时要浅，纹理要比蓄水时粗糙。三是收割季节的水田。水田已无蓄水，收割后稻草堆放田中，影像上色调较明亮，呈灰白色，稻草堆放处的白色影像清晰可见。有的地区收割水稻时，禾秆全部运出，茬桩留在田中，在航片上看到较明亮的灰白块，夹杂有水迹斑纹，田埂呈灰黑色（杂草与田埂阴影的影像）。

水田在冬季种小麦或油菜时，冬、春季节的时相影像上，不能轻率地依其当时的旱地作物影像判为旱地，还应根据自然环境、耕种习惯、耕作地是否水平、能否存水、有否水源等条件来仔细判读它属于哪种耕地。

2. 旱地

旱地是指除水田以外的农作物耕种地，包括熟地、新开垦的土地、休耕地、连续撂荒未满1年的轮歇地、草田轮作的牧草地、以种植农作物为主并附带种植零星果树、桑树或其他树木的土地，但不包括间作农作物的专业性果园、造林地。旱地在低洼易涝地区有良好的排水沟渠网。在农业发达地区，由水源和排灌系统组成水浇地（旱地）。旱地的特点是除平原地区较平整外，一般有些坡度；土壤含水量较少（与水稻田比较）；在农作物生长期之前遥感全色影像较明亮，呈白色至灰白色（刚犁过的旱地影像色调较深）；有较粗糙的地埂或没有明显的地埂；北方的大片旱地地块比水稻田大得多，如在作物的生长期进行拍摄，其色调反映了旱地作物的色调，一般呈灰或浅黑色（随农作物的种类与生长情况不同），往往能见到人工种植的行列式图案。旱地可以分为三类：一是有地埂的旱地，人工修建的简单地埂将旱地分隔成形状不一的条块，地与地之间有一定的高差，但地面不水平，它一般位于耕作较细的丘陵地农业区。二是无地埂的旱地，一般位于丘陵顶部或山区的山坡上，面积或大或小，影像色调较浅，与森林、灌木、草地明显可分。它的坡度明显可见。三是种植旱地作物的梯田，位于山坡上，按地形高度层层修建，立体观察梯田坎明显，但每层地面皆倾斜，不水平、无水源，土质较差、不易存水。

（二）园地

1. 果园

果园在影像上多呈正方、长方等几何图形。由于果树多为阔叶树，因此在影像上呈现圆形的深红色颗粒状（或黑点）图形，并且排列成行，比较规则。有的地块，果树矮小而稀疏，背景为各种旱作耕地，有耕作条纹，这类土地可识别为果粮间作地。

2. 茶园

茶园多种植于长江以南的山地、丘陵，往往沿等高线水平成行种植，不能分清它的株数。反映在航片上的影像为黑白相间，类似于等高线的图案。

（三）林地

林地要求区分出乔木林、阔叶林、针叶林、灌木林、疏林、苗圃、未成林造林地等。影像最小表示面积为4 mm^2。乔木林地与疏林地通过树木郁闭度来区别。树木郁闭度在0.1～0.3为疏林地，郁闭度在0.4以上为森林地。

1. 乔木林

乔木林是由郁闭度0.2以上（含0.2）的乔木树种（含乔木经济树种）组成的连续面积大于1亩的林地。室内预判依其影像的纹理对阔叶林与针叶林能做出正确的判断，有关树名的注记要根据资料分析或到野外补调。

(1)阔叶林

阔叶林的树冠在遥感影像上是从灰白到深灰的团状颗粒，构成葡萄状的结构纹理，树冠影像朝阳面色调浅，背阴面色调深，其阴影一般呈椭圆形。

(2)针叶林

针叶林分常绿针叶林和落叶针。树冠反映在影像上为浅黑色或黑色（或暗红色），而常绿针叶林又比落叶针叶林的色调深。若能见到其阴影，可见阴影为细长的圆锥图形；密集而品种单一时，在一片树林内，树高变化不大，在影像上针叶林常常构成密集的针点状结构纹理。

2. 灌木林

灌木林是指成片生长的、无明显主干、枝杈丛生、空白间距一般在 5 m 以内的林地。灌木林在影像上呈深灰(或浅褐色、红褐色)的颗粒状,但其颗粒比成年乔木林小。灌木丛在影像上呈一小黑点,放大看能见其高度,有时与树木杂生。

稀疏灌木丛是平均间隔大于 5 m 的灌木林,一般杂生在疏林、盐碱地、沼泽地、沙地上。影像上以背景影像为主,并有零星的不规则深色小斑点。

3. 疏林

疏林是树木比较稀疏的乔木林地,树冠边缘之间的平均距离为平均树冠直径的 2～5 倍,可以目估树冠间的平均距离及树冠影像的大小为判读依据,但必须进行放大观看,才能鉴别点状影像是乔木而不是灌木丛。疏林常常是杂生在其他低层植被中。

4. 苗圃

苗圃是专门培植树木幼苗的场地。一般位于城市林场和从事林业生产的农村居民地附近的平地或林间。苗圃土地平整,地块间被正规的土路分隔。北方的苗圃周围常有防护林带,在影像上的色调视苗木的生长状况而定。

5. 未成林造林地

未成林造林地是树高 4 m 以下、胸径小于 8 cm 的幼树林。人工种植的幼树林一般排列整齐,纹理细密。立体观察下可见其明显高于农作物,树冠影像呈细颗粒状,色调视树种而定,类似于树林。

(四)居民点及道路

1. 居民点

居民地的影像与大比例尺地形图上居民地的符号很相似,由不同色调的一些长方形或正方形聚集而成,极易识别。

城市居民地占地面积大,且有纵横交错的街道,比较复杂,一定要与已有的大比例尺市区图对照,并结合立体观察和实地调查来进行,才能省时而又保证质量。

农村居民地一般位于河流附近,山区农村都在大山谷内平坦而近水的地方。周围有耕地且有小路连通。

街道影像的形状是线条,一般呈白色,但干净的沥青路面为深灰色,有沙的沥青路呈灰色或浅灰色;若街道狭窄、临街建筑物阴影大,则为黑色或白线黑色;若街道边树木较密,则为黑色,但边缘不整齐。

2. 道路

①铁路:在影像上为灰色的线状,直线路段多,转弯平缓,没有急转弯,沿线有许多附属建筑物,如车站、交车道、路堤等。

②公路:在影像上呈带状,转弯比铁路急,色调多为白色,沥青路面为灰色,路边有行道树,通常会穿过居民地的中心。

③乡村道路:在影像上通常是不规则的、宽度不等的白色或灰色的细线。坡度较陡、排水良好和干燥的地区为白色。隐蔽中的道路或在冲沟、干河中的路较难判读,可通过立体观察找出片段道路后将其连接起来。

(五)水域

水域主要应区分出河流、湖泊、池塘和沟渠等类型。河流在影像中表现为不同宽度的弯曲带状，色调由白到黑（在彩色红外航片上呈深蓝色），极不一致。色调的深浅程度与河流的深浅、混浊程度以及拍摄时的光照条件有关。一般是水深则色调深，水浅则色调浅。影像拍摄时水面的反射光线射入镜头时呈白色，否则呈黑色。

判读河流最好是借助立体镜观察。小溪显示出的弯曲不规则的细线条，经常被岸上的树木灌丛所掩盖。湖泊和池塘可根据水涯线来辨认，其水面的色调呈均匀的浅黑色或灰色。沟渠在航片上都呈现暗色的线状影像。排灌系统完善的地区，灌渠的一端总与水源相连，排水沟的一端总与河流相通。

（六）草地、沼泽地及盐碱地

1. 草地

草地是草类生长茂盛或比较茂盛，覆盖地面达50%以上的地区（包括杂生在其中的、与草类同高的灌木）。它主要分布在干旱地区的草原、树木稀少的山地、丘陵地、沼泽、湖滨的草甸上。它在影像上的色调在灰白至深灰之间，地表湿度大，草类生长茂盛时色调就深，反之则浅；而在彩色红外航片上呈现微红色或鲜红色。

2. 沼泽地

沼泽地是经常湿润、泥泞或有积水的洼地（包括季节性的湿草地）。一般长有喜水植物，有的有泥炭堆积。沼泽地的影像与水、泥炭和湿生植被的种类有关。沼泽地一般位于河流、大的湖泊沿岸及泄水不畅的洼地。

3. 盐碱地

盐碱地是地面盐碱聚积、呈现白色且草木极少的地块。盐碱地一般分布在降水较少、排水不畅的平地或曾受海水漫浸的地段，它在航片上的色调因水的含量不同而异。在干燥季节，它呈白色或浅灰色斑纹；春季返潮时呈灰色；雨后呈深灰色。裸露的光秃盐碱地面与其上生长的蒿草，组成浮云状的花纹图案。

（七）沙地、荒地及裸岩

沙地上植被稀疏，在彩色红外影像上为淡黄色。荒地由于植被稀少，在影像上呈现大片灰白色，有稀疏植被生长的地方为微红色。裸岩地全部呈现暗青色。

第四节　土地构成要素的遥感判读

一、地貌判读

地貌在影像判读中是较为直观的要素之一，由于地貌形态是地壳表层在各种外营力作用下形成的，所以对地貌判读不仅是研究地貌的一种手段，也是土地资源判读的基础。而且在对地质、土壤、植被等判读时，都要考虑地貌条件。

（一）地貌形态判读

地貌判读是从地貌形态开始，要先区分出平原、山地、丘陵等大的类型，然后再进一步分析它们的特点。在遥感影像上地貌影像的特点表现为深、浅不同的色调，以及由不同色调构成的各种几何图形。在判读时可以从图形的点、线、面、体等方面分析其特点。

1. 平原

平原在一个较大范围内呈平面形态，受光均匀且没有明显的受光面和背光面，其表面多由第四纪松散物质组成，影像呈现较为均一的色调。其中常有水系形成的花纹、耕地形成的色斑及不同色调的城镇。

2. 山地

山地表现为地面起伏不平，以岭脊为界的阴阳坡，反射阳光的强度有明显的差异。在影像上阳坡为浅色调，阴坡为深色调，山越高，切割越深，其色调的差异越大。脊线较宽平、色调差异小是山势比较平缓的标志。可通过山体的大小、岭脊的长短、宽窄和排列形式进行分类，也可按冲沟的密度、切割深度及所形成的花纹进行次一级地貌的分类，还可以通过山地的花纹和植被分布的情况对山地相对高度变化进行评估，但是要想确定山地的准确高度还必须查阅有关资料。

3. 丘陵

丘陵是介于平原和山地的过渡地带，与山地比较，它的起伏变化小，较低的丘陵脊线不明显，当高度接近低山时，会出现明显的脊线及阴阳坡色调差异的影像。从位置特点看，丘陵多分布在山地的边缘或呈小面积独立成片存在。

利用卫星影像，可以观察较大地区的全貌，有利于对地貌进行大的类型划分。

(二)流水地貌判读

1. 洪积扇

干旱地区暂时性河流会在山前地带形成洪积扇，一系列洪积扇连成片，就形成山前洪积倾斜平原。洪积扇的外形多呈扇形和平缓的锥形，表面有密集的呈辫状或扇状分叉的细流，扇体色调随组成物质及植被而异。洪积作用较强的大洪积扇，往往有明显的分带性；主要由沙砾组成的扇顶地段，一般无植物生长，多呈灰白色或淡灰色；洪积扇的中、下部，扇面有粉砂或黏土覆盖，并生长植物，多呈灰色或暗灰色，洪积扇前缘，坡度平缓，物质较细，地下水接近地表或溢出地面，色调较暗。洪积扇之间的扇间洼地，地势低洼，色调较深，或有反映盐渍化现象的云雾状或花斑状的影纹。在新构造运动活跃的山前地带，常见有新老洪积扇呈串珠状或叠瓦状排列的现象，一般老洪积扇的色调比新洪积扇浅。我国西北地区山前地带普遍发育的洪积扇群的洪积倾斜平原，在卫星影像上清晰可辨。

2. 河床、河漫滩、阶地

在影像上可以很清楚地看出河床的形态特征，区分出顺直河床、弯曲河床、江心洲分叉河床、宽浅散乱的游荡性河床等类型。不同类型河床中的心滩、边滩都呈灰白色或白色，不长植物；江心洲上有植物或耕地分布，色调与河漫滩相同。河床的深槽段色调较暗，而浅滩段色调较浅，山区河流急滩上的浪花呈白斑状向下游延伸渐灭。在假彩色红外像片上，清水呈暗蓝或接近黑色，随着河流含沙度的增大，渐变为浅蓝色细点状或云雾状影纹结构。在标准假彩色合成的卫星影像上，含沙量低的河水呈黑色或暗蓝色，含沙量高的河水呈淡蓝色甚至白色。在遥感图像上还可分析水流的流态，分辨出高速区、缓流区和局部流态变化的位置与范围，从而推知河床冲刷和淤积变化的趋势。

河漫滩是由河床侧向摆动和洪水泛滥堆积造成的谷底地貌。它是河谷内利用条件最好的平坦地面，加上连片分布的农田，形成的深浅不一的灰色或黑色网格状图形。此类型地域在洪水较大时能被淹没，因此常常筑有河堤等防洪建筑物，以保护其上的农田、居民点和道路。河漫滩与谷坡、阶地之间有明显的坡度转折，其界限在像片上一般能清晰区分。残留在河漫滩上的废弃河道或牛轭湖，在像片上呈暗色或灰黑色。弯曲河流凸岸的迂回扇，在影像上表现为一条条明暗相间的弧形条带，微微高起的沙岗呈灰白色，其间的条带状浅洼地呈深灰色，迂回扇收敛的一端指向下游，撒开的一端指向上游。

河流阶地是沿河谷展布的块状或带状的平台。它是河谷内利用条件比较好的地貌单元，尤其是低阶地，大多已被辟为农田和果园，一些工厂、居民点以及公路、铁路也坐落在阶地上。在遥感影像上，低阶地的色调比河漫滩要浅，阶面上大多为平整的耕地和梯田，其间有浅切割的沟谷（南方多为坳谷），内辟有冲垅田，色调较暗，多呈竹笋状或蚯蚓状。高阶地因切割破坏较强烈，多表现为谷坡上的小块平台，需要细致判读，才能圈定其位置，有时甚至不易判读出来。

3. 三角洲

三角洲是河流入海或入湖的堆积地貌，其规模大小不一，且类型复杂多样。在遥感影像上能较全面地显示出三角洲陆上部分和一定深度的水下部分的形态特征及其演变过程与趋势。在陆地卫星影像上能清晰地显示出滦河古三角洲和现代三角洲的发展概貌。利用MSS5影像可以分析三角洲平原的地貌特征、物质组成及土地利用状况，MSS7影像可以研究三角洲河道的演变和三角洲水边线的动态变化，MSS4影像可用于分析三角洲水下地形。

4. 水系判读

水系由地面上相互有关联的大小河流组成，卫星影像上可以判读水系的形态特征和密度。水系的形态与地质构造、岩性和地貌有密切的关系。例如，树枝状水系表现为支流与主流以锐角相交，主要分布在岩性均一、基岩（岩石或土壤）较软的地区（如砂岩、页岩、黄土及海岸平原沉积层发育地区）。格状水系表现为支流与主流以直角相交，主要分布在垂直交叉的断裂及裂隙发育的沉积岩地区。放射状水系表现为从中心向外放射，主要分布在火山、孤山和弯形隆起地区。

河流改道后遗留的古河道，虽然经过人类改造，地面无明显的标志，但是在MSS7的图像上，古河道两岸的自然堤土壤因含沙量大、含水量小，而呈浅色调，中心河道土壤含水量大于两岸则呈深色调。其种植作物的品种和作物生长情况也不相同。

（三）风沙地貌判读

风沙地貌在卫星影像上的特征主要表现在色调、位置和内部花纹等方面。沙是具有强反射性的物质，在各个波段图上都呈浅色调。流动沙丘色调更浅一些；固定和半固定沙丘由于地下水位的升高或植物的生长，色调略暗一些；在河、湖、海边的沙滩，色调与周围地物相比显得浅一些。土壤中含沙量大时色调也会变浅一些。

从位置来说，风沙地貌大面积分布在干旱地区，江、河、湖、海岸边也有零星分布。

风沙地貌的形态特征要从轮廓界线和内部花纹图案两方面分析，其轮廓界线是否明显与周围的地形、地物有关。如与山地相邻则其界线很明显，而与草原交界时，一般有一个相当宽的过渡带。若草原已垦为耕地，则界线较为明显。

风沙地貌地区水系稀少，河流只显示出一些较大的主干河道，而缺少细小的支流。利用不同时相的遥感影像进行分析对比，可以了解沙漠的动态变化，如移动方向和速度、内部风蚀和堆积的情况，这对于难以到达的大沙漠地区的调查和制图有很大的作用。

（四）黄土地貌判读

黄土地貌分布的区域一般比较干旱，而黄土本身又具有质地均一和反射强的特点，在各波段影像上一般呈均匀的浅色调。从形态特征看，黄土具有垂直节理发育而抗雨水冲蚀能力弱等特点，形成密集而坡陡的沟谷。其影像表现为密集型树枝状水系所组成的花纹图案，这种图案是黄土地貌判读时特有的标志。

（五）岩溶地貌判读

岩溶地貌是石灰岩地区的一种地貌类型。在卫星影像上的特点一般表现为具有较深的色调、明显的边界，以及独特的"花生外壳"花纹图案。由于岩溶地貌的发育受到地质构造的严格控制，所以形成的峰林残山和溶蚀洼地呈定向排列，有的呈直线展布，有的呈格状展布；峰林色调较暗，溶沟色调浅；溶蚀漏斗形成的洼地影像多呈深色调，底部若有松散沉积物充填，色调则呈灰白。岩溶区的水系为主干河流和两侧支流，多受构造控制，岩溶蚀洼地呈连续或不连续状分布。在广西、贵州的岩溶地形区的卫星图像上，都可以看到典型岩溶地貌的特征。

岩溶地貌是湿热地区石灰岩的一种地貌形态，而在干旱寒冷的石灰岩地区，则水系稀疏呈树枝状，地貌形态表现为崎岖陡峻，影像色调较浅，岩溶不发育。

二、地质判读

地质判读包括构造和岩性两大部分。构造判读是利用影像的色调差异和形态特征。由于使用了近红外波段，能较清楚地显示出地下水、表层湿度、植物生长等因素的变化，使构造形态突出，并能显示出一些隐伏构造的形迹。岩性判读是比较困难的，这是因为陆地卫星多光谱扫描仪在设计时不包括能反映识别岩性的波段，故在卫星影像上直接判定岩性的标志不多，一般要对色调、地貌、水系形态及植被类型等进行综合分析才有可能识别。

岩性的色调还受到环境条件的影响，风化能使色调变浅，湿度增大能使色调变深，植物生长季节植被的色调代替了基岩的色调，因而判读岩性时，影响色调的因素是多样的。但是根据环境条件对岩石色调影响的变化规律，可以区分色调接近的岩类。

各类岩层由于成分和构造的不同，都具有一定的外形轮廓和内部花纹图案。因此，可以根据山峰山脊的形态、大小、宽窄走向，以及水系形态和密度等因素，对岩层的影像形态进行分析。外形轮廓和内部花纹图案的特点，不受植物生长情况、湿度大小等自然环境的影响，具有相对稳定性。

沉积岩中的砾岩、砂岩、页岩等都是互层的，在卫星图像上表现为条带状，各条带的色调和花纹都不相同。大片砾岩层在遥感影像上较为少见，水系以树枝状和格状较为常见，多形成正地形，构成方山和单面山。粉砂岩和页岩都容易被风化剥蚀，多形成低矮浑圆、波状起伏的"馒头"山，其上植被发育较好，水系多为树枝状，支流多而密。

沉积岩中的碳酸盐岩在湿热地区具有深色调和岩溶地貌的独特花纹。在寒冷干旱地区具有浅色调，其上植被不发育、基岩裸露，表现为山峰、分水岭尖峭及水系稀少的花纹图案。

岩浆岩中的侵入岩外形轮廓多呈圆块状，酸性岩在多数情况下为正地形，而基性岩和超基性岩则多为负地形。色调因岩性不同而异，一般酸性岩色调较浅，中性岩较酸性岩色调深些，而基性岩和超基性岩色调更深。侵入岩和围岩的接触线一般较清晰。

岩浆岩中的火山岩，喷发年代不久的多保留有火山口，喷发年代久，表面风化严重的则不易判读。火山碎屑岩色调有浅灰、暗灰、黑灰，纹形呈现为宽窄不一的条带状或斑块状，有的构成山地和陡峻的山脊，有的构成低缓盆地中的小丘与岗地。火山岩中的玄武岩多呈深色调及圆形、块状等，地貌上多呈现为台地、陡坎或定向排列的小丘与岗地。

三、土壤解译

(一)土壤解译原理

利用遥感影像判读土壤,一般来说是比较复杂和困难的。这是因为成土过程受多种因素的制约,土壤类型的划分既不取决于表土的特性,又缺乏形态标志,因此在遥感影像上不能提供直接的判读标志。除了某些可依据土壤表层光谱特性即可确定土壤属性的土壤类型(如盐溃土、沼泽土、砂土和石质土等)以外,大多数土壤类型主要是根据土壤和景观相关的原理间接判读出来的,即按土壤发生学的基本理论,对遥感影像所提供的景观信息加以辨认,通过综合分析,得出不同的景观结构和类型的概念,从而推断和确定在此景观条件下可能发育的土壤类型或土壤组合。

遥感影像综合地记录了土壤本身性状的光谱特性及其成土环境条件的光谱特性,这是依据遥感影像识别土壤景观和土壤类型的物理基础。地貌、母质、植被等成土环境诸因素,都具有一定的影像色调和图形,并具有空间和时间的变化规律。其中地貌条件在土壤景观诸因素中往往起主导作用。不同的地貌单元常具有不同的土壤组合,地貌单元的界线往往也就是土壤单元的界线。在平原地区,土壤类型较少,各类型的面积较大,较易判读;而山区土壤类型复杂,各类型的面积小,判读较困难。但山区土壤类型与植被类型的相关性十分密切,对多时相、多波段的遥感影像进行增强处理,尽可能提取土壤和植被的有关信息,是进行山区土壤判读的有效途径。掌握已知的不同土壤的植被类型和景观特征随时空变化的规律及其在遥感影像上的表现特点,就能以遥感影像为依据,由已知推未知,并应用内插和外推法绘制出土壤图。

(二)土壤光谱特征

土壤光谱特征受土壤质地、有机质含量、土壤水分、氧化铁含量、土壤盐分和矿物成分等因素影响,在野外测定的土壤光谱曲线是这些因素的综合光谱特性。由于自然环境不同,因此有些因素起主导作用,而另一些则为次要因素,这就要具体情况具体分析。例如,洪积扇区顶部色调浅,这是由地势高、质地粗、含水量少、有机质含量低等因素造成的;而在洪积扇的前缘则色调深,这是由土壤质地细、含水量多造成的;有的因排水不良而沼泽化,则是由于四氧化三铁的黑色加深了土壤的色调;若在干旱季节呈浅色调,则是土壤盐渍化的表现,是由水分蒸发盐分积聚形成的。

(三)卫星影像土壤判读实例

以北京假彩色合成 MSS 影像为例,在影像所反映的平原地区,除局部地方有大河道形成的带状伸展的砂土表现为浅色调,或沼泽土表现为深色调以外,其余都是适于种植多种作物的耕地,主要土壤类型是在冲积土上发育的褐土化潮土或潮褐土。小麦分布多而生长良好,显示为鲜红色,北京城东南方红色渐减,有不规则的淡色斑点出现,说明土壤有不同程度盐渍化的表现,属于盐化潮土区。北京城西北方的燕山山脉发育的是棕壤,低处发育的是淋溶褐土;在怀来盆地、低地和低阶地的土壤则为潮土,盆地周围的黄土台地(高阶地)发育的是褐土。

四、植被解译

(一)植物光谱特性

植物光谱主要受叶绿体(叶绿素、叶黄素、胡萝卜素)和含水状况等因素影响。由图 2-6 可见,典型植被的反射特性在可见光区反射绿光,吸收蓝光与红光,在近红外区由植物组织强反射带和水分吸收带组成。

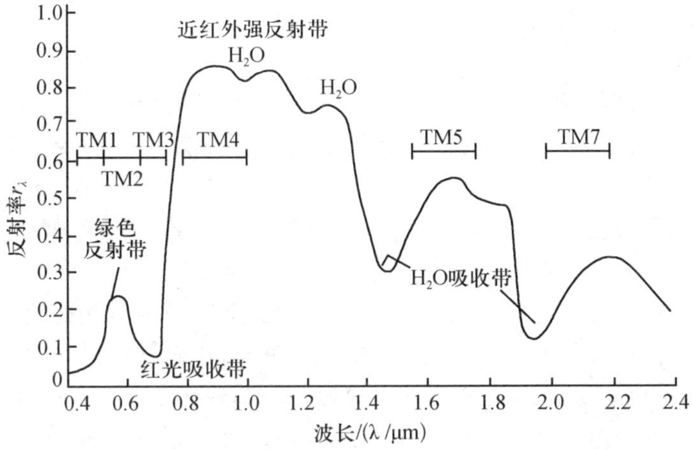

图 2-6　正常植物的反射光谱曲线　(室内分光光度计测定)

因植被对近红外波段具有高反射率的特点，通过卫星影像识别植被生长范围是容易的，植被在常规假彩色合成片上呈现红色，易与裸土等其他地物区别。

TM4 和 TM2(相当于 MSS7 和 MSS5)波段是判别植物的最佳波段，植物不同生长期的叶绿素含量不同，在上述波段中具有不同反射率。不同植物类型、种属，其反射率也不同。一般来说，在可见光区各波段中，稀疏荒草地反射率较高、色调较浅，灌丛次之，森林较暗，但在近红外(0.76～0.90 μm)波段的反射率刚好与此相反。TM4 对阔叶林、密林、健康植被的反射率较高；对针叶林、疏林、受病害或生长差的植被的反射率较低(受害植被的光谱特征主要表现为 TM4 和 TM2 的比值降低)。即可见光区平均反射率增高，近红外区降低。

(二)影响植被光谱的因素

1. 植物的疏密程度

当植物叶子密度不够时，就反映出地面的信息，因此植物的枝叶对地面覆盖程度不同，地面背景在植物色调中占的比重也不相同。一般认为叶面指数在 5 以上时才能消除地面背景的影响，但一般植物的叶面指数都在 4 左右，叶面指数又和植物的高度有关。

2. 物候期的影响

植物在不同生长阶段叶片的组织情况不同，叶片颜色也不同，这就引起影像色调的变化。幼嫩的植物叶子反射最强，其透射性也较强，能反射一定地面情况。随着叶龄的增长，植物的栅状细胞由生长到死亡，在近红外波段的反射也由强到弱。因此，同一种植物在不同季节的光谱都有变化。不同的乔木、灌木、草本植物的光谱变化也是不一样的，夏季差异不大，春季和秋季则差异明显。因而在卫星图像上的色调就有明显的差别。

3. 下垫面的影响

植物下垫面的土壤性质和色调对卫星图像上植物的色调有一定的影响，因为在一般情况下叶面指数都小于 5，不能将太阳光全部吸收和反射，总有一部分光会照射到地面。地面情况不同，对光的吸收、反射也不同，会直接影响植物影像的色调。

4. 病虫害的影响

植物受到病虫害和人为伤害时，率先作用于叶片组织，在近红外波段表现最为明显，即反射强度明显减弱。很多例子证明，当植物遭受病虫害和人为伤害的初期，形态和颜色尚未发生变化时，近红外波段反射强度已有明显的改变。

(三)植被判读的特点

①植被判读完全根据植物光谱特点进行，而植物光谱特点随时间和环境的不同而变化。所以在判读时一定要充分运用已有的植物群落组成及物候期等资料，结合现场调查，补充和验证由于条件变化对光谱产生的影响。

②植物的生长发育是与气候密切相关的，可以根据气候分区和植被区划等资料，先大致确定各地植被类型和生长情况，然后再通过实地考察来验证。

③因为植物有物候期的特点，考察时应充分运用遥感影像多时相的优越性，选取各种植物光谱相差最大的时间和不同物候期的遥感影像进行对比，这对判读是非常有利的。例如，春末秋初是各种落叶植物叶片变化最大的时期，对判读植被是有利的。运用植物生长季节和冬季遥感影像对比，可以清楚地判读落叶林和常绿林。判读各种农作物时应根据各地物候期的特点选取适当的遥感影像。

④遥感影像是多波段成像，可以运用多波段的特点对图像进行增强处理，以突出要判读的植被特点。0.47～0.51 μm 和 0.5～0.62 μm 是人眼辨色的敏感区，波长每变化 1 nm 就可以被观察出来，因此在彩色合成时，应充分利用植物颜色在这个区间的变化，以增强判读的效果。

第五节　土地调查遥感信息的提取方法

土地调查的主要工作是通过遥感影像处理、判读并提取各种地物的信息。遥感信息提取的基本原理就是根据影像本身的影像特征和它所反映的地学规律，参照各种地物的光谱特征进行综合分析，建立解译标志，依据土地调查的分类，提取各种地类的信息。目前，遥感信息提取方法可分为人工目视解译和计算机辅助解译。

一、人工目视解译方法

人工目视解译，又称为目视判读，主要凭借光谱规律、地学规律和解译者的经验，从遥感影像的亮度、色调、位置、时间、纹理、阴影、结构等各种特征推出地貌的景物类型。人工目视解译是人们通过遥感技术获取目标信息最直接、最基本的方法。同时，遥感图像的增强处理和信息提取也都离不开目视分析，计算机视觉、人工智能等技术也都是在模拟人眼和大脑的机能、原理基础上发展起来的。因此，可以说目视解译在土地调查中具有不可替代的作用。

(一)解译原理

遥感技术延长了我们的视力，使人类能从上千米的太空，以紫外线到微波的宽频段迅速、清晰地记录下地表景观，并以微缩的形式——影像保存下来。目视解译实际上是通过分析这种“微缩”了的影像模型来再现地表真实景观的，所以说目视解译是遥感成像的逆过程。由于遥感影像所记录的信息具有综合性、相关性、时空变异性等较为复杂的特点，因此它的解译依赖于专业人员的地学知识。

1. 影像信息的综合性

遥感影像提供的信息是地理景观的综合信息，我们可以从中获取土地各个构成要素，如植被、土壤、地貌、地质等的空间数据及其属性数据。而这些要素的信息相互联系、相互制约、相互依存的综合表现，构成了地理景观的整体模型。因此可以直接地研究景观类型，也就是土地类型；也可以单独提取各类信息，进行专题研究，最后综合成景观类型。

2. 影像信息的地理相关分析

各景观因素，如地貌、植被、气候、地质构造及土壤等，都受地带性和非地带性规律的控制，相互作用、相互依存，构成地理景观。这种相互作用、相互依存的关系就是地理相关分析的基础。地理相关分析又叫景观综合分析，是遥感解译的基本方法。

3. 影像信息的空间变异特性

影像信息的空间变异反映了各景观要素的空间分布规律。气候、植被、土壤的地带性较强，是因为受到全球性的热量带和大气环流的制约，呈明显的带状分布。如全球从赤道到两极依次出现赤道热带雨林砖红壤带，亚热带常绿林红、黄壤带，温带落叶阔叶林棕壤带，亚寒带针叶林灰化土带，寒带苔原冰沼土带等。水平地带主要受纬度和海陆位置的影响；垂直地带性主要受海拔的影响。由于遥感影像代表的面积大，因此可以同时反映这两种地带性。

地质构造和地貌属非地带性因素，受地球内部动力作用和地球表面各种应力的影响。它们共同作用于地表，使其产生非地带性的变化。如青藏高原的隆起，改变了当地的气候，并影响了亚欧大陆东部的地理格局。在亚热带地区出现了高原寒带气候和高原草甸、草原植被，与同纬度的亚热带常绿林景观大不一样，形成了独特的地理单元。

4. 影像信息的时相变化规律

植被、水体、土壤含水量、农作物生长发育等具有季节性的变化，反映在不同时间的遥感影像上就有不同的影像特点，称为时相变化。如草原在夏季（生长旺季）为红色，冬季则呈黄色；高山草甸在夏季为淡红色，冬季被积雪覆盖则呈白色；泥炭沼泽全年无变化为黑色；沙地也是全年无覆盖为黄白色。对比观察不同时相的遥感影像，即可了解不同的土地利用类型。

对于耕地的解译，时相更为重要。如四川盆地在春季假彩色遥感影像上，冬水田有水面覆盖，为暗蓝色斑点；两季田如小春作物，呈红色斑块；旱地多为裸土影像。故 3 种土地利用类型在春季遥感影像上容易区分。夏季遥感影像上，作物覆盖度最大，水田与旱地不易区分，仅能从水田底色较暗这一点上稍加区分。秋季遥感影像上，水田已收获，实际为水体或湿地影像，旱作物尚未收获时为红色斑块，可以区分。高山峡谷区的耕地较为简单，都是旱地，冬、春、秋三季均为蓝色裸土影像，仅夏季为红色。

林地解译时相也很重要，要根据不同地理区林地种类的物候期来解译。在假彩色片上暗针叶林常年为暗红色，落叶阔叶林夏季为亮红色，冬季为黄红色，疏林地介于林地和草原之间。灌丛在夏季为玫瑰红色。

(二)解译原则

影像判读时，一般应遵循以下原则。

1. 多种信息综合分析

许多遥感判读工作要综合多学科、多手段获得的信息。例如，土壤、地质调查需要结合实地采样分析，植被调查需要实地样方资料，城市内部的土地利用现状可结合地图中的 POI 数据。此外，遥感判读过程中也要注意卫片与航片、主图像和辅助图像、图像和地形图、专业图和文字资料相结合，才可以使判读取得更多已知条件，增加更多影像信息，供进一步分析判断。

2. 多手段、多方法相结合

最早的目视判读只靠简单的放大镜、透图台、立体镜，现在则可充分利用计算机及外围设备，比如利用计算机辅助判读，将地形图扫描进计算机，与遥感影像配准、叠加，这样判读更方便、准确。

3. 内外结合、保证精度

要注意室内判读与野外实地对照相结合的原则。根据这项原则建立判读标志，校核室内判读结果，补测必要的实地数据等，使图像判读的质量得到进一步提高。

土地调查目视判读成果的优劣需要经过科学验证。通常采用统计抽样方法，保证判对率在允许范围内。对于重要对象或目标甚至要保证百分之百的准确率，而且还要保证专业成图的面积精度。

(三)解译方法

遥感影像的目视解译分为直接解译和间接解译。

1. 直接解译

地物通过影像解译标志能在影像上直接辨认，称直接解译。可直接解译的一般是暴露于地表且有鲜明形态特征和光谱特征的地物，如水体、山体、沙地、城市、机场、泥炭沼泽等。土地利用现状中的耕地、园地、林地、草地、水域及水域设施用地、工矿、住宅、交通运输用地，以及其他土地类型均可直接解译。

2. 间接解译

一类地物被另一类地物覆盖，或范围过小，或形态及光谱特征不鲜明而不能从影像上直接解译，只能根据地理相关性或综合的解译标志间接地解译出来，称为间接解译。间接解译既要求解译者有丰富的专业知识，又要利用有关地理资料作为解译的补充信息，而且要有实际经验。

遥感影像目视解译的基本原理就是根据影像特征和它所反映的地学规律进行综合分析，建立解译标志，并以解译者所占有的地学资料和实地路线调查资料作为补充信息，三者综合即可判别地物种类和划定边界，制成某种专业图件。这种方法又称为景观综合分析法，是遥感影像专业解译中应用最广的方法。

拿到遥感影像数据之后，一是要读遥感影像的属性数据，了解经纬度及地理位置、时相、合成方法等；二是对照地形图，识别地貌概况，对照地质图，粗略认识该地区的地质构造和岩石类型；三是根据遥感影像的时相，结合当地物候资料和气象资料，初步认识植被类型和农业利用情况。在对该幅遥感影像的自然地理概貌和农业利用状况初步了解以后，即可大致划出土地类型或土地利用现状类型。

必须强调的是，遥感影像只能提供该幅遥感影像范围的地物反射信息，以及由此组成的地学综合信息，必须结合已有的地学资料或必要的实地调查资料进行综合分析，没有实地调查和基本的地学资料，仅仅依靠遥感影像是不能完成专业调查任务的。

早期的遥感目视解译和制图基本是手工完成的，现在完全是在 RS 软件、GIS 软件、制图软件进行遥感目视解译和制图的。在解译时，要遵循由大图斑到小图斑、高级分类单元到低级分类单元、容易解译到不容易解译的原则，借助水系、交通干线等作为控制遥感影像几何精度的骨架，用局部重合法，对影像信息进行逐块、逐片的解译。

二、计算机辅助解译方法

计算机自动分类是以计算机系统为支撑环境，利用模式识别技术与人工智能技术，根据遥感图像中目标地物的各种图像特征(颜色、形状、纹理、空间位置等),结合专家知识库中目标地物的解译经验和成像规律等知识进行分析和推理,实现对遥感影像的解译。

(一)遥感图像计算机分类的一般原理

遥感图像的计算机分类是模式识别中的一个特定方面。解决模式识别问题的数学方法一般可以分为两大类,即统计模式识别和句法(或结构)模式识别,而统计模式识别方法是目前遥感图像机助分类最常用的方法。

统计模式识别的出发点,是把对识别对象特征的每一个观测量视为从属于一定分布规律的随机变量;在多维观测的情况下,则把识别对象特征的各维观测值的总体视为一随机矢量,每个随机矢量在一个多维特征空间中都有一个特征点与之对应。所有特征点在特征空间中将形成一系列的分布群体,每个分布群体中的特征点被认为是具有相似特征的,可以划为同一个类别。最后,设法找出各个分布群体的边界线(面)或确定任意特征点落入每个分布群体中的条件概率,并以它们为判据来实现特征点(或其相应的识别对象)的分类。这就是统计模式识别的基本原理。对于遥感影像地物而言,其模式识别所使用的特征主要是指光谱特征及其表征参数。遥感影像的光谱特征通常是以地物在多光谱影像上的亮度体现出来的,即不同的地物在同一波段影像上表现的亮度一般互不相同;同时,不同地物在各个波段影像上亮度的呈现规律也不同,这就构成了我们赖以区分不同影像地物的地理依据。

在纯理想的情况下,属于同一地物类别的各地物点理应具有相同的影像亮度值,即完全相同的光谱响应。但由于各种外界因素的影响,使同类地物的成像亮度值总是带有随机误差,从而使影像亮度(即光谱特征)的观测值是一个随机变量 x。于是,同名地物点在不同波段影像中亮度的观测量将构成一个多维的随机向量 $\boldsymbol{X}$,称为光谱特征向量,即:

$$\boldsymbol{X}=[x_1,x_2,\cdots,x_n]^{\mathrm{T}} \tag{2.4}$$

式中:n 为影像波段总数;$x_i(i=1,2,3,\cdots,n)$为地物影像点在第 i 波段影像中的亮度值。

为了度量影像地物的光谱特征,有必要建立一个以各波段影像的亮度分布为子空间的多维光谱特征空间。每一个影像地物点依其在各波段所具有的亮度观测值可以在该空间中找到一个相应的光谱特征点。由于随机性所致,同类地物的各取样点在光谱特征空间中的特征点将不可能只表现为同一点,而是形成一个相对聚集的点集群,而不同类地物的点集群相对地相互远离。特征点集群在特征空间中的分布大致可分为如下 3 种情况。

1. 理想情况

不同类别地物的集群至少一个特征子空间(即某一波段影像)中的投影(即亮度范围或一维直方图分布范围)是完全可以相互区分开的。这时可以在相应的子空间图像中采用简单的影像密度分割的方式实现分类,如图 2-7(a)所示。

2. 典型情况

不同类别地物的集群,在任一子空间中都有相互重叠的现象存在,但在总的特征空间中却是可以完全区分的。这就意味着利用单波段的影像不能实现完善的分类,而只有利用多光谱现象在多维特征空间中才可能实现精确的分类,如图 2-7(b)所示。

3. 一般情况

无论在总的特征空间,还是在任一子空间中,不同类别的集群之间总是存在重叠现象。这时重叠部分的特征点所对应的地物,在分类时总会出现不同程度的分类误差,这是遥感图像分类中最常见的情况，如图 2-7(c)所示。

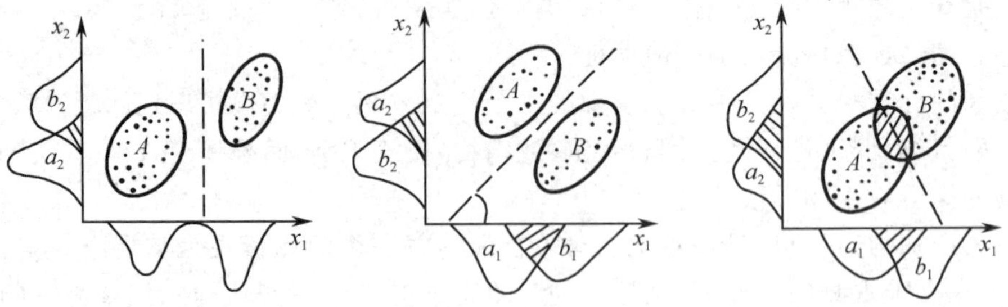

图 2-7　集群分布的各种情况

显然，要在不同特征点分布集群之间划分出分类界线(面)，关键问题是要对各集群的分布规律进行统计描述，通常是用特征点(或其相应的随机矢量)分布的概率密度函数 $p(\boldsymbol{X})$ 来表示的。假设特征点的统计分布属于正态分布，则其概率密度函数可表达为：

$$p(\boldsymbol{X}) = \frac{\left|\sum\right|^{-1/2}}{(2\pi)^{n/2}} \cdot \exp\left[-\frac{1}{2}(\boldsymbol{X}-\boldsymbol{M})^{\mathrm{T}} \cdot \left(\sum\right)^{-1}(\boldsymbol{X}-\boldsymbol{M})\right] \tag{2.5}$$

式中：$\boldsymbol{X}$ 为由式(2.4)表达的随机向量；$\boldsymbol{M}=(m_1, m_2, \cdots, m_n)^{\mathrm{T}}$ 为数学期望向量。

$$\boldsymbol{M}_i = \frac{1}{n}\sum_k \boldsymbol{X}_{ik} \tag{2.6}$$

式中：$\boldsymbol{X}_{ik}$ $(i=1,2,3,\cdots,n;k=1,2,3,\cdots,n)$表示第 i 类中第 k 个像元的灰度值。

$$\sum = \begin{bmatrix} \sigma_{11} & \sigma_{12} & \cdots & \sigma_{1n} \\ \sigma_{21} & \sigma_{22} & \cdots & \sigma_{2n} \\ \vdots & \vdots & \vdots & \\ \sigma_{n1} & \sigma_{n2} & \cdots & \sigma_{nn} \end{bmatrix} \text{(协方差矩阵)}$$

$$\sigma_{ij} = \frac{1}{n}\sum_k (\boldsymbol{X}_{ik} - m_i)(\boldsymbol{X}_{jk} - m_j) \tag{2.7}$$

一旦各类集群分布的概率密度函数都可确定，就可计算任一随机变量属于某类集群的条件概率，进而依据某种概率比较的判决规则，即分类判决函数，就可实施分类处理。然而，影像地物光谱特征点的随机分布一般并不属于简单的高斯分布，而是属于各种分布(如正态分布、矩形分布、三角形分布等)的加权复合。这时对集群分布密度函数的确定过程就比较复杂，称其为“非参数估计法”，其典型方法有泊松估计法等。相比之下，对有固定形式(如正态分布)的密度函数的确定法，称为“参数(如数学期望和协方差等)估计法”。由于非参数估计法的计算量相当大，在实用中一般采用近似的处理方法，如 k-最近邻方法、直方图估计法和基础函数逼近法等。

在遥感图像计算机分类过程中，特别关心的是不同类别间的可分离性问题。类别的可分性不仅取决于各类集群的分布情况，而且取决于所采用的分类准则，即分类判决函数或分类器。但分类器的效果好坏又与参与分类的随机变量(即特征)的选择有关。如图 2-7 所示，在“理想情况”的例子中，我们可以仅用一维随机变量 X 来实现分类，此时的分类器可设计为：若

$x_1(i) > x_{10}$，则地物 i 属于 B 类；若 $x_1(i) > x_{10}$，则地物 i 属于 A 类。

显然，把上述分类器用于图 2-7 所示的“典型情况”或“一般情况”的例子中都不会有好的分类效果。但是，如果我们把“典型情况”例子中的特征向量 $\boldsymbol{X}=[x_1, x_2]^{\mathrm{T}}$ 实施一个线性变换：$\boldsymbol{Y}=A\boldsymbol{X}$。即：

$$\begin{pmatrix} y_1 \\ y_1 \end{pmatrix} = \begin{pmatrix} \cos\alpha & \sin\alpha \\ -\sin\alpha & \cos\alpha \end{pmatrix} \begin{pmatrix} x_1 \\ x_2 \end{pmatrix} \tag{2.8}$$

以使变换后的新特征 y_1 垂直于图中 A，B 间的分割线，则 2.8 式所表示的分类器便可适用于“典型情况”的例子，这时只要把式中的 x 换为 y 即可。顺便指出，由特征(y_1)和(y_2)所代表的是原始图像(x_1)和(x_2)经过 A 变换后产生的两幅新图像，称之为“特征图像”。由此可见，随机变量的选择问题是图形识别中的关键问题，即所谓的特征选择问题，其实质是把原始测量映射为更有效特征的一个过程，同时减少多余的特征数或数据量。在实践中，我们常用遥感图像在多光谱域中的主分量变换、哈达马变换、生物量指标变换、比值变换等措施来进行特征提取或选择。与此同时，还要建立一些衡量特征有效性的准则。

(二)监督分类和非监督分类

遥感图像的计算机分类在数学上可以归结为选择适当的判决函数，有最大似然分类法和最小距离分类法，前者基于 Bayes 概率判决函数，而后者基于各种距离判决函数。但不管哪种分类算法，在实践中通常又有两类处理方案：一类称为监督分类方案，另一类称为非监督分类方案。所谓“监督”，是指人们事先用先验的类别知识，即抽样数据为基准，去定义“样本”类别，同时对判决函数进行“训练”，使其符合各“样本”类别分类的要求，随后用“训练”好的判决函数对其他待分数据进行分类。一旦分类结束，不但各类之间能得到区分，同时还能确定它们的类型。所谓“非监督”，是指人们事先对分类过程不施加任何的先验知识，而仅凭遥感影像地物的光谱特征的分布规律，自然地进行“盲目”的分类；其分类结果只是对不同类别做到了区分，但并不能确定类别的属性；其类型是通过事后对各类的光谱响应曲线进行分析，以及与实地调查数据相比较后确定的。

1. 监督分类

监督分类是利用对地面样区的实况调查资料，从已知训练样区得出实际地物的统计资料，然后再用这种统计资料作为图像分类的判别依据，并依据一定的判别准则对所有图像像元进行判别处理，使得具有相似特征并满足一定识别准则的像元归并为一类。在训练区分类中，如果训练样区所提供的判别资料是与一定的地物相对应的，那么计算机便将该类满足条件的像元识别为与训练样区相一致的地物，从而完成对整幅图像的处理。

监督分类常用的方法有最小距离方法和最大似然分类方法。

(1)最小距离方法

最小距离分类是最简单的判别分析方法。对于已知的训练样区，在图像上求出该区的统计参数(均值、方差)，构造距离函数，并计算每个像元点与各不同训练样区统计判别特征参数间的距离(对每一个不同的地物类别给出不同的距离)。当像元与某类特征参数的距离小于给定的判别距离时，则判决该像元点属于该类别。

在距离判别中，距离计算方法为：

$$d(x_i x_k) = \left[\sum_{i}^{n} (x_{ij} - x_{kj})^2 \right]^{1/2} \tag{2.9}$$

表明了某像元点 x_k 的距离，且判别函数为：$x_i \in k$ 类，当 $|d(x_i, x_k)| \leqslant C_k$；$x_i \in$ 其他，当 $|d(x_i, x_k)| \geqslant C_k$；这里，$C_k$ 为对第 k 类（$k=1,2,3,\cdots,n$）地物给出的判别准则。

进行距离判别，实际上就是要在一个图像空间划分出一些互不重叠的区域，使得每一类地物落入其中的一个区域。反过来，一个区域也只代表了一定的地物类型。对于三维图像空间（三波段），由判别准则构成的空间即为平行六面体，有时又称距离分类为平行六面体分类。

(2)最大似然分类方法

最大似然分类是一种非线性监督分类，主要采用 Bayes 准则进行分类，这个方法是对每一类别都建立各自的判别函数。当我们要判别任意像元 X 属于哪一类时，就把 X 代入各类别的判别函数，求出若干个判别函数值，比较这些函数值与判别准则，以此确定被判点 X 应属于哪一类别。Bayes 准则建立的依据是最小误判概率或最大后验概率，在理论上可以证明这两者是等效的。这时会假定总体是服从正态分布的。

图 2-8 表示了两类总体判别中的误判区。对于两类不同均值、方差下的总体分布，由于分布函数为正态分布，在两类总体情况下分布函数有一个混交区。混交区内的点如何判别 Bayes 分类的最小风险法，亦即最小损失法，从而使得原来属于第一类的总体误判为第二类，和第二类点被误判为第一类的总损失（和）为最小。

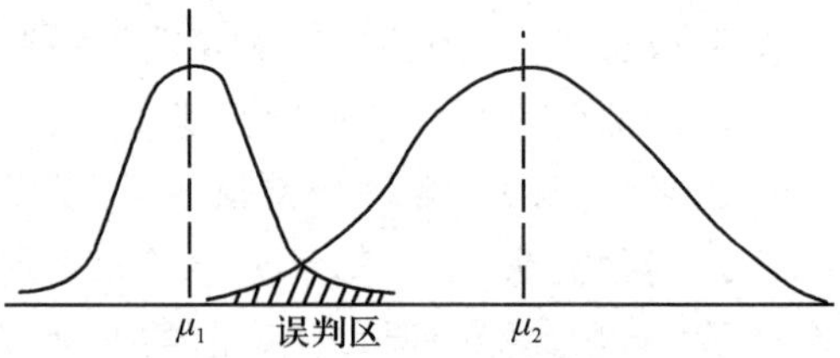

图 2-8　两类总体误判示意图

Bayes 分类的判别函数为：

$$g_i(\boldsymbol{X}) = \frac{1}{2}(\boldsymbol{X} - M_i) \sum\nolimits_i^{-1} (\boldsymbol{X} - M_i) - \ln P_r(W_i) + \frac{1}{2}\ln \left| \sum\nolimits_i \right| \tag{2.10}$$

式中：i 为类别序号；W_i 为类别标志；$P_r(W_i)$ 为第 i 类的先验概率；$\boldsymbol{X}$ 为所要判别的像元点的多光谱向量，对于 n 维，记为 $\boldsymbol{X}=(x_1, x_2, \cdots, x_n)^{\mathrm{T}}$；$\boldsymbol{M}_i$ 为第 i 类 W_i 的均值向量；$\sum$ 为协方差矩阵。

判别规则为：如果对于一切 j（$j \neq i$；i, j 为类别序号），都有 $g_j(\boldsymbol{X}) < g_i(\boldsymbol{X})$，则判决任意像元点 $\boldsymbol{X} \in \boldsymbol{W}$，即 $\boldsymbol{X}$ 属于 $\boldsymbol{W}$ 类。

这种分类效果好，但运算量与存储量较大。应选择比较典型的地区作为训练样区，使得处于该训练样区的类别在整个被分类区域具有一定的代表性。

对于监督分类，训练样本的选取对于分类结果的好坏影响很大，训练样本选取的越有代表性，则分类的结果越接近真实。各种不同的分类方法的选取，主要着眼于对混合区域的判别，根据不同的准则，即可构造出各种不同的判别函数，完成判别工作。

监督分类的工作程序如下：

①选择有足够代表性的一些样区，而且尽量地多划分出目标类型。

②对样区中各已知目标类型进行统计计算，取得各种目标类型的统计参数（如平均值、标准偏差、协方差以及离散度等）建立直方图和参考光谱。

③从统计角度确定该样区的目标识别分类，以及比较有效的时相组合和波段组合。

④使样区以外的每个像元(数据组)和参考光谱进行逐一比较,采用某种统计判别原则将这些像元分别纳入一种已分的类型。

⑤获得整个研究地区每个像元的分类计算机打印输出的专题图。

⑥根据控制数据或实地抽样检查,研究上述分类结果是否有错误的地方。

⑦在有错误的地方再选一些样区,或者对其直方图重新划分,并重复以上的步骤,一直到选用了足够的样区,编制出一幅满意的分类图为止。

2. 非监督分类

非监督分类是依赖图像的统计特性作为分类基础的。假定相同的地物特征反映为相同的光谱反射值,那么在多维图像空间中,则考虑为同一类地物在多维空间中存在着一个聚集点构成的“点群”,即同一点群的像元彼此相似,代表了某一类别,即属于同一类。在非监督分类中,这种点群聚集的方法称为聚类分析。不同于监督分类的是,在点聚集前后,该点群的意义都是未知的,需要参照原始图像和实际地物来赋予点群意义。

聚类分析是以图像的统计特征为基础的一种分类方法。图像上的一种地物,在不同光谱波段有它独特的光谱范围,构成一个多维范围空间。不同地物的范围空间也许会有一些相交(误判区),但其范围中心一定是彼此独立的。在分类过程中,要判断每一个像元与点群中心的距离,并根据一定的原则决定该像元入选为哪一点群。需要注意的是,随着每个新像元入选,点群的统计参数都要发生变化,因而需要不断地进行修正。

在计算机图像分类过程中,要先分别计算每个波段的亮度值和平均值,然后给出某个参数,由计算机对整幅图像予以划分,确定初始的聚类中心,并计算出在特征空间中各像元到分组中心的距离(亮度之间的差别),以此确定各像元应该分配到距它最近的分组中心去。首次分组后,应按组计算亮度的平均值、标准差及各组像元数。如果某一类相对像元数超过允许值,则该组分裂为二。若两组在特征空间上的距离过近,则该两组合并。反复进行这个过程,直到满足分类要求,即可停止分类。聚类分析是完全依据地物的光谱反射数据进行的,理论上能较圆满地解决图像分类的问题。但实际上,由于光谱的辐射、反射、大气传输和接收是一个相当复杂的物理过程,许多因素的干扰使得接收到的数据总有些失真和混淆,单纯采用聚类方法,严格按照记录的光谱反射值进行分析处理,很难完全准确地反映出原始地物的实际情况,使非监督分类方法的使用受到一定的限制。三维空间的聚类分析示意图如图 2-9 所示。

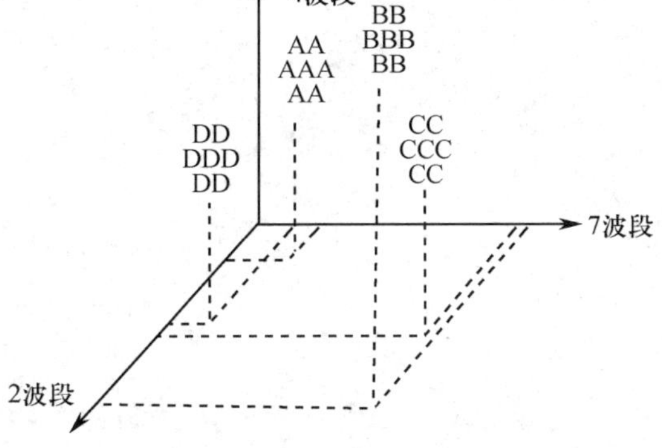

图 2-9　三维空间聚类分析示意图

(A、B、C、D 代表不同类型)

思考题

1. 简述不同遥感平台数据应用于土地资源调查时的主要特点。
2. 遥感影像质量如何评定?
3. 简述土地调查数字正射影像图制作的流程。
4. 简述遥感解译标志及其在土地资源调查判读中的作用。
5. 什么是卫星遥感数据的机助分类和制图? 什么是监督分类和非监督分类?

第三章　土地类型调查方法

土地是由气候、岩石、土壤、水、植被等各种自然要素构成的，同时又是时刻受到人类活动影响的一个复杂的自然地理综合体。各个构成要素的地域分异和人类活动对土地的影响程度或方式的差异，形成了不同特色的土地类型。土地类型调查的任务就是查清各种土地类型的数量、质量与空间分布状况，以及它们的发生规律和相互关系。土地类型调查的目的在于以下几个方面：①为综合农业区划服务。通过调查了解不同土地类型的空间分布规律及其性质，为不同的农业类型区提出更切实际的发展方向和农、林、牧、副、渔各行业的合理配置。②为土地评价服务。土地评价的着眼点在于土地对农、林、牧、副、渔各业生产以及各种建设用地的适宜性和限制性。只有清查各种土地类型的特性，才能科学评价其对各种土地利用方式的限制性和适宜性，进而确定不同土地类型单元的合理利用方向和改良措施。③为制定国民经济发展长远规划服务。摸清各类土地的数量、质量及其生产潜力，是制定国民经济长期规划的基础，对于制定国家的土地政策、人口政策有着特别重要的意义。④土地类型调查是研究区域土地资源的一项基础性工作，有助于系统地认识区域土地资源形成和演化的基本规律。

第一节　土地构成要素的野外调查和分析

开展土地类型调查要先综合调查和研究土地类型的各个构成要素——气候、地形、土壤、水文、植被等，分析他们之间的相互关系。根据这些构成要素与土地类型之间的因果关系，拟定一个反映调查区域土地类型形成特征和分布规律的分类系统，然后才能进行野外调绘和制图工作。

一、气候调查和分析

(一)调查内容

1. 气温

大气温度是最普遍使用的表示热量的方法。一般用年平均温度衡量一个地区的热量水平。但气温年较差、日较差，以及极端最高和最低温度关系到作物生长期和灾害也要记载，还要研究逐月的平均温度资料。

2. 积温

在作物生活所需要的其他因子都得到基本满足时，在一定的温度范围内，气温和生长发育速度成正相关，而且只有当温度积累到一定的总和时才能完成其发育周期。这一温度总和称为积温，它表明作物在其全生长期或某一发育期内对热量的总要求。农业生产中常用活动积温表示作物的生长期的长短。一年中日平均气温高于生物学下限温度的所有天数的温度总和称为活动积温。生物学下限温度即作物生长发育的最低温度。一般需热量较少的温带作物以5 ℃作生物学下限温度，亚热带作物为 10 ℃，热带作物为 18 ℃。各种作物生长发育到成熟所需积温是不同的，而且同一作物还因品种不同存在差异。

3. 降水

一年中的降水总量关系到地区的水分布状况。我国属季风气候，干湿季节明显，因此逐月降水量资料可以统计分析年降水的季节分布状况和土壤有效水分的年动态变化。降水季节的降水强度是土壤侵蚀的重要因素之一，也应调查研究。

4. 干燥度

指可能蒸发量与降水量的比值，其倒数称为湿润度，在《中国自然地理·气候》一书中以最大可能蒸发量与年降水量之比来表示。最大可能蒸发量系指土壤保持或接近水分饱和状态下土壤蒸发和植物蒸腾水分的总和，按彭曼公式计算。

(二)分析方法

对于气候要素的野外分析，一般是对调查区气象站收集抄录有关气候要素观测数据，包括某些要素的等值线图、变化曲线图和文字资料。注明观测资料的年限，一般年限越长代表性越大。同时注意观测台站的海拔高度、地形及其地形所处部位，以便分析比较。如山地迎风坡的降水与背风坡不一样。

而对于局部区域或地貌部位的小气候条件，则要附以实地观测，特别是在地形起伏较大的调查区内，气象台站所处的地形位置使其观测资料的代表性受限。因此，在必要和可能的条件下，与不同地形部位同时进行气温、土温、湿度、降水、风速等项目的简单测定，与气象台站同期观测资料对比分析，不仅可以了解变化趋势，还可以利用气候的垂直变化规律，推算出山地不同高度气候要素的变化。一般温带地区高度每升高 100 m，气温下降 0.5 ℃，但不同地理区域减温率不一样，高原差异小，孤山差异大，变幅在 0.3～0.8 ℃。

搜集的气象台站资料有时是原始记录，必须根据调查目的进行统计分析，有时为了与各气象台站资料对比，须采用相同年限资料重新统计，然后结合物候调查、小气候观测和推算结果，进行综合分析，才能得出调查区气候特征和规律。

二、地形地貌调查和分析

地形地貌影响着热量和水分的再分配，也影响着土地的开发利用。在一定的地理区域内，地形地貌是控制土地类型和土地利用方式的重要因素。

(一)调查内容

1. 大、中地貌

陆地表面的形态是多种多样的，基本可以分为山地、丘陵与平原 3 类，从土地资源调查的角度来看，就是要进一步在野外来分辨和认识这些不同的地貌类型，以及不同地貌类型对调查区域的土地类型的形成、开发与利用的影响。因此，对地貌类型的调查与描述在土地类型调查中占有极其重要的地位，因为一个地区的土地类型的形成、利用和开发与其本区的地形地貌类型关系极其密切，也是进行土地类型划分的主要指标。

(1)山地

山地是地壳运动处于上升地段经外营力剥蚀而形成的。山地常沿一定构造走向绵延几十千米甚至几百千米形成山脉，如太行山脉、秦岭山脉、昆仑山脉。山地高度界限一般为海拔 500 m 以上，相对高度大于 100 m，在此高度以上可进一步划分为低山、中山、高山、极高山等，具体可参考表 3-1。

表 3-1　中国山地分类表　　m

名称	绝对高度	相对高度
极高山	>5 000	>1 000
高山	3 500～5 000	
深切割的		>1 000
中等切割的		500～1 000
浅切割的		100～500
中山	1 000～3 500	
深切割的		>1 000
中等切割的		500～1 000
浅切割的		100～500
低山	500～1 000	
中等切割的		500～1 000
浅切割的		100～500

注:引自中国科学院主编《中国自然地理》,1984。

(2)丘陵

丘陵的主要形态特征除高度较低外,与山地类似,它多是山地与平原间的过渡类型,丘陵特点是切割破碎,但坡度一般较山地和缓,丘陵的相对高度大都在 200 m 以下,红色岩系丘陵更低,如四川盆地中丘陵有的仅 20～30 m,海拔高度则因基地的高度而异。

(3)平原

平原是地表起伏很小、基本平坦的地区,成因分为地壳上升的剥蚀平原和稍有下降的堆积平原两大类,以后者居多,且堆积平原比较平坦,沉积物深厚,可进一步划分为山麓洪积扇平原、河流冲积平原、三角洲平原、湖积平原和滨海沉积平原。山地河流流出山地谷口以后,坡度骤减、地势开阔、流速渐缓,流水携带物质沉积形成山形地,进而成为洪积扇;有时几个谷口洪积扇相连,称为洪积裙或山前平原。河流进入平原后,由河流携带的物质进一步在低洼地堆积形成冲积平原,两侧为丘陵山地,形状窄长,位于谷底的盆地,谓之河谷平原。河流入海口,流速剧减,物质沉积形成河口三角洲平原。

(4)高原

高原是地壳强烈隆起、地表起伏的,基层海拔高度在 1 000 m 以上的地形,地面基本平坦或间有丘陵山地分布。高原边缘流水切割很深,常形成高山峡谷,即所谓"边缘山脉",如我国青藏高原、云贵高原、黄土高原等。

(5)河谷盆地

河谷盆地是指山地/丘陵之间的凹陷地,底部较为平坦,河流贯穿其中。谷底宽度差异悬殊;同一河流也变化很大,某些地段宽大几倍至几十倍,形如盆状,称为盆地;有的河谷中盆地呈串珠状分布,但河谷和盆地并无明确区分标准,常称为河谷盆地。

2. 几种特殊地貌

(1)喀斯特地貌

由碳酸盐岩等可溶性岩石溶蚀后形成的一系列特殊地貌形态,称为喀斯特地貌,我国称之为岩溶地貌。喀斯特地貌根据地层岩性、气候水文条件及其发育阶段,分为喀斯特山地、喀斯特丘陵、喀斯特盆地、喀斯特平原等类型。

(2)红色岩系地貌

由侏罗纪至第三季陆相沉积的红色岩系所发育的地貌，多分布于古老盆地中，高差不大。我国南方呈片状分布，四川盆地最为集中。由于岩层倾角不大，垂直节理明显，岩性较为松散，在流水侵蚀下形态奇特，所形成的丘陵大多构造线明显；水平层理时，常呈宝塔形；甚至有悬崖绝壁，称丹霞地貌；层理倾斜形成一面坡度和缓，一面陡峭的“单面山”，如四川盆地周围的高丘。

(3)黄土地貌

黄土高原沉积物深厚，各时期的黄土总厚度为 60～200 m，地面基本平坦，边缘和接近山麓的斜坡较大。现代流水侵蚀使地形十分破碎，形成独特的塬、墚、峁地形。地面平坦，四周深切，方圆几平方千米至几百平方千米的称为黄土塬；切割成狭长条状的称为黄土墚；进一步侵蚀成丘陵状，顶部平坦或浑圆的称为黄土峁。黄土垂直节理发育，谷坡很陡。

(4)风成地貌

在干旱地区经风力剥蚀、搬动和堆积形成的各种地貌。风成地貌分为风蚀地貌和风积地貌两类。

3. 微地形或微地貌

微地形或微地貌的变化也影响到土地类型的变化。如在华北平原上，存在着岗、坡、洼的微地形变化。岗地多是古河堤，土壤质地多为砂性，地下水质也较好，发育典型潮土，土地利用条件好。洼地多为河流故道，土壤质地黏重，也是水盐汇集的中心；特别是盐化土壤不发生在积水(雨季)的洼地，而是在岗地与洼地之间的坡地上，即“二坡地积盐”。因为“二坡地”质地适中，地面蒸发强烈，又有地下侧流水补给，水分蒸发后留下盐分积聚于地表，形成盐化潮土，会限制植物生长。而洼地雨季积水带来一定程度的淋洗，黏土层限制水分上行蒸发，反而不积盐，形成湿潮土，土地利用的主要问题是渍水内涝。黄土高原丘陵区，峁坡、沟坡和沟道的微地形变化，明显影响着土地类型和土地利用的变化。因此，进行地形调查时，应给予微地形或微地貌变化充分的关注。

4. 海拔、坡度与坡向

(1)海拔高度

地面随海拔高度的变化而引起一系列其他因素(如气温、湿度)的变化和土地利用的变化，海拔高度往往是一地区农、林、牧用地分区的控制因素。

(2)坡度

坡度的陡缓不仅直接制约着水土流失的程度，也影响着农业机械化和农田基本建设的难易。一般认为，坡度$<3°$的缓坡耕地无侵蚀危害，对机械化作业影响极小；坡度$\geqslant 3°$，则各种影响随之增大。长期以来，我国把 25°作为种植业上限，25°～35°宜林宜牧，$>35°$只宜水源涵养林与草地，国外不少把 15°作为耕地上限(我国内蒙古、黑龙江也如是)。具体因地区不同而有所差异，但上限越高，危险性越大。

坡度分级如下(上含下不含)：平或几乎平的$<2\%$，波状起伏 2%～8%，起伏地形 8%～16%，丘陵地形 16%～30%，陡峭切割地形$>30\%$。

(3)坡向

土地的坡向不同也影响着土地利用情况，坡向不同可引起光、热、水、土、植被的差异，阳坡一般水土条件较阴坡好，这对干旱、半干旱地区的农、林、牧生产极为重要，阳坡的光照与温度条件较阴坡好，这对寒冷地区的农、林、牧生产就显得极为重要了。

(二)分析方法

根据调查任务要求，搜集有关调查取得的地质、地貌图件和资料、地形图、航片、卫片等，在此基础上进行实地调查。

1. 地形图、航片和卫片的判读与分析

地形地貌是土地类型的表面特征，可以较容易地在航片和卫片上判读出来。在一定比例尺和等高距的地形图上，根据等高线的疏密度和图形，区分山地、丘陵、河谷盆地与平原，它们的面积比例和高度变幅、山脉走向等，结合地质图分析各类地形的成因和特征；对照航片和卫片建立解译标志，进行"由已知到未知"的判读分析工作。

2. 实地描述

野外实地调查中对所观察到的地形特征进行文字描述记载，借助高度表、罗盘等仪器或根据经验估测山地、丘陵和阶地的相对高度、宽度和切割状况及平原的微地形变化等。

3. 绘制断面图

为概括地形的组合特征，选择典型地段绘制断面图，图形的高度和水平距离按一定的比例；断面方向应采取直线并标明方位和断面线通过的山峰、村庄等名称，并注明各种地形的地表物质组成或土壤类型。

4. 地形描述

为补充断面图的不足，可实地勾绘地形轮廓，素描可记录下地形图、断面图所不能反映的一些地貌特征，素描同样要按一定比例，并标明地点、方位，照相也是地形描述的手段之一。

5. 资料整理和分析

将所搜集到的和上述各种方式取得的各种资料进行整理、综合分析，总结出调查区地形类型特征及其与土地类型分布的关系。

三、地质调查和分析

岩石与沉积物是形成土壤的物质基础，也影响到植物生长和工程性质，是土地类型的重要构成要素之一。

(一)调查内容

1. 岩石类型

岩石是矿物的集合体，岩石的类型直接影响成土母质的性质和组成。根据成因，岩石可分为岩浆岩、沉积岩和变质岩 3 大类。

(1)岩浆岩

由岩浆冷凝而成的岩石，往往有较完整的矿物晶体，各种矿物晶体结合成一体，一般无层理、无化石，鉴别岩浆岩主要根据其结构和矿物成分，以岩石中 SiO_2 含量多少划分为酸性、中性、基性和超基性岩(表 3-2)。

(2)沉积岩

系先成岩经风化、剥蚀、搬运、沉积及固结成岩作用而形成的岩石。它具有明显的层理，除石灰岩能见到的方解石结晶外，一般结晶不明显，有时含有化石。

①砾岩和角砾岩：由直径大于 2 mm 的岩石碎片、石砾经硅质、铁质、钙质等胶结物胶结而成。有角砾胶结而成的叫角砾岩，由磨圆的砾石胶结而成的叫砾岩。

表 3-2 岩浆岩的分类

类别	颜色	SiO_2/%	石英含量	岩石举例
酸性岩	浅色	>65	多石英晶体	花岗岩、流纹岩
中性岩	灰色	52～65	偶有石英晶体	闪长岩、安山岩、玢岩
基性岩	暗色	45～52	不产生石英晶体	玄武岩、辉长岩、辉绿岩
超基性岩	深暗色	<45	不含石英	橄榄岩、辉岩

②砂岩：由直径 0.5～2 mm 的沙砾胶结而成的岩石叫砂岩。其胶结物一般分钙质、铁质、硅质、泥质等。

③页岩：由黏土压固脱水胶结而成的岩石。

④石灰岩：主要由方解石组成。碳酸盐含量常达 80%以上，且主要以方解石、白云石以及铁镁白云石形态存在。

(3)变质岩

各种沉积岩和岩浆岩温度、压力和化学活动性流体的作用下，使岩石的矿物组成、结构构造甚至化学成分发生改变，这样所形成的新岩石称为变质岩。变质岩具有片状构造，它是由片状或柱状矿物按一定方向排列而成的。常见的有板状、千枚状、片状、片麻状、块状构造。如片麻岩由花岗岩或沙砾岩变质而成，板岩则多由页岩变质而成。

2. 风化壳地球化学类型

地球陆地表面的疏松风化层构成风化壳，风化壳是构成土壤的物质基础。主要风化壳类型如下。

(1)含盐风化壳

主要分布于我国广大干旱、半干旱区，风化壳中富含盐分，除氯化物、硫酸盐外，在吐鲁番盆地还有硝酸盐风化壳，西藏阿里沿湖区有硼酸盐风化壳。

(2)碳酸盐风化壳

主要分布于暖温带和温带半干旱条件下。可溶盐已淋失，碳酸钙、镁含量较高，常见各种形状的石灰结核，其中钙积层的碳酸钙由东向西增高，最高达 20%左右。

(3)硅铝型风化壳

分布于温带和寒温带半湿润条件下，没有可溶盐，碳酸盐也基本淋失，呈中性至微酸性反应。黏土矿物以 2∶1 型为主，并逐渐向 1∶1 型演变。

(4)铁铝风化壳

在亚热带湿润气候条件下，硅酸盐强烈分解，盐基和硅强烈淋失，呈酸性反应。风化壳内残留大量铁、铝、钛，游离铁可占全铁的 80%～90%。风化壳常较深厚，黏土矿物以高岭石、三水铝石为主。

(5)碎屑风化壳

分布于高寒山区气候条件下，主要受寒冻风化作用，风化壳浅薄，细土粒常填充于石缝内，元素迁移很微弱，呈中性至碱性反应，黏土矿物以水化度低的水云母、绿泥石为主。

(6)渍水离铁风化壳

形成于长期或者季节性渍水条件下，由于铁、锰还原反应，使包围于土粒和结构体表面的铁、锰胶膜消散，沿土壤剖面下移，发生还原淋溶、氧化沉积。这个类型与上述氧化系列的类型发生既有联系又有区别。

3. 沉积物

(1)坡积物

坡积物随地形部位而异，坡的下部较厚，可见有叠加层次和埋藏土层。坡积物由于搬运距离短，夹杂的砾石无磨圆度，分选性不明显，也无层理，但砾石多保持重力倾斜。坡积物通气透水性好，又不受地下水影响，是果林生产的良好基地。

(2)洪积物

洪积物是由洪水搬运堆积而成，颗粒大小悬殊，分选不明显，所夹砾石有一定的磨圆度和层理。洪积物中还常有透镜体存在。较大的洪积扇在水平方向上，粒径有分选。上部粒径大，多为砾石层；中部在一定厚度的表土下，为砾石层或者砂石层；下部地势平坦，质地较细。上、中部地下水埋藏较深，水质好但易漏水，一般用于发展果园；下部地下水位高，矿化度增大；扇缘地段地下水可能溢出地表，常形成沼泽化或盐渍化土地，一般种植水稻。

(3)冲积物

河流冲积物的特点是砾石磨圆度高、分选性好，有明显的层理。冲积平原上常见到砂黏交互的组合特点。河谷盆地常可见到 1 m 以内下部为残积物，冲积物覆盖其上；或上下沉积物物质来源不同(不同的岩石风化物搬运而来)。

(4)湖积物

属静水沉积物，分布于地形低洼的湖盆地。沉积物质地比较黏，下层常可见蓝灰色的潜育层。通常由湖岸至湖心，沉积物粒径由粗变细，有机质含量由少变多。湿润热带、亚热带的湖积物，有机残体丰富；而干旱内陆地区的湖积物，往往伴随着盐类沉积；山间盆地的湖积物多含砂石。

(5)风积物

风力所搬运的堆积物。广泛分布于干旱、半干旱地区，形成沙丘、砂垄、沙链、黄土台地等地貌形态。风积物富含碳酸钙，有分选性，堆积层理不明显，可见被覆盖的干植被层。我国黄土及黄土状母质分布广泛，就其堆积时期，由新老黄土之分；从土壤学观点将黄土分为砂质黄土、黄土和黏质黄土 3 种。

(6)滨海沉积物

其特点是分选作用明显，多有水平层理。在波浪的分选作用下，粗粒物质被向上推移，形成海岸堤，细粒物质向下移动，形成水下台地。

(7)冰碛物

形成冰积扇、冰水平原和蛇形丘。堆积物多角砾、漂砾和泥沙，黏粒含量特少，无分选性，除冰水沉积物外也无水平层理。

(二)分析方法

除搜集调查区不同比例尺的地质、地貌和第四纪地质图和相应的资料外，还要注意收集地质钻孔和打井的资料，以了解调查区岩性、成土母质和风化壳类型。在此基础上，进行土地类型调查制图时，有必要到野外实地绘制相应的断面图以表述不同岩石类型和沉积物的空间分布规律。同时，要记载特殊土宜植(作)物与岩石类型或沉积物类型的关系。

四、水文调查和分析

水资源的丰缺与质量关系到一个地区的土地资源质量、水土平衡与开发利用的潜力。

(一)调查内容

1. 水资源类型

①地表水:包括河流、湖泊、水库等。

②地下水:包括潜水、承压水、土壤包气带水。

2. 水资源量

调查区的各种水资源总量、人均占有量、目前的利用率和潜在开采量。

3. 水质

指水的化学组成,以矿化度和水化学类型同时表示。

①水的矿化度。矿化度以每升水含干残余物质的质量(以克计)计算,分级标准见表 3-3。我国由东南沿海地区到内陆干旱地区,水的矿化度逐渐升高。

表 3-3 水的矿化度分级 g/L

分级名称	矿化度	分级名称	矿化度
淡水	<1	强矿化水	10~30
弱矿化水	1~5	极强矿化水	30~80
矿化水	5~10	盐水	>80

②水化学类型。水化学类型是按照主要阴离子 Cl^-,HCO_3^-,SO_4^{2-},CO_3^{2-} 和主要阳离子 Na^+,Ca^{2+},Mg^{2+} 的比率,以含量最高的 1 个或者 2 个阴离子和阳离子命名,如氯离子-钠型(Cl^--Na^+)、重碳酸根、硫酸根-钙型(HCO_3^-,SO_4^{2-}-Ca^{2+})等,划分标准如表 3-4 所示。

表 3-4 水化学类型划分

主要的 1 个或 2 个阴离子的含量占阴离子总量的比率/%	阴离子类型	主要的 1 个或 2 个阳离子的含量/($cmol \cdot kg^{-1}$)占阳离子总量的比率/%	阳离子类型
$HCO_3^- > 25$	重碳酸盐	$Ca^{2+} > 25$	钙盐
$SO_4^{2-} > 25$	硫酸盐	$Mg^{2+} > 25$	镁盐
$Cl^- > 25$	氯化物	$Na^+ > 25$	钠盐
$HCO_3^- + SO_4^{2-} > 25$	重碳酸盐—硫酸盐	$Ca^{2+} + Mg^{2+} > 25$	钙盐+镁盐
$HCO_3^- + Cl^- > 25$	重碳酸盐—氯化物	$Ca^{2+} + Na^+ > 25$	钙盐+钠盐
$SO_4^{2-} + Cl^- > 25$	硫酸盐—氯化物	$Mg^{2+} + Na^+ > 25$	镁盐+钠盐

(二)分析方法

在搜集水文和水文地质资料,包括地表水的水位、流速、流量及季节变化和水质、地下水埋藏深度、流动方向、矿化度和水化学类型的基础上,开展实地调查。实地调查内容包括以下几个方面。

①调查河流、湖泊的大小、深度、水位、流量及季节性变化,分析其与地下水相互补给状况,

农业灌溉和排水能力。水文站点推测流域径流量，往往是流域平均值，对于具体流域，有条件的要实测。大的河流湖泊面积可以直接在地形图上量测，小的要实测。

②调查饮用水井和灌溉水井水位及季节性变化幅度，与地下水、地表水补给关系及对土壤水分和土壤盐渍化、潜育化的影响。水井水位要在抽水停止时的静水位量测。

③调查水利措施。调查水库数量、容量、引水、提水和排水工程的规模，灌排系统的完善程度和渗漏状况，以及灌排能力(如灌溉保证率)。

④采样分析。采集地下水样，必要时还要采集地面水样，测定其化学组成，以研究其与土壤盐渍化和作物生长的关系。

五、土壤调查

土壤是土地类型属性的主体部分，直接影响一个地区的土地资源的利用开发和土地类型的生物学与工程性质。

(一)调查内容

1. 地表特征

地表的石块度、岩石露头度以及侵蚀、盐碱化等，直接影响到土地的利用，要予以调查。

(1)石块度等级

0级：没有石块或几乎没有什么石块的，几乎没有什么石块干扰耕作。石块覆盖面积<0.01%。

1级：有石块的，有一定数量的石块开始干扰耕作，但并不影响中耕作物的耕作。石块覆盖面积为0.01%～0.1%，石块直径15～30 cm，间隔10～30 cm。

2级：多石的，石块多到中耕作物不能耕作，但如果其他土壤特性是有利的，土壤可种植干草作物或改造为牧场。石块覆盖面积为0.1%～3%，石块直径15～30 cm，间隔1.6～10 m。

3级：非常多石的，石块多到所有机器不能使用，但可以使用手工工具。在其他土壤特性特别有利的情况下，可以改良为牧场。石块覆盖面积3%～15%，石块直径15～30 cm，间隔0.75～1.6 m。

4级：极度多石的，石块多到所有机器都不能使用，石块覆盖面积15%～90%，石块直径15～30 cm，间隔≤75 cm。

5级：砂石地，土地实际上是由石块铺成的。石块占据地表面积的90%以上。

(2)岩石露头度

0级：没有什么岩石或根本就没有岩石，没有基岩暴露或几乎没有什么露头，不干扰耕作。岩石裸露<2%。

1级：有岩石的，基岩裸露干扰耕作，但不影响中耕作物的耕作。根据岩石露头的形式，裸露基岩间距35～100 m，覆盖面积2%～10%。

2级：多岩石的，基岩多到中耕作物不能耕作。但如果其他土壤特性是有利的情况下，土壤可种植干草作物或改良为牧场。岩石裸露10～35 m的间隔，覆盖面积10%～25%。

3级：非常多岩石的，除了轻型机器在其他土壤特性对改良为牧场特别有利的情况下可进行外，岩石露头使得所有机器的使用都不可能。岩石裸露或岩石上的土壤太浅，以至于不能利用的地步，间隔3.5～10 m，覆盖面积25%～50%。

4级：极度多岩石的，岩石露头(或土壤在岩石上非常浅)多到所有机器都不能使用。岩石露头间隔<3.5 m，覆盖面积50%～90%。

5级：完全是岩石露头的，>90%的土地是裸露岩石。

(3)侵蚀的迹象

在紧邻土壤剖面周围区域内，如存在由于侵蚀过程的结果使物质加速移走的迹象应记录下来。调查者应区别：①水蚀。A. 片蚀；B. 细沟侵蚀；C. 沟谷侵蚀。②重力侵蚀。③风蚀。

侵蚀的强度用侵蚀模数即每年单位面积上的侵蚀量[t/(km^2·年)]来表示。侵蚀强度共分6级(上含下不含)，见表3-5。

表3-5 侵蚀强度与侵蚀模数的关系

侵蚀强度	侵蚀模数	侵蚀强度	侵蚀模数
微度	<1 000	强度	5 000~8 000
轻度	1 000~2 500	极度	8 000~15 000
中度	2 500~5 000	剧烈	>15 000

(4)盐分或碱分的存在

盐化的、碱化的和盐碱化的土壤的精确分级必须依据实验室数据。但也可根据盐(碱)分对植物生长的影响在野外区分盐渍度级别，这有益于野外土壤描述。

0级：土壤没有过剩的盐分或碱分。实际上，没有作物被过剩的盐分或碱分抑制，或没有作物显示出受盐碱危害的迹象。

1级：土壤轻微受盐碱的影响。敏感作物的生长受到抑制，但没有抑制耐盐作物的生长。

2级：土壤受到盐或碱的中度影响。作物生长受到抑制，没有作物能生长得好。

3级：土壤受到盐或碱的强烈影响。仅有几种植物可存活。

在可以测定电导率的地方，测定电导率。电导率与盐渍度级别的对应如表3-6所示。

表3-6 大致的盐渍度级别界限 dS/m

级别	饱和浸提液的电导率	级别	饱和浸提液的电导率
0级	0~4	2级	3~15
1级	4~8	3级	>15

2. 剖面特征

土壤剖面描述记载有许多内容。而要特别注意调查描述的内容有质地、剖面层次构型、土层厚度、结构、砾石含量、障碍层次等。

(1)质地

质地关系到土壤的耕性、工程性质以及蓄水保墒能力。砂土易于耕作，漏水漏肥，供给养分的能力也低。黏质土虽蓄水保墒能力较强，但易于滞水且耕性不良。

(2)剖面层次构型

土壤的剖面层次构型关系到土壤的水分物理性质，如表层砂质、底土为重壤或黏土的“蒙金土”构型，其表层耕性好、心底土蓄水保墒。而质地构型反过来则呈耕性不良加漏水漏肥的“漏砂土”。夹黏土层，在雨季易造成滞水内涝，但又会抑制土壤返盐与脱盐。

(3)土层厚度

土层厚度关系植物的扎根情况，深厚的土层对农、林、牧业均有利，薄层土壤对深根性植物的生长就有限制，不能栽植大的果木、乔木。

(4)土壤结构

土壤结构关系到土壤耕性。

(5)砾石含量

大于 2 mm 粗碎屑或砾石含量关系到土壤的通透性和蓄水保肥能力的，应予以描述记载，按体积百分数计。

(6)障碍层次

铁磐、硬磐、黏土磐等是植物根系生长和水分渗透的限制层。要调查记载这些障碍层次的性质、厚度和距地表的深度。

土壤调查还包括有机质含量、阳离子交换量、碳酸盐含量，以及各种营养元素的含量等，根据需要决定采样或测试项目。

(二)调查方法

全国经过了第二次土壤普查，各地均积累了不少土壤资料，其中包括不同比例尺的土壤图、土壤志以及土壤理化性状的分析数据。通过对这些资料进行分析、研究，可对调查区的土壤性状有一个初步的了解，对于实地调查是必要的准备。

实地调查时选择一些有代表性的地点，按土壤调查的技术规程要求挖掘剖面。描述记载剖面特征和采样分析。实地调查还要注意访问农民，了解该土壤利用的特点、生产水平、改良利用的经验等。

六、植被调查

(一)调查内容

根据吴征镒主编的《中国植被》，我国植被划分为针叶林、阔叶林、灌丛和灌草丛、草原和稀树草原、荒漠、冻原、高山稀疏植被、草甸、沼泽和水生植被等 10 大类，进一步划分为 29 个类型(表 3-7)。我国东部季风区以森林景观为主；西北部为非季风区，主要为草原和荒漠；而北部温带地区，随水分减少或干旱程度增加，自然景观呈经度地带性分布，从森林、森林草原、草原到荒漠。在不同地带内还有垂直地带的植被类型分布。

(二)调查方法

先了解调查区内植被群落的概貌，找出能反映该区特点的优势群落，选择不同地形部位、水文地质条件和土壤类型上的植物群落，详细观测记载。

1. 确定代表性植物群落

调查组成该群落的优势与亚优势的植物。记载时，通常将优势种排在前，亚优势种依次排列于后。例如，长芒羽茅—西伯利亚蒿群落，是由长芒羽茅与西伯利亚蒿构成。有时一个群落可由 2 种以上的植物组成，其命名可按其所占比例多少，依次排列。

2. 估测植物种属的丰富度

通常用目测法估算，按德鲁捷(Drude)分级法表示。

①特多：植物地上部分郁闭，个体数占 90%。

②很多：个体数占 70%～90%。

③多：个体数占 50%～70%。

④相当多：个体数占 30%～50%。

⑤零散分布：个体数占 10%～30%。

表 3-7　中国主要植被类型

植被型组	植被型	植被亚型
针叶林	Ⅰ. 寒温带针叶林	①寒温带落叶针叶林；②寒温带常绿针叶林
	Ⅱ. 温性针叶林	
	Ⅲ. 温性针阔叶混交林	①红松针圆叶混交林；②铁杉针阔叶混交林
	Ⅳ. 暖性针叶林	①暖性落叶针叶林；②暖性常绿针叶林
	Ⅴ. 热性针叶林	
阔叶林	Ⅵ. 落叶阔叶林	①典型落叶阔叶林；②山地杨桦林；③河岸落叶阔叶林
	Ⅶ. 常绿落叶阔叶林	①落叶、常绿阔叶混交林；②山地常绿、落叶阔叶混交林；③石灰岩常绿、落叶阔叶混交林
	Ⅷ. 常绿阔叶林	①典型常绿阔叶林；②季风常绿阔叶林；③山地常绿阔叶苔藓林；④山顶常绿阔叶矮曲林
	Ⅸ. 硬叶常绿阔叶林	①山地硬叶栎类林；②河谷硬叶栎类林
	Ⅹ. 季雨林	①落叶季雨林；②半常绿季雨林；③石灰岩季雨林
	Ⅺ. 雨林	①湿润雨林；②季节雨林；③山地雨林
	Ⅻ. 珊瑚岛常绿林	
	ⅩⅢ. 红树林	
	ⅩⅣ. 竹林	①温性竹林；②暖性竹林；③热性竹林
灌丛和灌草丛	ⅩⅤ. 常绿针叶灌丛	
	ⅩⅥ. 常绿阔叶灌丛	
	ⅩⅦ. 落叶阔叶灌丛	①高寒落叶阔叶灌丛；②温性落叶阔叶灌丛；③暖性落叶阔叶灌丛
	ⅩⅧ. 常绿阔叶灌丛	①典型常绿阔叶灌丛；②热性刺灌丛
	ⅩⅨ. 灌草丛	①温性灌草丛；②暖热性灌草丛
草原和稀树草原	ⅩⅩ. 草原	①草甸草原；②典型草原（干草原）；③荒漠草原；④高寒草原
	ⅩⅩⅠ. 稀树草原	
荒漠（包括肉质刺灌丛）	ⅩⅩⅡ. 荒漠	①小乔木荒漠；②灌木荒漠；③半灌木、小半灌木荒漠；④垫状小半灌木荒漠（高寒荒漠）
	ⅩⅩⅢ. 肉质刺灌丛	
冻原	ⅩⅩⅣ. 高山冻原	①小灌木藓类高山冻原；②草本藓类高山冻原；③藓类地衣高山冻原
高山稀疏植被	ⅩⅩⅤ. 高山垫状植物	
	ⅩⅩⅥ. 高山流石滩稀疏植被	
草甸	ⅩⅩⅦ. 草甸	①典型草甸；②高寒草甸；③沼泽化草甸；④盐生草甸
沼泽	ⅩⅩⅧ. 沼泽	①木本沼泽；②草本沼泽；③苔藓沼泽
水生植被	ⅩⅩⅨ. 水生植被	①沉水水生植被；②浮水水生植被；③挺水水生植被

⑥较少：个体数占10%以下。

⑦单株：只有单株。

3. 目测覆盖度

覆盖度即地表被植被（一般为草本、灌丛）覆盖的程度，用目测法估算植物的覆盖度，有时还要测定优势植物的个体总数和覆盖度。覆盖度用百分数表示。

4. 调查植物的利用价值

在草原区要注意牧草的种类、品质、产量和利用的可能性，有害植物的种类、分布和长势；在林区要注意记述树木的胸高直径、林积量、林下幼树和地被物等。

5. 特种土宜植物调查

有些植物（作物）在一定的地区生长状况良好，产量和品质均优，为“特产”，要注意调查这些植物的立地条件和植物—土地的相关关系。

第二节　土地类型分类

根据一定的分类原则和目标，分析土地各个构成要素对区域土地类型的空间分异的影响程度和主次作用，确定不同的分类等级上土地类型的分类标准，以将调查区域内的土地划分成相对于分类标准而言是性质均一的一系列土地类型单元。各级（不同分类等级）土地类型单元的总和构成一个土地类型分类系统。土地类型分类系统是进行土地类型调查和制图的基础。

一、土地类型分类的原则

土地类型分类的原则是一个极其重要的理论问题。它对于所制定的土地类型分类系统的科学性，对于能否成功地指导土地类型调查制图，对于能否清晰地反映各土地类型之间的内在关系，起着至关重要的作用。土地类型分类应具备以下几个基本分类原则。

（一）自然发生学的原则

土地类型是一个综合的自然地理概念。它是地表某一空间尺度内包括地质、地貌、气候、水文、土壤、植被等多种自然要素在内的自然综合体。土地类型的性质取决于全部自然因素的综合特点。土地类型的各组成要素之间存在着地理发生和发展上的有机联系，每一个土地类型都有其发生和发展过程。由于同类土地类型发生和发展条件的共同性而形成其在性质上的相似性。土地类型分类就是要以这种发生学上的因果关系作为认识土地类型的线索，根据土地类型性质相似性或差异性进行划分，以求同级土地类型之间的关系和上下级土地类型之间的关系有一条清晰的脉络。

（二）多级分类制的原则

任何一种事物的分类，均是按照事物个体之间的共同性和相似性进行划分。土地类型作为一个复杂的自然地理综合体，其个体之间存在着不同程度的差异。如果仅仅在一个分类层次上要求将所有土地单元划分成不同类型，以揭示其存在的差异性或相似性，那是十分困难的。其结果必然会造成：要么由于选择的相似程度标准过高，而划分出过多的土地类型，以致无法有效地辨识和归纳它们各自的性质和理解它们之间的关系；要么由于选择的相似程度标准过低，而不能充分揭示它们之间的差异性。因此，必须选择一系列的土地性质（即土地构成要素），在不同的分类层次（等级）上，根据土地性质的相似性和差异性逐级划分土地类型。在较高(粗略)的分类水平上,有较少数目的土地类型,相似程度低而差异性大;在较低(详细)的分类水平上,有数目众多的土地类型,相似程度高,而差异性小。多级分类制也是在不同的尺度上认识土地类型空间分异规律的需要。

土地类型分类是为土地类型调查服务的。土地类型调查制图存在着不同的比例尺。根据调查比例尺的要求不同,选择相对应的分类等级上的土地类型单元作为制图图例的基础,才能既恰当、充分地反映调查区域的土地类型的性质和关系,又合乎该比例尺制图的图面载负量。多级分类制为大、中、小不同比例尺的系列制图提供了制定图例系统的基础。同时,一系列的不同比例尺的土地类型制图也揭示了土地类型之间的内在联系和空间分布关系。

(三)分异特性逐级累加的原则

这个原则是多级分类制的推绎。多级分类制是一个逐级划分的过程。使用在较高分类水平上的分类标准,即分异特征,必须在较低分类水平中出现。各级分类水平上所使用的分异特性逐级地都积累在最低分类水平上。这种在较高的分类水平上的土地类型,其分异特性少,类型的外延大,内涵浅;而在较低分类水平上的类型,既受该分类水平上所使用的分异特性限制,又受其以上各级分类水平上所使用的分异特性限制,积累了较多的分异特性;土地类型的外延小,内涵深,即是差异性低,相似性高。在土地类型的分类中,不可出现低级土地类型不包括其上级土地类型所具有的分异特性或低级土地类型的外延超出其上级土地类型的外延等违反分类逻辑的问题。

二、中国土地类型分类系统

目前,关于我国土地类型的分类系统还没有一致意见。中国 1∶100 万土地类型图编辑委员会为编制全国 1∶100 万土地类型图设计了《全国 1∶100 万土地类型分类系统》。这是一个大尺度的概略性的全国土地类型分类系统。实际上是用于小比例尺土地类型调查制图的图例系统。在这个分类系统中,首先,根据大尺度的水热组合类型,将全国按自然地带或亚地带分异划分为 12 个土地纲。土地纲反映的是土地的光、温、水生产力的区域差异性。其次,根据大(中)地貌类型(山区以垂直地带划分)不同,在同一土地纲内划分出不同的土地类。土地类反映景观特征的区域差异性,关系到区域内的农、林、牧用地的总体布局规划。最后,土地类内再依据植被亚型或群系、土壤亚类等的差异将土地类续分为不同的土地型。如第 F 土地纲即湿润半湿润暖温带土地纲中,有一岗台地土地类(第 F8 土地类),再根据土壤类型(亚类)划分出 4 个土地型:F_8^1:棕坡岗台地;F_8^2:淋溶褐土岗台地;F_8^3:褐土岗台地;F_8^4:碳酸盐褐土岗台地。

对于土地类型的中、低级分类标准(即土地型以下的续分系统),目前尚无统一意见。主要原因是我国地域辽阔,自然条件差异十分巨大,因而要建立一个能够充分反映出各地土地性质的空间分异特点的、统一的土地类型分类系统是一件十分困难而复杂的工作。这其中主要面临两个关键问题:一是需要分类到什么程度。这必须与分类的应用目标相联系,即与制图的比例尺以及土地评价和土地利用规划的要求相适应。二是是否一定需要(而且也有可能的)建立一个统一的分类系统。我国区域差异巨大,土地类型的划分目的主要就是要反映出这种空间差异性,而且这种区域差异性在某种程度上来说是难以相互对比的。而从土地类型分类本身的意义来说,只要能满足地区分出土地类型单元的空间差异性,满足人们认识土地、开发利用土地的要求,就可以认为是一个成功的分类系统。因此,在中、低级土地类型分类体系中,可以制定一些公认的分类原则、分类等级和分类的主要标准(依据),用以指导地区性的土地类型分类研究即可,至于根据这些原则或标准最终能够区分出多少个类型单元并给予一定的名称,这是无法统一的。这也是为何到目前为止在高层次上的土地类型分类问题比较容易的达成共识,即像前面介绍过的1∶100万土地类型分类系统已被学术界广泛的认可;而在中、低级(地方性)分类问题上争议很大,不同的分类方案很多,绝大部分都处于研究探索阶段。

总的来说,土地类型的中、低级分类应在继承土地纲、土地类、土地型等高级分类的基础上,再选择反映地方特性的土地性质作为分类标准,如土壤、岩性等土地的主体物质组成的特性,地形地貌的一些形态示量指标(如坡度)等。如黄自立根据黄土高原的土地资源特点拟定了一个用于黄土高原(在全国1∶100万土地类型分类系统中,黄土高原为"I"土地纲)的续分系统,他是在土地型之下续分出"土地组合"和"土地单元"2个分类等级,以用于大比例尺土地类型制图,具体分类含义如下。

土地组合:依土地型内部小地形变化,如地面微起伏状况和坡度的不同而划分。同一土地组的土地质量、生产潜力水平大致相同。土地组合适宜1∶5万比例尺的制图,是该比例尺的上图单位。

土地单元:土地组合之下,再根据土壤(土种)和水分条件(坡向)的不同而划分的最小单位。土地单元反映限制因素和土壤改良措施的不同。同一单元的土地,土壤性状、水分状况基本相同,如采取相同的经营管理和土壤改良措施,农作物、牧草、林木便得到基本一致的产量。土地单元是1∶(5 000～10 000)比例尺制图的分类单位。

第三节　土地类型调查制图

一、土地类型调查制图的原则

第一,土地类型的制图是表现土地类型的地域空间分布状况,必须注意每个土地类型单元分布的背景和条件的关系,即地理空间位置的相对关系。类型界线的划分、轮廓形状布局,要遵循地理基础控制的原则,包括地形基本轮廓、等高线位置、水系的位置,以及居民点和交通位置等。

第二,土地类型制图必须正确处理定性和定量、质变与量变、个体形态与区域总体结构的关系。制图是以视觉感观形象效果为主,力求图面生动,深入浅出,看图知意。应注意不同类型单元的图斑轮廓形状、大小的表现,防止任意增删、裁弯取直、去棱变圆、扩窄变宽等,保证总体的相互对比的数量关系和区域结构特征。

第三,土地类型制图要注意地理分异特征。不同地理区域的自然条件不同,决定了土地类型的地理分布不同。每个地理区域内的土地类型都有它一定的空间范围。制图规范只可能规定一般性的图例系统,而要真实地反映区域特征,则需要根据区域特征和制图规范,做不同的技术性处理。例如,北方黄土地区和南方花岗岩地区,都有流水冲蚀形成的沟谷,但因物质组成不同,沟谷形态也有区别。制图表现不但要画出沟谷数量,还要反映沟谷形态的差别,才能更准确地反映区域特性。

第四,土地类型制图要突出生产性。土地类型的划分与制图的最终目的是为生产服务。

尤其是为农、林、牧各业土地合理利用服务。由于农、林、牧各业对土地利用条件要求不一样，在土地类型制图的技术处理上，也应有所区别，不能等量齐观，平均对待。对于利用条件要求高的地类应给予较为详细地划分与表现，而对于利用条件要求不高的地类或难以利用的地类，则不必过于详细地划分与表现。

第五，土地类型调查制图要注意土地构成要素之间的内在联系和综合性。首先，要综合地调查研究土地类型构成要素——气候、地质、地貌、水文、土壤、植被等，认识它们之间的相互关系。其次，根据这些构成要素与土地类型之间的因果关系，对土地类型进行系统分类。这就要求在进行土地类型调查之前，仔细阅读、认真研究当地的气候、植被、地貌、水文、土壤等资料，并进行路线勘察，然后经过综合分析研究，拟定一个反映当地土地类型形成规律和实际情况的工作分类系统，然后才能进行野外调绘工作。最后，土地类型虽不似土地利用现状那样有着截然不同的直观清晰的界线，但它的界线有着深刻的发生学内在的特征，要通过对土地类型构成要素的综合分析研究，才能确定。土地类型的界线往往与其他气候资源图、植被图、地貌图、水图、土壤图等专业图的界线吻合。同时，土地类型调查制图也要求土地类型图本身的界线与那些其他土地类型组成要素的专业图的界线相协调。仔细研究这些专业图对于正确勾绘土地类型图有着直接的帮助。将这些作为土地类型的分异因素的专业图叠置在一起，然后选择重叠线条作为土地类型的界限，在一定的范围内是适用的。但在某些情况下，土地类型的界线又不是简单机械的土地构成要素界线的叠加，在此情况下，要进行综合地理分析，有时要进行主导因素分析，才能确定边界。

二、土地类型制图方法

（一）综合制图法

这是根据综合性原则所采用的一种制图方法。一般在无其他反映土地构成要素的专业图情况下，在野外考察和室内资料整理的基础上，拟出土地类型分类系统，依据各类土地的综合特征和实际分布位置，直接在底图上一次性地绘制土地类型图。此种方法特别适用于用航空航天资料做底图的遥感判读方法。

综合制图法实际上是一次性成图法，其“综合”的过程是大脑分析判断的过程。一般是先将地理要素如水库、道路、居民点等勾绘出来，作为图的地理控制。然后，对遥感图像判读，“对号入座”。即将选定的土地类型作为制图单元，将其概念内涵与图像反映的地物相比较，绘制图斑，填绘图例。具体过程见图 3-1。

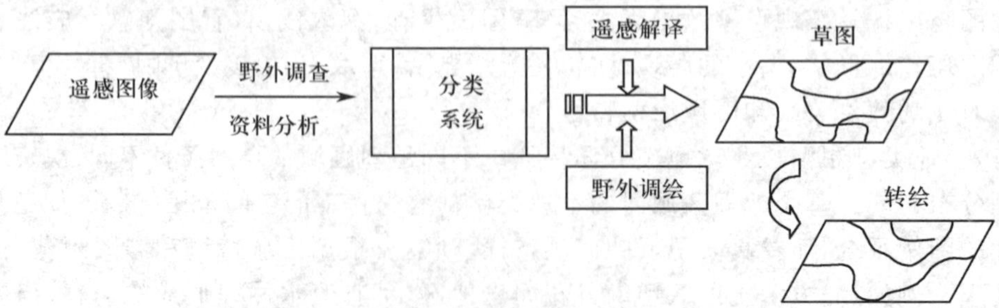

图 3-1　综合制图法的一般程序

(二)叠置制图法

将相同比例尺的各种专业图,如地貌图、植被图、土壤图、地质图、土地利用现状图等叠加在一起,结合野外踏勘,确定土地类型及其界线。此种方法特别适合在各种专业图件齐全而且可靠的情况下使用,符合土地类型制图的发生学和综合性原则。

叠置制图法一般用于大比例尺的土地类型制图。叠置过程中要注意以地理要素,如水系、道路等线状地物作为地理控制网络,先将它们重合,避免图面移位。同时,要处理叠置生成的超过制图比例尺限制的细碎图斑,其方法可用合并法、组合复区法、符号法等。最后根据主导因素原则绘出土地类型单元的边界线。其主要过程如图 3-2 所示。

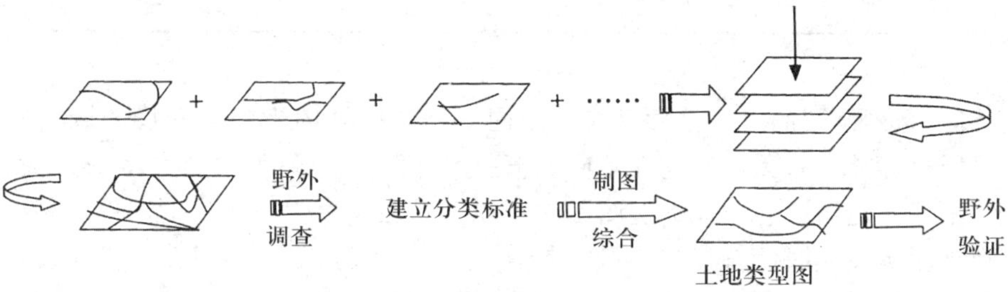

图 3-2　叠置制图法的一般程序

三、土地类型调查的系列成图

系列成图是保证综合调查成果得以全面表达的一个手段,不同专业的系列成图是用来反映其综合调查的成果水平和工作意图。系列成图有两个方面:一是不同专业用相同比例尺来反映调查地区的土地类型的不同形成要素及特点,如地貌图、土壤图、草地图等;二是同一专业图以不同比例尺的形式表现。系列类型图的技术关键应注意以下几点。

(一)系列成图的共同特征线

土地是一个系统,在这个系统内,包括气候、地形、地质、水文、土壤、植被等子系统。

土地类型的界线往往与其他气候资源图、地貌图、地质图、水文图、土壤图、植被图的界线有一定程度吻合或彼此紧密相关。因此,编制土地类型图要以系统论为指导,采取系列制图的方法。系列制图的方法可以节省时间与资金,而且所编制的系列专题图之间互有印证,真正形成一个系列,而不是"貌合神离"。

系列成图要求既能保持各专题图幅的内容差别,又能保证各专题要素的统一协调。要做到这些,就必须提取各专题图之间一些共同界线。这些界线不但包括一般的数学地理要素,如行政区界、重要水系、道路、居民点等。更为重要的是提取各专题间具有共同科学定义的地形特征线,突出地貌在土地类型发生、分异、演化中的主导作用。这是因为地势的起伏变化对区内的水、热起着重新分配的作用,并导致植被、土壤和土地利用等方面的相应变化,而且无论是野外调查,还是遥感解译,地貌形态都是直接可辨的。因此,可以以这些共同特征线来协调各专题图的控制线。在此基础上,各专题图再分别突出各专题图的特殊分类内容。例如,陕北黄土高原丘陵沟壑区的峁边线和坡脚线,这两条地形特征线可以作为土壤侵蚀图、土地利用现状图、土地类型图等的共同专业界线(表 3-8)。这就大大方便了各种土地资源类型的统计与协调。

表 3-8　黄土高原丘陵沟壑区土地利用、土地类型、土壤侵蚀对应关系表

土地类型	土地利用现状类型	土壤侵蚀类型
墚峁坡地	墚峁坡旱地、果园、林地、梯田旱地、人工草地	以溅蚀、面蚀、细沟侵蚀和浅沟侵蚀为主的水力侵蚀区
沟坡地	沟坡旱地，沟坡灌木林、沟坡天然草地、荒草地	以沟蚀、崩塌、滑塌、泻溜、潜蚀为主的水力-重力侵蚀区
沟(川)道地	沟(川)水浇地、沟(川)旱地、坝淤地、沟(川)林地、菜地	堆积与泥沙输运

(二)制图综合

如上所述，系列制图的另一个含义是编制同一专题内容的不同比例尺的成套图件，即大、中、小比例尺的系列图件，其目的是在不同的概括水平下了解各种土地类型的数量、质量与分布。大、中、小不同比例尺的土地类型图的编制原则一般是由大比例尺的图件编制中比例尺图件再过渡到小比例尺的图件，这就是所谓制图综合。为保证制图的精度，在依比例尺缩小的过程中就要科学地处理不依比例尺的制图单元。

地图是以数学的比例法规则缩小来描述地表各种现象的空间规律，因而相应地产生数与形的概括，土地类型图反映的是土地类型的空间变异和地理发生规律。因此，土地类型图的科学性，不但要注意数学的精确性，而且要反映地理规律性。陆地上的土地类型变化，按它的实际面积大小有很大的区别。依地图比例尺缩小，有很多内容不能显示，为了正确阐明土地类型地理规律，要对小于比例尺允许限度的制图单元进行特殊处理，即不依比例尺概括。例如，平原型的海岸宽度从最低潮位到最高潮位扩展可达几千米乃至几十千米；山地型的海岸仅有几米或几十米的宽度，两者在数学上是千倍的比例关系。如果单纯考虑数量关系，山地型海岸在图上已可以忽略不计。但若地图上不标示海岸线，连最简单的海陆分异规律也失去了意义。不依比例尺制图单元的技术处理有夸大法、符号法、合并法和组合复区法。

1. 夸大法

夸大法是将超过制图比例尺限度的最小图斑夸大为规定的精度标准(4 mm)。这是非比例的精度，是制图技术加工的特殊处理，类型单位不变，相对位置也基本保留，维持区域分异的原状结构。

(1)局部夸大

一些有许多微小弯曲的河流，如果按比例尺机械的化简，这些弯曲将被全部删除，多弯曲河流将变成笔直的河段，反而歪曲了河流的特征，因此，必须对一些弯曲进行局部夸大，其他地理要素概括时也会出现类似的情况(图 3-3)。

(2)位移

为保持地图上各要素相互关系的正确对比，当主要的要素占据了准确的位置以后，相邻位置的要素不得不局部位移，这是因为每一种地图符号都有一定的尺寸(宽度)，而符号与符号之间又应该保持不小于 0.2 mm 的距离。例如，广东韶关坪石镇、金鸡岭、武水、京广线的位置关系，在制图综合中为了正确反映它们的相对位置关系，必须对部分地物进行位移。位移的原则是自然地物尽量保留原有位置。因此，金鸡岭和武水保留原有位置，对京广线和坪石镇进行位移(图 3-4)。

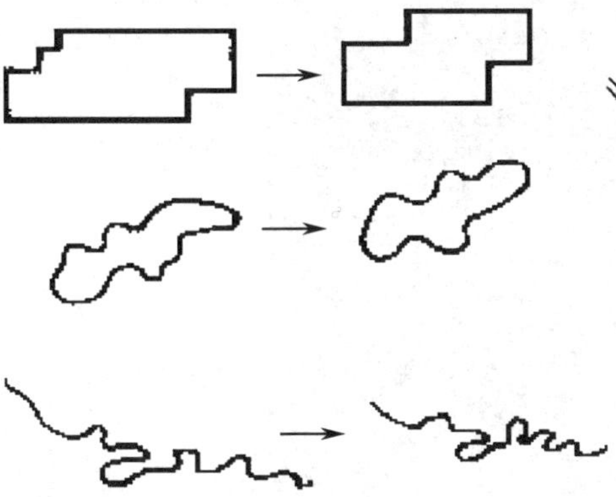

图 3-3　局部夸大

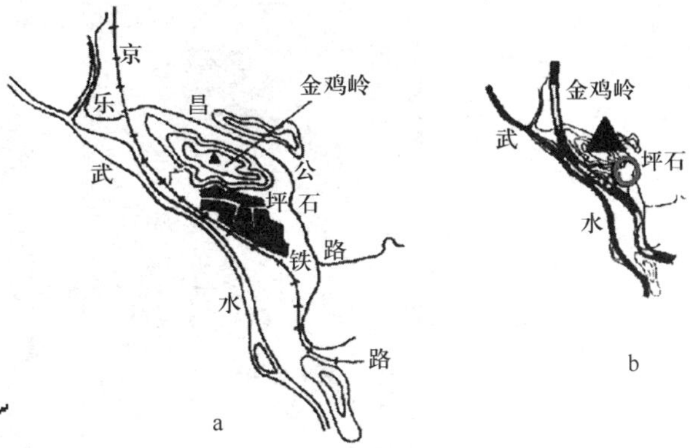

图 3-4　位移

2. 符号法

符号法是将超过制图比例尺限度的最小图斑采用个体符号或面状符号表现,稀少零散小面积的类型采用个体符号,保证定性和定位的相对准确,对比较集中的小面积类型采用面状符号,只阐明某一地区有较多数量的小面积类型存在,不表现具体的定量和定位关系(图 3-5)。

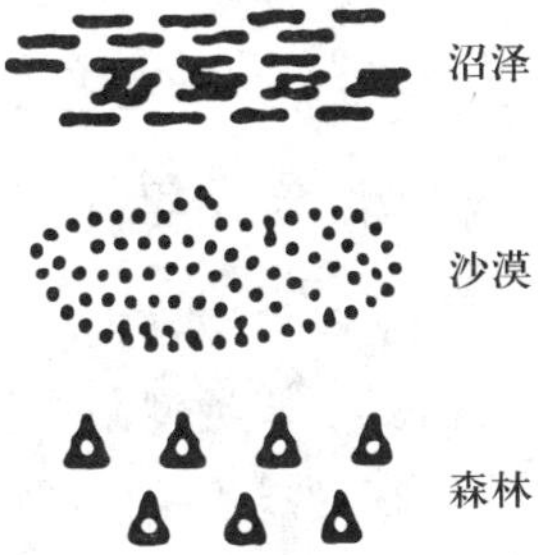

图 3-5　符号法

3. 合并法

合并法是将 2 个或 2 个以上的同级类型分布合并为 1 个制图单位;合并同类地物的碎部,以反映地物的主要结构特征(图 3-6)。

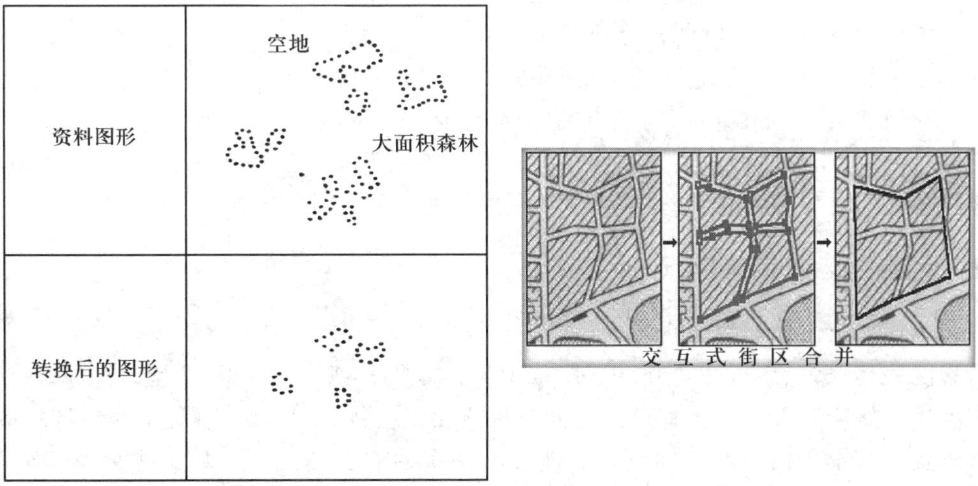

大面积森林中的小面积空地 → 森林

图 3-6　合并法

4. 组合复区法

组合复区法是将超过制图比例尺限度的最小图斑与邻近性质不同的类型组合构成 1 个组合制图单元(复区),可用两种符号交绘或设计新符号的方法处理复域图斑。以减少图的符号的负载量,提高图面清晰易读性,在分类单位代号之间用"+"号标出。一般将主要类型(即面积大者)放在"+"号前面,将次要类型(即面积小者)依次放在"+"号后面。这也是一种制图综合(图 3-7、图 3-8)。

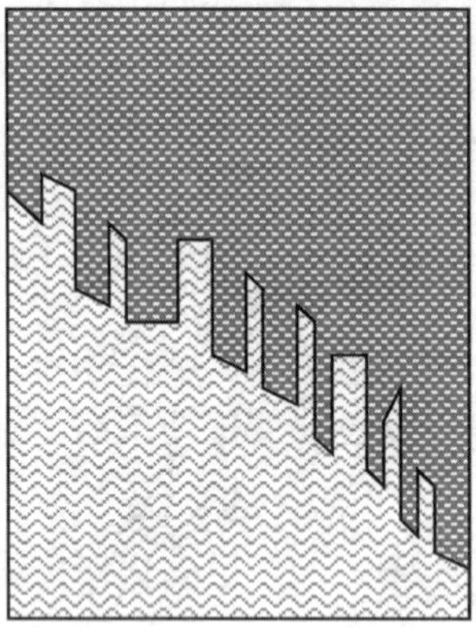

图 3-7　符号交绘

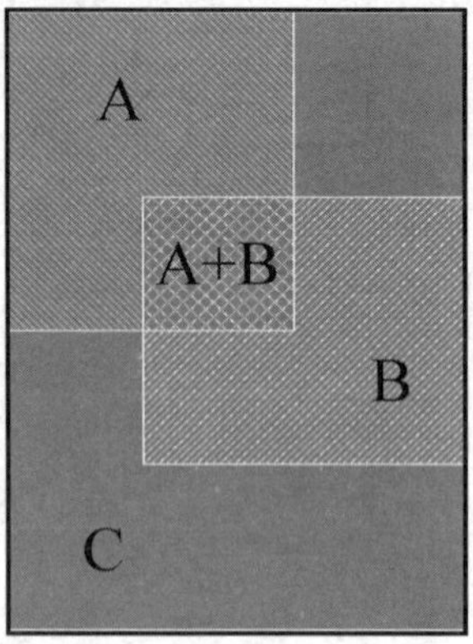

图 3-8　类型代号 A+B

在选择以上几种不依比例尺制图单元的处理方法时，要考虑几个基本条件：①区域分异特征的代表性；②分类系统的完整性；③图面的美观性；④制图技术处理的难易性。

四、分类单元与制图单元

土地类型分类单元是概念化的，它是依据我们现有知识所允许的程度尽可能精确定义的，从而给土地类型制图提供一个通用的标准。

在自然界，存在着与土地类型分类单元概念相吻合的土地实体。如果一块土地的性状与某一分类单元的概念相一致或被包含，在调绘土地类型图时，我们就以这个土地类型分类单元名称命名该区域的土地，从而成为制图单元。

实际工作中，往往 1 个制图单元或图斑并非只包括该命名土地类型的土地，可能还包括了符合其他土地类型分类单元定义的土地。其原因有：①实际的土地界线有许多不规则之处；绘图时由于平滑曲线的要求免不了包括其他不符合命名该图斑的土地类型定义的土地。②由于制图比例尺的限制，那些面积小于制图单位的土地单元不能单独标示而包含进去，使图斑内的土地类型单元与图斑名称有了差异。

五、土地类型调查比例尺

（一）小比例尺土地类型调查

调查的比例尺为（1∶1 000 万）～（1∶100 万），是国家级土地类型调查要求的比例尺。目的是概括地了解全国各主要土地类型的分布规律和发生特点，为国家制定土地经济政策、国土总体规划提供基本数据。1∶1 000 万土地类型调查的制图单元所对应的土地类型分类等级是土地纲，1∶500 万土地类型调查制图单元所对应的土地类型分类等级是土地类；1∶100 万土地类型调查制图所对应的土地类型分类等级是土地型。

（二）中比例尺土地类型调查

省、地区土地类型调查制图的比例尺为（1∶50 万）～（1∶20 万），所对应的土地类型分类等级是土地组合或土地型。这比小比例尺土地类型调查的内容深度要更进一步，对于土地评价和利用规划的指导更为具体。

（三）大比例尺土地类型调查

县、乡级土地类型调查制图的比例尺为（1∶5 万）～（1∶1 万），甚至小于 1∶5 000，制图单元所对应的土地类型分类等级是土地单元。大比例尺土地类型调查反映土地特性更为详细具体,和土地利用与植物生长关系更为密切,是详细土地利用规划的基础。

思考题

1. 什么是土地类型？阐述土地类型的分类思想和分类系统。
2. 土地类型调查制图中常用的有哪两种方法？请详细说明。

第四章　土地利用现状调查方法

掌握翔实准确的土地利用现状可以完善土地调查与监测、土地统计制度，满足生态文明建设、空间规划编制、自然资源管理体制改革、统一确权登记和国土空间用途管制等各项工作的需要。因此，必须要定期地开展土地利用现状调查。

土地利用现状调查的任务主要包括3个方面的内容：①查清各类土地利用类型的数量、质量、分布状况和权属性质；②分析土地利用中存在的问题、经验和教训，提出土地资源合理利用的途径和优化土地利用结构的建议；③建立土地资源管理信息系统或土地利用数据库。

第一节　土地利用分类

土地利用分类是土地利用现状调查的基础。由于我国地域辽阔、土地利用方式多样，采用不同的分类标准将会出现不同的分类结果，为了使调查成果在全国范围内有可比性和共享性，必须制定和实施全国统一的分类标准。

一、土地利用现状和土地利用类型

人们根据现实生活的需要，对土地进行的各种生产利用经营方式，称为土地利用现状，即土地当前的使用状况。土地利用方式既受土地自然条件的限制，又受社会经济技术条件的制约，是人类长期改造利用形成的。因此，土地利用现状并不等于某一时刻的地表覆盖物，而是反映某一段相对稳定时期内人们对土地的利用方式。例如，在某一河流的河漫滩上，某一枯水年利用河漫滩露出水面的时期种植了荞麦，但是不能定义这块地为耕地，因为在常水年份，河漫滩是不能耕种的，河漫滩只能分类为水域中的滩涂。又如，在农家庭院内种植蔬菜，此类土地不能分类为菜地，因为从利用方式上分析，此地仍属农村居民点用地。

土地利用分类是根据土地的自然属性、经济属性及其他因素进行的综合性分类。它是以土地的利用方式、用途、经营特点和覆盖特征为主要分类标准所进行的分类，反映某一段时间土地的实际利用状况。土地利用类型是根据一定的土地利用分类系统对土地利用现状所进行的划分。对于同一土地利用现状，用不同的土地利用分类系统会得出不同的土地利用类型。如对于栽种香蕉的土地，按我国土地利用分类系统，被分类为园地，而按联合国粮食及农业组织(FAO)的分类系统则被分类为耕地。

土地利用分类的理论基础是土地利用现状的地域分异规律，包括水平地域分异规律、垂直地域分异规律和社会经济技术影响的地域分异规律。而土地利用类型则易受人类活动的影响，社会经济技术条件越发达，土地利用类型越易改变，因而土地利用类型相对不稳定。

土地利用分类是土地利用现状调查的基础。使用统一的土地利用分类系统进行调查与制图，可以避免对同一土地资源面积的重复统计，但是不以此划分部门管理范围。

二、土地利用分类的方法和原则

(一)土地利用分类方法

有关分类的方法主要有 2 种，即线分类法和面分类法。线分类法是一种层次级分类法，将分类对象逐次分成有层级的类目，类目间构成并列和隶属关系，形成串、并联结合的树状结构；面分类法是根据分类对象各自的特征，分成互不相关的面，相互间没有从属关系，不同面不互相交叉、重复，且顺序固定。

土地利用分类采用线分类，这样可以满足在不同层次上认识土地利用和以不同比例尺进行调查制图的需要，具有如下特点。

第一，每个分类层次均应包括所有的土地利用类型，不可保留未被分类的土地利用类型。因此，先从大类分起，而后逐级划分。在不同的分类层次上采用不同的分类标准，以达到由高级分类到低级分类，土地利用现状类型的内涵逐渐加深、外延逐渐变小，层次清楚，关系明晰，概念准确，目的明了。从利用角度讲，土地可分为已利用土地和未利用土地，在已利用土地中，又可分为生产用地、非生产用地；在生产用地中，再分为农、林、牧用地。

第二，线分类法若要很好地予以体现，应该有一个科学的编码系统，实行统一的编排顺序，以利于统计汇总，并为建立数据库和信息共享等方面创造有利条件。

(二)土地利用分类的原则

当确定了土地利用分类的基本标准之后，分类系统的制定还要遵循如下原则。

1. 统一性原则

2017 年，由国土资源部组织修订的国家标准《土地利用现状分类》(GB/T 21010—2017)发布并实施。土地利用分类采用一、二级 2 个层次的分类体系，共分为 12 个一级类、73 个二级类。该标准适用于全国各个地区的土地调查、规划、审批、供应、整治、执法、评价、统计、登记及信息化管理等工作。在使用本标准时，也可根据需要，在本分类的基础上续分土地利用类型。

全国各地区在制定本地区的分类系统时，要保持上下各级分类系统的统一性。省级可在国家土地利用分类一、二级基础上续分出三级，各地(市)、县依据实际需要进行再分类，但是前三级需与省统一，地(市)、县的土地利用现状分类系统必须与全国、全省的分类系统相一致。这样有利于全国、全省的统一管理，也有利于比较分析。

2. 系统性原则

即分类系统要有一定的系统性，具体要求有：①要由总体到局部、同级到低级、一般到特殊，由大到小的逐级细分，实行多级续分制；②同一类型，要坚持统一的分类标准；③分类层次不可混杂；④同一地类，只能在一个大类中出现，不可在另一个大类中并存；⑤实行统一的编码顺序及其代表的地类，这样有利于管理、统计和汇总，并为整理资料、建立数据库和广泛应用计算技术等方面创造了有利条件。

3. 实用性原则

土地利用的研究目的在于合理利用土地。因此，土地利用现状分类必须从生产实际出发，根据生产部门的要求，拟定土地利用现状分类系统，以满足生产使用的要求。土地利用现状分类的名称，要尽可能与计划部门和生产业务部门通常使用的名称、概念、含义相一致，以便各部门使用，类型要简明，层次要清楚，命名要通俗，含义要准确。

4. 地域性原则

我国幅员辽阔,南北差异很大,区域特点明显,全国统一分类难以完全反映各地的特殊性地类。各省、自治区、直辖市的土地利用现状分类,在保持统一性的前提下,对其分类可以有所增减,以反映本地区土地利用方面的特色。本省没有的地类,可不设此项,但要保留全国统一的编号;需要增加的地类,可增加分类级别;无论是增是减,绝不能打乱全国统一的编码顺序及其代表的地类。例如,需要增加"柑橘"一类,就只能在全国分类二级类型 0201"果园"中列出三级类型,编号可为 020101,地类为柑橘。

三、我国土地利用现状分类系统

(一)1984 年全国土地利用现状分类系统

1984 年,全国农业区划委员会,颁发了《土地利用现状调查技术规程》,规定了全国土地利用现状分类系统,按两级分类,统一编码排列。其中一级类型以土地资源在国民经济各部门的配置结构为主要划分依据,分为 8 类,二级类型以土地利用过程中经营方式和利用程度为主要划分依据,分为 46 类(具体分类系统、名称含义和编码见表 4-1)。同时,规定了耕地坡度分级指标(表 4-2)。

表 4-1 1984 年全国土地利用现状分类

一级类型	二级类型	编码	释义
耕地		1	指种植农作物的土地,包括熟地、新开发复垦整理地、休闲地、轮歇地、草田轮作地;以种植农作物为主,间有零星果树、桑树或其他树木的土地;平均每年能保证收获一季的已垦滩地和海涂。耕地中还包括南方宽<1 m,北方宽<2 m 的沟、渠、路和田埂
	灌溉水田	11	指有水源保证和灌溉设施,在一般年景能正常灌溉,用于种植水生作物的耕地,包括灌溉的水旱轮作地
	望天田	12	指无灌溉设施,主要依靠天然降水,用于种植水生作物的耕地,包括无灌溉设施的水旱轮作地
	水浇地	13	指水田、菜地以外,有水源保证和灌溉设施,在一般年景能正常灌溉的耕地
	旱地	14	指无灌溉设施,靠天然降水种植旱作物的耕地,包括没有灌溉设施,仅靠引洪淤灌的耕地
	菜地	15	指常年种植蔬菜为主的耕地,包括大棚用地
园地		2	指种植以采集果、叶、根、茎等为主的集约经营多年生木本和草本作物(含其苗圃),覆盖度>50%或有收益的株数达到合理株数 70%的土地
	果园	21	指种植果树的园地
	桑园	22	指种植桑树的园地
	茶园	23	指种植茶树的园地
	橡胶园	24	指种植橡胶的园地
	其他园地	25	指种植可可、咖啡、油棕、胡椒、花卉、药材等其他多年生作物的园地
林地		3	指生长乔木、竹类、灌木、沿海红树林的土地。不包括居民点绿地,以及铁路、公路、河流、沟渠的护路、护岸林

续表 4-1

一级类型	二级类型	编码	释　　义
林地	有林地	31	指树木郁闭度≥20%的天然、人工林地
	灌木林地	32	指覆盖度≥40%的灌木林地
	疏林地	33	指树木郁闭度≥10%且<20%的疏林地
	未成林造林地	34	指造林成活率大于或等于合理造林数的41%，尚未郁闭但有成林希望的新造林地（一般指造林后不满3～5年或飞机播种后不满5～7年的造林地）
	迹地	35	指森林采伐、火烧后，5年内未更新的土地
	苗圃	36	指固定的林木育苗地
牧草地		4	指生长草本植物为主，用于畜牧业的土地
	天然草地	41	指以天然草本植物为主，未经改良，用于放牧或割草的草地，包括以牧为主的疏林、灌木草地
	改良草地	42	指采用灌溉、排水、施肥、松耙、补植等措施进行改良的草地
	人工草地	43	指人工种植牧草的草地，包括人工培植用于牧业的灌木地
居民点及工矿用地		5	指城乡居民点、独立居民点，以及居民点以外的工矿、国防、名胜古迹等企事业单位用地，包括其内部交通及绿化用地
	城镇	51	市、镇建制的居民点，不包括市、镇范围内用于农、林、牧、渔业的生产用地
	农村居民点	52	镇以下的居民点用地
	独立工矿用地	53	居民点以外独立的工矿企业、采石场、砖瓦窑、仓库及其他事业单位的建设用地，不包括附属于工矿企事业单位的农副业生产基地
	盐田	54	以经营盐业为目的，包括盐场及附属设施用地
	特殊用地	55	指居民点以外的国防、名胜古迹、风景旅游、墓地、陵园等用地
交通用地		6	指用于运输通行的地面线路、场站等用地，包括民用机场、港口、码头、地面运输管道和居民点道路及其相应附属设施用地
	铁路	61	指铁道线路及场站用地，包括路堤、路堑、道沟及护路林，地铁地上部分及出入口等用地
	公路	62	指国家和地方公路（含乡镇公路），包括路堤、路堑、道沟、护路林及其他附属设施用地
	农村道路	63	指农村南方宽≥1 m，北方宽≥2 m的道路
	民用机场	64	指民用机场及其相应附属设施用地
	港口、码头	65	指人工修建的客运、货运、捕捞船舶停靠的场所及其附属建筑物，不包括常水位以下部分
水域		7	指陆地水域和水利设施用地，不包括泄洪区和垦殖3年以上的滩地、滩涂中的耕地、林地、居民点、道路等
	河流水面	71	指天然形成或人工开挖河流常水位岸线以下的土地
	湖泊水面	72	指天然形成的积水区常水位岸线以下的土地
	水库水面	73	指人工修建总库容≥10万 m^3，正常蓄水位以下的土地
	坑塘水面	74	指人工开挖或天然形成的蓄水量<10万 m^3（不含养殖水面）的坑塘常水位以下的土地

续表 4-1

一级类型	二级类型	编码	释　义
水域	苇地	75	指生长芦苇的土地，包括滩涂上的苇地
	滩涂	76	指沿海大潮高潮位与低潮位之间的潮浸地带；河流、湖泊常水位至洪水位间的滩地；时令湖、河洪水位以下的滩地；水库、坑塘的正常蓄水位与最大洪水位间的滩地。不包括已利用的滩涂
	沟渠	77	人工修建，用于排灌的沟渠，包括渠槽、渠堤、取土坑、护堤林。指农村南方宽≥1 m，北方宽≥2 m的沟渠路
	水工建筑物	78	除农田水利用地以外的人工修建的沟渠（包括渠槽、渠堤、护堤林）、闸、坝、堤路林、水电站、扬水站等常水位岸线以上的水工建筑用地
	冰川及永久积雪	79	指表层被冰雪常年覆盖的土地
未利用土地		8	指目前还未利用的土地，包括难利用的土地
	荒草地	81	指树木郁闭度<10%，表层为土质，生长杂草，不包括盐碱地、沼泽地和裸土地
	盐碱地	82	指表层盐碱聚集，只生长天然耐盐植物的土地
	沼泽地	83	指经常积水或渍水，一般生长湿生植物的土地
	沙地	84	指表层被沙覆盖，基本无植被的土地，包括沙漠，但不包括水系中的沙滩
	裸土地	85	指表层为土质，基本无植被覆盖的土地
	裸岩、石砾地	86	指表层为岩石或石砾，其覆盖面积≥70%的土地
	田坎	87	主要指耕地中南方宽≥1 m，北方宽≥2 m的地坎或堤坝
	其他	88	指包括高寒荒漠、苔原等尚未利用的土地

注：以下几种情况不算作耕地：①间作或临时种植农作物的专业性园地、林地；②铁路、公路的沟渠边坡暂时种植农作物的土地；③原为耕地，现已批准的基建地，但尚未动工仍种植农作物的土地；④牧区的饲料地；⑤宅基地中的菜地。

表 4-2　耕地坡度分级表

地面倾角	坡度值	平地	梯田	坡地
<2°	<0.035			
2°～6°	0.035～0.105			
6°～15°	0.105～0.268			
15°～25°	0.268～0.466			
>25°	>0.466			

注：坡度及坡度值上含下不含。

（二）2001 年全国土地分类系统（过渡期）

1984 年试用的土地利用现状分类系统，以及与之配套的我国《城镇地籍调查规程》中的城镇土地分类，是 20 世纪八九十年代我国土地管理工作中的两个重要分类系统。随着土地管理工作的系统化和规范化，同时也为了更好地满足城乡一体化的土地管理的需求，国土资源部于

2001 年颁布了新的《全国土地分类》系统，该系统是一个城乡统一的土地分类系统，于 2002 年 1 月 1 日起在全国试行。该系统采用三级分类体系，一级类设 3 个，即《土地管理法》规定的农用地、建设用地、未利用地。二级类设 15 个，其中农用地包括耕地、园地、林地、牧草地和其他农用地 5 个地类；建设用地包括商服用地、工矿仓储用地、公用设施用地、公共建筑用地、住宅用地、交通运输用地、水利设施用地和特殊用地 8 个地类；未利用地包括未利用土地和其他土地 2 个地类。三级地类设 71 个，是在原来两个土地分类的二级地类基础上调整、归并、增设的（表 4-3）。

表 4-3　2001 年全国土地利用现状分类

一级类	二级类	三级类	编码	释　义
农用地			1	指直接用于农业生产的土地，包括耕地、园地、林地、牧草地及其他农用地
	耕地		11	指种植农作物的土地，包括熟地、新开发复垦整理地、休闲地、轮歇地、草田轮作地；以种植农作物为主，间有零星果树、桑树或其他树木的土地；平均每年能保证收获一季的已垦滩地和海涂。耕地中还包括南方宽＜1 m，北方宽＜2 m 的沟、渠、路和田埂
		灌溉水田	111	指有水源保证和灌溉设施，在一般年景能正常灌溉，用于种植水生作物的耕地，包括灌溉的水旱轮作地
		望天田	112	指无灌溉设施，主要依靠天然降水，用于种植水生作物的耕地，包括无灌溉设施的水旱轮作地
		水浇地	113	指水田、菜地以外，有水源保证和灌溉设施，在一般年景能正常灌溉的耕地
		旱地	114	指无灌溉设施，靠天然降水种植旱作物的耕地，包括没有灌溉设施，仅靠引洪淤灌的耕地
		菜地	115	指常年种植蔬菜为主的耕地，包括大棚用地
	园地		12	指种植以采集果、叶、根茎等为主的集约经营多年生木本和草本作物（含其苗圃），覆盖度＞50％或有收益的株数达到合理株数 70％的土地
		果园	121	指种植果树的园地
		可调整果园	121K	指由耕地改为果园，但耕作层未被破坏的土地*
		桑园	122	指种植桑树的园地
		可调整桑园	122K	指由耕地改为桑园，但耕作层未被破坏的土地*
		茶园	123	指种植茶树的园地
		可调整茶园	123K	指由耕地改为茶园，但耕作层未被破坏的土地*
		橡胶园	124	指种植橡胶的园地
		可调整橡胶园	124K	指由耕地改为橡胶园，但耕作层未被破坏的土地*

续表 4-3

一级类	二级类	三级类	编码	释义
农用地		其他园地	125	指种植可可、咖啡、油棕、胡椒、花卉、药材等其他多年生作物的园地
		可调整其他园地	125K	指由耕地改为其他园地，但耕作层未被破坏的土地*
	林地		13	指生长乔木、竹类、灌木、沿海红树林的土地。不包括居民点绿地，以及铁路、公路、河流、沟渠的护路、护岸林
		有林地	131	指树木郁闭度≥20%的天然、人工林地
		可调整有林地	131K	指由耕地改为有林地，但耕作层未被破坏的土地*
		灌木林地	132	指覆盖度≥40%的灌木林地
		疏林地	133	指树木郁闭度≥10%，但<20%的疏林地
		未成林造林地	134	指造林成活率大于或等于合理造林数的41%，尚未郁闭但有成林希望的新造林地(一般指造林后不满3～5年或飞机播种后不满5～7年的造林地)
		可调整未成林造林地	134K	指由耕地改为未成林造林地，但耕作层未被破坏的土地
		迹地	135	指森林采伐、火烧后，5年内未更新的土地
		苗圃	136	指固定的林木育苗地
		可调整苗圃	136K	指由耕地改为苗圃，但耕作层未被破坏的土地*
	牧草地		14	指生长草本植物为主，用于畜牧业的土地
		天然草地	141	指以天然草本植物为主，未经改良，用于放牧或割草的草地，包括以牧为主的疏林、灌木草地
		改良草地	142	指采用灌溉、排水、施肥、松耙、补植等措施进行改良的草地
		人工草地	143	指人工种植牧草的草地，包括人工培植用于牧业的灌木地
		可调整人工草地	143K	指由耕地改为人工草地，但耕作层未被破坏的土地
	其他农用地		15	指上述耕地、园地、林地、牧草地以外的农用地
		畜禽饲养地	151	指以经营性养殖为目的的畜禽舍及其相应附属设施用地
		设施农业用地	152	指进行工厂化作物栽培或水产养殖的生产设施用地
		农村道路	153	指农村南方宽≥1 m，北方宽≥2 m的村间、田间道路(含机耕道)
		坑塘水面	154	指人工开挖或天然形成的蓄水量<10万 m^3(不含养殖水面)的坑塘常水位以下的面积
		养殖水面	155	指人工开挖或天然形成的专门用于水产养殖的坑塘水面及相应附属设施用地
		可调整养殖水面	155K	指由耕地改为养殖水面，但可复耕的土地*
		农田水利用地	156	指农民、集体或其他农业企业等自建或联建的农田排灌沟渠及其相应附属设施用地
		田坎	157	主要指耕地中南方宽≥1 m，北方宽≥2 m的梯田田坎

续表 4-3

一级类	二级类	三级类	编码	释　义
		晒谷场等用地	158	指晒谷场及上述用地中未包含的其他农用地
建设用地			2	指建造建筑物、构筑物的土地。包括商业、工矿、仓储、公用设施、公共建筑、住宅、交通、水利设施、特殊用地等
	商服用地		21	指商业、金融业、餐饮旅馆业及其相应附属设施用地
		商业用地	211	指商店、商场、各类批发、零售市场及其相应附属设施用地
		金融保险用地	212	指银行、保险、证券、信托、期货、信用社等用地
		餐饮旅馆业用地	213	指饭店、餐厅、酒吧、宾馆、旅馆、招待所、度假村等及其相应附属设施用地
		其他商服用地	214	指上述用地以外的其他商服用地，包括写字楼、商业性办公楼和企业厂区外独立的办公楼用地；旅行社、运动保健休闲设施、夜总会、歌舞厅、俱乐部、高尔夫球场、加油站、洗车场、洗染店、废旧物资回收站、维修网点、照相、理发、洗浴等服务设施用地
	工矿仓储用地		22	工业、采矿、仓储业用地
		工业用地	221	指工业生产及其相应附属设施用地
		采矿地	222	指采矿、采石、采沙场、盐田、砖瓦窑等地面生产用地及尾矿堆放地
		仓储用地	223	指用于物资储备、中转的场所及相应附属设施用地
	公用设施用地		23	指为居民生活和二、三产业服务的公用设施及瞻仰、游憩用地
		公共基础设施用地	231	指给排水、供电、供燃气、邮政、电信、消防、公用设施维修、环卫等用地
		瞻仰景观休闲用地	232	指名胜古迹、革命遗址、景点、公园、广场、公用绿地等
	公共建筑用地		24	指公共文化、体育、娱乐、机关、团体、科研、设计、教育、医卫、慈善等建筑用地
		机关团体用地	241	指国家机关、社会团体、群众自治组织、广播电台、电视台、报社、杂志社、通讯社、出版社等单位的办公用地
		教育用地	242	指各种教育机构，包括大专院校、中专、职业学校、成人业余教育学校、中小学校、幼儿园、托儿所、党校、行政学院、干部管理学院、盲聋哑学校、工读学校等直接用于教育的用地
		科研设计用地	243	指独立的科研、设计机构用地，包括研究、勘测、设计、信息等单位用地
		文体用地	244	指为公众服务的公益性文化、体育设施用地。包括博物馆、展览馆、文化馆、图书馆、纪念馆、影剧院、音乐厅、少青老年活动中心、体育场馆、训练基地等

续表 4-3

一级类	二级类	三级类	编码	释义
建设用地		医疗卫生用地	245	指医疗、卫生、防疫、急救、保健、疗养、康复、医检药检、血库等用地
		慈善用地	246	指孤儿院、养老院、福利院等用地
	住宅用地		25	指供人们日常生活居住的房基地(有独立院落的包括院落)
		城镇单一住宅用地	251	指城镇居民的普通住宅、公寓、别墅用地
		城镇混合住宅用地	252	指城镇居民以居住为主的住宅与工业生产或商业等混合用地
		农村宅基地	253	指农村村民居住和宅基地
		空闲宅基地	254	指村庄内部的空闲旧宅基地及其他空闲土地等
	交通运输用地		26	指用于运输通行的地面线路、场站等用地,包括民用机场、港口、码头、地面运输管道和居民点道路及其相应附属设施用地
		铁路用地	261	指铁道线路及场站用地,包括路堤、路堑、道沟及护路林;地铁地上部分及出入口等用地
		公路用地	262	指国家和地方公路(含乡镇公路),包括路堤、路堑、道沟、护路林及其他附属设施用地
		民用机场	263	指民用机场及其相应附属设施用地
		港口码头用地	264	指人工修建的客运、货运、捕捞船舶停靠的场所及其附属建筑物,不包括常水位以下部分
		管道运输用地	265	指运输煤炭、石油和天然气等管道及其相应附属设施地面积用地
		街巷	266	指城乡居民点内公用道路(含立交桥)、公共停车场等
	水利设施用地		27	指用于水库、水工建筑的土地
		水库水面	271	指人工修建总库容≥10 万 m^3,正常蓄水位以下的面积
		水工建筑用地	272	除农田水利用地以外的人工修建的沟渠(包括渠槽、渠堤、护堤林)、闸、坝、堤路林、水电站、扬水站等常水位岸线以上的水工建筑用地
	特殊用地		28	指军事设施、涉外、宗教、监教、墓地等用地
		军事设施用地	281	指专门用于军事目的的设施用地,包括军事指挥机关和营房等
		使领馆用地	282	外国政府及国际组织驻华使领馆、办事处等用地
		宗教用地	283	指专门用于宗教活动的庙宇、寺院、道观、教堂等宗教自用地
		监教场所用地	284	指监狱、看守所、劳改场、劳教所、戒毒所等用地
		墓葬地	285	指陵园、墓地、殡葬场所及附属设施用地
未利用地			3	指农用地和建设用地以外的土地
	未利用地		31	指目前还未利用的土地,包括难利用的土地

续表 4-3

一级类	二级类	三级类	编码	释　义
未利用地	未利用地	荒草地	311	指树木郁闭度<10%，表层为土质，生长杂草，不包括盐碱地、沼泽地和裸土地
		盐碱地	312	指表层盐碱聚集，只生长天然耐盐植物的土地
		沼泽地	313	指经常积水或渍水，一般生长湿生植物的土地
		沙地	314	指表层为沙覆盖，基本无植被的土地，包括沙漠，不包括水系中的沙滩
		裸土地	315	指表层为土质，基本无植被覆盖的土地
		裸岩石砾地	316	指表层为岩石或石砾，其覆盖面积≥70%的土地
		其他未利用土地	317	指包括高寒荒漠、苔原等尚未利用的土地
	其他土地		32	指未列入农用地、建设用地的其他水域地
		河流水面	321	指天然形成或人工开挖河流常水位岸线以下的土地
		湖泊水面	322	指天然形成的积水区常水位岸线以下的土地
		苇地	323	指生长芦苇的土地，包括滩涂上的苇地
		滩涂	324	指沿海大潮高潮位与低潮位之间的潮浸地带；河流、湖泊常水位至洪水位间的滩地；时令湖、河洪水位以下的滩地；水库、坑塘的正常蓄水位与最大洪水位间的滩地。不包括已利用的滩涂
		冰川及永久积雪	325	指表层被冰雪常年覆盖的土地

* 指生态退耕以外，按照国土资发〔1999〕511 号文件规定，在农业结构调整中将耕地调整为其他农用地，但未被破坏耕作层，不作为耕地减少衡量指标。

(三)2007 年全国土地利用现状分类系统

《全国土地分类(试行)》在实施 5 年之后，为了更好地适应城乡地政统一管理，实现国土资源的规范化管理和国家宏观管理科学决策的需要，在试点工作的基础上，结合全国土地利用基础图件与数据更新调查(简称第 2 次土地利用调查)，于 2007 年 8 月 10 日发布并实施中华人民共和国国家标准《土地利用现状分类》(GB/T 21010—2007)，这标志着我国土地资源分类第一次拥有了全国统一的国家标准。

该标准中土地利用现状分类采用一级、二级 2 个层次的分类体系，共分 12 个一级类、57 个二级类。该分类标准主要依据土地的用途、经营特点、利用方式和覆盖特征等因素，对土地利用类型进行归纳、划分，反映了土地利用的基本现状。为实施全国土地和城乡地政统一管理，科学划分土地利用类型，明确土地利用各类型含义，统一土地调查、统计分类标准，合理规划、利用土地提供了技术基础。

(四)2017 年全国土地利用现状分类系统

随着土地资源管理工作的理念和技术不断地加深，部分土地利用分类细化程度已经不能满足现实土地利用情况，如红树林、沼泽、湿地等，为了更好地服务于全国土地和城乡地政统一管理，中华人民共和国国家质量监督检验检疫总局和中国国家标准化管理委员会于 2017 年 11 月 1 日发布并实施了《土地利用现状分类》(GB/T 21010—2017)(表 4-4)。新的土地利用现状分类不仅维护了土地利用分类的科学性、实用性、开放性和继承性，更满足了制定国民经济发展和社会发展计划、宏观调控、生态文明建设及国土资源管理的需要。其主要依据土地的利用方式、用途、经营特点和覆盖特征等因素,反映土地利用的基本现状。

新的土地利用现状分类采用一级、二级2个层次的分类体系,共分为12个一级类、73个二级类,土地利用分类更加详细。

表4-4　土地利用现状分类(2017年11月1日)

一级类		二级类		含　义
编码	名称	编码	名称	
01	耕地			指种植农作物的土地,包括熟地,新开发、复垦、整理地,休闲地(含轮歇地、休耕地);以种植农作物(含蔬菜)为主,间有零星果树、桑树或其他树木的土地;平均每年能保证收获一季的已垦滩地和海涂。耕地中包括南方宽度<1 m、北方宽度<2 m固定的沟、渠、路和地坎(埂);临时种植药材、草皮、花卉、苗木等的耕地,临时种植果树、茶树和林木且耕作层未被破坏的耕地,以及其他临时改变用途的耕地
		0101	水田	指用于种植水稻、莲藕等水生农作物的耕地。包括实行水生、旱生农作物轮种的耕地
		0102	水浇地	指有水源保证和灌溉设施,在一般年景能正常灌溉,种植旱生农作物(含蔬菜)的耕地。包括种植蔬菜的非工厂化的大棚用地
		0103	旱地	指无灌溉设施,主要靠天然降水种植旱生农作物的耕地,包括没有灌溉设施,仅靠引洪淤灌的耕地
02	园地			指种植以采集果、叶、根、茎、汁等为主的集约经营的多年生木本和草本作物,覆盖度大于50%或每亩株数大于合理株数70%的土地,包括用于育苗的土地
		0201	果园	指种植果树的园地
		0202	茶园	指种植茶树的园地
		0203	橡胶园	指种植橡胶树的园地
		0204	其他园地	指种植桑树、可可、咖啡、油棕、胡椒、药材等其他多年生作物的园地
03	林地			指生长乔木、竹类、灌木的土地,及沿海生长红树林的土地。包括迹地,不包括城镇、村庄范围内的绿化林木用地,铁路、公路征地范围内的林木,以及河流、沟渠的护堤林
		0301	乔木林地	指乔木郁闭度≥0.2的林地,不包括森林沼泽
		0302	竹林地	指生长竹类植物,郁闭度≥0.2的林地
		0303	红树林地	指沿海生长红树植物的林地
		0304	森林沼泽	以乔木森林植物为优势群落的淡水沼泽
		0305	灌木林地	指灌木覆盖度≥40%的林地,不包括灌丛沼泽
		0306	灌丛沼泽	以灌丛植物为优势群落的淡水沼泽
		0307	其他林地	包括疏林地(树木郁闭度≥0.1但<0.2的林地)、未成林地、迹地、苗圃等林地

续表 4-4

一级类		二级类		含　义
编码	名称	编码	名称	
04	草地			指生长草本植物为主的土地
		0401	天然牧草地	指以天然草本植物为主，用于放牧或割草的草地，包括实施禁牧措施的草地，不包括沼泽草地
		0402	沼泽草地	指以天然草本植物为主的沼泽化的低地草甸、高寒草甸
		0403	人工牧草地	指人工种植牧草的草地
		0404	其他草地	指树木郁闭度＜0.1，表层为土质，不用于放牧的草地
05	商服用地			指主要用于商业、服务业的土地
		0501	零售商业用地	以零售功能为主的商铺、商场、超市、市场和加油、加气、充换电站等的用地
		0502	批发市场用地	以批发功能为主的市场用地
		0503	餐饮用地	饭店、餐厅、酒吧等用地
		0504	旅馆用地	宾馆、旅馆、招待所、服务型公寓、度假村等用地
		0505	商务金融用地	指商务服务用地，以及经营性的办公场所用地。包括写字楼、商业性办公场所、金融活动场所和企业厂区外独立的办公场所；信息网络服务、信息技术服务、电子商务服务、广告传媒等用地
		0506	娱乐用地	指剧院、音乐厅、电影院、歌舞厅、网吧、影视城、仿古城以及绿地率小于65％的大型游乐等设施用地
		0507	其他商服用地	指零售商业、批发市场、餐饮、旅馆、商务金融、娱乐用地以外的其他商业、服务业用地。包括洗车场、洗染店、照相馆、理发美容店、洗浴场所、赛马场、高尔夫球场、废旧物资回收站、机动车、电子产品和日用产品修理网点、物流营业网点，及居住小区及小区级以下的配套的服务设施等用地
06	工矿仓储用地			指主要用于工业生产、物资存放场所的土地
		0601	工业用地	指工业生产、产品加工制造、机械和设备修理及直接为工业生产等服务的附属设施用地
		0602	采矿用地	指采矿、采石、采砂(沙)场，砖瓦窑等地面生产用地，排土(石)及尾矿堆放地
		0603	盐田	指用于生产盐的土地，包括晒盐场所、盐池及附属设施用地
		0604	仓储用地	指用于物质储备、中转的场所用地，包括物流仓储设施、配送中心、转运中心等
07	住宅用地			指主要用于人们生活居住的房基地及其附属设施的土地
		0701	城镇住宅用地	指城镇用于人们居住的各类房屋用地及其附属设施用地，不包括配套的商业服务设施等用地
		0702	农村宅基地	指农村用于生活居住的宅基地

续表 4-4

一级类		二级类		含义
编码	名称	编码	名称	
08	公共管理与公共服务用地			指用于机关团体、新闻出版、科教文卫、公用设施等的土地
		0801	机关团体用地	指用于党政机关、社会团体、群众自治组织等的用地
		0802	新闻出版用地	指用于广播电台、电视台、电影厂、报社、杂志社、通讯社、出版社等的用地
		0803	教育用地	指用于各类教育，包括高等院校、中等专业学校、中学、小学、幼儿园及其附属设施用地，聋、哑、盲人学校及工读学校用地，以及为学校配建的独立地段的学生生活用地
		0804	科研用地	指独立的科研、勘查、研发、设计、检验检测、技术推广、环境评估与监测、科普等科研事业单位及其附属设施用地
		0805	医疗卫生用地	指医疗、保健、卫生、防疫、康复和急救设施等用地，包括综合医院、专科医院、社区卫生服务中心等用地；卫生防疫站、专科防治所、检验中心和动物检疫站等用地；对环境有特殊要求的传染病、精神病等专科医院用地；急救中心、血库等用地
		0806	社会福利用地	指为社会提供福利和慈善服务的设施及其附属设施用地，包括福利院、养老院、孤儿院等用地
		0807	文化设施用地	指图书、展览等公共文化活动设施用地。包括公共图书馆、博物馆、档案馆、科技馆、纪念馆、美术馆和展览馆等设施用地；综合文化活动中心、文化馆、青少年宫、儿童活动中心、老年活动中心等设施用地
		0808	体育用地	指体育场馆和体育训练基地等用地，包括室内外体育运动用地，如体育场馆、游泳场馆、各类球场及其附属的业余体校等用地，溜冰场、跳伞场、摩托车场、射击场，以及水上运动的陆域部分等用地，以及为体育运动专设的训练基地用地，不包括学校等机构专用的体育设施用地
		0809	公用设施用地	指用于城乡基础设施的用地，包括供水、排水、污水处理、供电、供热、供气、邮电、电信、消防、环卫、公用设施维修等用地
		0810	公园与绿地	指城镇、村庄范围内的公园、动物园、植物园、街心花园、广场和用于休憩、美化环境及防护的绿化用地
09	特殊用地			指用于军事设施、涉外、宗教、监教、殡葬、风景名胜等的土地
		0901	军事设施用地	指直接用于军事目的的设施用地
		0902	使领馆用地	指用于外国政府及国际组织驻华使领馆、办事处等的用地
		0903	监教场所用地	指用于监狱、看守所、劳改场、戒毒所等的建筑用地
		0904	宗教用地	指专门用于宗教活动的庙宇、寺院、道观、教堂等宗教自用地
		0905	殡葬用地	指陵园、墓地、殡葬场所用地
		0906	风景名胜设施用地	指风景名胜景点（包括名胜古迹、旅游景点、革命遗址、自然保护区、森林公园、地质公园、湿地公园等）的管理机构，以及旅游服务设施的建筑用地，景区内的其他用地按现状归入相应地类

续表 4-4

一级类		二级类		含　义
编码	名称	编码	名称	
10	交通运输用地			指用于运输通行的地面线路、场站等的土地，包括民用机场、汽车客货运场站、港口、码头、地面运输管道和各种道路以及轨道交通用地
		1001	铁路用地	指用于铁道线路及场站的用地。包括征地范围内的路堤、路堑、道沟、桥梁、林木等用地
		1002	轨道交通用地	指用于轻轨、现代有轨电车、单轨等轨道交通用地，以及场站的用地
		1003	公路用地	指用于国道、省道、县道和乡道的用地。包括征地范围内的路堤、路堑、道沟、桥梁、汽车停靠站、林木及直接为其服务的附属用地
		1004	城镇村道路用地	指城镇、村庄范围内公用道路及行道树用地，包括快速路、主干路、次干路、支路，专用人行道和非机动车道，及其交叉口等
		1005	交通服务场站用地	指城镇、村庄范围内交通服务设施用地，包括公交枢纽及其附属设施用地、公路长途客运站、公共交通场站、公共停车场（含设有充电桩的停车场）、停车楼、教练场等用地，不包括交通指挥中心、交通队用地
		1006	农村道路	在农村范围内，南方宽度≥1 m，≤8 m；北方宽度≥2 m，≤8 m，用于村间、田间交通运输，并在国家公路网络体系之外，以服务于农村农业生产为主要用途的道路（含机耕道）
		1007	机场用地	指用于民用机场、军民合用机场的用地
		1008	港口码头用地	指用于人工修建的客运、货运、捕捞及工程、工作船舶停靠的场所及其附属建筑物的用地，不包括常水位以下部分
		1009	管道运输用地	指用于运输煤炭、矿石、石油、天然气等管道及其相应附属设施的地上部分用地
11	水域及水利设施用地			指陆地水域、滩涂、沟渠、沼泽、水工建筑物等用地。不包括滞洪区和已垦滩涂中的耕地、园地、林地、城镇、村庄、道路等用地
		1101	河流水面	指天然形成或人工开挖河流常水位岸线之间的水面，不包括被堤坝拦截后形成的水库区段水面
		1102	湖泊水面	指天然形成的积水区常水位岸线所围成的水面
		1103	水库水面	指人工拦截汇集而成的总设计库容≥10 万 m^3 的水库正常蓄水位岸线所围成的水面
		1104	坑塘水面	指人工开挖或天然形成的蓄水量<10 万 m^3 的坑塘常水位岸线所围成的水面
		1105	沿海滩涂	指沿海大潮高潮位与低潮位之间的潮浸地带，包括海岛的沿海滩涂，不包括已利用的滩涂
		1106	内陆滩涂	指河流、湖泊常水位至洪水位间的滩地；时令湖、河洪水位以下的滩地；水库、坑塘的正常蓄水位与洪水位间的滩地。包括海岛的内陆滩地。不包括已利用的滩地

续表 4-4

一级类		二级类		含义
编码	名称	编码	名称	
11	水域及水利设施用地	1107	沟渠	指人工修建，南方宽度≥1 m、北方宽度≥2 m用于引、排、灌的渠道，包括渠槽、渠堤、护堤林及小型泵站
		1108	沼泽地	指经常积水或渍水，一般生长湿生植物的土地。包括草本沼泽、苔藓沼泽、内陆盐沼等。不包括森林沼泽、灌丛沼泽和沼泽草地
		1109	水工建筑用地	指人工修建的闸、坝、堤路林、水电厂房、扬水站等常水位岸线以上的建(构)筑物用地
		1110	冰川及永久积雪	指表层被冰雪常年覆盖的土地
12	其他土地			指上述地类以外的其他类型的土地
		1201	空闲地	指城镇、村庄、工矿范围内尚未使用的土地。包括尚未确定用途的土地
		1202	设施农用地	指直接用于经营性禽畜养殖生产设施及附属设施用地；直接用于作物栽培或水产养殖等农产品生产的设施及附属设施用地；直接用于设施农业项目辅助生产的设施用地；晾晒场、粮食果品烘干设施、粮食和农资临时存放场所、大型农机具临时存放场所等规模化粮食生产所必需的配套设施用地
		1203	田坎	指梯田及梯状坡地耕地中，主要用于拦蓄水和护坡，南方宽度≥1 m、北方宽度≥2 m的地坎
		1204	盐碱地	指表层盐碱聚集，生长天然耐盐植物的土地
		1205	沙地	指表层为沙覆盖、基本无植被的土地。不包括滩涂中的沙地
		1206	裸土地	指表层为土质，基本无植被覆盖的土地
		1207	裸岩石砾地	指表层为岩石或石砾，其覆盖面积≥70%的土地

《中华人民共和国土地管理法》规定：国家编制土地利用总体规划，规定土地用途，将土地分为农用地、建设用地和未利用地。严格限制农用地转为建设用地，控制建设用地总量，对耕地实行特殊保护。前款所称农用地是指直接用于农业生产的土地，包括耕地、林地、草地、农田水利用地、养殖水面等；建设用地是指建造建筑物、构筑物的土地，包括城乡住宅和公共设施用地、工矿用地、交通水利设施用地、旅游用地、军事设施用地等；未利用地是指农用地和建设用地以外的土地。《土地利用现状分类》为了更好地与《中华人民共和国土地管理法》规定的“三大类”相衔接，对照表见表 4-5。

表 4-5　《土地利用现状分类》与《中华人民共和国土地管理法》的“三大类”对照表

三大类	土地利用现状分类		三大类	土地利用现状分类	
	类型编号	类型名称		类型编号	类型名称
农用地	0101	水田	建设用地	0802	新闻出版用地
	0102	水浇地		0803	教育用地
	0103	旱地		0804	科研用地
	0201	果园		0805	医疗卫生用地
	0202	茶园		0806	社会福利用地
	0203	橡胶园		0807	文化设施用地
	0204	其他园地		0808	体育用地
	0301	乔木林地		0809	公用设施用地
	0302	竹林地		0810	公园与绿地
	0303	红树林地		0901	军事设施用地
	0304	森林沼泽		0902	使领馆用地
	0305	灌木林地		0903	监教场所用地
	0306	灌丛沼泽		0904	宗教用地
	0307	其他林地		0905	殡葬用地
	0401	天然牧草地		0906	风景名胜设施用地
	0402	沼泽草地		1001	铁路用地
	0403	人工牧草地		1002	轨道交通用地
	1006	农村道路		1003	公路用地
	1103	水库水面		1004	城镇村道路用地
	1104	坑塘水面		1005	交通服务场站用地
	1107	沟渠		1007	机场用地
	1202	设施农用地		1008	港口码头用地
	1203	田坎		1009	管道运输用地
建设用地	0501	零售商业用地		1109	水工建筑用地
	0502	批发市场用地		1201	空闲地
	0503	餐饮用地	未利用地	0404	其他草地
	0504	旅馆用地		1101	河流水面
	0505	商务金融用地		1102	湖泊水面
	0506	娱乐用地		1105	沿海滩涂
	0507	其他商服用地		1106	内陆滩涂
	0601	工业用地		1108	沼泽地
	0602	采矿用地		1110	冰川及永久积雪
	0603	盐田		1204	盐碱地
	0604	仓储用地		1205	沙地
	0701	城镇住宅用地		1206	裸土地
	0702	农村宅基地		1207	裸岩石砾地
	0801	机关团体用地			

同时,2017年的《土地利用现状分类》(GB/T 21010—2017)为了更好地适应不同监管部门管理需求、满足生态文明建设,分类体系更强调了自然资源的保护,因此增加了湿地的归类(表4-6)。

表4-6 湿地归类表

湿地类	土地利用现状分类	
	类别编码	类别名称
湿地	0101	水田
	0303	红树林地
	0304	森林沼泽
	0306	灌丛沼泽
	0402	沼泽草地
	0603	盐田
	1101	河流水面
	1102	湖泊水面
	1103	水库水面
	1104	坑塘水面
	1105	沿海滩涂
	1106	内陆滩涂
	1107	沟渠
	1108	沼泽地

此外,为了凸显土地利用现状分类对生态文明建设的基础支撑作用,满足国土资源管理对分类的最新需求,并兼顾农、林、住建等相关部门管理需求,依据2017年全国土地利用现状分类标准,还制定了第三次全国国土调查工作分类。该工作分类将以《土地利用现状分类》(GB/T 21010—2017)的12个一级地类增加到了13个,将湿地作为了一级地类,并调整了部分二级地类。例如,将红树林地、森林沼泽、灌丛沼泽、沼泽草地、盐田、沿海滩涂、内陆滩涂和沼泽地等8个二级地类一并归类为湿地(00)。将仓储用地地类名称调整为物流仓储用地,包括物流企业用于仓储、配送、转运等经营性用地,并从工矿仓储用地(06)调整到商业服务业用地(05),而工业企业自有自用的仓库占地仍归类为工业用地。将风景名胜设施用地从公共管理与公共服务用地(08)调整到特殊用地(09)。具体分类系统见表4-7。

表4-7 第三次全国国土调查工作分类

一级类		二级类		含义
编码	名称	编码	名称	
00	湿地			指红树林地,天然的或人工的,永久的或间歇性的沼泽地,泥炭地,盐田,滩涂等
		0303	红树林地	沿海生长红树植物的土地
		0304	森林沼泽	以乔木森林植物为优势群落的淡水沼泽
		0306	灌丛沼泽	以灌丛植物为优势群落的淡水沼泽
		0402	沼泽草地	指以天然草本植物为主的沼泽化的低地草甸、高寒草甸
		0603	盐田	指用于生产盐的土地,包括晒盐场所、盐池及附属设施用地
		1105	沿海滩涂	指沿海大潮高潮位与低潮位之间的潮浸地带。包括海岛的沿海滩涂,不包括已利用的滩涂
		1106	内陆滩涂	指河流、湖泊常水位至洪水位间的滩地;时令湖、河洪水位以下的滩地;水库、坑塘的正常蓄水位与洪水位间的滩地。包括海岛的内陆滩地,不包括已利用的滩地
		1108	沼泽地	指经常积水或渍水,一般生长湿生植物的土地。包括草本沼泽、苔藓沼泽、内陆盐沼等,不包括森林沼泽、灌丛沼泽和沼泽草地

续表 4-7

一级类		二级类		含义
编码	名称	编码	名称	
01	耕地			指种植农作物的土地，包括熟地，新开发、复垦、整理地，休闲地(含轮歇地、休耕地)；以种植农作物(含蔬菜)为主，间有零星果树、桑树或其他树木的土地；平均每年能保证收获一季的已垦滩地和海涂。耕地中包括南方宽度<1 m，北方宽度<2 m固定的沟、渠、路和地坎(埂)；临时种植药材、草皮、花卉、苗木等的耕地，临时种植果树、茶树和林木且耕作层未破坏的耕地，以及其他临时改变用途的耕地
		0101	水田	指用于种植水稻、莲藕等水生农作物的耕地。包括实行水生、旱生农作物轮种的耕地
		0102	水浇地	指有水源保证和灌溉设施，在一般年景能正常灌溉，种植旱生农作物(含蔬菜)的耕地。包括种植蔬菜的非工厂化的大棚用地
		0103	旱地	指无灌溉设施，主要靠天然降水种植旱生农作物的耕地，包括没有灌溉设施，仅靠引洪淤灌的耕地
02	种植园用地			指种植以采集果、叶、根、茎、汁等为主的集约经营的多年生木本和草本作物，覆盖度大于50%或每亩株数大于合理株数70%的土地。包括用于育苗的土地
		0201	果园	指种植果树的园地
		0201K	可调整果园	指由耕地改为果园，但耕作层未被破坏的土地
		0202	茶园	指种植茶树的园地
		0202K	可调整茶园	指由耕地改为茶园，但耕作层未被破坏的土地
		0203	橡胶园	指种植橡胶树的园地
		0203K	可调整橡胶园	指由耕地改为橡胶园，但耕作层未被破坏的土地
		0204	其他园地	指种植桑树、可可、咖啡、油棕、胡椒、药材等其他多年生作物的园地
		0204K	可调整其他园地	指由耕地改为其他园地，但耕作层未被破坏的土地
03	林地			指生长乔木、竹类、灌木的土地。包括迹地，不包括沿海生长红树林的土地、森林沼泽、灌丛沼泽，城镇、村庄范围内的绿化林木用地，铁路、公路征地范围内的林木，以及河流、沟渠的护堤林
		0301	乔木林地	指乔木郁闭度≥0.2的林地，不包括森林沼泽
		0301K	可调整乔木林地	指由耕地改为乔木林地，但耕作层未被破坏的土地
		0302	竹林地	指生长竹类植物，郁闭度≥0.2的林地
		0302K	可调整竹林地	指由耕地改为竹林地，但耕作层未被破坏的土地
		0305	灌木林地	指灌木覆盖度≥40%的林地，不包括灌丛沼泽

续表 4-7

一级类		二级类		含义
编码	名称	编码	名称	
03	林地	0307	其他林地	包括疏林地(树木郁闭度≥0.1、<0.2 的林地)、未成林地、迹地、苗圃等林地
		0307K	可调整其他林地	指由耕地改为未成林造林地和苗圃,但耕作层未被破坏的土地
04	草地			指生长草本植物为主的土地。不包括沼泽草地
		0401	天然牧草地	指以天然草本植物为主,用于放牧或割草的草地,包括实施禁牧措施的草地,不包括沼泽草地
		0403	人工牧草地	指人工种植牧草的草地
		0403K	可调整人工牧草地	指由耕地改为人工牧草地,但耕作层未被破坏的土地
		0404	其他草地	指树木郁闭度<0.1,表层为土质,不用于放牧的草地
05	商业服务业用地			指主要用于商业、服务业的土地
		05H1	商业服务业设施用地	指主要用于零售、批发、餐饮、旅馆、商务金融、娱乐及其他商服的土地
		0508	物流仓储用地	指用于物资储备、中转、配送等场所的用地,包括物流仓储设施、配送中心、转运中心等
06	工矿用地			指主要用于工业、采矿等生产的土地,不包括盐田
		0601	工业用地	指工业生产、产品加工制造、机械和设备修理,及直接为工业生产等服务的附属设施用地
		0602	采矿用地	指采矿、采石、采砂(沙)场,砖瓦窑等地面生产用地,排土(石)及尾矿堆放地,不包括盐田
07	住宅用地			指主要用于人们生活居住的房基地及其附属设施的土地
		0701	城镇住宅用地	指城镇用于生活居住的各类房屋用地及其附属设施用地,不含配套的商业服务设施等用地
		0702	农村宅基地	指农村用于生活居住的宅基地
08	公共管理与公共服务用地			指用于机关团体、新闻出版、科教文卫、公用设施等的土地
		08H1	机关团体新闻出版用地	指用于党政机关、社会团体、群众自治组织,广播电台、电视台、电影厂、报社、杂志社、通讯社、出版社等的用地
		08H2	科教文卫用地	指用于各类教育,独立的科研、勘察、研发、设计、检验检测、技术推广、环境评估与监测、科普等科研事业单位,医疗、保健、卫生、防疫、康复和急救设施,为社会提供福利和慈善服务的设施,图书、展览等公共文化活动设施,体育场馆和体育训练基地等用地及其附属设施用地
		08H2A	高教用地	指高等院校及其附属设施用地

续表 4-7

一级类		二级类		含义
编码	名称	编码	名称	
08		0809	公用设施用地	指用于城乡基础设施的用地，包括供水、排水、污水处理、供电、供热、供气、邮政、电信、消防、环卫、公用设施维修等用地
		0810	公园与绿地	指城镇、村庄范围内的公园、动物园、植物园、街心花园、广场和用于休憩、美化环境及防护的绿化用地
		0810A	广场用地	指城镇、村庄范围内的广场用地
09	特殊用地			指用于军事设施、涉外、宗教、监教、殡葬、风景名胜等的土地
10	交通运输用地			指用于运输通行的地面线路、场站等的土地，包括民用机场、汽车客货运场站、港口、码头、地面运输管道等各种道路及轨道交通用地
		1001	铁路用地	指用于铁道线路及场站的用地，包括征地范围内的路堤、路堑、道沟、桥梁、林木等用地
		1002	轨道交通用地	指用于轻轨、现代有轨电车、单轨等轨道交通用地，以及场站的用地。
		1003	公路用地	指用于国道、省道、县道和乡道的用地，包括征地范围内的路堤、路堑、道沟、桥梁、汽车停靠站、林木及直接为其服务的附属用地
		1004	城镇村道路用地	指城镇、村庄范围内公用道路及行道树用地，包括快速路、主干路、次干路、支路、专用人行道和非机动车道，及其交叉口等
		1005	交通服务场站用地	指城镇、村庄范围内交通服务设施用地，包括公交枢纽及其附属设施用地、公路长途客运站、公共交通场站、公共停车场(含设有充电桩的停车场)、停车楼、教练场等用地，不包括交通指挥中心、交通队用地
		1006	农村道路	在农村范围内，南方宽度≥1 m、≤8 m；北方宽度≥2 m、≤8 m，用于村间、田间交通运输，并在国家公路网络体系之外，以服务于农村农业生产为主要用途的道路(含机耕道)
		1007	机场用地	指用于民用机场、军民合用机场的用地
		1008	港口码头用地	指用于人工修建的客运、货运、捕捞及工程、工作船舶停靠的场所及其附属建筑物的用地，不包括常水位以下部分
		1009	管道运输用地	指用于运输煤炭、矿石、石油、天然气等管道及其相应附属设施的地上部分用地
11	水域及水利设施用地			指陆地水域，沟渠、水工建筑物等用地，不包括滞洪区
		1101	河流水面	指天然形成或人工开挖河流常水位岸线之间的水面，不包括被堤坝拦截后形成的水库区段水面
		1102	湖泊水面	指天然形成的积水区常水位岸线所围成的水面
		1103	水库水面	指人工拦截汇集而成的总设计库容≥10 万 m^3 的水库正常蓄水位岸线所围成的水面

续表 4-7

<table>
<tr><th colspan="2">一级类</th><th colspan="2">二级类</th><th colspan="5" rowspan="2">含义</th></tr>
<tr><th>编码</th><th>名称</th><th>编码</th><th>名称</th></tr>
<tr><td rowspan="7">11</td><td rowspan="7">水域及水利设施用地</td><td rowspan="3">1104</td><td rowspan="3">坑塘水面</td><td colspan="5">指人工开挖或天然形成的蓄水量＜10 万 m^3 的坑塘常水位岸线所围成的水面</td></tr>
<tr><td rowspan="2">1104A</td><td rowspan="2">养殖坑塘</td><td colspan="3">指人工开挖或天然形成的用于水产养殖的水面及相应附属设施用地</td></tr>
<tr><td>1104K</td><td>可调整养殖坑塘</td><td>指由耕地改为养殖坑塘，但可复耕的土地</td></tr>
<tr><td rowspan="2">1107</td><td rowspan="2">沟渠</td><td colspan="5">指人工修建，南方宽度≥1 m、北方宽度≥2 m 用于引、排、灌的渠道，包括渠槽、渠堤、护路林及小型泵站</td></tr>
<tr><td>1107A</td><td>干渠</td><td colspan="3">指除农田水利用地以外的人工修建的沟渠</td></tr>
<tr><td>1109</td><td>水工建筑用地</td><td colspan="5">指人工修建的闸、坝、堤路林、水电厂房、扬水站等常水位岸线以上的建(构)筑物用地</td></tr>
<tr><td>1110</td><td>冰川及永久积雪</td><td colspan="5">指表层被冰雪常年覆盖的土地</td></tr>
<tr><td rowspan="8">12</td><td rowspan="8">其他土地</td><td></td><td></td><td colspan="5">指上述地类以外的其他类型的土地</td></tr>
<tr><td>1201</td><td>空闲地</td><td colspan="5">指城镇、村庄、工矿范围内尚未使用的土地。包括尚未确定用途的土地</td></tr>
<tr><td>1202</td><td>设施农用地</td><td colspan="5">指直接用于经营性畜禽养殖生产设施及附属设施用地；直接用于作物栽培或水产养殖等农产品生产的设施及附属设施用地；直接用于设施农业项目辅助生产的设施用地；晾晒场、粮食果品烘干设施、粮食和农资临时存放场所、大型农机具临时存放场所等规模化粮食生产所必需的配套设施用地</td></tr>
<tr><td>1203</td><td>田坎</td><td colspan="5">指梯田及梯状坡地耕地中，主要用于拦蓄水和护坡，南方宽度≥1 m、北方宽度≥2 m 的地坎</td></tr>
<tr><td>1204</td><td>盐碱地</td><td colspan="5">指表层盐碱聚集，生长天然耐盐植物的土地</td></tr>
<tr><td>1205</td><td>沙地</td><td colspan="5">指表层为沙覆盖、基本无植被的土地。不包括滩涂中的沙地</td></tr>
<tr><td>1206</td><td>裸土地</td><td colspan="5">指表层为土质，基本无植被覆盖的土地</td></tr>
<tr><td>1207</td><td>裸岩石砾地</td><td colspan="5">指表层为岩石或石砾，其覆盖面积≥70％的土地</td></tr>
</table>

第二节　土地利用调查的外业调绘与举证方法

一、外业调绘的一般方法

（一）外业调绘工作底图制作

工作底图制作是指在 DOM 的基础上，按照土地利用分类，依据影像特征内业逐地块判读土地利用类型，对内业预判无法确认需外业核实认定，或按要求需外业举证的结果，分别进行分类标注,形成单独图层并导出,并套合土地规划、永久基本农田、耕地后备资源等其他相关资料制作工作底图,以便外业核实、细化、举证的图件。外业调绘工作底图至少包括图斑和边界、影像、转绘的权属界线、内业图斑判读及信息标注形成的各类信息(包括不一致图斑信息、地类图斑、城镇村界线、公路/铁路路面范围单独图层等)。其中,地类图斑属性字段信息应包含权属单位名称、权属性质、坐落单位名称、预判地类、需外业核实的内容等基础信息。

(二)设计调绘路线

在外业实地调查核实前,要先在室内设计好外业调绘路线。调绘路线以既要少走路又不至于漏掉要调绘的地物为原则,并做到走到、看到、问到、画到(四到)。此处的走到是关键,只有走到才能看到、看清、看准地物的形状特征、地类、范围界线、与其他地物的关系等,才能依据影像将地类界线调绘在影像的准确位置(画准)。对影像不清晰、实地发生变化、地理名称、飞入地、权属性质、隐蔽地区(如林地中有无道路、山沟深处有无耕地等)地类等都要向向导或当地群众一一询问清楚,既不漏掉该调查的内容,又提高了调查精度和效率。

(三)选好站立点

站立点选的是否恰当直接关系到调绘效果。站立点要选在明显地物点上,地势要高,视野要广,且前后 2 次停顿所调绘的地物、地类能连接起来。

(四)确定调绘底图的方位

选好站立点后,一定要使调绘底图方位与实地方位一致。为此,需要在调绘底图上,首先定出站立点位;其次找出 1 或 2 个明显地物点,用其相关位置标定调绘底图方位;最后再用另外的明显地物点进行校核,确保方位正确。当站立点位于道路、沟渠等直线线状地物时,可采用线状地物定向法,还可以利用罗盘仪定向和按方位物定向。当然,现在随着技术的发展直接应用 PDA 或手机自带的 GPS 也可直接确定方位。

(五)判读方法

判读方法是由远及近、由总貌到局部,先找底图上最明显的地物标志,再去找实地上相应的地物,先易后难,逐步扩展。对于土地类型等综合性调查,抓住一些地形特征线,如山脊线、沟谷线、洪积扇扇缘线、坡角线等,往往会给土地类型界线的确定找到有效的证据。

(六)边走边判读

为了使判读者随时了解自己的位置,特别是在地物稀少地区,如果不边走边判读,可能会发生迷失方向或不知自己到了什么地方的情况。因此,边走边判读并及时将自己判读出来的内容用规定的图式符号标示出来,或用注记记录下来,以防遗忘。

(七)补测

新增地物需要随时补测。补测主要采用仪器补测法和简易补测法,为了提高调查的效率和成果精度,有条件的地区可采用卫星定位仪器补测法,无条件的地区可采用简易补测法。

(八)调绘整理

当日调绘的草图须在当日检查、清理、整饰。有条件的地方,可以直接对遥感解译后的矢量图进行修改,并做好外业调绘记载。

二、地类调绘

地类调绘是指用内业解译后制作的调查底图,对图上标注的图斑逐个进行实地核实。为了比较准确地反映土地分类、分布情况，外业调查人员在调查时主要依据已有的资料，结合实际情况，在实地选择视野开阔的站立点，在图上找准相应的位置，来确定地类及图斑边界；针对图上影像无法判读的地方，则辅以手持 GPS 到实地进行地类核实。其核实内容主要包括：①图斑划分是否正确；②图斑范围是否正确；③地类编码是否正确；④图斑的综合取舍是否合理；⑤在调查工作底图或《农村土地调查记录手簿》上记录图斑属性。通过核实形成原始调查图件和资料。用于外业调查的图件经折叠或风吹日晒会有所变形，且字迹也往往很潦草，所以在一天的外业完成之后，应对调查情况进行整理，可清绘到另一张调查工作底图上。有条件的，可在计算机上直接修改矢量数据。

图斑调查包括 3 方面内容：①图斑划分；②图斑地类认定；③属性确定。实际调查中，由于对图斑的理解不完全一致，对图斑的划分结果也不一样。为保证调查成果的统一性，便于成果的使用、变更及管理，根据图斑的定义，统一图斑划分的基本标准和基本要求。

(一)图斑定义

将单一地类的地块，以及被调查界线、土地权属界线、线状地物分割的单一地类的地块称为图斑。

(二)图斑划分要求

图斑的划分，主要有如下情况。

①按第三次全国土地调查分类二级地类划分图斑。

②图上宽度大于 2 mm 的线状地物划分为图斑。

③调查界线、土地权属界线、单线线状地物、地类界线分割的地块形成图斑。

④梯田、坡耕地单独划分图斑。

⑤不同坡度分级耕地单独划分图斑。

当各种界线重合时，依调查界线、土地权属界线、地类界线的高低顺序，只在图斑上标示高一级的界线。调查界线、土地权属界线作为符号使用时不能视为图斑界线，作为非符号使用时则视为图斑界线。

(三)图斑边界精度要求

当影像反映的界线与实地一致时，调绘的界线应严格与影像反映的界线保持一致(重合)，移位不得大于图上 0.3 mm，否则应重新调绘。当影像反映的界线与实地不一致，如影像界线与调查界线不一致(与线状地物并行的两侧行树、道沟、沟渠、其他地类等是否单独调查或与线状地物调绘在一起等)、影像不清晰、不同地类分界线不明显(如有林地与疏林地界线等)时，必须在实地依据实地情况或综合判读调绘其界线，判读调绘的界线相对于实地确定的界线移位不得大于图上 1 mm。

(四)图斑最小上图面积标准

《第三次全国国土调查技术规程》调查图斑的最小调查上图面积按地类划分如下：建设用地相关地类和设施农用地实地面积超过 200 m^2 的须调查上图；农用地(不含设施农用地)相关地类实地面积超过 400 m^2 的须调查上图；其他地类实地面积超过 600 m^2 的须调查上图，荒漠地区可适当减低精度，但不得低于 1 500 m^2。为满足精细化管理的需要，各地可统一提高最小调查上图面积标准。

三、线状地物调绘

①线状地物包括河流、铁路、公路、农村道路、河流和沟渠等，以图斑方式调查。在我国北方

地区，当其宽度≥2 m，南方地区其宽度≥1 m时，应予调绘并实地丈量宽度，丈量精确到0.1 m。

②线状地物图斑被调查界线、土地权属界线分割的，按不同图斑调查上图。

③线状地物可充分利用交通及水利等部门的相关资料，保证道路和水系的连通性。一般情况下，大部分河流的常水位岸线与近期影像基本一致，可按影像调绘；特殊情况下，可参照近期地形图等资料标绘常水位岸线。

④在农村范围内，南方宽度≥1 m、≤8 m，北方宽度≥2 m、≤8 m的道路，调查为农村道路或公路用地；对于大于8 m的道路，须调查为公路。

⑤相应于工作底图上≥2 mm宽的线状地物可依比例尺表示，全国第三次土地调查则取消了单线线状地物。

⑥线状符号并行时，图上距离小于0.2 mm影响标示的，那么主要线状符号在准确位置标示，次要线状符号偏离主要线状符号0.2 mm标示。线状符号重要性按照河流、铁路、高速公路、国道、省道、干渠、县乡道、农村道路、沟渠、林带、管道的顺序逐次降低。

⑦所有线状地物图斑均需要测量线性图斑宽度，线状地物宽度量测边界的方法可参考图4-1。

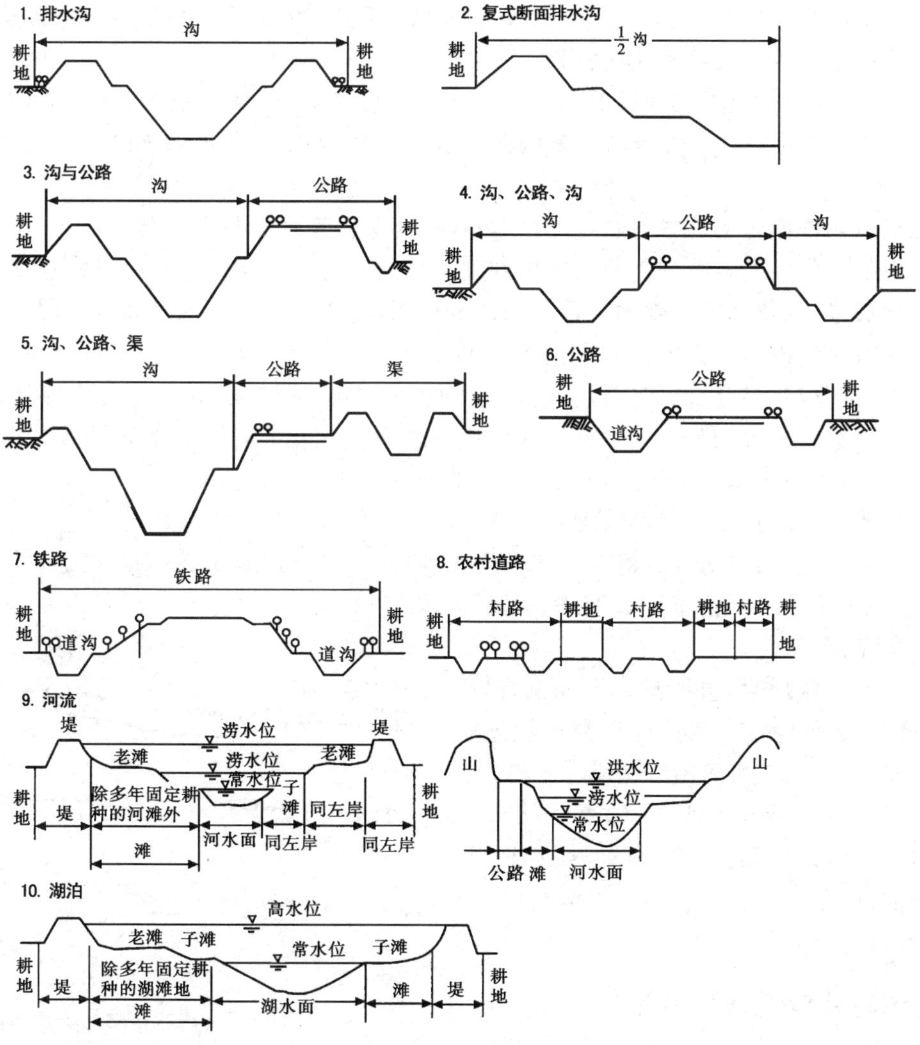

图4-1　线状地物宽度量测边界方法

四、地物补测

地物补测是土地调查的重要内容之一。调绘除了将调查底图上影像显示的信息标绘出来外，对影像没有显示或影像不够清晰，而又需要表示的地物，需要按其位置、形状、范围等补测到调查底图上。将需要补测的实地地物按调查底图比例尺缩小标绘在调查底图相应位置上的过程，称为地物补测。需要补测的内容包括成像时间到调绘期间出现的新增地物，或是由于比例尺较小无法直接解译、调绘的较小地物，以及被阴影、云影所遮盖而未成像的地物。有条件的地区可采用仪器补测法，使用高精度测量设备进行补测，条件不具备的地区也可采用简易补测法。补测的地物点相对邻近明显地物点距离的误差：平地、丘陵地不得大于 2.5 m，山地不得大于 3.75 m，最大误差不超过 2 倍中误差。

五、境界和土地权属界的调绘

境界分国界、省界、地市界、县界、乡界等。

土地权属界线包括村(大队)、农、林、牧、渔场界，居民点外的厂矿、机关团体、部队、学校等企事业单位的土地所有权界和使用权界。

省、市、县、乡等行政界线和村的土地权属界线(包括插花地和飞地)，无论是同期调查，还是分期调查，均应由相邻单位共同签署确认。若以线状地物为界，应明确线状地物的归属关系，做好注记。

土地权属调查原则上以各行政村为基本单位，对集体土地确权登记到村民小组的，也可按照村民小组的权属界线转绘到土地调查底图上。依据农村集体土地所有权确权登记成果和其他相关登记成果，以及合法有效的土地权属调查成果，将集体土地所有权和城镇国有建设用地范围外的国有土地使用权界线落实在土地调查成果中。在权属界线上图过程中，因成图精度等客观因素，部分与遥感影像产生位移的，根据协议书等描述转至相应位置，并提交登记相关部门审核后可进行相关调整。土地权属状况或界址发生变化的，按照《地籍调查规程》(TD/T 1001—2012)等相关技术要求开展补充调查后上图。

调绘边界时应注意如下 3 种情况。

①必须把插花地、飞地调查清楚。飞入飞出地按照“飞出地调查、飞入地汇总”的原则开展调查，各地也可根据实际情况协商调查，保证调查成果不重不漏。

②境界与线状地物，包括与地类界重合，图上不能同时容纳两种符号时，可沿其线状地物符号两侧交错表示，若境界沿线状地物一侧为界时，则沿该侧表示。表示方法如图 4-2 所示。

③各种界线以国界、省界、地级界、县级界、土地权属界线、地类界为高低顺序，当界线重合时，只表示高一级界线。

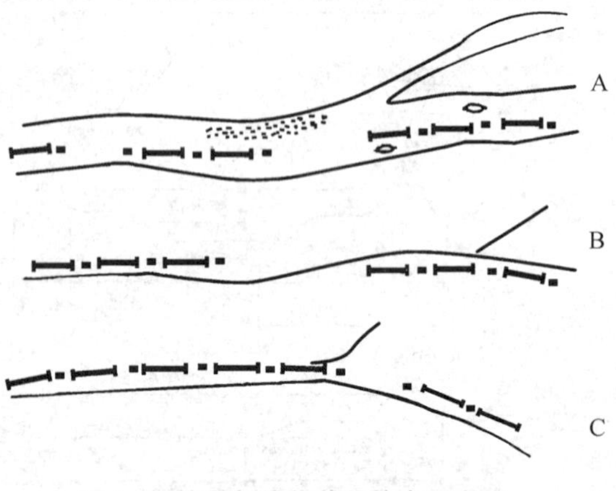

图 4-2　境界与线状地物的表示方法

(A、B 以河流中心为界，C 以一侧为界)

六、填写外业调绘记载表

进行土地利用现状调绘的目的，不仅是为

了摸清土地资源的面积和分布，而且还要利用调查资料，研究土地利用的特点和规律，提出合理利用土地资源的意见。为了使土地资源调查能满足这个要求，仅仅知道土地资源的面积数量和分布位置是不够的，还必须了解土地资源的自然性状和利用状况。因此，在进行土地利用现状调查时，要对影响土地利用的有关因素做必要的调查，借用 GNSS、平板电脑和相机等工具，可参考表 4-8 外业调绘记录表的内容，做好调查记录。

表 4-8　外业调绘记录表

土地使用单位	地类名称	图斑号	权属	地貌	土壤	植被	坡度	经营方式	利用问题和建议	线状地物		零星地类			补测草图及数据
										名称	实宽/m	名称与编码	权属	面积/hm^2	

记录人：　　　　　　　　　　　　　　　　　　　　　　　　　　记录时间：　　年　　月　　日

野外调绘记载表共 15 项，具体如下。

①“土地使用单位”。系指在调查时国有或集体所有的土地所使用的单位名称。

②“地类名称”。在此栏中，填写某图斑的地类名称或相应的地类代号，也可以两者都填写。

③“图斑号”。指在一幅图上按最基本的行政单元进行编排，从“1”开始，一直到一个基本单元的所有图斑全部编完为止。表上编排顺序必须同相应航片上的顺序号严格保持一致。这些号码也是碎部面积量算的图斑编号。因此，在编码时，必须考虑量算面积的编码要求。

④“权属”。在此栏中填写某图斑权属性质，如国有、集体等。

⑤“地貌”。分平地、丘陵、山地 3 种类型编写。

⑥“土壤”。记录土壤的性质、肥力状况等。

⑦“植被”。主要填写各类地中生长的树种(包括果树)、农作物和草本植物的名称。

⑧“坡度”。可依 2 种方式填写：一是按实际坡度，其具体数值可在实地量测取得，或利用地形图的等高线求算；二是按坡度分级填写，坡度可分为<2°，2°～6°，6°～15°，15°～25°，>25°等 5 级。

⑨“经营方式等”。此项包括内容较多，凡前几项不能包括而又必须记载的项目都可在此栏中注明。这些内容有：A. 水土流失状况：按土壤侵蚀类型可分为片蚀、沟蚀和崩塌等。按侵蚀强度分轻度、中度、强烈和剧烈等；B. 作物产量：按当年实产填写；C. 使用状况：集体耕地(责任田)、自留地、自留山等；D. 水利设计和灌溉方式。另外，还有海拔高度、耕种时间、基建占地等。以上几种内容，不必全部都记载。在调查前，应根据调查县的生产需要，预先确定几项进行详细记载。

⑩“土地利用问题和今后利用意见”。可通过调查访问和实地观察，以及对资料的分析，指

出在土地利用上存在的不合理的现象，并提出今后如何合理利用这块土地，要进行哪些改良措施的意见。

⑪“线状地物名称”。指“土地利用线状分类系统”中的线状地类名称。

⑫记载半依比例尺的线状地物（道路、沟渠）的实地丈量的宽度数据，为量算面积提供依据。

⑬记载零星地类（包括北方宽度＜2 m，南方宽度＜1 m的线状地物）的名称或编码。

⑭记载零星地类（包括北方宽度＜2 m，南方宽度＜1 m的线状地物）的实地面积。

⑮“补测草图及数据”。指对于在图上或航片上没有或实际上已变化了的地物，要用简易的测量方法进行补测，并在此栏中画出示意图，注明测量的原始数据，按这个草图和数据在室内进行修图。

七、外业调查举证方法

（一）举证目的

举证主要是要求各地使用带卫星定位和方向传感器的手机，利用统一的“互联网＋”举证软件，对重点地类变化、不一致图斑及容易混淆的地类等进行实地举证，拍摄包括图斑实地卫星定位坐标、拍摄方位角、拍摄时间、实地照片及举证说明等综合信息的加密举证数据包，上传至统一举证平台。通过实地举证，一方面能够辅助地方准确认定地类，另一方面能够为核查时的准确判定奠定基础。“互联网＋”与实地举证照片结合高精度遥感影像内业判读作为核查的重要依据，可靠性强，能够确保土地调查成果的真实性和准确性。

（二）举证程序

1. 地类样本采集

地类样本采集的目的是帮助各地规范、统一土地利用分类标准，同时为国家级核查提供基础样本。在正式开展调查工作前，县级需对本区域涉及的所有地类进行地类样本采集。样本选取工作需结合影像判读和外业调查工作同时开展。样本地块可在内业依据影像选取，或者通过外业实地调查选取。应选取地类单一、特征明显的典型地块作为地类样本，尽量保持样本影像特征和实地利用特征的一致性。样本地块的边界应根据上述样本选取要求重新勾绘，不建议直接采用地类图斑的原始边界，边界勾绘形状以矩形为主，尽量保证地类单一。

2. 初次举证

地方在开展外业调查的同时，对地方调查认定地类与影像判读地类不一致图斑的不一致区域，以及重点地类变化的图斑，须拍摄实地照片及视频进行举证。举证照片及视频应在实地拍摄，拍摄方向要正确，并能够举证说明调查地类与影像特征不一致区域的土地利用情况。举证照片包括图斑全景照片、局部近景照片、建构筑物内部和农用地及未利用地的利用特征照片三类。

3. 补充举证

国家内业核查后，地方对内业核查结果有异议的，以及国家认为需要补充举证的图斑，应进行补充举证。

4. 在线举证

国家内业复核后，地方对复核结果仍有异议的，可申请在线举证。在线举证程序包括在线举证申请、在线举证受理及在线举证。①在线举证申请：各地利用国家统一的在线外业平台，提出在线举证申请，并报送拟申请在线外业的图斑清单。②在线举证受理：国家收到在线外业的申请后，将通过平台告知地方受理结果，以及在线外业的具体时间安排。③在线举证：各地根据具体时间安排，与国家核查人员进行在线互联，接受核查人员的调度和指挥，开展在线举证工作。

八、接边

接边指无论是否同期开展调查，在规定的调查比例尺分幅图上，毗邻省级、地市级、县级、乡(镇)级等行政区域之间调查界线，以及毗邻权属单位之间界线(权属界线)空间位置的一致，即界线的坐标串一致；同一分幅图上各行政调查区域控制面积之和与其图幅的理论面积相等；界线两侧线状地物、地类界线、地类、权属性质(国有、集体权属性质)、名称注记等调查内容的衔接和一致。土地调查虽然以县为单位开展(具体由技术队伍承担)，但为了确保土地调查形成全国统一的整体，接边工作必不可少。通过接边能够确保毗邻的不同权属单位之间调查范围的不重不漏，以及各级行政区域调查界线、权属界线两侧调查内容的衔接和一致，从而保证全国土地调查面积、地类面积统计和汇总的正确性。因此，接边是全国土地调查的重要环节之一。

省级和地市级负责组织其辖区范围内相关地市和县级调查单位的调查接边工作；乡界接边应约定时间，双方实地拼接。接边要求：依据影像辅助实地调查，对不同行政区界线两侧公路、铁路和河流等重要地物进行接边，确保重要地物的贯通性；对影像反应明显的地物界线进行接边，保证同名地物的一致性；对地类、权属等属性信息进行接边，保证水库、河流、湖泊、交通等重要地物调查信息的一致性。当行政界线两侧明显地物的接边误差小于图上 0.6 mm、不明显地物接边误差小于图上 2 mm 时，双方各改一半接边；否则双方应实地核实接边。

第三节　土地利用变更调查方法

土地利用状况是随着社会经济的发展而不断变化，一次土地资源利用调查，仅仅说明的是过去某一时间阶段(更确切地讲是某一时刻)的土地利用状况，而事实上土地利用是一个动态过程，土地利用管理要对土地利用的全过程进行监管。为了保障土地调查数据的真实性、准确性和及时性，需要在土地调查的基础之上，开展土地利用变更调查。土地变更调查，是指在全国土地调查的基础上，根据城乡土地利用现状及权属变化情况，随时进行城镇和村庄地籍变更调查和土地利用变更调查，并定期进行汇总统计。土地变更调查，由自然资源部会同有关部门组织，县级以上自然资源主管部门会同有关部门实施。土地专项调查，由县级以上自然资源主管部门组织实施。

一、土地利用变更调查的内容

(一)遥感数据采集及 DOM 制作

根据各地区社会经济发展状况、管理需求、土地利用变化程度、天气状况等综合因素，将全国划分为四个区域，统一采购不同分辨率的遥感影像(数据)：一类区采用 DOM 分辨率优于 1 m的遥感数据，主要满足全国 50 万人口以上城市市辖区，东中部地区主要是地级市市辖区，以及长江三角洲、珠江三角洲、环渤海和福建广东沿海等地区土地变更调查需要；二类区采用

DOM 分辨率优于 2.5 m 的多光谱遥感数据，主要满足除一类区外的东中部地区重点城市土地变更调查需要；三类区采用 DOM 分辨率优于 2.5 m 的全色或多光谱遥感数据，或 DOM 分辨率优于 5 m 的多光谱数据，主要满足除一、二类区外的中、东部地区，以及西部重点县(区)土地变更调查需要；四类区采用 DOM 分辨率优于 5 m 的全色或多光谱遥感数据，满足西部沙漠、戈壁和藏北无人区土地变更调查需要。数据采集时间为 9～12 月份，部分采集困难地区也可提前至 8 月份。DOM 的制作技术方法、流程和要求依据见本书第二章。

(二)权属界线调整

调查界线包括国界、零米线、省级行政区域界线、县级行政区域界线、乡(镇)级行政区域界线。上一年度土地变更调查形成的各级控制界线、控制面积和各地类面积，作为本年度土地变更调查的基础。如果各级调查界线发生变化(如名称、代码、界线位置变化)需要调整，应依据相关主管部门的批准文件，采用分级负责的方法进行。

(三)权属调查

权属调查包括集体土地所有权和国有土地使用权的权属性质变化、权属界线变化和权属单位名称变化。权属性质和单位名称发生变化的，应按照实际情况变更；权属界线发生变化的，界线双方应依法重新签订土地权属界线协议书，将变化后的界线调绘在土地变更调查工作底图上。同时提取涉及界线变化的信息。

(四)地类调查

地类调查包括变化的线状地物、图斑、零星地物等的调查，按实地现状调查地类和界线。线状地物和图斑最小上图面积按照土地利用现状调查要求进行调查；变更图斑编号按照原有的编号规则在最大图斑号后续编，只有属性变更无图形变化的地类图斑，仍沿用变更前的编号；零星地物可根据本地区实际情况和要求自行制定具体调查方法开展调查；新增建设用地调查对照实地现状，结合日常更新，对位置、范围、地类、权属逐一进行核实和确认；开展土地整治项目新增耕地、农业结构调整新增耕地，以及其他方式新增耕地变化调查；新增耕地坡度分级、耕地类型的确定；农用地变为未利用地需填写农用地变更为未利用地图斑核实记录表(表 4-9)；新增可调整地类调查；可视为补充耕地的园地调查；国家生态退耕调查；其他地类变化调查。

表 4-9　农用地变更未利用地图斑核实记录表

行政区代码	序号	图斑标识码	权属名称	坐落名称	变更前地类编码	地类编码	图斑面积/亩	情况说明	文件编号	备注
1	2	3	4	5	6	7	8	9	10	11

填表人：　　　　　填表日期：　　　　　检查人：　　　　　检查日期：

(五)图斑举证

各地需对遥感监测图斑和重点变更图斑进行举证，使用统一的“互联网＋”举证软件，实地拍摄包含定位坐标和拍摄方位角等信息的举证照片，其中，重点变更图斑包括自主变更新增建设用地图斑、灾毁耕地图斑和农用地变更未利用地图斑。原则上，遥感监测图斑都需要举证。

对于依据遥感影像特征能够准确认定为住宅小区、规模化工厂并在数据库中变更为建设用地的，以及面积较小或地处偏远实地举证确有困难的图斑可不举证。

(六)数据库更新

根据土地变更调查的权属调查、地类调查等的结果，县级组织更新县级土地调查数据库，即形成当年的土地调查数据库。同时，须统一使用国家开发的数据库质量检查软件，进行县级更新后的土地调查数据库质量检查，以保证县级土地调查数据库质量。

二、土地利用变更调查的方法

土地利用变更调查以日常变更为基础，按照实地现状认定地类的原则，依据土地变更调查工作底图，对年度内实际变化的每一块土地进行实地调查，在工作底图上标绘变化图斑的位置、范围、地类和权属等信息，如实填写土地变更调查记录表(表 4-10)。常用的土地利用变更调查方法包括综合调绘法、实测坐标法和直接补测法。

表 4-10　土地变更调查记录表

(××××年)

土地坐落：　乡(镇)　村　　所在图幅号：　长度单位：m(0.0)　　面积单位：m^2(0.00)　　No：

变更前图斑							变更后图斑							地类变更部分					备注
权属单位名称	图斑号	地类编码	面积	权属性质	耕地坡度分级	耕地类型	权属单位名称	图斑号	地类编码	面积	权属性质	耕地坡度分级	耕地类型	地类编码		面积	新增耕地来源类型	建设用地类型	
														变更前	变更后				
1	2	3	4	5	6	7	8	9	10	11	12	13	14	15	16	17	18	19	20
草图：																			

填表人：　　　填表日期：　　　　　检查人：　　　检查日期：

(一)综合调绘法

将本年度遥感监测成果与上一年度土地调查数据库套合，通过目视解译相关影像，标注出土地利用变化信息，然后到实地对标注的变化信息进行全面核实、调整和补充调查，将确认的变化图斑、界线的位置、地类和其他属性，调绘到土地变更调查底图上。随着高分辨率的遥感影像、现代 3S 技术的发展，该方法具有精度高、节省时间的优势，是最常用的土地利用变更方法。

(二)实测坐标法

使用定位测量设备实测新增地类变化边界上主要拐点坐标，利用实测数据更新土地调查数据库。

(三)直接补测法

采用目视内插法、距离交绘法、直角坐标法、截距法等，在实地将新增地物边界直接补测到底图上。

(四)精度要求

调绘精度要求：调绘的各类界线与DOM上同名地物间，明显界线位移不得大于图上0.3 mm；不明显界线位移不大于图上1.0 mm；补测地物点精度要求：补测地物点对四周明显地物点的限差，平地、丘陵不得大于图上0.5 mm，山地不得大于图上1.0 mm。

三、土地利用变更调查的主要成果

土地利用变更调查的成果与土地利用调查的成果基本一致，主要包括外业成果和内业成果。外业成果一般为原始的第一手资料，必须保管好；内业成果是土地利用变更调查的最终成果，在后继土地资源管理中作用重大，具体如下。

①遥感监测成果：遥感正射影像图、遥感监测图斑。

②外业调查成果：外业调查图件、地物补测资料、图斑举证数据。

③数据库成果：更新后的土地调查数据库、土地调查数据库更新数据包。

④图斑信息核实各类报表：遥感监测图斑信息核实记录表、农用地变更为未利用地图斑核实记录表、设施农用地图斑信息核实记录表、临时用地图斑信息核实记录表、拆除图斑核实记录表等。

⑤各类统计汇总表：土地变更调查记录表、土地变更一览表、土地利用现状变更表、农村土地利用现状一级分类按权属性质统计汇总表、耕地坡度分级面积统计汇总表、基本农田面积统计汇总表、可调整地类面积统计汇总表、建设用地类型面积统计汇总表、耕地来源类型统计汇总表、土地利用现状变更表（“三大类”总表）、城镇土地利用现状数据汇总表、村庄土地利用现状数据汇总表。

⑥文字成果：土地利用变化情况分析报告、城镇村土地利用数据分析报告。

思考题

1. 如何理解土地利用分类和土地利用类型的概念？
2. 简述土地利用分类的方法及应遵循的原则。
3. 简述我国最新的土地利用现状分类系统，并说明主要类型的名称、代码和含义。
4. 试述外业调绘的技术路线与方法。
5. 简述土地利用变更调查的方法和变更调查的成果。

第五章　土地资源专项调查

自 20 世纪 80 年代以来，我国已经开展三次全国性的土地利用现状调查工作，全面摸清了土地资源的基本国情。土地利用现状调查是以县为单位，查清各类用地面积、分布和利用状况。在实际应用中，仅有土地利用现状调查并不能满足土地资源评价、规划与管理的需要，尤其是随着 2018 年自然资源部的组建，土地作为其他自然资源的立地条件，对其调查内容、方法都提出了更高的需求。需要基于土地利用现状、土地权属等调查成果和自然资源管理形成的各类专题信息，结合自然资源精细化管理、节约集约用地评价和相关专项工作的需要，开展系列专项土地资源调查，才能更好地支撑自然资源管理工作。因此，本节以自然资源管理经常涉及的耕地、林地、草地、湿地等专项调查为例，概述调查目的、调查内容和调查方法。

第一节　耕地后备资源调查

一、耕地后备资源调查概述

(一)耕地后备资源的范畴

目前，我国耕地资源所面临的形势非常严峻。根据土地人口承载力研究，在耕地相对稳定的基础上，若按照 20 世纪 90 年代的投入水平，我国的土地生产潜力只能承载 11.0 亿～11.9 亿人；按中等投入水平，可承载 13.9 亿～14.8 亿人；按高投入水平，可承载 14.9 亿～18.9 亿人。可见，在耕地面积相对稳定的基础之上，只有采取高投入、适度消费的方式，中国的耕地资源才能承载未来高峰期人口对粮食的需求。而这种土地人口承载力正受到耕地急剧减少，耕地资源供给日趋紧张的严峻挑战。据不完全统计，1949—1996 年，我国平均每年减少耕地 82.2 万 hm^2。1997—2000 年，各种原因占用耕地 344 万 hm^2，其中建设用地占用耕地 73.7 万 hm^2。可以预见，随着社会经济快速发展，城市化和工业化过程的整体推进，仍将有大量的耕地转为建设用地。同时，随着一些重大生态环境保护与建设项目的稳步实施和农业结构的调整，耕地减少的趋势将会进一步加大。在未来几十年内，如不及时采取适度的开源措施，耕地总量的大幅度减少将不可避免，势必影响国家的粮食安全，甚至对国家安全产生直接冲击。在这种形势下，适度、适量地开发一部分耕地后备资源，弥补经济发展和生态环境建设所引起的耕地面积的损失，已经成为我国耕地保护和粮食安全战略的一个重要举措，同时也已经成为保证经济平稳运行，实现社会可持续发展战略的一个关键环节。

后备土地资源是可以利用而且目前尚未利用的那一部分土地资源，是在一定条件下能开发利用的土地资源。1998 年修订的《中华人民共和国土地管理法》将土地分为农用地、建设用地和未利用地。后备土地资源就是用作农用地或建设用地的未利用地。由于建设用地受自然条件限制极小，几乎所有土地都可以搞建筑，其经济供给的弹性很大，基本不受后备土地资源供给量的限制。农用地要求必须能够种植植物或养殖动物的土地，其供给量受土地质量及自然条件等因素限制。研究农用地后备资源对实现耕地总量动态平衡和土地资源可持续利用具有深远意义。

耕地后备资源是在当前技术条件下，能够通过开发、复垦措施变成耕地的未利用地和损毁废弃地。未利用地包括土地利用现状调查分类系统中未利用土地和水域中的苇地、滩涂。其中，未利用土地包括荒草地、盐碱地、沼泽地、裸土地、沙地、裸岩地。

(二)耕地后备资源调查的目的和任务

耕地后备资源调查主要是在每年土地利用变更调查的基础上，通过开展耕地后备资源调查评价工作，全面查清耕地后备资源的面积、类型、权属和分布情况。在形成调查成果以后可通过分析耕地后备资源开发的经济、生态、社会效益，进而提出合理开发利用的政策建议。

(三)历次后备耕地资源调查状况

我国非常重视后备土地资源，特别是耕地后备资源调查评价的基础性工作。从新中国成立初期到2020年，已经组织了7次全国或区域范围内的后备土地资源调查评价工作。

①1956—1976年，宜农荒地调查。由原中国科学院自然资源综合考察委员会组织或实施，其调查主要对象为宜农荒地，主要包括适宜于开垦种植农作物、饲草饲料、果树和经济林木的天然草地、疏林地、灌木林地及待开发土地(包括滩涂)，其调查方法主要是根据大量实地调查数据进行汇总分析。主要调查结果是，全国后备土地资源总量3 625万 hm^2，其中耕地后备资源为1 612 hm^2。

②1980—1986年，原中国科学院自然资源综合考察委员会再次组织实施了宜农荒地调查。这次调查对象为农、林、牧地后备资源，主要利用1972—1984年陆地资源卫星影像并结合实地调查资料进行了调查。调查结果为后备耕地3 295万 hm^2，后备林地16 192万 hm^2，后备牧地2 655万 hm^2。

③1988—1990年，由原国家计划委员会和原国家土地管理局组织实施的待开发土地资源调查。待开发土地资源调查主要指目前技术经济条件下，可以开发利用于农、林、牧、渔和城乡建设等的土地，包括当时未利用或基本未利用的大片荒草地，弃耕3年以上的撂荒地，地头村边的闲散荒地，江河湖泊、水库的滩地和海涂，乡镇工矿废弃地以及未利用的可养殖水面。调查方法是采用20世纪80年代的调查资料，零星的闲散荒地和工矿废弃地大多是由典型调查推算而得，实际上反映了80年代末期待开发土地的大致情况。其调查的后备耕地资源为1 358万 hm^2。

④1990—1994年，原全国区划委员会开展了“四荒”资源调查，此次调查对象包括可供农业利用而目前尚未开发利用的荒山、荒地、荒滩(不包括海涂)和荒水(未利用于水产养殖的可养殖水面)。“四荒”的概念相当于农用地后备资源的概念。调查方法是通过组织各省开展全国县级农业综合开发后备资源调查，其调查结果为948万 hm^2。

⑤1997年，原国家土地管理局组织实施了农用地后备资源调查。农用地后备资源调查包括未利用土地一级类中可利用的荒草地、盐碱地、沙地、沼泽地、裸土和水域中的滩涂(包括海涂)，但未包括荒水、废弃地和可改作耕地的疏林地、灌木林地，以及通过土地整理可改作农地的田坎、沟渠、田间道路、村庄等。调查方法是以1996年土地利用现状调查资料为基础进行的考察。调查结果为807万 hm^2 耕地后备资源。

⑥2000—2003年，国土资源部组织实施了耕地后备资源调查。这次调查对象包括可开发土地(集中连片的未利用地，包括未利用的荒草地、盐碱地、沼泽地、苇地、滩涂及其他可开垦为耕地的土地)和可复垦土地(指因各种人为因素和自然灾害而造成破坏废弃的土地，通过采取

工程或生物措施，可恢复耕种并达到较好效益的土地）。调查方法是以土地利用现状调查数据和 2000 年土地利用变更调查数据为基础的调查评价，调查结果为 734.39 万 hm^2。

⑦2014 年 4 月，为保护耕地红线，有效利用国土资源，科学实施国土综合整治，积极推进生态文明建设，国土资源部办公厅印发了《关于开展全国耕地后备资源调查评价工作的通知》（国土资厅发〔2014〕13 号），在全国部署开展了新一轮耕地后备资源调查评价工作。本轮耕地后备资源调查是在第二次全国土地利用现状调查数据和 2012 年度变更调查数据的基础上，划分评价区域、设定评价指标、确定评价对象，对全国可开垦土地和可复垦采矿用地的类型、面积、分布情况进行细致调查，数据精准到每块图斑，较为准确地反映了全国耕地后备资源现实情况。

二、耕地后备资源调查评价工作分类系统

耕地后备资源类型多种多样，开发复垦的限制条件随着类型的变化而各有不同。为了系统地认识耕地后备资源的类型、数量及其分布，并科学地评价和合理地利用耕地后备资源，必须依据一定的原则对耕地后备资源的类型进行科学分类，为科学分析耕地后备资源开发利用潜力和限制条件提供依据。

在 1984—1996 年期间，原国家土地管理局组织实施了全国的土地利用现状调查工作，全面查清了我国土地资源的利用状况，为耕地后备资源的调查评价工作提供了最基础的土地资源数据。为了充分利用土地利用现状调查数据，并保持耕地后备资源调查评价数据与土地利用现状调查的兼容性，服务于耕地后备资源调查评价的分类系统，主要依据耕地后备资源调查评价的性质和任务要求、调查评价的基础数据源、土地的自然属性与地表形态、毁损废弃类型和破坏程度，按照两级分类体制对耕地后备资源进行分类。其中，一级分为可开垦土地和可复垦土地两类，二级在一级类的基础上续分为 9 类，如表 5-1 所示。

表 5-1　耕地后备资源调查评价工作分类表

一级类	二级类	含义
可开垦土地Ⅰ	集中连片的未利用地，包括未利用的荒草地、盐碱地、沼泽地、苇地、滩涂及其他可开垦为耕地的土地	
	可开垦荒草地 I_1	树木郁闭度＜10%，表层为土质，生长杂草，不作为放牧利用可以开垦为耕地的荒草地
	可开垦盐碱地 I_2	目前未利用但经过改良可以开垦为耕地的盐碱地
	可开垦沼泽地 I_3	经常积水或渍水，一般生长湿地植物，通过排水措施可以垦为耕地的沼泽
	可开垦苇地 I_4	生产芦苇的土地，包括滩涂上的苇地，指目前尚未利用可以开垦为耕地的苇地
	可开垦滩涂 I_5	河流、湖泊、水库正常水位线以上到洪水位不影响行蓄洪可以开垦为耕地的滩地
	其他可开垦的未利用地 I_6	以沙地、撂荒地（指撂荒 3 年以上的耕地）为主的其他可以开垦为耕地的未利用土地

续表 5-1

一级类	二级类	含义
可复垦土地Ⅱ	指因各种人为因素和自然灾害而造成破坏废弃的土地，通过采取工程或生物措施，可恢复耕种并达到较好效益的土地	
	废弃压占破坏地$Ⅱ_1$	主要指露天采矿、打井、挖沙、采石淘金、烧制砖瓦、修建道路、工矿城镇建设等工程完毕后留下的废弃地及压占地中可复垦为耕地的部分
	塌陷地$Ⅱ_2$	指开采地下矿产资源和地下工程建设挖空后，由于地表下沉造成破坏的土地中可复垦为耕地的部分
	自然灾害损毁地$Ⅱ_3$	指因地震、暴雨、山洪、泥石流、塌方、风暴、干旱等自然灾害而被损毁的土地中可复垦为耕地的部分

可开垦土地主要是指在当前的技术条件下，能够开垦为耕地的未利用土地和滩涂、苇地。其二级类型的划分，主要是根据土地利用现状调查成果，对具有潜在开垦可能性的未利用地中二级类和水域中的滩涂和苇地进行分类。可复垦土地类型复杂，根据成因、破坏程度和形态可以细分为塌陷地、废弃压占破坏地、自然灾害损毁地等几种类型。其中一些类型根据成因可以细分为次一级类型，如塌陷地分为稳定塌陷地和不稳定塌陷地，废弃压占破坏地分为矸石及粉煤灰堆积地、矿石矿渣、排土石堆积地、废弃建筑物占地、垃圾占地等；自然灾害损毁地分为洪灾损毁地、滑坡崩塌损毁地、泥石流灾毁地、风沙损毁地、地震灾毁地及其他自然灾害损毁地等。而耕地后备资源主要调查大面积可复垦土地，可复垦土地国家级二级分类从造成大面积土地损毁破坏的成因出发，可分为三个二级类型，并不做三级分类。各地如确有需要，可根据实际情况进行三级分类，但不能打破国家级分类系统。

此外，耕地后备资源调查评价主要是查清集中连片，具有规模开发复垦价值的耕地后备资源的类型和数量。因此，在耕地后备资源调查评价中，依据耕地后备资源的类型、区域分布特点，对于作为上报国家的耕地后备资源集中连片的面积进行了限定，如表 5-2 所示。

表 5-2　不同区域、地貌类型的耕地后备资源集中连片的最小面积　　亩

区域	可开垦耕地后备资源		可复垦耕地后备资源	
	山地丘陵区	平原区	山地丘陵区	平原区
西部①	3 000	3 000	1 000	1 000
中部②	1 500	3 000	900	1 000
东部③	600	600	300	300

①西部是指重庆、四川、贵州、云南、西藏、陕西、甘肃、青海、宁夏、新疆、山西、内蒙古、河南、湖北 14 个省（自治区、直辖市）；

②中部是指广西、黑龙江、吉林、河北、湖南 5 个省(自治区)；

③东部是指北京、天津、辽宁、上海、江苏、浙江、安徽、福建、江西、山东、广东、海南 12 个省(直辖市)。

三、耕地后备资源调查评价技术流程

(一)耕地后备资源调查评价的基本要求

耕地后备资源调查评价是以土地利用现状调查和土地利用变更调查基础图件和数据台账

为基础，按照规定的耕地后备资源分类和评价指标体系，采用室内预判和外业调查评价相结合的方法进行。

①调查评价以标准分幅土地利用现状图或土地利用变更图为主，采用了最新遥感资源辅助耕地后备资源的调查与评价。

②在充分研究调查评价区域基础资料的基础上，依据土地利用现状调查或变更调查图件和数据台账进行室内预判，确定外业调查评价工作路线和方法。

③外业调查的界线和地物位置要准确，各种注记正确无误、清晰易读，符号符合规定的图例要求。

④地类图斑调绘时，应视实地情况进行连片集中。

⑤采用航片辅助耕地后备资源调查评价的，航片调绘面积线不得有重叠和漏调，位置要选在航向(旁向)重叠中部。

⑥调绘的明显地物界线在图上位移应符合土地利用现状调查技术规程的要求。

⑦以实线表示地类界线，按图例标出地类符号，注记图斑号。

⑧耕地后备资源调查评价最小图斑面积为图上 1 cm^2。

⑨野外调查评价信息实地核实后，应按规定的调查评价表格详尽记录在册。

⑩土地利用现状调查后，原图斑变化的应进行重新量算，方法和精度按《土地利用现状调查技术规程》要求执行；图斑未发生变化的以土地利用现状调查面积为准。

⑪图斑面积量算后需按规定进行整理，由图斑汇总出区域耕地后备资源面积，按行政辖区自下而上汇总，检查无误后汇总到地(市、盟、州)、省(自治区、直辖市)、国家级。

(二)耕地后备资源调查的方法步骤与具体要求

耕地后备资源调查评价整体工作按照内业为主、外业为辅，定性定量相结合，采取主导因素“限制性因子”评价法，确定每一评价单元的宜耕性。

1. 准备工作

为保证全国顺利完成耕地后备资源调查评价工作，在工作方案、技术方案的基础上，制定耕地后备资源调查评价技术规定、成果提交办法等相关技术标准，规范耕地后备资源调查评价工作，保证调查评价成果的科学性和统一性。通过试点完善相关技术标准，并对各地进行技术培训。

2. 构建评价单元

评价单元要根据评价对象图斑具体情况进行确定。通过内外业调查，将每一评价指标信息填注到评价对象图斑属性信息表中，如评价对象图斑某一指标评价结果不同，则需要拆分图斑，以保证图斑属性相对均一，形成评价单元，并对评价单元的图斑进行编号。最小上图面积为 15 mm^2，不满足上图要求的图斑，根据实际情况，综合到相邻的评价单元中。

3. 划分评价区

将全国耕地后备资源划分为 12 个一级区，分别为 1 东北区、2 黄淮海区、3 长江中下游区、4 江南区、5 华南区、6 内蒙古高原及长城沿线区、7 黄土高原区、8 四川盆地、9 云贵高原区、10 横断山区、11 西北区、12 青藏高原区。

4. 设定评价指标

评价指标涉及生态环境、立地条件、气候条件、区位指标等 4 个方面，具体包括生态条件、年积温、年降水量和灌溉条件、土壤污染状况、排水条件、土层厚度和母质条件、地形坡度、盐渍化程度、土壤质地、土壤 pH、耕作便利度等评价指标(表 5-3)。可以看到，评价指标中特别注意了生态指标，比如后备土地资源如果处于生态保护区内，其质量再好，也不作为耕地后备资源；后备土地资源的坡度如果大于 15°，即使土层厚，降水量满足作物需求，也不能作为耕地后备资源，如黄土高原丘陵沟壑区的其他草地(荒草地)就不能成为耕地后备资源；其他开发后可能导致土地退化或引起地质灾害的后备土地资源都不能作为耕地后备资源。中国地域广阔，自然条件千差万别，因此表 5-3 只是给出了指导性评价指标，各地根据各评价区耕作制度对土地条件的要求和区域自然资源条件，从中选用不同的评价指标。

表 5-3　耕地后备资源的不宜耕评价指标

评价指标	不宜耕指标
生态条件	生态保护区内、或开发可能导致土地退化、或引起地质灾害
年积温	<1 800 ℃
年降水量和灌溉条件	天然降水量<350 mm 且无灌溉条件，不能满足作物生长要求
土壤污染状况	土壤遭受污染
排水条件	无排水条件
土层厚度和母质条件	北方<60 cm 且无客土土源 南方<30 cm 且基岩为难风化岩石且无客土土源
地形坡度	可开垦地类≥15°、可复垦地类≥6°
盐渍化程度	土壤盐渍化程度重度以上且无灌溉排水条件
土壤质地	土壤质地为砾质土或更粗或岩石露头度大于 2%
土壤 pH	pH≥9.5 或 pH≤4.0
耕作便利度	难以到达耕种

5. 制作调查评价底图

国家组织队伍，在年度土地调查数据库中提取其他草地、盐碱地、沼泽地、沙地、裸地、工矿用地等地类图斑，作为调查对象图层，即这些“未利用地”是后备土地资源。

评价指标中，年积温、年降水量等相关资料由国家收集和整理，与调查对象图层叠加，标注不满足年积温和年降水量要求的图斑，制作调查评价底图。

6. 收集资料和整理

地方接收国家下发的调查评价底图，结合土壤普查、农业普查、土地利用总体规划、土地整治规划、生态保护区规划等成果和资料，获取生态环境、地形地貌、气象、水文、土壤等耕地后备资源宜耕性评价指标数据。对有数字化条件的评价指标进行数字化，并根据最新的正射遥感影像图或土地调查数据库进行纠正，建立评价指标图层。

7. 补充调查

若现有资料不能满足地方调查评价工作要求，包括资料不足、不实、不详、陈旧等，进行外业补充调查，补充、修正评价指标数据。

8. 宜耕性评价

通过内外业调查，将收集到的指标资料分别设计成各种评价指标专题图，再经过数字化，利用 GIS 技术叠加获取评价单元的相关评价指标的评价结果。采取“限制性因子”评价法，对评价单元进行评价。评价单元参评指标中，有任何一项指标项为不宜耕条件的，划分为不宜耕，其余为耕地后备资源。

9. 评价结果属性信息标注

将评价过程中耕地后备资源调查评价结果标注在评价单元属性信息表中。依据耕地后备资源调查评价结果，建立耕地后备资源调查评价图层“HBTC”，分类型对图斑属性进行标注。不宜耕土地标注为“FHB”，宜耕土地标注为“GDHB”。所有评价单元的属性信息，包含综合评价结果和所有单项指标评价结果。按照技术要求，对评价过程和结果进行自检、互检、专检，并签字记录。

10. 县级成果建库与成果汇总

利用数据库建库软件，按照耕地后备资源调查评价数据库建设规范要求，建设符合数据库标准的县级耕地后备资源调查评价数据库。

县级数据库建设完成后，利用国家下发的质量检查软件进行内业检查，内业检查发现问题，通过外业核查修正后，方进行调查评价数据统计汇总，同时撰写县级耕地后备资源调查评价报告。成果经相关部门的核查和验收后，按照要求逐级上报。上报的县级成果包括耕地后备资源调查评价数据库，耕地后备资源调查评价分类型统计表，耕地后备资源调查评价报告，其他相关成果（内外业形成的数字化成果）。县级成果提交给省级后，各省汇总成耕地后备资源调查评价，分县、分类型统计表；并撰写省级耕地后备资源调查评价工作报告、技术报告和分析报告。

四、耕地后备资源调查成果

（一）耕地后备资源总量分布

全国耕地后备资源总量为535.28万hm^2，其中可开垦耕地后备资源面积为516.27万hm^2，占总量的96.45%；可复垦耕地后备资源面积为19.01万hm^2，占总量的3.55%（表5-4）。

表5-4　全国各行政区耕地后备资源分布

区名	行政区名称	耕地后备资源总量		可开垦土地		可复垦土地	
		面积/hm^2	占全国比例/%	面积/hm^2	占全国比例/%	面积/hm^2	占全国比例/%
全国		5 352 769.68	100.00	5 162 667.89	100.00	190 101.79	100.00
东北	辽宁	93 104.94	1.74	90 482.82	1.75	2 622.12	1.38
	吉林	261 508.21	4.89	255 079.76	4.94	6 428.45	3.38
	黑龙江	715 871.66	13.37	689 895.45	13.36	25 976.21	13.66
	小计	1 070 484.81	20.00	1 035 458.03	20.06	35 026.78	18.43

续表 5-4

区名	行政区名称	耕地后备资源总量		可开垦土地		可复垦土地	
		面积/hm²	占全国比例/%	面积/hm²	占全国比例/%	面积/hm²	占全国比例/%
华北	北京	758.70	0.01	679.55	0.01	79.15	0.04
	天津	2 096.29	0.04	2 018.97	0.04	77.32	0.04
	河北	298 700.78	5.58	269 359.72	5.22	29 341.06	15.43
	山东	210 008.60	3.92	185 978.52	3.60	24 030.08	12.64
	河南	367 192.55	6.86	350 573.88	6.79	16 618.67	8.74
	小计	878 756.92	16.42	808 610.64	15.66	70 146.28	36.90
黄土高原	山西	214 667.22	4.01	209 930.08	4.07	4 737.14	2.49
	陕西	108 582.64	2.03	97 012.47	1.88	11 570.17	6.09
	甘肃	331 769.88	6.20	329 302.56	6.38	2 467.32	1.30
	小计	655 019.74	12.24	636 245.11	12.32	18 774.63	9.88
蒙新	内蒙古	148 215.06	2.77	145 608.47	2.82	2 606.58	1.37
	宁夏	43 710.85	0.82	43 617.57	0.84	93.28	0.05
	新疆	760 069.76	14.20	759 516.31	14.71	553.45	0.29
	小计	951 995.67	17.79	948 742.35	18.38	3 253.31	1.71
长江中下游	上海	4 394.07	0.08	4 393.99	0.09	0.08	0.00
	江苏	65 025.08	1.21	48 135.49	0.93	16 889.59	8.88
	浙江	30 618.26	0.57	30 537.28	0.59	80.98	0.04
	安徽	87 319.29	1.63	74 900.29	1.45	12 419.00	6.53
	江西	89 981.23	1.68	88 254.38	1.71	1 726.85	0.91
	湖北	156 527.56	2.92	141 239.59	2.74	15 287.97	8.04
	湖南	238 843.30	4.46	236 975.80	4.59	1 867.50	0.98
	小计	672 708.79	12.57	624 436.82	12.10	48 271.97	25.39
华南	福建	34 142.94	0.64	33 453.87	0.65	689.07	0.36
	广东	78 047.10	1.46	76 710.47	1.49	1 336.63	0.70
	广西	141 029.35	2.63	140 485.64	2.72	543.71	0.29
	海南	6 812.05	0.13	6 803.75	0.13	8.29	0.00
	小计	260 031.44	4.86	257 453.73	4.99	2 577.70	1.36
西南	重庆	14 353.31	0.27	14 020.45	0.27	332.86	0.18
	四川	242 230.04	4.53	235 297.62	4.56	6 932.42	3.65
	贵州	218 301.39	4.08	215 744.47	4.18	2 556.92	1.35
	云南	340 801.41	6.37	338 738.30	6.56	2 063.11	1.09
	小计	815 686.15	15.24	803 800.84	15.57	11 885.31	6.25
青藏	西藏	10 023.79	0.19	10 001.28	0.19	22.51	0.01
	青海	38 062.37	0.71	37 919.08	0.73	143.29	0.08
	小计	48 086.16	0.90	47 920.36	0.93	165.80	0.09

耕地后备资源调查评价结果显示，全国31个省级行政区均有耕地后备资源分布，但分布极不均匀。新疆、黑龙江、河南、云南和甘肃5个省（自治区）耕地后备资源总量占全国总量的47.00%。其中，新疆76.01万hm^2、黑龙江71.59万hm^2、河南36.72万hm^2、云南34.08万hm^2、甘肃33.18万hm^2，分别占全国耕地后备资源面积总量的14.20%、13.37%、6.86%、6.37%和6.20%。北京、天津、上海、海南、西藏、重庆6个省（自治区、直辖市）耕地后备资源之和为3.84万hm^2，仅占全国耕地后备资源总量的0.72%，占比极低。其中，北京758.70 hm^2，天津2 096.29 hm^2，上海4 394.07万hm^2，海南6 812.05 hm^2，西藏10 023.79 hm^2，重庆14 353.31 hm^2，分别占我国耕地后备资源面积总量的0.01%、0.04%、0.08%、0.13%、0.19%和0.27%，这6个省（自治区、直辖市）的耕地后备资源已接近枯竭状态。

可开垦土地占全国可开垦土地总量比超过5%的省份有新疆、黑龙江、河南、云南、甘肃、河北6个省（自治区），其中，新疆、黑龙江两个省（自治区）占比超过了10%，开垦量相对较大；占比低于1%的省份有北京、天津、宁夏、上海、江苏、浙江、福建、海南、重庆、西藏、青海11个省（自治区、直辖市），可开垦耕地后备资源临近枯竭。

可复垦土地占全国可复垦土地总量比超过5%的省份有河北、黑龙江、山东、江苏、河南、湖北、安徽、陕西8个省（自治区），其中河北和黑龙江超过了10%，说明这些省份仍然具有复垦补充耕地的条件。占比低于1%的省份有上海、海南、西藏、北京、天津、浙江、宁夏、青海、重庆、新疆、广西、福建、广东、江西、湖南15个省（自治区、直辖市），这些省份可复垦补充耕地的能力较弱。

（二）可开垦耕地后备资源类型

耕地后备资源中可开垦土地占比较高，占耕地后备资源总量的96.45%，为516.27万hm^2。其中，可开垦其他草地343.43万hm^2、可开垦沿海滩涂2.06万hm^2、可开垦内陆滩涂46.42万hm^2、可开垦盐碱地66.35万hm^2、可开垦沼泽地10.21万hm^2、可开垦沙地4.72万hm^2、可开垦裸地43.08万hm^2，分别占耕地后备资源总面积64.16%、0.38%、8.67%、12.40%、1.91%、0.88%和8.05%。可开垦耕地后备资源类型以可开垦其他草地和可开垦盐碱地为主，部分区域可开垦内陆滩涂与可开垦裸地占比也很高。

全国可开垦其他草地主要分布在新疆、黑龙江、云南和甘肃4个省（自治区），其中新疆可开垦其他草地52.11万hm^2，占全国可开垦其他草地总量的15.17%。可开垦草地占比超过50%的省份有24个，仅7个省（自治区、直辖市）低于50%。

可开垦盐碱地主要分布在新疆，占比为30.39%，其次为吉林、黑龙江和内蒙古，在各省耕地后备资源中，以上4个省（自治区）可开垦盐碱地占比超过10%。

可开垦内陆滩涂主要分布在黑龙江和河南，两省之和占全国可开垦内陆滩涂总量的43.36%，其余各省也均有分布，但分布量较少。可开垦内陆滩涂占比超过各省耕地后备资源量10%的省份有西藏、海南、湖南、湖北、安徽、浙江、江苏、上海、河南、河北、黑龙江11个省（自治区、直辖市），且分布主要与水资源有关。

而可开垦沙地、可开垦沿海滩涂的面积则较少，可开垦沙地占全国耕地后备资源总量的0.88%，主要分布在河南、河北、甘肃、新疆等中西部地区；可开垦沿海滩涂面积仅占全国耕地后备资源总量的0.38%，主要分布在浙江和上海，两省占比之和达92.98%。这两类用地在不同地域所起的生态作用较大，需谨慎开发。

(三)集中连片耕地后备资源分布

全国集中连片耕地后备资源面积达 188.80 万 hm^2，占全国耕地后备资源总量的 35.27%。其中可开垦集中连片耕地后备资源为 185.63 万 hm^2，占集中连片耕地后备资源总量的 98.32%。相反，可复垦耕地后备资源主要由人为和自然因素导致废弃的土地构成，分布面广且成片面积小(表 5-5)。

表 5-5 集中连片耕地后备资源分布

区名	行政区名称	耕地后备资源集中连片量					
		面积/hm^2	占全国比例/%	可开垦土地		可复垦土地	
				面积/hm^2	占全国比例/%	面积/hm^2	占全国比例/%
全国		1 888 043.94	100.00	1 856 294.06	100.00	31 749.88	100.00
东北	辽宁	11 106.19	0.59	10 850.41	0.58	255.78	0.81
	吉林	138 148.79	7.32	138 059.99	7.44	88.80	0.28
	黑龙江	347 246.02	18.39	330 551.36	17.81	16 694.66	52.58
	小计	496 501.00	26.30	479 461.76	25.83	17 039.24	53.67
华北	北京	0.00	0.00	0.00	0.00	0.00	0.00
	天津	73.85	0.00	73.85	0.00	0.00	0.00
	河北	83 267.86	4.41	81 925.13	4.41	1 342.72	4.23
	山东	57 702.03	3.06	55 246.81	2.98	2 455.22	7.73
	河南	108 639.24	5.75	106 722.68	5.75	1 916.56	6.04
	小计	249 682.98	13.22	243 968.47	13.14	5 714.50	18.00
黄土高原	山西	53 177.14	2.82	53 115.81	2.86	61.33	0.19
	陕西	31 916.49	1.69	31 049.37	1.67	867.12	2.73
	甘肃	133 080.68	7.05	132 661.23	7.15	419.45	1.32
	小计	218 174.31	11.56	216 826.41	11.68	1 347.90	4.25
蒙新	内蒙古	56 580.23	3.00	54 960.41	2.96	1 619.82	5.10
	宁夏	16 218.07	0.86	16 212.28	0.87	5.79	0.02
	新疆	586 665.62	31.07	586 597.03	31.60	68.59	0.22
	小计	659 463.92	34.93	657 769.72	35.43	4 390.00	13.83
长江中下游	上海	3 663.11	0.19	3 663.11	0.20	0.00	0.00
	江苏	20 171.01	1.07	16 317.87	0.88	3 853.14	12.14
	浙江	19 483.25	1.03	19 483.25	1.05	0.00	0.00
	安徽	22 653.74	1.20	21 743.99	1.17	909.75	2.87
	江西	13 380.08	0.71	13 289.51	0.72	90.57	0.29
	湖北	18 249.53	0.97	17 354.45	0.93	895.08	2.82
	湖南	14 265.02	0.76	14 258.14	0.77	6.88	0.02
	小计	111 865.74	5.92	106 110.32	5.72	5 755.42	18.13

续表 5-5

区名	行政区名称	耕地后备资源集中连片量					
		面积/hm^2	占全国比例/%	可开垦土地		可复垦土地	
				面积/hm^2	占全国比例/%	面积/hm^2	占全国比例/%
华南	福建	2 326.70	0.12	2 326.70	0.13	0.00	0.00
	广东	8 913.79	0.47	8 844.90	0.48	68.89	0.22
	广西	11 270.95	0.60	11 270.95	0.61	0.00	0.00
	海南	561.61	0.03	561.61	0.03	0.00	0.00
	小计	23 073.05	1.22	23 004.16	1.24	68.89	0.22
西南	重庆	202.86	0.01	202.86	0.01	0.00	0.00
	四川	55 577.46	2.94	55 555.05	2.99	22.41	0.07
	贵州	31 275.49	1.66	31 168.85	1.68	106.64	0.34
	云南	19 479.02	1.03	19 478.34	1.05	0.68	0.00
	小计	106 534.83	5.64	106 405.10	5.73	129.73	0.41
青藏	西藏	226.06	0.01	226.06	0.01	0.00	0.00
	青海	22 522.06	1.19	22 522.06	1.21	0.00	0.00
	小计	22 748.12	1.20	22 748.12	1.23	0.00	0.00

集中连片耕地后备资源主要集中在新疆、黑龙江、吉林、甘肃 4 个省(自治区)，4 省之和占全国集中连片耕地后备资源总量的 63.83%。其中，新疆 58.67 万 hm^2、黑龙江 34.72 万 hm^2、吉林 13.81 万 hm^2、甘肃 13.31 万 hm^2，分别占我国集中连片耕地后备资源面积总量的 31.07%、18.39%、7.32%和 7.05%。目前集中连片耕地后备资源较少或几乎没有的省份主要有北京、天津、重庆、西藏、海南、福建、上海 7 个省(自治区、直辖市)。

表 5-5 表明，我国北方集中连片的耕地后备资源较为丰富，其中以新疆数量最多，黑龙江次之，再次为东北区的吉林、黄土高原区的甘肃以及华北区的河南。以上 5 省的集中连片耕地后备资源面积都在 10 万 hm^2 以上，占全国的比例依次为 31.07%、18.39%、7.32%、7.05%、5.75%。不难看出集中连片耕地后备资源广泛分布于地广人稀、地形平坦、经济欠发达的地区，而经济较发达、人口众多的北京、天津、重庆、广东、上海集中连片的耕地后备资源较少，地形较为崎岖、山地众多的西藏、海南、福建集中连片的耕地后备资源也较少。北京、天津、重庆、西藏、海南、上海、福建、广东集中连片耕地后备资源接近枯竭，均不足 1 万 hm^2。

(四)集中连片可开垦耕地后备资源类型

全国的集中连片可开垦耕地后备资源类型中，可开垦其他草地占全国集中连片耕地后备资源总量的 54.54%，面积为 102.98 万 hm^2；最少的为可开垦沿海滩涂，面积 1.96 万 hm^2，占 1.04%。可开垦盐碱地占全国集中连片耕地后备资源总量的 22.22%，位列各类型占比的第二；其次是可开垦内陆滩涂、可开垦裸地、可开垦沼泽地、可复垦采矿用地和可开垦沙地，占比分别为 9.91%、6.35%、3.18%、1.68%、1.08%。全国可开垦其他草地主要分布在新疆和黑龙江，新疆的集中连片可开垦其他草地面积达 40.55 hm^2，占全国集中连片可开垦其他草地面积的39.38%。可开垦盐碱地主要分布在新疆、黑龙江、吉林；可开垦内陆滩涂主要分布在黑龙江、河南、安徽、江苏和湖北；可开垦裸地主要分布在河南、新疆、甘肃、河北和山东；可开垦沼泽地主要分布在黑龙江，吉林、河北和河南也有一定分布，其余省份分布较少；可开垦沿海滩涂则主要是分布在沿海，拥有淤泥质和基岩质海岸的各省(直辖市)，包括浙江、上海、江苏、辽宁、福建、广东。

第二节　林地资源调查

林地通常是指生长乔木、竹类和灌木的土地。林地是森林生长的基地，森林作为陆地生态系统的主体，它不仅为社会提供经济木材，而且还具有保护环境、防风固沙、蓄水保土、涵养水源、净化大气、保持生物多样性和栖息地，以及生态旅游等功能。基于森林资源的这种多功能特性，使得林地的保护、发展、开发、利用得到了前所未有的重视，通过近几十年的努力，全国森林覆盖率已由新中国成立初期的7.5%提高到2020年的22.96%。林地调查作为一种专项调查，其调查的内容不仅包括林地的边界、类型和权属，而且更侧重于对林地之上生长的森林资源的调查。鉴于森林资源调查历史悠久、技术方法成熟，因此，本节以森林资源调查为例，详细介绍林地专项调查的目的、任务和内容等。

一、林地资源调查概述

(一)林地和森林资源的范畴

《林地分类》(LY/T 1812—2009)中将林地定义为“用于林业生态建设和生产经营的土地和热带或亚热带潮间带的红树林地，包括郁闭度0.2以上的乔木林，以及竹林、灌木林地、疏林地、采伐和火烧迹地、未成林造林地、苗圃地、森林经营单位辅助生产用地”。《土地利用现状分类》(GB/T 21010—2017)中，将林地定义为“生长乔木、竹类、灌木的土地，及沿海生长的红树林的土地”，包括迹地，但不包括城镇、村庄范围内的绿化林木用地，铁路、公路征地范围内的林木，以及河流、沟渠的护堤林，并将林地划分为乔木林地、竹林地、红树林地、森林沼泽、灌木林地、灌丛沼泽和其他林地(包括疏林地、未成林地、迹地、苗圃等林地)。

不同部门或地区的森林标准是不统一的。联合国粮食及农业组织(FAO)将森林定义为“面积在0.5 hm^2 以上、树木高于5 m、林冠覆盖率超过10%，或树木在原生境能够达到这一阈值的土地，不包括主要为农业和城市用途的土地”。而我国在2019年12月28日审议通过的新《森林法》第八十三条规定：“森林包括乔木林、竹林和国家特别规定的灌木林”。其中，特殊灌木林的划分标准执行《“国家特别规定的灌木林地”的规定(试行)》(林资发〔2004〕14号)，其规定如下：“国家特别规定的灌木林地”特指分布在年均降水量400 mm以下的干旱(含极干旱、干旱、半干旱)地区，或乔木分布(垂直分布)上限以上，或热带亚热带岩溶地区、干热(干旱)河谷等生态环境脆弱地带，专为防护用途，且覆盖度大于30%的灌木林地，以及以获取经济效益为目的进行经营的灌木经济林。同时，还以附件形式规定了年均降水量400 mm以下地区和乔木分布上限的具体范围，并对热带亚热带岩溶地区和干热(干旱)河谷区具体范围的确认方法和审批程序做出了规定。将中国森林的定义与联合国粮农组织的规定相比较，主要差异有二：一是联合国规定有林地的郁闭度为0.1，中国为0.3以上(含0.3)；二是联合国计算森林覆被率只以有林地为准，中国还包括了灌木林地、农田防护林网占地及四旁树木占地等面积。

总之，森林与林地两者之间既有联系又有区别。森林以地表覆盖的特征定义，所有的土地都可以成为林木、森林的场所，但成为林木、森林场所的土地不一定是林地。林地以土地利用的特征定义，只有国家规定的林业部门管理的土地才是林地。

(二)森林资源调查的目的和任务

森林资源调查是指在一定时期，利用各种信息采集和处理方法，对一定地域范围内的森林资源状态进行系统的测定、观察、记录、分析和评价，以推断调查区域内森林资源状况，分析资源消长变化，满足对森林资源评价的需要。森林资源调查的目的是为了掌握森林资源的数量、质量、动态变化及其自然环境和经济、经营等条件之间的依存关系，更好地为林业区划、规划、设计、各种专业设计和经营，指导林业生产提供基础资料，以便制订国家、地方、经营单位的林业发展规划、林业生态建设、产业发展和年度计划，达到实现森林资源科学经营、有效管理、持续利用，充分发挥森林多种功能的目的。

(三)森林资源调查历史的回顾

我国是世界上较早建立全国尺度森林资源调查体系的国家之一。从20世纪50年代初在国有林区开展森林经理调查开始起步，60年代着手引进以数理统计为基础的抽样技术，70年代后期开始建立国家森林资源连续清查体系。随着《国家森林资源连续清查主要技术规定》《森林资源规划设计调查主要技术规定》，以及作业调查设计规程等一系列技术规定规程的实施，我国已建立了以国家森林资源连续清查为主体，以规划设计调查为基础，以作业设计调查、资源档案更新和专业调查为辐射，以专项核(检)查为补充的森林调查监测体系，全面查清了我国森林资源状况，为推进林业发展和生态建设发挥着重要的作用。

国家森林资源连续清查，又称一类调查，是以省(自治区、直辖市)为对象的森林资源调查，属于国家森林资源监测体系，目的是为反映全国和各省(自治区、直辖市)森林资源与生态状况，为国家和地区的林业方针、政策、规划提供依据。主要采用以固定样地为基础的连续抽样方法，五年一次进行调查。1973年至今，我国已连续开展了9次森林资源连续清查，获得了全国森林资源现状数据，而且全面掌握了森林资源消长变化规律。

森林资源规划设计调查，又称二类调查，是以自然保护区、国有林场、林业局、县等具体的森林经营单位为对象的森林资源调查，属于地方森林资源监测体系，目的是为基层林业生产经营和生态建设服务，为林场等单位编制森林经营方案、制定林业发展规划提供依据。主要以目测、实测、抽样调查相结合的方法进行。二类调查有代表性的工作是在2010—2012年间，国家林业局通过落实《全国林地保护利用规划纲要(2010—2020年)》，组织开展了全国林地落界工作，建设形成了全国林地一张图。2013—2016年，历时4年，国家林业局组织完成了一轮全国各省(区、市)的林地变更调查工作。2016年国家林业局出台了《林地变更调查工作规则》，建立年度林地年度变更调查工作制度。制定并颁发了《林地变更调查技术规程》，从2017年开始，每年在全国各省以县为单位开展林地变更调查工作。

作业设计调查，又称三类调查，是林业基层单位为满足伐区设计、抚育采伐设计等的需要而进行的调查。对林木的蓄积量和材种出材量要做出准确的测定和计算。根据调查对象面积的大小和林分的同质程度，可采用全林实测或标准地调查方法。

二、林地与森林分类

(一)林地的分类

林地分类原则是以林地覆盖类型分类为主、林地规划利用分类为辅,尽量与已有林地分类衔接,同时还要便于林地林权管理、森林资源资产化管理和森林生态效益补偿,故在《林地分类》(LY/T 1812—2009)中,将林地分为有林地、疏林地、灌木林地、未成林造林地、苗圃地、无立木林地、宜林地、辅助生产林地等8类(表5-6)。该分类中将红树林地划分在有林地中,与乔木林地属于并列关系,但实际上,红树林地与乔木林地含有重叠关系。

表 5-6 林地分类系统

一级类	二级类	含义
有林地		附着有森林植被,郁闭度0.20(含)以上、连续面积0.067 hm^2(含)以上的林地
	乔木林地	由乔木(含因人工栽培而矮化的)树种组成的片林或林带。其中,乔木林带行数应在2行以上且行距≤4 m或林冠冠幅水平投影宽度在10 m以上;当林带的缺损长度超过林带宽度3倍时,应视为两条林带;两平行林带的带距≤8 m时视为片林
	竹林地	附着有胸径2 cm以上的竹类植物的林地
	红树林地	在热带和亚热带海岸潮间带或海潮能够达到的河流入海口,附着有红树科植物和其他在形态上和生态上具有相似群落特性科属植物的林地
疏林地		由乔木树种组成,连续面积大于0.067 hm^2、郁闭度为0.10～0.19的林地
灌木林地		附着有灌木树种或因生境恶劣矮化成灌木型的乔木树种以及胸径小于2 cm的小杂竹丛,以经营灌木林为目的或起防护作用,连续面积大于0.067 hm^2、覆盖度在30%以上的林地。其中,灌木林带行数应在2行以上且行距≤2 m;当林带的缺损长度超过林带宽度3倍时,应视为两条林带;两平行灌木林带的带距≤4 m时视为片状灌木林
	国家特别规定灌木林地	符合(“国家特别规定的灌木林地”的规定)(试行)要求的灌木林地
	其他灌木林地	不符合(“国家特别规定的灌木林地”的规定)(试行)要求的灌木林地
未成林造林地		人工造林、飞播造林、封山育林后在成林年限前分别达到人工造林、飞播造林、封山育林合格标准的林地。人工造林合格标准按《造林技术规程标准》(GB/T 15776)的规定执行;飞播造林合格标准按《飞播造林技术规程》(GB/T 15162)的规定执行;封山育林合格标准按《封山(沙)畜林技术规程》(GB/T 15163)的规定执行
	人工造林未成林地	人工造林和飞播造林后不到成林年限,造林成效符合下列条件之一,分布均匀,尚未郁闭但有成林希望的林地:(1)人工造林当年造林成活率80%以上或保存率80%(年均等降水量线400 m以下地区当年造林成活率为70%或保存率为65%)以上;(2)飞播造林后成苗调查苗木3 000株/hm^2以上或飞播治沙成苗2 500株/hm^2以上,且分布均匀
	封育未成林地	采取封山育林或人工促进天然更新后,不超过成林年限,天然更新等级中等以上,尚未郁闭但有成林希望的林地
苗圃地		固定的林木、花卉育苗用地,不包括母树林、种子园、采穗园、种质基地等种子、种条生产用地以及种子加工、储藏等设施用地

续表 5-6

一级类	二级类	含义
无立木林地		采伐、火烧后达不到疏林地标准、且还未更新造林的林地，以及造林失败等的林地
	采伐迹地	采伐作业后 3 年内保留木达不到疏林地标准、尚未人工更新或天然更新达不到中等等级的林地
	火烧迹地	火灾后 3 年内活立木达不到疏林地标准、尚未人工更新或天然更新达不到中等等级的林地
	其他无立木林地	(1)造林更新后，成林年限前达不到未成林造林地标准的林地；(2)造林更新到成林年限后，未达到有林地、灌木林地或疏林地标准的林地；(3)已经整地但还未造林的林地；(4)不符合上述林地区划条件，但有林地权属证明，因自然保护、科学研究等需要保留的土地
宜林地		县级以上人民政府规划的宜林荒山荒地、宜林沙荒地和其他宜林地
	宜林荒山荒地	未达到上述有林地、疏林地、灌木林地、未成林造林地标准，规划为林地的荒山、荒(海)滩、荒沟、荒地等
	宜林沙荒地	未达到上述有林地、疏林地、灌木林地、未成林造林地标准，造林可以成活，规划为林地的固定或流动沙地(丘)，有明显沙化趋势的土地等
	其他宜林地	除以上两条以外的用于发展林业的其他土地
辅助生产林地		直接为林业生产服务的工程设施用地。包括培育、生产种子、苗木的设施用地；贮存种子、苗术、木材和其他生产资料的设施用地，集材道、运材道；林业科研、试验、示范基地；野生动植物保护、护林、森林病虫害防治、森林防火、木材检疫设施用地；供水、供热、供气、通信等基础设施用地；其他有林地权属证明的土地

而在《第三次全国国土调查技术规程》(TD/T 1055—2019)中林地分类原则是以林地覆盖类型分类为主，故将林地分为乔木林地、竹林地、红树林地、森林沼泽、灌木林地、灌丛沼泽、其他林地等 7 类(表 5-7)。

表 5-7 《第三次全国国土调查技术规程》中的林地分类系统

林地	指生长乔木、竹类、灌木的土地，及沿海生长红树林的土地。包括迹地，不包括城镇、村庄范围内的绿化林木用地，铁路、公路征地范围内的林木，以及河流、沟渠的护堤林
乔木林地	指乔木郁闭度≥0.2 的林地，不包括森林沼泽
竹林地	指生长竹类植物，郁闭度≥0.2 的林地
红树林地	指沿海生长红树植物的林地
森林沼泽	以乔木森林植物为优势群落的淡水沼泽
灌木林地	指灌木覆盖度≥40%的林地，不包括灌丛沼泽
灌丛沼泽	以灌丛植物为优势群落的淡水沼泽
其他林地	包括疏林地(树木郁闭度≥0.1、<0.2 的林地)、未成林地、迹地、苗圃等林地

(二)森林分类体系

全球森林的分类体系存在着一定的差异。例如,根据联合国粮农组织 FAO 发布的《2020年全球森林资源评估指南和规范》,森林按特征属性分为天然林和人工林,其中天然林又分原始林和其他天然林,人工林又分为种植林和其他人工林;按权属分为私有林和公有林;按用途分为生产林、水土保持林、生物多样性保护林、社会服务林和多用途林。此外,还有其他特殊分类,如竹林、红树林、橡胶林等。而联合国环境规划署世界自然保护监测中心(UNEP-WCMC)将世界森林分为6大类26种主要类型。6大基本分类为温带针叶林、温带阔叶林和混交林、热带湿润森林、热带干旱森林、稀疏林和稀疏草原、人工林;26种主要类型按温带和热带2大区域来划分,其中,温带和北方森林类型包括常绿针叶林、落叶针叶林、针阔混交林、常绿阔叶林、落叶阔叶林、淡水沼泽林、硬阔干旱林、受干扰的天然林、稀疏林和稀疏草原、外来树种人工林、本地树种人工林等11种,热带森林类型包括低地常绿阔叶雨林、低洼地森林、上部山地森林、淡水沼泽林、半常绿湿润阔叶林、针阔混交林、针叶林、红树林、受干扰的森林、落叶半落叶阔叶林、硬阔干旱林、荆棘林、稀疏林和稀疏草原、外来树种人工林、本地树种人工林等15种。

我国对森林的分类最早源于1973年的《全国林业调查主要技术规定(试行稿)》,当时就提出了"林种"一词(可理解为森林种类),将有林地按林种划分为用材林、防护林、经济林、竹林、特用林、薪炭林6类,并按优势树种划分为16类。1982年颁发的《森林资源调查主要技术规定》,林种仍然分为6类,但优势树种已经划分了30余类。1994年颁发的《国家森林资源连续清查主要技术规定》,林种还是分6类,优势树种进一步细化到了40类,并增加了大量经济林树种代码。2004年颁布的《国家森林资源连续清查技术规定》,首先结合森林分类经营需要,将森林及林地划分为公益林和商品林2大类别;其次将竹林这一森林类型从林种中剔除,只保留防护林、特用林、用材林、薪炭林、经济林5个林种,与原《森林法》第四条的分类保持一致;最后结合经营管理需要,将森林按亚林种分为23类。2014年修订的《国家森林资源连续清查技术规定》及新发布的国家标准《森林资源连续清查技术规程》(GB/T 38590—2020)仍然沿用这一森林分类。

在国家标准《林业资源分类与代码:森林类型》(GB/T 14721.1—1993)中,将森林按森林植被型、森林类型组、森林类型三级进行分类,其中,第一级分为乔木林、竹林、经济林和灌木林4个森林植被型;第二级乔木林分为针叶林、针阔混交林、落叶阔叶林、落叶常绿阔叶混交林、常绿阔叶林、季雨林和雨林、亚高山矮曲林、红树林和珊瑚岛常绿林8类,竹林分为大径竹林、小径竹林和竹木混交林3类,经济林分为油料林、调料林、饮料林、干果林、鲜果林、树胶树脂林、药用林、其他经济林8类,灌木林分为针叶灌木林、常绿革质灌木林、落叶阔叶灌木林、常绿阔叶灌木林4类;第三级乔木林包括了398个类型(针叶林类型107个、针阔混交林类型26个、阔叶林类型265个),竹林包括了46个类型,经济林包括了48个类型,灌木林包括了173个类型。

三、国外森林资源调查内容和指标

(一)美国森林资源调查内容和指标

美国目前采用全国统一的三阶抽样系统设计。第一阶为遥感判读样地,一般按1 km网格布点,为地面样地数量的25倍左右,主要用于获取辅助信息进行分层,分为有林地和非有林地;第二阶为地面调查样地,全国约 37.7 万个(约 5 km 的网格密度),样地调查因子包括样地水平数据、林况等级、子样地信息、边界参照信息、林木和幼树数据、幼苗数据、立地树信息 7 类共 102 项;第三阶样地是从二阶样地中抽取 1/16,全国约 2.4 万个,调查因子包括地衣、土壤、树冠、植被、枯死木、臭氧生物指示植物 6 类共 144 项,具体见表 5-8。

表 5-8　美国森林资源调查内容和指标

样地类别	调查内容	调查指标
二阶样地	样地水平数据	州名,县名,样地号,样地状态,样地未调查理由,调查子样地数,样地种类,前期样地号,野外指南版本,调查日期(年月日),磁偏角,到改良道路的水平距离,样地上的水资源,质量保证状态,工组人数,GPS 坐标,宏样地断点直径,样地备注(18 项)
	林况等级	林况等级号,林况等级状态,林况未调查理由,保护状态,权属组,森林类型,林分大小等级,更新状态,林分密度,权属类,私有产业状态,人工更新树种,林分年龄,所受干扰 1,干扰年份 1,所受干扰 2,干扰年份 2,所受干扰 3,干扰年份 3,营林措施 1,实施年份 1,营林措施 2,实施年份 2,营林措施 3,实施年份 3,地形等级,现有非林地利用(27 项)
	子样地信息	子样地号,子样地/大样地状态,子样地未调查理由,子样地中心林况,大样地中心林况,子样地坡度,子样地坡向(方位角),雪厚度/水深度,子样地/大样地林况清单(9 项)
	边界参照信息	子样地号,样地类型,边界变化,对照林况,左方位角,拐角方位角,拐角距离,右方位角(8 项)
	林木和幼树数据	子样地号,样木号,林况等级,方位角,水平距,前期林木状态,本期林木状态(检尺类型),树种,直径(前期/本期胸径、前期/本期地径),前期树干数量,本期树干数量,直径检测,腐烂或缺失材比例,总高/长度,实际高/长度,测高方法,树冠等级,未压实活冠比,压实活冠比,林木损伤(损伤部位 1,损伤类型 1,损伤程度 1,损伤部位 2,损伤类型 2,损伤程度 2,损伤部位 3,损伤类型 3,损伤程度 3),死亡原因,死亡年度,枯死木腐烂等级,直径测量高度,等外材百分比,矮槲寄生等级,林木备注(27 项)
	幼苗数据	子样地号,树种,林况等级,幼苗数量(4 项)
	立地树信息	林况等级清单,树种,直径,树高,直径处年龄,立地树备注,子样地号,方位角,水平距(9 项)
三阶样地	地衣群落	标识号,样地号,州名,县名,日期,工组类型,质量状态,地衣项目代码,海拔,地形位置,离海洋距离,针叶树、阔叶树、大灌木(1 m 以上)的覆盖度,优势乔木和灌木树种,样地外的重要基质树种,林分面积比例,林窗面积比例,林窗出现时间,是否右大灌木填充,3 株最大林木的大小等级,与地衣多样性高低相关的重要特性,地衣种类(枝状地衣/叶状地衣),多度等级(24 项)

续表 5-8

样地类别	调查内容	调查指标
三阶样地	土壤	野外调查指标：取样位置，林况等级，取样次数，森林地被物厚度（北），枯落物厚度（北），森林地被物厚度（东），枯落物厚度（东），森林地被物厚度（南），枯落物厚度（南），森林地被物厚度（西），枯落物厚度（西），土层厚度（最大深度至 50 cm），土壤质地 1（0～10 cm），土壤质地 2（10～20 cm）；土壤裸露面积百分比，枯落物覆盖百分比，植物覆盖百分比，是否森林覆盖（北），地被物和枯落物综合厚度（北），枯落物是否正在分解（北），是否森林覆盖（西），地被物和枯落物综合厚度（西），枯落物是否正在分解（西），是否森林覆盖（南），地被物和枯落物综合厚度（南），枯落物是否正在分解（南），坡长，压实土壤面积百分比，土壤压实原因（29 项） 试验分析指标：容积密度*，水分含量*，粗屑体（ø>2 mm）含量，pH，全碳*，全有机碳，全无机碳，全氮*，可交换阳离子（Na，K，Mg，Ca，Al，Mn，重金属），硫，有效磷（17 项）
	树冠	未压实活冠比，树冠受光状况，树冠位置，活力等级，树冠密度，树冠梢枯状况，树冠透光度（7 项）
	植被多样性和结构	标识号，样地号，质量管理状态，工组类型，日期，工组姓名，非林地类型，非林地利用；子样地号，样方号，样方林况等级，踩踏状况；样方植物种类，各种类盖度；样方地表变量，地表变量盖度；子样地号，子样地状态，子样地植物种类，各种类盖度，各种类层次；子样地植被层次，子样地植被盖度（23 项）
	枯死木（木质残体）	样线设置：子样地号，样线号，林况等级，起点距离，终点距离，坡度，水平距（7 项） 粗木质残体：子样地号，样线号，粗木质残体斜距，树种，相交位置直径，小头直径，大头直径，粗木质残体长度，腐烂等级，倾倒状况，是否空心，原木火烧比例，历史原因（13 项） 细木质残体：子样地号，林况等级，0.25 英寸以下细木质残体数量，0.25～1.0 英寸细木质残体数量，1.0～3.0 英寸细木质残体数量，数量多（10 以上）的原因，是否遇上采伐剩余物堆积（7 项）
	臭氧生物指示植物	该样地是否适合开展生物监测，生物监测样地类型，样地大小，样地状态，海拔，方位，坡位，土壤厚度，土壤排水状况，受干扰状况，受害检测，树种，受害数量，植物株数，受害程度，标识信息 1，标识信息 2（17 项）

注：每一种地衣必须取样带回给专家鉴定；土壤调查每个样地要取 3 个森林地被物样本和 2 个矿质土壤样本带回实验室测定相关指标，其中打“*”者为森林地被物样本测量指标。

（二）瑞典森林资源调查内容和指标

瑞典国家森林资源清查采用固定样群和临时样群相结合的群团抽样，主要调查内容包括土地利用现状、立木材积生长量、林龄及其结构、立地条件、植被情况、森林采伐、生物多样性及其环境条件等，大约 200 项调查因子。这些调查因子按数据结构分为以下 7 个模块：立地因子模块，经营作业面积因子模块，蓄积、生长和枯损模块，更新调查模块，年采伐量模块，植被与土壤调查模块及其他适合搭载的调查项目（表 5-9）。

表 5-9　瑞典森林资源调查内容和指标

调查内容	调查指标
立地因子	估计立地指数的调查因子,以及经纬度、地被物的类型、土壤水文条件、土壤厚度和结构以及气候类型等
经营作业面积因子	描述林分及经营作业情况的因子,如龄级、成熟期级、每公顷断面积,远离道路的距离、地形等级,林分未来 10 年内的抚育措施等
蓄积、生长和枯损	胸径、地径、树高、第一枝下高、材质等级,枯死原因、枯死时间,蓄积量、生长量和枯损量等
更新调查	幼树总株数,主要幼树的株数、大小及树种类型等
年采伐量	伐桩直径,树种,采伐时间等
植被与土壤调查	描述土壤深度、水分、湿度、矿物质类型和土壤剖面的调查因子,不同土层的土壤样本的化学分析数据、土壤表层和底层的物质组成因子等
其他因子	浆果、蘑菇和森林鸟类调查因子,用作重金属分析的地衣调查因子,样木上针叶脱落情况等

(三)IUFRO 国际森林监测指南中的调查内容和指标

国际林业研究组织联盟(IUFRO)是世界林业科学研究机构作为会员的国际性林业科学研究组织,简称国际林联。在国际林联于 1994 年发布的《国际森林监测指南》中,明确在地方、国家和全球 3 种水平上的森林资源监测应该包括 16 个方面的调查内容,标明了各自的重要性程度(表 5-10)。

表 5-10　各级森林资源监测的调查内容

调查内容	森林资源监测水平		
	地方	国家	全球
土地利用	***	***	***
土地覆盖	***	***	***
土地退化	***	***	**
立地类型	***	***	**
土壤类型	***	***	**
地形	***	**	**
权属	***	**	*
可及度	***	**	*
生物量	***	***	***
木材蓄积	***	***	**
其他林产品	***	***	*
生物多样性	**	***	***
森林健康	***	***	***
野生动物	***	**	*
人为影响	***	**	**
流域	**	**	**

注:“ *** ”表示很重要,“ ** ”表示中等重要,“ * ”表示一般重要。

同时，国际林联还按主体内容不同将监测分为土地覆盖/利用、森林资源、生物量、环境质量或森林健康4类，并列出了各类监测的主要指标(表5-11)。森林资源监测的绝大多数指标也适用于生物量监测，因此生物量监测与森林资源监测只有小的差异，但在生物量监测中对幼树、灌木、灌丛和其他木本植物需要给予特别关注。

表5-11　各类森林资源监测的调查内容和指标

调查内容	调查指标	监测类型			
		土地覆盖	森林资源	生物量	环境质量
样地设置	坐标	√	√	√	√
	海拔	√	√	√	√
	坡度	√	√	√	√
	坡向	√	√	√	√
	坡位	√	√	√	√
	调查年度	√	√	√	√
面积分类	土地利用类型	√	√	√	√
	土地覆盖类型	√	√	√	√
	植被类型	√	√	√	√
	冠层覆盖	√	√	√	√
	历史沿革		√	√	
	面积分类半径	√	√	√	√
林木评级	树种		√	√	√
	树高		√	√	√
	胸径/地径		√	√	√
	年龄		√		
	生长量		√	√	√
	原木大小		√		
	木材质量		√		
树冠评级	冠幅			√	√
	冠长			√	√
	叶面积			√	
	脱叶情况		√		√
	生物指示因子				√
	损害情况		√		√
	树木年轮学				√
	下层植被		√	√	√
	叶片化学				√
	土壤指示因子	√	√		√

注："√"表示该因子应该调查。

另外,除了木材或生物量数据外,一般还需要变化数量和变化趋势方面的指标,如生长量、毁林和退化;同时还要了解变化原因,如火灾、采伐、偷猎、改变种植结构等;也需要物种多样性、人口压力影响等方面的数据。

环境质量包括生态系统健康、条件,植被的生物量多样性,以及植物与其他生态系统的重要联系。特定的生物指示因子也是反映环境质量的重要指标。

四、森林资源连续清查

(一)调查目的和任务

国家森林资源连续清查是以掌握宏观森林资源现状与动态为目的,以省级行政区为单位,主要利用固定样地进行定期复查的森林资源调查方法,是全国森林资源与生态状况综合监测体系的重要组成部分。森林资源连续清查成果是反映全国和各省级行政区森林资源与生态状况,制定和调整林业方针政策、规划、计划,监督检查各地森林资源消长任期目标责任制的重要依据。

国家森林资源连续清查的任务是定期、准确查清全国和各省级行政区森林资源的数量、质量及其消长动态,掌握森林生态系统的现状和变化趋势,对森林资源与生态状况进行综合评价。具体工作包括①制订森林资源连续清查工作计划、技术方案及操作细则;②完成样地设置、外业调查和辅助资料收集;③进行森林资源与生态状况的统计、分析和评价;④定期提供全国和各省级行政区森林资源连续清查成果;⑤建立国家森林资源连续清查数据库和信息管理系统。

(二)森林资源清查工作程序

1. 前期准备

(1)组织准备

成立森林资源清查领导小组办公室,组织调查队伍,成立质量管理机构。

(2)技术准备

制定工作方案、技术方案和操作细则,进行技术培训。

(3)其他准备

主要包括图面材料、调查工具及有关资料的收集等。

2. 外业调查与检查

依据《国家森林资源连续清查技术规定》,按省级行政区清查操作细则开展外业调查,填写样地调查记录簿和遥感判读样地记载表。按分级检查验收制定对外业调查质量进行检查验收。

3. 内业处理与成果编制

内业处理是在对外业调查数据录入、检查与整理的基础上,运用专业软件进行数据统计、报表输出、图件制作;通过综合分析与评价,编制省级行政区和全国清查成果。主要成果包括样地样木因子数据库、成果统计表、成果报告、相关图面材料及成果管理系统等。

(三)调查内容

第一次全国森林资源连续清查的调查内容包括 4 个方面:林业用地的各类土地面积;各类林木蓄积量和生长量;新中国成立后的人工林面积、蓄积量;少林地区的四旁树调查。调查因子主要包括土地种类、林种、优势树种组和龄组等。

1978 年颁布实施的《全国森林资源连续清查主要技术规定》,规定清查的主要内容包括 6 个方面:林业用地的各类土地面积;各类林分及疏林面积蓄积、散生木蓄积;生长量、枯损量;

人工林面积、蓄积；主要经济林木及竹林面积、株数；平原湖区四旁树株数、蓄积。调查因子主要包括土地利用类型、林种、优势树种组、龄组、四旁树等。2004 年开展第七次全国森林资源清查时，对原主要技术规定进行了修订，颁布实施了《国家森林资源连续清查技术规定(表 5-12)》。依据该规定，调查内容包括 4 个方面。

表 5-12　第七次全国森林资源清查的主要调查因子

因子类别	调查因子
样地因子	样地号，样地类别，地形图图幅号，纵坐标，横坐标，GPS 纵坐标，GPS 横坐标，县(局)代码，流域，林区，气候带，地貌，海拔，坡向，坡位，坡度，土壤名称，土层厚度，腐殖层厚度，枯枝落叶厚度，灌木覆盖度，灌木平均高，草本覆盖度，草本平均高，植被总覆盖度，地类，植被类型，湿地类型，湿地保护等级，荒漠化类型，荒漠化程度，沙化类型，沙化程度，石漠化程度，土地权属，林木权属，林种，起源，优势树种，平均年龄，龄组，平均胸径，平均树高，郁闭度，森林群落结构，林层结构，树种结构，自然度，可及度，工程类别，森林类别，公益林事权等级，公益林保护等级，商品林经营等级，森林灾害类型，森林灾害等级，森林健康等级，森林生态功能等级，森林生态功能指数，四旁树株数，毛竹林分株数，毛竹散生株数，杂竹株数，天然更新等级，地类面积等级，地类变化原因，有无特殊对待，样木总株数，活立木总蓄积，林木蓄积，散生木蓄积，四旁树蓄积，枯损木蓄积，采伐木蓄积，调查日期
样木因子	样木号，立木类型，检尺类型，树种，胸径，采伐管理类型，林层，跨角地类序号，方位角，水平距，备注

1. 土地利用与覆盖

包括调查各地类的面积及分布、植被类型面积及分布。

2. 森林资源

调查森林、林木和林地的数量、质量、结构和分布，森林按起源、权属、龄组、林种、树种的面积和蓄积，生长量和消耗量及其动态变化。

3. 生态状况

调查森林健康状况与生态功能，森林生态系统多样化，土地沙化、荒(石)漠化的面积和分布及变化。

4. 林地立地状况

调查地貌、海拔、坡度、坡向、坡位、土壤、枯枝落叶厚度、植被盖度等。

(四)调查周期

国家森林资源连续清查以省级行政区为单位，原则上每五年复查一次。每年开展国家森林资源连续清查的省级行政区由国务院林业主管部门统一安排。要求当年开展复查，翌年第一季度向国务院林业主管部门上报复查成果。

(五)调查精度

森林资源连续清查要求以省级行政区为总体进行调查。当森林资源分布及地形条件差异较大时，为提高抽样调查效率，可在一个省级行政区内划分若干个副总体，但所划分的副总体要保持相对稳定。以省级行政区作为一个总体时，总体的抽样精度即为该省级行政区的抽样精度(95%可靠性，下同)；一个省级行政区划分为若干个副总体时，总体的抽样精度由各副总体按分层抽样进行联合估计得到。

1. 森林资源现状抽样精度

①有林地面积：凡有林地面积占省级行政区土地面积 12%以上的要求 95%以上，其余各

省级行政区为90%以上。人工林面积：凡人工林面积占林地面积4%以上的省级行政区要求90%以上，其余各省级行政区为85%以上。②活立木蓄积：凡活立木蓄积量在5×10^8 m^3以上的省级行政区要求95%以上，北京、上海、天津为85%以上，其余各省级行政区为90%以上。

2. 活立木蓄积量消长动态精度

①总生长量：活立木蓄积量在5×10^8 m^3以上的省级行政区要求90%以上，其余各省级行政区为85%以上。②总消耗量：活立木蓄积量在5×10^8 m^3以上的省级行政区要求80%以上，其余各省级行政区不做具体规定。活立木蓄积净增量，应做出增减方向性判断。

(六)国家森林资源连续清查方法

1. 样地布设

我国森林资源连续清查体系以省级行政区为抽样总体构建，原则上应采用以设置固定样地(或配置部分临时样地)并结合遥感进行调查的方法。通常采用系统抽样的方法对调查总体系统布置固定样地，通常布设在1∶5万地形图的千米网交叉点上。样地间距根据样地数量和调查区域面积大小需要确定，如2 km×2 km、3 km×4 km、6 km×8 km、8 km×8 km等。样地的形状和面积大小应有利于布设、复位、测定、管理、提高工效和保证精度。样地形状一般采用矩形，样地面积一般在0.06 hm^2以上。固定样地的编号以总体为单位，在图像材料上由西向东，自上而下编写，长期不变。固定样地应该设立永久性标志(金属、水泥、木质的标桩)，样地所有检尺的树木均为固定样木，样本需编号，并绘制样木位置图。

2. 调查方法

对森林资源连续清查固定样地的调查，应遵循以下基本原则：一是当固定样地落在人力可及的地域内时，必须进行地面调查。二是当固定样地落在干旱地区(包括干旱、半干旱和亚湿润干旱地区)的大面积非林地内，能明确判定样地附近无乔灌植被分布，且采用遥感影像能够准确判别样地地类等有关属性时，可以采用遥感判读方法。三是当固定样地落在人力不可及的林地内时，应采用遥感影像判读样地地类等有关属性和主要的林分特征因子，用遥感判读结果，参与统计。当两期遥感判读无明显变化时，样地属性原则上保持不变。

(七)调查成果

森林资源连续清查成果包括样地调查记录卡片、样地因子和样木因子数据库(含模拟数据库)、成果统计表、成果报告、内业统计说明书、相关图面材料(样地布点图、专题分布图、遥感影像图等)和技术方案、工作方案、技术总结报告、工作总结报告、质量检查验收报告、外业调查操作细则及其相应的光盘文件等。

第三节　草地资源调查

地球陆地表面51%的面积被草地覆盖。草地作为“山水林田湖草”生命共同体的重要组成部分，是自然资源统筹管理的重要对象。草地资源的科学管理、综合开发及其可持续的合理利用，对畜牧业发展和保护生态环境，改善生产、生活条件，繁荣地方经济，以及解决“三农”问题，具有十分重大的战略意义。近年来，尽管我国实施了一系列大型工程，如退耕还草、退牧还草、禁牧舍饲、天然草地保护等工程，逐步恢复了草地的生态和生产功能，在一定程度上维持了草地资源的可持续利用，但由于草地，尤其是天然草地是比较脆弱的生态系统，容易受气候变化的影响，加上人类活动的影响也在不断加强，草地退化、沙化、盐碱化和荒漠化情况仍然比较严重。因此，亟须通过草地资源调查，掌握我国草地资源数量、质量和空间变化特征，促进草地资源可持续利用与管理。

一、草地资源调查概述

(一)草地的范畴

开展草地调查，应该先对调查的对象“草地”的概念有明确的认识。关于草地的概念和范围，世界各地和学术界有不同的认识和定义。

从不同学科给予的不同定性，可将草地归结为一类特定的绿色地被、土地类型、环境景观和自然资源。草地的主导学科草学给予的定义为：草地是具有一定面积和牧用价值的植被及其生长地的总体，是畜牧业生产资料，并具有多种用途的植物资源，同时也是生态保护人类生存的重要环境条件。草地从其形成过程划分，有天然草地、人工草地和其他草地三大类。在我国，天然草地面积最大、分布最广，是主要组成成分。

对于草地一词，根据地域特征，国内外都有不同的历史习惯用词，我国主要有草原、草场，草原应用尤为广泛，也包括一些行政和技术机构的名称，如草原处、草原站、草原研究所、草原系等。鉴于现代草地的类型和范围，包括我国南北方多种天然、半人工和人工草地，以草地作为通用词可以概况的更全面，更适宜不同地区、不同类型采纳应用，也与国际上通用的“Grassland”相对应。因此，术语中把草地、草原、草场视为同义词，并倾向于以草地为通用词。

草地资源是指在一定范围内所包含的草地类型、面积及其蕴藏的生产能力，是具有数量、质量和分布地域概念的草地。

(二)草地调查的目的和任务

草地是畜牧业生产的基础，要合理开发利用草地，必须先对草地的特性有详尽的了解，并据此制定正确的开发利用措施。因此，草地调查的目的和任务就是在科学理论的指导下，通过周密细致的调查研究，认识草地的自然特性与经济特性，查清草地的数量、质量及其分布状况，了解它的历史、现状和发展趋势，揭露草地生产中的矛盾，从而根据草地条件、生产能力以及国民经济发展和市场的需要，因地制宜地规划和指导草地建设。此外，草地调查也是研究草地资源、监测草地资源动态的一种手段，促使人类在开发利用草地资源、发展畜牧业和其他经济的同时，搞好草地资源的保护工作。

草地是在一定的生物气候、地形、土壤、水文、水文地质、植被等自然条件、人类社会条件，以及生产活动因素的长期综合作用和影响下，发生与形成的特殊绿色再生农业资源。它所体现的所有自然与经济特性，如草地类型属性、分布规律、面积、生产能力、利用特点等无不与这些因素相关联。因此，草地调查涉及的内容很多，概括起来主要有以下几方面：①社会经济条件，②草地自然环境，③草地类型，④草地生产力，⑤其他饲料资源，⑥草地水土资源，⑦草地植物资源，⑧野生动物资源，⑨草地生产现状。但是对于实际的草地调查来讲，则会根据目的和任务而有所侧重，可以做全面调查，也可进行部分调查。

(三)草地资源调查的工作程序

草地调查的一般程序包括准备工作、野外调查和内业总结 3 个主要阶段。

1. 准备工作

准备工作是顺利完成整个调查工作的保证，应给予充分的重视。其主要内容包括明确调查任务与成果要求，组织、培训调查队伍，制定调查方案、工作计划和调查技术规程；收集、整理和分析所需资料和培训调查人员；准备调查所需的设备和物资。

2. 野外调查

野外调查是取得第一手资料的重要阶段，是对调查区的草地资源及其社会、经济等情况全面调查、研究和勾绘草图的过程。调查成果的质量是否符合技术要求，能否很好地应用于生产和发挥应有的作用与效益，其中很重要的就是取决于调查的外业工作。外业工作一般包括概查、详查和访问3个部分。

3. 内业总结

内业工作包含确定草地类型、分析其分布的规律性；对野外勾绘的草地类型图进行修改、补充、衔接、转绘、编绘所需要比例尺的各种成果图件；求测和统计各类型草地面积和生产力，整理制作植物标本，进行分类鉴定，对所采植物分析样本进行分析测定；进行草地资源的质量评价和草地分区；最后应完成草地调查报告和各种图件说明书的编写，汇编草地资源统计表册、各种植物名录及其说明书等。

(四)草地资源调查历史回顾

我国的草地研究是从植物学和地理学研究发展起来的。迄今为止，草地资源调查研究可划分如下阶段。

1. 区域性草地资源调查研究(1949—1978年)

从20世纪50年代中后期开始，各地政府和农牧渔业部组织的草地资源调查是分散进行的，调查范围大小不一，大至一个县、一个盟，小至一个牧场。调查的目的和重点、调查的内容和精度不尽相同。但这些调查所获得的成果成为第一手实测资料，为当时重点牧场的总体规划、草地建设方向和重点牧区的草地畜牧业生产，起了关键性指导作用。

1950—1979年，中国科学院与有关单位组织了一系列大规模的各种自然资源综合科学考察队，其中设有草地资源或草地植被调查专业的考察队有内蒙古宁夏综合考察队、甘肃省祁连山草场畜牧考察队、青海省玉树州草场考察队、青藏高原综合科学考察队等。这一时期的草地调查，除调查草地植物和草地植被外，还吸收了苏联的植物地形学草地分类法。其中，最重要的成果是《新疆维吾尔自治区天然草场资源》，并附有1∶150万草场类型图，编制了《中国西部和北部部分地区天然草场资源概况》和《新疆天然草场资源及其载畜量》，内蒙古宁夏考察队完成《内蒙古自治区及其东西部毗邻地区天然草场》《1∶100万内蒙古自治区及其东西部毗邻地区天然草场类型图》和《内蒙古自治区及其东西部毗邻地区天然草场资源统计册》。《内蒙古自治区及其东西部毗邻地区天然草场》是我国公开出版的第一部草地资源专著，它全面而系统地论述了内蒙古自治区天然草地的自然条件，划分了草地类型，进行了草地营养和草地等级评价，具有较高的学术价值。

2. 中国草地资源首次统一调查(1979—1990年)

根据《1978—1985年全国科学技术发展规划纲要》重点科学技术项目第一项——“农业自然条件、自然资源和农业区划研究”，1979年，国家科委、国家农委下达了进行全国草地资源统一调查和编制1∶100万中国草地类型图和1∶100万中国草地等级图的任务。接着农牧渔业部部署以省为单位开展全国草地资源首次统一调查。1979年在中国科学院自然资源综合考察委员会和中国农业科学院草原研究所分别设立南方草场资源调查科技办公室和北方草场资源调查办公室，从技术上协调、指导全国各省(自治区、直辖市)的草地资源调查。

这次全国草地资源统一调查，按省(自治区、直辖市)为单位开展，各省(自治区、直辖市)自筹调查经费，由省畜牧厅(局)组织调查技术队伍进行调查。每个省以县为基本调查单位，按县开展野外调查和内业总结。然后逐级(自治区、直辖市)汇总，形成全国草地资源调查成果。调查范围覆盖全国2 000多个县，95%以上的国土面积均按统一规程进行了调查。

3. 中国草地资源第二次遥感快速统一调查(2001—2003年)

20世纪80年代中期，全国完成首次统一草地资源调查以来，我国的草地资源分布的空间格局发生了较大变化。为制定科学合理的草地生态建设规划，原农业部决定应用遥感技术、地理信息系统技术及计算机技术，用2年的时间快速查清我国草地资源现状，建立百万分之一比例尺精度的全国草地资源地理信息系统(GIS)，提供草地资源清单。以此为依据建立全国草地资源与生态环境动态监测网。

4. 中国草原资源第三次统一调查(2017—2018年)

在全国尺度上，由原农业部畜牧兽医总站牵头，2017年开展全国草原资源清查工作。采取以地面调查+遥感解译方式，组织各省开展各自的草地资源调查，约20个省份完成了调查，但因国家机构改革数据未提交给农业部。

二、草地类型

(一)草地类型的划分

草地类型是在一定时空范围内，反映草地发生和演替规律，具有一定自然特征和经济特征的草地单元。草地类型的形成受草地植被环境条件和人类活动的综合影响。草地类型是存在于一定空间的具有特定自然与经济特性的具体草地地段，是草地的组成单元。草地类型划分的实质就是人们根据自己的目的，根据对草地自然和经济特征、发生发展的认识角度和程度，从多元因子中归纳抽象出一定的因子，作为分类的依据，建立分类系统与标准。基于这种情况，有不同的分类方法是必然的，目的不同，认识的角度和程度也不同，归纳的方法不同，结论也就不同。

因世界各地自然条件、生产力水平和科学技术条件的差异，各国学者提出了各自草地类型划分的方法和系统。综合世界上众多的草地分类方法，根据它们分类的依据，特别是反映在高级分类单元的依据，可以划分为两大体系：农业经营分类法和发生学分类法。

目前，在我国土地利用现状分类系统中，草地的分类常采用农业经营分类法，将草地划分为天然牧草地、人工草地和其他草地3种类型。农业经营分类法主要是根据对草地的改良和经营水平划分，突出了人类生产活动在草地形成中的作用。这类分类法通常用在草地地域比较小，自然条件比较单一，经营走向集约化的国家和区域，英、法等西欧国家采用较为广泛。例如，法国通常将草地划分为粗放经营的放牧场(泛指原生或次生的天然草地和永久性人工草地)和集约经营的草地(生产力水平较高的中、短期人工草地)两大类。集约经营的草地又划分为放牧地和刈草地。

(二)中国草地分类系统

1991年全国草地资源普查制定了中国草地类型分类系统，将全国草地划分为温性草甸草原类、温性草原类、温性荒漠草原类、高寒草甸草原类、高寒草原类、高寒荒漠草原类、温性荒漠类、高寒荒漠类、暖性草丛类、暖性灌草丛类、热性草丛类、热性灌草丛类、低地草甸类、山地草甸类和高原草甸类。2016年原农业部畜牧总站、农业部畜牧业司等单位制定了我国最新的草地分类行业标准——《草地分类》(NY/T 2997—2016)。该分类标准适用于草地资源与生态状况调查、监测、评价和统计中的草地类别划分。该标准首先将草地划分为天然草地和人工草地。天然草地是指优势种为自然生长形成的，且自然生长植物生物量和覆盖度占比≥50%的草地，天然草地的类型采用类型二级划分。天然草地依据具有相同气候带和植被型组的草地划分为相同的类。全国的草地划分为了9个大类，如表5-13所示。在草地类中，优势种、共优种相同，或优势种、共优种为饲用价值相似的植物划分为相同的草地型。全国草地共划分了175个草地型。

人工草地是指优势种由人工栽培形成，且自然生长植物的生物量和覆盖度占比小于50%的草地。人工草地又可分为改良草地和栽培草地。改良草地是通过补播改良形成的草地。改良草地可采用天然草地的类型二级分类方法进一步划分类别。栽培草地是指通过退耕还草、人工种草、饲草饲料基地建设等方式形成的草地。

表5-13　草地分类系统表

编号	草地类	范围
A	温性草原类	主要分布在伊万诺夫湿润度(以下简称湿润度)0.13～1、年降水量150～500 mm的温带干旱、半干旱和半湿润地区，多年生旱生草本植物为主，有一定数量旱中生或强旱生植物的天然草地
B	高寒草原类	主要分布在湿润度0.13～1、年降水量100～4 00 mm的高山(或高原)亚寒带与寒带半干旱地区，耐寒的多年生旱生、旱中生或强旱生禾草为优势种，有一定数量旱生半灌木或强旱生小半灌木的草地
C	温性荒漠类	主要分布在湿润度<0.13、年降水量<150 mm的温带极干旱或强干旱地区，超旱生或强旱生灌木和半灌木为优势种，有一定数量旱生草本或半灌木的草地
D	高寒荒漠类	主要分布在湿润度<0.13、年降水量<100 mm的高山(或高原)亚寒带与寒带极干旱地区，极稀疏低矮的超旱生垫状半灌木、垫状或莲座状草本植物为主的草地
E	暖性灌草丛类	主要分布在湿润度>1、年降水量>550 mm的暖温带地区，喜暖的多年生中生或旱中生草本植物为优势种，有一定数量灌木、乔木的草地
F	热性灌草丛类	主要分布在雨季湿润度>1、旱季湿润度0.7～1，年降水量>700 mm的亚热带和热带地区，热性多年生中生或旱中生草本植物为主，有一定数量灌木、乔木的草地
G	低地草甸类	主要分布在河岸、河漫滩、海岸滩涂、湖盆边缘、丘间低地、谷地、冲积扇扇缘等地，受地表径流、地下水或季节性积水影响而形成的，以多年生湿中生、中生或湿生草本为优势种的草地
H	山地草甸类	主要分布在湿润度>1、年降水量>500 mm的温性山地，以多年生中生草本植物为优势种的草地
I	高寒草甸类	主要分布在湿润度>1、年降水量>400 mm的高山(或高原)亚寒带与寒带湿润地区，耐寒多年生中生草本植物为优势种，或有一定数量中生灌丛的草地

三、草地调查方法

(一)准备工作

1. 制定调查方案

确定调查技术方法与工作流程、时间与经费安排、组织实施与质量控制措施、预期成果等。

2. 收集资料

①收集草地资源及其自然条件资料,重点是草地类型及其分布、植物种类及其鉴识要点等资料。

②国界和省、地、县各级陆地分界线,以及县级政府勘定的乡镇界线;草地资源、地形、土壤、水系等图件;纸质图件应进行扫描处理,并建立准确空间坐标系统。

③已有遥感影像及相关成果。

3. 培训调查人员

对参加调查人员进行集中培训,内容包括遥感影像解译判读,草地类型判别、植物鉴定、样地选择与观测、样方测定等。

(二)调查底图制作

以遥感 DOM 为基础,勾绘图斑,形成草原资源调查底图。

1. 遥感 DOM 要求

统一获取或购置用于草地资源调查的遥感 DOM,最大限度地保证遥感 DOM 技术一致性。遥感影像要求应满足:①波段数应≥3 个,至少有 1 个近红外植被反射峰波段和 1 个可见光波段。②人口稀少区域原始影像空间分辨率应≤15 m;其他区域空间分辨率单色波段应≤5 m,多光谱波段应≤10 m。融合影像的空间分辨率不能小于单色波段空间分辨率。③原始影像的获取时间应在近 5 年内,宜选择草地植物生长盛期获取的影像。④遥感影像相邻景之间应有 4%以上的重叠,特殊情况下不少于 2%;无明显噪声、斑点和坏线;云量和非常年积雪覆盖量应小于 10%;侧视角在平原地区不超过 25°,山区不超过 20°。

2. 遥感 DOM 彩色合成

基于遥感 DOM 进行目视解译,宜采用彩红外合成模式,即近红外、红、绿 3 个波段分别输出到红、绿、蓝 3 个波段合成彩色;影像有短红外波段时,可采用近红外、短红外、红 3 个波段的彩色合成方式,与彩红外合成方式共同使用。

3. 建立地物解译标志

对照遥感 DOM 特征和实地踏勘情况,按照传感器类型、生长季与非生长季,分别建立基本调查单元范围内非草地和各草地类型的遥感 DOM 解译标志。非草地地类应基于地物在影像上的颜色、亮度、形状、大小、图案和纹理等特征,建立解译标志。草地地类中图斑的解译标志在颜色、亮度、形状、大小、图案和纹理等影像特征外,还应增加由 DEM 计算的坡度、坡向、平均海拔高度 3 个要素。如遥感 DOM 拼接相邻景存在明显色彩、亮度差异,应对不同景的解译标志进行调整。

4. 图斑勾绘

综合图斑的影像特征,参考地形图、草地资源历史已有成果图件等,初步划定每个图斑的地类与草地类型,形成初步判读图。连片面积大于最小上图面积的人工草地图斑,应按照草原确权资料逐块校核图斑边界。其中,图斑最小上图面积为图上 15 mm^2。

(三)地面调查

1. 布设样地

(1)天然草地

样地布设原则设置样地的图斑既要覆盖生态与生产上具有重要价值、面积较大,分布广泛的区域,反映主要草地类型随水热条件变化的趋势与规律,也要兼顾具有特殊经济价值的草地类型,空间分布上尽可能均匀。

样地应设置在图斑(整片草地)的中心地带,避免杂有其他地物。选定的观测区域应有较好代表性、一致性,面积不应小于图斑面积的 20%。不同程度退化、沙化和石漠化的草地上可分别设置样地。利用方式及利用强度具有明显差异的同类型草地,可分别设置样地。调查中出现疑难问题的图斑,需要补充布设样地(表 5-14)。

(2)人工草地

预判人工草地地类图斑应逐个进行样地调查。

表 5-14　初判草原类型相同、影像相似图斑布设样地数量要求

预判草地类型相同、影像特征相似图斑的平均面积/hm^2	布设样地数量要求
>10 000	每 10 000 hm^2 设置 1 个样地
2 000～10 000	每 2 个图斑至少设置 1 个样地
400～2 000	每 4 个图斑至少设置 1 个样地
100～400	每 8 个图斑至少设置 1 个样地
15～100	每 15 个图斑至少设置 1 个样地
3.75～15	每 20 个图斑至少设置 1 个样地

2. 地面调查时间

应选择草地地上生物量最高峰时进行地面调查,多在 7—8 月份。

3. 样地观测记载

(1)天然草地

①样地基本特征

观测记载地理位置、调查时间、调查人、地形特征、土壤特征、地表特征、草地类型、植被外貌、利用方式和利用状况等(表 5-15)。

表 5-15　天然草地(改良草场)样地基本特征调查表

样地号：　　调查日期：　　年　　月　　日　　记录人：	
样地所在行政区：　省　　地(市)　　县(旗)　　乡(镇)　　　村	
经度：　　纬度：　　海拔：　　m　　景观照编号：	
草原类：　　草原亚类：　　草原型：	
坡向	阳坡(　)　半阳坡(　)　半阴坡(　)　阴坡(　)
坡位	坡顶(　)　坡上部(　)　坡中部(　)　坡下部(　)　坡脚(　)
土壤质地	砾石质(　)　砂土(　)　砂壤或壤砂(　)　壤土(　)　黏土(　)

续表 5-15

地表特征	立枯植株绿色植物植株比例_____%；砾石覆盖面积比例_____%；覆沙厚度_____ cm；风蚀：无/少/多；水蚀：无/少/多；盐碱斑覆盖面积比例_____%；裸地面积比例_____%；鼠害种类： 鼠洞/鼠丘密度：_____个/hm^2；虫害种类： 密度：_____
水分条件	季节性积水：有/无；地表水种类：河/湖/泉/其他；距水源：_____ m
植被外貌	季相：
利用方式	全年放牧/冷季放牧/暖季放牧/春秋放牧/打草场/禁牧/其他
利用强度	未利用/轻度利用/中度利用/强度利用/极度利用
评价	草原资源等级_____；退化程度_____；沙化程度_____；盐渍化程度_____；石漠化程度_____

②样方测定

A. 样方设置：应在样地的中间区域设置样方。按照样方植物的高度和株丛幅度分为 2 类：一类是植物以高度<80 cm 草本或<50 cm 灌木和半灌木为主的中小草本及小半灌木样方；另一类是植物以高度≥80 cm 草本或≥50 cm 灌木为主的灌木及高大草本植物样方。

B. 测定方法：在草地上采用样方框圈定一个方形，测定植物构成、高度、盖度和产量等，采集景观和样方照片；采用成组的圆形频度样方测定植物频度。

C. 样方数量：中小草本及小半灌木为主的样地，每个样地测产样方应不少于 3 个。灌木及高大草本植物为主的样地，每个样地测定 1 个灌木及高大草本植物样方和 3 个中小草本及小灌木样方。预判相同草地类型的样地，温性荒漠类和高寒荒漠类草地每 6 个样地至少测定 1 组频度样方，其他草地地类每 3 个样地测定 1 组频度样方；每组频度样方应不少于 20 个。

D. 样方面积：中小草本及小半灌木样方，用 1 m^2 的样方，如样方植物种含丛幅较大的小半灌木用 4 m^2 的样方。灌木及高大草本植物样方，用 100 m^2 的样方，灌木及高大草本分布较为均匀或株丛相对较小的可用 50 m^2 和 25 m^2 的样方。频度样方采用 0.1 m^2 的圆形样方。

E. 样方测定方法：中小草本及小半灌木样方具体测定内容见表 5-16，灌木及高大草本植物样方具体测定内容见表 5-17。频度样方测定记录每个样方中出现的植物种。

表 5-16 中小草本及小半灌木样方调查表

<table>
<tr><td colspan="6">样地编号： 样方号： 样方面积： m^2</td></tr>
<tr><td colspan="6">样方俯视照片编号： 调查日期： 年 月 日 调查人：</td></tr>
<tr><td colspan="6">经度： 纬度： 海拔： m 坡度： ° 总盖度(%)：</td></tr>
<tr><td rowspan="2">种类</td><td colspan="2">平均高度/cm</td><td rowspan="2">盖度(%)</td><td colspan="2">产草量/($g \cdot m^{-2}$)</td></tr>
<tr><td>生殖枝</td><td>叶层</td><td>鲜重</td><td>干重</td></tr>
<tr><td>优势植物 1</td><td></td><td></td><td></td><td></td><td></td></tr>
<tr><td>优势植物 2</td><td></td><td></td><td></td><td></td><td></td></tr>
<tr><td>优势植物 3</td><td></td><td></td><td></td><td></td><td></td></tr>
<tr><td>优势植物 4(草甸)</td><td></td><td></td><td></td><td></td><td></td></tr>
<tr><td>优势植物 5(草甸)</td><td></td><td></td><td></td><td></td><td></td></tr>
</table>

续表 5-16

其他						
合计						
类群	优良牧草	/	/			
	可食牧草	/	/			
	毒害草	/	/			
	一年生植物	/	/			

表 5-17　灌木及高大草本样方调查表

样地号：　样方号：　日期：　年　月　日　样方面积：　m^2　调查人：									
经度：　纬度：　海拔：　m　坡度：　°　样方照片编号：									
植物名称	株丛径/cm		株高/cm	株丛投影盖度/%	株丛数	单株重量/g		总产量/($g \cdot m^{-2}$)	
	长	宽				鲜重	干重	鲜重	干重
合计									
草本及小半灌木样方平均产量			样地总产量			样地总盖度：　%			
鲜重：　$g \cdot m^{-2}$；干重：　$g \cdot m^{-2}$			鲜重：　$g \cdot m^{-2}$；干重：　$g \cdot m^{-2}$			其中，草本样方平均：　% 灌木样方平均：　%			

③样地状况评价。根据样地基本特征、样方测定数据，综合同类型其他样地情况进行样地状况评价。

草地资源等级：按照《天然草原等级评定技术规范》(NY/T 1579—2007)的规定进行评定。草地退化等级，按照《天然草地退化、沙化、盐渍化的分级指标》(GB 19377—2003)的规定进行评定。

评定草地沙化等级：按照《风沙源区草原沙化遥感监测技术导则》(GB/T 28419—2012)的规定进行评定。

草地石漠化等级：按照《岩溶地区草地石漠化遥感监测技术规程》(GB/T 29391—2012)的规定进行评定。

(2)人工草地

改良草地的调查采用天然草地的调查方法。人工草地观测记载地理位置、牧草种类等信息，具体内容见表 5-18。

表 5-18 人工草地样地调查表

样地编号：	调查日期：　　年　　月　　日		
省　　地(市)　　县　　乡(镇)　　村			
调查人			
经度		纬度	
海拔		照片编号	
牧草种类			
灌溉条件	喷灌(　)　滴灌(　)　漫灌(　)　无(　)		
鲜草产量	(kg/hm^2)		
干草产量	(kg/hm^2)		
种植年份			

5. 属性上图

(1)地类属性上图

在图斑的预判地类属性基础上，按照样地调查结果，逐个确定图斑的地类属性，供信息系统建设使用。

(2)草原类型属性上图

对草原地类图斑，在预判草地类型基础上，按照样地调查结果和影像特征相似性，逐个确定图斑的草地类型属性，完成草原类型图。

(3)草原资源等级属性上图

对草原地类图斑，以样地调查的资源等级为基础，结合生产力监测数据，利用图斑影像特征相似性，逐个确定图斑的草地资源等级属性，完成草原资源等级图制作。

(4)草原退化、沙化、盐渍化、石漠化程度属性上图

对草原地类图斑，以样地调查的退化、沙化、石漠化程度为基础，按照样地调查结果和影像特征相似性，逐个确定图斑的退化、沙化、石漠化程度属性，完成草原退化、沙化、盐渍化、石漠化分布图。

6. 检查验收

(1)遥感 DOM 的检查

以县级行政区域为单位全部检查。使用现有基础地理测绘成果，对比遥感 DOM 中线性地物的纠正精度，不符合精度要求的退回重新处理。

(2)调查底图的检查

要求抽查图斑比例不少于 10%。如果检查时发现以下问题，则判定为不合格：①因图斑勾绘界线偏差造成面积误差超过 1%的，视为不合格。②漏绘草原地类面积超过区域草原地类面积 0.5%，或漏绘草原地类图斑数量超过区域草原地类图斑数量 0.5%的，视为不合格。

(3)地面调查的检查

地面调查的抽查比例应不少于样点总数的 10%，主要检查样地样方数据是否符合要求：样地在草原类型、生境条件、利用现状等方面是否具有代表性，样地空间布局是否合理；同一样地各样方数据的差异性是否符合科学的范围。如有下列情况则判定为不合格：①不符合要求的样地或样方数量占比超过 5%。②样地样方数量少于要求数量的 98%。③有漏测漏填指标

的样地或样方、入户调查记录数量占比超过2%。④录入的地面调查数据差错率超过0.5%。

(4)图斑属性检查

图斑属性的抽查图斑比例应不小于图斑总数的5%。检查时如有下列情况视为不合格：①图斑地类属性错误数量占比超过1%。②草原地类图斑草原类型属性错误占比超过5%。③图斑面积偏差超过0.5%。

(四)调查成果

按照调查基本单位编制调查报告，内容包括以下3个方面。

①文字部分。调查工作情况、任务完成情况、调查成果、本区域草原资源现状分析、草原保护建设和畜牧业发展存在的问题和建议等。

②图件。草原类型图，草原资源等级图，草原退化、沙化、盐渍化、石漠化分布图等。

③各类数据汇总。

第四节 湿地资源调查

湿地是地球上独特的水域与陆地交互形成的一种特殊类型的生态系统，广泛地分布于世界各地。它不仅在净化环境、调节气候、改善人类生活居住条件等方面具有重要作用，而且是两栖动物、爬行动物、鸟类和鱼类的重要栖息地。所以被誉为大地的“肾脏”，自然资源的“天然物种库”。中国湿地资源十分丰富，但由于过去对湿地环境功能和生态效益认识不足，使得湿地在利用过程中出现盲目开垦、过度开发和忽视保护等一系列问题，导致湿地面积日益减少、污染加剧、功能和效益低下及生物多样性丧失，湿地生态系统遭到破坏，“地球之肾”日渐衰竭。因此，开展湿地资源调查，掌握湿地面积和质量变化情况具有重要意义。

一、湿地资源调查概述

(一)湿地的范畴

由于湿地具有类型多样、分布广泛、面积差别大、淹水条件易变、边界不确定等特点，国际上至今对湿地没有统一的定义。目前大约有60多种相关的定义，这些定义可分为两大类，即广义的和狭义的。“广义的”把地球上除海洋(水深6 m以上)外所有水体都当作湿地；“狭义的”则认为湿地是陆地与水域之间的过渡地带。湿地狭义的定义，以美国为代表，如1979年美国鱼类和野生动物保护局协会(FWS)在《美国湿地和深水生境分类》一书中将湿地定义为“湿地是处于陆地和水域的过渡区，水位接近或处于地表面，或有浅层积水，并具有以下特征之一：至少周期性的以水生植物为植物优势种；低层土以水成土壤为主；在每年的生长季节，底层土壤部分时间被水浸或水淹”。该定义在美国一直是而且还将继续作为湿地的科学定义广泛地被湿地科学家所接受，用于湿地调查、评价和湿地制图等科学研究。而广义的湿地定义，普遍运用的是《关于特别是作为水禽栖息地的国际重要湿地公约》(简称《湿地公约》)中的定义。《湿地公约》中对湿地的定义指“天然或人工、长久或暂时性的沼泽地、湿原、泥炭地或水域地带，带有或静止或流动，或为淡水、半咸水、咸水水体者，包括低潮时水深不超过6 m的水域；同时还包括邻接湿地的河湖沿岸、沿海区域以及位于湿地范围内的岛屿或低潮时水深不超过6 m的海水水体。”

湿地的概念被引入我国的时间并不长。1992年中国加入《湿地公约》之后，湿地的概念才更多地为人所知。1994年,中国湿地生态环境保护规划会议将湿地定义为:湿地处于陆地和水域的交汇处,水位接近或处于地表面,或有浅层积水,一般以低水位时水深2 m处为界,并且具有以下特征:①至少周期性的以水生、湿生植物为植物优势种;②底层土主要是湿土;③在每年的生长季节底层土被淹没4个月以上。此外,国内学者还提出了一些其他的定义,对湿地概念的界定尽管莫衷一是,但是一般而言湿地具有以下3个特征为众多学者所认可:①具有季节性或常年集水;②生长或栖息喜湿的生物;③土壤发生潜育化。

(二)湿地调查目的和意义

通过湿地资源调查,查清我国湿地资源及其环境的现状,了解湿地资源的动态消长规律,建立全国湿地资源数据库和管理信息平台,并逐步实现对全国湿地资源进行全面、客观地分析评价,从而全面掌握全国湿地资源本底情况,为湿地资源的保护、管理和合理利用提供统一、及时、准确的基础资料和决策依据,满足国土空间规划和用途管制、国土空间生态修复、自然资源资产产权制度改革和统一确权登记等各项工作的需要,同时为履行《湿地公约》或其他协定提供服务,为生态文明建设提供技术支撑。

(三)我国湿地调查历史回顾

迄今为止,全国湿地资源调查共开展了2次。

1. 第一次湿地资源调查

我国政府自1992年加入《湿地公约》以来,在应对湿地面积减少、生态功能退化等全球性挑战方面采取了积极行动,1995—2003年开展了首次全国湿地资源调查,取得了许多重要成果,为我国在自然资源保护领域赢得了良好的国际声誉。

此次调查涉及我国除香港、澳门和台湾省外的31个省(自治区、直辖市),初步掌握了单块面积100 hm^2 以上各类湿地的面积、分布、保护和受威胁状况。调查结果显示,全国湿地类型有5大类28个类型,湿地总面积3 848.55万 hm^2(不包括水稻田田),其中自然湿地3 620.05万 hm^2,占国土面积的3.77%。第一次全国湿地调查受当时财力、人力、技术和时间等客观条件的限制,湿地资源调查采用资料统计和现地调查相结合的方法,存在许多不足之处,且起调面积较大,仅查清了主要湿地类型的面积,湿地野生动物和野生植物等重要信息主要依赖相关专项调查结果,由此得到的相关信息精度不高。

2. 第二次湿地资源调查

随着时间的推移和我国社会经济的快速发展,我国湿地面临着前所未有的变化,退化趋势仍未得到有效遏制,第一次全国湿地调查成果也逐步失去时效性,且调查指标少、调查方法以及统计方式数据不精确已满足不了湿地保护管理的需要。为了更好地保护、管理湿地资源,完善我国湿地资源监测体系建设,为湿地资源保护、管理和合理利用提供完整、及时、准确的基础资料和决策依据,国家林业局按照《湿地公约》的有关规定和对湿地的定义,结合我国的具体国情,充分利用成熟的科技手段,在2009—2013年开展了我国第二次湿地资源调查,对单块面积大于8 hm^2 的各类湿地资源进行了全面调查。

目前,我国已将重要湿地纳入生态保护红线予以严格保护,把湿地纳入绿色发展指标体系,强化各级地方政府对湿地保护的主体责任。并且通过加快制定《湿地保护法》、发布《国家重要湿地名录》、实施湿地保护修复工程、开展湿地调查监测、拓展国际交流与合作、提高全社会湿地保护意识等措施,全面强化国内湿地保护管理工作,建立了57处国际重要湿地,600多处湿地自然保护区和1 000多处湿地公园,湿地保护率达到49.03%,湿地保护工作取得了令人瞩目的成就。

二、湿地分类

湿地分类是湿地研究、保护与管理的基础，科学合理地划分湿地类型是认识湿地生态系统的功能和效益，以及对湿地进行有效管理的前提。国际上有多种湿地分类标准，其中《湿地公约》的分类标准受到广泛认可。《湿地公约》从湿地保护与管理的角度出发，制订了湿地综合分类系统。该分类系统将全球多种多样的湿地整体划分为海洋/海岸湿地、内陆湿地和人工湿地3大类42型(表5-19)。该分类系统标准清晰、界限分明、便于管理，被国际社会普遍使用。然而，《湿地公约》的分类层次简单，不能满足我国湿地科学研究中对湿地分类的要求。并且其依照湿地本身的性质确定湿地分类单元的指标特性，使得某些类别，如海岸性淡水湖和海岸性咸水湖，在当前的遥感数据条件下难以开展遥感解译工作，也无法直接获取准确可用的湿地信息。因此，目前在我国的湿地研究中多采用从《湿地公约》的分类标准发展而来的分类标准，或者采用研究者自己制定的分类标准。

表5-19　《湿地公约》的湿地类型及划分技术标准

湿地类	编码	湿地型	划分技术标准
海洋/海岸湿地	A	永久性浅海水域	多数情况下低潮时水位小于6 m，包括海湾和海峡
	B	海草层	包括潮下藻类、海草、热带海草植物生长区
	C	珊瑚礁	珊瑚礁及其临近水域
	D	岩石性海岸	包括近海岩石性岛屿、海边峭壁
	E	沙滩、砾石与卵石滩	包括滨海沙洲、海岬以及沙岛；沙丘及丘间沼泽
	F	河口水域	河口水域和河口三角洲水域
	G	滩涂	潮间带泥滩、沙滩和海岸其他咸水沼泽
	H	盐沼	包括滨海盐沼、盐化草甸
	I	潮间带森林湿地	包括红树林沼泽和海岸淡水沼泽森林
	J	咸水、碱水潟湖	有通道与海水相连的咸水、碱水潟湖
	K	海岸淡水湖	包括淡水三角洲潟湖
	Zk(a)	海滨岩溶洞穴水系	滨海岩溶洞穴
内陆湿地	L	永久性内陆三角洲	内陆河流三角洲
	M	永久性的河流	包括河流及其支流、溪流、瀑布
	N	时令河	季节性、间歇性、定期性的河流、溪流、小河
	O	湖泊	面积大于8 hm^2 永久性淡水湖，包括大的牛轭湖
	P	时令湖	大于8 hm^2 的季节性、间歇性的淡水湖；包括漫滩湖泊
	Q	盐湖	永久性的咸水、半咸水、碱水湖
	R	时令盐湖	季节性、间歇性的咸水、半咸水、碱水湖及其浅滩
	Sp	内陆盐沼	永久性的咸水、半咸水、碱水沼泽与泡沼
	Ss	时令碱、咸水盐沼	季节性、间歇性的咸水、半咸水、碱性沼泽、泡沼
	Tp	永久性的淡水草本沼泽、泡沼	草本沼泽及面积小于8 hm^2 的泡沼，无泥炭积累，多数生长季节伴生浮水植物

续表 5-19

湿地类	编码	湿地型	划分技术标准
内陆湿地	Ts	泛滥地	季节性、间歇性洪泛地，湿草甸和面积小于 8 hm² 的泡沼
	U	草本泥炭地	无林泥炭地，包括藓类泥炭地和草本泥炭地
	Va	高山湿地	包括高山草甸、融雪形成的暂时性水域
	Vt	苔原湿地	包括高山苔原、融雪形成的暂时性水域
	W	灌丛湿地	灌丛沼泽、灌丛为主的淡水沼泽，无泥炭积累
	Xt	淡水森林沼泽	包括淡水森林沼泽、季节泛滥森林沼泽、无泥炭积累的森林沼泽
	Xp	森林泥炭地	泥炭森林沼泽
	Y	淡水泉及绿洲	
	Zg	地热湿地	温泉
	Zk(b)	内陆岩溶洞穴水系	地下溶洞水系
人工湿地	1	水产池塘	例如，鱼、虾养殖池塘
	2	水塘	包括农用池塘、储水池塘，一般面积小于 8 hm²
	3	灌溉地	包括灌溉渠系和稻田
	4	农用泛洪湿地	季节性泛滥的农用地，包括集约管理或放牧的草地
	5	盐田	晒盐池、采盐场等
	6	蓄水池	水库、拦河坝、堤坝形成的一般大于 8 hm² 的集水区
	7	采掘区	积水取土坑、采矿地
	8	废水处理场所	污水厂、处理池、氧化池等
	9	运河、排水渠	输水渠系
	Zk(c)	地下输水系统	人工管护的岩溶洞穴水系等

2009—2013 年我国开展了第二次湿地调查，并制定了湿地分类标准。该分类系统包括了《湿地公约》所有的湿地类型，将湿地划分为 5 类 34 型，各湿地类、型及其划分标准如表 5-20。与《湿地公约》分类系统比较，将河口水域拆分成河口水域和三角洲/沙洲/沙岛，将海滨岩溶洞穴水系归并为岩石海岸；内陆湿地的永久性内陆三角洲归并为河流湿地的洪泛湿地和沼泽湿地的草本沼泽，将草本泥炭地、高山湿地、苔原湿地、森林泥炭地分别归并为沼泽湿地的藓类沼泽、草本沼泽、森林沼泽、沼泽化草甸及湖泊湿地的季节性湖泊，将泛滥地归并为河流湿地的洪泛湿地；内陆岩溶洞穴水系归并成喀斯特溶洞湿地；将人工湿地的水塘和蓄水区归并为库塘，将灌溉地拆分为稻田/冬水田和运河/输水河，将农用泛洪湿地归并为洪泛湿地，将采掘区归并为人工湿地库塘，将地下输水系统归并为喀斯特溶洞湿地。

表 5-20 第二次全国湿地类型及划分技术标准

代码	湿地类	代码	湿地型	划分技术标准
1	近海与海岸湿地	101	浅海水域	浅海湿地中,湿地底部基质为无机部分组成,植被盖度<30%的区域,多数情况下低潮时水深小于6 m。包括海湾、海峡
		102	潮下水生层	海洋潮下,湿地底部基质为有机部分组成,植被盖度≥30%,包括海草层、海草、热带海洋草地
		103	珊瑚礁	基质由珊瑚聚集生长而成的浅海湿地
		104	岩石海岸	底部基质75%以上是岩石和砾石,包括岩石性沿海岛屿、海岩峭壁
		105	沙石海滩	由砂质或沙石组成的,植被盖度<30%的疏松海滩
		106	淤泥质海滩	由淤泥质组成的植被盖度<30%的淤泥质海滩
		107	潮间盐水沼泽	潮间地带形成的植被盖度≥30%的潮间沼泽,包括盐碱沼泽、盐水草地和海滩盐沼
		108	红树林	由红树植物为主组成的潮间沼泽
		109	河口水域	从近口段的潮区界(潮差为零)至口外海滨段的淡水舌锋缘之间的永久性水域
		110	三角洲/沙洲/沙岛	河口系统四周冲积的泥/沙滩,沙洲、沙岛(包括水下部分)植被盖度<30%
		111	海岸性咸水湖	地处海滨区域有一个或多个狭窄水道与海相通的湖泊,包括海岸性微咸水、咸水或盐水湖
		112	海岸性淡水湖	起源于潟湖,与海隔离后演化而成的淡水湖泊
2	河流湿地	201	永久性河流	常年有河水径流的河流,仅包括河床部分
		202	季节性或间歇性河流	一年中只有季节性(雨季)或间歇性有水径流的河流
		203	洪泛平原湿地	在丰水季节由洪水泛滥的河滩、河心洲、河谷、季节性泛滥的草地以及保持了常年或季节性被水浸润内陆三角洲所组成
		204	喀斯特溶洞湿地	喀斯特地貌下形成的溶洞集水区或地下河/溪
3	湖泊湿地	301	永久性淡水湖	由淡水组成的永久性湖泊
		302	永久性咸水湖	由微咸水/咸水/盐水组成的永久性湖泊
		303	季节性淡水湖	由淡水组成的季节性或间歇性淡水湖(泛滥平原湖)
		304	季节性咸水湖	由微咸水/咸水/盐水组成的季节性或间歇性湖泊

续表 5-20

代码	湿地类	代码	湿地型	划分技术标准
4	沼泽湿地	401	藓类沼泽	发育在有机土壤的、具有泥炭层的，以苔藓植物为优势群落的沼泽
		402	草本沼泽	由水生和沼生的草本植物组成优势群落的淡水沼泽
		403	灌丛沼泽	以灌丛植物为优势群落的淡水沼泽
		404	森林沼泽	以乔木森林植物为优势群落的淡水沼泽
		405	内陆盐沼	受盐水影响，生长盐生植被的沼泽。以苏打为主的盐土，含盐量应＞0.7%；以氯化物和硫酸盐为主的盐土，含盐量应分别大于1.0%、1.2%
		406	季节性咸水沼泽	受微咸水或咸水影响，只在部分季节维持浸湿或潮湿状况的沼泽
		407	沼泽化草甸	为典型草甸向沼泽植被的过渡类型，是在地势低洼、排水不畅、土壤过分潮湿、通透性不良等环境条件下发育起来的，包括分布在平原地区的沼泽化草甸以及高山和高原地区具有高寒性质的沼泽化草甸
		408	地热湿地	由地热矿泉水补给为主的沼泽
		409	淡水泉/绿洲湿地	由露头地下泉水补给为主的沼泽
5	人工湿地	501	库塘	为蓄水、发电、农业灌溉、城市景观、农村生活为主要目的而建造的，面积不小于 8 hm^2 的蓄水区
		502	运河、输水河	为输水或水运而建造的人工河流湿地，包括灌溉为主要目的的沟、渠
		503	水产养殖场	以水产养殖为主要目的而修建的人工湿地
		504	稻田/冬水田	能种植一季、两季、三季的水稻田，或者冬季蓄水或浸湿的农田
		505	盐田	为获取盐业资源而修建的晒盐场所或盐池，包括盐池、盐水泉

《第三次全国国土调查技术规程》(TD/T 1055—2019)将湿地划为了一级类，并将红树林、森林沼泽、灌丛沼泽、沼泽草地、盐田、沿海滩涂、内陆滩涂和沼泽地划入了湿地类，其调查分类系统中的湿地类型划分见表 5-21。

表 5-21　第三次全国国土调查工作分类表(湿地类型)

一级类		二级类		含义
编码	名称	编码	名称	
00	湿地			指红树林地，天然的或人工的，永久的或间歇性的沼泽地、泥炭地，盐田，滩涂等
		0303	红树林地	沿海生长红树植物的土地
		0304	森林沼泽	以乔木森林植物为优势群落的淡水沼泽
		0306	灌丛沼泽	以灌丛植物为优势群落的淡水沼泽
		0402	沼泽草地	以天然草本植物为主的沼泽化的低地草甸、高寒草甸
		0603	盐田	用于生产盐的土地。包括晒盐场所、盐池及其附属设施用地

续表 5-21

一级类		二级类		含义
编码	名称	编码	名称	
00	湿地	1105	沿海滩涂	沿海大潮高潮位与低潮位之间的潮浸地带。包括海盗的沿海滩涂，不包括已利用的滩涂
		1106	内陆滩涂	指河流、湖泊常水位至洪水位间的滩地；时令滩、河洪水位以下的滩地；水库、坑塘的正常蓄水位与洪水位间的滩地。包括海岛的内陆滩地，不包括已利用的滩地
		1108	沼泽地	指经常积水或渍水，一般生长湿生植物的土地。包括草本沼泽、苔藓沼泽、内陆盐沼等，不包括森林沼泽、灌丛沼泽和沼泽草地

三、湿地调查内容与指标

根据湿地的重要性、调查内容的不同，将湿地调查分为一般调查和重点调查。一般调查是指对所有符合调查范围要求的湿地斑块进行面积、湿地型、分布、植被类型、主要优势植物和保护管理状况等内容的调查。重点调查是指除对湿地斑块进行一般调查外，还要对其他湿地要素进行详查。这些要素包括湿地自然环境、水环境、野生动物、野生植物及植被、保护管理、利用和受威胁状况等。重点调查湿地包括国家重要湿地、国家重要湿地、自然保护区、自然保护小区、湿地公园、省级特有湿地类型的湿地、特有珍稀保护物种分布的湿地、红树林湿地、10 000 hm^2 以上的近海与海岸湿地、湖泊湿地和沼泽湿地及水库等重要湿地。

（一）一般调查

一般调查的内容包括湿地型、面积、分布、平均海拔、所属流域、水源补给状况、植被类型及面积、主要优势植物种、土地所有权、保护管理状况、河流级别等。

1. 基本属性

①湿地型：包括湿地斑块名称、湿地斑块序号、所属湿地区名称、湿地区编码、湿地型。

②面积（公顷）：按照湿地斑块边界矢量图求算面积。

③土地分类：国土三调的土地类别。

④位置：所属县级行政区、乡镇、村，中心点地理坐标。

⑤海拔（米）：指湿地斑块的平均海拔。

⑥所属流域：按照全国一、二、三级流域的划分，按代码填写到三级流域。

⑦河流级别：仅河流湿地需填写。按照《河道等级划分办法》（水管〔1994〕106 号）执行，分一至五级河道。

2. 水环境

①水源补给方式：按照地表径流补给、大气降水补给、地下水补给、人工补给、海水补给 5 个类型，按照近 10 年内主要补给方式填写，存在多种补给方式的按照补水量从大至小依次填写。

②水源补给状况：近 10 年内水源补给状况，分为稳定、持续增加、持续减少 3 种状况进行填写。

③水体流出状况：按照永久性、季节性、间歇性、偶尔、没有 5 类，按照近 10 年内水体流出

主要方式填写。

④积水状况：按照永久性积水、间歇性积水、过水和渍水 4 种状况，按照近 10 年内积水状况填写。

⑤水质类别：执行《地表水环境质量标准》(GB 3838—2002)。按调查年度水质状况填写。湿地斑块存在多点水质差异时，采用平均值。

3. 湿地植被

①植被类型：填写植物群系名称。如果一个湿地斑块内存在多种植被类型，按照面积大小顺序填写。

②植被面积(hm^2)：填写斑块内所有植被的投影面积。

③优势植物种：填写主要优势植物种，一般不超过 3 种。

4. 管理状况

①土地权属：分全民所有和集体所有。

②保护状况：纳入保护地类型、湿地分级分类管理情况。自然保护地分为国家公园、自然保护区、自然公园、保护小区。分级管理情况分为国际重要湿地、国家重要湿地、省级重要湿地和一般湿地填写。

(二)重点调查

重点调查的内容，除一般调查所列内容外，还应调查自然环境要素、湿地水环境要素、湿地野生动物、湿地植物群落和植被、湿地保护与管理、湿地利用状况、社会经济状况和受威胁状况等。

1. 基本情况

包括重点湿地名称和湿地面积。

2. 自然地理环境

包括地貌类型和气象要素(年均降水量、年均蒸发量、年均气温、积温、无霜期)。

3. 地表基质

基质类型(岩石、砾石、沙和土壤)，如基质是土壤则还包括土壤特征，包括土壤类型、pH、总有机碳、泥炭厚度。

4. 水环境

包括水源补给方式和状况、水体流出状况、积水状况、水位、水深、蓄水量、水质、营养状况等。

①水源补给方式：按照地表径流补给、大气降水补给、地下水补给、人工补给、海水补给 5 个类型，按照近 10 年内主要补给方式填写，存在多种补给方式的按照补水量从大至小依次填写。

②水源补给状况：近 10 年内水源补给状况，分为稳定、持续增加、持续减少 3 种状况填写。

③水体流出状况：按照永久性、季节性、间歇性、偶尔、没有 5 类，按照近 10 年内水体流出主要方式填写。

④积水状况：按照永久性积水、间歇性积水和渍水 3 种状况，按照近 10 年内积水状况填写。

⑤水位：多年平均最高水位和多年平均最低水位。

⑥水深：包括最大水深和平均水深。

⑦蓄水量：湖泊、沼泽和库塘湿地填写，指最大蓄水量。

⑧水质类别：执行《地表水环境质量标准》（GB 3838—2002）。按调查年度水质状况填写。湿地内存在多点水质差异时，采用平均值。

⑨矿化度（g/L）：淡水：＜1，微咸水：1～2.99，咸水：3～10，盐水：＞10。

⑩营养状况：按照《地表水环境质量评价办法（试行）》（2011 年）执行，按贫营养、中营养和富营养三级填写。

⑪主要污染因子：调查对水环境造成有害影响的污染物的名称，包括有机物质（油类、洗涤剂等等）和无机物质（无机盐、重金属等）。

5. 湿地植被

调查记载群落结构，包括乔木层、灌木层、草本层、蕨类层和苔藓层的特征，以及植物种类。

①乔木层：高度、胸径、冠幅、株数。

②灌木层：高度、胸径、冠幅、株数。

③草本层：平均盖度、平均高度、株数。

④蕨类层：平均盖度、平均高度、株数。

⑤苔藓层：平均盖度、平均高度。

植物种类包括被子植物、裸子植物、蕨类植物和苔藓植物，其中排列前三位的为本层优势种。

6. 湿地动物

①调查或记载近 3 年湿地内脊椎动物的状况，包括兽类、鸟类、爬行类、两栖类和鱼类。

②水鸟的种类、分布、数量和迁徙情况。

③兽类、爬行类、两栖类和鱼类的种类，其中国家Ⅰ、Ⅱ级重点保护物种应查清物种分布和种群数量。

7. 管理状况

①保护状况：包括已建立的保护地信息和已采取的保护措施。

②湿地利用方式：种植业、养殖业、牧业、林业、工矿业、旅游和休闲、水源地和其他利益方式。

③威胁因子和受威胁等级：湿地受威胁因子主要有基建和城市建设、围垦、泥沙淤积、污染、过度捕捞和采集、非法狩猎、水利工程和引排水的负面影响、盐碱化、外来物种入侵、过牧、森林过度采伐、沙化以及其他。受威胁因子等级主要分安全、轻度和重度。

四、湿地调查方法

全国湿地资源调查每 10 年开展一次，调查工作由原国家林业局直接组织，局直属院具体负责技术指导和质量检查，各省（自治区、直辖市）林业部门负责组织外业调查、质量自查、统计汇总和成果产出，局规划院负责全国汇总。调查工作一般包括以下几个方面。

（一）准备工作

1. 组织准备

全国编制湿地专项调查工作方案，明确专项调查的任务、组织、计划、安排和技术要求。各地根据本辖区实际情况，编制本辖区湿地资源专项调查实施方案，明确调查区基本概况、目标任务、工作流程、调查准备工作、内业数据处理、外业实地调查、内业分析建库、成果质量控制、调查主要成果、计划进度、组织实施安排等要求。

2. 资料准备

①界线资料包括国界线、行政区域界线和保护地边界等资料。

②遥感资料、遥感数据的选取要求:单景云雪量应小于5%(特殊情况下不应超过10%),且云雪不能覆盖重点调查区域;时相要求为丰、枯水期至少2期数据,如丰水期与植物生长季不吻合,则还需选取植物生长季数据;相邻景影像之间的重叠范围不应少于整景的2%;优先采用与国土调查相同的数据源,对北方、西北等区域,如国土调查影像数据源的时像为冬季的,需另外获取6~9月份的同期影像数据。

精度要求:湿地边界划定优选分辨率高、时相符合要求的国产卫星数据,影像判读误差不超过1.5个像元;数据覆盖全面区域,在时相满足要求的前提下,要优先选择优于1 m的遥感影像,影像判读误差不超过1.5 m;优于1 m影像未覆盖区域,优先选择优于2 m遥感影像,影像判读误差不超过3 m;考虑潮汐不规律性,小范围近海岸潮间带湿地可优先选用0.2 m无人机数据,影像判读误差不超过0.3 m。

③基础地理信息资料包括地形图,土地利用现状图,道路、水系、居民点等基础地理信息资料。

④其他调查资料收集湿地权属登记资料,保护及利用情况,自然地理、湿地水文、植物、动物、水质现状等资料。收集最新国土调查、地理国情普查,以及其他相关自然资源调查材料。

3. 仪器工具准备

一般应包括定位设备、手持激光测距仪、测深杆、全站仪、溶解氧测定仪等计测设备,以及无人机、计算机、平板电脑、移动通信设备以及交通工具等。

4. 湿地预判

将影像资料叠加国土三调、湿地二调和泥炭地调查数据,根据调查情况和图斑情况,预判湿地范围,生成湿地现地调查范围预估图。

(二)外业调查

1. 湿地类型面积调查

湿地类型、面积、范围调查,通过遥感影像解译获取分类信息,对湿地类型进行预判,通过实地调查核实湿地型。湿地类型的遥感解译方法如下。

①分析各湿地类型,建立解译标志,解译标志应能够充分体现各类湿地的影像特征,例如,色彩、灰度、阴影、形状、大小、纹理、图案、地理位置、空间布局等。

②建立遥感解译标志库,可以采用室内建标和野外建标相结合的方法。对已经建立完整判读标志的,可以直接采用。

A. 室内建标。将遥感影像与已有湿地资源调查数据库进行叠加分析,选择前后期遥感影像特征没有变化的区域,与湿地资源数据库记录不同类型图斑进行对照分析,形成各类型与遥感影像特征对应关系。

B. 野外建标。以影像景幅为单位,选取有代表性、实况资料好、类型齐全和交通便利的地块进行实地踏察,将影像特征与实地进行对照,记录各种类型影像的色调、纹理、大小、形状、地形地貌及地理位置(包括地名)等因素,拍摄地面实况照片,形成遥感特征与类型对应关联的感性认识,建立解译类型与现地对应关系。

湿地斑块的边界范围按照《湿地边界划定技术规范》和斑块划定的要求划定边界，在GIS软件中，将面状湿地解译图、线状湿地解译图、分布图和境界图进行叠加分析，求算各图斑的面积，面积单位为hm^2，输出的数据保持小数点后2位。

重点湿地的范围面积按照国家批准的边界范围为准，湿地面积为重点湿地范围内各类型湿地的面积。

2. 自然环境要素调查

对湿地地貌、气象(年均降水量、年均蒸发量、年均气温、积温)等自然环境要素，主要通过野外调查和收集最新资料获取。湿地的位置从湿地斑块所在的县级行政区划图上套取。湿地斑块的中心位置取湿地斑块的经纬度坐标中值，如果中值点位于湿地斑块外，则改选湿地斑块内中间位置的坐标点。海拔由实地调查测定或遥感影像通过DEM计算湿地斑块的平均海拔。湿地斑块所属流域从全国三级流域划分图上套取。地貌类型以重点湿地内的主体地貌作为湿地地貌，根据野外观察到的地貌类型填写。气象要素从附近的气象站和生态监测站等收集资料，注明该站的地理位置(经纬度)，填写气象资料的出处和年份。

3. 湿地土壤要素调查

湿地土壤类型主要通过野外实地调查，需要划分到土类；土壤pH需要现场测定；土壤总有机碳需按照土壤有机碳测定方法标准，参照泥炭地调查实施细则，根据具体情况布设样点并分层取样测定，求算总有机碳。泥炭厚度则是通过野外土壤剖面调查或收集资料，对泥炭沼泽湿地填写泥炭层厚度(薄层、厚层、超厚层)。如来源于资料，需注明资料出处和年份。

4. 水环境要素调查

对湿地水文(水源补给状况、流出状况、积水状况、水位、水深、蓄水量)、地表水水质(pH、矿化度、透明度、总氮、总磷、营养状况、化学需氧量、主要污染因子、水质级别)、地下水水质(pH、矿化度、水质级别)等水环境要素通过野外调查获取湿地水文数据，对无法开展野外调查的，从附近的水文站和生态监测站等收集相关资料。

水文特征依据野外调查和从附近的水文站、生态监测站等收集相关资料，注明该站的地理位置(经纬度)，填写水文资料的出处和年份。对于资料缺乏的湿地，通过野外调查获取水文数据。对于内陆沼泽，调查入水口附近和出水口附近的水质，没有明显出、入水口的，则调查湿地中部区域的水质；对于潮间带湿地，调查高潮位时海水水质。对于同一湿地斑块不同点位和不同时间水质有差异的，选用平均水质。水质资料一般从当地环境监测站或生态监测站收集。对于资料缺乏的湿地，重点湿地委托具有专业资质的单位在野外选取典型地点，分别在丰水期和枯水期采集水样，进行化验分析，获取相关数据；全覆盖调查的湿地斑块，采用便携式水质监测仪器现场测量，按照现场读取的平均数据记录评价。

5. 湿地野生动物调查

湿地动物是指在湿地里生存的兽类、鸟类(即水鸟)、爬行类、两栖类和鱼类。水鸟数量调查采用直接计数法和样方法；两栖、爬行、兽类动物以种类调查为主，采用野外踏查、走访和利用近期的野生动物调查资料相结合的方法；鱼类、贝类、虾类和蟹类等调查以收集现有资料为主。

①鸟类。调查指标包括种类、分布、数量、栖息生境、干扰因素和迁徙情况。调查频率为迁徙季最少每月1次、繁殖季2次和越冬季1次观测。

②两栖、爬行动物。调查指标主要为种类和数量。调查时间设置于动物活动频繁时间段，

每年开展 2～4 次，每两次时间间隔 1 个月以上。

③兽类。调查指标主要为种类和数量。调查频率为春、秋和冬季各调查 1 次。

④鱼类。调查指标主要为种类和数量。调查频率为春季和秋季各 1 次，或丰水期和枯水期各开展 1 次。

⑤底栖动物。调查指标主要为种类和数量。调查频率为每个季节 1 次，或丰水期、平水期和枯水期各开展 1 次。

⑥外来物种监测。调查指标主要为种类和数量。调查频率为每年 1 次。

6. 湿地植被调查

一般湿地的植被调查，植被类型从遥感影像上判断，影像分辨不清的，采用现地调查或无人机调查相结合判定。植被面积(hm^2)是从遥感影像上量算所有植物的投影面积，影像分辨不清的，采用现地调查或无人机调查相结合判定。而湿地植物群落调查采用样方法，分为被子植物、裸子植物、蕨类植物和苔藓植物 4 大类型进行调查，主要调查内容包括湿地名称、调查单元序号、样方序号、海拔高度、经纬度、积水状况、小生境等，植物群系、主林层、样方面积，植物名称及其数量特征（乔木与灌木包括平均冠幅、平均高度、平均胸径、株数，草本、蕨类与苔藓包括平均盖度、平均高度、株数）。

7. 湿地保护和利用状况调查

对保护管理状况（已有保护措施、是否建立自然保护区、是否建立湿地公园）、湿地功能与利用现状（湿地产品和服务功能、湿地的利用方式）、湿地范围内的社会经济状况调查（乡镇名称、面积、人口、工业总产值、农业总产值、主要产业）等，通过野外踏查、走访调查以及收集资料等方法获取。

8. 湿地受威胁状况调查

湿地受威胁因子、作用时间、影响面积、已有危害和潜在威胁、受威胁状况等级评价等以野外调查和资料调研相结合的方式调查。

（三）数据库建设

湿地资源专项调查数据库建设按照 TD/T 1016—2007 执行。依据湿地资源专项调查结果，建立与各类国土调查数据成果无缝衔接的湿地资源调查数据库。

湿地专项调查数据库主要包括湿地斑块数据、湿地区数据和重点湿地数据。根据遥感解译判读结果和现场调查成果，参照湿地调查区划顺序，将各湿地斑块和重点湿地及其属性数据依次以统一格式输入数据库中。

对数据的规范性、准确性、非重性等进行检验，检验合格的按照入库程序，进行入库工作，并做好痕迹记录。入库完成后，要对入库的过程、入库结果进行检查，是否所有满足入库要求的数据都完好无缺地完成了入库工作。

（四）调查成果

1. 湿地资源调查报告

根据调查汇总的结果编写湿地资源调查报告。报告内容包括调查工作概况、调查地区基本情况、技术方法及相应的汇总表格。报告须对湿地类型与分布、自然地理环境、生物多样性、保护和受威胁情况等进行详细的分析，以及野外调查样地点位图、湿地资源分布图等相关图件。

2. 成果图

湿地资源调查的成果图在各类调查成果的基础上，通过计算机和 GIS 软件进行制图。专题成果图包括野外调查样地点位图、各省湿地资源分布图(含流域分布图)、一级流域湿地资源分布图和全国湿地资源分布图。

成果图需符合各专题图制图标准及精度要求;图面材料的投影应符合国家规定;应有准确、完整的制图投影参数;专题图比例尺原则上应大于等于1∶25万。

3. 数据

基础地理信息数据统一采用国家基础地理信息中心提供的比例尺为1∶25万的矢量化的基础地理信息数据,基础地理信息数据的编码采用《国土基础信息数据分类与代码》中的有关规定。图形数据和属性数据的存储格式为shp格式的地理信息数据,属性数据同时也可采用数据库方式进行管理,其存储格式为mdb格式。

思考题

1. 简述耕地后备资源调查评价的工作流程。
2. 简述林地与森林的关系。
3. 我国目前森林资源调查有哪几种类型?其调查目的和任务是什么?
4. 简述草地资源分类及调查流程。
5. 湿地资源调查有几种类型?各自调查的对象和内容是什么?

第六章　土地资源调查的成果整理和检查验收

土地资源调查成果包括数据库成果、图件成果、文字成果等方面的内容。根据所调查区域的地理位置、区域形状和区域范围不同，成果的具体内容也有所不同。当把成果整理完成之后，还要按照一定的技术和质量标准进行成果检查验收和质量鉴定。

第一节　土地调查数据库建设与数据汇总

土地调查数据库建设是土地调查的关键环节，是在土地外业调绘与举证的基础之上，按照数据类型和规定的数据结构组织、覆盖调查区域、存储在计算机内可共享的土地调查数据的集合。土地调查数据库不同于一般的空间地理数据库，土地调查数据库在内容和质量上具有更加鲜明的特点和要求。

一、土地调查数据特点

土地调查数据是国土资源管理的基础，也是经济宏观决策和其他行业管理的依据；土地调查数据的质量直接关系到领导决策、精细化管理。土地调查数据在范围、精度、应用上具备自身特点。

(一)数据成果调查区域无缝全覆盖

土地调查是某一时期对某一个区域土地资源质量和数量所做的分析研究和清查登记。土地调查内容包括土地利用现状及变化情况，包括地类、位置、面积、分布等状况；土地权属及变化情况，包括土地的所有权和使用权状况；土地条件，包括土地的自然条件、社会经济条件等状况。土地调查成果应覆盖全部的调查区域，形成区域内无缝调查数据成果。

(二)空间数据与属性数据有机结合

土地调查空间数据成果表现了地理空间实体(土地图斑)的位置、大小、形状、方向及几何拓扑关系；其属性数据表现了空间实体的空间属性以外的其他属性特征，属性数据是对空间数据的补充说明。土地调查具有严格的调查技术规程，同时，调查成果有相应的数据质量技术规范；土地调查成果必须严格按照相应的质量要求进行数据组织、数据分层、属性赋值等。土地调查数据通过空间数据和属性数据的有机结合详细记录了土地的坐落、权属、地类、面积等信息，丰富了土地调查成果内容，为土地调查成果应用奠定了坚实基础。

(三)空间拓扑关系严格

空间拓扑关系描述的是基本的空间目标点、线、面之间的邻接、关联和包含关系。土地调查数据作为空间数据的一种，有着更加严格的空间拓扑关系。例如，行政区域调查界线、地类界线、界址线要素不允许相交；地类图斑和行政区域外边界必须一致；宗地和行政区域外边界必须一致；作为地类图斑边界的线状地物要和图斑边界重合；界址线和地类界线重叠；行政区域调查界线和地类界线重叠等。

(四)数据成果格式丰富多样

土地调查数据成果不仅包含调查形成的土地矢量数据成果,还包括纠正、处理后的栅格影像数据成果,统计报表成果,文字报告等。

(五)时间特征鲜明

严格来说,空间数据总是在某一特定时间或时间段内采集得到或计算得到的。土地调查也是某一特定时期(统一时点)对地表土地利用状态的一种调查,调查成果具有一定的时间特征;伴随时间推移,土地利用状况发生变化,土地调查数据也失去了相应的时效性。为保证土地调查数据的及时有效性,每年可进行相应的变更调查,补充、变更土地变化信息,更新土地调查成果。各年的土地调查成果整合构成土地调查时态数据成果,对研究土地利用变化、耕地流向、土地综合整治等方面具有极大的利用价值。

(六)数据成果应用广泛

土地调查为国土资源管理、经济发展决策等方面提供了第一手基础数据,在人地矛盾扩大的新形势下,土地调查数据成果广泛地应用在国民经济宏观调控、完善土地市场及土地物权体系、耕地保护、国土空间规划编制、土地整治、建设用地报批与执法监察等方面。

二、土地调查数据库内容

(一)土地调查数据库体系

土地调查数据库涵盖国家、省、地(市)、县四级土地调查数据库,其中,县级土地调查数据库是土地调查数据库体系的基础。县级土地调查数据库通过外业调查、数据库建设而成。地(市)、省、国家级土地调查数据库是以县级数据库为基础逐级整合而成。因此,本节主要以县级土地调查数据库为例,介绍土地调查数据库内容、建设方法。县级土地调查数据库包括以下数据内容。

①基础地理信息,包括定位基础、境界与政区、地貌(含坡度图)等,为矢量数据对数据进行分层。

②土地利用数据,包括地类图斑、线状地物、零星地物(可选)、地类界线等,为矢量数据对数据进行分层。

③土地权属数据,包括宗地、界址线、界址点等,为矢量数据对数据进行分层。

④基本农田数据,包括基本农田分布数据(含基本农田保护片块、图斑等),为矢量数据对数据进行分层。

⑤数字高程模型(DEM)数据,用于DOM数据纠正和坡度图制作的DEM数据,为栅格数据。

⑥DOM数据,包括1∶5 000、1∶10 000和1∶50 000 DOM数据,为栅格数据。

⑦扫描影像图数据,包括含补测地物的调查底图扫描数据和基本农田保护图件扫描数据,为栅格数据。

⑧土地专项调查统计数据,包括工业、基础设施、金融商业服务、开发园区、房地产用地等数据,存入关系型数据库。

⑨专题图数据,具有地图的符号化数据特征,并能实现快速显示的专题图数据,包括标准分幅土地利用图、经过缩编的县级土地利用图等,为矢量数据。

⑩元数据,指各种数据自身的描述数据,包括土地调查数据库元数据、DEM元数据、DOM元数据等,为文本数据。

(二)土地调查数据库结构

土地调查空间要素采用逻辑分层的方法进行组织管理。具有相同几何特征、属性数据库结构的要素，逻辑上为同一层要素。根据层要素之间的关联特征和关系，归纳逻辑层次。为了便于空间数据的逻辑组织管理，原则上同一逻辑层设定一个注记层要素。

土地调查空间要素划分的逻辑有定位基础、行政区划、地貌、土地利用、土地权属、永久基本农田、栅格数据和其他等 8 个层次，29 个层要素。按照上述结构特点，农村土地调查数据库则应由专题数据库和元数据组成。专题数据库由空间数据库、非空间数据库组成，元数据由矢量数据元数据、数字正射影像(DOM)元数据和数字高程模型(DEM)元数据等组成。土地调查数据库逻辑结构如图 6-1 所示。

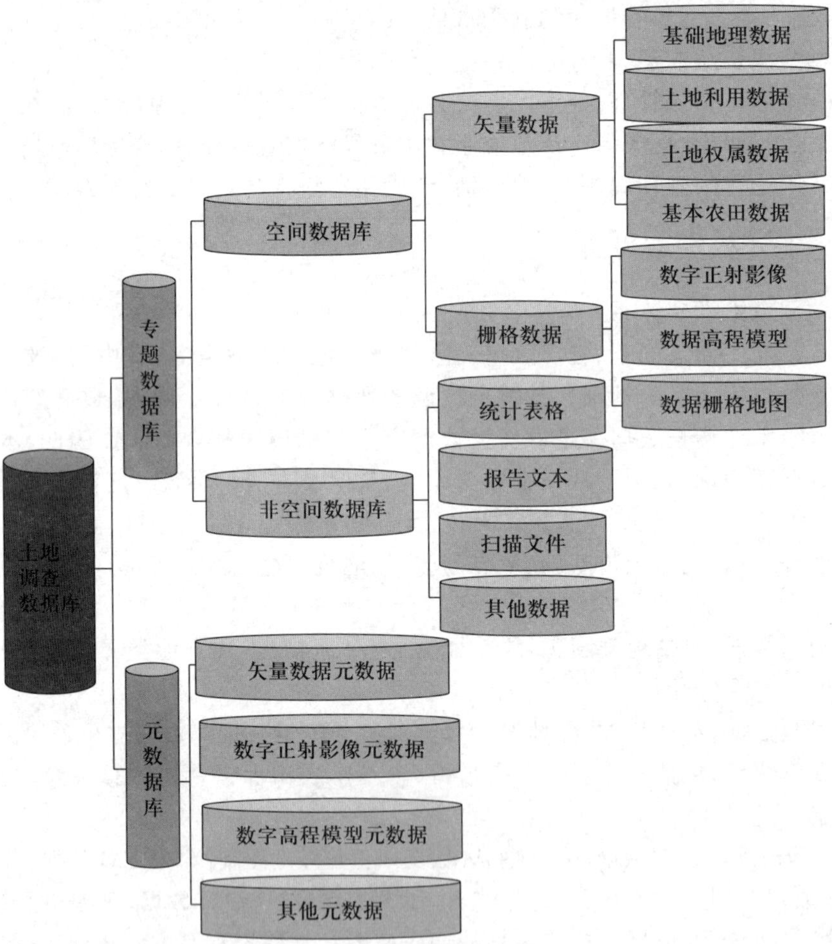

图 6-1 土地调查数据库逻辑结构

三、土地调查数据库建设方法

(一)土地调查数据库建设数据源

1. 数据源内容

(1)土地利用要素数据源

包括标准分幅外业调查底图，农村土地调查记录手簿，图幅理论面积与控制面积接合图表，田坎系数测算表，原有县级土地利用调查数据库及相关资料等。

(2)土地权属要素数据源

包括原有权属资料，权属单位代码表，土地权属界线协议书，土地权属争议缘由书，其他数字形式的数据，如界址点数据等。

(3)基本农田要素数据源

包括县级行政区内永久基本农田划定和调整图件资料，永久基本农田保护区图件资料，永久基本农田保护片图件资料，永久基本农田保护块图件资料以及永久基本农田保护图斑图件资料。

(4)基础地理要素数据源

包括定位基础、境界与政区、地貌等信息，测量控制点及注记，行政区域、行政区域调查界线及注记数据，测绘部门经过验收合格的地形图或等高线数据等。

(5)栅格要素数据源

包括数字正射影像图，数字栅格地图，数字高程模型数据，其他栅格图。

(6)其他数据源

除以上数据源外的其他相关数据及资料，包括建设用地审批、农转用审批、开发园区等数据文件资料。

2. 数据源要求

(1)合法性要求

数据源要求是经过验收(或审查)合格的资料(或数据)；土地权属、基本农田等的有关资料须保证其合法性；对其他数据源的来源须作说明，并提交相应证明文件；填写数据库建设数据源说明表，当数据源为数字形式数据时，还要填写数字形式数据源数据说明表。

(2)质量要求

调查底图等建库需要的标准分幅图件：要求国际标准分幅；数学基础控制信息完整；图廓边长实际尺寸与理论尺寸之差不得大于±0.2 mm、对角线实际尺寸与理论尺寸之差不得大于±0.3 mm、公里网连线实际尺寸与理论尺寸之差不得大于±0.1 mm。当最大误差超过规定值2倍时，不能使用该图件作为矢量化底图；相邻图幅自然接边，图斑界线闭合，各种注记标注清楚。土地利用、土地权属要素图形信息完整，线状地物宽度、地类号、图斑号、行政及权属注记等要素齐全，其属性信息在图上标注或通过标识码与外业调查记录表关联。外业调查记录表：要求调查记录表内容须符合填表要求；各记录表面积汇总数据的逻辑一致性检查正确；其记录项能与对应图形要素信息正确关联。

(二)数据库建设方法

1. 图形数据采集

图形数据采集分为DOM矢量化、扫描矢量化、矢量数据转换和GPS数据采集4种方法。

(1)DOM矢量化

当图形数据采集的来源和依据是现势性较强的DOM数据时，可直接进行矢量化。

(2)扫描矢量化

当图形数据采集的来源和依据是聚酯薄膜(或纸介质)的图件时，采用扫描矢量化的方法。先将图件扫描生成数字栅格图(扫描影像图)，然后使用矢量化软件对扫描影像图数据进行屏幕矢量化。

(3)矢量数据转换

当数据源为矢量数据时,应先进行数据格式、数学基础和数据精度的检查,然后进行数据转换和相应处理。

(4)GPS 数据采集

当图形数据采集的来源和依据是 GPS 控制点时,可直接导入点位坐标数据,并按照手簿记录内容,以影像为基础采集图形数据。

2. 属性数据及其他数据采集

土地调查属性数据主要是根据外业调查成果进行采集录入。数据采集的方法包括逐个图形直接录入属性数据;编制软件集中录入属性数据;利用原有数据库的属性数据及相关资料,直接导入录入数字形式属性数据等多种方式。对需要保存的审批文件、合同,以及权属调查中相关的确权登记等资料,直接用扫描仪、数码相机等设备形成影像文件存档。

(三)县级土地调查数据库建设流程

县级土地调查数据库建设步骤如图 6-2 所示。

1. 数据库建设准备

(1)人员准备

参加数据库建设的人员应有明确的职责分工,涉及人员包括项目负责人、技术负责人、专业质量检查员和作业员。

(2)软件准备

主要是指数据采集、处理软件和数据库管理系统。数据采集和处理软件需要满足国家规定的精度要求和功能要求,并且能够支持规定格式标准的数据交换;数据库管理系统要求该系统具有以下基本功能:支持《土地利用数据库标准》中规定交换格式标准的数据交换;对土地调查数据进行检查并具有增、删、改等编辑功能;满足地方日常土地管理业务对土地调查数据的管理需求;数学基础、面积量算方法、数据统计表模板和图件输出格式等符合《第三次全国国土调查技术规程》要求;能够进行土地调查影像数据的管理;支持多种数据源的土地调查数据更新;支持土地调查数据网络互联互通,满足调查统计、及时监测与快速更新的要求。

(3)硬件准备

用于土地调查数据库建设的硬件设备必须经过检查,保证其性能良好,运转正常,精度满足数据库建设工作的要求,方可使用。同时,将其型号及主要参数记录备案。

2. 数据采集与处理

(1)数据采集与处理的原则

土地调查数据采集与处理须遵循以下原则:①DOM 数据是外业调查和内业处理的基础依据,一般地物数据采集的原则是外业调查成果确定相对位置和地类等属性信息,内业放大 DOM,根据影像特征确定准确地物边界。②外业调查前,可先依据 DOM 数据的影像特征对各要素进行矢量化,该矢量化成果经外业调查,标绘调查信息后,可以直接进行编辑处理。③外业调查前,以 DOM 为基础,叠加矢量或栅格形式的原有土地利用图,产生的复合数字地图产品称为数字影像专题图。数字影像专题图可以辅助外业调查,但内业数据采集仍应以 DOM 影像特征为依据进行,一般图上的地物边界仅作为参考。④原有土地利用图上的权属界线经外业核实后,应根据界线协议书和界线描述等资料,结合 DOM 进行调整,确保权属界线与相应地物的逻辑一致性。⑤行政区域、海岛、滩涂和江河湖泊的常水位等界线要素的采

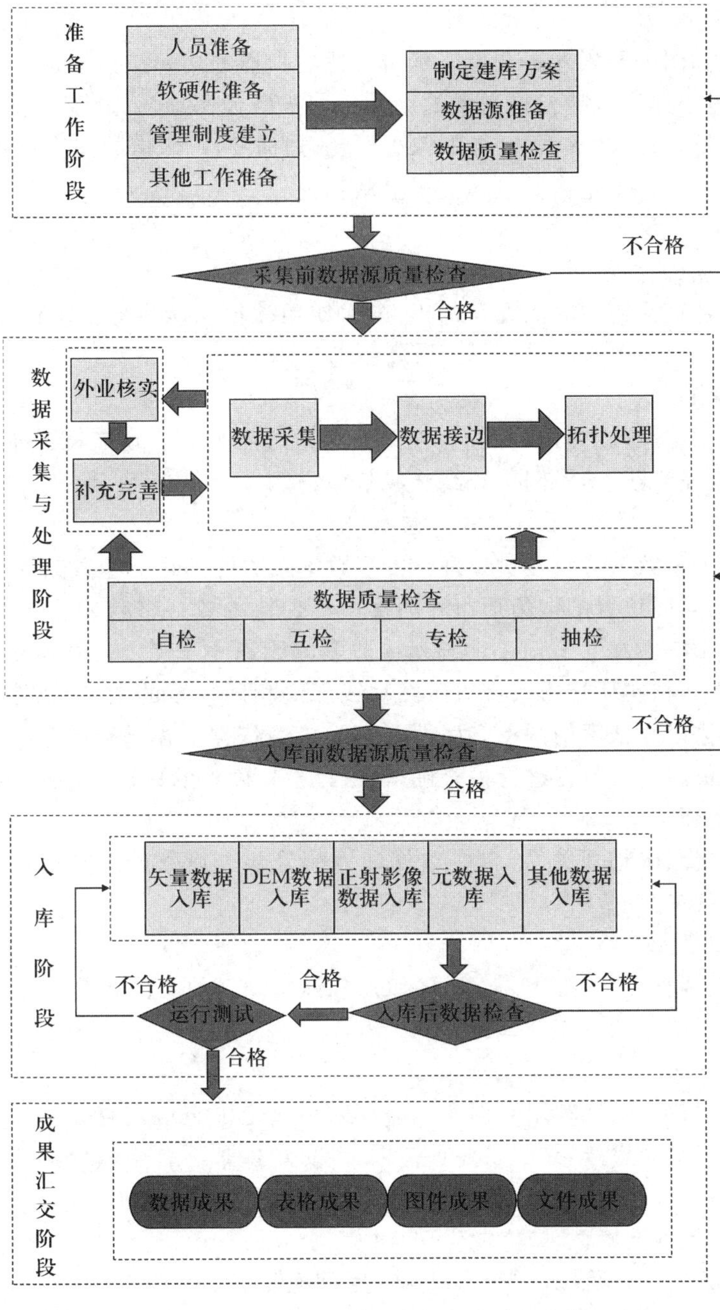

图 6-2　县级土地调查数据库建设流程

集，应以上级调查主管部门下发的资料和数据为依据。⑥补测地物和基本农田要素矢量化采集，应以分幅外业调查底图、基本农田保护图件等扫描影像图数据为基础，或直接输入 GPS 等数字化设备采集的补测信息。⑦当同一要素有不同来源并发生矛盾时，应核对有关资料，讨论确定要素矛盾处理方案。

(2)图件扫描

根据图件介质和图内要素的不同情况确定合适的扫描方式和扫描参数。为避免扫描影像的歪斜失真，扫描时应注意保持扫描送纸的水平。扫描影像图应清晰，能正确辨别图内要素，分辨率不低于 300 dpi。扫描后，要检查影像清晰度、扫描参数、影像数据格式和信息文件的正确性，并记录检查结果，不合格影像应视情况重新扫描。

(3)几何纠正

采集已知控制点(内图廓点和 5 个以上均匀分布的公里格网点)的栅格坐标，根据原图与扫描变形的大小与特征采用不同的几何纠正方法，使用软件功能将栅格坐标转换为高斯平面直角坐标。

(4)分层矢量化

根据矢量化底图影像(DOM 和扫描影像图数据)，参照土地调查记录手簿，进行人机交互矢量化，分层采集权属界线、地类图斑界线和线状地物等。

(5)分幅数据接边

对分幅采集的矢量数据进行接边处理。图形数据接边的同时要注意保持与属性数据的一致性，线划必须和与它同位置的多边形边界的接边要保持一致。当相邻图幅图廓线两侧明显对应要素间距离小于图上 0.6 mm、不明显对应要素间距离小于图上 2.0 mm 时，可直接按照影像接边，否则应实地核实后接边。接边后图廓线两侧相同要素的图形、属性数据保持一致。不同比例尺数据接边以高精度的图形和属性要素为接边依据。在进行数据接边处理环节前，应由专业质量检查员对分幅数据进行检查确认，未经检查确认的数据不得进行接边处理。

(6)数据拓扑处理

检查点、线、面之间的相互关系，对接边处理后的分幅矢量数据进行拓扑处理，建立拓扑结构。

(7)相关文件扫描

对纸质申请书、调查表、审批表、土地证，以及权属来源证明文件等重要的法律文件进行扫描，并以 tiff 格式保存。

3. 数据检查与入库

数据入库前，应根据《土地利用数据库标准》《第三次全国土地调查技术规程》等规定对数据成果质量要求进行全面检查，并记录检查结果，对质量检查不合格的数据应予以返工，质量检查合格的数据方可入库。土地调查数据库的质量检查主要包括数据完整性、逻辑一致性、空间定位准确度、属性数据准确性、数据成果现势性 5 个方面。

数据完整性指数据覆盖范围、图层、数据表、空间实体、记录、注记与文档等不能存在多余、遗漏内容；同时，数据完整性包含数据的有效性，数据能否正常打开、浏览等。逻辑一致性指数据结构、属性及关系达到逻辑规则一致，其中包括概念一致性、值域一致性、格式一致性、拓扑一致性等。空间定位准确度指空间实体位置的准确度，主要包括数学基础精度，例如，空间数据坐标系是否符合相关标准要求，投影方式的选择及参数设置是否正确。属性数据准确性主要是指分类正确性、定性属性正确性和定量属性正确性。数据成果现势性主要是检查土地调查是否以最新土地利用现状为调查基础，采用较新的数据源等。

4. 数据成果汇交

县级土地调查数据库建设完成后，由县级国土自然资源主管部门组织开展数据库成果自检,检查通过后,按照市、省、国家的顺序层层检查上报。土地调查数据库建库成果上报的内容包括矢量数据、影像数据、元数据、表格数据、文档数据等成果,按照国土三次调查要求组成标准汇交文件夹逐级上报。

四、面积量算与数据汇总

自第二次全国土地调查开始,县级土地调查数据库的汇总全部采用数据库汇总的方式,实现了统计表格与数据库的一致。按照《第三次全国土地调查技术规程》的要求,数据库中图形的面积计算应严格按照《图幅理论面积与图斑椭球面积计算公式及要求》的要求进行,经过控制修正的图斑面积应满足全国国土调查成果数据质量检查软件椭球面积检查规则的要求。县级行政调查区域控制面积计算也应严格按照上述的规程要求,进行图幅面积控制和分幅累加计算,并制作图幅理论面积与控制面积接合图表。

(一)数据库图形面积计算程序

为了减少面积量算中的错误,节省时间,缩短周期,在试验与实践的基础上,提出了一套行之有效的量算程序。在面积量算作业中,必须严格执行该程序,以便提高面积量算的精度和数据统计汇总的可靠性。量算程序大体可分为三步:控制面积量算、碎部面积量算、面积统计汇总与校核,如图 6-3 所示。

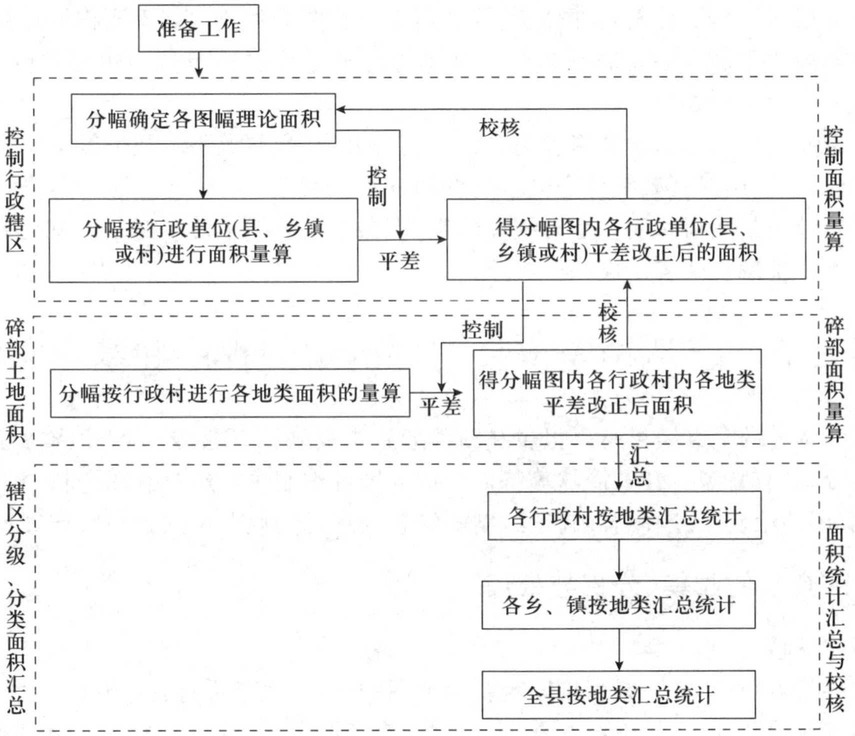

图 6-3　面积量算的程序

1. 控制面积的量算

控制面积是指在整个面积量算系统中的一级土地面积,它在系统中对其以下的土地面积量算工作起到总量控制的作用,具体是指图幅理论面积和各行政单位的总面积。控制面积量算是整个量算工作中的首要环节,也是确保量算工作科学、可靠的基础环节。土地资源调查中为土地面积量算建立起的控制体系是以图幅的理论面积作为总的控制，由图幅理论面积来控制县的面积、乡的面积直至村的面积。

2. 碎部面积的量算

在控制面积量算的基础上进行碎部面积量算。碎部面积的量算应按图幅分区进行，逐一对区内各地类的独立图斑进行量算。量算结果受分幅二级控制分区平差后的面积控制。

碎部面积进行量算时，应注意以下问题：①以线状地物为图斑界限的，相邻图斑各扣除线状地物面积的1/2；以线状地物一侧为界的，线状地物面积全部扣除（在坐落图斑处扣除）。②河流、铁路、高速公路、国道、干渠、县（含）以上公路等穿过城镇建成区的，应扣减其在建成区内的面积；农村道路穿过农村居民点的，不扣减其在农村居民点内的面积。③对图斑内的零星地类面积进行扣除。④对耕地图斑内的田坎面积进行扣除。

3. 面积统计汇总与核校

各级面积统计逻辑基本要求：①县级行政调查区域控制面积应等于村级单位控制面积之和，等于全县所有图斑面积之和（地类图斑层的图斑面积字段汇总值）。②村级单位控制面积应等于本村所有图斑面积之和（地类图斑层的图斑面积字段汇总值）。③乡（镇）级行政调查区域控制面积应等于各村级单位控制面积汇总值。

（二）县级数据库汇总步骤

①建立数据库面积汇总基础计算表，从数据库中各图层生成数据库面积汇总基础计算表，检查基础计算表的正确性和逻辑一致性。基础计算表是以村级单位为单元，分组统计排列。基础计算表的单位为平方米。

②将数据库面积汇总基础计算表的单位转换为公顷，强制调平小数位取舍造成的误差，形成基础统计表，检查确保基础统计表的正确性和逻辑一致性。

③基础统计表是数据库面积汇总统计的基础，在基础数据未发生变化的情况下，各类面积统计报表均由该基础统计表生成。

第二节　土地调查成果图件的编制程序和基本方法

土地资源调查的最终结果是以报告和图件形式来反映的，图件作为土地资源调查成果的重要组成部分，具有直观、清晰、简洁等特点。成果图件编制主要经过制图资料的收集、分析与处理，基础底图的绘制，专题内容的转绘，制图综合处理，图例、图面配置与整饰等程序。

一、制图资料的收集、分析与处理

（一）制图资料

收集资料是编图的基础，既直接影响新编地图的质量，也是进行其他制图工序的前提。应收集外业调查原始图件、农村土地调查记录手簿、最新的1∶1万地形图、经过外业填图的地形图、调绘补测的航空像片或经过调绘的影像地图，以及各种外业记录手簿、交通、地名、境界变动等资料。

（二）资料的分析与处理

收集到的各种编图资料必须经过仔细分析、初步处理，才能确定其能否使用和如何使用。一般可从以下几个方面进行分析与处理。

1. 资料的可靠性

指检查资料上是否存在有逻辑性的错误，特别是了解资料是否合理反映制图区域的景观特征。

2. 资料的精确性

主要是检查分析与所编图件有关的地物位置的精度，估计数量和质量特征标志的转绘精度。

3. 资料的完备性

是根据资料上的全部要素和预计在所编地图上要标示的内容来评价的。一般要研究资料图例中可能被接受和可供选取的分类完备程度、概括特点、内容要素的相互协调情况、典型特征、重要碎部的特点、图面容量等。统计资料应完备、全面。

4. 资料的现势性

是指内容是否反映了最新的科学成果，这可以使资料少修改和少补充。

二、基础底图的绘制

成果图属于专题地图，专题地图由两部分组成：专题内容和地理基础。专题地图的基础底图，是土地资源调查成果图的地理基础，也是描述专题要素的地理基础。基础底图是以地形图为基础，根据专题内容的需要重新编制的，其内容一般包括水系、居民地、境界、道路、地貌等要素，是各类成果图必不可少的共同基础，可用来定向、定位、定量，说明专题要素的分布特征、分布规律以及它与周围地理环境的相互关系。

基础底图的作用在于：①在编制专题地图时，根据地理底图确定专题要素分布的地理位置，依此进行转绘；②在阅读地图时，向读者揭示专题要素地理分布的特点及其与地理环境间的相互关系。

(一)数学基础的展绘

按 1∶1 万的比例尺在图纸上展绘出一幅 1∶1 万地图的经纬线图廓点、经纬网或直角坐标网、控制点等。

(二)底图内容的选取

底图内容包括以下 5 个方面。

1. 居民地

省、县(市)、集镇、行政村及部分自然村。标示的形状和方式与比例尺的大小有很大关系，自然村的选取与图面负载量相协调。

2. 境界

行政界限同样属地理基础要素之一，往往同居民点的标示结合在一起。

3. 水系

海岸线、常年河、水库、湖泊、渠道是地图上定向、定位的要素之一。

4. 地貌

一个地区地面的高度、坡度、坡向和形态特征直接影响气候变化、水热分布、土壤发育、植物生长，即土地类型的分布和土地评价质量。因此，在土地类型和土地评价图上，必须反映出该地区的地貌特征。

5. 道路

铁路、高速公路、主要公路(国道、省道)、一般公路和农村道路等。

(三)底图内容的绘制

将展绘了数学基础的底图用公里网作控制,在 GIS 软件中与相应的 1∶1 万地形图进行叠加,依次将选取的底图内容绘制出来。

三、专题内容的转绘

根据调查的专题资料的不同,其专题内容的转绘方法也有不同,常用的方法有以下 4 种。

(一)复照法

复照法是转绘地图内容的最基本方法。它的过程如下:把专题资料(图)通过绘图软件(如 GIS 软件)绘制成矢量图形,将专题要素与已绘制完底图内容的新编地图叠加,从而得到编绘原图。

(二)网格法

网格法又称图解纠正法,是转绘地图内容的最简单方法。转绘时在资料图和新编原图上划分相应的辅助网格,然后根据网格对应关系,用目测或比例规把图形由资料转绘到新编原图上。

划分网格的基础有直角坐标网、经纬线网和控制点或资料图与原图相应点构成的三角形。转绘图形时用目测或比例规逐格进行,每一网格的转绘顺序如下:①先在资料图上估计线状地物或界线和网格交点的位置,将其标定在新编原图的相应位置上;②再将线状地物或界线的主要转弯点或控制点根据其在网格中的对应位置标定在新编原图的相应位置上;③根据已经转绘的点,按图形相似的原理,连接成和资料图相似的图形,同时进行内容的选取和概括,得到所需要的地图内容。

(三)光学投影转绘法

使用光学投影设备,在新编地图的制图网格上形成相应资料地图的光学图像,作为描绘和进行制图综合的依据,从而达到地图转绘的目的。

(四)透绘法

采用分幅 1∶1 万正射影像图作为调查资料的,可以图廓的 4 个点为控制,将影像图上的专题内容直接叠加到绘制完底图内容的新编地图上。

四、制图综合处理

(一)概念

根据成图比例尺的大小考虑其负荷量,按轨道的制图要求对地图内容进行科学的综合取舍称为制图综合。制图综合实质上是要处理好以下两种关系。

1. 地图要素的几何精度与地理特征的关系

要保持地图的几何精度,就要严格按比例尺描绘地理要素,其结果是有许多地理要素因尺寸过小而无法标示。同一专题在不同比例尺地图上所显示的内容有明显的变化。

2. 地图负载与清晰易读的关系

地图上能负载多少内容、详细到何种程度,依据不同主题和用途而有不同的要求和标准,既要有符合要求的图内容,又要具有清晰易读的视觉效果,处理好两者的关系,是制图综合的另一个重要内容。

(二)主要方法

1. 分类分级

地图上专题要素的质量差别通常是以分类来体现的,随着地图比例尺的缩小或用途而改变。地图能够表达的事物数量越来越少,这就需要通过合并或删除来减少它的类别。同样,合并相邻级别,可扩大分级的间隔范围,从而减少分级的数目,达到综合的目的。

2. 化简

表示专题要素的重要特性,删除不重要的细部。

①内容取舍。根据地图的主题、内容、比例尺、用途等要求,从大量事物或现象中选取某些较大、较重要、较有代表性的标示在地图上,而舍去某些较小、较次要或与主题无关的内容。

②形状的简化。形状简化的方法有删除、夸大、合并和分割。当地图比例尺缩小时,某些碎部图形无法清晰标示的应被删除,但是有时为了显示和加强某些特征,反而需要夸大本可能删除的碎部。合并是将临近而性质相同的若干图形合成一个图形,但是为了使简化图形的特点和形态与原图相吻合,又要将本应合并的图斑分割开。总之,形状简化的目的在于保留要素所固有的、典型的、重要的特征,从而保持地图的真实性与合理性,并使复杂的图形变得简单明了,清晰易读。

五、图例、图面配置与整饰

图例是地图上所使用全部地图符号的说明,对地图信息传递的全过程都具有重要的意义。图例设计应注意图例符号的完备性和一致性。完备性主要指图例应包括图幅中所有出现的专题符号。一致性是指表示同一类物体的符号在其形状、尺寸、色彩、结构等方面应保持一致。土地利用现状调查的分类图式、图例和色标可参考《第三次全国国土调查技术规程》(TD/T 1055—2019)。1∶1万基本图的图面配置和1∶1万地形图一样。

土地资源调查成果图内容各不相同,所以图例的内容、复杂性、容量和结构也不相同。

第三节　土地类型图的编制

土地类型图和土地资源图是土地资源调查成果的重要组成部分,这2种图件的编制也是一种复杂且技术性很强的工作。对于土地类型图的编制,应注意以下几个关键问题。

一、制图的原则

土地类型图的编制方法很多,但可归纳为2个基本途径,即景观法和指标法。这2种方法都必须遵循如下原则,才能保证成果图的质量。

第一,制图应体现综合性原则,土地是由诸多自然要素组成的自然综合体,是人类活动的产物。这就要求在制图前,广泛收集、仔细研究当地的有关气候、地貌、植被、土壤、水文等资料。土地类型的界线有着深刻的发生学内在特征,往往与气候资源图、土壤图、地貌图等专业图的界线相吻合,因而只有通过对土地类型构成要素的综合分析才能确定。注意提取各专业间具有共同科学定义的地形特征线。

但是土地类型的界线绝不是土地构成要素界线的简单机械的相加。应运用主导因素分析研究，才能确定边界。

第二，制图必须正确处理定性与定量、质变与量变、个体形态与区域总体结构的关系类型界线的划分，轮廓形状布局，既要遵循地理基础控制的原则，保证总体的相互对比的数量关系，又要注意土地类型的空间结构、各类型的组合关系。

第三，制图要突出生产性制图的最终目的是为生产服务，由于农、林、牧各行业对土地利用条件要求不同，在制图的技术处理上也应有所区别，对于利用要求高的地类应给予较为详细的划分与表现，否则相反。

二、制图单元

就土地类型图来看，土地类型制图单元，即成图的图斑，是土地类型及其形态的分类单位。因为不同比例尺土地类型图的详细程度和概括程度有显著差别，所以制图单元也会有很大的不同。

中国 1∶100 万土地类型图设计了一个制图图例系统，先根据大尺度的水热组合类型，将全国按自然地带或亚地带分异划分为 12 个土地纲；然后根据大(中)地貌类型不同，在同一土地纲内划分为土地类；在土地类内，再根据植被亚型或群系、土壤亚类等的差异，继续分为土地型。土地型关系到宏观综合性的土地的光、温、水、土等生产力。

大比例尺土地类型图的图斑，一般说来是土地类型的形态结构单位——土地单元。

图斑的确定是非常重要的，与比例尺和制图目的紧密相关。制图对象选择的是否恰当，直接影响到图的质量和应用价值。如果选取的最小成图图斑面积偏大，制图内容的概括程度就高，即需要删去的内容就多，直接影响土地类型形态单位分异的特色和面积的计算对比。若最小成图图斑面积选取的偏小，在图上就会出现一些意义不大、面积非常小的图斑，这样导致图面琐碎零乱，土地类型的规律性分布表现不强，且不易读图。

制图单元与分类单元不同。分类单元是概念化的，它是根据我们现有知识所允许的程度尽可能精确定义的，从而为制图提供通用的标准。制图单元是分类单元的具体反映，两者不能混淆。这是因为：①制图是一个综合过程，某一制图单元内包含有其他类型的土地；②有时根据需要，图例系统会划分出更小的制图单元，而这一制图单元在分类系统中没有相似的分类单元对应。

三、表示方法

土地类型图图例的设计，是根据分类系统和制图单元拟定的。往往采用顺序图例，即图例系统与分类系统的排列基本一致，图例名称也与分类系统上的名称一致。其特点是系统分明，可以充分反映出土地类型的综合特征。

在土地类型图上，通常采用质底法区分各种不同土地类型。在设色时，应以颜色差异区分主要类型，而以色调差异区分次要类型。例如，平原和下湿地可选用不同色调的蓝、绿色，丘陵可选用不同色调的黄、橙色；山地可选用不同色调的棕褐色等。这样可以更好地区分图面上大的类型，利于分析各区域差异的规律性。

为了反映土地类型分布的规律性，可以把断面图作为附图。

四、轮廓线的制图综合问题

在编图过程中，如何对各种土地类型和土地资源类型进行综合制图，是一个十分重要的工作。结合前面所谈到的制图综合的概念，在土地类型和土地资源图的编制中，还应考虑以下几个方面。

第一，注意土地类型和土地资源多样性和区域分异特点。在小比例尺条件下，用尽可能小的符号和图斑来反映复杂多样的土地类型和土地资源类型，而且用比较明显的符号和图斑来区分其差异性。

第二，舍去一些小的类型，保留较大的类型；选择有代表性的类型，去掉缺乏典型意义的类型，并且要注意反映其分布规律和总的平面结构特征，如合理体现较小河流两侧断续分布的小块高阶地上的土地块及其组合而成的土地单元，避免将其变成片状或条状分布；夸大一些具有重要意义的细小类型，如分布在大面积类型内部的小范围其他类型，像小溪河或干沟等土地类型及其单元，但要不失其分布的规律性。

第三，概括类型界线的形状时，省掉一些小的弯曲，夸大一些具有特性的细小弯曲。

第四，为了使土地类型和土地资源类型的特征及分布规律明显突出，力求正确综合各种类型的分布范围、形态结构、规模大小、排列组合构局等基本特点。

第五，土地类型和土地资源类型的界线，与地形特征线关系密切，在自然界属于可见界线，但是影响因素比较复杂，其界线只能制的比较概括。

第四节　土地利用现状图和权属界线图的编制

以显示行政境界、土地使用权属界、各种地类界及其地类为主要内容的地图，叫土地利用现状图，也叫土地利用图或土地现状图。以土地利用现状调查成果图为依据，用界址拐点、权属界址线相应的地物图式及注记表示土地的权属关系。土地权属界线图是土地利用现状调查的重要成果之一，同时也是开展地籍管理工作的基础图件。

一、乡级土地利用现状图

乡级土地利用现状图是以乡的管辖范围为单位，包括乡以外属于本乡的飞地在内，以单幅图的形式进行编制，比例尺一般与调查底图比例尺保持一致——农区 1∶1 万，重点林区 1∶2.5 万，一般林区 1∶5 万，牧区 1∶5 万或 1∶10 万。

（一）编制过程

1. 拼接基本图

根据乡所在的地理位置，将分幅的基本图拼接起来。拼接时以内图廓点和公里网作为控制，使两相邻图幅精密地衔接起来，并对接边处的地物逐个检查，接准后将资料底图固定下来。

2. 采用直接编绘法绘制

直接编绘法就是利用遥感影像数据转绘的分幅土地利用现状工作底图直接编绘成为乡级土地利用现状图的方法，也叫一次成图法。直接编绘法的具体步骤：第一步研究原图，即研究分幅土地利用现状工作底图；第二步按乡级土地利用现状图的成图要求，对工作底图进行修改、加工处理；第三步分幅复印；第四步拼接图幅；第五步图面设计；第六步按《第三次全国国土调查技术规程》规定的图例，对行政区划内的地类界线进行分色清绘；第七步对面状地物上色着墨；第八步地图整饰。

(二)图面设计

图面设计内容包括主图、各种附图、图廓线、花边、图名、图签等。基本要求是主图要突出、附图配置合理，整饬美观大方，各要素设色符合规程要求，图面清晰易读，使用方便。

二、县级土地利用现状图

县级土地利用现状图是土地资源调查的重要组成部分，是在完成编绘乡级土地利用现状图的基础上进行的。需要注意的是：①制图单元以土地利用现状分类单元为编图依据，进行制图综合；②制图综合时，应贯彻"表示主要的、去掉次要的"原则；③通过不同的制图单元和图斑间的不同组合差异来反映土地利用现状的分布规律和区域特征的差异性。

(一)地图设计

县级土地利用现状图的地图设计，主要由编辑承担，因而又叫编辑准备。其内容包括：

1. 明确地图的用途和要求

县级土地利用现状图的用途旨在反映全县各类土地的数量、分布状况及其规律，阐明土地利用现状和存在问题，为合理利用土地、科学管理土地、土地利用规划和国土整治与区域可持续发展提供科学依据。

县级土地利用现状图的编制，应在所属各乡、镇土地利用现状调查成果(地图、数表、报告)验收合格的基础上进行，以 1∶1 万分幅工作底图为基本资料缩编成图，比例尺一般为 1∶5 万，面积过小或过大的县，可用 1∶2 万或 1∶10 万。

准确地标示境界与土地权属界，正确地反映各种地类的数量和分布。能在图上量算土地总面积和各种地类面积，分析土地利用现状特点和存在问题，研究改造、利用的途径和措施。

2. 收集、整理编图资料

以 1∶1.5 万分幅工作底图作基本资料，以乡土地利用现状图、乡土地权属界线图、各类土地面积统计表和土地利用现状调查说明书等作辅助资料。以下资料作补充资料：①1∶5 万和更大比例尺地形图及典型地区航片；②各种专业地图，地貌类型图、土壤类型图、农田基建图、园艺分布图、森林资源图、荒地资源图、农作物分布图、农业区划图等，及其数据文字资料；③其他有关统计数表和文字资料，如人口资料、社会经济统计资料、地名普查资料等。这些基本资料检核。

3. 研究本县地理特征和土地利用现状特点

研究本县地理情况和土地利用现状特点的目的是为正确反映各种地类的分布规律及典型特性，尤其是对确定地貌的标示方法和制图综合指标提供依据。

4. 确定地图内容

地图内容主要指地理基础要素和专题要素。地理基础要素主要是地貌与境界，常用浅淡色显示于第二平面，水系、居民点和交通既是地理基础要素，也是专题内容之一，这一特性决定了它们不同于一般地理要素，常用较突出的颜色显示于第一平面。专题要素除水系、居民点、交通外，还包括耕地、园地、林地、牧草地、难利用地等，它们是地图的主题。

除了上述工作内容，还需要确定地图的数学基础，如地图比例尺、地图投影、中央经线、坐标网以及图名、图廓、图例、附图等方面的配置与设计。

在上述工作的基础上，编写县级土地利用现状图编制设计书。

(二)地图编绘

县级土地利用现状图的地图编绘是在完成地图设计之后，根据国土调查工作技术规程中的国土调查图式，对编图资料内容进行转绘、选取、概括、编绘而成原始稿图，简称原图。原图编绘的方法为：①根据所在县的位置，计算和展绘地图的数学基础；②用一定的转绘方法将各乡的土地利用现状图上的专题内容通过综合后转绘到新编图上；③对新编图进行整饬。

三、土地权属界线图

(一)境界和土地权属界

境界和土地权属界是土地利用现状调查中首先要解决的问题。

境界指国界及各行政区划界。国界要遵照《规程》制定，以国家标准划法为准。国内各级行政区划界包括省、自治区、直辖市界；自治州、盟、地区、省辖市界；县、自治县、区、旗界，以及乡(镇)界，要按照《规程》规定和要求，严肃对待，认真调绘，准确标定其位置，并按境界等级表示其相应符号。乡(镇)是最基层行政区划单位，乡界也就是基层行政区划界，确定了乡界，县界就可基本确定。所以，境界调绘要先把乡界调查准确、调查好，为其他各级行政界打好基础。

土地权属界是指村(大队)，农、林、牧、渔场，以及居民地以外的厂矿、机关团体、部队、学校等单位的土地所有权和使用权界线。村是基层集体单位，是统计各类土地面积的基层单位，村界是土地权属界中面广、量大、涉及问题最多的。确定了村界就等于解决了土地权属界的绝大部分任务。农、林、牧、渔场界线和居民地以外的厂矿、机关团体、部队、学校等单位的土地所有权和使用权界线，可根据国有土地使用单位的土地权属证明文件、图件等资料进行解决。所以村界调绘十分重要，村界确定了，乡界就可以较容易地确定了。

(二)土地权属界线图的用途、要求和种类

绘制土地权属界线图主要有以下几方面用途。

①用以确定行政境界位置的基本资料，起到法律效力证明文件的作用。

②可以作为国家调查土地权属和处理纠纷的依据，当其地面发生变化时，能够根据土地权属界线图恢复其原来的位置。

③可以作为面积量算的依据，境界准确才能保证面积量算准确。境界不准确，面积量算不可能准确。所以要查清土地利用类型、数量、分布和利用现状，要先准确地调绘出土地权属界和各级行政境界，并且要用土地权属界线图作为确定土地关系的凭据，把土地权属界和各级行政界，以协议文件形式固定下来，共同遵守，减免纠纷。

在绘制土地权属界线图时，应注意以下几方面的要求。

①编图比例尺的要求。土地权属界线图的比例尺，应与土地利用现状调查的工作底图比例尺相一致，以方便编制配合使用。

②编图内容的要求。一是突出标示境界和土地权属界，标明相邻单位界线的起点、中间各主要拐点和终点。二是境界和土地权属界要以规定的相应符号绘制。三是境界两侧一定距离(2 cm)内绘出相应的地面测量控制点、地貌、地物、地类界和地类符号。四是县、乡政府和村民委员会所在地，以及其他的主要居民地、水系和道路。五是有方位意义的地物。六是图边资料，如图名、图号、比例尺、图廓、公里网和经纬度注记、调绘和编绘年月和人员、相邻单位负责人签名和单位盖章。

土地权属界线图有 2 种：一是分幅土地权属界线图，是以县为单位，按图幅编制的；二是拼幅土地权属界线图，是按土地权属单位(如村、乡、县)用分幅土地权属界线图的复制图，截切拼接而成，由于拼幅权属界线图工作量太大，而且也有重复，实际作用不大，只能起到方便阅读的作用。因此，应以县为单位，编制分幅土地权属界线图。

(三)内容的编制方法

土地权属界线图主要有以下 3 种形式。

1. 沿用第一次全国土地调查形式

由手工在实地绘制，界址点用直径 0.1 mm 的点表示，并用直径 0.8 mm 圆圈圈定表示；界址点编号，一般用 1，2 ，…表示；界址线，绘清两界址点之间连线的走向，用实线表示；拐点附近略图，绘清界址点与相邻地物的相对位置关系，便于说明拐点的具体位置；相邻权属单位名称(全称)；指北方向等(图 6-4)。

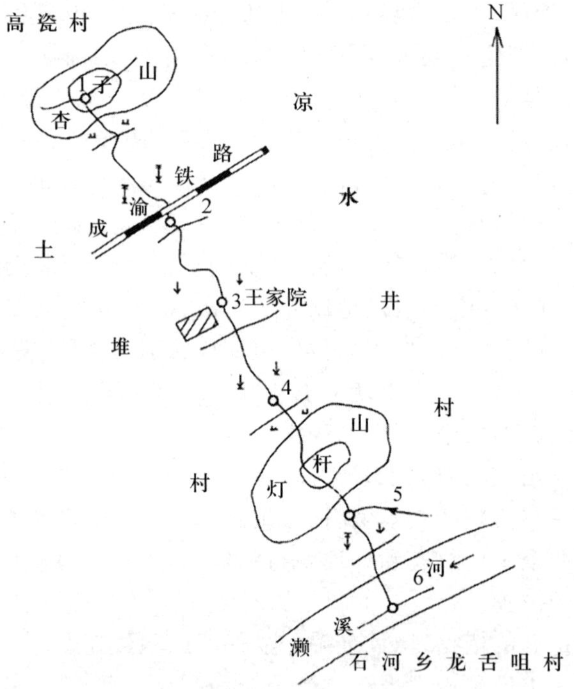

图 6-4 土地权属界线示意图(手绘)

土地权属界线图说明如下：

界址点 1：位于杏子山山顶大石处，西为土堆村，东为凉水井村，北为高瓷村。

界址点 2：位于成渝铁路荣广 028 号高压电线杆处。

界址点 1—2：由界址点 1 截坡顺小路而下，向南过成渝铁路，永荣矿务局专用线铁路再经王成云大田背坎至观点 2。

界址点 3：位于王家院东北角 5 m 处。

界址点 2—3：由界址点 2 沿小路向东南折东经王运才大田田坎折南上小路至界址点 3。

界址点 4：位于朱力全大田南角。

界址点 3—4：由界址点 3 经刘金文包产田田坎、莫太全包产田背坎、刘金友包产田田坎、汤世琼自留地土坎、汤世高包产田田坎、罗大明包产田背坎至界址点 4。

界址点5：位于灯杆山南坡脚水渠堤坎末端处。

界址点4—5：由界址点4经灯杆山至界址点5。

界址点6：位于濑溪河河心主水道，主水道南为重庆市荣昌区龙舌咀村。

界址点5—6：由界址点5向南经张兴全土角、高显法包产田田坎绕陈清贵12挑大水田脚上小路至濑溪河主水道。

2. 在标准分幅地籍图上标绘土地权属界线形式

该形式的权属界线图是将权属界线直接标绘在标准分幅地籍图上，相邻权属单位直接在地籍图上签字盖章(图6-5)。

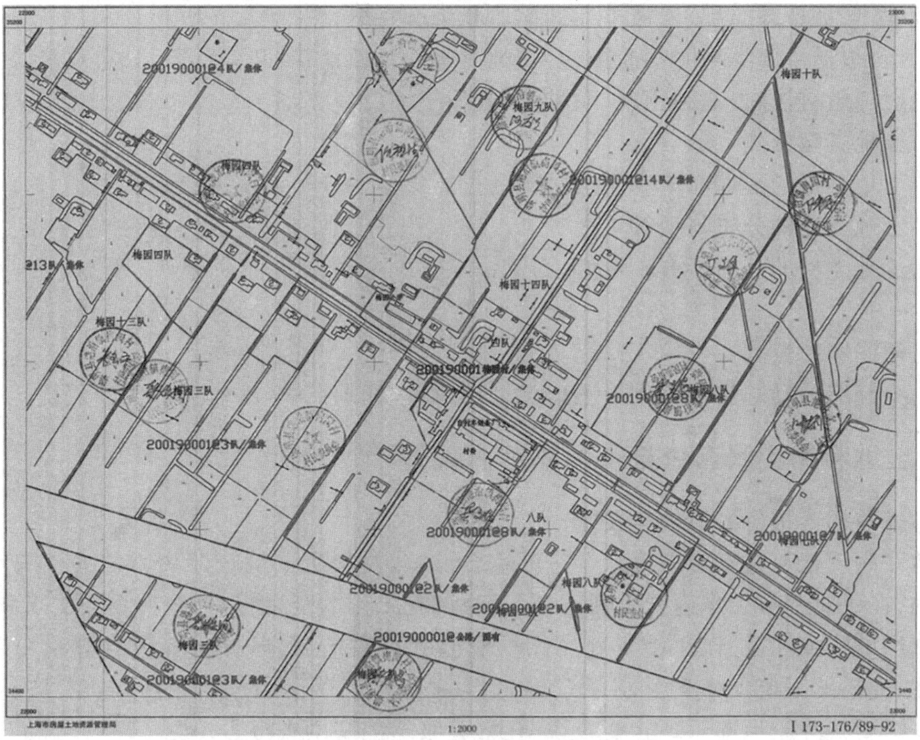

图6-5　土地权属界线示意图(标绘)

3. 在标准分幅影像图上标绘土地权属界线形式

该形式的权属界线图是将权属界线直接标绘在标准分幅影像图上，相邻权属单位直接在影像图上签字盖章。

第五节　土地资源调查报告的编写

一、土地类型调查报告的编写

土地类型调查以划分类型为主，分析研究土地类型的形成、分界因素、发生演变、分布规律、自然特征及其形态结构。同时，在土地类型划分的基础上，还要对土地类型作质量鉴定进行评价。写法上要求简明扼要，分析透彻，意见中肯，措施切实可行。

土地类型调查报告内容提纲如下。

(一)前言

说明调查地区的行政区域、地理位置、工作范围;任务的目的、由来;调查人员组成,调查工作的组织;调查的经过和方法,取得的主要成果;资料来源、准确性、现势性的说明。

(二)环境

①社会经济概况,包括面积、人口、收入等。

②气候,包括太阳辐射、年均温、积温、极端气温、降水量、降水分布、蒸发量、降水的强度特征和降水与作物生长季节的关系等。

③地学特征,包括地质、地貌、水文、地下水的水文地质,以及地球化学条件等。

④植被,包括植被类型、植被单元的描述和生态系统。

⑤土壤,包括主要类型的剖面描述、各类土壤的物理性状、肥力特征、分布规律等。

⑥土地利用,包括土地利用现状、种植制度、土地管理等。

(三)土地类型分类

说明土地类型的形成和演变、分异特征、土地类型的分类系统和命名。

(四)土地类型的分布与现状

包括土地类型的位置、分布规律、面积、形态结构和自然特征等,以及土地类型的质量评价。

(五)附图和附表

附图为经缩编后的较小比例尺土地类型图、行政区划图等,附表为各类面积统计表等。

二、土地利用现状调查报告的编写

(一)编写调查报告的目的与要求

土地利用现状调查报告是现状调查的综合反映,是极重要的成果资料之一。编写调查报告的目的,在于对调查工作进行全面总结,反映调查工作的全过程,汇报调查的成果和质量,分析土地利用的程度和效益,总结土地利用的经验和存在的问题,提出充分合理利用土地的建议。为此,提出编写要求如下。

①乡级要编写土地利用现状调查说明书,县级要编写调查报告。

②县级调查报告应着重归纳土地利用现状调查的成果,分析土地利用的特点,并从宏观上提出开发、利用、整治、保护土地的意义。

③调查报告中提出的情况要属实,数据要准确,分析和评价要有充分的依据,内容要充实,尽量做到文、表、图并茂。

(二)乡级土地利用现状说明书

乡级土地利用现状说明书可以简短些,主要叙述全乡概况、各类土地面积及分布状况、利用特征及问题、土地权属问题等。文后附调查人员名单及在调查中承担的任务。

(三)县级土地利用现状调查报告

县级土地利用现状调查报告编写的内容比较详细,主要包括自然与社会经济概况、调查工作情况、调查成果及质量、土地利用分析及建议和调查报告的附件等。

1. 自然与社会经济概况

主要包括调查区的地理位置、行政区划和总面积。自然概况中应包括地貌、气候、土壤、植被、地质地层、水资源等内容,还应包括人口、劳力、各业产值、农作物产量、人均收入水平等社会经济概况。

2. 调查工作情况

①人员包括调查的组织领导及机构设置、调查队伍的组成及培训、参加调查人员的专业结构和文化程度，文后附人员名单。

②技术包括工作步骤和方法、技术规程的执行情况、技术资料的收集和应用、保证成果质量的主要措施等。

③其他调查内外业的工作量统计、各阶段安排的时间、经费的筹集和使用，以及工作经验教训、存在问题等。

3. 调查成果及质量

①完成的各项调查成果名称、简介及其内容。

②土地利用现状调查结果的分析，如各类土地面积的统计、所占比例及分布状况、各行政单位所占土地比较、耕地的统计与分析等。

③土地权属界线的划定，如地界的调给与补测、争议地问题的解决情况、解决的经验及存在的问题。

④对各项调查成果质量的评价，内业、外业检查的合格率及评语。

⑤成果质量上存在的问题及其产生的原因。

4. 土地利用分析及建议

这里主要是分析问题、总结经验，并提出合理建议。可以通过人地比例关系、各类土地历年增减变化情况，进行土地利用适宜性分析、土地利用合理问题的分析、土地生产潜力的分析等。应总结保护耕地和提高地力的经验、提高上地利用率的经验、利用废弃地的经验等。在科学分析和总结经验的基础上，提出合理利用土地的方法和建议，包括挖掘土地潜力、克服障碍因素的途径、开发土地后备资源的设想等。

5. 调查报告的附件

附件一般包括土地利用现状调查统计表、土地利用现状图、土地利用现状调查人员名单等。

第六节　调查成果的检查验收

土地资源调查成果的检查验收工作是土地资源调查工作的一个环节，也是调查技术管理工作的一项重要内容。误差具有传递性，往往某个环节的差错可能会导致结论的错误。因此，应注意层层把关，加强检查验收工作。

为确保调查成果质量，每道工序结束后都要进行认真检查，采取自查、互查和联查相结合的方法，建立检查员检查制度，把差错消灭在第一线。由于误差具有传递性，因而必须在上道工序检查合格后，方可进入下道工序。不合格的分情况予以补课或返工。检查成果一般包括以下内容。

①土地权属来源材料、手续、界址点位置、界线走向、权属界线协议书以及调查表等。

②地类划分、地类标注、图斑界线、田坎系数、举证照片以及外业调查记录等。

③国土调查数据库结构、内容、精度、逻辑关系以及数据库管理系统相关功能及运行情况等。

④统计汇总数据、各种图件及文字报告等。

检查程序一般包括县级自检、省级预检、国家级核查与数据库质量核查 4 个部分，形成核查结果报告和评价结果，并进行质量控制和评价。

一、县级自检

(一)自检比例

县级对调查成果进行 100%全面自检。

(二)自检内容和方法

携带原始调查图件、农村土地调查记录手簿、对应的标准分幅土地利用现状图、土地权属有关资料、土地调查成果检查表、必要的测量工具等到实地，进行如下检查。

1. 地类核实

以实地土地利用现状为依据，对照检查原始调查图件(或标准分幅土地利用现状图)上标绘内容与实地是否一致，检查的主要内容包括图斑的形状、范围、地类，线状地物的走向、地类和宽度，零星地物的位置、地类及面积等是否与实地一致。

2. 权属界线核实

检查权属界线位置、走向是否与实地一致。

3. 补测地物核实

实地检查补测地物的位置、范围、精度是否满足要求，地类认定是否正确。

在自检过程中，作业单位应积极配合和参与，便于对成果进行整改。将自检结果记录在国土调查成果检查表上(表 6-1)。

表 6-1　县级国土调查成果检查表

<table>
<tr><td>任务编号</td><td></td><td>检查县(区)代码</td><td></td><td>核查县(区)名称</td><td></td><td>检查日期</td><td></td></tr>
<tr><td>检查图斑个数</td><td></td><td>检查图斑面积</td><td></td><td>疑问图斑个数</td><td></td><td>疑问图斑面积</td><td></td></tr>
<tr><td>疑问图斑占检查图斑个数比例/%</td><td></td><td>疑问图斑面积占检查图斑面积比例/%</td><td></td><td>核查单位名称</td><td></td><td></td><td></td></tr>
<tr><td colspan="4" rowspan="2">检查项目</td><td rowspan="2">检查内容</td><td colspan="3">检查意见</td></tr>
<tr><td>疑问图斑个数</td><td>疑问图斑面积</td><td>备注</td></tr>
<tr><td colspan="4">图斑筛查</td><td>检查是否存在《实施方案》中禁止调查的情况</td><td colspan="3"></td></tr>
</table>

续表 6-1

图斑检查	地类一致性检查	1	新增耕地图斑检查	检查影像、照片是否为耕地			
			耕地内二级类变化	检查影像、照片是否为耕地，支持三调耕地二级类			
		2	园地、林地、草地等地类图斑检查	检查影像、照片是否为园地、林地、草地			
		3	原农用地调查为未利用地图斑检查	检查影像、照片是否为未利用地，并检查地方是否提交省级报告			
		4	湿地图斑检查	检查影像、照片是否为湿地，并检查对应地类			
		5	新增建设用地图斑检查	检查影像、照片是否为建设用地			
		6	空闲地检查	在城镇、村庄、工矿范围内且不能准确判断土地用途			
		7	新增设施农用地检查	检查影像、照片是否为设施农用地			
		8	农村道路图斑检查	路面宽度不大于 8 m，且不在国家公路网范围内			
		9	临时用地图斑检查	检查影像、照片是否为临时用地且三调图斑地类为建设用地			
		10	光伏用地检查	检查影像、照片是否为光伏用地，在自然资源部综合信息监管平台数据范围内的调查为建设用地，否则调查为原地类			
		11	推（堆）土区图斑检查	检查影像、照片是否为推（堆）土区			
		12	拆除未尽图斑检查	检查影像、照片是否为建筑物（构筑物）拆除未尽			
	属性标注检查	1	建设用地标注检查	标注信息是否符合要求			

续表 6-1

<table>
<tr><td rowspan="3">图斑检查</td><td rowspan="2">专项用地调查成果检查</td><td>1</td><td>耕地细化调查成果检查</td><td>图斑标注信息与图斑位置是否一致</td><td></td><td></td><td></td></tr>
<tr><td>2</td><td>批准为建设的建设用地调查成果检查</td><td>数据库地类是否与实地一致</td><td></td><td></td><td></td></tr>
<tr><td colspan="3">可调整地类图斑检查</td><td>实地现状地类是否符合调查要求；是否为新增可调整地类图斑</td><td></td><td></td><td></td></tr>
<tr><td colspan="4">检查项目</td><td>检查内容</td><td>提交照片数量</td><td>有效照片数量</td><td>备注</td></tr>
<tr><td colspan="4">照片合理性检查</td><td>是否符合举证要求</td><td></td><td></td><td></td></tr>
<tr><td colspan="4">检查项目</td><td>检查内容</td><td>特殊流量类型</td><td>特殊流量面积</td><td>备注</td></tr>
<tr><td colspan="4">变化流量流向审查</td><td>是否有特殊变化流量</td><td></td><td></td><td></td></tr>
<tr><td colspan="4">检查项目</td><td>检查内容</td><td>是否符合要求</td><td>问题记录</td><td>备注</td></tr>
<tr><td colspan="4">图斑边界与 DOM 套合程度检查</td><td>根据图斑边界与 DOM 套合情况，检查地方是否重新建立数据库</td><td></td><td></td><td></td></tr>
<tr><td colspan="4">检查结果综述</td><td></td><td></td><td></td><td></td></tr>
</table>

对外业自检中发现的问题进行梳理、分类，形成自检报告。作业单位依据自检报告组织对成果进行举一反三的全面整改，不但要对实地检查到的问题进行整改，对其他未实地检查的类似问题也应一并整改。针对重大问题，县级土地调查办公室还要复查作业单位整改情况。

二、省级预检

第一，采用计算机自动比对和人机交互检查方法，比对提取土地资源调查的初步成果、原土地调查数据库和国家内业判读结果之间的差异图斑，重点检查差异图斑调查地类与影像及举证照片的一致性，根据内业检查结果开展外业实地核查，对外业图斑进行认定，并利用移动外业设备拍摄图斑实地照片。根据内外业检查结果，组织调查成果整改。

外业成果检查采取抽查的方法进行。检查时根据调查区域地物复杂程度等实际情况，抽查图幅数一般不低于总图幅数的 10%，不少于 10 幅，每幅图检查面积不少于 1/4。外业检查以实地现状为准，对照检查遥感卫星像片(原始调查图件)上调绘的地类图斑与实地位置、形状、范围、地类是否一致，线状地物的走向、宽度量取是否正确，补测新增地物的位置、地类及范围是否能满足补测精度要求等。

①地类图斑检查。实地检查图上标绘图斑的位置、范围、地类、属性是否与实地一致，调查精度是否符合要求。特别要将建设用地(包括“批而未用”土地)、耕地等重要地类作为检查核实的重点(表 6-2)。

表 6-2　________县(区、市)图斑一致性检查记录表　　亩

序号	内业检查																		备注
	行政区划代码	图斑标识码	权属名称	权属代码	数据库地类	图斑面积	原数据库地类	国家判读地类	图斑边界是否合理	是否提供照片	照片是否合理	照片判读地类	照片检查结果	影像判读地类	标注属性检查结果	耕地细化标注检查结果	检查结果	检查结果说明	
(1)	(2)	(3)	(4)	(5)	(6)	(7)	(8)	(9)	(10)	(11)	(12)	(13)	(14)	(15)	(16)	(17)	(18)	(19)	(20)

填写说明：

A. 序号：按图斑标识码顺序编号；行政区划代码：填写该图斑所在县的行政区划代码；图斑标识码：填写图斑在三调库中图斑标识码；

B. 权属名称：填写该图斑所在的权属单位的名称；权属代码：填写该图斑所在的权属单位的代码；

C. 数据库地类：填写三调数据库中该图班的地类编码；图斑面积：填写图斑面积(单位：亩)；

D. 原数据库地类：填写原数据库中该图孩的地类编码；国家判读地类：填写内业调查信息提取结果中该图斑的判读地类；

E. 图斑边界是否合理：填写图斑边界与 DOM 套合程度检查结果，通过检查的填写"Y"，不通过检查的填写"N"；

F. 是否提供照片：提供照片填写"Y"，未提供照片填写"N"；照片是否合理：合理填写"Y"，不合理填写"N"；

G. 照片判读地类：按照照片实际情况填写建设用地、耕地、种植园地、林地、草地、在建、设施农用地、临时用地、公路、农村道路、推填土、临时堆放、简易工棚、光伏用地、广场、仓储用地、拆除垃圾未清除、硬化(未硬化)空地、光伏用地等；

H. 影像判读地类：填写遥感影像判读地类编码；

I. 标注属性检查结果：填写根据举证照片及遥感影像检查耕地种植属性标注、种植园用地标注、建设用地标注的结果，通过检查的填写"Y"，不通过检查的填写"N"；

J. 耕地细化标注检查结果：填写根据举证照片及遥感影像检查耕地细化调查的结果，通过检查的填写"Y"，不通过检查的填写"N"；

K. 检查结果：通过检查的填写"Y"，不通过检查的填写"N"；检查结果说明：填写通过和不通过检查原因；备注：其他要说明的信息。

②线状地物检查。检查线状地物位置、类型是否与实地一致，调查有无遗漏，宽度标注是否正确，综合取舍是否合理。

③零星地物检查。对开展零星地物调查的地区，检查零星地物位置是否与实地一致，有无遗漏，地类认定是否正确。

④补测地物检查。检查新增地物补测的位置、范围精度是否满足要求，地类定性是否正确。

⑤权属调查成果检查。检查国有土地范围、权属界线是否与实地一致，行政村权属界线是否与实地走向一致，权属地物名称、标注是否正确。

⑥注记检查。检查各种地理名称、行政区划名称、权属单位名称注记位置是否正确。

第二，内业应抽检不低于 30％的城镇村庄内部土地利用现状调查成果。

第三，采用计算机自动检查与人机交互检查相结合的方法，利用数据库质量检查软件，按照数据库质检要求，检查各县国土调查数据库质量。根据质量检查结果，组织数据库质量整

改。数据库质量检查应实现省级100%预检。

三、国家级检查

第一，国家级检查重点针对建设用地、原农用地调查为未利用地等重点类型图斑，以及调查地类与国家内业提取地类不一致的图斑。内业检查以遥感影像和举证照片为依据，采用计算机自动比对和人机交互检查方法，进行逐图斑内业比对，检查图斑地类、边界与影像及举证照片的一致性。

第二，对内业检查结果不修改的，根据举证材料进行内业复检。复检不能通过的，内业依据影像能确定图斑边界和地类的，直接修正调查成果；内业不能依据影像确定图斑边界和地类的，采用“互联网＋”在线核查或实地核查的方式，开展外业实地核查。

第三，对于复检后仍确认错误的图斑，根据“互联网＋”在线检查或实地检查结果直接修改数据，并反馈地方进行确认。

四、数据库质量检查

数据库质量检查应重点检查数据成果的规范性、空间关系与属性逻辑的正确性、汇总规则正确性等，确保数据成果质量达标、数据汇总成果精确。县级国土调查数据库通过国家级质量检查后，录入国家级国土调查数据库。一般直接采用全国土地调查办公室下发的数据成果质量检查软件进行，可与国家级检查一并进行。

(一)检查工作情况

县级农村土地调查数据分4个阶段进行检查。

1. 第一阶段

从各地(市)作业单位抽取相关技术人员协助数据库检查工作，对各作业单位上交的县级土地调查数据库进行第一阶段的质量检查。

2. 第二阶段

在国家下发地方复核数据的基础上，对作业单位上交的县级数据进行第二阶段检查。

3. 第三阶段

将第二阶段检查的共性问题整理归纳后统一修改完善，并进行地类汇总面积分析；针对“批而未用”问题提出修改意见。

4. 第四阶段

统一更新数据库上报，以每年12月31日为标准时点，如实调查每年度土地利用变化情况，更新土地调查成果。对新增建设用地、土地开发复垦整理、新增耕地灾毁耕地和农业结构调整情况进行调查。

(二)技术流程

土地调查数据库检查技术流程如图6-6所示。

(三)检查内容

1. 扫描影像数据检查

影像数据清晰度能够区分图内各要素；影像纠正后的同名控制点最大误差不超过图上0.2 mm。

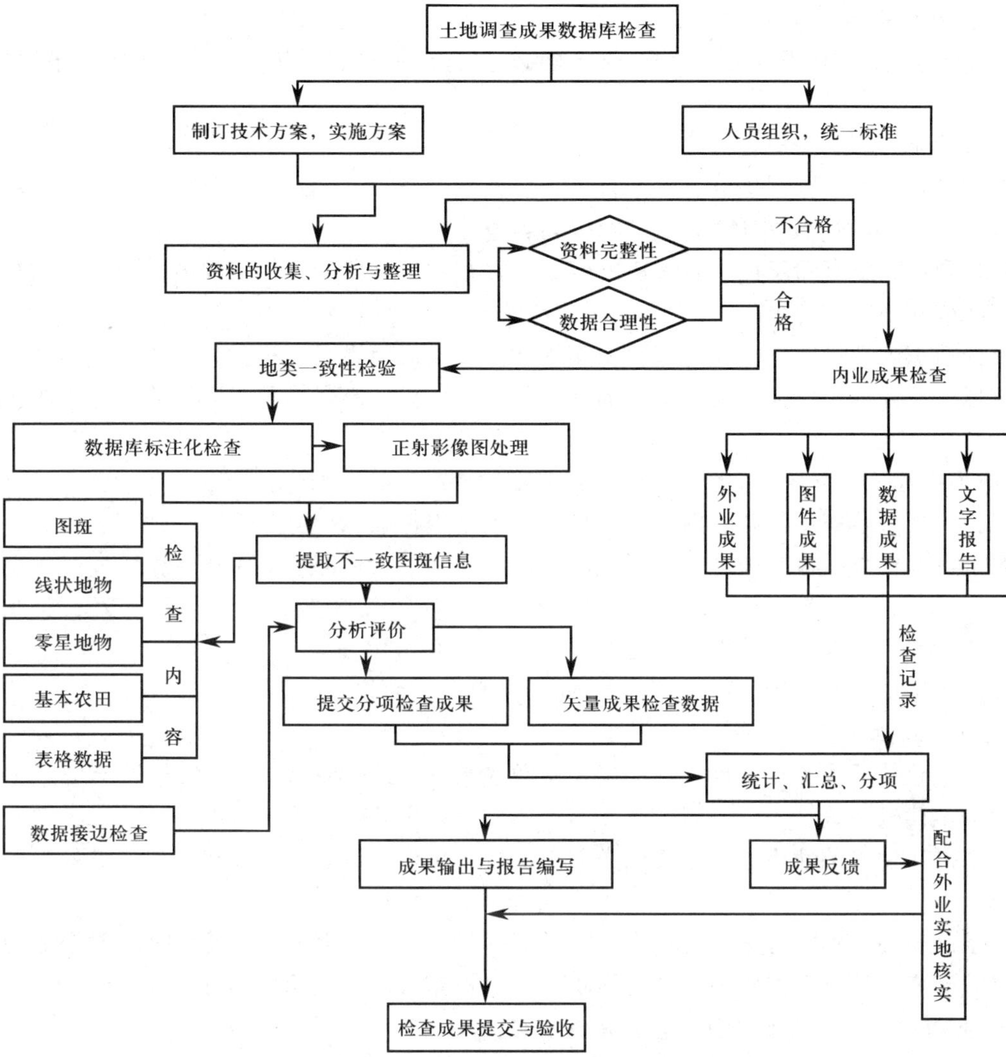

图 6-6　土地调查数据库检查技术流程

2. 成果完整性检查

检查对象主要包括覆盖范围、图层、数据表、空间实体、记录、注记和文档等，成果完整性检查即检查以上对象是否存在多余、遗漏内容，以及数据能否正常打开、浏览等。

3. 元数据属性检查

元数据属性按《国土资源信息核心元数据标准》进行。

4. 分幅矢量数据检查

①要素采集无错漏现象，与矢量化底图相吻合，线划(点位)整体或部分偏移的距离不超过图上 0.2 mm。

②拓扑结构不存在拓扑错误。

③所有数据层的层名及点、线(弧段)、面的属性结构与《土地利用数据库标准》一致，必选图层不能有丢漏，图层(如地类图斑与线状地物、地类图斑与权属界线等)的空间关系必须正确。

④数据值输入正确，必填属性数据项不能为空值。

5. 矢量数据基本检查

图层必须按《土地利用数据库标准》规定的必选图层(栅格数据除外)“数据上报要求”的规定提供。

6. 矢量数据属性检查

①结构符合性。所有图层的字段数目、字段名、别名(标准中的中文部分)、字段类型、字段长度等必须按《土地利用数据库标准》的相关内容设定。

②值符合性。所有图层内所有字段的值必须在相对应字段的取值范围内。图斑中的三级地类及05、06、07、08、09一级类和103、121二级类按细则进行归并。

③属性值正确性检查。抽样检查数据库属性表字段值内容是否正确。

④椭球面积计算正确性。建库采用的软件工具所计算的椭球面积与质检软件计算的椭球面积须一致。

7. 矢量数据图形检查

①拓扑检查。检查图层内及图层间的拓扑关系是否正确(容差值实地0.000 1 m)。

②要素丢漏检查。检查矢量图层(行政区、地类图斑、宗地、坡度图)中要素是否存在丢失和遗漏。

③碎线检查。检查线层要素长度是否小于图上长度0.02 mm。

④碎片多边形检查。满足一定条件下,面层要素图上面积是否小于4 mm^2。

8. 逻辑一致性检查

①图属一致性检查。检查地类图斑层坐落单位代码(ZLDWDM)字段值是否与图形上图斑坐落的单位代码一致。

②图层内属性一致性检查。检查地类图斑层权属单位编码字段值和权属单位名称字段值是否匹配。

③图层间属性一致性检查。检查图层间的属性逻辑是否一致(如图斑层内的零星地物面积之和要等于零星地物图层内零星地物面积之和);检查各图层标识码的唯一性。

9. 分类面积汇总表及有关资料统计表检查内容

①县级行政区域调查面积和下发行政区域控制面积的一致性。

②村级地类各图斑层图斑面积(TBMJ)字段汇总值和行政村计算面积字段值的一致性。

③地类图斑层内线状地物面积(XZDWMJ)字段值和该图斑扣除线状地物扣除面积(XZDWMJ)字段值的一致性。

④地类图斑层零星地物面积(LXDWMJ)字段值和零星地物层面积(MJ)字段值的一致性。

⑤县级行政区域调查面积和村级行政区域汇总面积的一致性。

10. 检查数量、格式、内容是否齐全、正确

①表内数据逻辑一致性检查。检查所提供的汇总表格内及各汇总表格间数据的一致性。

②表格汇总面积和数据库汇总面积一致性。检查农村土地利用现状一级分类面积汇总、二级分类面积汇总表县级各汇总面积项是否和数据库计算结果一致;面积权属性质汇总表、耕地坡度分级面积汇总表汇总面积、县级各汇总面积项是否和数据库计算结果一致。

11. 手工检查

矢量化精度检查:检查正射影像图与数据库中的相关图层所表示地类的一致性,以影像为

依据，检查土地利用现状图上图斑的地类与影像图上判读的地类是否一致。

12. 数据库检查

图层名称与标准是否保持一致；有严格的拓扑结构，不存在拓扑错误；地类图斑与线状地物、权属界线的空间关系正确无误；图幅同弧段或线的接边误差不超过图上 0.1 mm；图斑数据中无碎片多边形（面积小于 400 m^2 且地类代码、图斑号为空值）；数据输入正确。

五、质量控制及评价

（一）质量控制

1. 基本要求

成果核验实行自检、互检、专检、监理和验收制度。检查任务承担单位要成立专门的质量检查组，以县（区、市）为单元，对检查工作的各个阶段进行"三检"。自检、互检、专检、监理和验收工作应独立进行，不得省略或代替。

2. 工作实施

检查工作的每个阶段都要进行质量检查，并填写检查记录表，每道工序检查合格后方可进入下道工序。

①自检。比例为 100%，发现错误及时修改，并填写质量检查记录表。

②互检。比例为 50%，发现错误应及时记录，并通知对方修改成果后再进行检查。

③专检。比例为 30%，质量检查组对自检和互检中发现的问题，应全面检查，发现错误应及时记录，成果经修改后再次检查，直到合格为止。

④监理。检查监理对抽样检查、逐图斑检查、复核、"互联网＋"在线核查等关键环节进行监理，采用随机抽样的方式，检查检查成果的准确性和可靠性，监督检查单位对发现的问题予以纠正。

⑤验收。检查任务结束后，统一组织实施。

（二）质量评价

1. 县级调查成果质量评价

以县（区、市）为单位，根据内业检查认定的错误图斑个数占检查图斑总数的比例，计算差错率，对调查成果进行质量评价。差错发生率指检查认定的错误图斑数量占全部检查图斑数量的比重，公式如下：

$$H_r = N_{br} / N_b \times 100\% \tag{6.1}$$

式中：N_{br} 为错误图斑个数，N_b 为检查图斑总量。

在调查成果质量核查中，对自动筛查差错率超过 1%、乡镇抽查差错率超过 3%、地类抽查差错率超过 1%或边界抽查差错率超过 3%，认定为县级调查成果整体质量不合格，对检查发现的问题全部反馈，并重新提交调查成果。

上述 4 项差错率均低于限值的，认定县级调查成果整体质量合格。继续完成逐图斑检查后，连同自动筛查、随机抽查发现的错误信息和问题，一次性反馈，并按时提交整改结果（表 6-3）。

表 6-3　县级调查成果质量评价表

序号	代码	县名	自动筛查															乡镇抽查												
			自动筛查情况			标注耕地种植属性图斑		标注耕地种植园用地的图斑		标注林区耕地的图斑		可调整地类图斑		拆除未尽图斑		临时用地图斑		乡镇抽查情况			湿地(00)		耕地(01)		种植园地(02)		林地(03)		草地(04)	
			图斑总数	错误图斑总个数	差错率	图斑个数	错误图斑个数	图斑个数	错误图斑个数	图斑个数	错误图斑个数	图斑个数	错误图斑个数	图斑个数	错误图斑个数	图斑个数	错误图斑个数	图斑总数	错误图斑总个数	差错率	图斑个数	错误图斑个数	图斑个数	错误图斑个数	图斑个数	错误图斑个数	图斑个数	错误图斑个数	图斑个数	错误图斑个数

乡镇抽查								地类抽查																					边界抽查		
建设用地(05-09)		交通运输用地(10)		水域及水利设施用地(11)		其他土地(12)		地类抽查情况			湿地(00)		耕地(01)		种植园用地(02)		林地(03)		草地(04)		建设用地(05-09)		交通运输用地(10)		水域及水利设施用地(11)		其他土地(12)		边界抽查情况		
图斑个数	错误图斑个数	图斑个数	错误图斑个数	图斑个数	错误图斑个数	图斑个数	错误图斑个数	图斑总数	错误图斑总个数	差错率	图斑个数	错误图斑个数	图斑个数	错误图斑个数	图斑个数	错误图斑个数	图斑个数	错误图斑个数	图斑个数	错误图斑个数	图斑个数	错误图斑个数	图斑个数	错误图斑个数	图斑个数	错误图斑个数	图斑个数	错误图斑个数	图斑总数	错误图斑总个数	差错率

2. 省级调查成果质量评价

根据内业核查结果，统计各省（自治区、直辖市）县级检查结果不合格的县区个数，计算省级调查成果不合格率，对省级调查成果质量进行评价。不合格率指县级检查结果不合格的县个数占已提交县级调查成果总数的比重，公式如下：

$$H_r = N_{br}/N_b \times 100\% \tag{6.2}$$

式中：N_{br} 为县级检查结果不合格的县个数，N_b 为已提交县级调查成果总数。

经检查评价，对省（自治区、直辖市）的不合格县区数累计超过已提交县级调查成果总数10%的，判定该省级调查成果质量评价不合格（表 6-4）。

表 6-4　省级调查成果质量检查记录表

作业阶段:□内业检查　　□复核				
检查县代码		检查县名称		
自检记录				
检查人		检查时间		
检查图斑个数		疑问图斑个数		
序号	检查内容	问题描述	处理结果	备注
1	数据正确性			
2	属性内容正确性			
3	属性内容完整性			
4	疑问图斑正确性			
⋮	⋮			
修改人		修改时间		
互检记录				
检查人		检查时间		
检查图斑个数		疑问图斑个数		
序号	检查内容	问题描述	处理结果	备注
1	数据正确性			
2	属性内容正确性			
3	属性内容完整性			
4	疑问图斑正确性			
5	自检问题是否修改			
⋮	⋮			
修改人		修改时间		
专检记录				
检查人		检查时间		
检查图斑个数		疑问图斑个数		
序号	检查内容	问题描述	处理结果	备注
1	成果完整性检查			
2	成果逻辑一致性检查			
3	疑问图斑正确性			
4	自检、互检问题是否修改			
⋮	⋮			
修改人		修改时间		

思考题

1. 简述土地调查数据库建设的步骤。
2. 简述土地利用调查成果图件的编制程序。
3. 简述土地利用现状图和权属界线图的编制步骤。
4. 简述土地资源调查成果的检查程序。

第七章　土地评价的基本方法和过程

第一节　土地评价的目的与类型

一、土地评价概述

(一)土地评价的基本内涵

土地评价(land evaluation)是针对一定的用途,对土地质量高低进行鉴定的过程。这里指的土地质量高低可以是土地对一定用途的适宜性,也可以是土地在一定用途上的生产力(如单位面积土地的生物生产能力)大小或地价多少等。由于具体的土地评价是针对一定区域而言,而区域内又往往分布有不同类型的土地,因此,土地评价不仅仅是揭示土地在一定用途条件下土地质量高低,而且通过对一定区域内全部土地的评价,编制出土地评价图,还可以揭示区域内不同质量状况的土地的空间分布规律。

上述的土地评价定义中,特别强调了土地质量高低的鉴定必须针对具体的土地用途,不考虑土地用途而讨论土地质量高低没有实际意义。如人们经常讲的“某块土地好”或者“某块土地不好”,就没有强调土地是在什么用途时“好”,或者在什么情况下“不好”。例如,对于沼泽化的土地而言,一般不宜用作果园或旱作农业,但适合开发水稻田。

土地评价的研究对象是土地质量,与土地质量有关的因素主要包括热量状况、养分状况、水分状况、侵蚀危害、洪涝灾害等。因此,土地评价在分析研究这些因素的过程中,需要有相关学科的理论知识为基础,如气象学、土壤学、地理学、水文地质学等,尤其以土壤学和土地评价的关系最为密切。土地评价除了研究土地的自然属性外,还要研究土地的经济指标、区位因素、投入与产出效果的对比关系、级差收入等。因此,土地评价还需要土地经济学、农业经济学等社会科学为理论基础。

土地适宜性评价是把土地条件(土地质量)与某种特定用途(如发展农业或某一作物种植等)的要求相匹配,以确定土地的适宜性等级,这就需要研究不同作物类型的土地用途要求,所以土地评价也要用到作物栽培学、森林学等许多生物学科的基础知识。

土地评价研究具有高度的综合性,评价中涉及数据处理和分析,还需要应用3S技术获取信息和数据。因此,土地评价是一项地学领域中的综合性、交叉性的研究工作。

(二)土地评价的发展历史

土地评价的产生和发展与人类利用土地的历史紧密联系在一起。自人类开始从事农业生产,土地就成为最基本的生产资料,并被当作财产进行调查、评价、统计和管理。早期的土地评价工作都是为制定税赋服务的。

我国古代很早就有土地评价的实践。据《禹贡篇》记载,夏禹治水后,曾按土色、质地和水分等将土地划分为上上、上中、上下,中上、中中、中下,下上、下中、下下九等,依其肥力制定贡赋等级。这是将土地分为上、中、下三等,每等又分为上、中、下三级,即三等九级的评价系统。

而《管子·地贡篇》中记载:根据地下水位、自然植被、土壤性质和生产力差异,将土地分为三等十八类,每类又分五种,共九十种。这是世界上最早的土地分类和土地评价的科学著作。以后的各个朝代采取各种方式管理土地,进行土地分类和评价,并作为制定税收的依据。北魏到唐朝中叶(公元780年)实行均田制,将土地分为露田、桑田、麻田、宅地四种,农民按规定的授田数额负担租税义务。露田指种植粮食的耕地,桑田指种植桑、枣树经济林木的土地,麻田指种麻的田地,宅地指建造房屋用的宅基地,这是最早按利用类型进行的分类。1853年太平天国颁布了《天朝田亩制度》,规定按产量评定田地等级将田地分为三等九级。

土地评价工作从产生到现在,已有三四千年的历史,但直到19世纪随着土壤学、土地经济学的发展,才有了科学的土地评价体系。第二次世界大战以后,世界人口迅速增加,对农产品的需求也急剧增加,而工业、城镇建设又大量占用农田,引起了工农之间以及农、林、牧之间的争地矛盾。同时,土地过度利用和工业污染又造成土地退化和环境恶化。合理利用土地,在取得最大的经济效益的同时,又能保护土地资源和改善环境,需要进行科学的规划,为土地利用规划服务的土地评价也由此产生。

苏联从1955年就开始了大规模的土地评价工作,至1976年苏联农业部正式颁布了应用于地籍工作的《全苏土地评价方法》,1972年荷兰的毕克(Beek)和本奈玛(Bennema)在《生态学方法论》上发表了《为农业土地利用规划的土地评价》。联合国粮农组织(FAO)在总结各国土地评价系统的基础上,于1976年出版了《土地评价纲要》,提出了一种通用的为土地利用规划服务的土地适宜性评价体系。

美国农业部土壤保持局在土地潜力分类的基础上,于1981年提出了"土地评价和立地评价"系统,其中土地评价子系统用于土地潜力分类、重要农田地鉴定和土壤生产力的评价;立地评价子系统用于土壤环境的评价,包括除土壤以外的其他自然和社会经济因素的评价,两者结合成一个全面的土地评价系统,具有很强的综合性、精确性、法律性和政策性。FAO在土地评价纲要的基础上,相继出版了《旱地农业土地评价指南》(1984)、《林地评价》(1984)、《灌溉农业适宜性评价指南》(1985)和《牧业土地评价》(1986),从而提供了相当完整的土地特性及其匹配的土地利用方式,形成了系统全面的土地评价体系,是土地评价发展历史的里程碑。

我国20世纪50年代开展的荒地调查与评价属于比较系统的为土地利用服务的土地评价工作。例如,中国科学院综考会开展的宜农荒地调查和评价工作,它按荒地的水热条件将全国分成11个区,区以下按对农业的适宜程度、生产潜力、改良难易程度分为5等(后改为3等),等以下按限制因素和改良措施的种类分组。这个分类体系就有比较明确的自然特性分级指标,能比较客观地反映荒地的质量,但没有经济分析,只是一种自然评价。

在1978年十一届三中全会以后,全国工作重点转向了以经济建设为中心。因此,以合理利用土地为目的的土地评价工作逐步发展起来,产生了两个全国性的评价体系:一是全国第二次土壤普查暂行技术规程中的土地生产力分级;二是中科院自然资源综合考察委员会的1∶100万土地资源图分类系统。前者是仿照美国农业部土地利用能力分类拟定的,分级标准略有修改。后者按水热条件将全国分为11个区,区以下按对农、林、牧的适宜性分为9个适宜类,类下按农、林、牧分别划分成若干土地等,等下按主导限制因素划分成土地型,进而形成了所谓的类、等、型体系。另外,还开展了大量的单项特定目的的土地评价工作,如林业部门的林地立地质量评价;畜牧部门的草场资源评价;城建部门的城市用地评价;为开发旅游区、建立自然保护区的土地评价;土地人口承载力评价等。

随着人类对可持续发展问题认识的提高，可持续土地管理评价成为土地评价的新方向，FAO于1993年颁布了《可持续土地管理评价纲要》，指出了构成可持续土地管理的基本框架：①保持和提高生产力；②降低生产风险；③保护自然资源的潜力和防止土壤和水质退化；④经济上可行；⑤社会可以接受。必须以上述五大原则来评价、检验和监测土地利用和管理是否是可持续的。因此，可持续土地管理评价就是在特定的时期、特定的地区、特定的土地利用方式下测定可持续土地管理的所有目标能否实现。

随着3S技术在土地资源调查与评价中的广泛应用，土地评价方法也在不断地向着定量化、信息化、精确化、自动化的方向发展。

二、土地评价的目的

土地评价最基本的目的是查清土地的质量状况，为合理开发利用土地提供基础资料。主要目的包括以下内容。

(一)为土地利用规划和国土空间开发规划提供科学依据

土地利用规划的一项重要内容是把用地面积需要和土地质量协调起来，安排好各种土地用途的土地数量和空间布局，以取得最佳的土地利用效果。为了确定各类土地用途所需要的土地数量，规划中需要了解土地在各种用途条件下的土地质量状况，要对特定的土地利用种类以及与土地利用相应的土地质量特征进行具体的分析研究。土地评价工作就是根据土地利用要求与土地条件进行比较，来确定土地适宜性等级、生产力大小等，揭示区域内的土地在各种用途时的质量状况，因此土地评价可以为土地利用规划中确定各类用地的比例和布局提供科学依据(图7-1)。

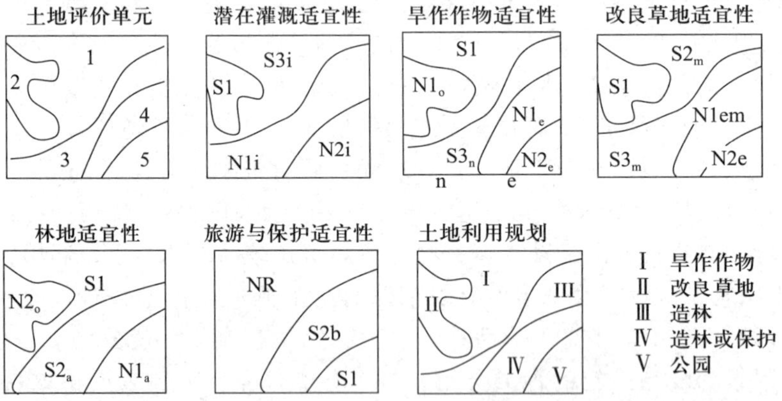

图7-1　土地评价在土地利用规划中进行土地用途种类选择与布局的作用

注：S1、S2、S3分别为高度适宜、中等适宜和勉强适宜，N1、N2分别为当前和永久不适宜；o、e、a、m、b、n分别为土壤通气性、土壤侵蚀性、可通行性、土壤水分状况、视野状况和土壤养分状况。

(二)为土地税收和土地资产管理提供重要依据

随着市场经济的发展，土地税收成了调节土地利用结构的重要手段。例如，低产田的税收比高产田的要低，可以鼓励农民去开垦种植质量较差的土地；果园的税收比粮田的税收要高，这就有效地阻止了农民盲目地扩大果园面积。再如，日本明治时期，为了转移农村剩余劳动力和农民资金，采取了重征农税的措施；而现代日本政府为了保护农田，在农田转化为工业用地时又征收高额税金。此外，土地评价成果是土地进入市场，作为可经营资产进行流通的重要依据，防止土地资产的流失或不合理交易。

(三)为土地改良与整治提供基本依据

土地评价不仅揭示了土地的生产力大小、适宜性等,而且指出了土地生产力为什么小或大、土地适宜性为什么低或高的原因。因此,通过土地评价明确了土地质量的限制因素,土地改良就可以针对不同限制因子制订相应的整治方案。

(四)为土地质量监控和土地退化评估提供技术方法

人们在土地利用过程中常片面地追求短期利益,导致大量的环境污染或土地退化,如工业“三废”的排放污染了河流、地下水、土壤等;农业中大量农药、化肥的使用,污染了土壤生态系统,杀死了许多有益的生物等。因此,定期的土地质量监测和土地评价是土地资源管理的重要手段,从中可以及时发现土地利用中存在的问题,继而采取必要措施防止和控制土地退化。

(五)为土地开发项目的可行性研究提供评价依据

区域土地资源开发是对待开发土地资源进行综合改造、优化配置和合理利用的过程。而制订一个科学的土地开发方案,必须进行系统的可行性研究,这一切必须依据土地的适宜性评价、土地生产潜力评价和土地经济评价的成果。例如,要进行土地利用变更和土地改良以及投资水平的决策,必须先了解土地的适宜性,进行土地利用变更或改良的经济分析,以及成本和效益的比较等。

(六)为落实耕地占补平衡政策提供技术支撑

《中华人民共和国土地管理法》要求实行占用耕地补偿制度,非农业建设经批准占用耕地的,按照“占多少,垦多少”的原则,由占用耕地的单位负责开垦与所占用耕地的数量和质量相当的耕地;没有条件开垦或者开垦的耕地不符合要求的,应当按照省、自治区、直辖市的规定缴纳耕地开垦费,专款用于开垦新的耕地。在具体工作中,数量平衡可通过面积测算实现,但质量则相当不易掌握。因此,在实际工作中往往会造成占补的耕地在质量方面难以平衡。为解决耕地占补平衡中的质量平衡问题,只有分别对占补的耕地进行评价,提出占补的耕地是否存在质量差异以及差异有多大,才能判断占补的耕地在质量上是否平衡,差距有多大。

(七)为制定征地补偿标准提供定量依据

土地征用涉及农用地向建设用地转移时,要有合理的补偿标准作为基础。目前的征地补偿费主要包括三个部分:一是土地补偿费,本质上不包括人工投入条件下的土地资源价格或土地资本价格;二是安置补偿费,本质是新建住房的资金,是房屋价格;三是农村村民住宅、其他地上附着物和青苗等的补助费,是除前两项之外,土地使用者向土地投入水利建设、化肥与种子等的费用。

《中华人民共和国土地管理法》规定征收农用地的土地补偿费和安置补助费标准由省、自治区、直辖市通过制定公布区片综合地价确定。区片综合地价的制定需要综合考虑土地原用途、土地资源条件、土地产值、土地区位、土地供求关系、人口以及经济社会发展水平等因素,而这些都与土地评价结果息息相关。土地评价结果准确,才能保证区片综合地价的有效性,从而保证补偿费用不至于差距过大,确保被征地的农民原有生活水平不降低、长远生计有保障。

(八)为农用地流转提供定价依据

党的十三届全国人大常委会第七次会议表决通过了关于修改农村土地承包法的决定,将农村土地实行“三权分置”。农村土地实行所有权、承包权、经营权三权分置,有利于促进农村土地流转，更有效地保障农村集体经济组织和承包农户的合法权益。

在农用地的经营权承包流转中，租金是农村集体土地承包中的价格形态，其数量的高低应当根据土地的质量（地价）状况确定。通过土地评价可以提供土地质量等级（地价）状况的资料。因此，土地评价可以为农村集体土地流转提供土地质量等级或价格依据。

三、土地评价的类型

土地评价根据评价方法可以分为定性评价和定量评价，按照评价途径可以分为直接评价和间接评价。随着土地评价的专项化、评价指标体系的具体化和土地评价内容的细化，土地评价主要集中在土地适宜性评价、土地潜力评价、土地经济评价、土地利用可持续性评价和土地集约利用评价等方面。

（一）土地适宜性评价

土地适宜性评价指土地针对特定利用方式的适宜性及适宜程度做出等级的评定。早期的土地适宜性评价主要针对的是荒地，20 世纪 70—80 年代，区域性和单项性的土地适宜性评价得到了很大的发展。90 年代之后，随着计算机技术和 3S 技术的快速发展，基于 3S 技术的土地适宜性分析方法逐渐成为主流。同时，土地适宜性评价就评价对象和内容上表现出农业用地土地适宜性评价案例持续增多，城市、旅游用地土地适宜性评价成效显著，土地整理、复垦土地适宜性评价迅速发展等特点。

（二）土地潜力评价

土地潜力评价主要是依据土地的自然性质及其对于土地的某种持久利用的限制程度，就土地在该种利用方面的潜在能力对其做出等级划分。土地潜力评价的主要目的在于预测土地未来利用的潜在能力。

（三）土地经济评价

土地经济评价是对土地利用经济效益的评定，是在一定利用方式下，将某一土地类型同土地利用所产生的效益相联系。其实质在于不同的自然条件与经济条件下，质量不同的土地耗费量与产品量的对比关系。通过对组成土地的经济要素的分析，反映在一定条件下，各种土地在生产或其他利用方面的经济效益与实用价值的差异。根据土地属性划分，存在城市土地经济评价、乡镇土地经济评价、农村土地经济评价等类型。

（四）土地集约利用评价

土地集约利用带有时代特点，是一个动态过程，以“土地资源节约和保护环境”为目标。我国土地集约利用研究起步较晚，随着工业化和城市化的发展，耕地资源的短缺和土地退化等一系列问题的出现，20 世纪 90 年代众多学者开始针对提高土地使用效率、集约利用土地进行研究。目前土地集约利用评价体系多种多样，具有代表性的评价体系有“投入—产出”“经济—社会—生态”“集约—高效—协调”“城市土地总量集约、水平结构集约、垂直空间集约和动态集约”“压力—状态—响应”等。

（五）土地可持续利用评价

1993 年，联合国粮农组织在《可持续土地评价纲要》中确定了土地可持续利用的 5 项基本评价标准，即生产性、安全性、保护性、经济可行性和社会可接受性。鉴于土地在“人口—社会—资源环境”复杂巨系统中的基础地位，以及当今世界面临的人口、粮食、能源、资源和环境五大基本问题都直接或间接与土地资源开发利用相关，因此土地资源的可持续利用逐渐成为国际研究的热点。土地利用系统是一个复杂的开放的巨系统，开展土地利用可持续性评价时需要综合考虑土地利用系统的自然、社会、经济各个方面，因此在评价方法的选择上采取构建综合性模型进行模拟和预测。

(六)土地生态服务评价

1981 年，Ehrlick 首次提出了“生态服务”，即生态系统为人们的生活提供支撑作用。2005 年，《千年生态系统评估报告》将生态服务划分为支持、供给、调节和文化 4 种基本类型，提出生态服务与人类的发展有着紧密的联系。可以看出，生态服务关注的重点是人与生态系统之间的发展关系。生态系统服务有着极高甚至无法计量的价值，与人类福祉关系极其密切。

定量评价土地生态系统服务的变化特征可揭示区域自然环境受人类活动的扰动程度及扰动因素，为区域未来的土地利用规划和国土生态修复提供有效依据。土地生态系统服务从多个角度影响着人类福利：①生态安全角度上，生态系统提供了安全生产生活的环境，有效应对生态冲击及生态压力；②物质基础角度上，生态系统使人类获得获取资源以维持生计的能力；③人体健康角度上，生态系统为人类提供洁净的食物、水源、空气等保障健康的必需能源；④娱乐文化角度上，人类在自然生态环境中获取欣赏自然景观，观察及认识自然的机会。参照现有研究中学者们对生态系统服务的定义，生态系统服务主要包含供给服务、调节服务和文化服务(图 7-2)。土地生态服务评价应综合考量各项功能的内在价值。

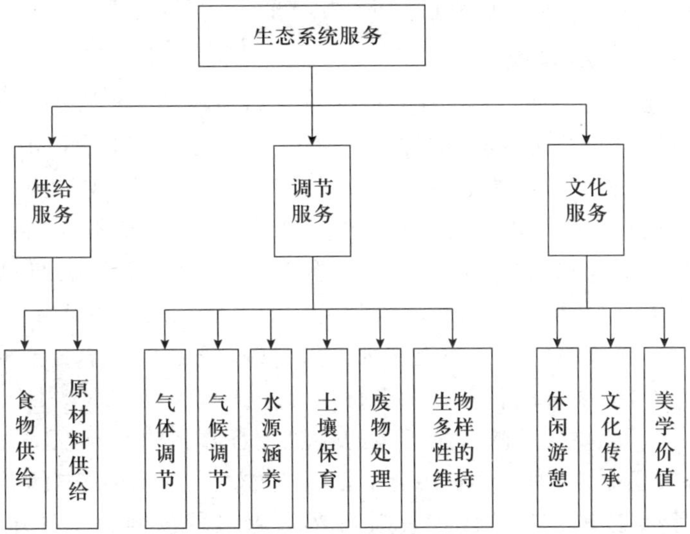

图 7-2　生态系统服务分类

(七)自然资源分等定级和估价

自然资源保护与开发利用管理是生态文明建设的重要制度性保障，具有全局性、基础性、战略性的地位，为进一步加强自然资源统一管理，党的十九届三中全会通过党和国家机构改革方案，设立了自然资源部，明确自然资源部要履行“组织开展自然资源分等定级价格评估”职能。开展自然资源分等定级和价格评估，全面摸清自然资源质量分布基本情况，完善自然资源价格评估制度，建立政府公示自然资源价格体系，可以显化自然资源资产价值，为自然资源的精细化管理奠定基础。

1. 自然资源分等定级

总体目标是显化不同利用分类情况下的自然资源质量差异。其中，自然资源等别着重体现自然资源的天然禀赋、现实生态地理条件等宏观地域差异。级别划分按不同管理情况分两种技术路线：一是以开发利用为主要导向的自然资源级别，主要体现社会经济条件的影响，进一步显化区域内自然资源的可利用差异，二是以保护为主要导向的自然资源级别，可在等别基础上进一步细化，体现区域内特征因素的影响差异，便于精细化管理。自然资源部 2021 年6 月发布的《自然资源分等定级通则》(TD/T 1060—2021)中，确定自然资源分等定级对象，明确分类分区、综合分析、主导因素、定量定性结合的原则，统筹分等定级技术方法，统一工作内容和技术流程，细化成果管理要求，提供自然资源分等定级资料清单和指标分值计算规则。

2. 自然资源价格评估

其目的是在摸清各自然资源有偿使用现状的基础上，分析各自然资源权益特点，按照反映市场供求关系、资源稀缺程度、环境损害成本的价格形成机制。自然资源价格评估为自然资源有偿使用和 2021 年全面开展全国自然资源政府公示价格体系建设提供支撑，有效发挥价格杠杆对生态环境保护和资源节约集约利用的引导作用，促进自然资源管理向数量、质量、生态并重转变，支撑自然资源科学保护和合理开发利用。自然资源部 2021 年 6 月发布的《自然资源价格评估通则》(TD/T 1061—2021)中，界定自然资源价格内涵，明确自然资源价格评估基本技术原则、技术路径、主要方法以及价格影响因素等，规范自然资源政府公示价格评估内容，形成相对完整的自然资源价格评估技术体系。

3. 自然资源分等定级的核心

《自然资源分等定级通则》(TD/T 1060－2021)(以下简称《通则》)的颁布，规定了自然资源分等定级工作的核心内容，对全面开展全国自然资源分等定级工作提供了技术规范。

自然资源分等定级工作开展的原则包括分类分区、综合分析、主导因素、定量定性相结合等。①分类分区原则，即自然资源分等定级按照自然资源类别，依据全国统一的《国土空间调查、规划、用途管制用地用海分类(试行)》开展。分类分区应该满足制定国民经济和社会发展计划、宏观调控和生态文明建设，以及自然资源管理的需要。依据各类自然资源的自然特点和用途特征等因素，对自然资源的类型和类别进行归纳和划分。②综合分析原则，即自然资源分等定级应对影响自然资源质量的各种因素进行综合分析，如生态因素、社会因素、经济因素等。因此，所选的因素、因子既要能反映自然资源的自然生态方面的差异，又要能反映社会经济方面的差异。③主导因素原则，即自然资源分等定级应重点分析对自然资源质量有重要作用的因素，突出主导因素的影响。着重体现其对自然资源起着控制和主导作用因素的主导性。④定量定性相结合原则，即自然资源分等定级应以定量评价为主，对现阶段难以量化的因素进行必要的定性分析，将定性分析的结果进行量化，提高工作精度。

根据《通则》要求，为显化地理区域内特征要素的差异，便于精细化管理，自然资源分等定级工作在中国自然资源分等定级分区的基础上开展。中国自然资源分等定级分区结合了各类自然资源的特点，兼顾工作开展便利性和区划完整性，将我国自然资源类型划分为八个一级区：温带、寒温带湿润区，暖温带湿润、半湿润区，亚热带湿润区，热带湿润区，南亚季风湿润、半湿润区，半干旱草原、荒漠草原区，干旱荒漠半荒漠区和青藏高原高寒区。

第二节　土地评价的基本原理和方法

一、土地评价的基本原理

土地评价的实质是分析土地质量与土地用途两者之间的关系，它的研究对象是土地质量(如气候、地形、土壤、水文、社会经济因素等)和土地用途(包括各种土地利用方式)，它的研究目标是分析各种可能被考虑的土地用途在一定区域内的适宜性程度、潜力大小、效益效应、可持续性等。因此，土地评价是一个复杂的系统分析过程，一般遵循以下基本原理。

(一)区位论原理

区位论是关于人类活动的空间分布及空间之间相互关系的学说，简单地说，区位是指社会、经济等活动在空间上分布的位置，其基本宗旨是寻求人类社会经济活动的空间法则。从土地利用而言，则是要求土地用途在空间布局上必须遵循“因地制宜”的客观规律。例如，农业土地利用类型及其集约经营程度，不仅取决于土地的自然特性，而且依赖于当时的经济状况和生产力发展水平，尤其是农业生产用地到农产品消费地(市场)的距离。因此，土地适宜性评价应当综合分析由土地的自然属性和社会经济属性两方面所决定的区位条件，即土地的自然区位和经济区位。

(二)地租论原理

地租是直接生产者在生产中所创造的剩余生产物被土地所有者占有的部分，是土地所有权在经济上的实现形式。地租的本质就是收益权，即土地所有者从土地上获取收益的权利。地租按其形成条件和原因，可分为级差地租、绝对地租和垄断地租。威廉·配第认为“地租是土地上收获的农产品扣除一切费用(种子和工资)以后的剩余部分”，他还指出由于土壤肥沃程度和耕作技术水平的差异，以及产地距离市场远近的不同，地租地价因而不同，由此为级差地租理论奠定了初步基础。级差地租是经营较优土地所获得的归土地所有者占有的超额利润。因为这种地租与土地等级相联系，故称为级差地租。马克思从级差地租的形式和存在条件出发，进而把级差地租分为级差地租Ⅰ和级差地租Ⅱ。形成级差地租的条件有三种：①土地肥沃程度的差别；②土地位置的差别；③在同一地块上各个连续投资的差别。由前两种条件产生的超额利润转化为级差地租Ⅰ；由后者产生的超额利润转化为级差地租Ⅱ。

在土地利用过程中，由于存在土地肥沃程度和位置的差异以及连续投资、劳动生产率的差异，同时又存在土地所有权和使用权以及两权的分离，所以必然存在级差地租、绝对地租和垄断地租。它们是开展土地评价的理论基础，特别是级差地租理论和垄断地租理论，对土地评价更具有直接的指导作用。土地评价的根本目的就是要揭示土地质量的这种等级差异以及由此产生的土地生产能力的不同。土地肥沃程度的差异和土地位置是产生级差地租Ⅰ的自然基础。而级差地租Ⅱ对土地的生产能力而言，是改善了土地的肥力状况或土地的生产条件，改善的生产条件如农田水利设施等正好反映了级差地租Ⅱ的大小。综上所述，级差地租的存在为土地的质量评价提供了理论基础。

土地评价的结果必须正确反映土地质量的区域差异亦即利润效益的差异，土地利用效益差异越大，其级差地租一般也越大。所以，可通过对土地级差地租的测算和比较分析，来衡量或验证土地分等定级成果的正确与否。另外，土地级差地租是衡量土地质量差异的综合指标，在土地市场发育比较成熟的地区，通过对多个土地样点级差地租的测算，进行土地均质地域的划分和土地分等定级。这种方法实际上是地租理论直接在土地评价中的应用。

（三）可持续性原理

可持续性原理是土地可持续利用与管理的核心思想，其基本含义是人类的经济活动和社会发展不能超越土地资源与环境的承载能力。土地作为最重要的自然资源，是人类生存、物质生产和经济建设的基本条件。在土地资源有限的前提下，土地资源利用是否优化及土地利用是否可持续，在很大程度上决定了人类社会的可持续发展。

因此，为了实现可持续发展战略的目标，必须从土地资源的可持续利用入手，使土地资源配置和利用达到最优化。而土地评价可以提供土地对各种用途的适宜性等级以及最适宜的土地用途，为土地可持续利用方向的选择提供依据。所以，当前关于可持续发展对土地可持续利用的要求，为土地评价提出了新的任务和要求。

1993 年，联合国粮农组织发布了《可持续土地管理评价大纲》，明确指出“可持续土地管理将技术、政策和旨在同时关心社会经济效益与环境的活动结合在一起，即同时考虑：保持和提高生产力（生产性）；降低生产风险（安全性）；保护自然资源的潜力和防止土壤与水质的退化（保持性）；经济上可行（可行性）和社会可以接受（接受性）”。这 5 个目标构成了可持续土地管理的框架，同时也成为评价和检验土地利用开发和管理实践是否可持续的基本准则。也就是说，土地可持续利用的评价必须同时考虑这 5 个方面，不能满足其中任何一个要求则认为这种土地利用方式是不可持续的。所以，土地资源可持续利用评价是在可持续发展理论的直接指导下，为适应持续土地管理要求而产生的，它是合理开发利用与保护土地资源，实现土地资源可持续利用，促进经济和社会可持续发展的一项基础性工作。

（四）生态文明中的生态原理

生态文明是指人类遵循人、自然、社会和谐发展这一客观规律而取得的物质和精神成果的总和；是指人与自然、人与人、人与社会和谐共生、良性循环、全面发展、持续繁荣为基本宗旨的文化伦理形态。可以说，新时代的生态文明理论是人类对传统文明形态，特别是工业文明进行深刻反思的成果，是人类文明形态和文明发展理念、道路和模式的重大进步。

生态文明重新思考人与自然的关系。建立与生态文明价值导向相适应的土地价值认知观主要包含三个维度：“人”的要素、“地”的要素和“人地”要素之间的相互作用。随着人类社会发展，“人”的要素和“地”的要素的外延在不断扩大，且影响着“人地”关系的重新表达。因此，面向生态文明的土地价值认知观，是包含了承继、完善、系统的价值认知，是“人”的利益平衡、“地”的功能协同、“人地”的价值共生三个维度的有机融合。同时，土地向国土空间的转变，以立体的形式表达了自然资源全要素的统一地理空间，正如“山水林田湖草是一个生命共同体”，对土地的认知范围在拓展，土地价值的认知理应多元化，并由土地的多功能属性共同决定。

新时代生态文明建设秉持“人与自然和谐共生”的原则，坚持“绿水青山就是金山银山”这一现代化建设发展理念，把整个自然生态系统视作“山水林田湖草生命共同体”，从系统工程和全局角度寻求新的治理之道，践行保护生态环境就是保护生产力、改善生态环境就是发展生产力的道理。因此，在新时代生态文明建设的背景下，土地资源所面临的危机，如土壤污染、土地退化等问题都将得到根本改善。

（五）限制性原理

不同的土地用途在不同质量的土地上的适宜程度不同，实质上是土地用途的限制不同。

所谓限制性，是指土地质量不能满足土地用途要求的程度，如某种作物在某个生育期需要速效磷，而实际土壤中速效磷含量太少，作物吸收不到充足的磷，生长就会受到限制，一般将作物减产的程度定为限制性的大小。

在限制性因素中，一般只有一两种因素起主导作用。因此，在土地评价时，要重点找出主要的限制因子，分析其与土地用途的关系。这为土地改良提供了非常直观的依据。限制性原理必须以综合分析为前提，在分析土地质量和土地用途的要求时，一定要全面地考虑各种因素之间的关系，然后再找出限制性因素。

（六）系统分析原理

一个系统是各种要素及其相互关系的集合，具有一定的边界和结构，这就决定了系统的功能，即决定了投入与产出的关系。土地评价的主要对象是土地利用系统，包括 2 个部分，即土地和土地利用（图 7-3）。

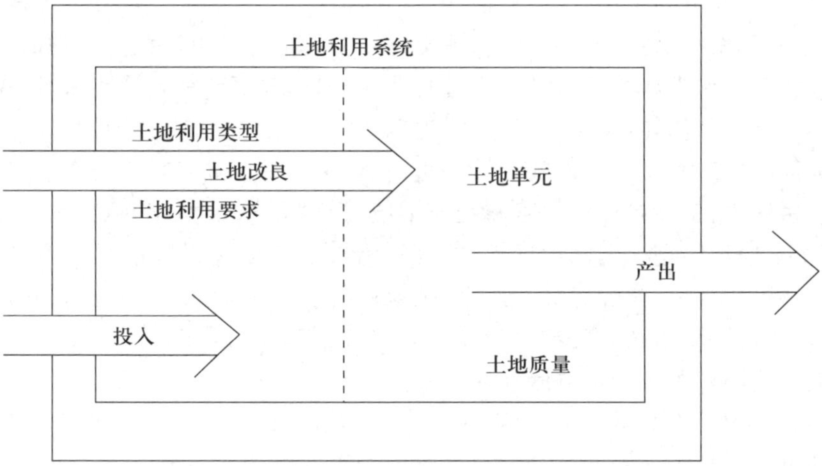

图 7-3　土地利用系统示意图

土地利用系统的产出是由土地利用系统的结构及外部的投入决定的。同时，土地利用系统的结构受到土地的物质投入（如土壤改良）和土地利用的物质投入（如品种、农药、化肥、劳力等）的影响，可能会发生很大的改变，如平整土地可以使地形起伏很大的坡地变成平地，防护林的建设可以改变农田的小气候，引入灌溉工程可以使干旱地的水分条件得到改善，长期大量施用有机肥和化肥，可以使土壤不断熟化等。这些投入都使土地利用系统的结构得到改善，因而可以大幅度地增加产出与投入比。当然，如果投入不当，也可使土地利用系统的结构被破坏，如山坡上毁林造田造成大量水土流失，就会使原来生长树木的坡地变成不毛之地。

因此，在进行土地评价时，应尽量应用系统分析的原理，分析如何改善土地利用系统的结构，获得最理想的产出与投入比。

二、土地评价的原则

（一）土地评价必须以一定的用途为前提

土地评价要针对一定的土地用途进行，不同的土地用途要求也不同。土地用途要求是指使土地利用能够正常运行，并达到一定的土地利用目标，土地用途所需要的基本土地条件。例如，适宜种植水稻的土地要有保水较好的土壤条件，土壤质地以壤质或黏壤质的冲积泛滥平原或低地是发展水稻的理想土地，因这类土地的地下水位一般较高，种植玉米就不一定适宜。土地适宜性或土地等级的高低是对每种用途要求比较而言的。每一种土地用途都有其特殊的要求，如对土壤水分、土壤酸碱度等。所以，特定的土地对某种用途好，但对其他用途就可能不好，土地评价要针对特定的土地利用类型来进行。当然，在大区域的小比例尺的土地评价中，土地用途往往比较宏观，如农业、林业等，土地用途要求只能考虑温度、降水、地形等。而在大比例尺的土地评价工作中，考虑的土地用途更为具体，如农作物种类中的玉米、水稻和森林树种等，土地用途要求也往往要更多地考虑土壤条件。

(二)土地评价应切合当地的自然、经济和社会条件

土地评价必须同时考虑各种土地因素以及与当地土地条件有关的社会经济因素。这些因素包括自然因素，如气候、地质、地貌、水文、土壤、植被等；经济和社会因素，如居民素质和生活水平、劳力供应状况和劳动费用、交通与市场、科学与文化、政策等。不同的地区，这些因素的变化很大，由于实际情况和技术上的需要，评价体系中可能并不将上面所有的因素都作为评价因子。但对那些没有作为评价的因素也要进行认真分析，并清楚地表述出来，以免因遗漏重要信息而导致不当结论。例如，在半干旱、干旱地区，认为灌溉条件下适宜种小麦而大面积推广，但因缺少该地区的地表水及地下水的统计分析信息，可能造成5年后没有水灌溉的结果；在偏远的地区推广柑橘，由于没有保鲜技术和交通不便，会造成产品原地积压甚至腐烂的后果。再如，长江中下游平原地区是我国的主要粮食产区，为粮食安全起到了重要作用，如果再开展草地牧业适宜性评价，就没有实际意义。总之，土地评价要因地制宜，充分分析当地的自然、经济和社会条件，使土地评价的结果具有科学性和实用性。

(三)土地评价必须以土地可持续利用为前提

在针对某种土地用途对某一土地单元做出评价时，土地适宜性或土地质量等级的确定是以土地用途的可持续性为前提的。如在旱作农业中引入灌溉技术而变为灌溉农业时，对土地灌溉适宜性的评价就必须考虑到由灌溉可能引起的沼泽化、次生盐渍化等，一旦这些现象的其中之一产生，原本适宜灌溉农业的土地随着不断被利用，其适宜性不断降低，直至不适宜。有些土地利用方式在短期内会有相当高的经济效益，但长期使用会导致土壤侵蚀、草场退化、环境污染等，由于这样的土地利用方式不能持续，其评价结果应列为不适宜。

(四)土地评价中要对不同土地利用的预期效益和投入进行比较

土地评价须将自然分析与经济分析结合起来，土地只有利用才能显示出它的生产潜力。任何土地一旦被利用，要想获得效益就必须有一定的投入。例如，栽培作物起码要有种子和劳动力；采伐木材须有劳力和机械设备；优美的自然景观要供人们观赏，也须有管理和保护措施。作物产量的高低不仅与土地固有的质量有关，很大程度上还取决于投入水平的高低。土地利用的预期效益除指农作物、林木、畜产品等的数量和质量外，还包括非物质方面的效益，如土地用于旅游、娱乐休息、自然或环境保护等。每种土地用途的适宜性是通过将所需的投入(包括物质投入、机械供应和劳动力等)与土地的产出(包括物质产品、社会和环境效益)做比较而得出的。因此，在土地评价特别是经济评价中，应进行投入和产出分析，成本和效益比较，以获得最佳土地利用效果。这种情况的比较也是对土地质量好坏确定的过程。

(五)土地评价应该进行多宜性评价，要在几种用途之间进行比较

土地评价的主要目的就是要分析各种土地用途的优劣，以便在土地利用规划中，为选择最佳的土地利用方式提供依据。所谓优劣皆是相对而言，如质量较差的土地单元，不管选择什么作物，产量都比较低，如谷子能达到二等适宜性，小麦只能达到三等适宜性或不适宜，通过这种用途的比较可以说明谷子比小麦更有利。尤其在分析投入与收益的优劣时，这种相对性更明显。因此，评价时必须同时分析几种用途，并进行比较。这种比较可以在农业和林业之间进行，也可以在两种或更多种农业经营模式之间，或在不同作物之间进行。通常是以土地利用现状和可能的改变方案之间进行比较，其结果或是采用新的用途，或是修改现行的用途。有时也可把一种土地利用方案与不加利用而保持土地原始的状态做比较，但比较的原则依然存在。只有把某种预定用途的投入和收益与几种不同的供选择的用途比较时，土地评价的结果才是可靠的。

三、土地评价的方法

土地评价的类型不同（如对象、目标、要求、内容、项目等），其方法也有较大差异，一般概括为两阶段法和平行法（图 7-4）。此外，在评价过程中还需要用到一些常用的数学分析方法。

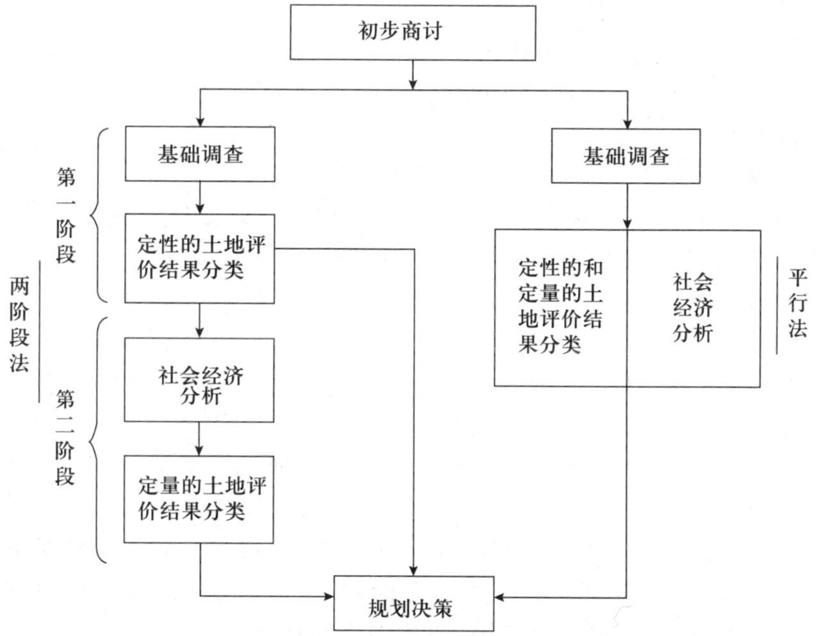

图 7-4　土地评价的两阶段法和平行法

（一）两阶段法

第一阶段是依据基础调查而进行定性的土地评价结果分类，主要根据调查开始时所选定的土地用途（如种植棉花、玉米、蔬菜或饲养奶牛等）的适宜性状况而做出初步判断。在第一阶段中社会经济分析的作用仅限于核实土地利用类型是否恰当。第二阶段依据第一阶段的结果，如图件或报告，进行社会经济分析，做出定量的土地评价结果分类，为规划决策提供直接的依据。两阶段法简单明了，工作程序泾渭分明。自然资源调查是在社会经济分析之前进行，工作没有重叠，从而能比较灵活地安排时间。两阶段法往往用于为较大尺度的概略性规划目的而进行的土地资源调查和评价研究中，如县域土地利用总体规划中的土地评价。

(二)平行法

平行法是指土地条件和土地用途的社会经济分析与自然因素的调查和评价同步进行，所评价的土地用途在研究过程中可以更改。例如，在种植业中，这种改变可能包括作物和轮作制度的选择，资金和劳力投入的估算，以及最适当的农场规模的决定。同样，在林业中，这些变更可能包括树种的选择、疏伐和皆伐的日期及所需要的防护措施。平行法是将两阶段法中的两个阶段同时进行，因此可以缩短评价的时间。通常应用于在较短时间和小尺度的空间内提供比较精确的评价结果，如一个农场规划过程中的土地评价。

(三)评价过程中常用的数学分析方法

土地评价常用的分析方法主要包括以下几个方面。

1. 主成分分析法

对土地进行评价时会碰到众多因素，且因素间存在着相关关系，主成分分析法可以将众多因素通过数学方法综合成少数参评因子，且使新的因子既代表原来因素的信息又相互独立，通过简化问题而抓住问题的关键。

2. 特尔菲法

又称专家打分法，是一种综合多数专家经验与主观判断的客观的技巧，可以用于各种领域的决策和判断过程。土地评价过程中会存在多种因素，且很难将其量化，因此有必要使用该方法对其进行量化处理。

3. 层次分析法

简称 AHP 法，是一种定性、定量相结合的决策分析方法，是把决策者对复杂系统的决策思维过程模型化、数量化的过程。土地生态安全评价中的状态—压力—响应模型便是采用层次分析法将因素归结到不同层次和若干因素上。

4. 回归分析法

通过把一定地域范围内的土地评价因素，及其与土地生产力之间的关系，近似地描述为具有线性相关关系的变量间联系的函数。通过回归分析方法可以近似确定土地生产力与诸评价因素的相关关系，从而达到筛选评价因素及确定权重的目的。

5. 类别分析法

是在已知要判别的类型和数目并已取得各种类型的一批已知样本的情况下，根据一个未知样品的多种性质判定它究竟属于哪一类。除了以上常用的方法之外，地学统计方法、基于计算智能的土地评价模型 BP 神经网络模型、遗传模糊神经网络模型和基于专家系统的土地评价方法在以往的研究中均已得到普遍应用。

第三节　土地评价的工作程序

土地评价的主要过程可以概括为 3 个阶段：一是准备工作；二是评价过程；三是成果总结(图 7-5)。

一、土地评价的准备工作

这是土地评价的开始阶段，其主要任务包括立项、确定目标、基础数据和图件的收集与工作计划的制订等。

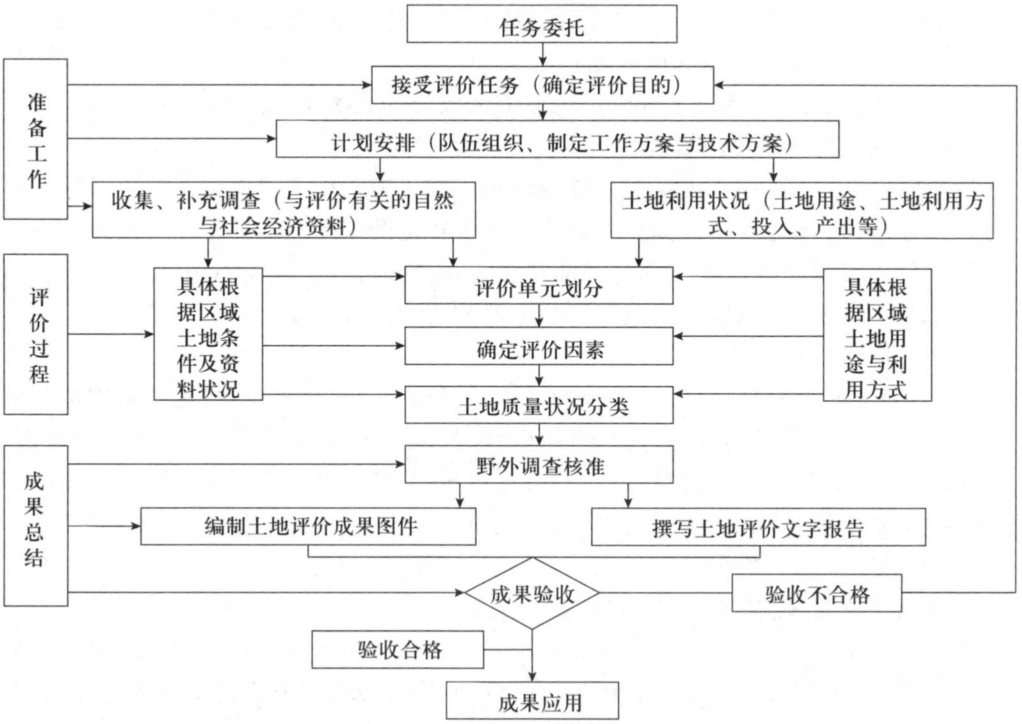

图 7-5　土地评价的主要程序

(一)立项和初步商讨

土地评价工作是与自然资源管理和土地利用布局联系紧密的研究性工作,何时何地进行什么类型的土地评价是根据当时当地的资源管理和规划项目的需求而决定的。因此,土地评价的立项必须根据上述需求所提出的具体目标而进行,立项之后再召集有关的部门和专家进行初步商讨,初步商讨的内容主要包括①明确的评价目标;②评价所依据的数据和论据;③评价地区范围与界线;④可能考虑的土地用途;⑤采用两阶段法还是平行法;⑥评价要求进行的调查程度和比例尺;⑦对评价最终成果的表达要求;⑧评价过程中工作阶段的划分。土地评价的初步商讨需要反复进行,而且在初步商讨过程中可能会改变立项的相关内容。

(二)确定评价目的

土地评价的目标是正确进行土地评价的保证,土地评价的目标一般根据生产要求而定,同时考虑自然条件和社会经济条件,以及评价人员的技术水平。土地评价的目标多种多样,有些是综合性的,例如,为一个地区总体规划服务的土地评价,其目标可能是为多种模式的土地利用方式进行自然适宜性评价,获取具体而准确的经济参数;为某个地区发展灌溉进行的土地评价,其评价目标可能是获取多种灌溉方式对不同土地的适宜性程度,以及相应的灌溉量与增产效果等数据。当然,有些评价目标具体而单一,例如,对交通用地的评价仅需考虑是否适宜修筑公路或铁路;某农场需要发展苹果园,只需对其土地进行苹果树的适宜性评价等。

在评价过程中,随着认识程度的深入,可能会发现事先制定的评价目标不太合适,那么应及时对评价的目标做适当的修改。

(三)制订工作计划

土地评价是一项具有多重目标、较长周期的系统性工作。因此,为了使评价工作能周密、协调地进行，制订一个详尽的工作计划十分必要，具体包括以下几个方面。

1. 划定待评价土地的明确范围和边界

根据立项时的要求，以行政区域或自然地理区域为单元确定范围和边界。

2. 选择可能考虑的土地利用种类

应根据评价目标及该地区的自然社会经济条件和土地利用现状而定。评价目标中一般清楚地说明了包括多种土地利用种类还是只涉及某种特定的用途。在针对多种土地利用种类的进行评价时，应尽量多考虑土地利用种类的选择方案；同时，为了避免不必要的工作量，那些明显不适于当地的自然条件或社会经济条件的土地利用种类应当排除。

3. 选择土地评价的类型

先根据评价目标和对象确定是进行农业用地评价、林业用地评价，还是其他用地类型评价等；之后进一步确定是否都需要进行土地适宜性评价、土地生产潜力评价、土地经济评价，或只需要其中某个方面；确定进行当前评价还是潜在评价，定性评价还是定量评价。一般来说，在计划进行大型的土地利用方式变更或土地改良(如排水、垦殖或灌溉计划)的区域，需要进行土地潜在适宜性或生产力评价。

4. 确定调查的范围、程度和比例尺

这可以根据由评价目的所决定的所需数据和已经取得的数据进行比较来决定。数据类型在很大程度上取决于所考虑的土地利用种类。例如，为农业利用要进行土壤调查；而为天然草场的放牧则要进行生态调查。另外，要根据现有的数据资料情况与评价需求相比较来确定是否需要进行新的补充调查，采用何种比例尺和取样密度等。

5. 划分工作阶段

估计每项具体工作的时间，划分工作阶段，编写书面计划。

(四)数据和资料的收集、调查和整理

根据土地评价的目标，可以确定所需要的数据和资料。通常情况下，必需的数据和资料包括研究地区的自然和社会经济基本状况，以及直接用于评价的数据和图件。

1. 研究地区的自然和社会经济基本状况

一般包括以下内容：地理位置、气候带、地形、土地改良的状况(如开垦、排水)、人口及其变率、生活水平、教育、目前的经济基础、基础设施(如交通、通信、城市公用事业)、政府支持政策、土地所有制及其管理方式等。这些数据和资料是土地评价结果的背景和前提，人们要应用评价结果，特别是进行地区之间的交流时必须考虑这些数据和资料。另外，社会经济状况是不断变化的，评价结果终究会过时，在做出评价的若干年后，这些背景资料仍将有助于判断评价结果是否适当或是否需要重新评价。

2. 用于评价的数据和资料

主要是反映评价对象各种性状的数据和资料。这些数据和资料可以分为属性数据和图形数据。属性数据是对评价对象各种性状的直接描述，它可以是精确的数字(如年平均气温10℃、土壤有机质含量1.2%等)，也可以是抽象的描述性数据(如土壤排水状况良好、交通中等发达等)；图形数据是用图形标示评价对象不同类型的空间位置及其相互关系的数据，如土壤图、土地利用现状图等。用于评价的数据和资料一般包括以下几个方面。

①气候，如光照、热量、气温、降水等方面的数据和资料。

②土壤，有关土壤类型及土壤理化性状参数值，主要来源于土壤普查的图件和分析数据。

③地形地貌，如海拔高度、坡度等。

④水资源，主要指地下水和地表水。

⑤作物品种和种植制度。

⑥动物资源，如家畜、家禽等。

⑦土地利用现状。

⑧人口数量与素质。

⑨投入，如农药、化肥、基础设施、科学技术等。

⑩地理区位。

⑪需求，如市场和价格。

⑫政策环境和金融环境。

需要强调的是，这些数据和资料的准确性直接关系到评价结果是否可靠，因此在收集和调查的过程中，一定要以科学认真的态度对所有数据和资料的来源进行记载，并说明其可靠程度。当然，评价的手段和目标不同，所需的数据量和资料种类可能不一样，对数据的精度要求也不同，实际的土地评价工作中应做到具体问题具体分析。

二、土地评价的评价过程

(一)确定土地用途及其利用要求和限制性

1. 土地用途的描述

对予以考虑的土地利用类型的确定和描述是评价过程的关键内容之一。以下两种情况有所区别：①在评价之初就确定了土地利用类型；②在评价之初对土地利用类型仅进行了大致描述，根据评价过程中的相关内容的逐步明确再进行修改和调整。

第一种情况出现在按土地利用大类进行评价工作而进行的定性调查中。这种情况也能在为一种或几种土地利用方式确定土地类型的研究中遇到，例如，确定灌溉果园或保留林地的地点，在这种情况下予以考虑的土地利用类型主要是由评价目标所规定的。

第二种情况发生在以土地利用的总体规划为目标的土地评价中，例如，在较大面积土地开发规划中很可能包括几种具有潜在适宜性的农业利用、畜牧业生产和林业等类型。评价起初的土地利用方式只能做到笼统地描述，如种植业的种类。随着评价的进行，有些细节，如作物选择、建议的轮作制、所需的水土保持设施和最佳的经营规模都逐渐地定下来，那么在研究末期就可以对土地利用的方式做出详细的描述。

在第一种情况下，土地利用类型的描述在土地评价之前；在第二种情况下，只能在评价过程中逐步修正和明确。当然，在实践中两者的区别并不明显，因为在第一种情况下，有时也会对土地用途做一些调整。

2. 土地利用的要求和限制

在描述土地利用类型同时或之后，就要确定其对土地质量的要求。每种土地用途如在可持续利用和经济上可行的前提下付诸实施的话，都需要不同的生态环境条件，例如，大多数多年生作物需要根部终年存在有效水分；栽培水稻要求平整的土地或在花费了可接受的成本后能够得以平整的土地；林业要求一定的立地条件，虽然它一般在陡坡上也能生长。对每种土地利用方式的限制性是与其对土地的各项要求同时确定的，这些土地利用要求和限制性指明了评价中需要的资料类型，从而也规定了需要进行的土地资源调查的内容。

应当指出，在一般情况下，土地评价所需要的数据都应当通过一定的野外调查或实地考察验证来获得，以便对土地利用类型及其对土地质量的要求进行准确的描述。当然，大部分的数据可能直接来自以往所进行过的各种调查报告，因此必要的野外验证和更新是必须的；另一些数据则只能在评价过程中单独地开展调查，如当年的产量数据（如作物单产、载畜量等）往往要去现场调查，并将这些数据同当前的环境条件和管理方法进行比较分析；而过去没有调查过的数据，只好根据评价要求进行详细的调查。因此，对评价所需的各种数据进行野外调查和分析的工作，可能会成为土地评价过程中的主要活动。

（二）划分土地评价单元

土地评价单元是土地评价对象的最小图斑。在同一个评价单元内，土地的各种属性应尽可能达到相对均一，以便能够反映同一种土地用途所要求的土地质量状况。也就是说，在同一评价单元中，土地的基本属性具有一致性，不同评价单元中具有明显的差异性和比较性。因此，土地评价单元划分的依据是评价区域的变异程度、评价目标的精确要求、土地调查所能达到的程度等。在实际工作中，必须综合考虑这些因素来选择土地评价单元的划分方法。常用的方法有以下几种。

1. 以土壤图为基础确定土地评价单元

以土壤图为基础，把基本制图单元，如土种、或土系等按其土地利用性能重新组合归类为土地评价单元。这种以土壤图为基础确定土地评价单元的优点主要是能充分反映土壤在土地综合体中的主导作用，同时能够充分利用土壤普查中的资料，节省大量的野外调查工作量，具有较好的土壤和土地利用基础，只要将土地评价地区的土壤图连同土壤调查报告收集起来就可以确定土地评价单元、单元的数量及其位置。但是这样确定的土地评价单元主要问题是在地面上缺乏明显的界线，而且往往和耕作田块、行政界线不同，更重要的是与地块权属界线不一致，评价成果在土地管理应用中受到一定的限制。

2. 以土地类型图为基础确定土地评价单元

土地类型是指由土地各要素组成的性质相对均一的土地单元，它反映了土地的自然属性和景观形态的异质性程度，因而最恰当地表达了土地质量的空间差异性。因此，土地类型单元是开展土地评价的理想单元。不过，目前还没有统一的土地分类标准和分类系统，在决定用土地类型分类单元作为土地评价单元时需要做较多的前期工作，以便进行土地类型的系统分类研究；此外，土地类型单元与土壤单元的划分方法往往相似，其界线与行政界线不同，更重要的是与地块权属界线不一致，评价成果在土地管理应用中会受到一定的限制。

3. 以土地利用现状图为基础确定土地评价单元

以土地利用现状图为基础确定土地评价单元在我国是常用的方法。它是按土地利用现状图的基础制图单元，即自然地块（地段）或耕作规划单元以及种植地段等划分土地评价单元，实际上与田间末级固定工程（路、渠、沟、林、坎等）所包围的地形、土壤、水利状况基本一致，以生产环境、管理水平、常年产量相近的范围为评价单元。土地利用现状图中的地块是由线性地物和行政区划界线围割而成的土地单元，也往往是农民进行生产活动的基本生产单位。按地块进行土地评价和农民生产习惯一致，便于进行土地登记、统计和建立土地档案，科学计算农业税收，有利于为土地管理提供基础资料，便于农民对土地承包、转让、计算土地补偿费用，可方便鼓励农民对土地投资、改良和提高土地生产力，具有较大的实际意义和应用价值。

4. 以网格法作为土地评价单元

可用地理经纬网或一般的任一方格网划分方格网，每一网格即可作为一个评价单元。该方法的优点是简单，缺点是土地评价单元的土地性质获取较困难，成果的应用也会受到相当程度的限制。

(三)筛选土地质量因子

1. 土地评价因子

土地是由气候、土壤、地形地貌、地表水文、植被和人类社会经济活动结果所构成的自然地理综合体。因此，土地评价因子来自土地各自然要素和社会经济因素的相关属性，表 7-1 所列即为农用地评价常用的各类因子。

表 7-1　农用地评价中可供选择的评价因子

因素类别	具体因素
气候	温度、积温、降水量、蒸发量、酸雨、灾害气候(风、雹等)、无霜期等
土壤	有机质含量(指耕层有机质)、土壤质地(表层土壤，耕地指耕层质地)、土层厚度(土壤 A 和 B 层的厚度)、土壤盐碱状况、土壤污染状况、土体构型(在土层厚度的范围内，障碍层次数量、主要障碍层的厚度及埋深)、土壤侵蚀状况(土壤风蚀与水蚀状况)、土壤养分状况(表层土壤，耕地指耕层土壤的养分状况)、土壤酸度状况、土壤母质类型、土壤中砾石含量等
地形地貌	海拔、坡度、坡向、坡型、地形部位(在坡的上部、中部、下部)、地质灾害状况
地表水文	地下潜水埋深、潜水水质、洪涝频率等
灌溉与排水	灌溉保证率、灌溉水的水质、排水状况等
农田基本状况	田间道路状况、地面平整状况、宗地地块大小等
社会经济条件	位置(距居民点的距离)、交通状况、区位(所邻居民点的类别)、权属状况、经济投入与产出水平、文化技术水平、宗教与生活习惯等
产量水平	标准粮化的现实产量水平(标准粮水平)

2. 评价因子选择方法

衡量土地质量状况的好坏通常需要用一组或一系列评价因子或诊断指标来综合表达。如果选取的评价因子合理，那么所表达的土地质量状况就符合实际。因此，在选择评价因子过程中应遵循以下原则。

(1)选取的评价因素应在评价区域内具有显著的变异性

例如，某一个评价区域，位于平原地区，其坡度均不超过 3°，而我国的坡度分级标准通常是 0～3°为一级、3°～6°为二级、6°～15°为三级、15°～25°为四级、25°以上为五级等。在这种情况下，若把坡度选为评价因子，则区域内全部评价单元的坡度状况都为一级，也就是说对土地质量状况的差异没有影响，因此，坡度因子就不宜作为该区域的评价因子。

(2)评价因子应具有一定的稳定性

一般认为气候、地形、成土母质等最为稳定，土壤因素中土层厚度、土壤质地、土体构型等性质比较稳定，而土壤的氮、磷、钾养分含量等，以及某些社会经济因素如生产资料、产品价格等，则相对不稳定。无论评价区域大小和制图比例尺如何，都应选择稳定性较高的因子，使评价结果相对稳定，便于应用。

(3)评价因子的选取要因地区而异

在不同地区，影响土地利用的因素差别较大，因此，不同地区要选择不同的评价因素。如在干旱、半干旱地区，土壤的盐分含量是农业土地评价的必选因素，但在湿润地区，土壤的盐分含量就不必选取。若评价区域较大，而且地形起伏也较大，那么土壤侵蚀状况多被列为评价因素等。

(4)评价因子要因土地用途的差异分别选取

由于土地评价是针对具体的土地用途而言的，因此，评价因素的选择要考虑当地的自然地理特点和社会经济因素及其发展水平，并针对土地利用类型来选择。如评价种茶用地时，可选择温度、湿度、pH、土层厚度、排水条件、土壤养分、坡度等作为评价因素；在橡胶宜林地的评价中，应选择越冬条件、热量条件、水分条件、风力条件和土壤条件等。

(5)评价因子之间要相互独立

在土地评价因素的选择中，如果同时选择坡度因素和土壤侵蚀因素，因侵蚀大小与坡度的关系非常密切，一般而言，坡度越大，侵蚀也越严重。换言之，侵蚀因素可以包括坡度因素。这种情况下，坡度和侵蚀两个因素之间就相互不独立。一般情况下，选择坡度因子就可以了。

在具体工作中，评价因子的选择通常以表 7-1 中可供选择的各项因子为基础，用经验方法或其他方法，如回归分析、主成分分析、层次分析等，结合评价地区的实际情况加以确定。

3. 评价因子的描述

对评价因子的特征描述中，要注意有的因素，如土壤有机质含量、地形坡度等，可采用定量数据(如百分数、度数等)对其特征进行描述；有的因素，如土壤质地、地面平整状况等，则采用定性的术语(如土壤质地有壤质土和沙质土等)来描述其特征。表 7-2 的评价因子特征描述主要针对农用地评价，可作为示例参考。

表 7-2 土地评价因子的特征描述及分级分值示例

评价因素	因素描述及其变异对土地质量的影响	因素特征分级标准	分值
有机质含量	可测量的土壤性质，其值过大一般不适于农作物生长。可定量地用百分数来描述	以东北黑土为例：3%～4% 2%～3% >4% <2%	9 7 5 3
土层厚度	可测量的土壤性质，其值过小一般不适于大田农作物生长。可用定量的厘米来描述	以吉林省榆树市为例：>50 cm 30～50 cm 20～30 cm <20 cm	9 7 5 3
土壤盐碱状况	可测量的土壤性质，土壤盐碱含量过高不适于农作物生长。可用定量的土壤可溶盐含量和或盐化度描述	以华北区冬小麦的耐盐情况为例： <0.30% 0.30%～0.45% 0.45%～0.60% >0.60%	 9 7 5 3

续表 7-2

评价因素	因素描述及其变异对土地质量的影响	因素特征分级标准	分值
土壤污染状况	可测量的土壤性质，土壤污染物因素含量越高对农作物的污染程度越严重。可用定量的污染物因素超标率来描述	污染物因素超标率：<10%	1
		10%～30%	3
		30%～50%	5
		50%～70%	7
		>70%	9
土壤构型	可测量的土壤性质，土壤障碍层距离地面的深度越浅对农作物生长的影响越大。可用定量的厘米数描述	以吉林省榆树市为例：	
		障碍层在地面 100 cm 以下	9
		障碍层在地面 50 cm 以下	7
		障碍层在地面 30 cm 以下	5
		障碍层在地面 30 cm 以内	3
土壤侵蚀	可量测或估计的土壤性质，土壤侵蚀越严重，对农作物生长的影响也越大。其描述方法可用定量的侵模数或定性的轻、中、重侵蚀程度描述	侵蚀不明显	9
		轻度侵蚀（如水蚀有纹沟）	7
		中度侵蚀（如水蚀有浅沟）	5
		重度侵蚀（如水蚀有切沟）	3
		侵蚀极严重（如水蚀有较多切沟）	1
土壤养分状况	可量测或估计的土壤性质，土壤养分供给能力越强，对农作物的生长有利。可用定性的养分综合供给能力强弱来描述	土壤养分综合供给能力强	9
		土壤养分综合供给能力较强	7
		土壤养分综合供给能力一般	5
		土壤养分综合供给能力较差	3
		土壤养分综合供给能力差	1
土壤保水、供水状况	可量测或估计的土壤性质，土壤保水能力越好，对农作物生长越有利。可用定性的土壤保水供水好坏来描述	好	9
		较好	7
		一般	5
		较差	3
		差	1
土壤酸度	可测量的土壤性质，其值在 6～8 最适于农作物生长。可定量地用土壤溶液的 pH 描述	土壤 pH=6～8	9
		土壤 pH=8～9 或 5～6	7
		土壤 pH>9 或<5	5
土壤质地	可量测（也可用经验方法估计）的土壤性质，壤质土最适于农作物生长。可用定性的术语如壤质土、黏质土等来描述	壤质土	9
		壤质偏砂或偏黏	7
		黏质土火山质土	5
		砾质土	3
		石渣土	1
坡度	可量测农用地所处位置的地形地貌性质，其值过大不利于农业生产活动。可用定量的度数来描述	0～5°	9
		6°～10°	7
		11°～15°	5
		16°～20°	3
		>20°	1

续表 7-2

评价因素	因素描述及其变异对土地质量的影响	因素特征分级标准	分值
灌溉保证率	可量测的灌溉条件,其值越接近于 100%,其灌溉条件越好。可用定量的百分数来描述	90%～100%	9
		70%～90%	7
		50%～70%	5
		30%～50%	3
排水状况	可量测或估计的农业生产条件,该条件越差,对农作物生长的影响越坏。可用定性的术语来描述	非常充分	9
		充分	7
		较充分	5
		一般	3
		较差	1

(四)确定评价因子权重

评价因子权重的确定关系到整个土地评价结果是否正确或符合客观实际。不同的评价因子对特定土地利用方式及其质量的影响程度差异明显,只有对各评价因子的重要性(即权重)大小做出正确判断,才能保证土地适宜性评价结果的科学性、准确性和真实性。评价因子权重可采用多种方法进行确定,目前常用的方法有特尔菲法、主成分分析法、层次分析法、回归分析法和灰色关联度分析法等。

(五)评价结果的分类

土地评价结果的运算一般采用多因素综合评判法,即将选择的评价因子的各类指标值进行标准化处理,再根据评价因子权重值及评价因子分值,得到各评价单元的加权总分值。

最后,计算出的每个评价单元的总分值根据自然间断分类法,将一定分值范围内的土地单元划分为同一等级,得出土地质量状况类别,并进行图斑的归类和合并,形成土地评价图。

三、土地评价的成果总结

土地评价的成果总结是土地评价最后也是最重要的环节。为了使土地评价的成果可有效利用,就必须形成条理清晰、观点鲜明、论据充分的成果总结。土地评价的成果包括土地评价报告书和土地评价图两大要件。

(一)土地评价报告

1. 土地评价的目的

清楚地论述土地评价立项的依据、土地评价对象(区域)的基本情况、土地评价后所要达到的目标。

2. 土地评价的过程与方法

说明土地评价所用的资料、土地评价的主要内容和土地评价所采用的方法。

3. 土地评价的结论

这是土地评价成果报告书的关键部分,由 3 部分组成:①土地评价的中间过程中通过一系列的估算和分析而获得的结果;②根据结果而推导出的结论;③针对结论而展开的讨论和建议。

表 7-3 是一份土地适宜性评价报告的内容提要。这是一个样本,针对不同的土地适宜性

评价,其内容可以因具体情况变化,但一般包括 3 个部分。

第一部分是摘要:简要说明评价的技术要点及摘要结论。摘要必须简短、清楚,包括某些数值资料(例如,适合于增加灌溉面积为 5 000 hm^2 等)、措施和理由(如怎样进行土壤改良,因大量施用农药和化肥造成环境污染,棉花种植面积应减少 50%等)。摘要可以让读者迅速地了解报告的主要内容,有针对性地去阅读报告。特别是对于没有时间或专业知识的管理决策者,摘要非常有用。

第二部分是正文:正文部分全面清楚地介绍评价过程所采用的技术和成果,表格是比较有效的表达方式,正文可以为土地利用规划人员及技术人员提供有用的资料、数据和论据。

第三部分是附录:在正文中没有详细介绍的技术手段和方法在附录中应做清楚的介绍。

表 7-3　土地适宜性评价报告的内容提要

前言
结论和建议书的摘要
第一章　调查、评价的目标
·目前经济基础
·现在和未来问题以及发展需要
·以前的调查、保存的资料
·目标
第二章　自然环境
·气候、水文、地质、地貌、土壤、植被、特殊地形
第三章　人文环境
·人口和居住区
·基础设施和服务
·社会背景(如土地租赁)
·农业及土地利用现状(例如粮食作物、经济作物、牧畜、林业等)
第四章　调查、评价的方法
·评价的概要(时间选择、人力、方法等)
·土地资源基础调查(假如需要的话)
·外业调查:例如农业和农场制度研究、作物产量调查、社会调查、经济调查等
·资料分析和解释
第五章　土地利用方式
·定义土地利用方式的方法
·描述的项目(内容)
·土地利用方式:LUT A…… LUT B…… LUT C……(包括总表)
第六章　土地评价单元
·定义土地评价单元的方法
·描述的项目(内容)
·土地评价单元:LU_1…… LU_2…… LU_3……(包括总表)
第七章　土地利用要求和土地质量
·土地利用要求:决定、选择及评定方法
·作物和土地利用方式的需要(包括表格)
·土地质量:评价方法
·土地评价单元的土地质量(包括表格)
·作物产量资料

续表 7-3

第八章　土地适宜性
·比配:土地利用要求与土地质量比较
土壤改良(假如有关系的话)
·环境影响(或者在后面单列一章)
·经济和社会分析(广泛考虑)
·土地适宜性分类:土地适宜性纲和级、土地适宜性亚级、土地适宜性单元(需要使用的话)
第九章　经济评价
·在应用土地适宜性经济分类的地方,详细经济调查的结果单列一章
第十章　推荐建议
·推荐土地利用制度(包括供选择的制度)
·管理说明
·估计产量和其他收益
附录
例如,农业气候资料及分析,土壤数据及分析等。
词汇表
参考文献

(二)土地评价图

土地评价图是直观地表达土地评价结果和结论的有效手段,是土地评价报告中不可缺少的部分。不同目的和内容的土地评价的成果图种类不一样,如土地适宜性评价的成果图,是土地评价对象的适宜性等级分布图;土地生产潜力评价则是土地评价对象的土地生产潜力等级图;土地经济评价的成果可能是评价对象的经济适宜性等级图或土地经济分级图。

1. 确定制图比例尺

比例尺大小是土地评价精度的主要标志,不同比例尺的图件,它表示的制图内容的详细程度以及所反映的土地评价都有差别。比例尺越大,其内容就越详细,精度也就越高,在生产实践上的针对性也就越强;比例尺越小,内容越趋于概括,在一个很小的图斑内,往往包括土地评价系统中若干个等级的土地类别,因此小比例尺土地评价图主要反映土地质量的宏观规律对生产实践的指导作用,也常常是战略性的。所以土地评价图的比例尺要根据土地评价的目的、评价地区面积的大小与制图内容及其所要求的精度来选择和确定。一般全国性的土地评价图采用 1∶100 万比例尺;省和地区级土地评价图采用 1∶(20 万～50 万)比例尺;县级土地评价图采用 1∶(5 万～10 万)比例尺;乡级土地评级图采用 1∶1 万或更大的比例尺。大比例尺的县级土地评价主要为土地管理服务,已经进行过土地利用现状调查的县级土地评价图应和当地利用现状图采用相同的比例尺。

2. 设计图例

设计图例一般采用色调加数字符号表示,即用不同色调配以分数码代号注记来反映土地的等级层次,反映土地质量优劣、空间分布和面积状况等。注记的形式因土地评价采用的分类系统、比例尺、表示的详细程度不同而异。在中小比例尺土地评价中,当土地类型复杂、土地质量变化大、图斑面积小、难以用单一图斑轮廓界线表示时,可采用复区方式设计图例,注明区内各种等级土地面积的百分比。

思考题

1. 什么是土地评价？为什么要进行土地评价？
2. 土地评价一般遵守哪些原则？
3. 土地评价的两阶段法和平行法各有哪些特点？
4. 系统阐述土地评价的工作程序。
5. 土地评价的成果有哪些？土地评价报告包括哪些内容？

第八章　土地质量评价

第一节　土地特性与土地质量

通过基本的土地资源调查，将研究区域划分成若干相对同质的空间单元，即土地类型单元。土地特性和土地质量都是土地类型单元的基本属性，是进一步开展土地评价的重要依据。

一、土地特性

土地特性是指各种可以直接测量或估测的土地属性，可用于区别和划分不同适宜性的土地单元，用作描述土地质量的一些因子。如平均年降水量、坡度、土壤排水程度、有效深度、表土质地、土壤有效水容量、pH 和土壤氮百分率等。

土地是地球表面的一部分，包括影响土地利用的物理与生物环境的所有因素，是一个自然、经济、社会综合体。根据土地构成要素的不同，可以将土地特性划分为如下类型。

（一）气候特性

气候是土地资源的重要形成因素。光、热和水等气候因素在空间上的差异和时间上的变化，深刻影响着土地的利用方式，并使土地质量表现出强烈的空间异质性。气候因素不仅对农业利用中的土地质量起着非常重要的作用，而且也影响着城市建设过程中的土地质量。

1. 光能特性

土地的光能特性主要包括太阳辐射和日照两个方面。光能是绿色植物进行光合作用和生物运动发展的主要能源，也是城市建设中确定建筑的日照标准、间距、朝向及热工设计的依据。

太阳辐射常用辐射总量表示，是直接辐射和散射辐射的总和。太阳辐射总量中能被绿色植物利用的比例一般小于 2%，平均仅 0.4%。我国年太阳辐射总量为 355～1 003 $kJ \cdot cm^{-2}$，东部平原区一般为 502～544 $kJ \cdot cm^{-2}$，西北地区为 586～670 $kJ \cdot cm^{-2}$，青藏高原高达 670～837 $kJ \cdot cm^{-2}$，四川盆地则小于 419 $kJ \cdot cm^{-2}$。不同作物对太阳辐射量的需求差异很大，一般情况下，强光照有利于植物的生殖生长，如棉花和谷类等；弱光照有利于植物的营养生长，如茶叶、人参和竹子等。太阳辐射量随纬度和季节变化较大，导致土地类型空间分布具有鲜明的地带性规律，也造成了土地质量的空间分布差异。

日照是作物生长发育的基本条件，常用日照时数来表示。日照时数分为可照时数和实照时数。可照时数相当于日出至日落的时间间隔，其时间长短随纬度和季节变化而变化。实照时数需要在可照时数中扣除云雾、地形等因素的遮挡时间。实照时数与可照时数之比称为日照百分率。日照百分率也是表征日照的重要指标。日照时数的长短直接影响作物光合产量的多少。因此，日照也是影响土地质量的重要气候特性之一。

根据光能条件地域变化特点，可将中国分为 5 个光能分布区（表 8-1）。

表 8-1 中国光能强度等级分区

类型	太阳年辐射总量/(kcal · cm^{-2})	全年日照时数/h	主要分布区
最丰富地区	160～200	3 200～3 300	西藏大部、新疆东南部、青海西部和宁夏与甘肃北部
较丰富地区	140～160	3 000～3 200	内蒙古、宁夏南部、甘肃中部、青海东部、西藏东南部、新疆南部、河北西北部和山西北部
中等丰富地区	120～140	2 200～3 000	山东、河南、云南、辽宁、吉林、新疆北部、陕西北部、山西南部、甘肃东南部、广东南部、河北东北部
较差地区	100～120	1 400～2 200	湖北、湖南、广西、江西、浙江、福建北部、安徽南部、广东北部、陕西南部
最差地区	80～100	1 000～1 400	贵州、四川大部分地区

2. 热量特性

土地的热量特性通常用积温来表示。常用的积温指标有活动积温、有效积温和负积温等。活动积温(一般简称积温)为一年中大于某一临界温度值的所有日平均气温的总和,如≥0 ℃的活动积温和≥10 ℃的活动积温等。作物完成某一生长阶段或全部生长发育过程,所需的积温为一相对固定值。有效积温是扣除生物学下限温度(冷害)和上限温度(热害)后,对作物生长发育有效的那部分温度的总和,其热量条件与作物生长发育更趋一致。负积温则表示冬季0 ℃以下日平均温度的累加,表示严寒程度,用于分析越冬作物冻害。最常用的指标为日平均气温≥10 ℃的活动积温,常用作衡量土地资源对作物热量条件是否适宜的基本指标。≥10 ℃积温与农作物适宜性关系密切。中国≥10 ℃积温自北部的寒温带到南部的热带逐渐增多,范围在 1 500～10 000 ℃。活动积温和熟制有直接的关系,作物从一年一熟制到两年三熟、一年两熟和一年三熟等(表 8-2)。活动积温等值线基本决定了中国土地利用方式的宏观格局。

表 8-2 中国活动积温与作物熟制的关系

≥10℃积温/℃	热量带	熟制	典型地区	典型作物
<1 600	寒温带	一年一熟	大兴安岭北部	马铃薯和荞麦
1 600～3 400	温带	一年一熟	长城一线以北	玉米和大豆
3 400～4 500	暖温带	两年三熟或一年一熟	长城一线以南	玉米、冬小麦、大豆、甘薯、棉花、苹果和梨
4 500～5 300	北亚热带	一年两熟	秦岭—淮河以南,长江以北	水稻、小麦和棉花
5 300～6 500	中亚热带	一年两熟或三熟	长江以南,南岭以北	双季稻、稻麦两熟、茶、柑橘
6 500～8 000	南亚热带	一年三熟	南岭以南,雷州半岛以北	双季稻、香蕉、甘蔗、菠萝、龙眼和荔枝
>8 000	热带	一年三熟	西双版纳、海南岛、台湾南部和南海诸岛	橡胶、咖啡和椰子

日均温≥0 ℃的持续期、≥5 ℃的持续期和≥15 ℃的持续期也常用来表示温度状况,他们在安排土地上农作物的种植时期和类型等方面有重要意义。一般情况下,日平均气温大于0 ℃时,土壤开始解冻,田间作业开始,所以日平均气温≥0 ℃的时期称为农耕期。在温带地

区,日均温≥5 ℃的日期,几乎与越冬作物和大多数林木的复苏相吻合,所以日均温≥5 ℃的持续期称为生长期。日均温≥15 ℃的持续期则称为栽培喜温作物(花生和棉花等)的适宜生长期。

另外,无霜期与多年极端低温等也是衡量热量状况的重要指标。无霜期是每年终霜期与初霜期之间的无霜天数。一般来说,无霜期为 100 d,农作物生长受到严格限制;100～130 d,可以种植喜凉作物。中国东北的三江平原到黄淮海平原地区,无霜期可达 180～200 d,洞庭湖区 250～300 d,南岭以南则可大于 300 d,西双版纳、广东沿海及海南岛则全年无霜。多年极端低温可分为杀伤性低温和抑制性低温等,其对农作物的影响与极端低温出现的频率和持续时间长短等有关,也与小气候条件有关。

3. 降水特性

降水是农业生产用水的主要来源,区域降水的多少,降水季节的分配,降水强度、降水变率等都直接影响土地资源的生产潜力和土地的利用方式。表征降水特征的常用变量有降水量、降水强度和降水变率。一般来说,在相同的降水量条件下,降水强度越大,越容易引发水土流失和洪涝灾害;在相同的年均降水量条件下,降水变率越大,则洪涝灾害越频繁,作物生产的稳定性越低。我们经常用降水量、湿润指数或干燥度来衡量区域的降水量多少。

中国的 400 mm 和 800 mm 等降水量线对土地资源分布和土地利用格局产生了重要影响。400 mm 等降水量线北起大兴安岭,经通辽、张北、呼和浩特、榆林、兰州、玉树和那曲至日喀则附近,是半湿润区和半干旱区的分界线。800 mm 等降水量线位置大致为秦岭—淮河一线,也是长江和黄河两大流域的分界线。400 mm 等降水量线以西以北,降水量较少,主要是以干旱草原和荒漠草原为主的甘新牧业区、以高原和高山草地为主的青藏高寒牧业区。400 mm等降水量以东以南、800 mm 等降水量线以北,为湿润和半湿润区,土壤的矿质淋溶适中,主要是以旱地为主的北方旱作农业区。800 mm 等降水量线以南的华东地区和华南地区,降水量丰沛,土壤往往偏酸性,是以水田为主的南方水田农业区。

湿润指数与干燥度互为倒数。湿润指数为年降水量与年蒸发量之比。一般来说,湿润指数>1.0,为湿润地区,种植旱作物较为稳定;湿润指数 0.5～1.0,为半湿润地区,种植旱作物基本稳定;湿润指数 0.2～0.5,为半干旱区,种植旱作物不稳定;湿润指数<0.2,为干旱地区,没有灌溉就没有农业。对于后两个地区,稳定的农业生产均需灌溉条件来保障。

(二)土壤特性

土壤是土地资源的重要组成部分,位于土地的上部,富含有机质和腐殖质,能够提供和协调植物生长所需要的水分、养分、气体和热量。土壤特性对于土地质量,尤其是农用地质量起着至关重要的作用。土地的土壤特性主要表现在物理、化学和生物 3 个方面(表 8-3)。

表 8-3　土地的土壤特性

类型	特性
物理特性	表土层厚度,障碍层厚度,容重,土壤质地,通气孔隙,毛管孔隙,渗透率,团聚体稳定性,大团聚体,微团聚体,结构系数,水分含量,土壤温度,水分特征曲线,渗透阻力
化学特性	pH,阳离子交换量(CEC),电导率,盐基饱和度(BS%),交换性酸,交换性钠,交换性钙,交换性镁,铝饱和度,Eh,全氮,全磷,全钾,碱解氮,水解氮,速效磷,缓效钾,有效钾,微量营养元素全量和有效性(Ca、Mg、S、Cu、Fe、Zn、Mn、B、Mo),污染物土壤环境容量、重金属元素全量与有效性、有机污染物残留量

续表 8-3

类型	特性
生物特性	有机质，有机质易氧化率，HA/FA，微生物生物量碳，微生物总量，细菌总量和活性，真菌总量和活性，放线菌总量和活性，脲酶及活性，转化酶及活性，过氧化氢酶及活性，酸性磷酸酶及活性

在土壤物理特性中，土壤质地直接影响植物根系生长发育及水分和养分的吸附和释放，是最常见和最综合性的土壤特性，它与土壤的很多其他物理特性，如容重、孔隙度、渗透速率等密切相关，但土壤质地涉及几种不同的颗粒级别，通常以黏粒含量或者粉黏比进行表示。此外，土壤类型也可用于反映土壤的综合物理特性，它能够体现土壤的肥力水平和自然生产力。

中国土壤类型多样。东部湿润地区，太阳辐射导致的热量地带性差异是土壤地带性分异的主要原因，由南向北依次为砖红壤、砖红壤性红壤、红壤和黄壤、黄棕壤、棕壤、暗棕壤和漂灰土等类型。北部暖温带和温带地区，距海远近导致的水热分布差异是土壤经度地带性分异的主要原因。温带地区自东向西依次分布着暗棕壤、黑土、灰黑土、黑钙土、栗钙土、棕钙土、灰漠土和灰棕漠土等类型；而在暖温带地区，自东向西则依次分布着棕壤、褐土、黑垆土、灰钙土和棕漠土等类型(图 8-1)。

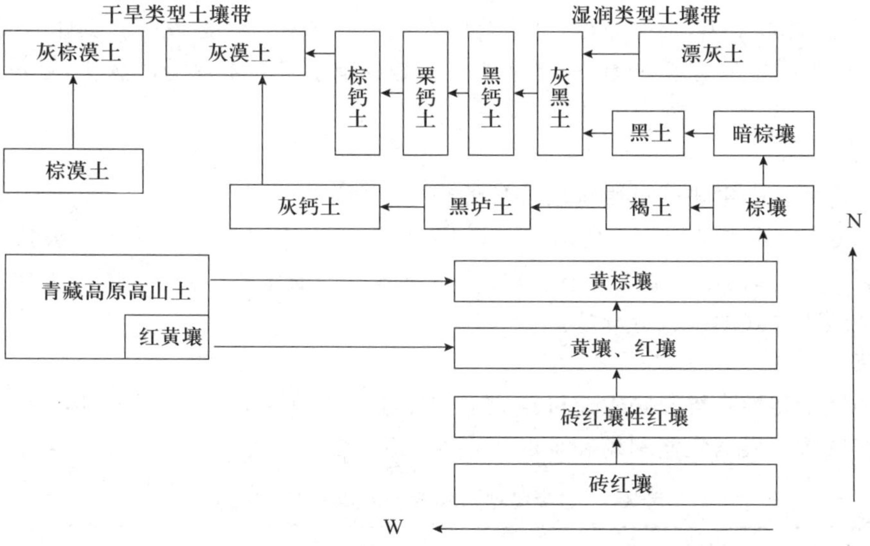

图 8-1　中国土壤空间分布规律(中国地理学会，1981)

pH 无疑是土壤化学环境最重要和直接的反映，决定着几乎所有元素的化学行为。养分指标中，氮、磷、钾等大量元素都是重要的土壤肥力特性因子，与作物生长密切相关。阳离子交换量(CEC)是土壤保持养分的综合指标，反映了土壤中有机(有机质含量)和无机成分(黏粒矿物组成和黏粒含量)的共同效应，因此也是反映土壤保肥供肥特性的综合指标。

土壤有机质既是土壤化学指标，也是土壤生物学指标，因为有机质对土壤的化学特性和生物学特性存在着至关重要的作用，有机质既与养分释放有关，同时具有阳离子交换量形成、调节土壤 pH 和络合无机离子等功能，因此是重要的土壤特性之一。

(三)水文及水文地质特性

1. 水文特性

土地的水文特性主要指土地的地表水属性，是影响土地质量和开发潜力的重要因素之一。

水文特性不仅影响生活，而且影响土地生产力。区域水资源的数量、水系的空间分布和水利灌溉设施的建设直接关系到水资源对人类生活和农业生产的供给能力和保障程度。除水资源的数量外，水文特性还包括水的质量。水污染将直接影响土地质量，危及人类健康、食物安全乃至土地系统的稳定性。

2. 水文地质特性

水文地质特性主要指土地的地下水状况。区域地下水的埋深、矿化度大小、补给与排泄状况都对土地开发产生重要影响。地下水位过高，往往造成渍水和沼泽化；地下水位过低又可能导致水量不足。地下水矿化度过高，土地利用受到诸多限制，而且常常造成土地盐渍化。

(四)地形特性

地形对中小范围内的水热再分配和物质迁移起着重要作用，在很大程度上决定着土地利用方式、农业措施的实施、土地改良的方法和土地开发的方向。

1. 地貌

山地、丘陵、平原、高原、盆地等不同的地貌特性不仅直接影响土地的农业生产力，也影响城市规划布局、平面结构、空间布局、道路走向、工程建设和建筑组合等。一般来说，山地和丘陵土层较薄，地质、地形和气候较为复杂，对农业生产和城市建设均具有较大的限制性。平原地区土层深厚，地形平坦，水源充足，是重要的农业生产区和城市建设区。例如，长江三角洲平原、珠江三角洲平原、京津冀平原、成都平原等既是我国重要的粮食生产基地，也是重要的大都市圈。

2. 海拔

土地的海拔特性主要通过影响水热条件决定土地利用类型。理论上，海拔每升高 100 m，气温降低 0.6℃。降水量则随海拔增高而增加，但一定高度之上又趋减少。海拔不同，土壤、植被、作物的生长季长短等也有明显差异，从而影响土地质量和生产力，形成土地类型的垂直分异和土地利用方式的垂直分异特征。

3. 坡度

土地的坡度特性直接影响农业机械化生产和建设用地的适宜性，同时对排灌、土壤侵蚀等都产生直接影响。根据农业利用和采取的农业措施，坡度可做如下划分(表 8-4)。

表 8-4　坡度类型与农业利用及其措施的关系

坡度	坡度类型	农业利用及其措施
<3°	极缓坡	条件良好，基本无侵蚀危害，十分适宜农业，可使用大型农业机械
3°～5°	缓坡	适宜农用，一般可机械化操作，农业耕作要采取水保措施
5°～15°	中坡	适宜农用，耕地一般修梯田，必须采取水保措施；一些国家把 15°作为耕作上限
15°～25°	微陡坡	可用于农业或林业，但必须具有工程和林业水保措施；我国把 25°作为耕作上限
25°～35°	陡坡	只能用于林业，易产生重力侵蚀
>35°	极陡坡	只能用于林业，极易产生崩塌和滑坡等

4. 坡向

土地的坡向特性通过制约光照、温度和湿度因素间接地影响土地的适宜性和作物的生长发育，并影响建筑物的微环境。一般来说，阳坡日照时数多，温度较高，但水分蒸发强烈；阴坡则相反。因此，要根据坡向来种植喜阴或喜阳的作物，以及喜湿或耐旱的作物。

(五)生物特性

土地的生物特性主要指自然的或野生的各种生物，以及他们的特性与对土地的作用，包括植物、动物、微生物。

1. 植物

植物群落组成、覆盖度，以及有用植物的数量和生产力，在某种程度上指示了土地质量和当地对植物生长的适宜性。植物对土地的影响主要体现在植被类型和植物生产力等方面。同一块土地，种植小麦和玉米的产量差异显著，例如，西北黑河中游农业绿洲小麦平均亩产约400 kg，玉米亩产则达800 kg，种植玉米的生产力水平是小麦的2倍。不同植被类型对土地利用有不同意义，农作物是农业生产的核心，森林是林业之本，牧草是畜牧业的基础。此外，植物还会对土地生态系统的养分循环、水源涵养、土壤保持等产生影响。因此，改变植被类型往往会使土地的某些其他属性发生变化。

2. 动物

动物作为土地生态系统中的消费者和分解者，对维持系统的物质和能量循环具有重要作用。动物生态功能主要通过取食作用和非取食作用来实现。动物通过取食过程可以参与养分循环并影响植物的生长，还可通过迁徙及其活动过程产生的孔穴直接影响土壤团粒结构、透气性、pH等土地特性。在陆地生态系统中，土壤动物是陆地生态系统种类最为丰富的生物组分，几乎所有地下生态过程都与土壤动物有关，进而影响土地质量和生产力。

3. 微生物

微生物是土壤生物多样性的主要表现形式。依据土壤的定义，其本质属性是为植物提供养分，即植物营养功能，土壤微生物在土壤为植物提供养分过程中起着关键作用。粗略估计，在养分贫瘠的自然土壤上，至少2万个植物种类的生存离不开土壤微生物，约72%植物离不开菌根真菌，约25%植物离不开固氮菌。土壤微生物是土地生态系统植物多样性和生产力的重要驱动者，地上部植物生长和地下微生物之间有着密切联系。一方面，土壤微生物可以通过改变植物根系生理和根际环境，直接影响植物获得养分的能力；另一方面，非根际土壤（即土体）中的土壤养分循环，如养分的生物固定和矿化分解、硝化和反硝化等过程，都离不开微生物的参与。

(六)社会经济特性

社会经济特性对土地的形成、演化具有非常重要的影响，且其对土地演变速度的改变远远超过了自然演化过程。人类社会经济活动可使土地生产力在短时间内发生巨大的改变。例如，通过土地平整改变土地原来的地形地貌，通过农田基础设施建设改善灌排条件，通过肥料的施用改变土地系统中原有的物质能量循环等。与土地关系较为密切的社会经济特性主要有社会经济发展程度、人口与社会需求、区位与交通条件、管理和技术水平等。

1. 社会经济发展程度

在不同社会发展阶段，人们对土地利用的程度、类型和效果均有很大的差别。在农业文明时期，人类只是使用简单的工具开垦土地，农作物种植和牲畜养殖是主要的土地利用方式；工业文明时期，社会生产力水平大大提高，土地利用的广度和深度大大加强，工业用地、矿业用地、交通运输用地和住宅用地等大大增加；进入信息化时代后，土地利用类型和程度已经发生了深刻变化，房地产、商业、金融和休闲观光等用地类型明显增加，更加重视土地的节约集约利用。

2. 人口与社会需求

人口与社会需求特性对土地的影响主要是通过影响土地利用方式和利用程度发挥作用。不同区域人口和社会经济发展对土地需求的差异会导致土地利用方式和程度的不同，进而间接影响土地质量和属性。

3. 区位与交通条件

土地的区位与交通特性是非常重要的社会经济因素，通常采用土地与城镇中心的距离和相对位置、与主要道路交通的相对关系等指标进行衡量。对于农业土地来说，区位条件是决定土地利用方式、集约利用程度和土地生产力的重要因素，如德国农业经济学家杜能所揭示的农业土地利用圈层模式。交通条件则对规模开发农业产品和提高商品流通发挥重要的作用。

4. 管理和技术水平

管理和技术水平也是土地的重要特性。农业机械化装备的完善、化肥的投入、农田水利设施的改进，以及生物技术、基因工程、作物栽培等科学技术水平的提高，大规模改变了土地生产条件，对提高土地生产力起到了重要作用。

二、土地质量

质量是事物、产品或工作的优劣程度，是一组固有特性满足要求的程度，反映实体满足明确或隐含需要能力的特性总和。特性是指事物所特有的性质，固有特性是事物本来就有的，它是通过产品、过程或体系设计和开发过程之后实现的属性。满足要求意味着应满足明示的（合同规定）、通常隐含的（非合同规定）或必须履行的需要和期望。只有全面满足这些要求，才能评定为好的质量或优秀的质量。质量要求是动态的、发展的和相对的，随时间、地点、环境的变化而变化。

土地质量是土地的优劣程度，是一组具有共性的土地特性的综合表达形式，反映了土地满足特定土地利用要求的程度，能够以相对独立的方式影响某一方面的土地适宜性。构成土地质量的土地特性不是某个绝对值，而是基于特定土地功能和特定土地用途的某种限制因素。土地特性包括了自然土地固有的特性和人工改造后凝固在土地中的人工物质特性。后者包括了土地中的各种人工措施和人工设施所产生的特性。以耕地为例，其固有自然质量特性包括养分有效性、水分有效性、根层有效氧供给、立苗条件、扎根条件、土壤毒性、土壤抗蚀性等；人工物质特性包括耕地田面平整工程、农田供水与灌溉工程、农田排水工程与设施等。

土地质量是针对一定的土地利用方式而选定的，亦即不同的土地利用方式或针对不同的目标，构成土地质量的土地特性不同。

下面将耕地、草地、林地 3 种土地利用方式的土地质量列举如下。

一是耕地利用系统的土地质量：①养分有效性；②水分有效性；③根层的氧气有效性；④育芽条件；⑤扎根条件；⑥土壤保肥能力；⑦土地可耕性；⑧盐碱化程度；⑨土壤毒性；⑩土壤抗蚀性；⑪与土壤有关的病虫害；⑫洪涝灾害（包括频率及淹没期长度）；⑬温度状况；⑭太阳辐射能及光照期；⑮影响植物生长的气候灾害（包括风、雹、霜）；⑯影响植物生长的空气湿度；⑰作物成熟所需的干燥期等。

二是草地利用系统的土地质量：①牧草生产能力；②影响家畜的恶劣气候；③流行性病虫害；④牧草的营养价值；⑤牧草的毒性；⑥抗拒植被退化的能力；⑦放牧条件下土壤抗侵蚀的能力；⑧饮用水供给。

三是林地利用系统的土地质量：①年平均材积量；②原生林木品种数量与类型；③影响幼树生长的立地条件；④病虫害；⑤火灾。

四是与土地经营管理有关的土地质量：①影响机械化的地形因素；②影响道路修建与维护的地形因素；③潜在利用单元大小（如林场、牧场、农田）；④与投入供给及产品市场相关的区位。

《旱地农业土地评价指南》（FAO，1990）中列出了雨养农业的土地质量（表 8-5）。

表 8-5　雨养农业的土地质量

编号	土地质量	编号	土地质量
LQ1	辐射状况：总辐射、昼长	LQ14	土壤毒性
LQ2	温度状况	LQ15	病虫害
LQ3	水分有效性：旱灾临界期总水分	LQ16	土壤适耕性
LQ4	根的氧气有效性（排水）	LQ17	机械化潜力
LQ5	养分有效性	LQ18	土地的平整和清理要求
LQ6	保肥力	LQ19	影响储藏和加工的条件
LQ7	生根条件	LQ20	影响生长季节的条件
LQ8	影响发芽或移植生长的条件	LQ21	生产单位内的估价
LQ9	影响生长时的空气湿度	LQ22	潜在的管理单元规模
LQ10	成熟条件	LQ23	位置：现有的交通条件、潜在的交通条件
LQ11	洪水危害	LQ24	侵蚀危害
LQ12	气候危害	LQ25	土壤退化危害
LQ13	含盐过高：盐渍度、钠盐度		

三、土地特性与土地质量的关系

土地特性是土地属性在各个方面的直观反映（通常能直接测量估测），而土地质量是土地的一种综合属性，即几种土地特性综合反映的土地性质，因此土地质量和土地特性的关系如下。

①一种或几种土地特性决定某种土地质量，例如，水分有效性这种土地质量是由降水量及其全年的分布、土壤有效水含量，有时还包括地下水位及渗漏水等几个土地特性综合决定的。一般来说，土地质量是不能直接测量的，可以根据决定它的土地特性的测量值或估测值，采用一定的方法进行估算。

②有些土地特性在不同的方面影响土地利用的适宜性，因而影响几种土地质量，如土壤质地对水分有效性、养分保持、适耕性、侵蚀危害等多种土地质量有影响。

四、土地质量的相互关系

一般来说，土地质量是在某些方面影响某类土地利用方式适宜性的土地综合属性，即每一种土地质量影响土地利用方式的不同要求，如温度状况影响作物对热量的要求，养分有效性影响作物对养分吸收的程度，因此，土地质量具有相对的独立性。目前评价中也是将土地质量当作独立的因素进行考虑的。

应当注意的是，土地是一个复杂的系统，它的构成要素即土地特性总是相互独立又相互影响的，因此，根据土地特性抽象得到的土地质量也应是相互独立又相互影响的。比如，病虫害是影响植物生长的重要土地质量，而病虫害本身是由动物、微生物等生物引起的，土地质量的其他条件（温度状况、水分有效性等）也会影响这些生物的生长，因此，病虫害的产生与危害程度也受到其他土地质量的影响。

另外，植物生长是各种土地特性综合作用的结果，将土地特性抽象成土地质量之后，仅仅是有利于土地评价的研究。而实际上没有一种土地质量能单独对作物生长起作用，也就是说某一种土地质量是在其他土地质量共同作用的基础上对作物生长进行影响，以这一点来看，土地质量间也是相互影响的。

五、土地质量的时空变异特点

（一）土地质量的时间变异特点

大部分土地特性是随时间变化而变化的。有的是周期性的变化，如土地的气候特性：热量（气温）通常以天和年为周期变化，降水以年为周期变化；有的是非周期性的变化，如土壤的物理、化学特性，社会经济特性中的社会经济发展程度、管理和技术水平等。土地质量是由土地特性决定的，因此土地质量也具有上述时间变异特点。

在进行土地质量评价时，必须考虑其时间变异特点。对于多年生作物来说，应该充分考虑作物生长期内每一年的土地质量状况；而对于一年生作物，可以根据土地质量的影响分为以下几种。

①生长季节前有影响的质量，如土壤适耕性、土地平整和清理条件。

②生长季节期间有影响的质量，包括与作物生长要求有关的所有质量（表 8-5 中的 LQ1～LQ15）；生长季节早期种子发芽和立苗的条件，以及用于成熟到生长季节末和紧接其后的过渡条件；间接的有土壤侵蚀。

③生长季节后有影响的质量，如储藏和加工技术水平。

④与生长季节部分有关或无关的质量，如机械化潜力、生产区域内交通情况、生产单元的大小位置。

在生长季节期间某些有效的土地质量是比较稳定的，虽然其影响力根据作物的生理生长阶段可能不同（如根区条件），仍然可以当作定值进行分析；其他一些土地质量，像温度状况、水分有效性和根层氧气有效性，在其数值和对作物的影响方面变化是很大的，最好的解决方法是模拟整个生长季节土地质量及作物的要求。当缺乏资料或时间制约不可能这样做时，可采用作物生长季节相关指标的平均值来进行替代。

评定出土地质量的时间结构对“不合季节”的土地利用方式特别重要。不合季节的土地利用方式通常是在有点不利的条件下进行的，以满足特殊短缺或市场需要。例如，通过将蔬菜生产的耕作制度提早或延后，可以在主要农作物收获前获得较好价格；在非洲的热带稀树干草原渗水区进行旱季栽培，可以在雨季播种的主要作物成熟前克服间隙食物短缺问题。

（二）土地质量的空间变异性特点

对土地质量空间变异性的科学评价是土地质量评价乃至土地评价的主要内容。许多土地特性，如太阳辐射、降水、土壤的理化性质、生物类型等，都是呈地带性分布的，这就是土地特性在空间上的地带性分布规律，因此，土地质量在空间分布上也具有宏观的地带性规律。

土地质量的地带性分布规律表现在以下 3 个方面。

1. 纬度地带性

由于水热条件具有明显的纬度地带性，使许多土地质量也具有明显的纬度地带性，如我国土地的农业生产潜力总体上由北到南呈逐渐升高趋势。

2. 经度地带性

经度地带性是指由于海洋、大陆地势等地貌特征分异而造成的水热条件等各种地理特征随经向梯度变化的规律。如我国东部是太平洋，由东到西地势逐渐升高，这样使得水分状况由东到西逐渐减少，因而使某些土地质量呈现经向地带性分布规律。

3. 垂直地带性

随着海拔高度的上升，气温降低、湿度加大，一系列的土地质量也随之形成地带性分布，能明显地看到从高山的山脚到山顶的这种规律。

虽然土地特性和土地质量，特别是水热条件具有明显的地带性分布，但由于地形、地貌这些地方性因素的影响，使得水热条件及其他相应的自然因子如土壤、生物等发生再分配，因此对于某一个局部地区来讲，土地质量也许很难找出地带性分布规律，而是较为随机。例如，土壤养分的有效性，可能很难找出其规律性，必须针对不同的土地单元直接测量。

第二节　土地利用要求

土地质量的高低反映了土地条件和生产能力满足特定土地利用（如农、林、牧等）要求的程度。因此，进行土地质量评价，必须要综合考虑土地特性与特定土地利用要求，以及二者之间的匹配程度。土地利用要求是指某种土地利用方式对所依赖的土地质量的具体需求。无论何种土地利用方式，要达到预定的土地利用目的（如耕地的粮食生产，草地畜牧业的肉、奶产出等），土地必须具备一定的基本条件。为了使某种土地利用方式达到预期利用目标，要求土地所必须具备的相应条件，称为该利用方式的土地利用要求。不同土地利用方式的土地利用要求存在较大差异，如棉花、玉米、水稻在全生育期内对气候、土壤、水文等土地特性的要求均存在明显差异。

在土地评价中，土地利用要求的满足程度通常以相应的土地质量等级来表示。总体上，可以将各种土地利用要求分为 3 组：第一组是土地利用过程中与作物的生理生长相关的需求，如太阳辐射、积温、降水等；第二组是由土地利用的专业化管理所产生的要求，例如，土地平整程度、机械化要求、交通条件等；最后由于各种土地利用方式从土壤保持的角度必须是可持续的，所以任何可能的侵蚀或土壤退化的影响也应考虑在内。因此，与土地利用方式有效发挥作用相关的 3 组土地利用要求：①作物要求，作物的生理要求。②管理要求，与管理系统的技术有关的必要条件。③水土保持要求，避免土壤侵蚀或退化的必要条件。

按这种方法归类的土地利用要求列于表 8-6 中，这些参数都是土地质量特性。土地利用要求的分组方法以案例形式在图 8-2 做了说明。

土地利用要求的评定可以采用因素分级的方法。因素分级是表明每种土地利用要求对相应土地质量的特定条件满足情况的几组数值。换句话说，土地质量对具体土地利用的适应性。例如，根据土地质量中的温度状况，最适合某种作物生长的温度给予高的等级，作物生长受到抑制的温度给予相对较低的等级，而作物将受到损害的温度给予最低的等级。由于土地利用要求不同，各种作物的因素分级也不同，即因素分级结果随土地利用要求的不同而不同，同一因素在不同土地利用方式下的分级结果不同。

表 8-6　旱地作物生产的土地利用要求

类　型	土地利用要求	主要诊断因素
A. 作物要求	能量	——辐射 ——光周期性
	温度	
	水分	——总需要量 ——临界期 } 生长周期
	氧(土壤排水)	——养分有效性
	养分有效性	——养分保持力
	根区条件 影响发芽或立苗的条件 影响生长的空气湿度 成熟的条件 洪水危害	
	气候灾害	——霜害 ——风暴
	盐过量	——盐浓度 ——钠饱和度
	土壤毒性	
	病虫害	
B. 管理要求	土壤适耕性 机械化潜力 土地平整和土地清理条件 影响储存和加工的条件 影响生产时间的条件 生产单位内的交通条件 潜在的管理单位的大小	
	位置	——目前的交通条件 ——潜在的交通条件
C. 水土保持要求	侵蚀危害 土壤退化危害	

注：引自《旱地农业土地评价指南》，FAO，1990。

土地利用要求因素分级的描述方法通常有两种方式：一种是通过土地质量特性对土地利用要求的适宜程度进行描述，其因素等级通常分为非常适宜、比较适宜、勉强适宜、不适宜共

4个级别，表8-7通过适宜性程度对土地利用要求的因素等级进行了划分；另一种方法是通过土地质量特性对土地利用要求的限制性程度进行描述，其因素等级通常分为无限制、轻微限制、中等限制、严重限制、非常严重限制5个等级，表8-8以限制性程度对甜菜栽培要求的因素等级进行了描述。

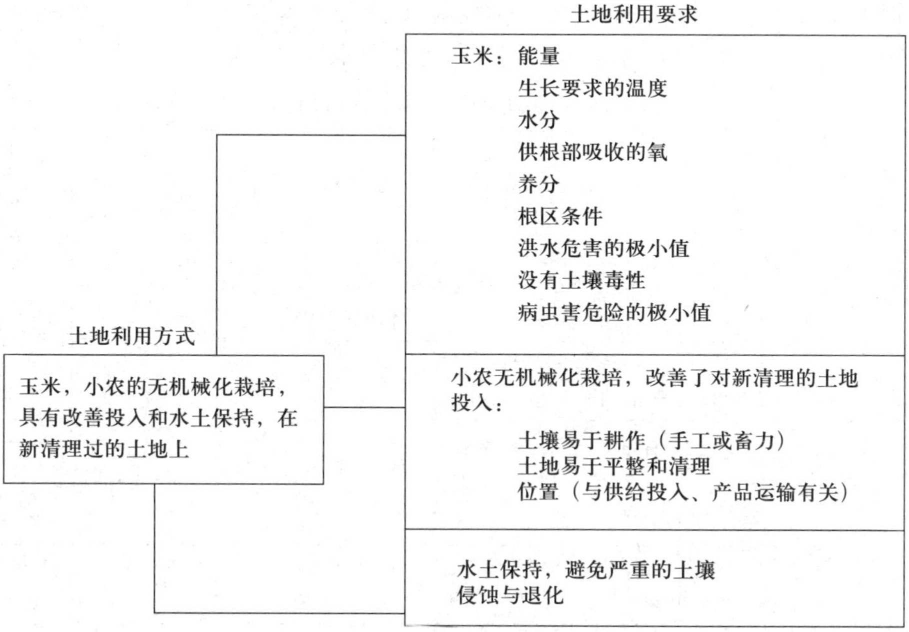

图8-2　小农无机械化玉米栽培的土地利用要求分组

表8-7　土地利用要求(高粱种植)因素分级的适宜性描述方法

土地利用要求	诊断因素	适宜程度			
		非常适宜 S_1	比较适宜 S_2	勉强适宜 S_3	不适宜 n
氧气有效性	土壤排水条件	非常好	较好	不完善	不良、非常不良
根区条件	有效土层厚度/cm	>120	50～120	30～50	<30
养分有效性	土壤反应/pH	5.5～7.5	4.8～5.5和7.5～8.0	4.5～4.8和8.0～8.5	<4.5和>8.5

注：引自《旱地农业土地评价指南》，FAO，1990。

表8-8　土地利用要求(甜菜栽培)因素分级的限制性描述方法

土地利用要求	诊断因素	限制程度				
		1无	2轻微	3中等	4严重	5非常严重
氧气有效性	土壤排水条件	非常好	较好	不完善	不良	非常不良
根区条件	有效土层厚度/cm	>90	60～90	30～60	20～30	<20
洪水	洪水严重/频率类别	F0	F0	F1	F2	F3
盐渍度	电导率/$(mS\cdot cm^{-1})$	0～8	8～10	10～14	14～18	>18

注：引自《旱地农业土地评价指南》，FAO，1990。

一、作物生长要求

农业土地利用是最为重要的土地利用方式之一，农业土地利用中最重要的成分是作物，不同作物对土地利用的要求不同（表8-9）。作物生长要求是农业土地利用中最基本的土地利用要求。作物生长需要适宜的日照时间和太阳辐射，以及一定的积温、水分、氧气、养分和特定的土壤条件等。根据生长期不同，作物对温度和水文的要求有时要进行综合考虑。

表8-9　作物对温度、土壤和水分的要求

作物	总生长期/d	最优温度与适宜温度/℃	对温度的特殊要求	对土壤的要求	生育期需水量/mm	单位水收获量/(kg·m^{-3})(水分含量)
苜蓿	100～365	24～26 (10～30)	对霜冻敏感，温暖气候下要求低相对湿度	中质地，厚土层，排水性好	800～1 600	15～20 干草 (10%～15%)
香蕉	300～365	25～30 (15～35)	对霜冻敏感，温度<3℃时有害，风速<4 m/s	厚土层，排水好	1 200～2 200	4～6 水果(70%)
棉花	150～180	22～30 (16～35)	怕霜冻，不抗风，棉铃期温度27～32℃，熟期要干旱	中、轻质地，厚土层	700～1 300	0.4～0.6 棉籽(10%)
花生	90～140	22～28 (18～33)	对霜冻敏感，发芽温度>20℃	排水好的中、轻质地土	500～700	0.6～0.8 干果(15%)
玉米	100～140	24～30 (15～35)	对霜冻敏感，发芽温度>10℃	排水通气好，中、重质地土，地下水位适中	500～800	0.8～1.6 籽(10%～13%)
水稻	90～150	22～30 (18～35)	对霜冻敏感，要求昼夜温差不大	喜重质地土壤，土壤水饱和	450～800	0.7～1.1 谷(15%～20%)
大豆	100～130	20～25 (18～30)	对霜冻敏感，有些花期>24℃	中轻质地，但排水良好	450～700	0.4～0.7 谷(6%～10%)
甜菜	160～200	18～22 (10～30)	对轻霜冻不敏感，收割期平均10℃	中、轻质地，通气排水好	550～750	甜菜 6～9 (80%～85%) 糖 0.9～1.4
甘蔗	270～365	22～30 (15～35)	成熟期要低温(10～20℃)、干燥、阳光	通气好，土层厚，地下水位适中	1 500～2 500	甘蔗 5～8(80%) 糖 0.6～1.0
向日葵	90～130	18～25 (15～30)	对霜冻敏感	厚土层，可耐轻盐化	600～1 000	0.3～0.5 籽(6%～10%)
烟草	90～120	20～30 (15～35)	对霜冻敏感	中质地、低有机质、富磷钾，排水良好	400～600	0.4～0.6 (5%～10%)
小麦 (春) (冬)	 100～130 180～250	15～20 (10～25)	早生长及扬花期要凉爽，成熟期干燥	中质地，水位适中	450～650	0.8～1.0 (12%～15%)

注：引自林培主编的《土地资源学》。

某些作物在发芽或早期立苗时还有特殊需求；或为达到成熟和收获，须满足另外的特定条件。

在土地利用要求等级评价实际工作中，一般需要先完成一个作物要求清单（表 8-10）。作物要求清单包括 4 个方面的内容：①作物的种类以及品种；②作物要求；③测量参数；④因素分级。

表 8-10　土地利用要求等级评定表中的作物要求清单

作物：			栽培品种：			
土地利用方式：						
注：						
土地利用要求			因素分级			
土地质量	诊断因素	单位	非常适宜 S_1	比较适宜 S_2	勉强适宜 S_3	不适宜 n
辐射状况： 总辐射量 昼长						
温度状况						
水分有效性： 总水分 临界期 旱灾						
氧的有效性（排水）						
养分有效性						
养分保持能力						
根区条件						
影响发芽和立苗的条件						
影响生长的空气湿度						
成熟的条件						
洪水危害						
气候危害						

续表 8-10

盐分过量：						
盐渍度						
钠饱和度						
土壤毒性						
病虫害						

注：表中要求并非对所有作物均产生重要影响。

此外，在许多土地利用方式中，可能会同时涉及多种作物，有时可能涉及复杂的种植制度，如多熟制等。这时考虑作物的要求，必须结合种植制度的特点进行。

二、管理要求

管理是土地利用过程中不可缺少的部分，不同土地利用方式的管理系统不同，对土地的要求也存在较大差异。表 8-11 是旱作农业中与管理系统有关的土地利用要求。

表 8-11　土地利用要求等级评定表中的旱作农业管理要求

作物（适用的地方）						
土地利用方式：						
注：						
土地利用要求			因素分级			
土地质量	诊断因素	单位	非常适宜 S_1	比较适宜 S_2	勉强适宜 S_3	不适宜 n
土壤适耕性						
机械化潜力						
土地平整和清理条件						
储存和加工条件						
影响生产时间安排的情况						
生产单元的交通条件						
潜在管理单元大小						
位置：						
当前区位条件						
潜在区位条件						

土壤适耕性或宜耕性是所有农田耕作制的必要条件。机械化潜力通常也是农业耕作管理要求的重要指标之一，以此区分与非机械化管理系统的差异，以及土地对机械化的不同适宜性。对土地的管理要求是由土地利用方式的描述得出的，某些管理要求还与特定的作物有关，例如，橡胶树每天割胶要求农场内交通方便。就管理要求来讲，非常适宜、比较适宜、勉强适宜和不适宜之间的界限，不是指产量水平，而是指相对成本、投入和农民可接受程度。

三、水土保持要求

根据土地评价的原则，土地利用方式必须具有可持续性。在特定的土地单元上，需要建立一种可以保持土地资源再生性的平衡，这种平衡包括两方面的内容。

①土壤侵蚀小于或等于土壤的允许侵蚀量，任何土地利用方式都会产生土壤侵蚀，土壤的侵蚀量可以通过美国的土壤侵蚀通用方程(USLE)，或者 SLEMSA 模型等计算。土壤在遭受侵蚀的同时，也在通过成土作用、搬运作用等不断形成新的土壤，所谓土壤的允许侵蚀量即指新产生的土壤数量，只有当土壤侵蚀量小于或等于土壤的允许侵蚀量时，土壤的有效厚度在利用过程中才不致减少，这是实现土地可持续利用的重要前提。

②土壤的结构性、孔隙度、养分状况等理化性状不会发生退化。由于人工扰动或长期耕作，土壤的结构性、孔隙度、养分状况等都会有所变化。例如，不合理的耕作措施会导致土壤板结、肥力下降等理化性状的恶化；合理施用有机肥或无机肥，采取深耕、免耕、休耕等措施，可以改善土壤结构性，增加土壤的养分含量。

表 8-12 是旱作农业主要水土保持要求等级评定表的一般格式。

表 8-12　土地利用要求等级评定表中的旱作农业水土保持要求

作物(适用的地方)：						
土地利用方式：						
注：						
土地利用要求	因素分级					
土地质量	诊断因素	单位	非常适宜 S_1	比较适宜 S_2	勉强适宜 S_3	不适宜 n
侵蚀危害						
土壤退化危害						

四、土地利用要求评定实例

每一类作物对土地的利用要求都有各自的独特性；同一类作物，由于品种不同，土地利用要求也有可能不同。这给土地利用要求等级评定工作带来了很大的困难，尤其是目前并不十分清楚各因素对作物生长的影响机理及其之间的相互作用关系。因此，对每一类作物的土地利用要求给出一个统一的、通用的评定结果是很困难的，一般都是在工作过程中，结合具体情况及具体品种，根据农业专家知识或者专门的评价模型进行评定。表 8-13 是一个玉米种植地块的土地利用要求等级评定案例。

表 8-13　土地利用(玉米种植)要求等级评定案例

作物：玉米 土地利用方式：国有农场机械化生产 (注：这些土地利用要求乃是以莫桑比克安戈尼亚的一项土地评价为基础而得到改编和充实的。它们只是分级方法的范例，而不具备普遍意义。)

续表 8-13

土地利用要求			因素分级			
土地质量	诊断因素	单位	非常适宜 S_1	比较适宜 S_2	勉强适宜 S_3	不适宜 n
日照状况	总日照	h	无数据			
	昼长	h	无数据			
温度状况	生长季节的平均温度	℃	20～35	18～20 35～40	15～18 40～45	<15 >45
	最热月份的最高温度	℃	<35	35～40	40～45	>45
水分有效性	生长季节的总雨量	mm	>600	400～600	300～400	<300
	相对蒸发蒸腾损失	比率	0.84～1.0	0.50～0.84	0.40～0.50	<0.40
	花期相对蒸发蒸腾损失	比率	0.87～1.0	0.60～0.87	0.50～0.60	<0.50
氧气有效性	土壤排水等级	—	完好、过好	中度完好	不良	糟，很糟
	生长期内表土饱和含水天数	d	0	1～2	3～5	>5
养分有效性	表土氮磷含量	%（研碎） 10^{-6}	>0.4 >40	0.1～0.4 10～40	0.03～0.1 3～10	<0.1 <3
	钾反应	$cmol \cdot kg^{-1}$	>0.4	0.1～0.4	0.02～0.1	>0.02
	pH	—	5.5～7.5	4.8～5.5 7.5～8.0	4.5～4.8 8.0～8.5	<4.5 >8.5
	养分有效性指标	—	0.76～1.0	0.28～0.75	0.04～0.28	<0.04
养分保持能力	表土 CEC	$cmol \cdot kg^{-1}$	>20	无数据		
生根条件	土壤有效深度扎根等级	cm	>120	50～120	30～50	<30
		级	1	2,3	4	—
影响发芽和立苗的条件	立苗等级	级	1～2	3	4	—
影响生长的空气湿度			不相关			
影响成熟的条件			无数据			
涝灾	泛滥天数	d	0	1	3	>3
	洪水频率	—	从不	稀少	不常	经常
气候灾害	雾天	d	0	—	—	≥1
盐分过量 盐渍度 碱度	饱和浸出液电导率	$mS \cdot cm^{-1}$	0～4	4～6	6～8	>8
	ESP	比率	0～15	15～25	25～35	>35
土壤毒性	铝毒，由土壤 pH 估测	—	>5.5	5.5	4.8	<4.5
病虫害		—	没有与土地有关的数据			

续表 8-13

土地利用要求			因素分级			
土地质量	诊断因素	单位	非常适宜 S_1	比较适宜 S_2	勉强适宜 S_3	不适宜 n
土地宜耕性	宜耕等级	级	1,2	3	4	—
	表土质地	—	除了高黏土外的所有土壤	高黏土	—	—
机械化潜力	梯田	级	1	2,3	4	
整地和清地的条件	植被清理成本	—	低	中	高	—
存储和加工的条件			无数据			
影响农时的条件			不相关			
生产单位内部的交通	交通级别	级	1,2	3	4	—
理想经营单元的大小	地块面积	hm^2	>500	200～500	150～200	<150
区位	距主干道的距离	km	<2	2～5	5～7	>7
侵蚀危害	土壤侵蚀量	t/(hm^2·年)	<12.5	12.5～25	25～50	>50
土壤退化危害	实际栽培密度与最高栽培密度的比率	比率	<1.0	1.0～1.75	1.75～2.0	>2.0

注:引自《旱地农业评价指南》,FAO,1990。

第三节　土地质量评价方法

一、土地质量评价及其指标的选择

(一)土地质量评价的概念

土地质量评价是根据特定土地利用方式及其要求选择相应的土地特性,用以估算土地的优劣程度并以一定的方式描述出来的一整套方法和过程。土地质量评价是开展其他土地评价,如土地适宜性评价、土地潜力评价等评价的先行性工作。

土地质量评价是一个相对的概念。这种相对性主要表现在以下 3 个方面。

①由于土地功能的多样性,土地质量评价往往是针对特定的某一种或某几种土地功能的发挥程度进行的。换句话说,某种土地质量的"高"与"低"等同于土地某种特定功能发挥的"好"与"坏"。在一定条件下,某种土地功能发挥程度好,并不意味着其他土地功能也发挥的好。而且,不同土地功能之间通常还存在一定的权衡关系,即某一方面的功能增强时,会削弱

或减少其他功能的发挥。

②土地质量评价是相对于特定土地利用目的进行的。人们根据土地的功能，按照自己的利用需求，人为地将土地划分为若干等级。土地本身是没有质量好坏之分的，按照自然界发生和演替规律形成的土地都是“健康的”。在进行土地质量评价时必须要考虑相应的土地利用方式及其要求，如沙漠、戈壁用于农田生态系统的作物种植，其质量是非常差的，但是种植荒漠生态系统中极端耐旱植物却是质量很好的土地。

③土地质量评价的相对性还表现在评价标准的相对性上。在实际的土地质量评价中，大部分指标缺乏统一的评价标准确定方法。从空间上来看，同一指标可能根据不同区域的实际情况确定不同的评价标准。从时间上来看，同一指标有的可能会依据当前的状况确定评价标准，有的则可能根据经济社会发展状况，按照指标 5 年、10 年、15 年、20 年后的情况确定标准。评价标准的不确定性大大限制了土地质量评价成果的应用性。

（二）土地质量评价指标的选取

确定了构成土地质量的相关土地特性后，需要用一系列尽可能量化的指标来表征这些特性，从而进行土地质量评价的实际操作，这就是土地质量评价指标的选取过程。指标是土地特性的具体表现形式和表达方式，土地特性只有通过指标的分解才能够达到实际操作和应用的目的。土地质量评价指标的选取是土地质量评价最重要的环节之一，直接关系到土地质量评价结果的准确性。土地质量评价指标选取过程中要充分考虑土地利用在作物生长、土地管理、水土保持等方面的要求，针对土地利用过程中存在的具体问题和主要限制性因素，从气候、土壤、水文、地形、生物、社会经济等诸多土地特性中寻找影响土地质量的关键指标。理想的土地质量指标应该是公正、灵敏、具有预测能力、有阈值、易于收集和交流、数据资料可以转化和综合。在指标选取时应该遵循以下原则。

1. 综合性原则

土地质量是各种自然因素、社会经济因素综合作用的结果，在确定和筛选土地质量评价指标时应结合特定的土地利用要求，综合考虑气候、土壤、水文、地形、生物、社会、经济等各方面的土地特性。

2. 主导性原则

土地质量评价是根据相对稳定的土地特性及其作用差异进行的，评价过程中要重点考虑对土地利用具有重要限制的主导特性，突出主导因素对土地评价结果的作用。在众多土地特性中，有些特性起主导作用，这些特性的变化会影响其他特性的变化。因此，土地质量评价指标应是特定土地利用方式所需要的关键土地特性。例如，土地生产潜力分级的评价指标把坡度和排水以及与此相关的土层厚度作为主导因子。渗透作用、有效持水量和耕层深度是影响土地质量的首选土壤物理特性指标。Karlsen 和 Stott(1994)提出与土壤侵蚀有关的最关键的土壤物理特性评价指标是渗透作用、水力传导、切变强度和团聚体稳定性。在土壤物理特性中，土壤黏粒含量是主导性指标；在土壤化学特性中，土壤有机质和 pH 是主导性指标。土壤质地、有机质含量等可以作为土地质量评价中主导性的土壤特性指标。

3. 时空变异性原则

土地质量评价指标的选取需要充分反映土地质量的时空变异特点。评价指标一方面需要反映土地利用的动态变化效应，反映土地质量的时间变化；另一方面需要尽可能反映土地利用的空间分布规律和土地质量的空间变化。

4. 相对稳定性原则

土地质量评价要选择的指标应该是相对比较稳定的土地特性,以保证指标的可靠性、可度量性和可重复性。不同土地特性及其变化的时间尺度是不同的,土地特性随时间的可变性可用土地特性响应时间来表示。土地特性响应时间的概念来源于土壤学中有关土壤特性的研究,其定义为当外界环境条件变化时,某一土地特性或状况达到准平衡态所需要的时间。土地特性响应时间为我们衡量土地质量评价指标的稳定性提供了一种定量参考尺度。部分土地特性指标的响应时间如表 8-14 所示。通过土地特性响应时间值的大小,可知土地质量评价指标在多长的时间尺度里变化。

表 8-14 部分土地特性指标的响应时间范围

响应时间/年	土地特性指标
$<10^{-1}$	容重,总孔隙度,水分,入渗速率,土壤空气组成,速效养分含量
$10^{-1}\sim10^{0}$	总水量,田间持水量,导水率,pH,养分形态
$10^{0}\sim10^{1}$	阳离子交换量,交换性离子,提取液离子组成
$10^{1}\sim10^{2}$	比表面积,黏土矿物组成,有机质含量
$10^{2}\sim10^{3}$	原生矿物组成,各矿物的化学组成
$>10^{3}$	质地,土粒密度

资料来源:李保国,1995。

5. 地域性原则

我国地域辽阔、土地类型复杂,自然经济条件差异大,利用方式多种多样。不同土地利用方式对土地的要求有所不同,土地质量评价无法用同一尺度来衡量,故其评价指标的选取应根据不同地区、不同土壤类型、不同利用方式和不同土地功能来进行。在指标选取、分级赋值、权重确定等方面必须体现不同区域的土地特点。

6. 定量与定性相结合原则

定量数据和定性信息相结合,有利于土地质量评价的客观性和准确性。土地质量评价以定量分析为主,定性分析为辅,避免主观随意性的影响。在构建评价指标体系时,应尽量选择可度量或可测度的指标,并使用恰当的数学方法来量化。对现阶段难以定量的自然因素、社会经济因素需要采用必要的定性分析,定性分析结果可用于土地质量评价结果的调整和确定工作中,提高评价结果的精度。实际上,很多重要的指标(如土体剖面构型)只能用文字来描述,同样是土地质量评价中必不可少的指标。

7. 可扩充性原则

所构建的指标体系应按照一定的评价过程构建一个通用框架。在该框架下,可以根据评价地区、评价目标、评价条件的不同增减指标,修改评价标准。

(三)评价指标的标准化和量化

土地质量评价指标包括数值型的定量指标和描述性的定性指标两大类。在进行土地质量评价时,要先对各评价指标进行标准化处理。对于定量指标,要进行归一化处理,将各评价指标转变为 0～1 之间的无量纲数值,消除各指标量纲不同对评价结果造成的影响。对于定性指标,要对文字描述性资料进行数值转换,实现文字资料的数值化,达到指标量化的目的。

1. 定量指标

定量指标的标准化通常采用隶属度函数法。根据评价指标与土地质量之间关系模型的不同，构建不同的隶属度函数对定量指标进行标准化处理。在土地质量评价中，评价指标与土地质量之间的关系模型主要可分为以下几种。

(1)评价指标与土地质量呈正相关关系

该类指标与土地质量呈线性正相关关系，能够促进土地质量的提高，指标的值越大，土地质量越好。这类指标由于没有明确的标准值或很难确定标准值，通常将系列数据的最大监测值定义为1，最小值为0。相应的隶属度函数为：

$$y = \frac{x - x_{\min}}{x_{\max} - x_{\min}} \tag{8.1}$$

式中：y 为标准化后的评价指标值，x 为评价指标的实际值，$x_{\max}$为评价指标系列数据中的最大值，$x_{\min}$为评价指标系列数据中的最小值。

(2)评价指标与土地质量呈负相关关系

该类指标与土地质量呈线性负相关关系，对土地质量产生不利的影响，指标值越大，土地质量越差。这类指标在标准化过程中通常以系列数据的最小监测值为1，最大值为0。相应的隶属度函数为：

$$y = \frac{x_{\max} - x}{x_{\max} - x_{\min}} \tag{8.2}$$

式中：y 为标准化后的评价指标值，x 为评价指标的实际值，$x_{\max}$为评价指标系列数据中的最大值，$x_{\min}$为评价指标系列数据中的最小值。

(3)评价指标与土地质量呈“S”形曲线关系

在一定范围内，该类指标的增长与土地质量一般呈正相关关系，而低于或超过这个范围，其变化对土地质量影响比较小。建立评价指标的隶属度函数，需要先确定评价指标与土地质量关系发生转变的临界值或阈值，从而将曲线形函数转化为相应的折线形函数以便于计算。临界值的确定是隶属度计算的关键，临界值的确定应尽量使用已有的土地方面的分级标准和专家经验，最好使用具有生物学意义的临界指标。两个临界值之间的数值按一定斜率的线性函数处理，两个临界值之外的数值取常数值。相应的隶属度函数为：

$$y = \begin{cases} 1 & x \geqslant b \\ \dfrac{x - a}{b - a} & a < x < b \\ 0 & x \leqslant a \end{cases} \tag{8.3}$$

式中：y 为标准化后的评价指标值，x 为评价指标的实际值，a 为评价指标的下限临界值，b 为评价指标的上限临界值。

(4)评价指标与土地质量呈反“S”形曲线关系

在一定范围内，该类指标的增长与土地质量呈负相关关系，而低于或超过这个范围，其变化对土地质量的影响比较小。例如，土壤全盐含量，在一定范围内土地质量随土壤全盐量的增加而降低。确定适当的临界值可将曲线函数转化为相应的折线函数以便于计算，其隶属度函数计算公式如下：

$$y=\begin{cases}1 & x\leqslant a\\ \dfrac{b-x}{b-a} & a<x<b\\ 0 & x\geqslant b\end{cases}\tag{8.4}$$

式中：y 为标准化后的评价指标值，x 为评价指标的实际值，a 为评价指标的下限临界值，b 为评价指标的上限临界值。

(5)评价指标与土地质量呈抛物线形曲线关系

土地利用要求对这类指标的数值有一个最适宜的范围，在此范围内土地质量最好；超出这个范围，随着偏离程度的增大，对土地利用的限制程度越大，土地质量逐渐降低。这类指标如土壤 pH、黏粒含量、土壤容重等。确定适当的临界值可把相应的抛物线转化为折线函数，其隶属度函数为：

$$y=\begin{cases}1 & b_1\leqslant x\leqslant b_2\\ \dfrac{x-a_1}{b_1-a_1} & a_1<x<b_1\\ \dfrac{x-a_2}{b_2-a_2} & b_2<x<a_2\\ 0 & x\leqslant a_1 \text{ 或 } x\geqslant a_2\end{cases}\tag{8.5}$$

式中：y 为标准化后的评价指标值，x 为评价指标的实际值，a_1 为评价指标的不适宜下限临界值，b_1 为评价指标的适宜上限临界值，b_2 为评价指标的适宜上限临界值，a_2 为评价指标的不适宜上限临界值。

2. 定性指标

土地质量评价中往往会出现一些用文字描述的概念型指标，这些指标往往是通过田间试验观察，如看、摸、嗅和尝而获得的一些描述性特征，这类指标是对定量评价指标的重要补充，可以在一定程度上提高评价结果的准确性。在土地质量评价过程中，定性指标的量化和标准化通常采用专家打分法和特尔菲法。

(1)专家打分法

对于定性指标最简单的量化和标准化方法是通过专家打分直接给出标准化数值。参与打分的专家需要熟悉研究区土地利用要求和土地特性，以便给出符合区域实际情况的量化结果。表 8-15 是专家对黄淮海地区土地质量评价中部分定性指标的打分量化结果。

表 8-15　黄淮海地区土地质量评价中部分定性指标专家的打分结果

<table>
<tr><td colspan="4">表层土壤质地</td></tr>
<tr><td>1.0</td><td>0.9</td><td>0.7</td><td>0.4</td></tr>
<tr><td>壤土</td><td>黏土</td><td>砂土</td><td>砾质土</td></tr>
</table>

<table>
<tr><td colspan="7">剖面构型</td></tr>
<tr><td>1.0</td><td>0.9</td><td>0.8</td><td>0.7</td><td>0.6</td><td>0.5</td><td>0.4</td></tr>
<tr><td>通体壤、壤/黏/壤</td><td>壤/黏/黏、壤/砂/壤、砂/黏/黏</td><td>黏/砂/黏、通体黏</td><td>砂/黏/砂</td><td>壤/砂/砂</td><td>黏/砂/砂</td><td>通体砂、通体砾</td></tr>
</table>

续表 8-15

盐渍化程度			
1.0	0.9	0.7	0.4
作物没有因盐渍化引起的缺苗断垄现象	由盐渍化引起的作物缺苗 20%～30%	由盐渍化引起的作物缺苗 30%～50%	由盐渍化造成的作物缺苗≥50%
灌溉保证率			
1.0	0.9	0.7	0.5
充分满足，包括水田、菜地和可随时灌溉的水浇地	基本满足，有良好的灌溉系统，在关键需水生长季节有灌溉保证的水浇地	一般满足，有灌溉系统，但在大旱年不能保证灌溉的水浇地	无灌溉条件，包括旱地与望天田

(2)特尔菲法

该方法的核心是充分发挥专家对问题的独立看法，然后归结、反馈、逐步收缩、最终产生评价与判断。特尔菲法的基本过程为：①提出土地质量评价指标量化的提纲。提纲应当用词准确、层次分明，而且要集中于要评价和判断的问题。为了使专家易于回答问题，通常在调查提纲中同时提供有关背景材料。②选择专家。为了得到较好的评价结果，通常需要选择对问题了解和熟悉的专家学者 10～50 人。③调查结果的归纳、反馈和总结。收集到专家对问题的判断后，需要进行统一归纳。定量判断的归纳结果通常符合正态分布。这时可在与持极端意见专家交流后，去掉两端各 25%的意见，寻找出意见最集中的范围，然后把归纳结果反馈给专家，让他们再次提出自己的评价和判断。这样反复 3～4 次，专家的意见逐步趋于一致，最终得到评价指标的标准化值。

二、土地质量评价单元的划分

土地质量评价单元是土地质量评价的最小空间单元。在同一评价单元内，土地质量应该具有均一性，不同单元间应该既具有差异性又具有可比性。评价结果最终要通过评价单元来反映，合理的划分评价单元是土地质量评价的重要基础。

土地质量评价单元的划分应该在综合分析、明确主导因素、相对实用等原则基础上确定。首先，土地质量包含了气候、土壤、水文、地形、生物、社会经济等各类特性，划分评价单元的过程也就是对这些特性的综合理解过程。只有在理解这些因素对土地质量的影响基础上，制定评价单元划分方案，才可能保证单元内部土地质量的相对均一性，从而得到理想的评价结果。其次，对于不同的时空尺度，土地质量的主导因素差异很大，如小区域土地质量的主导因素可能是人类具体的土地利用措施，对中尺度而言其主导因素可能是地形、母质等，而大尺度上气候可能也是重要的主导因素之一。因此，土地质量评价单元划分过程中必须要明确不同评价区域的主导因素。最后，土地质量评价的最终目的是为土地管理和决策提供科学依据，土地质量评价单元最终也是进行土地管理与决策的基本单元。因此，评价单元的划分最好具有实际意义，单元边界可以采用控制区域格局的地貌走向线和分界线，河流、沟渠、道路、堤坝等线状地物和有明显标志的权属界线。

①以网格为评价单元。用一定大小的网格作为评价单元，网格大小以能区分不同特性的地块为标准。可采用大小均一的固定网格，也可采用大小不均一的动态网格。网格法主要适

用于土地特性空间变化不复杂的地区。

②以地块为评价单元。该方法主要适用于较小区域的土地质量评价。在工作底图上用明显的地物界线或权属界线，将土地特性相对均一的地块划分为一个评价单元。也可直接将土地利用现状图上的图斑作为评价单元。

③以土地利用类型为评价单元。土地利用类型是根据土地组成的全部要素相互作用而组成的综合体的相似性和差异性进行分类的结果。土地利用类型体现了土地的全部自然特性，也反映了人类活动社会经济活动特征。此外，土地利用要求也与土地利用类型密切相关。因此，土地利用类型不仅能够反映土地特性的差异性和均一性，还能反映出土地特性对土地利用要求满足程度的差异性与均一性。

④以多因素叠加封闭图斑为评价单元。由于土地质量受到多种土地特性的影响，因此可以采用多种主导因素叠加的方法划分评价单元。将比例尺相同的多种土地质量评价主导因素（如土地利用现状图、地形图、土壤图）叠加，形成的封闭图斑即为一个评价单元。若图斑面积小于最小上图面积（6 mm^2）则进行归并。该方法适用于土地利用现状类型多、地貌比较复杂的地区。

三、土地质量等级评价

综合指数评价法是把构成土地质量的多个土地特性通过某种数学方法进行集合，计算土地质量综合指数，从而评价土地质量高低的一种方法。该方法主要包括指标标准化、指标权重确定、综合质量指数计算、土地质量等级划分等步骤。综合指数评价法的优点是全面考虑了构成土地质量的主要土地特性，并能够给出一个土地质量的总体状况（土地质量综合指数）；但有可能削弱了土地质量限制因子的作用，既不利于发现和确定影响土地质量的关键因素，又不利于寻找维持和提高土地质量的关键措施。

（一）评价指标体系的构建与指标数值标准化

根据土地质量评价指标选取的基本原则，从区域实际情况出发，在了解土地利用要求的基础上，考虑资料的可获取性，构建土地质量综合指数评价指标体系。

为了消除不同指标之间量纲差异对评价结果的影响，选择合适的方法对评价指标的数值进行标准化处理。对于定量指标，标准化是通过数学函数完成的。根据各指标与土地质量之间的关系，确定各指标的转换数学方程，把实测值代入进行转换计算，得到评价指标的标准值。对于土体构型、土壤质地等描述性定性指标，根据已有研究结果和专家经验，赋予其量化值，把定性描述转变为标准化的定量数值。

（二）评价指标权重的确定

权重反映了各评价指标的相对重要性。确定评价指标体系后，需要为各指标赋予科学的权重值。常见的权重分配方法主要有等值法、等差法、回归分析法、层次分析法、熵权法等。

1. 等值法

等值法假设各指标对土地质量的相对重要性相同，从而为各指标赋予相同的权重。该方法较为简单易行，但是在实际评价中不同指标对土地质量的贡献往往存在较大差异，因此等值法分配权重的评价方法目前已经很少被采用。

2. 等差法

应用等差法确定土地质量评价指标权重时，先根据对土地质量相对重要性的大小对各指标进行排序，然后按照等差原则分派权重，使相邻指标间的权重相差一个公差 d，假设指标序列的首项权重值为 100，则第 n 项的权重 $a_n=100-(n-1)d$。为了便于比较，习惯上常把由此得到的权重数值进行归一化处理，即将各指标的权重除以所有指标的权重之和，得到可比权重，各评价指标的可比权重之和为 1。该方法的缺陷主要是各指标对土地质量的相对重要性通常不会呈现等差规律，且对评价指标重要性排序过程中的主观随意性较强。

3. *回归分析法*

统计学的发展为土地质量评价提供了更为科学的途径，利用回归分析建立评价指标与土地质量之间的回归方程，通过回归系数确定各评价指标的权重，更有效地排除主观因素的影响，其结果在适用区域会更科学、准确。

以各评价指标（$x_1, x_2, x_3, \cdots, x_m$）为自变量，土地质量（$y$）为因变量，以多元线性回归为例，两者可以模拟为如下关系：

$$y = b_0 + b_1 x_1 + b_2 x_2 + \cdots + b_m x_m \tag{8.6}$$

在 y 与 x 均已知的前提下，通过回归分析就可以得到一系列的 b 值。通过显著性检验，剔除对 y 影响小，可有可无的 x 变量，从而建立更为简单的回归方程，使评价模型更为简练和实用。方程中，x 和 y 都具有不同的量纲，因此，回归得到的 b 值还不能直接用于权重分配，可以将其转化为标准回归系数：

$$b'_i = b_i \sqrt{\frac{L_i}{L_y}} \tag{8.7}$$

式中：L_i 为 x_i 的离差平方和，L_y 为 y 的离差平方和。

标准回归系数与 x 和 y 的单位无关，可以相互比较，b'_i 越高，说明该指标对土地质量的重要性越大。得到标准回归系数后，对其进行标准化计算，即可得到各评价指标的权重系数，公式如下：

$$W_i = \frac{b'_i}{\sum_{i=1}^{m} b'_i} \tag{8.8}$$

4. *层次分析法*

层次分析法简称 AHP 法。它是基于系统论中的一个重要原理——系统的层次性原理建立起来的。遵循认识事物的规律，有意识地将复杂问题分解为若干层次，在比原来问题简单的层次上逐步分析比较，该法广泛应用于土地质量评价中。

AHP 是一种定性与定量分析相结合的多目标决策分析方法，适用于难以量化的模糊性决策问题分析。首先，该方法运用结构化思想对要解决的复杂问题进行分析，将其分解为不同的层次和指标，建立系统的递阶层次结构。其次，邀请专家对同一层次各指标对上一层次指标的重要性进行两两比较，采用九标度法构造判断矩阵。最后，通过计算判断矩阵的最大特征值及其相应的单位特征向量，得到各指标对于上层指标的权重向量。为了保证判断矩阵的全面性和正确性，还需对其进行一致性检验，其检验指标 CR 计算如下：

$$\mathrm{CR} = \frac{\mathrm{CI}}{\mathrm{RI}} \tag{8.9}$$

$$CI=\frac{\lambda_{max}-n}{n-1} \tag{8.10}$$

式中：CR为一致性比例，CI为一致性指标，RI为随机一致性指标，λ_{max}为判断矩阵的最大特征值，n为判断矩阵阶数。RI值随n的变化而变化，见表8-16。当CR<0.1时，判断矩阵满足一致性要求；否则就需要对判断矩阵进行调整，直至满足要求。最后，通过相乘对各层次指标权重进行合并，得到最低层各指标对于评价目标的权重。

表8-16　随机一致性指标RI值的取值

n	1	2	3	4	5	6	7	8	9
RI	0	0	0.58	0.90	1.12	1.24	1.32	1.41	1.45

5. 熵权法

熵权法是一种根据指标提供信息量的大小来确定其权重的客观赋权方法，指标提供信息量的大小与其权重值呈正相关关系。在信息论中，熵是系统无序程度的度量。评价指标的信息熵越小，说明其数值差异越大，提供的有效信息量就越多，相应的权重值也就越大。反之，评价指标的信息熵越大，说明其数值差异越小，提供的有效信息就越少，相应的权重值也就越小。

熵权法确定指标权重的具体步骤如下。

(1)数据标准化处理

设评价指标体系有m个评价指标，n个评价对象，则其评价矩阵$\boldsymbol{X}=(x_{ij})_{m\times n}$。为了消除不同量纲对评价结果的影响，采用极差标准化法对原始评价矩阵进行标准化处理。当评价指标为正向指标时，标准化公式为：

$$r_{ij}=\frac{x_{ij}-\min}{\max-\min} \tag{8.11}$$

当评价指标值为负向指标时，标准化公式为：

$$r_{ij}=\frac{\max-x_{ij}}{\max-\min} \tag{8.12}$$

式中：r_{ij}为指标x_{ij}的标准化值，min为指标i在n个评价对象中的最小值，max为指标i在n个评价对象中的最大值。

经标准化处理后可得评价指标标准化矩阵$\boldsymbol{R}=(r_{ij})_{m\times n}$。

(2)熵权值的计算

计算第j个评价对象的i指标值占n个评价对象i指标之和的比重p_{ij}：

$$p_{ij}=\frac{r_{ij}}{\sum_{j=1}^{n}r_{ij}} \tag{8.13}$$

计算第i项指标信息熵e_i：

$$e_i=-\frac{1}{\ln n}\sum_{j=1}^{n}p_{ij}\ln p_{ij} \tag{8.14}$$

计算第i项指标的熵权w''_i：

$$w''_i = \frac{1 - e_i}{\sum_{i=1}^{m}(1 - e_i)} \tag{8.15}$$

(三)土地质量综合指数的计算

各评价指标的标准化值和权重确定后,通过一定的方法可以计算得到土地质量综合指数。根据指标间相互作用的组合和计算方法的不同,综合指数的计算一般采用加和法,即将各评价指标的标准化值与其权重的积进行相加。综合指数的值越大,土地质量越好。计算公式如下:

$$P = \sum_{i=1}^{n} P_i \cdot W_i \tag{8.16}$$

式中:P 为土地质量综合指数,P_i 为评价指标 i 的标准化值,W_i 为指标 i 的权重值,n 为评价指标的个数。

使用加和法时,最小因子限制率就失去了其作用,即使某项指标条件很差,但如果其他指标条件优越,评价单元的土地质量仍然可能被评价为较高,这是加和法的不足之处。

此外,也可以采用连乘法得到土地质量综合指数,即将各评价指标的标准化值与权重值的积进行连乘。

(四)土地质量等级的划分

得到土地质量综合指数后,根据实际需要,通常采用等分法、专家经验法、自然断点法等将综合指数按顺序划分为不同的区段,表示不同的土地质量等级。

第四节　土地质量评价实例

对于涉及土地特性和评价指标相对较少的单一土地质量,如温度状况、养分有效性、土壤侵蚀强度等,通常可以根据专家经验知识和实践结果直接对不同指标组合的土地质量进行估算和分级,也可在大量专家经验、知识以及实验数据基础上构建评价模型,从而对土地质量进行评价。

一、土地质量评价指标的选择

针对不同的地区、不同的土地利用方式,土地质量的评价方法与评价指标会有所不同,《旱地农业土地评价指南》中介绍了旱地农业的土地质量评价方法,具有一定的参考价值。

表 8-17 列出了可能影响旱地农业生产的土地质量,并提供了评价各项土地质量的相关评价指标。第(1)～(15)项主要是与作物生长要求有关的土地质量,第(16)～(23)项主要是与土地管理要求有关的质量,第(24)(25)项为与土地可持续利用及水土保持相关的土地质量。在某些情况下,还可对土地质量进一步细分。

表 8-17　旱地农业土地质量及其评价指标

土地质量		评价指标(诊断标准)	单位
(1)辐射状况	总辐射	作物生长季节中的净短波辐射	$mW \cdot m^{-2}$
		作物生长季节每日平均日照	$h \cdot d^{-1}$
	昼长	临界期昼长	h

续表 8-17

土地质量		评价指标(诊断标准)	单位
(2)温度状况		作物生长季节平均温度	℃
		作物生长季节最冷月份平均温度	℃
		作物生长季节最热月份每日平均最高温度	℃
(3)水分有效性	总水量	作物生长期间的总降水量	mm
		作物生长期相对蒸发不足	%
	临界期	作物生长的临界期相对蒸散不足	%
	干旱危害性	重大干旱概率	%
		干旱指示作物	—
(4)根层氧气有效性 (排水条件)		土壤排水级别 根层水分饱和期	级别 d
(5)养分有效性	营养水平	含氮量	%
		有效磷	ppm
		交换性钾	$cmol \cdot kg^{-1}$
	有效性指标	比率 Fe_2O_3:黏粒	%
		pH	—
	延续指标	全磷	$cmol \cdot kg^{-1}$
		全钾	$cmol \cdot kg^{-1}$
(6)养分保蓄能力		CEC 平均值	$cmol \cdot kg^{-1}$
		亚表层土的质地	—
(7)扎根条件		土壤有效厚度	cm
		容重	$g \cdot cm^{-3}$
		根穿透性等级	级
		石块和砾石	%
(8)种子萌发条件		萌发条件估计	级
(9)影响生长的空气湿度		在生长季中较早期的相对湿度	%
(10)成熟期条件		连续不降水天数	d
		日照时数	h
		温度	℃
(11)洪灾		生长季中洪水淹没的时间	d
		毁坏性洪灾的频率	次/年
(12)气候灾害		生长季中毁坏性霜冻	—
		生长季中毁坏性暴风雨	—
(13)过量可溶性盐	盐化	表土和亚表土电导率	$mS \cdot cm^{-1}$
		总的可溶性盐	%或 10^{-6}
	碱化	交换性钠的百分数	%
		钠吸附性	%

续表 8-17

土地质量		评价指标(诊断标准)	单位
(14)土壤毒性	铝	铝的饱和性	$cmol\cdot kg^{-1}$
		土壤反应(pH)	—
	$CaCO_3$,$CaSO_4$	碳酸盐深度,石膏层深度	cm
		根区内 $CaCO_3$ 含量,根区 $CaSO_4$ 内含量	%
(15)病虫害		病虫害种类及其影响大小	—
(16)土壤耕性		表层质地	—
		土壤适于耕作的天数	d
(17)机械化可能性		坡度	%
(18)整地和清除植被难易		地形、地貌、植被杂乱程度与高低	—
(19)影响储存和加工条件		收获后的月平均相对湿度	%
(20)影响农时的条件		积温	$℃\cdot d^{-1}$
(21)生产单元内的交通		坡度	%
(22)经营的规模		经营的最小面积	hm^2
(23)区位	现有的道路	距离交通要道的距离	km
		可达性指数	—
(24)侵蚀危险性		侵蚀模数	$t/(hm^2\cdot$年$)$
		坡度	%
		观测的侵蚀程度	级
(25)土壤退化危险		土壤团粒分散率	比值
		结壳指数	—

注:改编自《旱地农业土地评价指南》,FAO,1990。

二、养分有效性评价

(一)性质和影响

养分有效性是重要的土地质量之一,包括以下几个方面:①土壤中的养分含量;②养分在土壤中的存在形态,及其在土壤中被转化为植物不能利用形态的趋势;③休耕期土壤恢复养分供应的能力。

在投入水平低的耕作制度中,这三方面都很重要,尤其是第三条对休耕期的长短具有重要影响。在施用肥料或更加集约的耕作制度中,养分含量低是一种不太严重的限制因素,与恢复供应无关,但是养分在土壤中的存在形态很重要,在投入水平高的耕作制中,养分有效性对于土地的经济特性仍有较大影响,因为施肥成本是作物生产成本的重要构成。

(二)评价的应用

几乎所有农业用地评价必须考虑养分有效性。

(三)具体评价

影响养分有效性的土壤特性有:①土壤反应。养分有效性在 pH6.0~7.5 时最高,高于或低于这个范围值养分有效性下降。②游离氧化铁的存在,游离 Fe_2O_3 含量高,导致有效磷强烈固定。③黏粒中存在水铝英石。此外，土壤剖面内存在的可风化矿物质可以通过恢复养分供应的土壤容量长期影响肥力。该特性可以从农田剖面描述、矿物学资料，或者元素含量分析获得。

因此，在进行养分有效性评价时应考虑以下土地特性：①养分水平，可选用全氮(N)含量、有效磷(P)含量、可交换性钾(K)，以及其他对作物生长可能有限制作用的养分作为评价指标；②养分有效性/养分固定的指标，通常选用土壤反应(pH)、Fe_2O_3(黏粒)含量及水铝英石的有无作为评价指标；③养分更新能力，选用可风化矿物含量(%)、全磷、全钾及土壤母质等作为评价指标。

养分有效性指数的计算，先对各评价指标的数值进行标准化处理，将其转化为 0～1.0 范围内的标准值。标准化处理主要是专家根据经验知识，将各指标取值与作物需求及其对土地利用的限制程度进行比较，通过专家打分赋值的方法完成。之后假设各评价指标对养分有效性的重要性一致，为各指标赋予相同的权重。将各指标的标准值相乘得到与特定土地利用要求相比较的养分有效性指数。表 8-18 为莫桑比克安戈尼亚实测 N、P、K 和 pH 的标准化分级表，研究结果表明通过该表计算得到的养分有效性指数与该区玉米产量密切相关。需要指出的是，同一指标取值在不同地区标准化等级可能存在较大差异。

表 8-18　莫桑比克安戈尼亚养分有效性评价指标的标准化分级

因素	单位	分析值	等级
全氮	%	>0.15	1.0
		0.08～0.15	0.8
		0.04～0.08	0.5
		<0.04	0.2
有效磷	10^{-6}	>50	1.0
		25～50	0.9
		10～25	0.7
		<10	0.5
交换性钾	$cmol \cdot kg^{-1}$	0.5	0.1
		0.2～0.5	0.9
		0.1～0.2	0.8
		<0.1	0.6
pH		6.0～7.5	1.0
		5.5～6.0	0.8
		5.0～5.5	0.6
		4.5～5.0	0.4
		<4.5	0.2

养分有效性指数的取值范围为 0～1.0。假如分析值低到亏缺的水平，那么所亏缺的养分和微量元素可以作为养分有效性指数的脚注(例如，养分有效性指数$=0.26_{Zn}$，表示 N-P-K-pH 结合指数为 0.26 且锌含量亏缺)。

三、土壤侵蚀强度评价

(一)性质和影响

土壤侵蚀包括水蚀和风蚀两类。当土壤的侵蚀量超过成土速度,或造成土壤的生产能力降低时,即超过了永续利用所允许的侵蚀速度。土壤侵蚀强度是一项经常评价的土地质量,它与气候、地形、土壤质地、植被和人类活动等土地特性有关。

(二)评价的应用

评价结果可以用于不同区域土壤侵蚀危害的防治。不同地区存在不同的土壤侵蚀类型,在降水量 700 mm 以上的热带地区,不需要考虑风蚀;在半干旱地区,水蚀是造成土壤流失的关键因素。

(三)评价方法

土壤侵蚀强度主要受到两方面土地特性的影响:一方面是土壤质地、地形坡度等影响土壤对侵蚀敏感性的土地特性;另一方面是气候、人类活动等造成土壤流失的扰动特性。土壤侵蚀强度的评价通常通过土壤流失模型的构建进行。

1. 通用土壤流失方程(USLE)

$$A = \mathrm{RKLSCP} \tag{8.17}$$

式中:A 为土壤流失量[t/(hm^2 · 年)];R 为降水因子;K 为土壤可蚀性因子;L 为坡长因子;S 为坡度因子;C 为作物管理因子;P 为防蚀措施因子。

USLE 设计的最初目的是对农田的土壤流失进行预测,作为特定地点针对性土壤保持措施制定的基础,并不是为预测流域尺度的土壤流失。然而,在考虑到各处不同特性的情况下,把一个大的地区划分成小块,计算每一小块地区的土壤流失,把它们相对外延,按比例放大,就可以预测大片地区的土壤流失。

2. FAOSDA 模型

该方法是为全球土壤退化评价而提出,把从小规模的地图上获得的资料,应用于非常大的地区。基本原理与 USLE 相同,预测的土壤流失量是根据降水侵蚀性、土壤可蚀性、地形、土地利用和管理等土地特性,按比例放大计算得到。

3. SLEMSA 模型

模型因子的标准值是通过在津巴布韦的一系列应用中获得的环境参数,如年降水量、土壤类型、表土结构及母质、坡度以及种植和管理特点等。津巴布韦获得的标准因子值可以广泛地用于热带地区(尤其是热带稀疏草原地带)。

4. 局部方法

在降水侵蚀性不大的局部地区,可以根据坡度和土壤类型对水蚀危害进行评价。先根据坡度值、土壤类型将研究区的土壤分为 A、B、C 等组。既不特别耐侵蚀,也不特别易被侵蚀的土壤组成 A 组,通常该组的面积最大。比较耐侵蚀的土壤,如具有坚固结构和高渗透性的土壤,组成 B 组。易被侵蚀的土壤,如陡坡上的土,组成 C 组。如果证明对土壤侵蚀性变化的认识是正确的,可以接着往下分组。

5. 观察法

依据经验,通过对当前土壤侵蚀程度的观察对土壤侵蚀强度进行评价。为了便于描述观察结果，可以对侵蚀的严重性进行分级。现有的沟蚀和处于发展阶段的沟蚀一般是用于评价土壤侵蚀强度的最好参数。假如没有沟蚀，可以根据影响径流集中的地形特点进行评价。遭受最大速度径流冲刷的地区，对沟蚀最敏感，如裸露岩石残山下的麓原坡。

表 8-19 描述了莫桑比克安戈尼亚观测的土壤侵蚀强度等级。

表 8-19　莫桑比克安戈尼亚观测的土壤侵蚀强度等级

等级	标准	等级	标准
E_0	无可察觉的侵蚀或非常轻微的片蚀	E_2	中—重度片蚀：细沟侵蚀 10%～25%的地块
E_1	轻—中度片蚀：细沟侵蚀少于 10%的地块	E_3	重度片蚀：沟形侵蚀或细沟侵蚀 25%～50%的地块

第五节　耕地质量评价

一、耕地质量评价的概念和基本思路

耕地的基本功能是其生产能力。因此，耕地质量评价指标应选择对其生产能力具有直接影响的土地特性或条件。耕地质量可概括为耕地物质生产力条件与耕地环境状态（environmental health）两方面的总和。相对应的耕地质量评价包括耕地产能质量评价和耕地环境质量评价两类，前者主要反映耕地的作物生产能力，后者主要反映耕地的农产品质量和农业环境的可持续性。由于涉及较多的土地特性，耕地质量评价通常需要进行综合评价。耕地产能质量评价要重点选用耕地的基础性指标，突出其对农业生产的限制作用和决定性影响，并考虑耕地的改良、管理条件；而耕地环境质量评价应侧重选择那些易受土地利用影响的威胁因子作为评价指标。

耕地质量是相对的，针对不同的种植制度和利用方式，所要求的质量标准（阈值）是不同的。不同耕作区域划分以指示作物类型（如水田和旱地应分开）或以 12 个耕作制度分区为依据。耕地质量的区域性差异主要体现在指标阈值的不同，一些特殊性的区域指标应由各地根据试行结果分别补充。国家尺度的耕地质量指标体系主要用来监测和评估土地/农业政策（制度、法规、经济、规划、技术等）对耕地产能和环境的影响；地方耕地质量评价除了上述目标外，更重要的是要指导如何选择合理的耕地利用方式，以及制定适宜的土地整治措施。

耕地质量评价体系构建的基本思路如图 8-3 所示。

二、耕地质量评价指标体系的构建

（一）耕地产能质量评价指标体系

耕地产能质量评价指标是指影响耕地的潜在生产能力的土地特性或条件，包括耕地的固有属性和改良状况。耕地产能质量评价指标体系如表 8-20 所示。其中，气候条件、地学条件与土壤性状为耕地的固有属性指标；耕作条件为耕地的改良状况指标即“耕地改良条件”或“农田管理条件”。

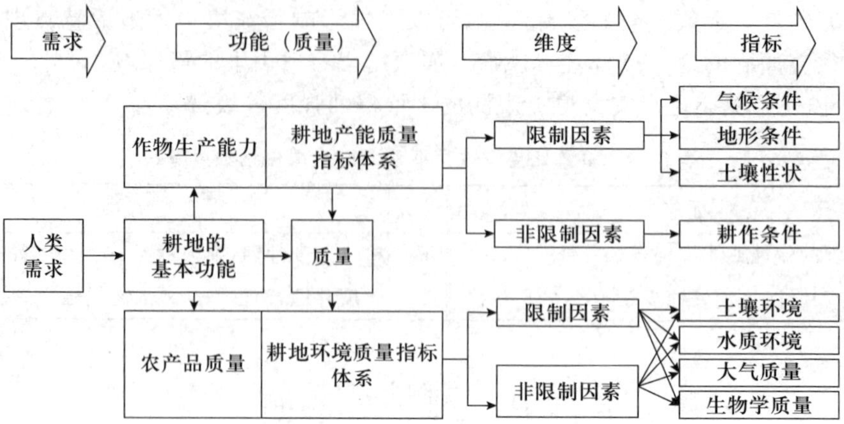

图 8-3 耕地质量评价指标体系构建的技术路线

表 8-20 耕地产能质量评价指标体系

一级指标	二级指标	
	全国通用指标	区域备选指标
气候条件	光温(气候)生产潜力	—
地形条件	地形部位 田面坡度 有效土层厚度 障碍层离地表深度	海拔高度 地表岩石露头度
土壤性状	耕层质地 土壤容重 土壤有机质 土壤养分 土壤酸碱度 耕层砾石含量	黑土层厚度 土壤盐分
耕作条件	灌溉保证率 排水条件 田块状况 田间通达度	梯田化水平

(二)耕地环境质量评价指标体系

耕地环境质量评价指标是指影响耕地的农业环境可持续性和农产品品质质量的土地特性或状态。这些质量指标是易变的，主要受土地利用等人类活动的影响。耕地环境质量评价指标体系如表 8-21 所示。

表 8-21 耕地环境质量评价指标体系

候选指标		指标描述	国家层面	区域备选
土壤环境	土壤重金属污染	无机污染物、酸化物质中微量元素累积引起的污染	镉、铅、铜、锌元素含量	砷、汞、铬、镍元素含量
	农药残留	残存于土壤中的有机污染物	土壤农药残留量	
	农膜残留	评价农膜残留引起的“白色污染”状况	农田地膜残留量	
	土壤侵蚀	SL 190—2007 将全国分为水力侵蚀类型区、风力侵蚀类型区和冻融侵蚀类型区		水蚀、风蚀和冻融侵蚀的侵蚀模数
水质环境	总氮	测定农田地块浅层地下水样品中溶解态氮及悬浮物中氮的总和，包括亚硝酸盐氮、硝酸盐氮、无机铵盐、溶解态氨及大部分有机含氮化合物中的氮，可以反映农业用水水质的潜在状况	以 N 计	
	总磷	测定农田地块上的浅层地下水总磷含量，可以反映农业用水水质的潜在状况	以 P 计	
大气质量	大气干湿沉降物	向土壤、水体输入氮营养盐	年大气氮沉降通量	
	酸雨率	酸雨是酸沉降中的湿沉降的一种主要形式		酸雨（西南、华中等地区）
生物学质量	土壤生物多样性	以土壤陆栖脊椎动物和无脊椎动物表征	土壤蚯蚓数量、弹尾目丰度	

三、耕地质量评价方法

(一)耕地产能质量评价方法

耕地产能质量因子包含气候条件、地学条件、土壤性状和耕作条件四部分，参照前面已构建的耕地质量指标体系，实地测量或实验分析每一个耕地单元的各项指标。其中，气候条件、地学条件和土壤性状代表了耕地的固有属性，直接根据各指标状况确定其障碍程度(表 8-22)；耕作条件在农业生产中作为可改良属性，通过等权重加权求和方法得到其综合分数后，根据表 8-23 确定其对应等级，最终根据各评价单元的障碍因子数量、程度和耕作条件级别，综合划分成 9 个等级。其中，1、2、3 等级属于高等质量耕地，4、5、6 等级属于中等质量耕地，而 7、8、9 等级即为低等质量耕地，三类耕地分别对应于通常所指的高产田、中产田、低产田。之后可根据障碍因子的类型和程度，实施相应的土地整治和建设规划。具体划分过程如下。

1. 求算不同程度障碍因子的数量

先根据气候、地学和土壤部分各指标得分，按照表 8-22 求得其对应的障碍因子等级，确定轻度、中度及重度障碍因子数量。

表 8-22　障碍因子分级依据

分级	分值	描述
无障碍	(75,100]	气候、地力及土壤条件优良，对农业生产不构成限制
轻度	(50,75]	对农业生产有轻微限制，但几乎不影响正常生产，可通过当年适当投入或改良克服
中度	(25,50]	对农业生产有一定限制，需要较高投入或改良措施才能克服
重度	(0,25]	某些因子限制性极高，对农业生产有严重影响，改良难度很大

2. 求算耕作条件得分及分级

通过等权重加权求和法求得耕作条件综合分数，并根据表 8-23 确定其对应等级，计算公式如下：

$$T = i \times 0.25 + d \times 0.25 + f \times 0.25 + k \times 0.25 \tag{8.18}$$

式中：T 为耕作条件综合得分；i 为灌溉保证率得分；d 为排水条件得分；f 为田块状况得分；k 为田间通达度得分。

表 8-23　耕作条件分级依据

分级	分值	描述
1 级	(85,100]	耕作条件优良，完全满足该种植制度的耕作要求
2 级	(70,85]	耕作条件有轻微不足，通过较少投入改良即可满足耕作需要
3 级	(55,70]	耕作条件不能满足生产需要，需要较高投入或改良措施才能克服
4 级	[40,55]	对生产有严重影响，必须通过土地整治工程才能克服

3. 耕地产能质量评价等级划分

根据各评价单元的障碍因子数量和程度以及耕作条件级别，按照以下方式综合划分成 9 个等级。

高等质量耕地：

- $N_{轻}=0$ 且 $N_{中}=0$ 且 $N_{重}=0$ 且 $T=1$　　1 级
- $N_{轻}=(1,2)$ 且 $N_{中}=0$ 且 $N_{重}=0$ 且 $T\geqslant 2$　　2 级
  或 $N_{轻}=0$ 且 $N_{中}=0$ 且 $N_{重}=0$ 且 $T=2$
- $N_{轻}=3$ 且 $N_{中}=0$ 且 $N_{重}=0$ 且 $T\geqslant 3$　　3 级
  或 $N_{轻}=(1,2)$ 且 $N_{中}=0$ 且 $N_{重}=0$ 且 $T=3$

中等质量耕地：

- $N_{轻}>3$ 且 $N_{中}=0$ 且 $N_{重}=0$ 且 $T\geqslant 3$　　4 级
  或 $N_{轻}=0$ 且 $N_{中}=1$ 且 $N_{重}=0$ 且 $T\geqslant 3$
- $N_{轻}=1$ 且 $N_{中}=1$ 且 $N_{重}=0$ 且 $T\geqslant 4$　　5 级
  或 $N_{中}=0$ 且 $N_{重}=0$ 且 $T=4$
  或 $N_{轻}=0$ 且 $N_{中}=1$ 且 $N_{重}=0$ 且 $T=4$
- $N_{轻}\geqslant 2$ 且 $N_{中}=1$ 且 $N_{重}=0$ 且 $T\geqslant 4$　　6 级
  或 $N_{中}=2$ 且 $N_{重}=0$ 且 $T\geqslant 4$

$$
\text{低等质量耕地}\begin{cases}
N_{\text{中}} > 2 \text{ 且 } N_{\text{重}} = 0 \text{ 且 } T \geqslant 1 & \text{7 级} \\
\text{或 } N_{\text{中}} = 0 \text{ 且 } N_{\text{重}} = 1 \text{ 且 } T \geqslant 4 & \\
N_{\text{中}} \geqslant 1 \text{ 且 } N_{\text{重}} = 1 \text{ 且 } T \geqslant 4 & \text{8 级} \\
\text{或 } N_{\text{中}} \leqslant 1 \text{ 且 } N_{\text{重}} = 2 \text{ 且 } T \geqslant 4 & \\
N_{\text{中}} > 1 \text{ 且 } N_{\text{重}} = 2 \text{ 且 } T \geqslant 4 & \text{9 级} \\
\text{或 } N_{\text{重}} > 2 \text{ 且 } T \geqslant 4 &
\end{cases}
$$

式中：$N_{\text{轻}}$为轻度障碍因子数量；$N_{\text{中}}$为中度障碍因子数量；$N_{\text{重}}$为重度障碍因子数量；T 为耕作条件等级。

耕地产能质量划分为以下 3 个等级。

①高产能质量耕地：几乎没有或只有轻度的障碍因子，耕作条件较好，通过当年的适度投入即可满足农业生产的需要。

1 等：无障碍因子，耕作条件为 1 级。

2 等：具有 1～2 种轻度障碍因子，耕作条件为 2 级或 1 级；或无障碍因子，耕作条件为 2 级。

3 等：具有 3 种轻度障碍因子，耕作条件为 3 级、2 级或 1 级；或具有 1～2 种轻度障碍因子，耕作条件为 3 级。

②中产能质量耕地：有多种轻度障碍因子或至少 1 种中度障碍因子，耕作条件一般，需要通过较大投入或土地整治才能克服。

4 等：存在 3 种以上轻度障碍因子或存在 1 种中度障碍因子，耕作条件为 3 级、2 级或 1 级。

5 等：存在 1 种轻度障碍因子，并有 1 种中度障碍因子，耕作条件为 4 级、3 级、2 级或 1 级。或仅具有轻度障碍因子，耕作条件为 4 级；或有 1 种中度障碍因子，耕作条件为 4 级。

6 等：存在 2 种及以上轻度障碍因子，并有 1 种中度障碍因子，或同时存在 2 种中度障碍因子，耕作条件为 4 级、3 级、2 级或 1 级。

③低产能质量耕地：有多种中度障碍因子或至少 1 种重度障碍因子，耕作条件较差，必须通过土地整治才能克服。

7 等：存在多种中度障碍因子(2 种以上)或 1 种重度障碍因子，耕作条件为 4 级、3 级、2 级或 1 级。

8 等：存在 1 种及以上中度障碍因子，并有 1 种重度障碍因子；或至多存在 1 种中度障碍因子，并有 2 种重度障碍因子，耕作条件为 4 级、3 级、2 级或 1 级。

9 等：存在 1 种以上中度障碍因子，并有 2 种重度障碍因子；或同时存在 2 种以上重度障碍因子，耕作条件为 4 级、3 级、2 级或 1 级。

(二)耕地环境质量评价方法

耕地环境质量评价指标体系包括土壤环境、水质环境、大气质量、生物学质量四部分，其评价方法一般采用综合指数法，也可以采用最小障碍因子法。

1. 耕地环境质量评价综合指数法

首先，结合专家经验或已有研究成果确定评价指标的阈值，对各评价指标进行分级，确定各指标的指标值(0～100)，采用特尔菲法确定特定主题下所有指标的权重；其次，将同一主题下的指标值乘以权重，加权求和依次计算土壤环境指数、水质环境指数、大气质量指数和生物学质量指数；最后，对四部分等权重求和计算得到耕地环境综合指数。

土壤重金属元素 As、Hg、Cr、Ni，水力侵蚀、风力侵蚀和冻融侵蚀，以及酸雨发生概率是区域备选指标，计算时应根据所处地区实际情况，确定备选指标。耕地环境质量评价综合指数法的计算过程如图 8-4 所示。

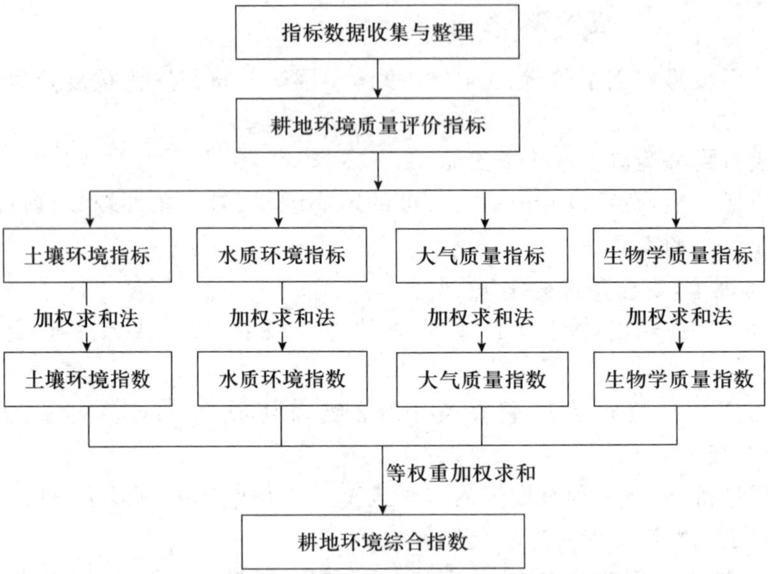

图 8-4　耕地环境质量评价综合指数法的计算过程

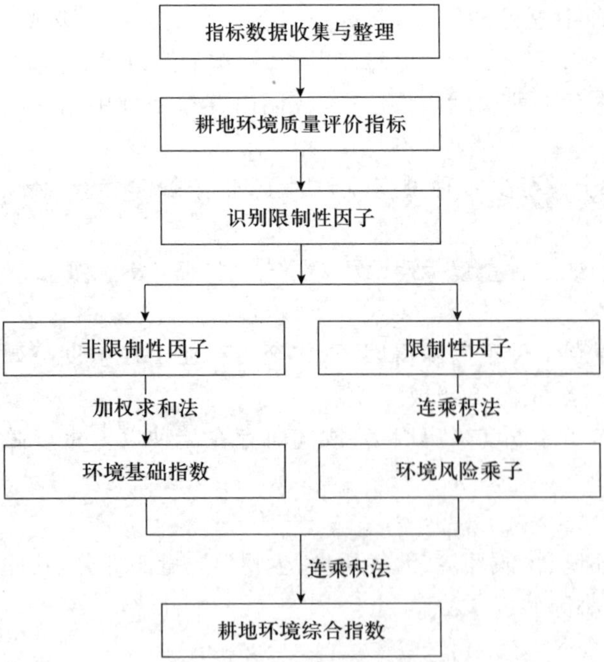

图 8-5　基于最小障碍因子法的耕地环境质量综合指数计算过程

2. 耕地环境质量评价最小障碍因子法

耕地环境质量评价也可以采用“最小障碍因子法”（图 8-5），即先从候选指标中识别出限制性因子（包括土壤重金属点位最大指数和土壤侵蚀），并明确各限制性因子的限制等级，以及对应的风险乘子；其次，等权重计算非限制性因子的加权平均值，记为环境基础指数；最后，取值最小的风险乘子为有效风险乘子，对环境基础指数进行修正，得到耕地环境质量指数。

四、耕地质量评价实例

（一）案例区概况

本研究案例区位于陕西省彬州市义门镇，东经 107°52′～108°1′，北纬 35°04′～35°12′，属于渭北黄土高原残塬沟壑区，全镇耕地总面积 3 440.86 hm²（2018 年）。

地势由东北向西南倾斜，平均坡降 5.50%。年平均气温 9.7℃，年平均降水量 579 mm，无霜期 180 d，属于典型的大陆性暖温带半干旱气候。地表年平均径流深 70～80 mm，年径流系数 0.12～0.14。土壤以黄土性土、黑垆土和红土为主。粮食种植制度为二年三熟，夏粮作物以冬小麦为主，秋粮作物以春玉米为主。

(二)耕地产能质量评价指标体系及统计描述

根据义门镇的实际情况及数据的可获取性，本次耕地产能质量评价选取 4 个一级指标，17 个二级指标。评价指标体系和统计描述如表 8-24 所示。

表 8-24　耕地产能质量评价指标体系及统计描述

一级指标	编号	二级指标	最小值	最大值
气候条件	X1	光温(气候)生产潜力指数(—)	1 512.88	2 148.00
地学条件	X2	地形部位(—)	河谷阶地、黄土塬、土石山地	
	X3	田面坡度/°	0.1	0.3
	X4	海拔高度/m	820	1 198
土壤性状	X5	有效土层厚度/cm	29	120
	X6	障碍层离地表深度/cm	100	100
	X7	耕层质地(—)	壤土	
	X8	土壤容重/(g·cm^{-3})	0.24	1.33
	X9	土壤有机质/(g·kg^{-1})	6	12
	X10	土壤养分(C 养综)(—)	集中在二级较丰富和三级中等两级	
	X11	土壤盐分/%	0.09	0.12
	X12	土壤酸碱度/pH(—)	7.80	8.13
	X13	耕层砾石含量(—)	非砾质土，土壤颗粒组成中大于 2 mm 的石砾含量<1%	
耕作条件	X14	灌溉保证率(—)	4 级，无灌溉条件(旱地与望天田)	
	X15	排水条件(—)	3 级，无排水体系(包括抽排)，一般年份在大雨后发生洪涝(田面积水≥3 天)	
	X16	田块状况(AWMSI)(—)	1.02	5.94
	X17	田间通达度(—)	4 级	3 级

(三)耕地产能质量评价等级结果

义门镇耕地产能质量评价等级结果如表 8-25 所示。由表可知，义门镇耕地产能质量评价等级主要集中在中等产能质量耕地(6 等)和低等产能质量耕地(7 级与 8 级)，三个等级的耕地面积分别为 831.65 hm^2、1 242.82 hm^2 和 1 366.39 hm^2，各占 24.17%、36.12%和 39.71%。

表 8-25　耕地产能质量评价等级结果

级别	数目	面积/hm^2	比例/%
6	829	831.65	24.17
7	625	1 242.82	36.12
8	974	1 366.39	39.71

在空间分布上(图 8-6),三个等级的耕地产能质量评价结果以 6 等为核心大致呈圈层分布,等级梯度分布规律明显。其中,6 等主要分布在义门镇的自北向南的中部狭长地带,北部和西部也有局部分布;7 等主要围绕 6 等呈地带性分布;8 等主要集中在义门镇的外围空间,呈现条带与零星状分布。

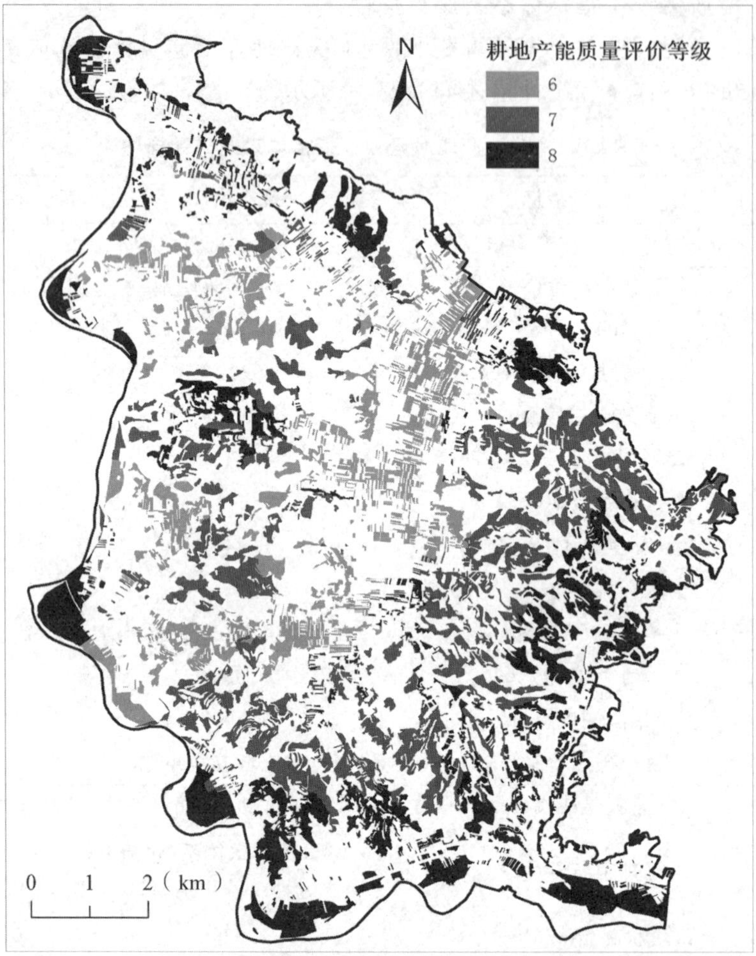

图 8-6　耕地产能质量评价等级空间分布

思考题

1. 土地特性的含义是什么?包含哪些类型?
2. 土地质量的含义是什么?简述土地质量与土地特性之间的关系。
3. 简述土地质量的时空变异特点。
4. 什么是土地利用要求?包括哪几个方面?
5. 土地质量评价的含义是什么?土地质量评价的相对性表现在哪些方面?
6. 土地质量评价指标的选取原则有哪些?

7. 土地质量评价单元的划分可采用哪几种方法?
8. 简述土地质量综合指数评价法的步骤和优缺点。
9. 耕地产能质量和耕地环境质量评价指标体系分别包括哪些指标?
10. 简述耕地质量评价方法。

第九章　土地自然适宜性评价

第一节　土地自然适宜性评价的定义和理论依据

一、土地自然适宜性评价的定义

作物生长或土地利用方式在很大程度上受土地自然属性的影响。作物能否生长或生长的好坏由气候、土壤、水文等自然条件决定；一个地区适宜采用何种土地利用方式需要先考虑其自然条件。因此，分析土地的自然条件对作物生长或土地利用方式的影响，是土地自然适宜性评价的主要内容。

土地自然适宜性的直观解释是一定地区土地的自然条件对某种作物或土地利用方式的适合程度。土地的自然条件主要指气候、土壤、地貌、水文等条件，可以用一系列的土地特性或土地质量表示。由于土地特性具有多样性，而作物或土地利用方式的生理、生态和管理要求也存在较大差异，因此两者很难协调统一，即某一块土地难以完全满足作物生长或土地利用方式的要求。土地对某种作物或土地利用方式的生理、生态和管理要求的满足程度称为土地自然适宜性。因此，土地自然适宜性评价可以定义为：分析和评定土地对作物或土地利用方式的生理、生态和管理要求满足程度的过程。

限制性是适宜性的反面，大多数的土地自然适宜性评价通过分析土地的限制性来完成。所谓土地的限制性是指土地对作物或土地利用方式的限制程度，这是由于土地质量不能满足作物生长或土地利用方式的生理、生态和管理要求所造成的。限制性有大有小，程度不一，如果土壤盐分含量$>$10 g/kg，小麦、玉米等作物就不能生长，也就是说盐分的限制性可以影响土地利用；如果土壤盐分为 6 g/kg，小麦、玉米的生长将受到一定程度的影响，可能导致减产50%，可视为土壤盐分为 6 g/kg 时对小麦、玉米的限制性是 50%。对作物生长或土地利用方式有限制性的土地特性称为限制因素；不容易改变的限制性因素（如气候）称为稳定限制因素，容易改变的限制因素（如土壤养分）称为不稳定限制因素。土地自然适宜性评价主要是针对这两种限制性因素的分析。

土地自然适宜性评价按评价的方法可以分为定性的土地自然适宜性评价、定量的土地自然适宜性评价，以及定性和定量相结合的土地自然适宜性评价；按评价的目的可以分为当前的土地自然适宜性评价和潜在的土地自然适宜性评价；按评价的对象可以分为单项的土地自然适宜性评价（如柑橘的土地自然适宜性评价）和综合的土地自然适宜性评价（如农、林、牧相结合的土地自然适宜性评价）。

二、土地自然适宜性评价的理论依据

作物生长是在光照、温度、水分、土壤等条件的综合作用下进行的。不同的作物对这些条件的要求不一样，而且同一种作物在不同生育期的要求也存在差异，那么如何根据某一土地评

价单元的光照、温度、水分、土壤条件分析某种作物或某种土地利用方式的土地自然适宜性呢？最准确的方法应该是在各种可能的条件下通过实验统计获得作物的土地自然适宜性，然后运用数学方法建立土地自然适宜性与光照、温度、水分、土壤条件的相互关系模型，最后只需将评价单元的光照、温度、水分、土壤条件代入此模型，便能获得某种作物或某种土地利用方式的土地自然适宜性。然而，由于光照、温度、水分、土壤条件变化十分复杂，数据量非常庞大，目前还难以通过实验数据建立这样的模型。在实际的评价工作中，人们通常依据一定的假设来对问题进行简化处理。基本假设为：在某一个地区，对于一定的作物或土地利用方式，都可以找出影响其土地自然适宜性的几个主导因素，这些因素在很大程度上决定了土地自然适宜性，而且这些因素都是可以获得的土地特性。基于此假设，在实际评价过程中，要先结合作物或土地利用方式的要求与评价地区土地性质的特点，确定评价因素；然后针对评价因素分析作物或土地利用方式的生理、生态要求，以及土地评价单元的土地特性，采用一定的方法综合分析这两者的匹配关系，便可以获得作物或土地利用方式在该评价单元中的土地自然适宜性。

可以看出，土地自然适宜性评价是以土地质量评价为基础的。土地自然适宜性评价的评价因素有时也采用土地特性，但由于土地特性都具有各自独特的量纲，使得土地特性之间以及与土地质量之间的比较很困难，因此，使用土地特性作为评价因素，必须先进行标准化处理，消除其量纲。标准化处理的过程是通过土地质量评价将土地特性转化成土地质量，只不过土地质量还是使用土地特性的名称。

三、土地自然适宜性的分类方法

土地自然适宜性分类就是根据土地对不同作物或土地利用方式的自然适宜性程度将土地进行分类，它实际上是土地自然适宜性评价的目标，也是土地自然适宜性评价结果的一种直观表示。不同的评价对象和评价目标可以有多种分类方法，可以大致概括为两类：一类是根据不同的用途分为宜农、宜林、宜牧、宜渔、宜灌溉等；另一类是根据作物或土地利用方式的适宜程度分为适宜、较适宜、勉强适宜、不适宜等。

（一）中国 1∶100 万土地资源图的土地资源分类系统

中国科学院自然资源综合考察委员会于 1983 年拟定了中国 1∶100 万土地资源图的土地资源分类系统，其分类系统采用“土地潜力区—土地适宜类—土地质量等—土地限制型—土地资源单位”五级分类系统，各级的内容和划分依据简介如下。

1. 土地潜力区

根据大气水热条件的区域差异将全国划分为华南区、四川盆地—长江中下游区、云贵高原区、华北—辽南区、黄土高原区、东北区、内蒙古干旱区、西北干旱区和青藏高原 9 个土地潜力区。它反映了各区之间生产潜力的差异，即同一区内的土地大致有着相近的生产潜力，包括适宜的农作物、牧草和林木的种类、组成、熟制和产量，以及土地利用的主要方向和措施等。

2. 土地适宜类

在土地潜力区内根据土地对农、林、牧业生产的适宜性来划分土地适宜类。它反映土地的主要适宜性和多种适宜性。按此共分为宜农土地类、宜农宜林宜牧土地类、宜农宜林土地类、宜农宜牧土地类、宜林宜牧土地类、宜林土地类、宜牧土地类及不宜农林牧土地类 8 个土地适宜类。

3. 土地质量等

在土地适宜类内按照土地对农、林、牧三方面的适宜程度和生产潜力的高低划分为一等宜农土地、二等宜农土地、三等宜农土地，一等宜林土地、二等宜林土地、三等宜林土地，一等宜牧土地、二等宜牧土地、三等宜牧土地。对多宜的土地适宜类则按其对农、林、牧三者各自的质量等予以排列组合表示。各等土地的定义如下。

①一等宜农地。对农业无限制或少限制，质量好。通常这类土地地形平坦，土壤肥力高，在正常耕作管理措施下能获得好收成。若是未垦土地，则不需改造或稍加改造即可开垦为农用，并在正常利用下不致发生土地退化和影响邻区生态环境等的不良后果。

②二等宜农地。农业利用受一定限制，质量中等。这类土地需采取一定的改良措施才能较好地进行农业利用；或者需要一定的保护措施，以免土地退化。

③三等宜农地。农业利用受较大限制，质量差。这类土地需在更大改造措施之后才能农业利用；或需采取重要保护措施防止土地在农业利用时发生退化现象。

④一等宜林地。最适宜林木生长的土地，产量高、质量好。这类宜林地无明显限制，在更新或造林时只需采用一般技术。

⑤二等宜林地。比较适宜林木生长的土地，产量与质量均为中等。这类宜林地在一定程度上受到地形、土壤、水分或盐分等因素的限制，造林时要求较高的技术措施。

⑥三等宜林地。林木生长有一定难度，产量很低。受地形、水分、土壤或盐分等因素的限制较大，造林技术要求高，并需一定的改良措施。

⑦一等宜牧地。最适宜于放牧或饲养牲畜的土地。牧草品质好、产草量高。这类地水土条件好，易于建设基本草场。

⑧二等宜牧地。比较适宜于放牧或饲养牲畜的土地。牧草品质较差或产草量较低；或草场有轻度退化，但水土条件好，较易于改良和恢复。

⑨三等宜牧地。勉强适宜于放牧或饲养牲畜的土地。其牧草品质较劣或产量很低，草场退化，需大力改造。

4. 土地限制型

土地限制型是在土地资源等范围内，按其限制因素及其强度划分的结果。同一土地限制型的土地具有相同的主要限制因素和相似的改造措施。同一土地资源等内的不同土地限制型之间只反映限制因素不同与改造措施的差别，并无质量等级上的差别。土地限制型分为无限制、水文与排水条件限制、土壤盐碱化限制、有效土层厚度限制、土壤质地限制、基岩裸露限制、地形坡度限制、土壤侵蚀限制、水分限制与温度限制 10 个类型。

5. 土地资源单位

土地资源单位是土地资源分类的基层单位，它表明土地的自然类型或利用类型，是由一组具有较为一致的植被、土壤，以及中等地形或经营管理与改造措施上较相同的土地构成。因此，土地资源单位的数量不限，在不同土地潜力区内差异显著。

以华南区为例的土地资源“五级分类系统”实例见表 9-1。

表 9-1　中国华南区 1∶100 万土地资源图的土地资源分类系统实例

土地潜力区	土地适宜类	土地质量等	土地限制型	土地资源单位
华南区	宜农土地类	一等宜农地	无限制型	平地草甸型水稻土水田
				平地潮沙泥土旱耕地
	宜林、宜牧土地类	一等宜林地、二等宜牧地	坡度限制型	丘陵砖红壤禾草灌丛土地
				山地红壤禾草草地
		二等宜林地、三等宜牧地	土质限制型	海滨低地砂土草地
		三等宜林地、宜牧地	基岩裸露限制型	山地石灰岩土灌丛草地

(二)联合国粮农组织的土地自然适宜性分类方法

联合国粮农组织(FAO)于 1976 年推出《土地评价纲要》,其土地自然适宜性分类系统采用土地适宜性纲(order)、土地适宜性级(class)、土地适宜性亚级(subclass)、土地适宜性单元(unit)四级分类制。它包括定性的和定量的、当前的和潜在的适宜性分类,而且对可能选择的每一种土地用途都分别进行分类,如某一地区的某一地块对农业、畜牧业或林业都适宜,那么就需要分别对这 3 种土地用途进行适宜性分类。

该土地适宜性分类系统是一种解释性分类系统,它可以适用于不同的土地利用种类的土地适宜性分类,而且始终保持一定的结构,即具有相同的分类类目,每个类目在应用于不同的土地利用种类时仍保持它在不同的分类范畴中的基本含义。该系统采用逐级递降的四级分类法。

土地适宜性纲:反映土地适宜性的种类。

土地适宜性级:反映纲内适宜性的程度。

土地适宜性亚级:反映级内限制性的种类,或所需改良措施的种类。

土地适宜性单元:反映亚级内所需经营管理措施的细小差别。

1. 土地适宜性纲

表示土地对所考虑的特定利用方式评价为适宜(S)或者不适宜(N)。

①S 纲—适宜。适宜纲是指这类土地对所考虑的土地用途持续利用能产生足以抵偿投入的收益,而且没有破坏土地资源的危险。

②N 纲—不适宜。不适宜纲是指土地质量显示不能按所考虑的用途进行持久利用。

很多原因可以使土地划分为对某种用途不适宜,例如,所建议的用途在技术上做不到(石质陡坡上灌溉);所建议的用途会引起严重的环境退化(垦种陡坡)。总的来说,经济理由居多,即预计收益的价值抵不上预计所需投入的费用。

2. 土地适宜性级

土地适宜性级反映适宜性的程度。级可按照在纲内适宜性程度递减的顺序用连续的阿拉伯数字表示。在适宜纲内,级的数目不做规定,例如,它可以只有两级 S1 和 S2,认定的级数应保持在满足分析说明的目的所必需的最低限度之内,最多可分为 5 级。

若在适宜纲内分 3 级,那么在定性分类中可以分别采用下列名称和定义进行描述。

①S1 级—高度适宜。土地对某种用途的持续利用没有明显限制,或只有较小限制,它不致显著降低产量或收益,并且不会将投入提高到超出可接受的程度。

②S2 级—中度适宜。土地对指定用途的持续利用有中等程度的限制,这些限制将减少产

量和收益，并增加所需投入。这种用途仍能获得利益，但收益明显低于S1级的土地。

③S3级—勉强适宜。土地对指定用途的持续利用有严重的限制，因此会降低产量和收益或者增加必需的投入，而收支仅仅勉强达到平衡。

在不适宜纲内通常分两级。

①N1级—暂时不适宜：土地具有短期能克服的限制性，但在目前技术和现时合算的成本下不能改变这种限制性，限制性的严重程度达到在既定方法下不能保持土地持续有效的利用。

②N2级—永久不适宜：土地限制性非常严重，以至于在既定方法下不存在持续有效利用的任何可能性。

这两级一般不需要定量的定义，因为对指定的用途都是不经济的。N1级的上限已经由S纲中最低的适宜级的下限规定了。

土地适宜级的划分依据主要取决于投入和收益的相互关系。在定量分类中，投入和收益都必须用普通可计量的数值来表示，一般用经济指标。其实，土地适宜级主要是由土地的自然属性决定的，只需要在一定的假设条件下（如农业经营和管理水平、集约化程度一定的条件等）就可以依据土地的自然属性确定土地的适宜级。适宜和不适宜两个纲之间的界限会随着社会经济条件的变化而改变。

3. 土地适宜性亚级

土地适宜性亚级反映限制性的种类，如土壤水分亏缺、侵蚀危险。亚级用有帮助记忆的小写字母来表示，如S2m，S2e，S3me，其中，m表示土壤水分有效性的限制；e表示抗侵蚀性的限制；me表示上述两种限制。S1级下没有亚级。

公认的亚级数目和用来区分亚级的限制性随不同目的而异，有2个准则。

①亚级的数目应保持在足以区别同一级土地的最低限度，这种区别可能是土地经营管理方面的明显差别，或是由不同的限制性造成的改良潜力的不同。

②对任何亚级应采用尽可能少的限制性，一般用1个字母，少数情况下用2个字母。如果可能，应尽量只使用一个符号（即决定该级的符号）。如果2个限制性同等严重，则2个都可列出。

不适宜纲内的土地可以按照限制性的种类划分亚级，如N1m，N1me，虽然这不是必需的。因为这种土地都不投入经营利用，不需要再划分适宜性单元。

4. 土地适宜性单元

土地适宜性单元是亚级的再细分。亚级内所有单元具有级水平的相同适宜性程度和亚级水平的相似限制性种类，单元与单元之间在限制性的细节上存在差别，这种差别足以影响土地利用或经营管理。适宜性单元可用连接号后加1个阿拉伯数字表示，如S2e-1，S2e-2。在1个亚级内划分单元的数目不受限制。

5. 有条件的适宜性

有时在调查区内有小块土地对某种指定用途在既定的管理条件下不适宜或适宜性较差，但如果实现了某些条件后可能变为适宜，这种情况称为有条件的适宜性。这里所指的条件可能与经营管理方法的改进有关，与规定用途所需的投入有关（如由土壤排水不良或土壤盐渍化等局部现象所引起的那些条件），或者与选择作物的各种限制因素有关（如限于种植高价作物或抗霜冻作物）。使用“有条件的适宜性”可以避免为说明局部地方修改土地用途或改良措施而增添分级的必要。

有条件的适宜性是适宜性纲的一个“相”。可在纲符号和级编号之间用小写字母 c 表示，如 Sc2。有条件适宜相，如需要分级的话，常常放在 S 级的下面。“相”表示在 1 个或几个条件获得满足之后的适宜性。

应尽可能地避免使用有条件的适宜相，它只是在遇到下列全部条件时才可应用。

①不满足这个或这些条件，土地就要划分为不适宜或适宜级的最低一级。

②如果一个或几个条件得到满足，适宜性就相当高(一般至少是二级)。

③与全部调查地区的总面积相比，有条件的适宜的土地范围很小。

如果不具备条件①、②，可以在报告正文的适当段落指出可能的改良或调整；如果不具备条件③，则可采用一种新的土地利用方式或者一种潜在适宜性分类。

因为划为有条件适宜的土地面积必定不多，一般不需要再细分为单元。

根据以上的介绍，土地适宜性分类的结构及所用的符号可用图 9-1 表示。实际进行土地适宜性评价时，具体可依据不同的目的、比例尺和深度，划分出土地适宜性纲、级、亚级和单元的整个序列，也可以只限于划出较高的 2 个或 3 个分类类目。

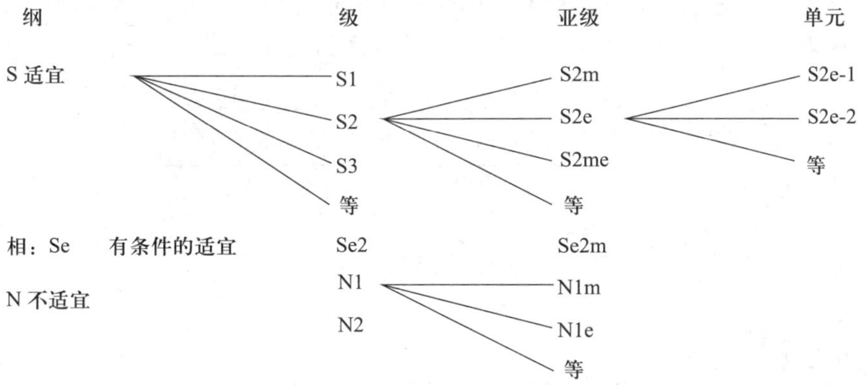

图 9-1　土地适宜性分类结构

第二节　土地自然适宜性评价方法

土地自然适宜性评价应在土地评价的原理和原则指导下，按照土地评价的一般工作程序进行，但要先说明土地自然适宜性评价的前提条件。正如之前所述，所有的土地评价都具有一定的经济目的，因此，没有纯粹的自然评价。衡量土地适宜性的标准也是经济指标，但是，土地的经济适宜性是以土地的自然适宜性为依据的，因此，自然适宜性评价是分析土地经济适宜性的基础。进行土地自然适宜性评价，要使其结论具有可比性和实用性，必须有一定的前提条件，土地自然适宜性评价的假设条件：农业经营、管理水平一定，劳动集约度、资本集约度一定，科学技术水平一定。

评定土地自然适宜性等级的方法很多，其核心内容大多采用土地用途要求与土地质量的比配。比配是指将土地利用方式的土地利用要求和评价对象的土地质量进行分析比较，在此基础上进行土地利用方式与适宜性评价结果相互适应和调整的过程。它以土地质量、土地改良的可能性和土地用途之间起作用的关系为基础。比配最简单的方式是把特定作物(包括牧草、树木等)的自然要求与土地条件相对比来预测作物的表现。但是，在进行自然适宜性评价时也需要考虑社会经济因素的作用，比如管理方面的因素，包括劳动集约度和资金集约度等。因此，比配不是简单地比较土地利用要求和土地质量，而是在比较的基础上检验土地利用方式是否恰当，并提出改进土地利用方式的依据和途径，也就是说比配包括 2 个过程：①依据土地利用要求和土地质量的分析比较得出土地利用方式的适宜性等级；②提出新的土地利用方式。在提出新的土地利用方式后还需进行①过程，因此这两个过程往往是反复进行(对于有经验的评价工作者，反复次数可能少一些，有些可能将两个过程同步进行)，一直到最后提出的土地利用方式达到令人满意的适宜性等级。一般来说，①过程是匹配的核心，②过程是依据①过程和土地适宜性评价的目的决定的。下面重点介绍①过程的方法，主要包括两类：主观判断法和因子分析法。

一、主观判断法

主观判断法指有经验的评价者基于土地质量和土地利用要求数据，依据一定的原则，直接利用自己的经验确定土地的适宜性等级。

评价者一般都是先对单个土地特性作单因子的土地适宜性评价，然后再对单因子的结果依据经验和规则进行总结，表 9-2 和表 9-3 是这种方法的两种格式。

表 9-2　对一种给定土地单元的适宜性分级组合

(对种植要求、管理要求以及土壤保持要求分别评价的格式)

作物：　土地利用方式：　栽培品种：　作物产量数据：			
土地质量	重要性	土地适宜性等级	备注
1. 辐射状况			
2. 温度状况			
3. 水分有效性			
4. 根的氧气有效性			
5. 养分有效性			
6. 保肥能力			
7. 生根条件			
8. 影响发芽和出苗的条件			
9. 影响生长的空气湿度			
10. 成熟的条件			
11. 洪水危害			
12. 气候危害			
13. 过量的盐分			
14. 土壤毒性			
15. 病虫害			
(其他种植要求)			

续表 9-2

土地质量	重要性	土地适宜性等级	备注
土地适宜性结果分析(初步)：			
16. 土壤适耕性 17. 机械化潜力 18. 土地平整和清理要求 19. 储藏和加工条件			
土地适宜性结果分析(初步)：			
20. 影响农时的条件 21. 生产单位内部的交通 22. 管理单位可能的规模 23. 位置 (其他管理要求)			
土地适宜性结果分析(初步)：			
24. 侵蚀危害 25. 土壤退化危害			
土地适宜性结果分析(初步)：			

注：①只利用评价的质量因素，一般要以简短的方式写出；②土地适宜性等级指的是给定土地单元的特定作物或土地利用方式。

表 9-3　对一种给定土地单元的适宜性分级组合

(对所有土地利用要求的组合评价格式)

土地利用方式：　　　栽培品种：			
土地质量	重要性	土地适宜性分类	备注
1. 辐射状况 2. 温度状况 3. 水分有效性 4. 根部氧气有效性 5. 养分有效性 6. 保肥能力 7. 生根条件 8. 影响发芽和出苗的条件 9. 影响生长的空气湿度 10. 成熟的条件 11. 洪水危害 12. 气候危害 13. 过量的盐分 14. 土壤毒性 15. 病虫害			

续表 9-3

土地质量	重要性	土地适宜性分类	备注
16. 土壤适耕性 17. 机械化潜力 18. 土地平整和清理要求 19. 储藏和加工条件 20. 影响农时的条件 21. 生产单位内的交通 22. 管理单位可能规模 23. 位置 24. 侵蚀危害 25. 土壤退化危害			
作物产量或其他生产数据:			
土地适宜性结果分析(初步):			

注:①只利用评价的质量因素,一般要以简短样式写出;②土地适宜性分级指的是给定土地单元的特定作物或土地利用方式。

大多数情况下,评价者采用最小因子律。所谓最小因子律是指土地的适宜性等级是由单因子适宜性等级最小的那个因子决定的。例如,若表 9-2 和表 9-3 土地质量中单因子的适宜性等级最小为 S3,那么不管其他因子比它大多少,此评价单元的土地适宜性等级也只能是 S3。最小因子律的适用条件是所有因子相互独立,尽管在选择土地质量因子时尽量减少它们之间有相互影响的因子,但不能保证土地质量因子之间是完全独立的,这时评价工作者就可以根据自己的经验分析土地质量之间的相互影响,并在使用最小因子律时做适当修改,使评价结果更接近于实际。比如,有时最小因子是 S2,但如果等级为 S2 的因子个数太多,评价工作者根据情况就可以考虑将其最好的评价结果确定为 S3。

这种方法的优点是充分利用了专家的经验,具有一定的灵活性。缺点是不同的评价工作者从同一组数据所得出的结论可能不同,只有当评价工作者具有丰富的经验时,这种方法才可靠。

二、因子分析法

作物或土地利用方式的土地自然适宜性是各种因素综合作用的结果。所谓的因子分析法是指从影响土地适宜性的众多因素中筛选出一些起主要作用的因素作为评价因子,然后根据这些因子与土地利用要求的关系,应用一定的数学方法,分析各评价单元的土地自然适宜性程度。依据所选因子的方法和种类不同、所采用的数学方法不同,因子分析法可以分为很多种,下面根据因子分析法的一般步骤分别进行介绍。

(一)因子筛选与因子权重的确定

影响土地适宜性的因素很多,如果全面考虑所有因素,会使土地适宜性评价变得烦琐而很难进行。因此,在实际操作中,一般只选择若干因素作为评价因子。这一方法的理论依据是,对于某个地区特定的土地利用方式来说,各种因素对土地适宜性的影响程度有大有小,而土地适宜性可以由影响较大的那些因素(可称为主导因子)决定。选择这些因素作为评价因子的过程称为因子筛选,因子筛选应遵循以下原则:①主导因子原则。在众多的土地因素中,选择对土地自然适宜性影响较大的主导因子,着重分析它们与土地自然适宜性之间的关系。②稳定性原则。可以根据因子的变异特性,找出持续影响土地自然适宜性的稳定性因子,主要应用这些因子作评价,而尽量避免选用易变的因子。一般来说,气候、地形、土壤质地、土层厚度等是稳定性因子,而土壤有效养分、生物因子为易变因子。③空间分布差异性原则。应选择在评价的地域空间范围内有明显差异的因子,有些因子虽然重要,但在所评价的地域空间范围内没有明显的差异,或者难以获得这些因子的数据,不适合作为评价因子。如半干旱地区的降水量是影响作物生长和土地利用方式的重要因子,但在进行小流域土地评价时,由于降水量差异不大,且难以获得评价单元(如地块)的降水量数据,因此不适合作为评价因子。

因子筛选是针对一定的地区、作物或土地利用方式进行的,评价者可以直接依据经验进行,也可以采用下面的方法:第一步,根据土地质量评价及土地利用要求的分析排除两种因素,一种是在评价地域分布均匀的因素;另一种是虽然分布不均匀,但在所有的评价单元中都没有出现对要求的作物或土地利用方式产生明显的限制作用。其余因素皆是分布不均匀且在某些评价单元中对土地利用方式具有限制作用的因素。第二步,采用权重法确定主导因子。所谓权重是指各个因子对土地适宜性影响程度的相对大小,将那些权重明显小于其他因素的因素剔除之后,剩下的就是筛选出的主导因子。

通过因子筛选确定评价因子之后需进一步分析各因子的权重,为综合分析土地适宜性做准备。常用的权重分析方法有以下几种。

1. 等权重法

该方法将各个评价因子的权重看作是相等的。如果用 W 表示权重,有 n 个评价因子,那么第 i 个评价因子的权重 $W_i=1/n$。采用等权重法意味着可忽略评价因子的权重,直接进行土地适宜性的综合分析。由于评价因子的权重很难相等,因此等权重法适用范围很窄,一般只用于非常粗略的评价。

2. 经验法

经验法是评价工作者(或特邀评价专家)根据已有的各专业调查资料和实际经验,在经过科学分析和认真思考的基础上为评价因子直接分配权重。经验法的正确性主要依赖于评价者的经验。为了避免评价者经验的局限性或偏见,一般应有多位专家参与并采用如下的步骤。

①评价工作者将评价所需要的资料及评价要求分发给各位专家,让他们分别提出自己的意见并陈述理由。

②评价工作者将专家们的意见加以综合、整理、归纳,再反馈给各个专家。

③每一位专家根据反馈的资料进一步分析判断,提出新的结论。

④评价工作者再将各个专家的意见收集后进行整理、归纳,以期获得一致的意见。如果意见不统一,可以重复②、③步骤,直到获得一致的意见。

总的来说,这种方法简单易行,便于推广应用,其不足之处在于数量界限不够精确。

3. 等差法

(1)原理

设$\{a_i\}$为等差序列($i=1,2,\cdots,n$),a_1 为给定值,d 为等差序列的公差,即:

$$a_i = a_{i-1} - d, \quad (1 < i \leqslant n)$$
$$d = \begin{cases} \dfrac{a_1}{n-1}, & (a_n = 0) \\ \dfrac{a_1}{n}, & (a_n \neq 0) \end{cases} \tag{9.1}$$

例如,设 $a_1=100$,$n=9$,$a_9=0$,那么等差序列的公差 $d=\frac{a_1}{n-1}=\frac{100}{9-1}=12.5$,等差序列 $\{a_9\}=\{100.0,87.5,75.0,62.5,50.0,37.5,25.0,12.5,0.0\}$。

同样地,如果设 $a_9 \neq 0$,则 $d=\frac{a_1}{n}=\frac{100}{9}=11.1$,等差序列 $\{a_9\}=\{100.0,88.9,77.8,66.7,55.6,44.4,33.3,22.2,11.1\}$。

(2)应用

先确定评价因素(n 个),根据评价因素对土地适宜性影响程度的大小依次排列,称其为作用序列,然后设首项 a_1 值,一般设其为 100;设末项 a_n 值为 0(用于加法)或不为 0(用于乘法);求 2 个相邻因素的权重差,即公差 d 值;最后分别求 a_1 值,得到等差序列 $\{a_i\}$,即各个评价因素的等差权重值。

为了保证评价因素之间的可比性,把等差法确定的权重进行归一化处理,就得各个评价因素的可比权重,即为最后所获得的权重。可比权重 W_i 的计算公式如下:

$$W_i = \frac{a_i}{\sum a_i} \times 100 \tag{9.2}$$

例如,在某县平原区选取 9 个评价因素:土壤质地(m_1)、土壤肥力(m_2)、水源保证率(m_3)、障碍土层(m_4)、地表岩性(m_5)、人口密度(m_6)、改造程度(m_7)、土层厚度(m_8)和坡度(m_9),现按等差法在其间分配权重,并作归一化处理(表 9-4)。

表 9-4 某县平原地区土地评价因素权重

权重	评价因素								
	m_1	m_2	m_3	m_4	m_5	m_6	m_7	m_8	m_9
等差权重(a_i)	100.0	87.5	75.0	62.5	50.0	37.5	25.0	12.5	0
可比权重(W_i)	22	19	17	14	11	8	6	3	0

等差法的优点是考虑了不同评价因子的重要性差别,并依次排序,便于定量化处理。其缺点是只有在评价因子的重要性差别接近等差序列时,所计算的权重与实际情况才能够较好吻合。

4. 回归系数法

(1)原理

回归系数法是应用统计学原理确定评价因子权重的一种方法。其方法是在土地自然适宜性等级(有时用产量表示)与评价因子之间建立回归模型,通过求解回归方程来筛选出评价因子,确定评价因子的权重。回归系数法流程见图 9-2。

(2)应用

假设把地块(样本)的农作物单产作为因变量(y_k),评价因子为自变量(x_{ik}),其中 $k=1$,

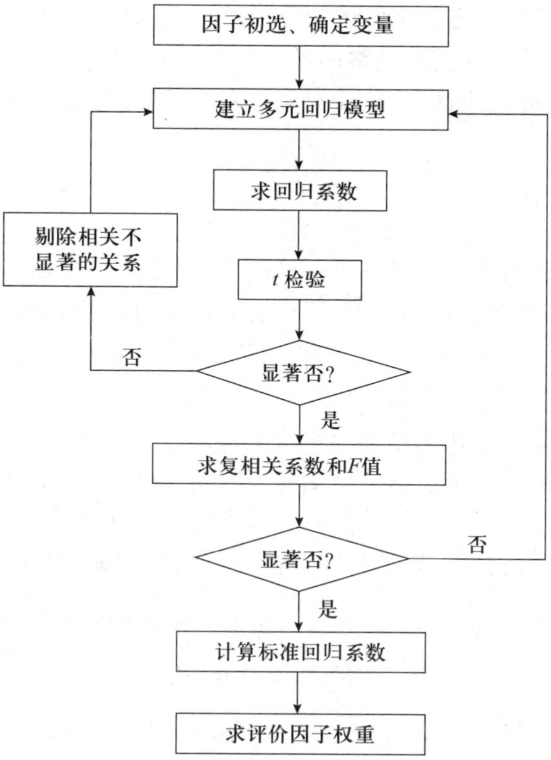

图 9-2　回归系数法流程图

2，…，m 为样本数；$i=1,2,\cdots,n$ 为评价因子数，建立多元回归模型：

$$y_k = b_0 + b_1 x_{1k} + b_2 x_{2k} + \cdots + b_n x_{nk} \tag{9.3}$$

在具体应用时，先要将数据进行标准化处理，建立样本数据矩阵，然后应用统计软件求解回归系数并检验相关显著性，获得各因子的标准回归系数 b'_i，在此基础上按下列公式求得各评价因子的权重：

$$W_i = \frac{b'_i}{\sum b'_i} \times 100 \tag{9.4}$$

例如，某地区选择有机质(x_1)、非毛管孔隙(x_2)、土壤质地(x_3)、排水能力(x_4)、水源保证程度(x_5)和地面高程(x_6)6 项因子作为自变量，与农作物单产作为因变量(y)建立了回归方程 $y=59.73+51.686x_1+24.354x_2-4.324x_3+21.437x_4+16.011x_5+10.711x_6$，应用回归系数法来确定土地评价因子权重如表 9-5 所示。

表 9-5　应用回归系数法确定评价因子的权重计算表

权　重	评价因子					
	x_1	x_2	x_3	x_4	x_5	x_6
回归系数(b_i)	51.686	24.354	−4.324	21.437	16.011	10.711
标准回归系数(b'_i)	0.363	0.339	−0.251	0.612	0.414	0.436
可比权重(W_i)	15.1	14.0	10.4	25.3	17.2	18.0

回归系数法应用数理统计方法确定评价因子的权重，这有助于减少土地评价中的主观随意性。然而，进行回归分析必须拥有足够的样本数量，样本不仅要有代表性还要求数据准确。同时，回归分析适用于解决呈线性、指数或对数分布的对象，尤以线性分布对象最为合适，否则难以得到满意的结果。

5. 灰色关联度分析法

(1)原理

影响土地自然适宜性的因素较多且影响机制复杂，虽然采用回归分析法可以确定评价因子的权重，但回归分析法存在一定的局限，即当被分析的对象样本量较少、数据又无典型的概率分布时，就很难获得满意的结果，甚至无法进行。而采用灰色关联度法则能克服这一缺点，其对被分析对象样本量的多少及数据的规律性没有严格要求。

灰色关联度分析法是建立在灰色系统理论基础上的一种方法。社会、经济、生态、农业、法制等许多系统属于灰色系统。灰色系统理论与方法可应用于预测、决策、控制、规划、评估等。灰色关联度分析法是基于土地适宜性和各评价因子时间序列曲线间的相似或相异程度来衡量其关联度大小的量化方法。其原理是对数列进行几何关系的比较，可用以下公式表示：

$$\xi_i(k)=\frac{\min\limits_i\min\limits_k|x_0(k)-x_i(k)|+\rho\max\limits_i\max\limits_k|x_0(k)-x_i(k)|}{|x_0(k)-x_i(k)|+\rho\max\limits_i\max\limits_k|x_0(k)-x_i(k)|} \tag{9.5}$$

式中：设数据序列$\{x_0(k)\}=\{x_0(1),x_0(2),\cdots,x_0(n)\}$为土地生产力(产量或产值)时间序列，即参考序列(或参考曲线)；数据序列$\{x_i(k)\}=\{x_i(1),x_i(2),\cdots,x_i(n)\}$为参评因子$i$的时间序列，即比较序列(或比较曲线)。$k=1,2,\cdots,n$为时间序列，$i=1,2,\cdots,m$为评价因子序列。上式$\xi_i(k)$为关联系数，即为第$k$个时刻，比较序列$\{x_i(k)\}$与参考序列$\{x_0(k)\}$的相对差值，称为$x_i$对$x_0$在$k$时刻的关联系数。

$\min\limits_i\min\limits_k|x_0(k)-x_i(k)|$称为两个层次的最小差，第一层次的最小差为$\min\limits_k|x_0(k)-x_i(k)|$，指在不同时刻的最小差。第二层次的最小差为第一层次所有最小差的最小值，计算过程也称“小中取小”。$\max\limits_i\max\limits_k|x_0(k)-x_i(k)|$为两个层次的最大差，计算过程也称“大中取大”。$\rho$为分辨系数，其值在0～1之间。

由于关联系数只能反映土地生产力和评价因素在第k个时刻的关联程度，而无法反映整个时间序列间的关联程度，因此用k个时刻的关联系数的平均值来度量土地生产力(适宜性)与某评价因素的整体关联程度，即关联度γ_i。比较序列$\{x_i(k)\}$对参考序列$\{x_0(k)\}$的关联度如下：

$$\gamma_i=\frac{1}{n}\sum_{k=1}^{n}\xi_i(k) \tag{9.6}$$

若$\{x_i(k)\}$与$\{x_0(k)\}$的关联度大，表明$\{x_i(k)\}$是与$\{x_0(k)\}$发展趋势最接近的因子，或$\{x_i(k)\}$是对$\{x_0(k)\}$影响最大的因子。通过关联度的大小可区分出主导因子和非主导因子，即关联度最大因子的为主导因子。

根据关联度γ_i，可计算出各评价因子的权重：

$$W_i=\frac{\gamma_i}{\sum\limits_{i=1}^{m}\gamma_i} \tag{9.7}$$

(2)应用举例

已知土地生产力中3个参评因子8年的时间序列为：

$$\{x_0(k)\} = \{x_0(1), x_0(2), \cdots, x_0(8)\}$$
$$\{x_i(k)\} = \{x_i(1), x_i(2), \cdots, x_i(8)\} \tag{9.8}$$

其中，$i=1,2,3$；$k=1,2,\cdots,8$。

其原始数据见表9-6。计算按以下步骤：

表9-6 土地生产力时间序列原始数据

项目	1	2	3	4	5	6	7	8	$\overline{x}$
$x_0(k)$	6.50	7.90	7.39	6.19	8.74	8.38	9.07	9.37	7.942 5
$x_1(k)$	0.699 5	0.698 6	0.574 1	0.732 9	0.749 5	0.865 1	1.024 9	1.192 2	0.817 1
$x_2(k)$	1.566 5	1.711 8	1.901 4	2.043 3	2.142 6	2.163 5	2.235 5	2.303 4	2.008 5
$x_3(k)$	346.6	341.2	344.1	348.8	349.2	346.0	349.4	349.0	346.79

①原始数据无量纲化。由于$x_0(k)$与$x_i(k)$的量纲不同，不能直接比较，因此需要按下式对$x_0(k)$与$x_i(k)$进行无量纲化处理：

$$x_0''(k) = \frac{x_0(k)}{\overline{x}_0}$$
$$\overline{x}_0 = \frac{1}{n}\sum_{k=1}^{n} x_0(k)$$
$$x_i'(k) = \frac{x_i(k)}{\overline{x}_i} \tag{9.9}$$
$$\overline{x}_i = \frac{1}{n}\sum_{k=1}^{n} x_i(k)$$

在本例中$n=8$；$m=3$。原始数据序列无量纲处理后的结果见表9-7。

表9-7 原始数据序列无量纲化处理结果

项目	1	2	3	4	5	6	7	8
$x_0'(k)$	0.819	0.995	0.931	0.780	1.101	1.055	1.142	1.180
$x_1'(k)$	0.856	0.855	0.703	0.897	0.917	1.059	1.254	1.459
$x_2'(k)$	0.780	0.852	0.947	1.017	1.067	1.077	1.113	1.147
$x_3'(k)$	0.999	0.984	0.992	1.006	1.007	0.998	1.007	1.006

②找出$x_0'(k)$与$x_i'(k)$的公共交点，建立新数据序列。由于无量纲数据序列$x_0'(k)$与$x_i'(k)$无公共交点，不易分析比较，不能直接用于计算关联系数，可进行如下处理。

参考序列$x_0'(k)$的第一点，即(1，0.819)作为$x_i'(k)$的参考点，将比较序列$x_i'(k)$的每个点移动Δx_i，使所有比较序列的第一个点与参考序列$x_i'(k)$的第一点(参考点)重合。即：

$$x_i''(k) = x_i'(k) + \Delta x_i$$
$$\Delta x_i = x_0'(1) - x_i'(1) \tag{9.10}$$

那么，$\Delta x_1 = 0.819 - 0.856 = -0.037$；$\Delta x_2 = 0.819 - 0.780 = 0.039$；$\Delta x_3 = 0.819 - 0.999 =$

−0.18。由此得到新的数据序列(表 9-8)。

表 9-8 基于公共交点建立的新时间数据序列

项目	1	2	3	4	5	6	7	8
$x''_0(k)$	0.819	0.995	0.931	0.780	1.101	1.055	1.142	1.180
$x''_1(k)$	0.819	0.818	0.666	0.860	0.880	1.022	1.217	1.422
$x''_2(k)$	0.819	0.891	0.986	1.056	1.106	1.116	1.152	1.186
$x''_3(k)$	0.819	0.804	0.812	0.826	0.827	0.818	0.827	0.826

③计算关联系数。

a. 计算两层次差。令 $\Delta_i(k)=|x''_0(k)-x''_i(k)|$,得层次差序列和两层次差(表 9-9)。

$$\min_i \min_k |x''_0(k)-x''_i(k)|=0$$
$$\max_i \max_k |x''_0(k)-x''_i(k)|=0.354 \tag{9.11}$$

表 9-9 层次差序列和两层次差

项目	1	2	3	4	5	6	7	8	$\min_k$	$\max_k$
$\Delta_1(k)$	0.00	0.177	0.265	0.080	0.220	0.034	0.075	0.242	0.00	0.265
$\Delta_2(k)$	0.00	0.104	0.055	0.277	0.005	0.061	0.010	0.006	0.00	0.277
$\Delta_3(k)$	0.00	0.191	0.119	0.046	0.274	0.238	0.315	0.354	0.00	0.354
									0.00	0.354

b. 求关联系数(表 9-10)。设 $\rho=0.5$(ρ 的取值不同会造成关联度的不同,但关联度的大小顺序不会改变),则关联系数:

$$\xi_i(k)=\frac{\min_i \min_k |x''_0(k)-x''_i(k)|+\rho \max_i \max_k |x''_0(k)-x''_i(k)|}{|x''_0(k)-x''_i(k)|+\rho \max_i \max_k |x''_0(k)-x''_i(k)|}$$
$$=\frac{0+0.5\times 0.354}{\Delta_i(k)+0.5\times 0.354} \tag{9.12}$$

可得到关联系数序列。

④求关联度。即计算关联系数的平均值:

$$\gamma_1=\frac{1}{8}\sum_{k=1}^{8}\xi_1(k)=0.624$$
$$\gamma_2=\frac{1}{8}\sum_{k=1}^{8}\xi_2(k)=0.802 \tag{9.13}$$
$$\gamma_3=\frac{1}{8}\sum_{k=1}^{8}\xi_3(k)=0.548$$

⑤计算权重。根据 $W_i=\dfrac{\gamma_i}{\sum_{i=1}^{m}\gamma_i}$ 得,$W_1=\dfrac{0.624}{1.974}=0.316$,$W_2=\dfrac{0.802}{1.974}=0.406$,$W_3=\dfrac{0.548}{1.974}=0277$。

表 9-10　关联系数序列的关联度及权重

项目	1	2	3	4	5	6	7	8	关联度 r_i	权重 W_i
$\xi_1(k)$	1.00	0.500	0.400	0.688	0.445	0.840	0.702	0.422	0.624	0.316
$\xi_2(k)$	1.00	0.631	0.763	0.390	0.972	0.744	0.948	0.969	0.802	0.406
$\xi_3(k)$	1.00	0.481	0.599	0.793	0.393	0.427	0.360	0.333	0.548	0.277
								Σ	1.974	1.000

灰色关联度分析法对样本数量无特别要求，且数学处理难度较小。由于各地在土壤普查的基础上收集土种和自然地块的数据比较容易，因此外业调查工作量比较少。然而，这种方法只是灰色系统理论在土地评价中的尝试，还有待进一步改进。

6. 主成分分析法

主成分分析法是一种多元统计分析方法，它通过正交变换，使评价因子的原始变量简化，生成新的线性组合变量，这些组合变量对其他变量起支配作用，比原始变量更能集中和典型地反映研究对象的特征，减少了评价因子数目，便于综合分析。缺点是很多时候人们无法知道主成分究竟代表什么因素的信息。下面举例介绍主成分分析法。

如果有 n 个评价单元，每个单元有 m 个因子，如表 9-11 所示，其中 x_{ij} 表示第 i 个单元的第 j 个指标。在土地适宜性评价中，通过因子筛选后选择的指标及各指标值见表 9-12。

表 9-11　评价指标及其向量表示

单元	指标		
	y_1　y_2　…　y_m	向量表示	平均值
x_1	x_{11}　x_{12}　…　x_{1m}	$\boldsymbol{X}_1$	$\overline{x}_1$
x_2	x_{21}　x_{22}　…　x_{2m}	$\boldsymbol{X}_2$	$\overline{x}_2$
⋮	⋮　⋮　⋮	⋮	⋮
x_n	x_{n1}　x_{n2}　…　x_{nm}	$\boldsymbol{X}_n$	$\overline{x}_n$
向量表示	$\boldsymbol{Y}_1$　$\boldsymbol{Y}_2$　…　$\boldsymbol{Y}_m$		
平均值	$\overline{y}_1$　$\overline{y}_2$　…　$\overline{y}_m$		

表 9-12　评价指标及指标值

单元	黏粒含量 /%	人口密度 /(人·km^{-2})	土壤含盐量 /%	土壤有机质 /%	热量条件 /℃	水分条件 /($E \cdot P^{-1}$)
1	13.25	626.08	1.0	0.36～0.52	4 690	0.71
2	22.25	588.00	1.0	0.50	4 700	0.72
3	14.75	588.00	2.0	0.37～0.45	4 715	0.72
4	15.00	588.00	1.0	0.50～0.68	4 725	0.72
5	31.00	588.00	1.5	0.53～0.62	4 725	0.73
6	42.50	854.50	1.5	0.60	4 725	0.73
7	25.00	761.50	2.0	0.40	4 725	0.73

续表 9-12

单元	黏粒含量/%	人口密度/(人·km^{-2})	土壤含盐量/%	土壤有机质/%	热量条件/℃	水分条件/($E\cdot P^{-1}$)
8	35.75	730.00	1.5	0.64～0.69	4 750	0.74
9	28.50	730.00	1.5	0.62～0.76	4 775	0.75
平均值($\overline{x}$)	25.33	672.68	1.44	0.54	4 725.56	0.73
标准差($\overline{S}$)	10.12	98.98	0.39	0.11	25.16	0.01

为了确定各单元之间的关系，通常用相似系数 R 和距离系数 d 来表示其接近程度，相似系数 R 越接近 1，单元越接近；距离系数 d 越小，单元越接近。在具体计算上述 2 项系数之前需用 $(x_{ij}-\overline{x}_i)/s_j$，$j=1,2,\cdots,9$，进行标准化处理。经标准化处理之后的数值均值为零，其标准差为 1，且与变量的量纲无关。然后再按下列公式分别计算相似系数和距离系数。

相似系数通常采用两向量间夹角的余弦公式来表示，即：

$$\cos\alpha_{ij}=\frac{\sum_{k=1}^{m}x_{ik}\cdot x_{jk}}{\sqrt{\sum_{k=1}^{m}x_{ik}^{2}}\cdot\sqrt{\sum_{k=1}^{m}x_{jk}^{2}}} \tag{9.14}$$

距离系数常用欧氏距离系数计算公式，即：

$$d_{ij}=\sqrt{\sum_{k=1}^{m}(x_{ik}-x_{jk})^{2}} \tag{9.15}$$

根据上述欧氏距离系数公式，计算出各单元之间的距离系数，则得下列距离系数矩阵：

	1	2	3	4	5	6	7	8	9
1	0	1.53	2.97	2.23	3.52	4.84	3.92	5.03	4.64
2		0	2.86	1.47	2.66	3.97	3.55	3.85	4.96
3			0	3.07	2.79	4.55	2.30	4.22	5.17
4				0	2.28	4.16	3.76	3.17	4.37
5					0	2.27	2.79	2.12	3.33
6						0	3.71	2.02	3.43
7							0	2.98	4.09
8								0	2.85
9									0

为了计算权重，需要先计算相关矩阵的特征值及特征向量。通过正交变换将相关矩阵化为对角矩阵，而对角矩阵中的对角元素即为所要求的特征值。其按大小排列，分别称为第一，第二，……特征值。此后可由特征值再求得相应的特征向量。上例中的特征值分别为 3.67、1.30、0.80、0.24、0.06、0.02，特征值累计百分率为 66.10%、81.69%、94.95%、99.01%、99.98%、100%。选取≥1 的特征值为主要特征值，即主成分。一般情况下，能反映数据信息量 80%以上的特征值即可选为主成分。这样可使指标由原来的 6 个简化为 2 个，克服了原始变量之间的相互重叠，找到起主导作用的成分，还能合理地确定各指标的权系数(主成分载

荷)。主成分载荷为特征值的方根与其对应特征向量的乘积。载荷为计算各单元主成分得分的线性方程系数,也可视作各指标对主成分得分的权系数。

7. 层次分析法

层次分析法是一种多层次权重分析决策方法,是基于系统论中的一个重要原理——系统的层次性而建立的。其特点是具有高度的逻辑性、系统性、简洁性和实用性,目前已广泛运用于社会经济系统的决策分析。

层次分析法的基本原理是把复杂的研究问题看作一个系统,通过分析系统的多个影响因素,划分出各因素间相互联系的有序层次;再请专家对每一层次的各因素进行客观的判断后相应地给出相对重要性的定量表示,进而建立数学模型,计算出每一层次全部因素的相对重要性的权重值,并加以排序,最后根据排序结果进行规划决策和选择解决问题的措施。目前该方法已广泛应用于土地评价中。

(1)原理

假设对某一决策目标 μ,其影响因素有 $P_i(i=1,2,\cdots,n)$,共 n 个,且 P_i 的重要性权重分别为 $w_i(i=1,2,\cdots,n)$,其中:

$$w_i > 0,\quad \sum_{i}^{n} w_i = 1 \tag{9.16}$$

即:

$$\mu = w_1P_1 + w_2P_2 + \cdots + w_nP_n = \sum_{i=1}^{n} w_iP_i \tag{9.17}$$

由于因素 P_i 对目标 μ 的影响程度,即重要性权重 w_i 不同,因此,将 w_i 两两比较可得到 P_i 个因素对目标 μ 重要性权重比(即相对重要性)构成的判断矩阵 $\mathbf{A}$,即:

$$\mathbf{A} = \begin{bmatrix} w_1/w_1 & w_1/w_2 & \cdots & w_1/w_n \\ w_2/w_1 & w_2/w_2 & \cdots & w_2/w_n \\ \vdots & \vdots & \vdots & \vdots \\ w_n/w_1 & w_n/w_2 & \cdots & w_n/w_n \end{bmatrix} = (a_{ij})_{n\times n} \tag{9.18}$$

判断矩阵 $\mathbf{A}$ 满足以下性质:

①$a_{ii}=1, i=1,2,\cdots,n$;

②$a_{ij}=1/a_{ji}, i,j=1,2,\cdots,n$;

③$a_{ij}=a_{ik}/a_{jk}, i,j,k=1,2,\cdots,n$;

其中③称为 $\mathbf{A}$ 的完全一致性条件。且满足下式:

$$\mathbf{AW} = \begin{bmatrix} w_1/w_1 & w_1/w_2 & \cdots & w_1/w_n \\ w_2/w_1 & w_2/w_2 & \cdots & w_2/w_n \\ \vdots & \vdots & \vdots & \vdots \\ w_n/w_1 & w_n/w_2 & \cdots & w_n/w_n \end{bmatrix} \begin{bmatrix} w_1 \\ w_2 \\ \vdots \\ w_n \end{bmatrix} = n \begin{bmatrix} w_1 \\ w_2 \\ \vdots \\ w_n \end{bmatrix} = n\mathbf{W} \tag{9.19}$$

式中:n 为 $\mathbf{A}$ 的一个特征根,$\mathbf{W}=(w_1,w_2,\cdots,w_n)^{\mathrm{T}}$ 称为 $\mathbf{A}$ 对应于 n 的特征向量。目标 μ

的 P_i 个因素的重要性权重可通过解特征值问题求得，即由 $\boldsymbol{AW}=\lambda_{\max}\cdot\boldsymbol{W}$ 求出正规化特征向量而得到。

(2)方法步骤

①明确问题并构建层次分析图。应用层次分析法要先从众多复杂的因素中筛选最重要的关键性评价指标，并根据它们之间的制约关系构成多层次指标体系，按层次划分做出层次分析图。通常可划分为下面几类层次（图 9-3）。

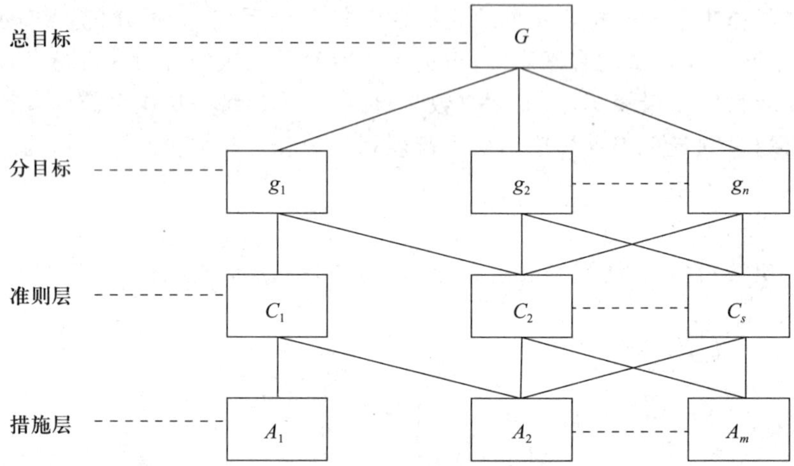

图 9-3　多层次结构图

a. 最高层：表示解决问题的目标，也称目标层。

b. 中间层：表示采取某种措施和政策实现预定目标所涉及的中间环节，一般又分为策略层、约束层、准则层等。

c. 最低层：表示解决问题的措施和政策，也称为指标层、措施层。

②构建判断矩阵。构建判断矩阵是层次分析法的关键步骤，假定 A 层中因素 A_k 与下层次 P 中因素 $P_1,P_2,\cdots,P_n$ 有联系，则将 P 中元素两两比较，可构成如下判断矩阵：

$$\begin{array}{c|c} A_k & P_1 P_2 \cdots P_n \\ \hline \begin{matrix} P_1 \\ P_2 \\ \vdots \\ P_n \end{matrix} & \begin{bmatrix} P_{11} P_{12} \cdots P_{1n} \\ P_{21} P_{22} \cdots P_{2n} \\ \\ P_{n1} P_{n2} \cdots P_{nn} \end{bmatrix} = (P_{ij})_{n\times n} \end{array} \tag{9.20}$$

其中：$P_{ij}=w_i/w_j$，表示对 A_k 而言，第 i 个元素（因素）与第 j 个元素（因素）的相对重要程度。P_{ij} 的取值方法如下：当第 i 个元素与第 j 个元素一样重要时，$P_{ij}=1$；稍微重要为 3；明显重要为 5；很重要为 7；极为重要为 9。反之，$P_{ij}=1/P_{ji}$，分别为稍微次要为 1/3；明显次要为 1/5；次要为 1/7；极次要为 1/9。还可以取中间过渡值，如 2，4，6，8 或 1/2，1/4，1/6，1/8。

③邀请专家填写判断矩阵。需请多个专家参加填写判断矩阵，一般填写要求如下。

a. 专家各自填表，禁止面对面讨论。这一方面是为了避免因专家级别一样，意见可能相持不下；另一方面为了避免专家中有权威，其他专家会服从权威的现象。

b. 专家只填写矩阵对角线上半部分或下半部分即可，因判断矩阵满足 $P_{ii}=1,P_{ij}=1/P_{ji}$

是正的反商矩阵。

c. 专家在填表前应先对影响目标 μ 的各因素重要性进行简单的排序，然后再进行评判。否则可能出现以下错误，使得一致性检验时误差太大而无法通过。

错误 i：判断矛盾。若在填写矩阵时认为 A 因素比 B 因素重要，B 因素比 C 因素重要，而 C 因素又比 A 因素重要，显然是矛盾的。如下列矩阵的第一行表示因素 2 与因素 1 一样重要而比因素 3 重要，第二行填写却认为因素 3 比因素 2 重要，这显然是矛盾的。

	1	2	3	4
1	1	1	5	9
2		1	1/3	3
3			1	1/3
4				1

错误 ii：重要性权重在填写上出入太大。在上面同一矩阵中，第一行表示因素 1 较之因素 4 极端重要，而在第二行中虽然认为因素 2 比因素 4 重要，但是重要性权重比大大降低，这种判断也是不合适的。

④层次单排序。层次单排序实际是求单目标判断矩阵的权重，即根据专家填写的判断矩阵计算对于上一层某元素而言，本层次与其有关的元素的重要性次序的权重。

如前所述，判断矩阵的权重可通过求解特征值问题 $\boldsymbol{PW}=\lambda_{\max}\cdot\boldsymbol{w}$ 求出正规化特征向量而得到，式中 $\lambda_{\max}$ 为 $\boldsymbol{P}$ 的唯一最大特征值。$\boldsymbol{w}$ 为对应 $\lambda_{\max}$ 的正规化特征向量，$\boldsymbol{w}$ 的分量 w_i 即是相应元素单排序的权重。

特征值与特征向量的计算方法有近似计算法和精确计算法两类。近似计算法又分为几何平均法和算术平均法两类。以算术平均法（也称和积法）为例，计算过程包含以下步骤：

a. 将 $\boldsymbol{P}$ 矩阵的每一列正规化。

$$令\widetilde{P}_{ij}=P_{ij}/\sum_{i=1}^{n}P_{ij}\,(i,j=1,2,\cdots,n) \tag{9.21}$$

b. 按行加和。

$$\widetilde{w}_i=\sum_{j=1}^{n}\widetilde{P}_{ij}\,(i,j=1,2,\cdots,n) \tag{9.22}$$

c. 加和后的$\widetilde{w}_i$ 再正规化，得特征向量 w_i。

$$w_i=\widetilde{w}_i/\sum_{i=1}^{n}\widetilde{w}_i\,(i=1,2,\cdots,n) \tag{9.23}$$

d. 计算 $\boldsymbol{P}$ 的 $\lambda_{\max}$。

$$\lambda_{\max}=\sum_{i=1}^{n}\frac{\sum_{j=1}^{n}P_{ij}\cdot w_j}{n\cdot w_i} \tag{9.24}$$

⑤一致性检验。从理论上讲，判断矩阵满足完全一致性条件 $P_{ik}=P_{ij}\cdot P_{jk}$，此时 $\lambda_{\max}=n$。实际上，由于人们认识上的多样性，一般来说专家填写的判断矩阵不可能满足完全一致性条件，此时 $\lambda_{\max}>n$。为了检验一致性，需要计算判断矩阵的一致性指标 CI。定义 $\mathrm{CI}=\lambda_{\max}-n/n-1$，

显然当判断矩阵满足完全一致性时，CI=0。λ_{max}越大，则$\lambda_{max}-n$越大，从而CI就越大，矩阵的一致性越差。将CI与平均随机一致性指标RI去进行比较，其比值称为判断矩阵的一致性比例，记作CR=CI/RI。当CR<0.1时，则认为判断矩阵具有满意的一致性，否则需要让专家重新填写。

对于1～10阶矩阵的RI值见表9-13。

表9-13　1～10阶矩阵的RI值

矩阵阶数(n)	1	2	3	4	5	6	7	8	9	10
RI	0.00	0.00	0.58	0.90	1.12	1.24	1.32	1.41	1.45	1.49

⑥层次总排序和一致性检验。所谓层次总排序就是利用层次单排序结果计算各层次的组合权重值。对于最高层下面的第二层，其层次单排序即为总排序。

假定已知层次A所有因素$A_1, A_2, \cdots, A_m$的组合权重值(总排序结果)分别为$a_1, a_2, \cdots, a_m$；与a_j对应的下层次B中的因素$B_1, B_2, \cdots, B_n$单排序的结果为$b_{1j}, b_{2j}, \cdots, b_{nj}$，$j=1,2,\cdots,m$，这里若$B_i$与$A_j$无关，则$b_{ij}=0$，可按表9-14计算层次$B$中各因素针对层次$A$而言的组合权重值。

表9-14　层次总排序计算表

层次 B	A_1	A_2	…	A_m	B层次组合权重(总排序)
	a_1	a_2	…	a_m	
B_1	b_{11}	b_{12}	…	b_{1m}	$\sum_{j=1}^{m} a_j \cdot b_{1j}$
B_2	b_{21}	b_{22}	…	b_{2m}	$\sum_{j=1}^{m} a_j \cdot b_{2j}$
⋮	⋮	⋮	⋮	⋮	⋮
B_n	b_{n1}	b_{n2}	…	b_{nm}	$\sum_{j=1}^{m} a_j \cdot b_{nj}$

显然$\sum_{i=1}^{n}\sum_{j=1}^{n} a_j \cdot b_{ij} = 1$，即层次总排序仍然是归一化正规向量。层次总排序是从上而下逐层进行的。其结果仍需进行总的一致性检验。当$\mathrm{CR}=\dfrac{\mathrm{CI}}{\mathrm{RI}}=\dfrac{\sum_{j=1}^{m} a_j \cdot \mathrm{CI}_j}{\sum_{j=1}^{m} a_j \cdot \mathrm{RI}_j}<0.01$时，认为层次总排序的计算结果可以接受，式中$\mathrm{CI}_j$、$\mathrm{RI}_j$分别为与$a_j$对应的$B$层中判断矩阵的一致性指标和随机一致性指标。

(3)应用实例

下面是在进行土地适宜性评价时采用层次分析法确定各评价因素的权重的例子，步骤如下。

①建立层次结构。将土地适宜性作为目标层(G层)，把影响土地适宜性等级的土壤条件、生产水平条件、气候与地貌条件作为准则层(C层)，再把影响准则层中各元素的因素作为指标

层(或措施层、A 层),其结构关系见图 9-4。

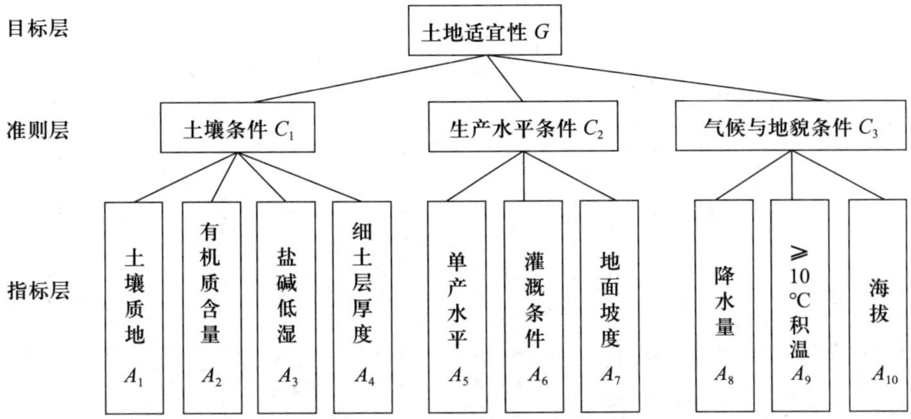

图 9-4　土地评价层次结构图

②构造判断矩阵。对于目标层 G 而言,在准则层 C 中,由有关专家和有实践经验的技术人员分别对土壤条件、生产水平条件和气候与地貌条件的重要性做出判断,得到判断矩阵如下:

G	C_1	C_2	C_3
C_1	1	1	3
C_2	1	1	3
C_3	1/3	1/3	1

同理,得出指标层 A 对于准则层 C 的判断矩阵如下:

C_1	A_1	A_2	A_3	A_4
A_1	1	1	2	3
A_2	1	1	2	3
A_3	1/2	1/2	1	1.5
A_4	1/3	1/3	2/3	1

C_2	A_5	A_6	A_7
A_5	1	3	5
A_6	1/3	1	2
A_7	1/5	1/2	1

C_3	A_8	A_9	A_{10}
A_8	1	4	7
A_9	1/4	1	4
A_{10}	1/7	1/4	1

③层次单排序及一致性检验。求判断矩阵的最大特征根及其对应的特征向量。现以算术平均法(和积法)说明判断矩阵的最大特征根和特征向量的求算过程。

B=

G	C_1	C_2	C_3
C_1	1	1	3
C_2	1	1	3
C_3	1/3	1/3	1

a. 将 B 中各元素按列作归一化处理，从而得另一矩阵 $\boldsymbol{Q}$。

$$\boldsymbol{Q}=\begin{bmatrix}3/7 & 3/7 & 3/7\\3/7 & 3/7 & 3/7\\1/7 & 1/7 & 1/7\end{bmatrix}$$

例如：$\tilde{P}_{ij}=P_{ij}/\sum_{i=1}^{n}P_{ij}$，$\tilde{P}_{11}=\frac{1}{1+1+1/3}=\frac{3}{7}$，$\tilde{P}_{21}=\frac{1}{1+1+1/3}=\frac{3}{7}$，$\tilde{P}_{31}=\frac{1/3}{1+1+1/3}=\frac{1}{7}$。

b. 将 $\boldsymbol{Q}$ 中各行元素分别相加得$\tilde{w}_j=(9/7,9/7,3/7)^{\mathrm{T}}$。

例如：$\tilde{w}_i=\sum_{j=1}^{n}\tilde{P}_{ij}$，则$\tilde{w}_1=\frac{3}{7}+\frac{3}{7}+\frac{3}{7}=\frac{9}{7}$；同理：$\tilde{w}_2=\frac{9}{7}$，$\tilde{w}_3=\frac{3}{7}$。

c. 将加和后的$\tilde{w}_i$ 再正规化（归一化），得 $\boldsymbol{w}=(9/21,9/21,3/21)^{\mathrm{T}}=(0.429,0.429,0.143)^{\mathrm{T}}$，即为所求的特征向量。

例如：$w_i=\tilde{w}_i/\sum_{i=1}^{n}\tilde{w}_i$，则 $w_1=\frac{9/7}{9/7+9/7+3/7}=\frac{9}{21}=0.429$。

同理：$w_2=\frac{9}{21}=0.429$，$w_3=\frac{3}{21}=0.143$。

d. 求 $\lambda_{\max}$：

$$B_a=\begin{bmatrix}1 & 1 & 3\\1 & 1 & 3\\1/3 & 1/3 & 1\end{bmatrix}\begin{bmatrix}9/21\\9/21\\3/21\end{bmatrix}=\begin{bmatrix}27/21\\27/21\\9/21\end{bmatrix}$$

$$\lambda_{\max}=\frac{1}{3}\left(\frac{27/21}{9/21}+\frac{27/21}{9/21}+\frac{9/21}{3/21}\right)=3$$

e. 一致性检验：

$$\mathrm{CI}=\frac{\lambda_{\max}-n}{n-1}=0$$

CR<0.1，具有满意的一致性。

同样可求出其余判断矩阵的最大特征根和特征向量。

对于 C_1：

C_1	A_1	A_2	A_3	A_4
A_1	1	1	2	3
A_2	1	1	2	3
A_3	1/2	1/2	1	1.5
A_4	1/3	1/3	1/1.5	1

$\boldsymbol{w}=(0.353,0.353,0.176,0.117)^{\mathrm{T}}$，$\lambda_{\max}=4$，CI=0，RI=0.9，CR=0<0.1。

对于 C_2：

C_2	A_5	A_6	A_7
A_5	1	3	5
A_6	1/3	1	2
A_7	1/5	1/2	1

$\boldsymbol{w}=(0.648,0.230,0.122)^{\mathrm{T}}$，$\lambda_{\max}=3.005$，$\mathrm{CI}=0.0025$，$\mathrm{RI}=0.58$，$\mathrm{CR}=0.004<0.10$。

对于 C_3：

C_3	A_8	A_9	A_{10}
A_8	1	4	7
A_9	1/4	1	4
A_{10}	1/7	1/4	1

$\boldsymbol{w}=(0.695,0.229,0.075)^{\mathrm{T}}$，$\lambda_{\max}=3.079$，$\mathrm{CI}=0.0395$，$\mathrm{RI}=0.58$，$\mathrm{CR}=0.068<0.10$。

④层次总排序及一致性检验(指标层对于目标层的组合权重)。总排序结果见表 9-15。

表 9-15　层次总排序结果

层次 A	C_1	C_2	C_3	组合权重	总排序
	0.429	0.429	0.143		
A_1	0.353	0	0	0.151	②
A_2	0.353	0	0	0.151	②
A_3	0.176	0	0	0.075	④
A_4	0.117	0	0	0.050	⑥
A_5	0	0.648	0	0.278	①
A_6	0	0.230	0	0.099	③
A_7	0	0.122	0	0.052	⑤
A_8	0	0	0.695	0.099	③
A_9	0	0	0.229	0.033	⑦
A_{10}	0	0	0.075	0.011	⑧

$$\mathrm{CI}=\sum_{j=1}^{3}w_j\mathrm{CI}_j=\frac{9}{21}\times 0+\frac{9}{21}\times 0.0025+\frac{3}{21}\times 0.0395=0.0067$$

$$\mathrm{RI}=\sum_{j=1}^{3}w_j\mathrm{RI}_j=\frac{9}{21}\times 0.9+\frac{9}{21}\times 0.58+\frac{3}{21}\times 0.58=0.718$$

$$\mathrm{CR}=\frac{\mathrm{CI}}{\mathrm{RI}}=0.0093<0.10$$

由此求得权重(或排序)，可见参评因素中对于土地适宜性影响最大的因子是单产水平(A_5)，其次为土壤质地(A_1)和土壤有机质(A_2)，然后依次为灌溉条件(A_6)、盐碱低湿(A_3)、地面坡度(A_3)、细土层厚度(A_4)、≥10 ℃积温(A_9)、海拔(A_{10})。这种层次排序的结果具有满意的一致性。

8. 相对权重法

上述几种计算权重的方法都是假设在评价地区的每一个评价单元中某个评价因子具有衡值。其实，在某一个评价单元中某个评价因子的权重不仅由它自身的值决定，同时也与其他评价因子的值有关系。比如，土壤排水条件中等的情况下，如果其他评价因子的土地质量等级皆较高，那么在这个评价单元中影响土地适宜性的主要限制性因素就是土壤排水条件，它的权重理应较大；如果其他评价因子中有一些土地质量等级较低，那么在这个评价单元中土壤排水条件就不再是主要的限制性因素，因此其权重理应较小。将这种在不同的评价单元中由于某个评价因子的值与其他评价因子的值的相对性所决定的该评价因子的权重称为相对权重。相对权重法要求先对各因子作标准化处理，使因子间具有可比性。标准化处理常用的方法如下。

①根据单因子的适宜性评价(或土地质量评价)采用一定的标准对所有的元素进行分级或打分。

②建立单因子的隶属函数(关于隶属函数的概念在本节下一部分将介绍)，然后再根据隶属函数求算各因子的隶属度，即得标准化值。因子标准化处理之后可以采用下面公式计算各个因子的相对权重。

$$W_{ij}=\begin{cases}\dfrac{(1-U_{ij})^2}{S},0.2<[U_{im}=\min(U_{ij})]<1.0\\1-U_{im},U_{im}\leqslant 0.2,j=m\\\dfrac{(1-U_{ij})^2}{S}\times U_{im},U_{im}\leqslant 0.2,j\neq m\end{cases}\tag{9.25}$$

式中：$i=1,2,\cdots,k$(k 为评价单元数)；$j=1,2,\cdots,n$(n 为因子个数)；W_{ij} 为第 i 个评价单元中第 j 个因子的相对权重；U_{ij} 或 U_{im} 为第 i 个评价单元中第 j 或第 m 个因子的标准值；$S=\sum_{j=1}^{n}(1-U_{ij})^2$。

对公式的说明：

a. 先判断是否存在明显的限制因子。找出评价单元中标准值最小的因子，即 $U_{im}=\min(U_{ij})$。若 $U_{im}>0.2$，则认为此评价单元没有明显的限制因子；若 $U_{im}\leqslant 0.2$，则认为此评价单元存在明显的限制因子，即第 m 个因子(此时 $j=m$)。

b. 如果不存在明显的限制因子，则此评价单元中某个因子的相对权重是由其限制性($1-U_{ij}$)及其他因子的限制性共同决定式的，即 $W_{ij}=\dfrac{(1-U_{ij})^2}{S}$，其中，$(1-U_{ij})^2$ 表示第 i 个评价单元中第 j 个因子的限制性的平方，而 $S=\sum_{j=1}^{n}(1-U_{ij})^2$ 则表示第 i 评价单元所有因子的限制性平方和。公式中的平方是一反馈器，它可以使得限制性大的因子的相对权重更大，而限制性小的因子的权重更小，这样能使计算结果与实际情况能更好地吻合。

c. 如果存在明显的限制因子即 $U_{im}\leqslant 0.2$，则限制因子的相对权重较大，由其限制性($1-U_{im}$)决定，即 $W_{ij}=(1-U_{im})$，此时 $j=m$。而其他因子的相对权重之和为 U_{im}，即采用上面②的思想，求除了 $j=m$ 的其他 $n-1$ 个因子的相对权重为 $W_{ij}=\dfrac{(1-U_{ij})^2}{S}\times U_{im}$，其中 $j\neq m$。

(二)综合指数的确定

在进行了因子筛选和因子权重的计算之后，对影响土地适宜性的多种因素(主要是评价因子)有了比较清楚的了解，在此基础上采用一定的方法，综合分析所有的评价因子对土地适宜性的影响程度，即根据评价因子求算不同评价单元的土地适宜性综合指数，下面将介绍一些综合指数的确定方法。

1. 等权条件下的指数计算法

所谓指数计算法，是指将评价因子根据其土地质量的评级分别打分（分数可以在0～1或0～100），将各评价因子的分数依据一定的运算方法求出综合性的分数，然后可根据评级标准转化为一定的土地适宜性等级。

①加法：

$$S=\sum_{i=1}^{n}A_i \tag{9.26}$$

②乘法：

$$S=\sqrt[n]{\prod_{i=1}^{n}A_i} \tag{9.27}$$

式中：S 为评价单元的总分数；A_i 为第 i 个因子的分数；n 为评价因子的个数。

加法和乘法是指数计算的两种基本方法。加法假设各个评价因子之间是相互独立的，而且它们是分别对土地适宜性起作用的，这些作用可以累加；乘法假设评价因子都是相互作用的，某个评价因子对土地适宜性的影响受其他因子的制约。显然，这两种方法都有一定的缺陷，因为评价因子有一些可能是相互独立的，而有一些又可能是相互影响的。鉴于此，可以根据实际情况采用加与乘混合法，其计算公式没有固定的形式，一般是相互影响的评价因子采用乘法，然后与相互独立的评价因子一起采用加法。

有时，在上面所介绍的公式中也可能出现减法和除法的形式，当评价因子对土地适宜性表现为负效应时采用这两种形式。一般认为减法是一种特殊的加法，如 $A-B$ 相当于 $A+(-B)$；除法是一种特殊的乘法，如 $A\div B$ 相当于 $A\times 1/B$。

2. 加权指数计算法

加权指数计算法与等权条件下的指数计算法相似，只是在获得各个评价单元土地质量评价各因子的分数（P_{ij}）之后还要根据该评价因子的相应权重（W_i）对这一分数进行修正（W_iP_{ij}），然后再进行加法、乘法等运算，求出土地适宜性综合指数，以此确定土地适宜性等级。如加法，则某评价单元的综合加权指数 $S_j=\sum_{i=1}^{n}W_i\cdot P_{ij}$，其中 $i=1,2,\cdots,n$，表示评价因子序列；$j=1,2,\cdots,m$，表示评价单元序列。表9-16是加权指数计算法的一个例子。

表 9-16　加权指数法计算土地适宜性综合指数

评价因子	因子权重	地块各因子得分			地块各因子权重修正得分		
		Ⅰ	Ⅱ	Ⅲ	Ⅰ	Ⅱ	Ⅲ
水利条件	W_1	P_{11}	P_{12}	P_{13}	W_1P_{11}	W_1P_{12}	W_1P_{13}
肥力条件	W_2	P_{21}	P_{22}	P_{23}	W_2P_{21}	W_2P_{22}	W_2P_{23}
机耕条件	W_3	P_{31}	P_{32}	P_{33}	W_3P_{31}	W_3P_{32}	W_3P_{33}
地块总分（综合指数 S_j）					$\sum_{i=1}^{3}W_i\cdot P_{i1}$	$\sum_{i=1}^{3}W_i\cdot P_{i2}$	$\sum_{i=1}^{3}W_i\cdot P_{i3}$

三、模糊综合评判法

土地的自然适宜性等级是由土地的各种因素综合决定的，不仅每一种因素对适宜性的影响是复杂的，而且因素之间是相互联系又相互制约的。这些制约因子的作用难以用精确的数字表达。土地适宜性高低之间也难以划分一个清晰的界限，这种界限具有一定的模糊性。模糊数学的产生刚好为解决这一问题提供了理论依据，模糊综合评判法已广泛应用于土地适宜性评价并取得了良好的效果。下面具体介绍模糊综合评判法在土地适宜性评价中的应用，这种方法是一种特殊的因子分析法。

（一）方法原理

传统的精确数学建立在集合论的基础上，集合论认为：论域 $X=\{x\}$ 中任意指定一个元素 x 及任意一个集合 A，那么 x 要么属于 A，要么不属于 A，二者必居且仅居其一，如果用特征函数表示，即为：

$$\mu_A(x)=\begin{cases}0,\ \text{当 } x \text{ 不属于 } A\\ 1,\ \text{当 } x \text{ 属于 } A\end{cases} \tag{9.28}$$

模糊数学是研究和处理模糊体系规律性的理论和方法，它打破了传统的集合论观点，把普通集合论只取 0 和 1 两个值的特征函数推广到[0,1]区间上取值的隶属函数，把绝对的属于或不属于的“非此即彼”扩张为更加灵活的渐变关系——“亦此亦彼”的模糊概念用数学方法来处理。模糊数学认为 x 可以在一定程度上属于 A，同时也在一定程度上不属于 A，即所谓的模糊集合。设论域 $X=\{x\}$ 上的模糊集 A 由隶属函数 $\mu_A(x)$ 来表征，其中 $\mu_A(x)$ 在实轴的闭区间[0,1]中取值，$\mu_A(x)$ 的大小反映 x 对于模糊集合 A 的隶属程度，即论域 $X=\{x\}$ 上的模糊集合 A 是指 x 中的具有某种性质的元素整体，这些元素具有某个不分明的界线，x 对 A 的隶属函数可以用下式表示：

$$\mu A(x)\in[0,1] \tag{9.29}$$

由隶属函数得到的 0～1 之间的数值称为该事物的隶属度。

在前面所讲的单因素的适宜性评价中，一般根据单因素的数值采用一定的分级标准进行分级，如土壤有效厚度≥80 cm 为第一级，＜80 cm 为第二级，即 79 cm 属于第二级，而实际上土壤有效厚度 79～80 cm 对土地的适宜性相差没有那么明显，从第一级到第二级应有一过渡阶段。如果将土壤有效厚度 80 cm 定义为第一级（假设其值为 1），那么有效厚度 79 cm 非常接近 80 cm，其值也应非常接近 1（如 0.98），这种接近某一级的程度称为隶属度，它可以取[0,1]上的值，值越接近 1，隶属于某一级的程度越大。每给 1 个元素一定的数值就对应 1 个隶属度，把这种对应关系称为隶属函数。

模糊数学的思路与土地适宜性评价十分接近，所以可用模糊数学的方法进行土地适宜性评价。

（二）方法步骤

1. 隶属函数的确定

隶属函数的确定对土地适宜性评价具有重要作用，可以通过统计、专家评分、经验公式等方法确定，也可以通过对数据特征的分析来选用某一数学函数的形式作为隶属函数。下面是一些例子，供选择参考。

(1)偏小型(或下降型)(图 9-5)

适用于评价因子分级有确定的下限值,下限以上的值越大,土地适宜性越差,如地表坡度、土壤含盐量等评价因子。

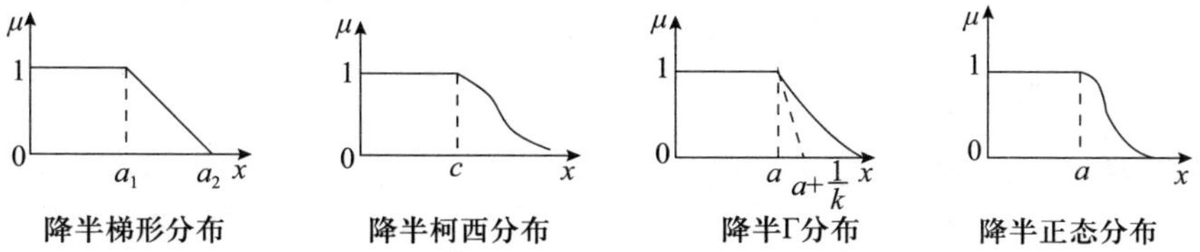

图 9-5　偏小型隶属函数分布示意图

①降半梯形分布:

$$\underset{\sim}{\mu_A}(x)=\begin{cases}1, & x\leqslant a_1\\ \dfrac{a_2-x}{a_2-a_1}, & a_1<x\leqslant a_2\\ 0, & a_2<x\end{cases} \tag{9.30}$$

②降半柯西分布:

$$\underset{\sim}{\mu_A}(x)=\begin{cases}1, & x\leqslant c\\ \dfrac{1}{1+a(x-c)^b}, & x>c\end{cases}\quad (a,b>0) \tag{9.31}$$

③降半 Γ 分布:

$$\underset{\sim}{\mu_A}(x)=\begin{cases}1, & x\leqslant a\\ e^{-k(x-a)}, & x>a\end{cases}\quad (k>0) \tag{9.32}$$

④降半正态分布:

$$\underset{\sim}{\mu_A}(x)=\begin{cases}1, & x\leqslant a\\ e^{-k(x-a)^2}, & x>a\end{cases}\quad (k>0) \tag{9.33}$$

(2)偏大型(或上升型)(图 9-6)

适用于评价因子分级有确定的上限值,上限以下的值越小,土地适宜性越差,如有效土层厚度、土壤养分含量等评价因子。

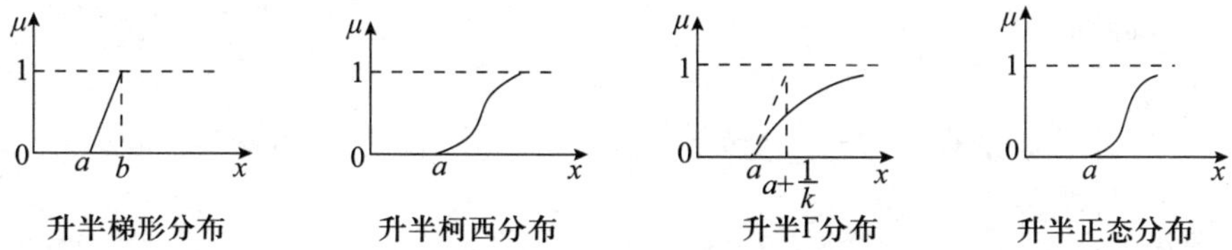

图 9-6　偏大型隶属函数分布示意图

①升半梯形分布：

$$\underset{\sim}{\mu_A}(x)=\begin{cases}0, & x\leqslant a\\ \dfrac{x-a}{b-a}, & a<x\leqslant b\\ 1, & b<x\end{cases} \tag{9.34}$$

②升半柯西分布：

$$\underset{\sim}{\mu_A}(x)=\begin{cases}0, & x\leqslant a\\ \dfrac{1}{1+\alpha(x-a)^{-\beta}}, & x>a,\alpha>0,\beta>0\end{cases} \tag{9.35}$$

③升半 Γ 分布：

$$\underset{\sim}{\mu_A}(x)=\begin{cases}0, & x\leqslant a\\ 1-e^{-k(x-a)}, & x>a\end{cases}\quad (k>0) \tag{9.36}$$

④升半正态分布：

$$\underset{\sim}{\mu_A}(x)=\begin{cases}0, & x\leqslant a\\ 1-e^{-k(x-a)^2}, & x>a\end{cases}\quad (k>0) \tag{9.37}$$

(3)中间型(图 9-7)

适用于评价因子分级有确定的中值，中值两边的值越小或越大，土地适宜性越差，如土壤pH 值、土壤质地等评价因子。

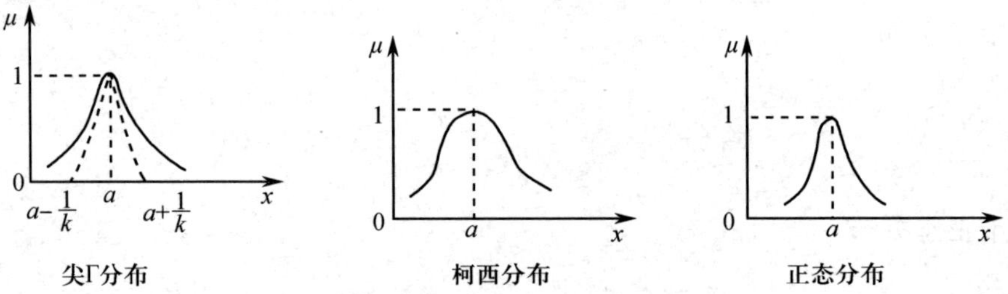

图 9-7　中间型隶属函数分布示意图

①尖 Γ 分布：

$$\underset{\sim}{\mu_A}(x)=\begin{cases}e^{k(x-a)}, & x\leqslant a\\ e^{-k(x-a)}, & x>a\end{cases}\quad (k>0) \tag{9.38}$$

②柯西分布：

$$\underset{\sim}{\mu_A}(x)=\frac{1}{1+\alpha(x-a)^{\beta}}\quad (\alpha>0,\beta\text{为正偶数}) \tag{9.39}$$

③正态分布：

$$\underset{\sim}{\mu_A}(x)=e^{-k(x-a)^2}\quad (k>0) \tag{9.40}$$

2. 建立模糊矩阵

假设有 n 个评价因素 $\{u_1, u_2, \cdots, u_n\}$，$m$ 个评价单元，每一个因素 u_i 都有一个隶属度 $\underset{\sim}{R}_i = \{r_{11}, r_{12}, \cdots, r_{im}\}$，于是对于 n 个因素就有：

$$\underset{\sim}{R}_i = \begin{bmatrix} r_{11} & r_{12} & \cdots & r_{1m} \\ r_{21} & r_{22} & \cdots & r_{2m} \\ \vdots & \vdots & \vdots & \vdots \\ r_{n1} & r_{n2} & \cdots & r_{nm} \end{bmatrix} \tag{9.41}$$

$\underset{\sim}{R}$称为单因素评价矩阵；若已知因素的权重分配为$\underset{\sim}{A}=(a_1, a_2, \cdots, a_n)$，其中 $a_i \geqslant 0$ 且 $\sum_{i=1}^{n} a_i = 1$，则可由$\underset{\sim}{A}$与$\underset{\sim}{R}$求模糊综合评价$\underset{\sim}{B}$，如何通过$\underset{\sim}{A}$与$\underset{\sim}{R}$求$\underset{\sim}{B}$，可有不同的方法，可以通过对$\underset{\sim}{A}$与$\underset{\sim}{R}$进行不同的运算而得到。

(1)用模糊矩阵的复合运算。

$$\begin{aligned} \underset{\sim}{\mathrm{B}} &= \underset{\sim}{\mathrm{A}} \cdot \underset{\sim}{\mathrm{R}} = (b_1, b_2, \cdots, b_m) \\ b_j &= \bigvee_{i=1}^{u} (a_i \wedge r_{ij}) (j = 1, 2, \cdots, m) \end{aligned} \tag{9.42}$$

式中：$\wedge$ 为取小，$\vee$ 为取大。

这种方法中主要运算 $\wedge$ 和 $\vee$，对于某些问题，可能丢失信息太多。当因素比较多而权重分配又比较均衡时，由于 $\sum_{i=1}^{n} a_i = 1$，所以每一个因素所分得的权重 a_i 必然很小，由于只用运算 $\wedge$ 和 $\vee$，这就注定得到的综合评价中 b_j 也都很小($b_j \leqslant V_{ai}$)，这时较小的权重通过 $\wedge$ 运算实际上“淹没”了许多单因素的影响，因而得不到理想的结果。在这种情况下可采用下面的方法。

(2)加权平均法。

$$\begin{aligned} \underset{\sim}{\mathrm{B}} &= (b_1, b_2, \cdots, b_m) \\ b_j &= \sum_{i=1}^{n} a_i r_{ij} \end{aligned} \tag{9.43}$$

这种方法实际上就是用普通矩阵的乘法运算。

最后，根据$\underset{\sim}{\mathrm{B}}=(b_1, b_2, \cdots, b_m)$中 b_j 的类值大小分布情况，并结合实际情况建立评价集，对不同的土地单元做出综合评价。

(三)实例

如某地在进行海涂农业围垦适宜性评价时选定了 7 个评价单元，每个单元选定了 5 个评价因素，u_1：框围系数，即每筑 1 km 海堤所围得的土地面积；u_2：土壤对比度，是土壤组合质量的相对指标；u_3：海岸动态；u_4：淡水资源；u_5：排水状况。其中后 3 种因素通过评分给出数值，见表 9-17。

表 9-17 7个评价单元的性状数据

评价因素	评价单元						
	1	2	3	4	5	6	7
u_1	773.13	1 318.13	3 212.87	3 631.64	3 636.64	1 501.64	953.44
u_2	121.92	130.02	239.37	294.39	221.72	138.58	165.12
u_3	−1	−1	1	1	0	1	−1
u_4	0	−1	1	−1	−1	1	1
u_5	1	0	−1	−1	0	1	1

模糊综合评判的具体过程如下。

1. 确定各评价因素的隶属函数

u_1,u_2 分别采用升半梯形分布形式;u_3,u_4,u_5 分别由经验给出。

$$\mu_1(x)=\begin{cases}0, & x\leqslant 1\,100\\ \dfrac{x-1\,100}{3\,250-1\,100}, & 1\,100<x\leqslant 3\,250\\ 1, & x>3\,250\end{cases}$$

$$\mu_2(x)=\begin{cases}0, & x\leqslant 125\\ \dfrac{x-125}{220-125}, & 125<x\leqslant 220\\ 1, & x>220\end{cases}\tag{9.44}$$

$$\mu_3(x)=\left\{\frac{0}{-1},\frac{0.5}{0},\frac{1}{1}\right\}$$

$$\mu_4(x)=\left\{\frac{0}{-1},\frac{0.5}{0},\frac{1}{1}\right\}$$

$$\mu_5(x)=\left\{\frac{0}{-1},\frac{0.5}{0},\frac{1}{1}\right\}$$

2. 建立单因素评价矩阵$\underset{\sim}{R}$

将每个单元的原始数值代入各个隶属函数式,求得隶属度,即得单因素评价矩阵$\underset{\sim}{R}$。

$$\underset{\sim}{R}=\begin{bmatrix}0 & 0.101 & 0.987 & 1 & 1 & 0.187 & 0\\ 0 & 0.053 & 1 & 1 & 1 & 0.143 & 0.422\\ 0 & 0 & 1 & 1 & 0.5 & 1 & 0\\ 0.5 & 0 & 1 & 0 & 0 & 1 & 1\\ 1 & 0.5 & 0 & 0 & 0.5 & 1 & 1\end{bmatrix}$$

3. 建立权重集

根据经验,各因素权重分配为$\underset{\sim}{A}=(0.35,0.25,0.15,0.13,0.12)$。

4. 综合评判

利用模糊矩阵合成运算,$\underset{\sim}{B}=\underset{\sim}{A}\cdot\underset{\sim}{R}=(0.13,0.12,0.35,0.35,0.35,0.187,0.25)$。

5. 建立评价集

根据$\underset{\sim}{B}$中各数值的大小分布，并根据经验，建立评价集为V={很适宜、适宜、较适宜、不适宜}。其中，评价单元3、4、5为很适宜，7为适宜，6为较适宜，1、2为不适宜。

模糊综合评判法比较理想地处理了评价因子与土地自然适宜性等级之间的模糊关系，因此其结论的准确性有了很大提高。但是这种方法也没有能够很好地处理评价因子之间的相互作用对土地自然适宜性等级之间的关系。有鉴于此，人们开始探讨用作物生长模拟模型来进行土地的自然适宜性评价，如世界粮食中心开发的土地定量评价模型就是比较著名的一个。该模型的主要思想是从植物生理学角度出发，模拟作物的生长过程，其立足点是作物的光合作用与呼吸作用，水分、养分、温度、辐射都是作为影响这2个作用的环境条件。模型的内核是模拟光、温、水、养分对光合呼吸的影响，外围模块包括模拟土壤的供水过程、养分的吸收过程、养分转化过程等模块。只需要将土地的有关属性输入模型，就可以模拟作物生长、预测作物产量。因此，模拟方法无疑是作物适宜性评价的好方法。但是，由于作物生长的某些生理过程尚不完全清楚，而且模型所需要的参数很多，有些参数通常难以获取，故模拟方法在实际应用中存在很多限制条件。

第三节　农用地适宜性评价

一、概述

（一）农地适宜性评价的含义

广义的农地指直接或间接用于农业生产的土地，包括耕地、园地、林地和用于养殖业的水面以及水利设施用地、农用防护林用地、农村道路用地、农村居民点用地等。狭义的农地指农作物种植业所使用的土地，本文所指农地为狭义的农地。

农地适宜性评价是土地适宜性评价的重要组成部分。由于农业在社会民生问题上享有重要地位，而农业本身对土地质量的要求较为严格，因此农地适宜性评价大多以发展农业为目的。农地适宜性评价的基本思想是通过对组成土地的自然要素的分析，评定农地在一定的科学技术水平和经营管理条件下，各种土地类型对于农作物生产的适宜情况或生产率水平，以此来分析这类农地对种植该农作物或农地利用方式的适宜性和适宜程度的过程。

农地适宜性评价并不等同于农地利用规划。因为农地适宜性评价只是提供某一块土地对某种利用的适宜性和适宜程度。至于究竟如何利用这块地，必须再做进一步的社会经济条件分析，并在考虑生态环境效益和其他多种因素的前提下，由土地利用规划决策者去做出决策。如果仅仅根据土地的自然条件和特征的分析及农地适宜性评价的结果就断言某块土地应该作为何种用途，这是一种简单化的做法。

（二）农地适宜性评价的原则

农地适宜性评价的实质是分析土地质量与土地用途两者之间的关系，它的研究对象是土地质量（如气候、地形、土壤、水文因素等）和土地用途（包括各种土地利用方式）。它的研究目标是分析各种可能被考虑的土地用途在一定区域内的适宜性程度，包括当前适宜性、生态适宜性和社会适宜性等。因此，农地适宜性评价必须遵循以下原则。

1. 综合分析和主导因素相结合

农地质量是土地的综合属性，土地质量的好坏受土地自然因素以及技术条件等多种因素的综合影响。但是每个土地因素对农用土地生产率的作用和影响是不同的。所以在评价中不仅要研究各个因素的综合影响，同时要考虑其中主导因素对土地生产率的限制作用。

2. 比较原则

农地适宜性评价是土地利用对土地的要求与土地质量之间的比较，不同的土地利用有不同的最佳条件和不同的限制性，如水稻要求土壤 pH 在 5.5～6 生长良好，而棉花却在 pH 7～8 生长良好，因此农地适宜性评价不仅要分析土地质量，而且要考虑不同土地利用类型的特性，分析作物对土地的要求，比较土地利用要求和土地质量。

3. 因地制宜原则

因为我国幅员辽阔，自然条件复杂，所以土地资源具有类型多样及地域差异大的基本特征。这种地域差异必然会影响土地的用途，如砂壤上并不适宜种植水稻。因此，对于不同区域进行土地适宜性评价，应当依据其各方面条件的差异，选择不同的评价指标建立不同评价体系。

4. 定性与定量相结合的原则

由于客观条件的限制，要对任何评价单元的评价因素全部进行量化是有难度的。因此在选取指标时，常用定性与定量相结合的原则。农地适宜性评价应尽量把定性的、经验性的分析进行量化，以定量计算为主，必要时辅以定性分析，以减少人为任意性，提高土地评价精度。

（三）农地适宜性评价的分类系统

农地评价的分类系统可采用“类、等、型”三级续分制。

类：以土地的用途、经营特点、利用方式和覆盖特征等因素来划分土地分类系统，全国农业区划委员会制定的《土地利用现状调查技术规程》中的土地利用分类，采用多层次等级续分制，将全国土地划分为 8 个一级类型和 46 个二级类型。其中一级农用土地类型有旱地、水田等二级类型。

等：反映现阶段的土地质量，与农用土地生产能力相关的比较稳定的自然属性是主要划分依据之一。

型：反映土地对于某种利用的主要限制因素种类。

这里的类、等、型与联合国粮农组织土地适宜性评价系统中的纲、级、亚级划分的原理相同，但其中类的划分是以土地利用类型为依据。

类、等、型三级分类体系示意见图 9-8。

二、评价方法

（一）AEZ 方法

农业生态区（AEZ：agro-ecological zoning）方法是联合国粮农组织为了获取未来农业发展规划所需的资料，在进行世界土地资源生产潜力评价的过程中创立的。它提出了生长期的概念，在评价中考虑到了土地的时间维特性，做出了不同作物的生长期（LGP：length of growing period）图，既充分考虑了作物的生长特性，同时又考虑了土地的时间维特性，从而为土地利用时间规划提供了依据，这是其他土地评价方法难以考虑到的。

由于 AEZ 方法在计算过程中涉及大规模的数据处理，因此应用 GIS 建立土地评价信息

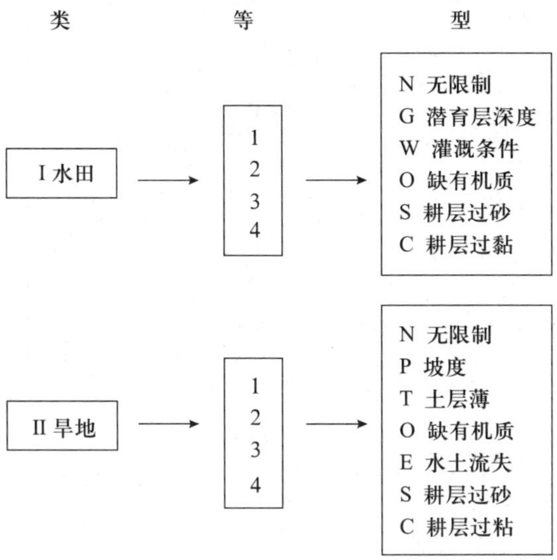

图 9-8　类、等、型三级分类体系示意图

系统显得尤为必要。下面介绍一种以模糊综合评判方法为主要算法的农地评价系统。

1. 农地评价系统的功能

该系统是一种专用于土地评价的地理信息系统，它可以嵌入到其他地理信息系统中构成高一级信息系统的组成部分，也可以独立运行。系统支持数据库，输入能支持多种图像文件格式。

①系统具有交互功能，允许用户输入所评价作物的土壤需求、生态特性、耕作条件、评价种类，根据用户输入的信息确定该系统中改进的 AEZ 方法中隶属度函数的边界值。系统提供输入 AHP 值进行专家打分的界面，根据输入数值计算权重矩阵。

②可以选择评价因素，进行各种单因素评价和综合评价，以便决策者分析改良措施。系统根据选择的因素引导用户输入相应的图件和数据库数据。

2. 农地评价系统的总体设计

①系统结构设计如图 9-9 所示。

②栅格数据结构更适合于复杂的模型运算而且可以提高评价精度，该系统采用了栅格数据结构。

3. 农地适宜性评价流程

具体的评价流程如图 9-10 所示。

4. 基础数据

①数据内容。基础底图包括 DEM、坡度图、坡向图、土壤分类图、年降水量图、灌溉图；数据库为土壤属性数据库；推求数据包括月降水量、温度、蒸发量。

②数据的时间和空间匹配。研究过程的数据准备阶段需要充分考虑数据的时间一致性，在运算前还要进行空间匹配。比如，在准备过程中所有的数据都可栅格化为 50 m×50 m，找到各图同名点的栅格位置，计算它们的差值进行匹配，如 DEM 和土壤图匹配。第一步，在土壤底图上找到标志点 A，量出 A 在纸图中的位置 Xp，Yp(mm)，算出 A 在土壤图中的栅格坐标 Xs，Ys；第二步，再在地形图上找到 A 点的方里网的坐标(x,y)；第三步，由 x，y 用 ARCVIEW 找到 A 点在 DEM 中的行列号 Xd，Yd；第四步，$\mathrm{D}x=Xd-Xs$；$\mathrm{D}y=Yd-Ys$。$\mathrm{D}x$ 表示 A 点在两幅

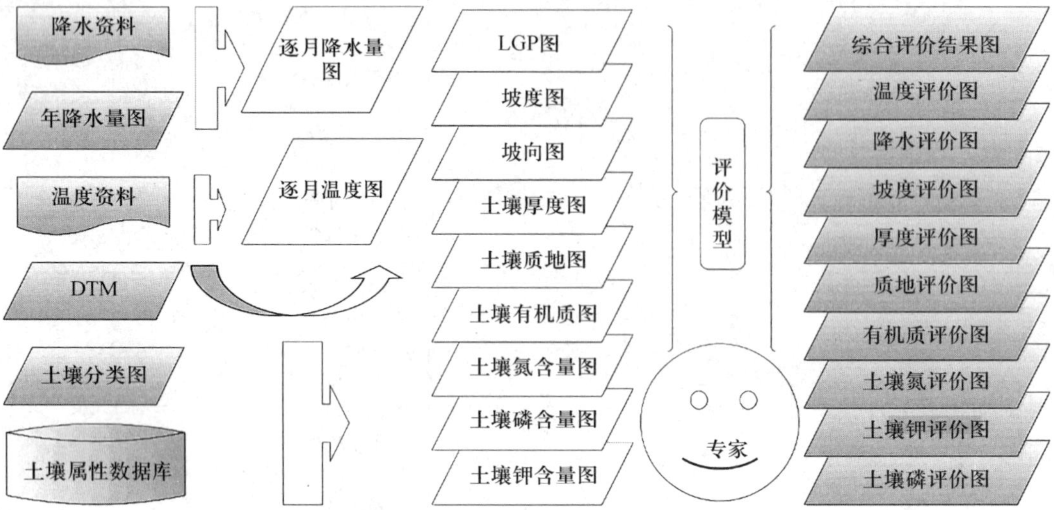

图 9-9　农地评价系统结构设计示意图(数据来源:杜红悦等,2001)

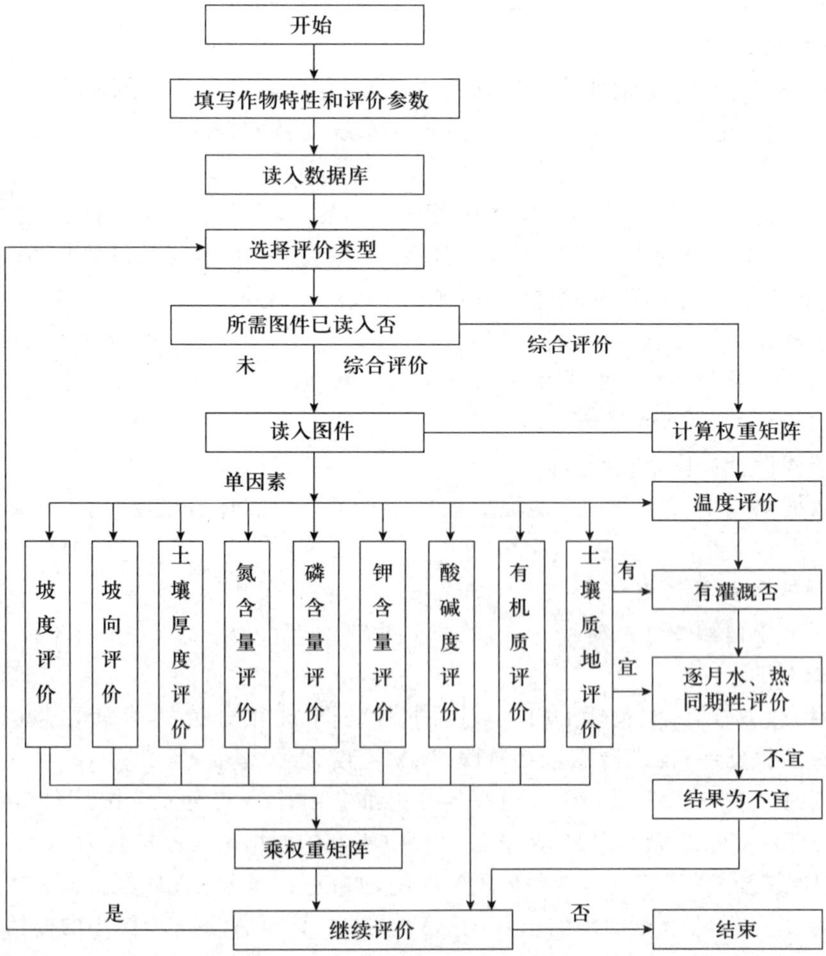

图 9-10　农地适宜性评价流程图(数据来源:杜红悦等,2001)

图中的列号之差，Dy 表示 A 点在两幅图中的行号之差。同理可以进行坡度图、坡向图、灌溉图、年降水量图与土壤图的匹配。

③统计数据空间化表达。土壤属性数据库中的统计数据通过关键字段（土壤类型）和空间数据建立联系。先进行土壤类型编码；在数字化土壤图时，多边形属性被赋予指定的土壤类型编码，转换为栅格图时，栅格点值即为该点土壤类型编码；与此同时，在土壤属性数据表中也建立相应的土壤类型编码字段，并把它作为关键字段，系统通过该字段获得不同土壤类型的属性并与栅格图中的点相对应，这样就实现了统计数据的空间化表达。

三、评价实例

下面具体介绍使用 AEZ 方法对攀枝花农地适宜性评价的案例。

（一）确定评价单元

栅格方式采用点对点的运算可以得到尽可能小的评价单元，也方便动态更新数据和成果。这里将研究区域划分为 2 147 562 个 50 m×50 m 的栅格单元，每一个栅格是信息提取的源泉，又是评价结果显示的单元。

（二）确定评价因素

根据土地评价因素选择原则，攀枝花具体情况和资料完备程度选择了如下评价因素：温度、水分、坡度、坡向、土壤厚度、土壤酸碱度、土壤质地、土壤有机质、土壤氮含量、土壤磷含量、土壤钾含量。

（三）LGP 分析

先考虑温度，在此选择作物生长期平均气温、作物生长期最高气温和最低气温 3 个指标，月平均气温在作物生长要求温度范围之内、月平均最高气温不超过作物所能忍受的最高气温且平均最低气温不超过作物所能忍受的最低气温的月份计为生长期开始。

在温度适宜的条件下，对于水分的要求在没有灌溉的情况下采纳了 AEZ 的观点，认为生长期起始日期是将降水量与蒸发量进行比较而确定的，即如果在干旱期之后降水量第一次超过潜在蒸发量（PET：potential evapotransporation）的一半时，即认为生长期开始。在系统的人机交互界面上，系统允许用户对 PET 进行适当的调整，如评价人员认为该作物较抗旱，可输入 0.4，作物较喜湿可输入 0.6。在有灌溉的情况下，这里认为水分供应充足，作物生长不受水分限制，只考虑温度影响。

（四）权重矩阵的确定

土地评价中常用的权重计算方法有专家经验法、多元线性回归、多目标决策中的成对比较法等，这里采用成对比较法。经过土地评价专家和攀枝花市专家共同探讨多次修正，得到如下判断矩阵表（表 9-18）。

计算后得：$W=[0.1687,0.1822,0.1049,0.1110,0.1016,0.1016,0.1016,0.0687,0.0596]$；$CR=0.062<0.1$。

表 9-18　评价指标判定矩阵

	坡度	坡向	有机质	质地	氮	磷	钾	酸碱度	厚度
坡度	1	3/2	2	3/2	2	2	2	1	2
坡向		1	3	4/3	3	3	3	1	2

续表 9-18

	坡度	坡向	有机质	质地	氮	磷	钾	酸碱度	厚度
有机质			1	3/2	1	1	1	2	2
质地				1	1	1	1	5/2	2
氮					1	1	1	3	3/2
磷						1	1	3	3/2
钾							1	3	3/2
酸碱度								1	3
厚度									1

(五)隶属度函数的确定

隶属度函数正确与否，是保证成果准确度的关键，该文依据各评价因子的性质选择不同的函数形式。

坡度：

$$f(x)=\begin{cases}1, & x<x_1,\\ \dfrac{x_2-x}{x_2-x_1}, & x_1\leqslant x\leqslant x_2,\\ 0, & x<x_2\end{cases}\quad(9.45)$$

土壤厚度：

$$f(x)=\begin{cases}0, & x<x_1,\\ \dfrac{x-x_1}{x_2-x_1}, & x_1\leqslant x\leqslant x_2,\\ 1, & x>x_2\end{cases}\quad(9.46)$$

酸碱度：

$$f(x)=\begin{cases}0, & x<x_1,\\ \dfrac{x-x_1}{x_2-x_1}, & x_1\leqslant x\leqslant x_2,\\ 1, & x_2<x<x_3\\ \dfrac{x_4-x}{x_4-x_3}, & x_3\leqslant x\leqslant x_4\\ 0, & x>x_4\end{cases}\quad(9.47)$$

土壤质地：

$$f(x)=\begin{cases}0, & x<x_1,\\ \dfrac{x-x_1}{x_2-x_1}, & x_1\leqslant x\leqslant x_2,\\ 1, & x_2<x<x_3\\ \dfrac{x_4-x}{x_4-x_3}, & x_3\leqslant x\leqslant x_4\\ 0, & x>x_4\end{cases}\quad(9.48)$$

坡向：北坡生长状况好：$f(x)=1-\sin(x/2)$；南坡生长状况好：$f(x)=\sin(x/2)$。

有机质、氮、磷、钾含量 4 种土壤特性：在自然条件下，有机质、氮、磷、钾 4 种营养元素始终处于匮乏状态，只有通过人工施肥才能有效提高产量，因此可以认为有机质、氮、磷、钾含量 4 种土壤特性的适宜性是随有机质、氮、磷、钾含量线性增加的。

(六)评价等级的划分

因为土地适宜性级别是相对的，所以系统提供了中性评价、乐观评价、悲观评价 3 种选项。中性评价按常规统计方法，统计研究区评价值的累计直方图，把全区分成面积大致相等的 4 个等级；乐观评价是把划分评价等级的标准稍微降低，使位于综合评价分值边界级别的评价单元级别提高，评价结果较为乐观；悲观评价则是把划分评价等级的标准稍微提高，使综合评价分值位于边界级别的评价单元级别降低，评价结果较为悲观。这种做法的优点是评价者可以根据需要来调整划分评价等级。例如，研究区实行集约化经营的费用相对较低，对土地自然条件要求较低，级别评定标准可相应降低，或者研究区较强调生态环境保护要求，那么级别评定标准可相应提高。

结合攀枝花市的实际情况及专家意见，确定一等地是评价分值大于等于 0.8 的评价单元；二等地是评价分值小于 0.8 大于等于 0.65 的评价单元；三等地是评价分值小于 0.65 大于 0.35 的评价单元；四等地是评价分值小于 0.35 的评价单元。评价结果表明，攀枝花农业资源可谓得天独厚，大部分地区非常适宜发展农业；评价方法具有一定的可复制性，可通过参数调整进行专家干预。

第四节　土宜评价与地理标志保护制度

一、土宜评价

所谓土宜，就是一个区域的土地条件对某些农(畜)产品不仅具有生理和生态的高度适宜性，而且对该类农(畜)产品的经济特性有着独特适宜性，因而在此区域形成特有的经济品种。可以认为，土宜是土地自然适宜性的进一步认识，土地自然适宜性一般只考虑某些土地利用方式，而土宜必须以特定农(畜)产品的某些经济性状为主体。土宜独特的经济特性决定了土宜在商品经济的发展过程中会起到越来越重要的作用；如何充分利用我国自然资源的多样性特点，尽可能地开发利用土宜，对国民经济发展具有重大意义。

土宜评价是一种特殊性的土地自然适宜性评价，遵循土地自然适宜性评价的一般规律和原则，其过程和方法具有一定的特殊性，下面进行简要介绍。

1. 评价原则

第一，土宜评价不同于一般的土地适宜性评价，它是针对某地区名优农(畜)产品的经济生物学性状的土地生态条件要求，与要推广地区的土地生态特征相匹配而进行的一种特定目标的土地评价。

第二，地区名优农(畜)产品的经济生物学性状与原名产区土地生态条件的重合匹配结合点受到多个因素的交互影响，影响机制非常复杂。目前一般采用土壤地理学分析，对其土地生态条件进行地理因子多阶分层与空间分区相结合，从区域的宏观到微观，将生态因素逐级叠加，生态区域逐阶缩小而使“靶区”逐级明确，进而使大量数据汇集而逐步逼近、逐步明确的评价方法。

2. 评价框架

根据上述原则，土宜性评价框架采用五级制，表示方式采用“SE”即 especial/excellent land suitability evaluation(特殊的/特优的土地适宜性评价)之意，以示区别于 FAO 的一般目标的土地适宜性评价(S1，……)现分述如下。

SE4，低度适宜：即宏观尺度气候地带性的生境适宜，类似于全国专业性的某类优良物种气候生态区划。

SE3，中度适宜：即大中地形分异影响的气候、水文、土壤的地形—气候生境分异，并对同一类型产品中的品种、品质等一般已有明显分异和影响，进而形成各自区域特色的产品。

SE2，高度适宜：在 SE3 区内，由于土壤地质(母质)某些特性对其特产作物生理特性的高度适宜性而对其物种的品质性状具有明显影响，并一般与其相适宜的不同中、小尺度区域的优质品种相结合而形成地区名优产品。

SE1，极度适宜：即久负盛名的特殊产区的微域小地形、小气候、小土壤(如土系)等小环境差异形成某些极品。

SE0,不适宜:某些土地限制性因素(如灾害性气候、土层厚度、土壤理化性状等)导致其某类名优产品在上述 SE4-E2 区内不能生长、发育者。

上述评价标准将一般农(畜)产品的宏观生态分区与某一具体名优农(畜)产品的微观地理性分域有机结合了起来。

3. 土宜评价举例

①板栗属于暖温带至亚热带季风气候微酸性土壤上生长的落叶阔叶性干果类树种,于上述气候地理生境内均可生长(SE4)。由于地形条件分异,它一般集中于该区内的燕山区南部,太行山、大别山及江淮丘陵、秦岭汉中等(SE3)形成不同的特有产区。在暖温带北部的燕山南部 500 m 以下的丘陵区,气温有所保证,但降水仅 700~800 mm,难以淋尽含钙母质土壤中的石灰而形成石灰性褐土,这对适于微酸性土壤的忌钙植物板栗难以适宜。但在此区却具有一定面积的花岗片麻岩等酸性岩石风化而形成富 K^+、无石灰、微酸性的淋溶褐土,具有适于板栗根系生长的土壤酸度环境和光合作用中的糖分运输与贮存生理对(土壤)K^+ 的要求。同时,板栗在此区域得益于北方充足的光照及成熟期较大昼夜温差的半干燥秋季气候,进而形成有益于种子的糖分积累与果壳特有亮丽紫红光泽的“燕山板栗”(SE2),其中某些名产区具有 SE1 的“贡品”条件,因而以燕山板栗驰名于世,且远销东南亚和欧洲等。

②柑橘是一种亚热带至边缘热带季风气候的常绿阔叶灌木性水果树种,一般生长于我国长江以南地区(SE4)并形成不同的名产区。受地形影响,在四川盆地及三峡地区,虽然地理纬度处于北亚热带,且海拔也较东部平原地区偏高,但由于北部有秦岭大巴山区所阻,冬季冷空气不易入侵且有一定的焚风效应,特别是南有印度洋西南暖湿气流影响,使得冬季温暖湿润,可令柑橘安全越冬,因而在全国农业区划中属于中亚热带(SE3)。同时该区降水量一般为 1 200~1 400 mm,其土壤中的石灰多已淋尽而呈较强酸性的黄棕壤和黄壤,但在该区却分布有一定面积富含 P、K、Ca 等侏罗纪、二叠纪的紫色砂页岩风化而形成的中性紫色土,pH 中性至微酸性,适于嗜 P、K 的柑橘生长(SE2),形成了有名的四川及三峡柑橘产区。当然其中也包括有一些 SE1 的名产区。

二、地理标志的含义及其缘起

1. 地理标志的含义

随着人们对土宜理解逐步深入,如今地理标志(geographical indications)可以视作以土宜概念为母体发展而来的新称号,学术界将地理标志定义为:标示出某商品来源于某一地域,该商品的特定质量、信誉或其他特征主要与该地理来源相关联的一种标志。

地理标志表现形式多样,一般将其划分为直接地理标志和间接地理标志。直接地理标志是指使用洲、国家、地区、山脉等名称或其他地理术语作为地理标志。它通常由地理名称和产品名称组成,如“绍兴黄酒”“大吉岭茶”“百色杧果”。由于直接地理标志含有地理名称,公众一般会将其与原产地相联系,而间接地理标志不具有地理含义的名称或标志,它表示来源的功能必须和特定产品相联系,如使用外国词语、符号或类似暗示,让公众产生该产品来源于某一特定区域或场所的印象,如“埃菲尔铁塔”“自由女神像”。

2. 地理标志产生的历史背景

地理标志最早起源于法国葡萄酒产地保护制度。有关地理标志的定义、性质特征则是在

《保护工业产权的巴黎公约》(以下简称《巴黎公约》)、《制止商品产地虚假或欺骗性标记马德里协定》(以下简称《马德里协定》)、《原产地名称保护及国际注册里斯本协定》(以下简称《里斯本协定》)等国际条约的不断修改中得以确定的。之后在国际贸易水平逐渐提升的背景下,《与贸易有关的知识产权协议》建立了一个全球化、综合性的地理标志保护体系。

(1)地理标志国际保护的起源——《巴黎公约》

1883年通过的《巴黎公约》是第一个涉及地理标志保护的国际公约,它首次将货源标记和原产地名称纳入了工业产权的保护对象,这迈出了地理标志国际保护的第一步。其第1条之(2)规定:"工业产权的保护对象是专利、实用新型、工业外观设计、商标、服务商标、商号、产地标记或原产地名称以及制止不正当竞争。"

《巴黎公约》对"货源标记"和"原产地名称"提供的保护表现在以下几个方面:第一,对标有虚伪的产地或生产者标记的商品在进口时予以扣押;第二,对于可能引起混淆或产生误导性作用的不正当竞争行为,应当予以禁止;第三,《巴黎公约》成员国国内立法不应当允许注册具有欺骗公众性质的商标;第四,《巴黎公约》成员国国内立法应当保护外国集体商标。然而,公约对"货源标记"和"原产地名称"没有做出明确解释,也没有对二者的关系做出准确说明,因此公约对地理标志的保护非常有限。

(2)地理标志保护范围的扩大——《马德里协定》

1891年通过的《马德里协定》是《巴黎公约》框架下第一个规范虚假和欺骗性产地标记的专门性公约。它将地理标志的保护范围从"虚假标记"扩大到"虚假或欺骗性标记"。欺骗性标记是指那些尽管在字面上是真实的,但仍可能是误导性的标记。它和虚假标记的区别在于,欺骗性的货源标记可能是该商品原产地的真实的地理名称,而在任何情形下,一个虚假标记不可能是该产品原产地的真实的地理名称。《马德里协定》还提高了对虚假或欺骗性标记的制止力度,一方面对虚假或欺骗性标记作了扣押或者禁止进口的规定;另一方面对虚假宣传的禁止不限于产品本身,还包括招牌、广告等在内的公共宣传。

同时,《马德里协定》第3条对地理标志进行了限制,规定不应阻止销售商在来自销售国之外的国家的商品上标明其名称或地址。但是,在该情形下,地址或名称应附有字体清晰的制造或生产国家或地区的确切标志,或同时标示足以避免在商品的真实来源地方面发生任何误认的其他标记。

此外,《马德里协定》第4条还要求各缔约国法院根据地理名称的通用性特征,确定不适用本协定条款的名称。同时,还特别说明葡萄产品的地区性产地名称不在本条款特别保留之限。该条款注意到了原产地标记保护中的通用名称问题,并且被视为知识产权国家公约中给予葡萄产品和烈性酒以特别保护的起源,因而被认为是《马德里协定》中对地理标志保护的最重要的发展。

可以看出,《马德里协定》对地理标志的保护水平远高于《巴黎公约》,且为其后相关的国际公约的制定树立了一个范例。但是在实践中,由于《马德里协定》成员国数量有限,包括美国在内的众多国家没有加入该条约,加上条约正文构建的不同观点,如对标志中像"型"或"式"这样的词语的使用,导致该协定的实际使用受到非常严格的限制,产生的影响力也十分有限。

(3)建立原产地名称保护制度——《里斯本协定》

1958年通过的《里斯本协定》首次界定了原产地名称的内涵,它是指一个国家、地区或地方的地理名称,用于指示一项产品来源于该地,其质量或特征完全或主要取决于地理环境,包括自然因素和人为因素。然而,该定义并未明文规定地理标志的保护方式。同时,该协定仅适用于在原产国被确认为“原产地名称”或如原产地名称保护的地理名称，而保护或承认的方式，限定于法律、行政法规或司法文书。

相较于《巴黎公约》和《马德里协定》，《里斯本协定》还扩大了原产地名称的保护范围。《巴黎公约》和《马德里协定》对原产地名称的保护仅局限于禁止他人对该原产地名称的使用上。但《里斯本协定》第一次将原产地名称的保护范围扩大到“类”“型”“样”“仿”等名称。《里斯本协定》第3条规定：“即使标明了产品的真实来源，或以翻译形式或附加‘类’‘式’‘样’‘仿’字样或类似字样使用该名称，也应确保不会有对原产地名称的任何假冒或仿冒。”同时，协定各条款并不排除特别联盟各国依照其他国际文书，或者根据国家法律或法院判决已经给予原产地名称的保护。

《里斯本协定》代表了一个高标准的保护原产地名称同盟，其为原产地名称所提供的保护范围，堪称迄今为止国际公约之首。《里斯本协定》通过建立原产地名称的国际注册制度为原产地名称中的地理名称提供保护。但由于《里斯本协定》严格的保护标准以及缺乏灵活性，导致其签署国的数量极其有限。

(4)地理标志保护制度的权威厘定

1994年通过的《与贸易有关的知识产权协议》在《里斯本协定》原产地名称定义的基础上首次对地理标志的概念进行了界定。其22条规定：“地理标志是识别一种原产于一成员方境内或境内某一区域或某一地区的商品的标志，而该商品特定的质量、声誉或其他特性基本上可归因于它的地理来源。”该定义对地理标志的法律特征、构成要素做了明确要求，同时对原产地名称、货源标记这两个概念进行了区分。

此外，就地理标志的保护，《与贸易有关的知识产权协议》还区别了地理标志的一般保护与对葡萄酒和烈性酒地理标志的附加保护。《与贸易有关的知识产权协议》对地理标志保护问题的全面规定，使其对地理标志保护制度的构建具有里程碑式的意义。然而，也应当看到，《与贸易有关的知识产权协议》中有关地理标志国际保护的规定是各成员国利益博弈的结果，是妥协和让步的产物，因此也具有不可避免的缺陷，《与贸易有关的知识产权协议》对地理标志使用条件的缺失，对保护范围的不确定性使得地理标志的国际保护之路仍然漫长。

三、地理标志的价值与功能

致力于推广地理标志的非政府组织2009年发表的《特鲁埃尔原产地声明》中提出：“地理标志通过为全球数百万人提供就业机会，帮助保护环境，确保市场全球化不会损害原产地产品的多样性、质量和传统，在我们的经济和社会中发挥着至关重要的作用。发展中国家和发达国家的生产者越来越依赖地理标志实现社会的可持续发展。”可以看出，地理标志与整个自然社会和人文社会之间存在的不可割裂的联系，使其在法律、经济、社会、文化、生态方面所具有的多重价值和功能也越来越受到国际社会的重视和认可。

(一)地理标志的法律价值

地理标志作为一种商业标记，主要是向消费者传递市场上有关商品或服务的信息。该信息不仅包含地理来源这个事实信息，而且包含产品基于该地理环境所获得的特有质量和声誉等特殊信息。因此，从法律意义上来说，地理标志具有双重价值。

1. 地理标志具有指示功能

这包括地理指示功能和产品品质指示功能。一方面，商品或服务的地理来源是消费者识别不同商品或服务质量的重要依据。同商标具有识别商品或服务来源的功能一样，地理标志往往是表示商品或服务的地理来源，它对区别原产于不同国家、地区或地方的产品具有重要意义，通过地理标志的此种地理指示作用，能识别商品原产于某成员国境内或境内的某一区域。另一方面，地理标志是对来源于某一区域的产品质量、声誉等特征的反映，地理标志产品往往代表着某类产品的特定质量、声誉或其他品质，通过该地理标志能够传递商品品质信息，使消费者做出更理智的选择。因而从这个角度来说，地理标志还具备产品品质的指示功能。

2. 地理标志具有品质担保功能

相较于普通商品，地理标志产品通常执行更严格的质量技术要求和规范，因而往往具有较高的质量和优良的品质等特征。而地理标志作为商品的标识，它也表明某类商品具有特定的质量、信誉或其他特征，因此地理标志通常被视为对商品特殊品质的保证，不同的地理标志代表着同类商品的不同质量特征。

(二)地理标志的经济价值

地理标志的经济价值是指其提供的产地信息、质量保证、产品特征以及产品声誉等经济指标所具备的比较优势能够提升产品在市场上的竞争力，从而为区域内的生产者带来更大的经济利益。地理标志产品大多是高质量、高知名度的农特产品，它们不仅标识着一定区域内商品的特殊品质，也执行着严格的质量标准，在国际市场上具有天然的亲和力，具有丰富的经济价值。具体来说，地理标志的经济价值体现在以下几个方面。

1. 地理标志有助于增强农产品的市场竞争力

地理标志所标示的商品在一定区域内对特定气候、土壤、水源等自然条件和生产技艺、传统工艺等人文条件的依赖性，使得该地理标志产品具备数量上的有限性和品质上的不可替代性。这将形成“物以稀为贵”的市场效应，从而提高地理标志产品的附加值，增强地理标志产品的市场竞争力。

2. 地理标志将有助于促进农产品出口贸易的增长

我国辽阔的疆域和悠久的历史形成了丰富多样的农产品资源，但由于国外技术性贸易壁垒的限制，我国农产品的比较优势难以转化为竞争优势。地理标志作为“亲农性”的知识产权，将地理标志与高质量、高知名度的农特产品相结合，将充分发挥地理标志产品所蕴藏的经济价值。同时，执行严格质量标准的地理标志保护制度也将为我国农产品的出口创造良好的国际国内环境，突破农产品贸易技术壁垒的限制，促进地理标志产品的出口和贸易。

3. 地理标志能带动区域经济的发展

地理标志还具有另一重要的经济价值，即促进区域经济的发展。地理标志本身承载的绿色、无公害、环保特质是当前主流的消费理念，也符合目前经济发展方式的需求。地理标志彰显产品的地方特色有利于促进区域特色经济的发展，并通过品牌效应形成以该地理标志为主体的产业经济，从而带动旅游、观光、教育等产业链的发展。

(三)地理标志的社会价值

地理标志的社会价值是指其具备的地理指示功能和品质担保功能，以及产品的竞争力所起到的维护社会稳定的作用。地理标志不仅表明的是地理标志产品的区域来源，更承载着地理标志产品的品牌和声誉。因此，地理标志具有多重社会价值。

1. 消费者维度

对于消费者而言，由于市场信息失灵，以及消费者与经营者之间的信息不对称，作为“弱势群体”的消费者往往被产品的虚假信息所蒙蔽，无法识别货真价实的正品，个人利益往往无从保障。地理标志所具有的地理指示功能和品质担保功能，可以保证地理标志产品信息的准确性，维护广大消费者的知情权、生命健康权和财产安全权，帮助消费者做出理性的判断和选择，从而维护消费者群体的合法权益。

2. 生产者维度

对生产者而言，趋利性往往会使市场经济主体滥用或仿冒地理标志，这不仅淡化了地理标志的显著性和知名度，使地理标志存在退化为商品通用名称的风险，而且还破坏了正常有序的市场竞争秩序，使地理标志的专用权人无法获得相应的市场附加值。因此，对地理标志的保护一方面可以维护该地理标志本身的显著性和声誉；另一方面还可以防止市场上“搭便车”等不正当竞争行为，保护地理标志产品生产经营者的正当利益，维护公平公正的市场竞争秩序。

3. 社会全局维度

对整个社会而言，地理标志内涵的品牌化市场发展趋势和地理标志产品市场的扩大化，不仅可以延长地理标志产品的产业链，实现一二三产业的融合，而且还能够创造更多的就业机会，使更多的人投入农业现代化建设中。这对于稳定农村劳动力人口，维护农村社会稳定具有积极意义。

(四)地理标志的文化价值

地理标志的文化价值在于，地理标志所蕴藏的丰富的历史文化底蕴对于保护和传承特定区域内的历史文化具有特殊的意义。因此，地理标志在某种程度上是一种精神的象征，是一种文化的保存和延续。作为与自然环境和人文历史紧密联系的具有特色质量的产品，作为具有知识产权的特色产品，作为弥足珍贵的历史文化传承的载体，地理标志产品正在日益成为我国开展国际交流、扩大国际贸易、提升国际影响、展示国际形象的重要途径。

1. 地理标志有助于保护和传承传统文化

地理标志产品作为地理特色、地域特征的结晶，蕴含着地域文化。同时地理标志产品往往打上民俗风情的烙印，体现了浓郁的民族文化，因此地理标志与地域文化、民族文化相联结。对地理标志的保护，在一定程度上是对特定区域内的地域文化和民族文化的保护和传承。

2. 地理标志有利于提高地理标志产地的知名度和文化影响力

当前，地理标志产品已经成为部分地区对外开放的亮丽“名片”。地理标志产品在长期发展中形成的特色文化在人们的心理层面形成暗示，在精神层面达成共识，在行为层面趋于一致，为消费者带来身份认同感和仪式感。

3. 地理标志有利于实现文化走出去，促进文化输出

随着我国对外开放的不断扩大，中外文化交流日益频繁，文化在扩大对外交往和提升综合国力的竞争中愈发重要。地理标志产品在长期特定的自然环境中形成并延续至今，不仅是物质文化的传承，更是地域文化和民族文化的传承。地理标志产品作为弘扬民族优秀传统的载体，为实现文化输出提供了可靠的途径和方法。扩大地理标志产品的国际贸易，让世界通过地理标志产品了解中华民族优秀传统文化，是实现中华文化的传播，提升我国文化软实力的重要方式。

四、地理标志保护实例

(一)欧盟地理标志保护具体实例——孔泰奶酪[①]

孔泰奶酪(comte)产自法国弗朗什—孔泰地区,该地区包括一个原产地名称区(孔泰区)和一个非原产地名称区。孔泰奶酪自1958年起被法国受监控原产地名称(AOC)保护,现已成为受《510/2006号条例》保护的原产地名称(PDO)。弗朗什—孔泰地区不仅出产孔泰奶酪,也出产爱蒙塔尔奶酪(emmental)。这两种奶酪的生产和加工规范几乎完全一致,但是孔泰奶酪采取原产地名称发展战略,而爱蒙塔尔奶酪选择了工业化发展道路。两种产品的不同发展策略取得了不同的实效,对当地社会经济产生了不同的影响。

从产量来看,1991—2001年孔泰奶酪的产量年均增长3%,而同期爱蒙塔尔奶酪在弗朗什—孔泰地区产量不断下降,如图9-11所示:

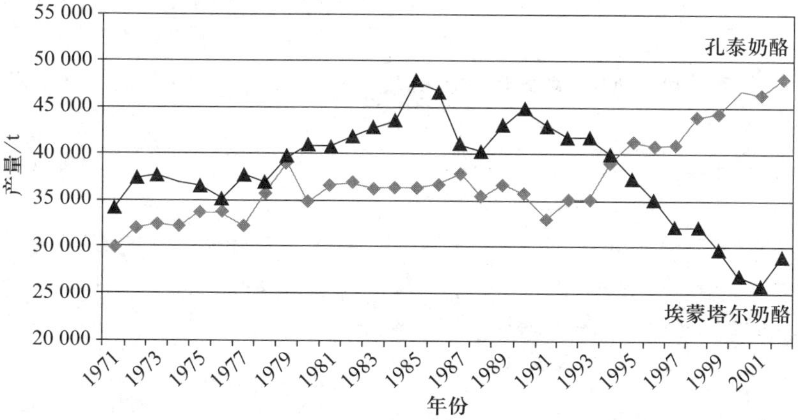

图9-11 两种奶酪的产量对比(数据来源:Carina Folkeson,2005)

在弗朗什—孔泰地区,原产地名称区(孔泰区)倒闭的奶场数量也要低于非原产地名称区。1988年孔泰区有11 772个奶场,到2000年减少到7 994个,总数下降了36%;然而非原产地名称区奶场数量在同一时期下降了57%,即从1988年的7 953个下降至2000年的4 924个。

孔泰奶酪的售价高于爱蒙塔尔奶酪,这一价格差距还有不断扩大的趋势,如图9-12所示。

孔泰奶酪较高的售价不仅为奶酪制成品的生产者带来了更为丰厚的利润,而且也惠及其他生产参与者。与普通奶制品相比,为孔泰奶酪提供原料的生产商能以更高的价格出售牛奶,而且这一价格差距也有不断扩大的趋势,如图9-13所示。

从1990年起,孔泰区奶场的经济利润不断攀升(从1990年的14 440欧元提高到2001年的24 915欧元),到2001年其利润率比非原产地名称区高出32%。这也是弗朗什—孔泰地区的孔泰区奶场倒闭数量低于非原产地名称区的一个原因。孔泰区与非原产地名称区奶场利润的比较见图9-14。

孔泰奶酪与爱蒙塔尔奶酪产业的社会效应也有很大差异。就产量而言,爱蒙塔尔奶酪的奶场规模平均比孔泰奶酪奶场大17%(2002年孔泰奶酪奶场平均产量为182 917 L,爱蒙塔尔奶酪奶场为219 932 L)。爱蒙塔尔奶酪的生产具有高度集中的特点:6家生产商占据了总产

① 案例来源:Carina Folkeson,Geogrphical Indications and Rural Development in the EU,Lund University,2005。

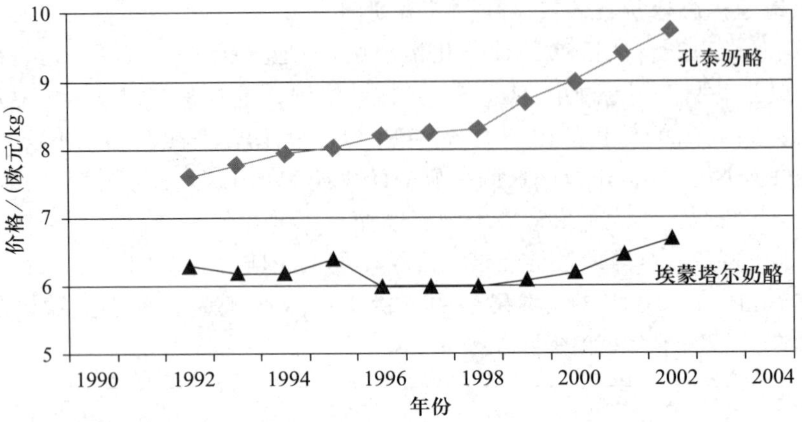

图 9-12 两种奶酪的售价对比(数据来源:Carina Folkeson,2005)

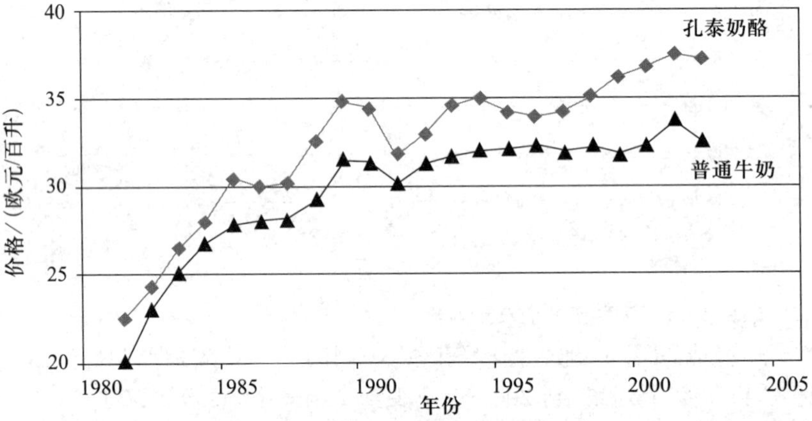

图 9-13 孔泰奶酪的牛奶原料与普通牛奶价格对比(数据来源:Carina Folkeson,2005)

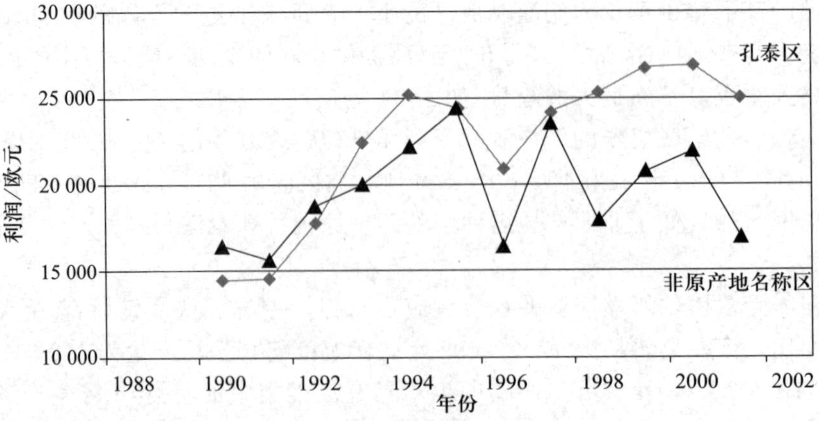

图 9-14 孔泰区与非原产地名称区的奶厂利润对比(数据来源:Carina Folkeson,2005)

量的90%。与爱蒙塔尔奶酪相比,孔泰奶酪的生产更具有劳动密集性,每百万升孔泰奶能创造3个全职工作岗位和0.5个间接就业机会,而同样数量的爱蒙塔尔奶仅创造0.6个工作岗位。2002年孔泰奶酪产业总共创造了4 970个工作岗位,包括3 200个奶酪生产商、1 500个直接工作岗位和250个间接工作岗位。而这些也给弗朗什—孔泰地区带来了更多的惠益。

①孔泰奶酪给弗朗什—孔泰地区带来了广告效应,有利于旅游业的发展。2002年在孔泰区留宿的游客有219万人次,3万名游客参观了奶酪洞窖,大部分人同时购买了奶酪。波利尼城还专门建造了一座奶酪博物馆。

②孔泰原产地名称有助于维持孔泰区传统的饲养方式,可防止草场退化,有利于维持乡村自然景观。因此,孔泰奶酪产业还产生了很好的生态效益和环境效益。

总之,孔泰奶酪原产地名称保护的效益是多方面的,不仅使奶酪产量增加、当地经济收益增长,还延缓了当地奶场数量下降的趋势,创造了更多的就业机会,带动了当地旅游业的发展,产生了较好的生态效益和环境效益。

(二)中国地理标志保护具体实例——烟台葡萄酒

1. 烟台葡萄酒的地理环境

烟台与世界著名的葡萄酒产地法国波尔多地区处于同一纬度,是世界七大葡萄海岸之一。烟台具备了国际标准酒庄的3S原则:大海(sea)、阳光(sun)和沙滩(sand)。烟台所在的胶东半岛三面环海、气候温和、日照量适中。烟台年平均气温在12 ℃左右,年平均降水量600 mm以上,且多在春夏两季。烟台葡萄产区年活动积温3 228°,无霜期长达215天,适合绝大多数酿酒葡萄生长。该区年日照时数2 600 h,受海洋影响,近海及山地夏季气温不高,有利于葡萄色泽、风味的发育,而较少的降水量更适合晚熟、极晚熟酿酒品种的栽培。

除了气候,烟台的土壤也特别适宜酿酒葡萄的生长。烟台的土壤主要以棕壤土为主,这种土壤土质细,易于耕作,特别适合葡萄根系充分吸取水分。此外,棕壤土透气性好,矿物质含量丰富,保证了葡萄丰富的营养成分。棕壤土种植出来的葡萄糖度高、酸度适宜。

正是因为烟台地区特有的地理环境,1892年张弼士先生在对全国各地进行考察后认为,烟台与法国葡萄种植地区气候条件相似,适宜种植酿酒葡萄,因而从法国引进了125个酿酒葡萄品种,建立了两个葡萄园,并成立了我国第一个采用现代生产方式的大型酿酒企业。目前,烟台地区的酿酒葡萄种植面积已达1.44万hm^2,葡萄酒产量占全国1/3。1987年烟台被国际葡萄酒组织命名为“国际葡萄·葡萄酒城”,成为其在亚洲唯一的成员单位。

2. 烟台葡萄酒产业对相关产业的带动作用

烟台葡萄酒产业对当地相关产业起到了明显带动作用,相关产业的发展又反哺葡萄酒产业,形成了良性互动发展。葡萄酒产业对相关产业的带动主要表现在以下两个方面。

(1)葡萄种植业的发展

以张裕公司为例,公司现有酿酒葡萄基地8万亩,公司和基地12 000名果农签订了合同,约定“一般品种保护价,优良品种优质优价”。保护价即保证每亩葡萄的收入不低于粮食收入的1.5倍。优质优价即对优良品种以基准糖度计价,糖度每上涨一度,价格就相应上涨,糖度每下降一度,价格就相应降低。达到一定糖度的葡萄原料,给予基价1.5倍、2倍的价格,这等于给果农吃了定心丸,引导果农大力发展、种植优良品种。这种“基地+农户”的方式采用以质量为导向的生产路线,张裕公司每年以不低于市场最低保护价、高于市场一般行情的价格,向基地农户收购葡萄,每年春节前全数付清款项,形成了一个相对封闭、稳定的良性供应圈。

为了保证葡萄质量，降低生产成本，张裕公司为果农提供全方位服务。张裕公司葡萄基地的技术人员，按照无公害酿酒葡萄管理技术标准要求，从栽培、施肥、产量控制和农药使用等方面，全方位进行跟踪。例如，聘请土肥专家对基地进行土壤检测，进行配方施肥，并以较低价格向果农提供无公害新农药。对果农在种植过程中出现的管理问题，技术人员随叫随到，随时解决。为提高果农劳动效率和收入，张裕公司请农机局专家设计了便于果农使用的小型农机具，提高了劳动效率，减轻了果农负担。此外，张裕公司对葡萄基地进行分级，对获得一、二等葡萄基地的果农进行表彰。通过以上措施，果农收入明显增加，种葡萄与种粮食相比，每亩年收入可增加 1 000～3 000 元，张裕公司也得到了稳定的优质葡萄原材料供应。

(2)葡萄酒旅游的发展

葡萄酒旅游是葡萄酒产业中颇具特色和市场前景的新兴产业，是集一二三产于一体的专项旅游项目，可以让企业、旅游业、农民、游客和城市发展多方受益，形成多赢局面，产生巨大的乘数效应。对农业来说，有利于产业结构调整、农业产业化发展、农村剩余劳动力的转移，以及提高农民素质和收入；对企业来说，不仅得到了参观费、直接产品利润等收入，而且免费做广告，树立了良好的企业形象，同时也能及时了解消费者的需求和市场动向；对游客来说，满足了观光、采购和求知等多方面需求；对旅游业来说，为旅游产品的丰富和发展拓宽了思路，也部分缓解了旅游产品的供需矛盾。另外，葡萄酒旅游对城市的商业、游憩、交通和地域空间都将产生影响，从而推动城市的发展。

3. 烟台葡萄酒地理标志保护及成效

从 2001 年起，烟台市开始申报烟台葡萄酒原产地域产品保护。2002 年，“烟台葡萄酒”被国家质检总局列入原产地域保护产品(即后来的地理标志产品)。2003 年，烟台出台了《烟台市“烟台葡萄酒”原产地域产品保护管理办法》，严格控制和保护烟台葡萄酒的品质，规范烟台葡萄酒原产地域产品的生产经营秩序。烟台葡萄酒地理标志保护取得了明显成效：在实施地理标志产品保护之前，全市葡萄种植面积 6 000 hm^2 以上，年产葡萄酒 8 万千升；葡萄园种植面积现达到 1.44 万 hm^2，10 万农户从事酿酒葡萄的种植，葡萄酒生产企业 105 家，其中，中国名牌 5 个，山东名牌 7 个，年产葡萄酒 22.56 万千升，约占全国产量 1/3，销售收入过百亿元，出口交货值 3.22 亿美元。

烟台葡萄酒工业已成为具有国内外影响力的优势产业。作为亚洲唯一的国际葡萄・葡萄酒城，烟台吸引了法国、意大利等 9 个国家和地区的客商，兴办合资或独资葡萄酒企业 19 处。20 世纪 90 年代中后期，中粮长城、天津王朝等多家国内外知名葡萄酒企业入驻烟台，进一步扩大了烟台市葡萄酒的产业规模。目前，该市规模以上企业 27 家，以张裕、威龙、中粮长城为代表的龙头骨干企业葡萄酒年产量占全市葡萄酒总产量的 70%以上，烟台市已成为中国最大的葡萄酒生产基地。

尽管取得了诸多成就，但从实践情况来看，“烟台葡萄酒”地理标志的使用情况不尽如人意。以张裕公司为例，张裕公司不仅是拟定烟台葡萄酒地理标志标准最主要的参与单位，也是全国葡萄酒行业首家获准使用“烟台葡萄酒”地理标志产品保护标记的企业。但是张裕在获得“烟台葡萄酒”地理标志产品保护标记使用权后并未在产品上使用这一标志。实际上，从国内葡萄酒行业的情况来看，不仅张裕没有使用地理标志，其他葡萄酒厂家也很少使用已被授予的地理标志。张裕等葡萄酒公司不使用地理标志的原因有以下几个方面。

(1)消费者对地理标志缺乏了解

张裕没有使用地理标志最重要的原因就是考虑到国内消费者对地理标志了解太少，即使使用了地理标志，在销售方面也未必有什么成效。地理标志在我国还是新事物，大多数中国消费者对此不敏感，也不太在意，因此葡萄酒企业以地理标志作为促销手段的效果十分有限。

(2)地理标志的概念已经融入了商标品牌

张裕公司认为，张裕在打造"张裕"商标品牌的过程中，已将地理标志的概念融入其中，保证产品原材料的产地及质量(地理标志)就是在维护张裕品牌的声誉，这两者是无法分割的。换言之，张裕在商标品牌宣传过程中已经将地理标志要素融入其中，使地理标志的内容成为商标品牌的要素之一，地理标志信息可以通过商标直接传递给消费者，张裕公司没有必要使用地理标志。

(3)损害地理标志声誉的行为未得到有效制约，企业缺乏宣传积极性

由于地理标志是集体性、开放型权利，企业不能独占，因此他们对地理标志的宣传推广就缺乏积极性，对损害地理标志声誉的行为也无力制止。这就是地理标志作为"公共产品"面临的两大问题：免费搭车和囚徒困境。所谓免费搭车，就是每个地理标志使用者都不愿为提升地理标志声誉付出代价却希望享受该声誉。所谓囚徒困境，就是由于地理标志使用者缺乏必要的约束和协调，个别企业为谋求一时不当利益采取投机行为，损害地理标志的声誉，使整个行业蒙受损失。这两个问题在"烟台葡萄酒"地理标志上都有体现。

思考题

1. 简述土地适宜性评价的定义与内涵。

2. 简述联合国粮农组织的土地适宜性分类体系及其特点。

3. 系统回顾本章确定评价指标权重的不同方法，分析各种方法的特点及其适用情景。

4. 模糊综合评判法为什么在土地适宜性评价中得到广泛应用？了解其原理，掌握其应用方法。

5. 土宜的概念与内涵是什么？土宜与一般的土地适宜性有什么不同？

6. 评价因子的选择和因子权重的确定，在土地适宜性评价中有什么重要意义？

第十章　土地生产潜力评价

第一节　土地生产潜力评价的定义及其影响因素

一、土地生产潜力评价的定义

土地生产潜力(land capability)是指在一定的自然条件或社会经济条件下，土地生产出对人类有用的生物产品或经济产品的潜在能力。针对某一个特定地区和特定时期，土地的社会经济属性虽会有一定的变化，但都可以定义在一定的水平上，因此土地生产潜力研究一般在确定的社会经济条件下，分析土地的自然条件及其决定的土地生产力。因此，土地生产潜力评价是在一定的社会经济条件下，分析土地的各种自然属性以及它们之间的综合作用对各种可能的土地利用方式的潜在生产能力的影响，依此进行的土地综合评估和分等定级的过程。

根据土地生产潜力评价的对象范围，可分为作物生产潜力评价和综合生产潜力评价。

①作物生产潜力评价是具体针对一定的作物或一定的土地利用方式。针对一定的作物或土地利用方式时，具体分析作物潜在产量与各种自然因素的关系，并建立数学模型，最后获得潜在产量的绝对值，这种评价即土地的作物生产潜力评价。通过这种评价可以知道某种作物在不同土地上的生产潜力，以及不同作物在同一土地条件下的生产潜力。因此，作物土地生产潜力评价可为作物布局、种植制度改革、农业投资决策提供依据。

②综合生产潜力评价具体针对某一特定的地区，通过分析各种可能的土地利用方式在这一地区的潜力，而对这一地区的生产潜力做出综合评价。这种评价根据各种土地利用方式，如耕作业、放牧业、林业、自然保护区等的生产潜力或潜在适宜性等级获得土地的综合生产潜力等级，也可以称为土地生产潜力分类。因此，综合土地生产潜力评价可以为宏观的土地利用规划、农业决策、农业产业结构调整提供依据。

二、土地生产潜力的影响因素

作物生长的基础是光合作用，光合作用需要一定的光照、热量、水分、空气和矿质营养。因此，不论是土地的作物生产潜力还是综合生产潜力，均取决于土地利用类型或作物特性，以及土地利用或作物生长的土地条件，影响土地生产潜力的主要因素如下。

①土地利用方式或作物特性。不同土地利用类型的作物种类不同，不同种类或品种的作物生产潜力同样存在差异，如耕地和草地、小麦和大豆、杂交水稻和普通水稻。

②土地自然条件。即土地的质量状况，可分为自然条件和社会经济两方面的条件。自然条件包括光照、温度、降水等气候因素和土壤质地、土壤养分等土壤因素。社会经济条件包括土地区位等因素。

③投入水平。即人为管理的优劣，可分为基础投入和生产投入两方面。基础投入主要指农田基本建设，是从事作物生产的基础。生产投入主要指作物生长过程中，为保障优产高产所

进行的投入,如化肥、农药、农机等。只有在前者投入的基础上,后者的投入才有意义。

第二节　作物生产潜力评价方法

作物的生产潜力是由 3 个方面决定的:①作物本身的生理生长特性,②作物生长的土地条件,③作物生长过程中的投入水平。前者是与作物的种类、品种有关的,在此不做讨论。作物生长的土地条件可概括为气候条件和土壤条件。

一般来说,气候条件和土壤条件都是综合影响作物生产潜力的,但在实际研究中,为了方便,往往先假设土壤是在理想的条件下(即不影响作物的生产潜力),再分析气候对作物生产潜力的影响,获得的生产潜力即气候生产潜力。然后在气候生产潜力的基础上分析土壤对作物生产潜力的影响,获得土壤生产潜力。也有一些研究者同时分析气候条件和土壤条件对作物生产潜力的影响。下面介绍气候生产潜力和土壤生产潜力的计算方法。

一、单因素的经验模型

作物生长的基础是光合作用,光合作用需要一定的光照、热量、水分、空气和矿质营养,也就是说,一定的气候条件和土壤条件可以决定光合作用的大小,即决定作物生产潜力。光温阶乘模型就是在光合作用的基础上进行各影响因素的衰减计算,最终得到作物生产潜力。其中以辐射、温度和水分等气候条件的影响最为显著,基于这几种因素的作物生产潜力评价已经开展了大量的工作,下面介绍几种有代表性的方法。

(一)以气候要素为主的模型

1. 经验公式法

经验公式法是通过对历史资料进行统计分析,归纳总结出作物生产潜力与影响作物生产潜力因素间的经验公式,并通过该经验公式和相应的影响因素估算不同条件下的作物生产潜力。虽然不同区域的其他作物生产潜力影响因素存在差异,导致此类方法的评估精度不高,但是此类方法计算便捷,对数据的要求较低,具有较强的通用性。

国内外学者关于这方面的研究很多,这里主要介绍最为经典的三种模型。

(1)迈阿密模型

该模型是里斯(Leith)根据世界各地植物产量与年平均温度或年平均降水量的关系,建立的估算植物生产潜力的模型。由于该模型是在 1971 年美国迈阿密举行的生物学术讨论会上发表的,故取名迈阿密模型。其计算公式如下:

$$Y = 3\,000/(1 + e^{1.315 - 0.119t}) \tag{10.1}$$

$$Y = 3\,000(1 - e^{-0.000\,664R}) \tag{10.2}$$

式中:Y 为生物生产量[g/(m^2 · 年)];t 为年平均温度(℃);R 为年平均降水量(mm)。

上面两式分别是根据年平均温度和年平均降水量估算植物生产潜力,根据最小因子限制率,取 2 个值中较小的那个作为植物生产潜力的计算结果。

此模型假设水分或温度条件是某一地区植物生长的主导限制因子,因此在水分或温度条件不是植物生长主导限制因子的地区会产生较大的误差。

(2)桑斯维特纪念模型

桑斯维特基于水汽的蒸发量与温度、降水量、作物的相关关系，得出了水汽的蒸散量与作物生产潜力之间的经验关系。之后里斯等在桑斯维特研究的基础上进一步研究，提出了桑斯维特纪念模型。该模型是通过模拟蒸散量与陆地生物生产量之间的经验关系，建立的估算作物生产潜力的一种方法。其计算公式如下：

$$Y = 3\,000[1 - e^{-0.000\,969\,5(E-20)}] \tag{10.3}$$

式中：E 为年实际蒸散量(mm)。

虽然该模型只考虑了年实际蒸散量一个因子，但由于蒸散量是太阳辐射、温度、降水、饱和差、风等气候因子综合作用的结果，所以桑斯维特纪念模型比迈阿密模型更为精确。

(3)格思纳—里思模型

格思纳—里思模型是根据生物产量与生长期长度之间的相关关系，建立的根据生长期长度估算生物生产潜力的回归直线方程。其计算公式如下：

$$P = -157 + 5.175 \times S \tag{10.4}$$

式中：S 是估算生物光合作用的日数。

2. 光合生产潜力模型

(1)Loomis-Williams 模型

Loomis 和 Williams 在假设日辐射为 2 090 J/cm²、呼吸损失等于光合量的 33%时，利用量子效率概念推出：

$$Y = 0.154Q\,[\text{g}/(\text{m}^2 \cdot \text{d})] = 1.538Q\,[\text{kg}/(\text{hm}^2 \cdot \text{d})] \tag{10.5}$$

式中：Y 为每日生物学产量的生产潜力(kg/hm^2)；Q 为总辐射(J/cm^2)。

(2)黄秉维模型

黄秉维(中国)综合了多方面的研究成果，全面考虑了作物群体对太阳能的利用、反射、漏射、吸收、转化、消耗等多种因素，在最大光能利用率 6.13%的假设条件下，得到计算公式：

$$Y_p = 7.712Q \tag{10.6}$$

式中：Y_p 为生物产量光合潜力(kg/hm^2)；Q 为太阳总辐射(J/cm^2)。

光合潜力只有在植物的生活环境得到全面控制条件下，才有可能实现，它是作物产量的上限。

虽然这种模型应用了光合作用的原理，但在很大程度上依赖于一定的经验假设，也是一种经验模型。

(二)以土壤要素为主的模型

土壤是作物生长的基础，为作物生长提供所需养分和水分，在一定的气候环境条件下，土壤的性质与作物产量之间有紧密的关系。为此，可通过土壤的性质推断土地的生产力。以土壤要素为主的模型主要有土壤生产力指数模型和土壤潜力率模型。

1. 土壤生产力指数模型

该模型是联合国粮食及农业组织(FAO)于 1970 年提出的农用土地土壤生产力分级(soil productivity rating)系统，用于评价土地质量的模型。它综合考虑了土壤的要素和特性，根据每一要素的特征给出从 0～100%的数值，所有要素特征的乘积便是土壤生产力指数 IP(index of productivity)。计算公式为：

$$IP = H \times D \times P \times T \times N(或\ S) \times O \times A \times M \tag{10.7}$$

式中：IP 为土壤生产力指数；H 为土壤水分；D 为排水状况；P 为有效土层厚度；T 为土壤结构；N 为盐基饱和度；S 为可溶盐含量；O 为有机质含量；A 为黏土矿物特性；M 为矿物质含量。

该方法的关键是需要建立每一要素详细的评分标准，比较要素特征和评分标准，得出分数值，然后计算 IP，根据 IP 的高低划分为 5 个等级，以表示土地质量的好坏。IP 越高，说明土地越肥沃，土地的质量越好。

2. 土壤潜力率模型

土壤潜力率(soil capability ration)是美国农业部土壤保护局 1974 年提出来的评价模型。该模型是为合理制定土地利用决策而设计的，强调了土壤特性的一种土地评价形式。它以在高水平的经营管理下某一作物的预期产量为依据，综合了土地质量、产量和管理措施，使土壤限制性因素减小到最小限度的相对费用，以及减小持续限制性因素对社会经济和环境的影响造成的费用。土壤潜力率通常是建立在每一个土壤单元潜力指数(SPI)的基础上，是一个土壤的相对适宜性或土壤质量的数量化分级，具体公式如下：

$$SPI = P - (CM + CL) \tag{10.8}$$

式中：SPI 为土壤单元潜力指数；P 为根据当地管理水平确定的有关产量的费用指数；CM 为克服或者把土壤限制因素的影响减小的改良措施的费用指数；CL 为由持续影响的限制性因素造成的费用指数。

土壤潜力率计算中，P 可以按良好经营下的一个特定土壤单元上生长的特定作物产量来计算，每一土壤单元的作物产量乘以作物的净价格就是该土壤单元预期的年收入费用指数；CM 反映了为维持土壤生产力所必需的保护改良措施的费用，如修筑梯田、挖排水渠、输水道的费用等，将这些改良措施的总费用估算出来并按年分摊，以决定改良措施的年费用；CL 反映了每年用于克服持续性限制因素影响的耕作或措施费用，如每年用于土壤保持的费用、农田带状耕作的费用及夏季休闲地的费用等。

计算出土壤潜力指数后，将其按大小排列，并换算成土壤潜力率的比分，即 0～100，用于评价土壤质量，最好的土地是 100 分。

二、农业生态区法

农业生态区法(AEZ)是由 FAO 提出的，其目的是为了评估世界土地资源农业利用的潜力(FAO，1978)。该方法为区域农业可持续发展的土地利用规划与管理提供了一整套技术方法和计算机软件分析工具。在过去的 20 多年中，运用该方法解决了许多全球性及区域性的问题，尤其是发展中国家如孟加拉国、泰国和中国等的土地人口承载力、粮食生产、作物适宜性、水土流失及土地退化等问题，取得了良好的效果。从方法与模型上看，AEZ 为目前国际上影响较为广泛的方法，具有综合性强，逻辑严谨，计算中多采用常规观测资料和试验参数等优点，同时还可针对不同作物、不同的土地利用方式进行评价。

AEZ 计算生产潜力是一种理论上比较完善、实际中应用较多的方法。它将作物的生产过程看作作物不断地吸收太阳光能，在土地所提供的环境条件中进行光合作用的过程，并且假设:在水分和土壤能充分满足作物需要时,作物最大的生产力是由光照和温度条件决定的,这一生产力称为光温生产力;如果土壤条件能充分满足作物的需要,而水分条件不能充分满足作物的需要,作物的最大生产力是由光照、温度和水分决定的,这一生产力称为光温水生产力;而由于土壤的不适宜,使光温生产力或光温水生产力下降所得到的生产力称为光温土生产力或光温水土生产力,这就是所要求的土地生产潜力。在此基础上即可推算作物生产潜力。

(一)光温生产力的计算

光温生产力(Y_{mp})是指在最适的土壤条件和最佳的管理水平下,肥水充分满足作物的需求,仅由当地的光温条件所决定的作物的生产能力,是作物在最佳条件下产量的理论上限。目前计算作物光合和光温生产力比较常用的是联合国粮食及农业组织(FAO)的农业生态区法(AEZ 法)。该方法是以 Dewit 经验模型(1965 年)为基础,利用大量的实验参数,考虑太阳辐射、气温、作物生长期长度以及作物生长所需的某些特殊气温条件,估算在实际耕作条件下,作物在水分、投入和管理达到最高水平时的最高产量,即光温潜力。这种方法是一种经验性理论模型,也可称之为光温生产力计算的综合模式。农业生态区法测算光温生产力有下面一些步骤。

1. 标准作物的干物质产量 Y_0

标准作物的干物质产量 Y_0 计算公式为:

$$Y_0 = Fy_0 + (1 - F)y_c$$

$$F = (R_{se} - 0.5R_s)/(0.8 \times R_{se})$$

$$R_s = (0.25 + 0.5n/N)R_0 \tag{10.9}$$

式中:Y_0 为标准作物的干物质总产量[kg/(hm^2 · d)];F 为一天中阴天所占的比例;R_{se}为晴天有效短波辐射最大值[cal/(cm^2 · d)],它是日期和纬度的函数(表 10-1);R_s 为到达地面被作物接收的短波辐射量[cal/(cm^2 · d)],为实测值,也可根据测定的日照持续时间按公式计算;R_0 为到达地球大气层以前的太阳辐射理论值;n 为实际日照时数;N 为无云最大可能日照时数;y_0 为一定地点的标准作物在一个全阴天中的物质生产率[kg/(hm^2 · d)],它是日期和纬度的函数(表 10-2);y_c 为一定地点的标准作物在一个全晴天中的物质生产率[kg/(hm^2 · d)],它是日期和纬度的函数(表 10-3)。

表 10-1 不同纬度的晴天有效短波辐射最大值 R_{se} cal/(cm^2 · d)

纬度	1月	2月	3月	4月	5月	6月	7月	8月	9月	10月	11月	12月
N05°	321	347	365	370	364	357	359	368	370	356	331	314
N10°	299	332	359	375	377	374	375	377	369	345	311	291
N15°	275	313	349	376	386	388	388	382	364	330	288	265
N20°	249	293	337	375	394	400	399	386	357	313	264	238
N25°	220	270	321	370	398	409	406	386	346	292	237	209
N30°	191	245	303	363	400	417	411	384	333	270	210	178
N35°	160	218	282	352	399	421	412	378	316	245	180	148
N40°	130	190	260	339	396	422	413	369	298	220	150	118

续表 10-1

纬度	1 月	2 月	3 月	4 月	5 月	6 月	7 月	8 月	9 月	10 月	11 月	12 月
N45°	104	160	236	322	390	417	412	355	276	194	120	88
N50°	83	130	214	304	384	407	413	337	252	170	89	61
N55°	70	98	192	282	375	388	416	312	227	148	57	38
N60°	69	67	174	260	367	359	425	282	199	130	26	20

表 10-2　不同纬度的全阴天标准作物物质生产率 y_0　　kg/(hm^2 · d)

纬度	1 月	2 月	3 月	4 月	5 月	6 月	7 月	8 月	9 月	10 月	11 月	12 月
N05°	208	219	228	231	229	226	227	230	230	223	213	205
N10°	197	212	225	234	236	235	236	235	230	218	203	193
N15°	184	203	220	234	241	243	243	239	228	211	191	179
N20°	170	193	215	235	246	250	249	242	226	203	178	164
N25°	154	181	208	234	249	256	253	243	221	193	163	147
N30°	137	168	200	232	251	261	258	243	216	182	148	130
N35°	118	153	190	228	252	265	261	241	208	169	130	111
N40°	99	137	178	223	253	268	263	239	200	155	112	91
N45°	78	119	163	214	254	270	263	236	190	139	90	69
N50°	59	101	145	203	256	271	263	235	180	122	67	45
N55°	39	81	122	186	259	271	260	235	169	105	39	20
N60°	21	62	94	164	266	270	256	240	160	87	8	—8

表 10-3　不同纬度的全晴天标准作物物质生产率 y_c　　kg/(hm^2 · d)

纬度	1 月	2 月	3 月	4 月	5 月	6 月	7 月	8 月	9 月	10 月	11 月	12 月
N05°	394	413	426	433	427	424	426	430	431	420	401	389
N10°	376	401	422	437	440	440	440	439	431	411	385	370
N15°	356	386	415	438	451	454	453	445	428	399	367	348
N20°	334	371	407	439	460	468	465	451	425	387	348	325
N25°	308	353	396	438	466	479	474	454	419	372	325	298
N30°	281	333	385	437	471	489	483	456	412	356	299	269
N35°	250	309	370	433	474	497	490	456	402	336	270	237
N40°	219	283	353	427	480	506	497	455	390	314	241	204
N45°	187	251	331	415	489	516	505	453	374	286	212	170
N50°	158	214	304	396	507	530	518	452	354	252	187	140
N55°	133	169	269	366	537	550	536	451	328	209	170	113
N60°	116	115	228	322	585	580	565	454	295	156	164	94

2. 作物种类和大气温度修正

由于标准作物产量 Y_0 是作物在标准气温下的产量，但不同气温条件下，不同类型（喜温或喜凉）作物的生产率 y_m[kg/(hm^2·h)]是不相同的（表 10-4）。因此，作物干物质产量 Y_0 应进行作物和大气温度订正。运用 Dewit 公式对上述 Y_0 计算式中 y_0 和 y_c 值进行如下调整，并得到 Y_0 的新计算方法。

当 $y_m>20$ kg/(hm^2·h)时，

$$Y_0 = F(0.8+0.01y_m)y_0+(1-F)(0.5+0.025y_m)y_c \tag{10.10}$$

当 $y_m<20$ kg/(hm^2·h)时，

$$Y_0 = (0.5+0.025y_m)y_0+(1-F)(0.05y_m)y_c \tag{10.11}$$

表 10-4　不同类型作物在不同气温下的生产率 y_m　　kg/(hm^2·h)

作物类型	5℃	10℃	15℃	20℃	25℃	30℃	35℃	40℃	45℃
喜凉作物Ⅰ	5	15	20	20	15	5	0	0	0
喜温作物Ⅰ	0	0	15	32.5	35	35	32.5	5	0
喜凉作物Ⅱ	0	5	45	65	65	65	45	5	0
喜温作物Ⅱ	0	0	5	45	65	65	65	45	5

注：喜凉作物Ⅰ包括苜蓿、菜豆、结球甘蓝、豌豆、马铃薯、番茄、甜菜、小麦；喜温作物Ⅰ包括柑橘、棉花、花生、辣椒、水稻、红花、大豆、向日葵、烟草；喜凉作物Ⅱ包括：某些玉米和高粱品种；喜温作物Ⅱ包括玉米、高粱、甘蔗。

3. 作物叶面积指数修正 CL

作物在全生育期内有效叶面积差别很大，从而影响作物太阳辐射的摄取和生产率。另外，作物在生长期开始和结束时的生产速率小，全生育期平均生产率大约为最盛生长期间生产率的 50%。设标准作物叶面积指数 LAI（有效叶面积与土壤面积比值）=5，当叶面积指数低于这一数值时，则需要运用一个校正系数 CL 进行相应的修正（表 10-5）。

表 10-5　作物在不同叶面积指数下的生长校正系数

叶面积指数 LAI	0	1	2	3	4	≥5
校正系数 CL	0	0.2	0.3	0.4	0.48	0.5

4. 作物净干物质修正 CN

作物为了维持干物质生产，需要能量供给植株内部的生长过程（即呼吸作用），只有剩余能量可用于作物的新的生长。这种新的生长对凉气候（平均温度<20℃）的 CN 是 0.6，对暖气候（平均温度>20℃）的 CN，是 0.5，即 CN 取 0.5～0.6。

5. 作物收获指数修正 CH

一般来说，收获的只是作物干物质的一部分，如籽粒、糖或油等。因此，应该从干物质净产量中按可收获的比率即收获指数 CH，计算作物的经济产量部分，即进行收获指数修正。主要作物高产品种的收获指数修正 CH 见表 10-6。

综上所述，可以得到作物在生长期的 G 天内的光温生产潜力 $y(Q,T)$ 计算公式为：

当 $y_m>20$ kg/(hm^2·h)时，

表 10-6　主要作物高产品种的收获指数修正 CH

作物	收获产品	收获指数	作物	收获产品	收获指数
水稻	稻谷	0.40～0.50	豆类	籽实	0.25～0.35
小麦	麦粒	0.35～0.45	烟草	烟叶	0.50～0.60
玉米	谷物	0.35～0.45	番茄	水果	0.25～0.35
大豆	籽实	0.30～0.40	甘蓝	甘蓝头	0.60～0.70
高粱	谷物	0.30～0.40	洋葱	茎	0.70～0.80
棉花	皮棉	0.08～0.12	豌豆	籽实	0.30～0.40
花生	果实	0.25～0.35	菠萝	水果	0.50～0.60
向日葵	籽实	0.20～0.30	辣椒	果	0.20～0.40
甘蔗	糖	0.20～0.30	苜蓿	一年甘草	0.40～0.50
甜菜	糖	0.35～0.45	苜蓿	二年甘草	0.80～0.90
马铃薯	块茎	0.55～0.65			

$$y(Q,T) = \mathrm{CL} \times \mathrm{CN} \times \mathrm{CH} \times F \times G \times [(0.8 + 0.01y_m)y_0 + (1 - F)(0.5 + 0.25y_m)y_c] \tag{10.12}$$

当 $y_m < 20\ \mathrm{kg/(hm^2 \cdot h)}$时，

$$y(Q,T) = \mathrm{CL} \times \mathrm{CN} \times \mathrm{CH} \times F \times G \times [(0.5 + 0.25y_m)y_0 + (1 - F)(0.05y_m)y_c] \tag{10.13}$$

(二)光温水生产力的计算

光温水生产力(Y_r)是指在自然降水条件下，仅仅由于水分不足而使作物的光温生产力下降所得到的作物生产力，这一生产力是旱地作物产量的理论上限。当地区降水量不能满足作物生育期的水分需求时，作物的生长就会受到水分影响，作物的产量就会降低。实验证明，可用作物相对蒸散量的不足程度来求算由于水分不足而造成的产量损失。

作物的最大蒸散量指的是在充足的水分供应下，作物生长不受水分亏缺的影响时，单位时间作物所消耗的水分量，记为 ETM。实际蒸散量则是指实际水分条件下作物单位时间所消耗的水分量，记为 ETA。当 ETA＝ETM 时，若其他条件满足，则作物的产量即可表示为光温生产力(Y_{mp})。当 ETA＜ETM 时，作物的产量会降低，变为光温水生产力(Y_r)。实验证明，相对产量降低值$[1-(Y_r/Y_{mp})]$和相对蒸散量不足额$[1-(\mathrm{ETA/ETM})]$之间近似成直线关系，当$[1-(\mathrm{ETA/ETM})]<0.5$时，这种关系可以表示为：$1-Y_r/Y_{mp}=K_y(1-\mathrm{ETA/ETM})$。

这种缺水可能是持续发生在作物的整个生育期内，也可能是发生在生育期的各别阶段，如定植期、营养生长期、开花期、产量形成期或成熟期。在前一情况下，缺水的程度与作物在整个生育期需水量的差额有关；在后一种情况下，缺水程度与作物个别生育期需水量的差额有关，当作物连续几个阶段水分不足时，则在第一阶段产量下降后，在后面的阶段还要继续降低，可以表示为：

$$Y_r = Y_{mp} \prod_{i=1}^{n} [1 - Ky_i(1 - \mathrm{ETA}_i/\mathrm{ETM}_i)] \tag{10.14}$$

式中：Y_r 为一定气候条件下作物的光温水生产力；Ky 为作物的产量反应系数；Ky_i 为第 i 生长阶段的产量系数；n 为整个生长期划分的阶段数。小麦、玉米和棉花不同生育阶段的产量反应系数可参考表 10-7。

表 10-7　小麦、玉米和棉花不同生育阶段的产量反应系数

作物	营养生长期	开花期	产量形成期	成熟期	全生育期
冬小麦	0.2	0.6	0.5	—	1.0
春小麦	0.2	0.7	0.6	—	1.2
玉米	0.4	1.5	0.5	0.2	1.3
高粱	0.2	0.4	0.5	0.2	0.9
大豆	0.2	0.8	1.0	—	0.9
花生	0.2	0.6	0.6	0.2	0.7
棉花	0.2	0.5	—	0.25	0.85

另外，水分对作物生产力的影响还有一种情况，即水分过剩。但一般来说，水分过剩除了与降水量有一定关系外，它主要取决于地形、地下水位、土壤的排水性能等。因此，这种情况一般在分析作物的土壤生产潜力时加以考虑。

(三)光温土或光温水土生产力的计算

光温土生产力(Y_{ms})是指仅仅由于土壤的不适宜而使光温生产力下降得到的作物生产力，这一生产力是指水浇地能达到的产量上限。光温水土生产力(Y_{rs})是指在自然降水条件下由于土壤的不适宜而使光温水生产力下降得到的作物生产力，这一生产力是指旱地产量上限。因此，需要通过土壤因素的限制性或适宜性对光温生产力(Y_m)和光温水生产力(Y_r)进行修正。土壤因素的限制性或适宜性即为修正系数 $f(S)$，可以表示为：$Y_{ms}=Y_{mp}\times f(S)$ 和 $Y_{rs}=Y_r\times f(S)$。这里考虑到的土壤因素主要指影响作物生长的相关因素，常见的有土壤剖面构型、土层厚度、有机质含量与化学性状等土壤因素，坡度、微地形等地学要素，地下水位、水质等水文因素。

相对简单的方法是采用土地自然适宜性评价的方法分析土壤因素对作物生长的影响，确定作物的土壤适宜性等级；然后根据土壤适宜性等级确定修正系数，将各级别的修正系数乘上 Y_{mp} 或 Y_r 分别得到 Y_{ms} 和 Y_{rs}。适宜等级的修正系数的取值具体为：最适宜等级(VS)取 0.8～1、高度适宜等级 S_1 取 0.6～0.8、中等适宜等级 S_2 取 0.4～0.6、边际适宜等级 S_3 取 0.2 以下。

更为准确的计算方法是根据土壤肥力方面计算土壤修正系数，具体为：

$$f(S) = N_u \times O_m \tag{10.15}$$

式中：N_u 为土壤养分指数；O_m 为土壤有机质指数。

土壤中的养分主要包括碱解氮 A_u、速效磷 A_v 和速效钾 A_k，因此根据它们的含量计算 N_u，如下：

当 $A_u\geqslant 90, A_v\geqslant 10, A_k\geqslant 150$ 时，$N_u=1$；

当 $A_u\leqslant 90, A_v\leqslant 10, A_k\leqslant 150$ 时，$N_u=1/(A_u/90+A_v/10+A_k/150)$　　(10.16)

O_m 的计算公式如下：

当 $O_m\geqslant 30$ g/kg 时，$O_m=1$；

当 $O_m\leqslant 30$ g/kg 时，$O_m=0.5+O_m/60$　　(10.17)

近年来，耕地质量评价工作逐渐完善，考虑到进行耕地质量评价时选取的评价因素与土壤修正时考虑的因素相似，可以参照耕地质量等级计算出作物的耕地质量系数，即修正系数。该系数取决于一、二、三等耕地产量在耕地总产量中的比例，计算公式为：

$$f(S)=\frac{P_1a_1+P_2a_2+P_3a_3}{\sum P_ia_i} \tag{10.18}$$

式中：P_1、P_2、P_3 分别为一、二、三等耕地的单产，a_1、a_2、a_3 分别为一、二、三等耕地的面积，P_i 为第 i 级耕地的单产，a_i 为第 i 级耕地的面积。

(四)作物生产潜力的计算

光温生产力(Y_{mp})、光温水生产力(Y_r)、光温土生产力(Y_{ms})或光温水土生产力(Y_{rs})均是从作物生长的气候条件和土壤条件方面计算的，还未将作物生产过程中投入水平的影响考虑进去。土地生产潜力除了受土地的自然属性影响外，还受社会、经济属性的影响。因此，人类可以通过一系列的投入改变土地的社会经济属性以提高土地的生产潜力，投入可分为基础投入和生产投入，基础投入指道路、农田水利设施、平整土地、修筑梯田等投入；生产投入可分为物质投入(如农药、化肥、良种、动力等)和科技投入(如科学技术、先进的管理及经营手段等)。在土地生产潜力的研究中，根据研究区的实际情况和研究需要，可以把投入划分为不同的水平，然后在不同的投入水平上研究土地的生产潜力，表 10-8 是联合国粮食及农业组织对投入水平的一种划分。

表 10-8　投入水平划分标准

内　容	投入水平		
	低投入水平	中等投入水平	高投入水平
作物组合	现有作物组合	部分最适作物组合	最适作物组合
使用的技术	本地栽培品种，不施肥或不进行病虫害及杂草的化学防治，有休闲耕期及无永久性的保持措施	有改良的品种，施用有限的化肥，简单推广一揽子措施，包括病虫害和杂草的防治，有一定的休耕期，有部分永久性的水土保持措施	采用高产品种、最合适的化肥施用量，有完全的病虫害和杂草的防治措施，最短的休闲期，有永久的水土防治措施
动力来源	人力、手工工具	人力、手工工具/畜力牵引、改良的农具	包括收割在内的完全机械化
劳动集约度	高，包括未计成本的家庭劳动	高，包括计算成本的家庭成本	低，如果使用家庭劳动预算成本
资本集约度	低	中等，可以获得有条件的贷款	高
市场方向	自给性生产	自给性生产，并销售剩余产品	商品性生产
所需的基础设施	不一定进入市场，咨询服务不足	需要某些进入市场和机会及接受示范和咨询	必须有进入市场的条件、高水平的咨询服务及应用科研成果
土地占有情况	分散	有时连片	连片

一般来说，投入是通过改变土地的自然属性、经济属性以及作物的生理性状来提高土地的生产潜力的，其中以对土壤属性的作用最为显著。因此，在确定了投入水平后，可根据投入水平的高低调整土壤修正系数。以根据土壤适宜性等级确定修正系数为例，土壤适宜性等级原

为 S_2，当投入水平提升 1 级时，可将土壤适宜性等级提升为 S_1。需要注意的是，由于基础投入是生产投入的前提，因此在调整土壤适宜性等级时应以基础投入水平的改变为主要参照。

三、瓦赫宁根模型

瓦赫宁根模型(wageningen model)是 20 世纪 60 年代荷兰瓦赫宁根大学斯莱波斯在国际土地开垦与改良协会上提出的一种动态模拟植物生产力的模型。通过模拟作物的光合作用和呼吸作用，以及叶根生长量等因子的日变化和碳水化合物变化的过程，来计算在水分和营养充足条件下的作物生产力。该模型综合考虑了作物种类、光合特性、群体叶面积及作物产量形成的动态过程与机理，这一方法主要适用于小麦、玉米、高粱、苜蓿等作物产量的估算，主要包括以下 5 个计算步骤。

①计算标准作物干物质产量，即光合生产量，计算公式如下：

$$Y_0 = F \times y_c + (1 - F) \times y_s \tag{10.19}$$

式中：Y_0 为标准作物干物质产量，F 为白天的阴天部分(即云覆盖度)，y_c 和 y_s 分别为生育期间完全阴天时和完全晴天时的标准作物干物质产量[kg/(hm² · d)]。云覆盖度 F 可根据入射短波辐射计算，计算公式如下：

$$F = (R_{se} - 0.5R_s)/0.8R_{se} \tag{10.20}$$

式中：R_s 为实测入射短波辐射[cal/(cm² · 日)]，R_{se} 为晴天最大入射短波辐射[cal/(cm² · 日)]。

②根据气候修正标准作物干物质产量，计算公式如下：

$$\mathrm{ET}_m/(e_a - e_d) \tag{10.21}$$

式中：ET_m 为生育期内日平均最大蒸散量(mm/d)，e_a 为生育期内平均和饱水气压，e_d 为生育期内实际水汽压。

③根据作物种类修正。不同作物的光合生产量不同，并且与标准条件下的作物干物质产量之间存在一个经验常数 K，称为作物转换系数。可根据这个系数将标准条件下的作物干物质产量转化为苜蓿、玉米、高粱、小麦等作物的干物质产量。

④根据温度修正。标准作物干物质产量 Y_0 为作物在标准温度下的产量。作物通过呼吸作用带出自身热量，同时消耗自身的干物质产量。可根据作物各自的温度系数 CT 修正标准作物干物质产量 Y_0，从而得到总生长期白天实际温度平均值条件下的作物净产量。通常按照作物把干物质产量的 40%用于自身呼吸作用消耗考虑。

⑤根据经济水平修正，即根据收获量与干物质产量之间的数量关系进行修正。这是由于收获量仅是干物质总产量的部分，因此根据经济系数 CH 修正后才得到最终的经济产量。

综合上述 5 个计算过程，其总的计算公式为：

$$Y = Y_0 \times \mathrm{ET}_m/(e_a - e_d) \times K \times \mathrm{CT} \times \mathrm{CH} \times N \tag{10.22}$$

式中：Y 为作物生产力(kg/hm²)，N 为总生长期天数。

需要注意的是，由于瓦赫宁根模型计算的是水分和营养充足条件下的作物生产力，并未考虑土壤条件和投入水平等因素对作物生长的影响。因此，该模型计算出的作物生产潜力与光温阶乘模型计算出的存在一定差距。

第三节　土地的综合生产潜力评价和人口承载潜力分析

土地的自然适宜性评价可以获得不同作物或土地利用方式的适宜性等级，作物的生产潜力评价可以获得不同作物或土地利用方式的生产潜力，这些都只能从不同的侧面反映土地的适宜性和生产能力，它们比较适合大比例尺的土地评价，可以为具体的作物布局、种植制度改革、农业投资和项目规划提供详细的数据和具体的指导。但要分析较大区域的土地生产潜力，即小比例尺的土地评价，这些方法不可避免地带有某些片面性和局限性。因此，就有必要进一步进行土地的综合生产潜力评价，这种评价一般采用土地类型分类单元为评价单元，综合考虑作物或土地利用方式的适宜性评价或生产潜力评价的结果。

一、综合生产潜力评价步骤

（一）确定潜力评价的基础单位

土地潜力评价通常是在 4 种基本评价单位内进行：土地类型单位、土壤分类单位、土地利用现状的地块和网格。究竟采用哪一类单位作为评价的基础单元？傅伯杰（1991）认为，应根据评价项目的要求来决定。土地评价单元应该是所有土地评价要素相互作用的产物，即所选取的评价要素（如土壤有机质、坡度、排水条件、侵蚀及经济要素等）综合叠置而成的最基本单元。只有这样，才能保证从土地评价单元中提取供评价用的土地特征信息。否则，会因评价单元划分粗糙，无法提取所需的信息；或因评价单元划分过细，增大评价的工作量又不能增加评价精度。因此，根据不同的评价目的和评价项目，应该选择不同的评价单元。

（二）建立潜力评价系统

建立潜力评价系统时，要先考虑评价的目的和研究区的土地特点，同时也要考虑主客观条件。一般来说，可以参考和借鉴与研究区土地特点类同地区的现成评价系统，这样可节省时间和少走弯路。但是在参考和借鉴之前，一定要深入分析这些系统的结构和特点，尤其是由系统结构所体现出的土地利用优先次序，看是否符合本区情况。若有不合，需酌情修正。如果在一个范围较大的区域内进行，则需先对一些典型地区进行测试，并作某些必要调整，然后再推广。如果没有类似的评价方案可供参考和借鉴，则只能通过实地调查并参考有关资料建立评价系统。需要强调的是，在建立潜力评价系统过程中，应访问有经验的专业技术人员和农民，将他们的实践经验加以总结，这对建立一个完善和实用的评价系统至关重要。

（三）拟定潜力评价表

土地潜力评价表，又称为土地限制性因素评级表，国外也称转换表（conversion table）。在进行土地潜力评价前必须要拟定这类表格。

一是潜力评价表中要有限制因素。影响土地利用的土地性质很多，究竟选用哪些限制因素，需要对研究区的土地属性进行综合分析，力求找出影响土地利用潜力的主导限制因素。二是要为每一种选定的限制因素划分出各潜力级的对应界限值，如坡度与土壤侵蚀危害程度有关，常作为潜力评价中的一项重要限制因素。例如，某个地区可规定坡度小于 1°为Ⅰ级，1°～3°为Ⅱ级，3°～6°为Ⅲ级；有效土层厚度大于 150 cm 为Ⅰ级，100～150 cm 为Ⅱ级，70～100 m 为Ⅲ级。三是对一些限制因素一时难以定量表示的，则可用定性方法表示。例如，洪涝灾害可表示为“无”“偶尔”“不经常”和“经常”等。当然,应尽可能用定量方式表示,如洪涝灾害可描述成“平均一年一遇”或“平均十年八遇”等。表 10-9 是福建省沙县东溪流域的土地潜力评级表,可作为土地潜力评价表的一个实例。

表 10-9　福建省沙县东溪流域的土地潜力评级表

潜力级	限制因素及其划分标准									
	坡度/(°)	土层厚度/cm	障碍层深/cm	土壤质地	表土pH	地面侵蚀程度	地下水埋深/cm	排水情况	水源保证	热量状况
1	＜5	＞100	＞50	中壤或轻壤	6.0～5.5	无侵蚀	200～100	良好	稳定	充足,无寒害
2	5～15	100～60	50～40	轻壤或轻黏土	5.5～5.0	轻度面蚀	100～50	一般	一般	较好,受早春寒或秋寒影响
3	15～25	60～25	40～30	砂壤或重黏土	5.0～4.5	细沟或纹沟	50～30	不良	勉强	一般,受早春寒、五月寒和秋寒影响
4	＞25	＜25	＜30	粗砂或砾质土	＜4.5	切沟	＜30	积水	无保证	不足,寒害严重

资料来源:倪绍祥,1999。

限制因素的分级是土地潜力评价中的关键,它影响到评价成果的科学性和实用性。同时这也是一项相当困难的工作,要求评价工作者具备广博的知识,并对研究区有比较透彻的了解。有一种比较简便的方法可以尝试应用。

①确定Ⅰ级的下限值,即Ⅰ/Ⅱ级的界限值。方法是通过实地调查,找出当地群众普遍认为潜力和产量高的土地,分别确定该土地的每种限制因素的变动范围,即上、下限值,然后取其下限值作为Ⅰ/Ⅱ级的界限值。以坡度为例,如果这类土地的坡度为 1°～3°即其下限值为 3°。

②通过调查找出那些质量很差,但仍然勉强可用于农业耕作的土地,将这类土地限制因素的上、下限分别作为Ⅲ级和Ⅳ级的下限。以坡度为例,如果这类土地的坡度为 20°～25°,那么将 20°作为Ⅲ级下限值,即Ⅲ/Ⅳ的界限值,而将 25 作为Ⅳ级下限值。

③通过Ⅰ级下限与Ⅲ级下限之间的内插,确定Ⅱ级的下限,即Ⅱ/Ⅲ级的界限值。

显然,在拟定潜力评价表时还必须考虑不同限制因素之间的相互作用和叠加效应。例如,地表侵蚀度不仅取决于坡度,而且也与风化物质和土壤类型有关。因此,坡度的分级不能千篇一律。

(四)评定潜力等级

土地潜力等级的评定实际包括两级控制:第一级控制是分别对各限制因素评定相应的潜力等级,可称为单项评级;第二级控制是据各限制因素所相应的潜力等级评定土地总的潜力等级,可称为综合评级。综合评级可归纳为以下两种方法。

1. 定性方法

极限条件法是常用的定性方法,即把限制程度最高的某限制因素所对应的潜力等级作为土地总的潜力等级。也就是说,在根据限制因素的等级确定土地总的潜力等级时,不能等同看待不同的限制因素,或以存在多少个限制因素为依据进行简单类比。这种方法源自土地生产力理论中的“土地生产力限制律”,即由最差因子制约产量水平,用到土地潜力评价中,则指由最严重的限制因素制约土地潜力等级。这种方法比较简单,且在一般情况下可取得比较满意的结果。然而也应注意,在具体使用时要有一定的灵活性。例如,两个或两个以上的限制,因其叠加效应,有可能要将土地总的潜力级再向下降一级。

2. 定量方法

根据各限制因素分级值之和评定土地(土壤)总的潜力等级。例如,中国科学院南京土壤研究所何同康(1980 年)在贵州进行土地潜力评价时就采用了此方法。在评价中选定 10 种不同的限制因素,分别评定它们的级别,然后应用限制因素的分级值之和评定总的土地潜力级(表 10-10)。

表 10-10 应用限制因素的分级值之和评定总的土地潜力级

土地潜力级	Ⅰ	Ⅱ	Ⅲ	Ⅳ
限制因素分级值之和	0	≤3	3～4	≥4

资料来源:何同康,1980。

二、土地生产潜力分类系统

1961 年,Klingebiel 和 Montgomery 提出的美国农业部土地生产潜力评价方案是迄今看到的最早文本(USDA agric. handbook 210),也是最有影响的土地综合生产潜力分类系统,一般称为美国农业部的“土地生产潜力分类系统”(land capability classification)。许多国家或地区的土地生产潜力评价都借用这一系统,如英国土壤调查局于 1969 年提出的土地利用潜力分类系统等。

美国土地生产潜力分类系统是评价大农业用地中应用最广的系统,它根据土地对作物生长的自然限制性因素的强弱程度,将土地分成若干个顺序的类别。在土地生产潜力分类中,可耕种土地的分类根据土地持续生产一般农作物的生产潜力与其所受到的限制因素来划分,不宜耕种的土地(土地不宜长期持续耕种)的分类,还考虑因经营不当引起的土壤破坏的危险性。该系统分为潜力级(capability class)、潜力亚级(capability subclass)和潜力单元(capability unit)。潜力级是潜力分类中最高的级别,根据土地对种植大田作物或牧草的限制性程度,把所有的土地划分为 8 个潜力级:从Ⅰ级到Ⅷ级,土地在利用时受到的限制因素与破坏程度逐级增加,而作物选择余地逐级减小,其中Ⅰ级到Ⅳ级土地在良好的管理下,可生产适宜的农作物,而Ⅴ级到Ⅷ级则不能用于耕作(图 10-1)。在潜力级内部,根据限制性因素的种类分为4 个亚级,分别表示侵蚀危害(e)、过湿限制(w)、根系限制(s)和气候限制(c)4 种类型,它可明显表示危害类型,以及与其有关的管理问题的范围和程度。

(一)美国土地生产潜力分类系统的潜力级

Ⅰ级:土地利用几乎没有限制。

该级土地适宜于种植许多植物,可以安全地用于种植农作物或作草场、天然牧场、林地、野生生物保护区,地面几乎水平或稍有倾斜,土壤受风蚀、水蚀的危险性小。土层深厚,一般排水良好,易于耕作。土壤持水性能好,养分供应十分充足,或者对施肥有良好的反应。

土地利用的集约程度增大→

限制性与危险性增多↓ 利用选择的自由和适宜性减少↓

土地利用潜力等级	野生动物	林业	放牧			耕作			
			勉强	中度	集约	勉强	中度	集约	高度集约
Ⅰ	适宜	适宜	适宜	适宜	适宜	适宜	适宜	适宜	适宜
Ⅱ	适宜	适宜	适宜	适宜	适宜	适宜	适宜	适宜	
Ⅲ	适宜	适宜	适宜	适宜	适宜	适宜	适宜		
Ⅳ	适宜	适宜	适宜	适宜	适宜	适宜			
Ⅴ	适宜	适宜	适宜	适宜	适宜				
Ⅵ	适宜	适宜	适宜	适宜					
Ⅶ	适宜								
Ⅷ	适宜								

图 10-1　土地潜力级与土地利用程序的关系

Ⅰ级土地的气候条件适宜于多种大田作物的生长，不易受洪涝危害，产量高，适宜集约耕作。在灌溉区，如果干旱气候这个限制因素已被相对永久的灌溉工程的灌溉能力排除，土地就可以归入Ⅰ级。这种灌溉的土地或者在灌溉条件下可以利用的土地几乎是水平的，有深厚的根区，既有较好的渗透性，又有较好的持水能力，在耕作良好的条件下很容易加以保持。但有的土地可能要求进行一些简单的改良，包括平整为适宜的坡度，淋洗掉少量的可溶性盐类，或者降低季节性的地下水位等。在盐分、地下水位、洪涝或侵蚀等限制因素可能出现的地方，土地因为易遭受永久性的自然因素的限制而不能归入Ⅰ级。潮湿、底土透水不良的土地不能归入Ⅰ级，尽管有些Ⅰ级土地可以用排水作为增加产量、便利耕作的一个改良措施。

Ⅰ级土地用于种植作物时，进行正常的经营管理就可以维持其生产能力、保持土壤肥力和土壤结构。这些管理措施包括施用肥料和石灰，种植覆盖作物或绿肥，保留作物残体或施用厩肥，适当的轮作等。

Ⅱ级：土地利用有一定的限制，种植作物的选择余地减少，或要求中等程度的保护措施。

该级土地要求进行精细的土壤管理，包括水土保持措施，或者在耕作时改善土壤空气、水分状况。该级土地限制因素不多，措施易于施行。土地可以用于栽培作物，作为草场、天然牧场、林地或野生生物保护区。

该级土地的限制因素可能包括下列 1 个或几个：和缓的坡度；中等程度的风蚀或水蚀，或存在过去侵蚀留下的中度程度的不良后果；土层小于理想的厚度；土壤结构和耕性稍差；偶尔遭受洪涝灾害；土壤湿度可以通过排水予以改良，但仍作为一个不太严重的限制因素而经常存在；有轻度或中度盐渍化或碱化，易于改良又容易重新发生；气候条件对土壤的利用和管理稍有限制。

这级土壤在作物种植或管理措施方面，经营者的选择余地要比Ⅰ级土地小些。用于栽培作物时，在种植制度、水土保持措施、减少径流的设施或耕作方面也可能有特殊的要求。例如，地块稍有倾斜而土层深厚的土壤在种植作物时易受侵蚀，可能要求修筑梯田，进行带状种植、等高耕作，牧草和豆科作物的轮作，配置保水草带，种植绿肥作物，作物留茬覆盖，施用化肥和石灰等。合理的综合措施因地而异，它取决于土壤特性、当地的气候和耕作制度。

Ⅲ级：土地有严重的限制因素，种植作物的选择余地减少，或需要专门的水土保持措施，或两者兼而有之。

Ⅲ级土地比Ⅱ级土地受到更多的限制，种植作物时，其水土保持措施通常更难以实施和维护。它可用于栽培作物，作为草场、林地、天然草场和野生生物保护区。这一级土地的限制因素或这些限制因素的组合，限制了开垦耕种的数量，以及种植、耕作和收获的时间。对耕种的选择和限制性可能由下列一项或几项引起：坡度较陡；对水蚀或风蚀高度敏感，或过去侵蚀遗留下来的严重不利影响；洪涝频繁并使作物受害；底土渗透性很差；排水后土壤湿度仍然较大或有积水；基岩、硬磐层、脆磐层或黏磐层以上的土层浅，限制了根系的伸展和水分的储存；持水容量低；肥力低且难以改良；中等程度的盐渍化；中等程度的气候限制因素。

当种植作物时，许多过湿、渗透性差但几乎是水平的土地需要排水，并且需要实行能够维持或改善土壤结构和土壤耕性的种植制度。为了防止泥泞和改善渗透性能，这种土地必须增施有机物质，但避免在土壤过湿时作业。在某些灌区，由于地下水位高、渗透性差，以及盐渍化风险，一部分这种土地的利用范围受到限制。为了安全利用具有各种特点的第Ⅲ级土地，需要有一种或几种可供选择的用途和与之相配套的措施。但对于一般的农民，实际上供选择的方案的数目要小于Ⅱ级土地。

Ⅳ级：土壤存在十分严重的限制因素。种植作物的选择受到限制，或要求十分谨慎的管理，或二者兼而有之。

Ⅳ级土地的限制因素比Ⅲ级更多，作物的选择余地更加有限。土地在耕作的情况下，需要更谨慎的管理，水土保持难以维持。Ⅳ级土地可用于种植农作物，作草场、林场、天然牧场、野生生物保护区。

Ⅳ级土地可能仅适用于种植两三种常见的作物，一定时期后产量可能降低。在作物栽培方面的利用因永久性因素的影响而受到限制，诸如坡度陡，极易遭受风蚀或水蚀，过去侵蚀遗留下的严重影响，土层浅薄，土壤持水容量低，频繁的洪涝灾害，过度潮湿使排水后仍然有长期积水的危险，重度盐渍化或碱度，中等程度的不良气候。

在湿润地区许多倾斜坡地的Ⅳ级土地适用于偶然的、不定期的耕种。有些排水不畅、几乎是水平的Ⅳ级土地，虽然不易遭受侵蚀，但不适宜种植作物，原因是春季需要有一段疏通土壤的时间，作物产量低；某些Ⅳ级土地较适宜种植一种或几种特定的作物。比如果树、观赏树种和灌木等，但是这种适宜性本身并不足以使这一级土地达到高一级的标准。

在半湿润和半干旱地区，Ⅳ级土地在降水量高于平均降水量的年份里，适宜的作物可以获得高产量；雨量为平均降水量的年份里，则产量较低；在少雨的年份则没有收成。在少雨的年份里，土壤必须予以保护，即使商品作物收成很少或不能指望有什么收成时也是这样，需要有专门的措施来防止土壤风蚀，保持水分，维持土地的生产力。在少雨的年份，为了保持土地这个最基本的目的，有时也要栽种植物或进行辅助耕作，这些措施比Ⅲ级土地应用得更加频繁和精细。

Ⅴ级：没有或少有侵蚀的危险，但有其他的限制因素，而且难以排除。因此，基本上只限于用作草场、天然牧场、林地和野生生物区。

Ⅴ级土地的限制性限制了栽培植物的种类，并且对栽培作物不能进行正常的耕作。虽然土地地势平坦，但有些土壤潮湿，有些经常遭受河水淹漫，有些多砾石，有些受气候的限制，或者这些限制因素兼而有之。下面一些土地属于Ⅴ级：常有洪涝危害，作物不能正常生长的低洼地；地势近乎平坦，但生长季太短，栽培作物不能正常生长的土地；水平或近乎水平的多砾石或岩石裸露的土地；不能进行农业排水，但适于草或林木生长的低洼土地。因为限制，这些土地不能种植一般作物，但经过改良可以作为草场，如果善于经营，还可以获得一定的收益。

Ⅵ级：土地利用限制性严重，通常不适宜耕作，基本上仅限于用作草场、天然牧场、林地或野生生物区。

这级土地从自然条件角度可能需要进行一些改良，如采用播种牧草、施石灰、施肥、等高耕作、挖排水沟、分洪或喷灌等措施，才可作为改良牧草地用。但有一些限制因素是难以排除的，如陡坡、严重的侵蚀危害、过去侵蚀造成的不良影响、多砾石、根系层浅薄、过湿或洪涝、土壤持水量小、盐渍化、气候不良。这些限制性(一项或几项)使土地难以用于种植作物，但是可用作草场、天然牧场、林地、野生生物区，或这些用途的组合。

Ⅵ级土地中，有些土地如果加以集约经营，可以安全地用于栽培普通作物。如果加铺草皮植被，也适宜果树之类的木本植物，它们对土壤的要求不同于一般作物。这些土壤可以或好或差地用作林地，这要取决于土壤性状和地方的气候条件。

Ⅶ级：土地利用有很严重的限制性，不宜用于耕作，基本上只限于用作放牧、林地或野生生物区。

Ⅶ级土地从自然条件上，不能通过播种牧草、施用石灰、施用化肥、等高耕作、挖排水沟、分洪或喷灌等措施，不能用作草场或改良牧场。土地利用限制性比Ⅵ级更严重，原因是有一项或多项难以排除的限制因素，如坡度极陡、侵蚀、土层浅薄、多砾石、过湿、盐渍化、气候不利或其他限制因素使土壤不适宜种植普通的作物。它可以安全地用作放牧地、林地、野生生物区，或在正确的经营管理下这些用途的组合。

依据土壤性状和当地的气候条件，这级土地可以或好或差地用作林地。它不适于栽培任何一种普通作物。在特殊的经营管理条件下，某些土地偶尔可以用于栽培特种作物，有些Ⅶ级土地可能需要种草、种树，以保护土壤和防止损害邻近地区。

Ⅷ级：土壤及地貌的限制性使它不能用于商业性的作物生产，只能用于野生生物保护区、水源涵养或娱乐观赏(风景地)。

Ⅷ级土地由于土壤和地形的限制，不能指望从种植作物、牧草、木材的经营中直接得到收益，不过也许能从野生生物保护、水源地和娱乐观赏等方面得到收益。Ⅷ级土地难以排除的限制因素：侵蚀作用的不良后果或侵蚀危险、恶劣的气候、土壤过湿、多砾石、土壤持水能力低和盐渍化。瘠地、裸岩、沙滩、河床冲积物、尾矿地以及近乎不毛之地的土地都归属于Ⅷ级土地。为了水土保持或保护野生动植物和自然景观，对这级土地的土壤和地形给予保护或尽量栽种一定的植物，是非常有意义的。

(二)土地潜力亚级和土地潜力单元的划分

在土地潜力级之内，按照土地利用的限制性因素种类或危害，续分土地潜力亚级。同亚级的土地，其土壤和气候对农业起支配作用的限制性因素是相同的。4个亚级如下，其中Ⅰ级土地不分亚级。

①侵蚀危害(e)：因土壤侵蚀和堆积造成的危害。

②过湿限制(w)：因土壤排水不良、地下水位高、洪水泛滥造成的危害，也称水分限制。

③根系限制(s)：植物根系受限制的危害包括土层薄、干旱、障碍层、石质、持水量低、肥力

低、盐化、碱化等土壤限制因素，因此也称土壤限制。

④气候限制(c)：影响植物正常生长的气候因素危害，如过冷、干旱、霜雹等气候因素。

土地潜力单元是土地潜力亚级的续分，它是对植物生产有相似的适宜性和经营管理措施，土地特征组合充分一致，具有相同的潜力、限制或危险的一组土地。同一潜力单元中的任何土地在下列方面应当一致：一是在相同的经营管理水平下，有相同的土地利用方式(种植相同的农作物和饲料作物)；二是种植相同的作物要求相同的经营管理措施和方法；三是生产潜力相近，即在相似的经营管理条件下，同一土地潜力单元的土地，适种作物的常年产量变率不会超过25%。实际上，同一潜力单元在制图单元上往往是土系组合，空间变异不大。

美国土地生产潜力分类体系的结构见表10-11。

表10-11 美国土地生产潜力分类体系的结构

	潜力级	潜力亚级	单元	土系组合
耕地	Ⅰ Ⅱ Ⅲ Ⅳ	→ Ⅲw Ⅲe Ⅲs Ⅲc Ⅲes ⋮	→ Ⅲe_1 Ⅲe_2 Ⅲe_3 ⋮	→ 土壤图 土系1 土系2 土系3 ⋮
非耕地	Ⅴ Ⅵ Ⅶ Ⅷ			

三、土地资源人口承载潜力分析

随着人口的急骤增长，人们开始担心地球能否养活不断增长的人口，于是土地资源人口承载潜力研究应运而生。如何有目的地控制人口，如何合理地利用地球上的有限资源是土地资源人口承载潜力研究的主要内容。土地资源人口承载潜力分析中最为关心的问题是土地能够生产多少粮食，因此土地生产潜力评价便是土地资源人口承载潜力研究的基础。下面主要介绍在土地生产潜力评价基础上的土地资源人口承载潜力研究。

(一)土地资源人口承载潜力分析的概念及其方法

土地资源人口承载潜力是指一定区域内的土地生产的自然潜力在一定的投入条件下，可能生产的食物总量与人均消耗量的总和之比的一个动态估算。它主要是由两个方面决定的，一是土地生产潜力，二是营养水平和人口数量。土地生产潜力是指目前或将来某一个时期在合理有效的管理水平下，在能够保证可持续利用的前提下，土地生产人类生活所必需的粮食、油类和纤维等物质的能力；而营养水平是指相应时期人类活动所必须消费的能量(主要指蛋白质和淀粉)和物质(主要指纤维)的数量，人口数量是指相应时期该地区的人口密度。那么土地资源人口承载潜力研究的主要内容如下。

①在土地资源调查的基础上，分析社会经济因素，确定投入水平。

②在土地评价的原则指导下，分析土地生产潜力。

③对将来一定时期的营养水平及人口发展状况做出预测，进一步分析相应时期土地生产

潜力是否能够满足人口所需的消费。

④依据上面的分析，提出增加土地生产潜力或调控人口的对策。因此，土地资源人口承载潜力研究的目标不仅仅是明确土地能够养活多少人，而是要弄清如何用有限的土地资源，为将来某个时期的人口提供更多、更好的物质和能量而找到一整套政策和法规，使一个国家或地区在人口变化的情况下仍能保证持续稳定的发展，必要时可以根据区域的承载能力控制人口变化。

很多研究者在不同的国家或地区进行了土地资源人口承载潜力的研究，他们针对研究区域的特点及自己的专长，所采用的方法都有所不同，但概括起来，可以分为系统动力学方法和农业生态区法。

系统动力学方法：将土地看作一个动态的系统，应用系统动力学的基本原理，从整体上分析人口、资源、环境和发展之间的关系，通过建立系统动力学模型，模拟不同策略方案下人口变化与承载潜力之间的动态关系，从而寻找出一套有利于国家或地区持续稳定发展的政策和法规。

农业生态区法：在一定的比例尺下，将研究区域划分为农业生产条件（主要按气候和土壤）相对一致的生态单元，在一定的土地利用方式（如作物种类和种植制度、投入水平等）下计算其土地生产潜力，然后以行政单元为统计单位，在一定的营养水平条件下，进行土地资源人口承载潜力分析，在此基础上提出相应的对策。

1976—1983 年，农业生态区法在非洲、西南亚、东南亚、南美洲、中美洲 5 大地区的 100 多个发展中国家得到应用和推广，为这些国家的土地资源人口承载潜力研究做出了贡献，同时它自身也得到了完善和发展，可以说它是目前最完善和系统的方法之一，其应用范围也比较广泛，特别适用于发展中国家和地区。1989 年开始的“中国土地的人口承载潜力”项目也是使用的这一方法。

(二)农业生态区法的工作程序

土地评价的原理、原则和方法是土地资源人口承载潜力研究的基础，而土地生产潜力则是土地资源人口承载潜力研究的核心。农业生态区法中的土地生产潜力分析前面已经介绍过，下面主要介绍农业生态区法分析土地资源人口承载潜力的主要工作过程(图 10-2)。

1. 土地资源清查与农业生态单元的生成

(1)气候清查

气候清查的实用性程度取决于所用的气候参数能够在多大程度上与作物要求的气候条件相适应。根据这个要求，气候清查应包括以下 3 个主要内容：一是温度，二是水分，三是生长期长度。温度和水分是影响作物生长与分布的两个最主要的因素，地球上不同地区的气候不同，其对作物的影响也不同。在热带地区，水分的作用最大；在亚热带地区，尽管降水能得到满足，冬季的低温和低辐射也会限制作物的生长期；在温带地区，气温和降水对作物生长的影响会更大。

为了表达不同地区温度和降水的差异，农业生态区法中采用了热量带、热量区和生长期长度来表示。

生长期长度定义为水分和温度都允许作物生长的日期。农业生态区法早期在热带发展中国家应用时，采用的指标是降水量(P)大于或等于蒸散量(PET)的 1/2，及日平均气温高于 5 ℃的日期。在中国，由于存在大量的喜凉和越冬作物，实际上当春季气温回升到 0 ℃时越冬

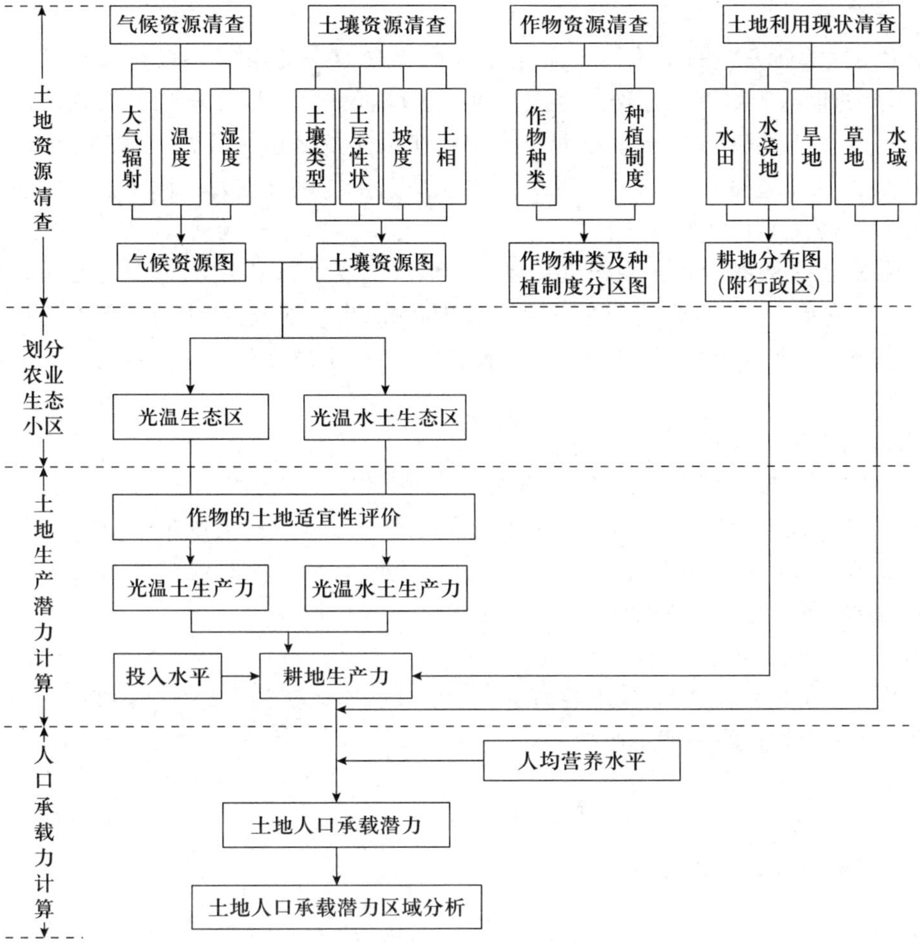

图 10-2　土地资源人口承载潜力工作程序流程图

作物就开始了生长,因此将这个指标进行了修正(采用日平均气温高于 0 ℃,或 5 ℃的日期的 2 种温度的生长期长度)。在计算生长期长度时,考虑的另一个重要因素就是当降水量大于蒸散量时,有水分盈余储存于土壤中。这些盈余的水分可供下一个干旱期使用,这样就延长了生长期。储存于土壤中的有效水量根据实际情况而有所不同,FAO 早期研究中用的是相当于 100 mm的降水量,不同地区根据实际情况选择使用 50～250 mm 的土壤有效储水量,温度特征则用温度特征值来表示。气候带的划分是以月的平均气温来定的。为了便于全球对比,将每月的平均气温订正到海平面的气温,据此划分成热带(各月平均气温≥18 ℃)、亚热带(各月平均气温高于 5 ℃)等。每个气候带之下,因不同地形、海拔高度对气温的影响,又可划分几个热量区,如热带分成暖热带(生长期中实际日平均气温>20 ℃)、微凉热带(生长期中实际日平均气温为 15～20℃)、凉热带(生长期中日实际平均气温为 5～15 ℃)和冷热带(生长期中日平均气温<5 ℃)。这样热带区的划分就与地形、海拔高度的影响联系起来了。温度特征可用一组与作物温度密切相关的气温指标来表示,如可以用月平均气温:0 ℃、5 ℃、10 ℃、15 ℃、20 ℃、25 ℃、30 ℃及其持续天数等来表示。

将上述气候清查数据绘制成生长期长度图、温度特征值等值线图,以及气候带和热量区图,以上这些图件叠加就形成了气候清查图。

(2)土壤清查

农业生态区法研究中的土壤清查采用联合国粮食及农业组织和教科文组织出版的1：500万比例尺的世界土壤图。这份土壤图提供了土壤、坡度、质地和土相等信息。世界土壤图共包括26个主要土类、106个土壤单元。土壤图所采用的制图单元是土壤组合单元，包括主要土壤、次要土壤和伴随土壤，每个土壤组合的组成与范围都标在每一图幅背面的说明中。

(3)土地资源清单的产生

将气候图、土壤图和行政区划图进行叠加即形成农业生态单元图，农业生态单元是土地资源评价的基本单元。每个农业生态单元都是温度状况、生长期长度、生长期年度变化、地形、土壤特征(土壤单元、土壤结构、土相、坡度、母质和质地)等条件相对均一并且属于同一行政区的土地评价单元。

(4)土地利用现状清查

每个农业生态单元中含有农用地和非农用地，因此需要把非农用地扣除。非农用地包括城镇用地、农村居民点用地、交通用地、基础设施用地、矿业用地、工业用地、林地、自然和旅游保护区用地、湖泊及其他水域用地等。土地资源清查的总量扣除非农用地的数量就是进行农业生态区法分析所需要的土地数量。

2. 土地生产潜力分析

对于不同的农业生态单元，应用前面所讲的农业生态区法的土地生产潜力计算方法，计算所选择的土地利用方式的土地生产潜力。

3. 土地资源人口承载潜力分析

(1)人口承载潜力计算

人口承载潜力计算公式为：

$$\text{人口承载潜力}=\frac{\text{土地生产潜力}}{\text{人均营养水平}} \tag{10.23}$$

人均营养水平可以用人均消耗的粮食计算，由于粮食的品种不同，其营养成分和含量不同，因此这一标准不太准确。农业生态区法中一般采用每人每天需要的热量和蛋白质的数量作为标准。不同年龄、不同劳动强度和不同性别的人所需的热量和蛋白质都不一样。表10-12是FAO和世界卫生组织建议的标准，可以根据这一标准和人口结构求出人均营养水平。需要说明的是，国家和地区的发展水平不同，人均营养水平会有一定的差别，同一国家或地区不同时期人均营养水平也不一样。因此，如果要计算将来某一时期(或某一年)某一地区的土地资源人口承载潜力，必须根据该地区的情况及政策来预测人均营养水平。

通过土地生产潜力计算，可以获得每个农业生态单元的不同土地利用方式的生产量(以产量计)，并转化为热量和蛋白质，然后根据人的营养消耗特点(有时要考虑当地的饮食习惯)确定热量和蛋白质的搭配比例，以这一比例为前提，对不同的土地利用方式在不同的农业生态单元中的分配进行规划，获得最优的规划方案。最后根据这一方案，计算一定区域内的土地生产潜力(以热量和蛋白质计)。土地生产潜力也分为当前的或预测的，后者主要是通过预测将来某一时期(某一年)的投入水平等条件来预测其生产潜力。

(2)人口承载潜力分析

人口承载潜力分析一般以行政区为单元进行，如某一个国家或某一个地区等。根据上面的计算公式可以计算国家或地区当前的或将来某一年的土地资源人口承载潜力，将这一数值与该国家或该地区当前的人口绝对值或将来的人口预测值进行比较，就可以为一系列的生产决策、政策制定提供依据，如通过增加投入增大商品粮基地的面积，提高粮食产量，或采用一定的法律、政策控制人口的数量等。

表 10-12　各种营养物质的日消耗量(1976 年修订)

人口类别		热量/J	蛋白质/g
成年男子(65 kg)	轻体力劳动	10 868	75
	中体力劳动	12 540	80
	重体力劳动	15 048	90
成年女子(55 kg)	轻体力劳动	10 032	70
	中体力劳动	11 704	75
	重体力劳动	14 212	85
少年(13～16 岁)	男	10 868	80
	女	10 450	75
儿童	7～10 岁	8 360	60
	3～5 岁	5 852	45

第四节　土地利用系统模拟和生产力定量分析

随着系统工程和计算机的应用和发展，土地科学的研究也在不断引用新的理论和方法，向着定量化、模型化和系统化方向发展。土地利用系统的部分或整体动态模拟，以及土地资源信息系统的建设和应用，使土地资源研究和利用更加科学化和系统化。迄今为止，世界各地的学者根据土地利用的目标，从不同角度提出了多种土地利用系统分析与模拟的方法体系，并结合特定条件下的自然社会经济状况及存在的问题，对土地利用的概念的具体化、土地利用系统分析与模拟及土地生产力的定量分析等方面进行了深入系统的研究和探讨，同时将研究成果应用于不同尺度和等级层次的土地利用结构调整、技术措施的选择、政策法规的制定等。

一、土地利用系统理论和方法

当今，系统科学理论与系统工程方法已广泛应用于土地利用、城镇建设、生态环境、资源开发和人口控制等社会经济领域，在资源环境管理等方面发挥着重要的作用。系统理论和系统工程方法之所以对土地利用研究产生直接的影响，其原因为：①区域土地本身就是一个复杂的系统，引入系统科学理论与系统工程方法，可以将土地利用系统的结构分析得更全面，使系统—结构—功能紧密联系。②系统科学在思考和解决问题时，把目标选择放在极为重要的地位。这种目标的选择方法对于土地利用结构的分解和评价是十分重要的。③系统科学强调对众多的备选方案进行分析比较，找出最优方案。当评价目标有多个，而且彼此间又有矛盾时，要选出对所有指标均优的方案一般是不可能的，必须妥协权衡。这种方法在土地利用研究中是非常有用的。④系统科学认为，由于系统大而复杂，无法直接分析和实验，一般用模型来代替真实系统，然后进行分析。人们对土地利用结构进行随意的试验是不现实的。因此，用数学模型或逻辑模型对土地利用结构进行分析，便成为不可缺少的方法。土地利用结构的调整包含生态的、技术的和经济的问题，千头万绪，错综复杂，要把这些问题加以综合处理，使各种因素组成一个达到最优水平的完整体系，使各部门各单位的意见和力量结合成统一协调的结构，就必须求助于系统方法。土地利用系统分析、模拟与土地生产力分析是以数学模型为重要手段的定量分析过程。

(一)土地利用系统理论

土地之所以具有满足人类生产和生活各种需求的功能，不仅是土地本身的作用，还是在土地上投入一定劳动的结果。所以，可将土地利用视为由一定的土地单元和一定的土地利用方式这两个要素组成的系统——土地利用系统(land use system)。一定的土地单元有一定的质量，一定的土地利用方式有一定的土地利用要求，两者相互作用而产生一定的产出。这些产出可以是某种产品，如粮食、棉花、木材等；或是生产和生活空间，如厂房、住宅等；或是某种服务，如旅游、风景等美学欣赏。产出的多少和好坏取决于土地单元的质量与土地利用方式的土地利用要求匹配的程度。匹配得好，即适宜性好，产出就多且好。否则，产出就少且不好。土地利用系统的结构就是这两个组成要素相互联系的总和。

土地利用系统是开放的系统，它与外界有物质与能量的交换。作用于土地单元的外界投入有各种土地改良的投入，这些投入能改变土地单元的质量；作用于土地利用方式的投入有各种物质、能量或技术的投入，这些投入的改变会改变土地利用方式的性质。若外界合理投入增加，则土地利用系统的产出也会增加。外界投入性质改变，也会带来土地利用系统性质的改变，即其结构和功能的改变。影响投入的各种因素，如人口、资金、技术、制度、政策、法规等，即为土地利用系统的环境。土地利用系统的这些特征可图解如下(图 10-3)。

土地利用系统本身及其环境的变化都是可观察且有规律可循的。人口经济学揭示了经济发展与人口变化的规律；产业经济学揭示了产业结构演变的规律；区位论和区域经济学揭示了产业空间布局和区域经济发展的规律。土地利用系统分析的任务之一就是要进一步揭示土地利用系统内部演化及其与环境关系的规律。

土地利用系统是人工系统，它的结构与功能是它的创造者——人，按自己的目的来设计的，因此它是可控的。土地利用管理也就是对土地利用系统的调控。土地利用管理者需要研究在土地利用系统运行的每个环节上，何处需要设置控制器(即实施控制的地点)，设置什么样的控制器(即控制措施)，采取什么样的控制方式，控制的效果如何，怎样实现最优控制等。所以，土地管理就是对土地利用系统的控制。

由于土地利用系统具有可观性和可控性，它的结构、功能、行为、运行过程和调控都可以用各种模型来模拟。除了定性的系统或结构模型外，还需要建立反映系统内部关系的定量的模型，反映流经各子系统的物流、能流、技术或信息流的种种变化的行为模型，反映土地利用系统在一定控制条件下的运动轨迹的过程模型，以及反映子系统之间和土地利用系统与环境之间相互作用的功能模型等。这些模型有静态的，也要有动态的；有短期的，也要有中长期的。

(二)土地利用系统工程方法

根据系统工程原理和方法以及土地利用系统理论，土地利用系统工程方法主要包括土地利用系统分析和土地利用系统建模与模拟。

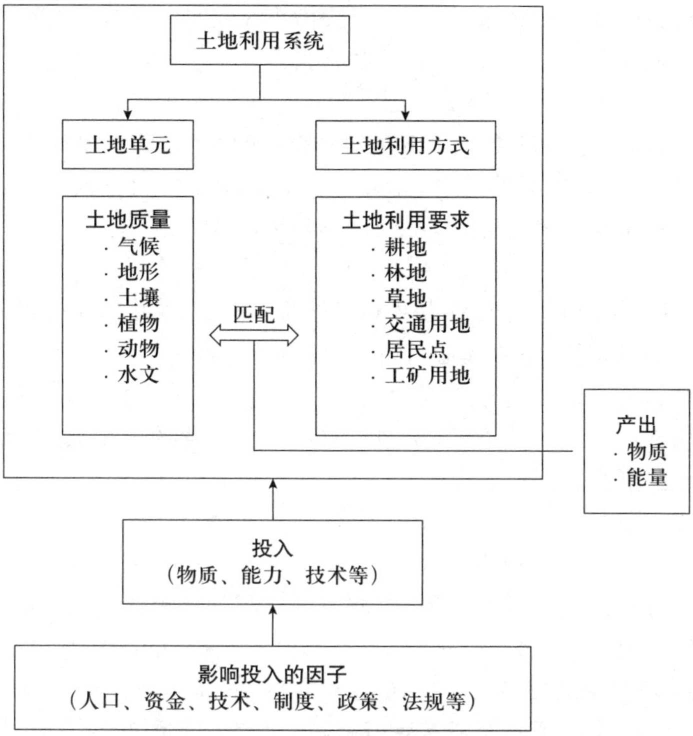

图 10-3　土地利用系统的特征图解

1. 土地利用系统分析的一般步骤

系统分析(system analysis)是把研究对象视为系统的一种研究和解决问题的方法，它在收集系统信息的基础上，建立与系统结构、功能有关的模型，对信息进行整理、加工、综合，从而解释与研究对象有关的现象，对系统的行为和发展做出评价和预测，并对系统进行调控。

根据系统分析的一般原理及土地利用的特点，土地利用系统分析的流程如图 10-4 所示。

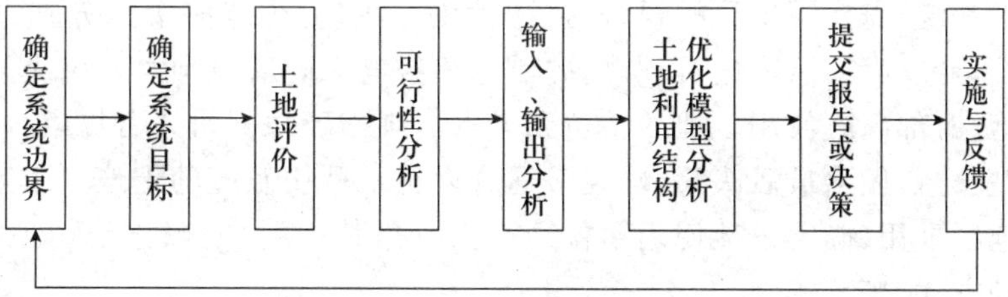

图 10-4　土地利用系统分析流程

(1)确定系统边界

任何一个土地利用系统都有其确定的边界范围，这种边界是多层次的，除了时空的边界范围外，还有流动的人、物质和能量等。对于后者，难度更大，需要对认识、研究、利用、改造的对象进行认真分析后，才能确定。

(2)确定系统目标

土地利用系统的目标，应是多目标的综合，是经济效益、社会效益、生态效益三者之间矛盾的统一。具体的目标体系包括两个方面的内容：一是确定土地利用总体方向或土地利用方式；二是确定土地利用的指标体系，如农产品产量指标、经济增长指标。确定目标时，要充分考虑系统内的土地自然条件、社会经济条件，同时还要考虑系统外的人文、经济、自然环境。确定目标要有充分的依据，从实际出发，切忌随意性和盲目性。

(3)进行土地评价

在对系统内与目标有关的各类资源环境数据资料的收集、分析基础上，开展土地评价，有助于研究者了解土地与目标之间的关系，为最后决策提供直接的依据。是否需要进行自然适宜性评价、生产潜力评价还是经济评价，可以根据实际需要而定。

(4)可行性分析

在土地评价的基础上，对土地利用方式和指标进行全面的可行性分析。可行性内容包括资源环境可行性、技术可行性、组织体制可行性、经济可行性及社会可行性等。

要做好以上分析，有时需要进行必要的预测，如自然资源开发变化趋势预测、科学技术影响预测、社会经济条件(人口、劳动力、资金、物质投入等)变化的影响预测、市场变化趋势预测、国家有关经济政策变化的预测等。

(5)输入输出模型分析

建立输入输出模型，对土地利用系统中的物质、能量、资本、劳动等多方面的指标参数进行系统分析，提出系统存在的问题及其原因，预测系统运行的效果或前景；同时，为下一步建立土地利用结构优化模型提供参数选择。这时的输入、输出分析，可以是对现有系统的分析，也可能是对根据经验而假设的系统的分析。无论是现有系统，还是假设系统，对生态环境、经济、社会等各个方面的输入、输出都要有全面的考虑，保证预测值的准确。

(6)土地利用结构优化模型分析

在以上分析的基础上，研究者根据研究目标和相关的约束条件(如林地面积必须达到多少、人均收入必须达到多少等)，建立土地利用结构优化的模型，如线性规划模型或系统动力学模型等。通过模型分析，提出系统优化的多种方案。然后，对各个方案运用系统工程和运筹学方法进行规划、统计、实施和管理的模拟研究。

(7)报告或决策

对于研究者来说，需要写出分析报告，描述优化方案(一个或多个)，分别进行可行性分析和风险分析(对可能发生的风险进行预测，并制定相应的风险应急预案)，供决策者参考。对于决策者(一般为政府部门或使用土地的单位和个人)，则需要根据研究者提出的供选方案，进行综合论证和效益分析，做出最后决策，确定最适合该土地利用系统的土地利用结构方案。决策的内容包括土地给谁用(确定土地使用单位或个人)、做什么用(明确土地用途)、怎样用(选择土地利用方向和方式)等。

(8)实施与反馈

将土地利用结构方案付诸实施，制订具体的实施计划与措施，把“纸上谈兵”变成“实际行动”，通过实施来实现预期的目标。实施过程发现问题后，可在系统分析的基础上，对方案进行必要的修改，以便有效、合理地利用土地。

2. 常用土地利用系统分析模型

在土地利用系统分析过程中，常采用计算机、3S 技术以及数学模型方法。常用的数学模型可分为以下几类。

(1)结构—功能分析模型

包括主成分分析、因子分析、聚类分析、判别分析、分布函数、回归分析、灰色关联分析、投入产出分析、生产函数。

(2)预测分析模型

包括概率预测法、外推预测法、回归分析、投入产出法、时间序列分析、灰色预测法。

(3)优化模型

包括线性规划、非线性规划、整数规划、动态规划、模糊规划、多维灰色规划、目标规划。

具体进行土地利用系统分析时,根据分析的目的和要求,以及各种模型的技术方法要求和所分析对象的技术、数据资料条件,选择适宜的模型进行建模与模拟。其中,建模数据来源的质量(准确性、完整性和可靠性)是选择模型的关键之一。

二、土地利用系统模拟和作物生产力定量分析

随着土地可持续利用的要求和科学研究的深入,土地利用系统结构和生产力的分析与模拟,已由定性阶段进入了定量阶段。

土地利用系统定量分析方法思想的产生可以追溯到 20 世纪 60 年代末期。早在 FAO《土地评价纲要》出版之前的 1968 年,在澳大利亚首都堪培拉召开的澳洲联邦科学与工业研究组织 CSIRO (Australia's commonwealth scientific and industrial research organization)会议标志着土地评价发展过程中土地定量化评价的开始。Nix 在这次会议上首次提出应用系统分析与模拟模型进行土地定量分析和评价的思想。此后,以作物和牧草为土地利用类型的单一土地利用系统模拟模型发展最快,取得了很大成绩,并逐步应用于农业生产和研究的各个方面。表 10-13 列出了目前在文献中可以找到的主要作物生长动态模拟模型和模拟的主要过程。土壤—作物—大气系统模拟研究主要沿 2 个方向发展。

表 10-13　主要作物生长动态模拟模型和模拟的主要过程

模型名称	模拟作物	模拟的主要过程	主要作者
CERES	大麦、玉米、谷子、水稻、高粱、小麦、大豆、花生、豌豆、木薯、马铃薯	作物阶段发育、形态发生和生长、生物量累积和分配、土壤水分平衡、作物土壤氮平衡	Ritchie 等
GOSSYM WWHEAT GLYCIM	棉花、小麦、大豆	光合作用、呼吸作用、蒸腾作用、形态发生和生长、土壤水分平衡、氮素平衡	Baler,Lambert,Mckinion
MIMSOYZ PEANUTZ SIMAIZ	大豆、花生、玉米	光合作用、生物量累积和分配、氮素固定、籽粒数量和大小形成过程	Ducan
SUBGRO POTATO COTGRO	甜菜、马铃薯、棉花	光合作用、呼吸作用、蒸腾作用、水分吸收、生长和发育、开花、果实形成和叶片死亡	Loomis,Wilson,Fick
COTCROP	棉花	光合作用、呼吸作用、蒸腾作用、径流、排水、氮素吸收、反硝化作用、淋溶、形态发生和生长	Brown,Hesketch
SIMED	苜蓿	光合作用、呼吸作用、生长、物质转移、土壤水分吸收	Holt,Miles

续表 10-13

模型名称	模拟作物	模拟的主要过程	主要作者
SUCROS MACROS WOFOST QPS	一般作物	光合作用、呼吸作用、净干物质分配、土壤水分平衡、叶片死亡速率、土壤肥力评价、计算养分限制生产力	De Wit, Penning, Driessen, Wolf, van Keulen
SWATRE	一般作物	土壤水分动力学模型	Feddes 等
WOFBOS	森林	初级生产力,水分平衡	Poels & Bijke
SGWILLOW	柳树	初级生产力,水分、氮循环	Eckersten 等
EIPC	一般作物	净干物质积累,土壤侵蚀,氮、磷移动和循环,水分循环	Williams 等

(一)以作物生长模拟为中心的土壤—作物—大气系统模拟研究

此类模型主要是研究自然环境因子和耕作栽培措施对作物生长发育的影响。荷兰的瓦格宁根大学 De Wit 等在 1965 年研究了作物冠层的日光合速率,并于 1969 年提出了一个有关模拟作物生长过程碳素平衡模拟模型(ELCROS)。在这之后,先后完成了 BACROS,SUCROS 和 MOCROS 系列作物生长模拟模型,并出版了 30 多本有关作物生长模拟模型系列丛书。20 世纪 70 年代初,由美国农业部农业研究署主持、美国密西西比州立大学作为主要承担单位,完成了棉花生长模型(GOSSYM)和大豆生长模型(GLYCIM)。与此同时,以 Ritchies(1991)教授为首的专家组,完成了名为 CERES 的作物生长模型。到目前为止,已完成了小麦、玉米、谷子、水稻、高粱和马铃薯等作物生长模型,并应用于国际农业推广(IBSNAT)研究项目中,在世界各地进行了验证。

综观此类模型的模拟原理,不难看出以下特点。

①此类模型在处理作物对土壤水分吸收研究时,一般应用水均衡法模拟根层土壤水分运动及平衡,对于根系吸收水分和水分在土壤中运动模拟的机理性较差。

②美国建立的作物生长模型,除深入考虑作物共同的生长机理外,还强调各种作物的特性,建立不同作物生长模拟的模型。所建模型的主要目的是研究作物生长的生物化学过程和环境条件关系及解决作物栽培和管理中的一些实际问题,为作物生长管理和决策提供依据。荷兰作物生长模拟的模型特点是强调作物的共性,只要输入所需要的统一参数和数据,模型可适合于大多数作物。这就决定了模型在应用于评价土地生产力和区域水资源利用和管理方面的研究工作较深入。但与美国所建模型比较,模型对播种密度、生育期划分、作物形态发育、库和源之间的关系、不同作物品种等方面考虑不细致。

③模型在模拟作物潜在生产力时,对群体的光合作用和呼吸作用过程进行了比较详细地模拟,结合生理机制较密切。在对水分进行限制的情况下,生产力模拟是通过模拟土壤中水分平衡,引入水分修正系数,来模拟实际干物质生产量。

(二)以土壤水分运动和平衡模拟为中心的土壤—作物—大气系统模拟研究

此类模型主要是研究作物对水分的利用效率和灌溉管理,包含了从简单的水均衡模型到复杂的水动力学机理性模拟模型。这种模型在模拟土壤水分运动和作物根系吸水方面机理性较强,在模拟作物生长和蒸腾与土壤水分有效性的关系方面较差,且基本上不考虑地上部分作物生长以及光合作用对地下部根系生长和吸水的影响,主要有以下几个方面的问题需要考虑。

①在计算作物蒸腾和土壤蒸发方面，常采用在供水充足和作物正常生长条件下得出的经验系数，即作物系数（Kc）来计算作物蒸散。当水分不能满足作物生长需水时，作物的高度和叶面积系数就会发生相应的变化，从而影响近地面辐射分布和空气流动，作物系数会发生相应的变化。

②在此类模型的应用过程中，用蒸散计算水分利用效率及土壤水分对作物生长的满足程度。事实上，用作物的蒸腾量计算水分利用效率更科学。

以上土壤—作物—大气系统模拟研究的两个方面发展代表了不同学科背景的学者所关心的问题，实际上，土壤—作物—大气系统模拟研究是一个整体，任何简化某一部分的模型都是对整体的简化。随着研究的深化和科学的发展，两个方面必将走向统一。

（三）RS 与 GIS 与作物生长模拟模型的结合应用

传统的作物模型受到多种因素（如空间数据资料的收集与整理、空间数据的处理等）的限制，大多在单点尺度上模拟作物的生长过程。如 DSSAT-AEGIS 模块就是实现单点模拟结果的空间可视化。RS 和 GIS 等新技术手段的崛起，无疑为作物生长模型的应用和发展提供了广阔的前景。借助于 RS 和 GIS 技术，可以将作物模型的应用提升为区域尺度，所以 RS、GIS 技术与作物模型结合是作物模型发展的重要趋势之一，有助于解决单独使用作物模型无法解决的许多问题。因此 RS 信息的实时性、宏观性，GIS 技术的强大空间分析功能与作物生长模型的连续性、机理性构成了良好的互补关系。

1. RS 技术与作物模型的结合及应用

RS 能够即时获取大范围、周期性的地球表面信息，已经在农业、气象、水文、环保等领域广泛应用，其中农业是应用较早的领域之一。目前，国内外遥感与农业的结合包括以下几个方面：农作物识别分类，农作物参数遥感反演，农作物长势监测，利用植被指数建立回归模型进行遥感大面积估产（鹿琳琳，2008；姚云军，2008）等。RS 数据与常规试验或观测数据相比，具有信息量大、省时、省力的优势。Maas 利用植被指数 NDVI 算了有效光合辐射和叶面积指数，用于作物模型，同时提出了用遥感信息对模拟过程进行重新初始化和参数化的方法，以提高模型精度（MAAS S J，1998.）。RS 与作物模拟模型相结合，可以在大范围尺度上较容易地获取上述宏观数据，更好地掌握大范围空间尺度上农作物的生长状况，提升作物模型的应用尺度。RS 和作物模型结合，优势互补，可以得到单独利用 RS 或者单独运用作物模型模拟无法得到的效果。

目前，RS 技术和作物模拟模型结合，通常有驱动法、初始化/参数化法和同化法 3 种方法。Bunkei 等基于驱动法将利用归一化植被指数 NDVI（normalized difference vegetation index）计算得到的 LAI（leaf area index）代入生态系统生产力模型 BEPS，预测整个东亚地区的净初级生产力，也获得了较好的精度（Bunkei and Masayuki，2002）。Clevers 等利用获取的微波数据反演 LAI，并且根据 LAI 调整 SUCROS 作物模型的输入参数，模拟结果显示能较好地预测甜菜的产量（Clevers J G P W，1996）。Moran 等将苜蓿生长模型与一个土壤水分平衡子模块集成，采用分步反推的方法，依次利用遥感信息同化这两个模型，模拟地表蒸散、土壤水分、苜蓿冠层密度和生物量，也取得了不错的效果（Moran et al.，1995）。其中，同化方法已经成为近年来的研究热点。

2. GIS 技术与作物模型结合以及应用

随着 GIS 技术的日益完善，GIS 技术与土地生产力定量模拟模型的综合应用，日益引起人们的重视,GIS技术可使土地生产力定量动态模拟方法走向应用化。GIS技术不仅可以定量表征区域环境特性,而且能够揭示生产力的区域分布特征以及存在的问题;通过与作物模型的结合,不仅可以扩大作物模型的应用范围,而且能评估不同管理情景下的生产力,为农业管理或区域规划提供科学依据。因此,将作物模型和GIS相结合,可以实现大范围、大尺度区域的作物生长过程模拟,结合GIS技术(空间数据库、空间制图、空间分析等)和作物模型各自的特点,优势互补,扩大作物模型的应用范围。

目前,土地生产力模拟模型研究的发展,正在通过多点研究检验和进一步完善模拟模型(CERES,PS123,WOFOST)之外,主要尝试将模拟系方法与地理信息系统的结合后,在土地评价、生产力定量计算及土地利用系统分析中的应用研究。比如Gier等运用GIS建立了印度尼西亚区域空间分析农业生产模式的决策支持系统;美国将DSSAT3.0与GIS相结合,集成建立了农业环境地理信息系统AEGIS,并在Windows环境下发展为AEGIS/Win。作物模型在空间尺度上,如构建空间数据库、空间分析等方面存在自身的不足。一些作物模型(如DSSAT模型)在单点尺度上得到了很好的模拟、校准、验证,但在区域尺度上模拟会遇到很多问题。作物模型和GIS相结合能够发挥作物模型和GIS技术各自的优势,从而使这些问题得以解决。日本科学家基于作物模型EPIC(erosion productivity impact calculator),建立了基于GIS的作物产量空间预测和决策支持系统,该系统可以在国家尺度上评价气候条件变化对主要禾谷类作物产量的影响。

以土地生产力定量评价为主的土地利用系统分析和定量化土地评价方法与高速发展的信息技术、最优化计算技术和农作系统分析方法广泛结合的实践,为综合集成的土地持续利用系统和规划设计方法体系的产生与发展提供了良好的实践基础。

思考题

1. 土地生产潜力评价的内涵与土地适宜性评价有何区别?
2. 简述土地生产潜力评价不同方法和不同模型的特点及其适用性。
3. 简述美国土地潜力评价系统概况、划分依据和特点。
4. 简述农业生态区法的特点、工作步骤,以及需要的数据。
5. 简述土地人口承载力分析的基本步骤与方法。
6. 土地利用系统的特性有哪些?
7. 土地利用系统分析的一般步骤及具体内容是什么?
8. 常用的土地利用系统分析模型有哪些?各类模型用于解决什么问题?

第十一章　土地经济评价

近年来，我国始终坚持最严格的耕地保护制度和节约用地制度。但是当前耕地利用还存在着不合理和浪费的现象，存在不少打着民生工程、发展设施农业、脱贫攻坚、退耕还林还草、生态景观建设等各种旗号乱占耕地的行为。此外，由于粮食生产收益较低，农民将大片粮田改种经济作物、挖塘乃至弃耕和撂荒，导致耕地非粮化和非农化问题十分突出。产生上述土地资源浪费现象的原因有很多，其中一个重要原因是土地的价值没有体现出来，人们使用土地还缺乏经济机制的约束，主要表现在两个方面：一是土地的使用成本太低，难以促使人们形成节约用地的观念；二是土地宏观管理部门不完全清楚土地资源的家底，没有掌握土地优劣等级及其数量、分布状况，因此缺乏对土地资源的整体规划，难以利用经济手段合理地调整不同位置和肥力的土地在不同用途上的配置，土地资源的最优化利用和保护耕地等措施往往流于形式。

由此看来，必须对土地进行经济评价，确定土地优劣等级和价格，并指出利用效果及存在问题，进而确定农地合理的利用方向和经营集约度，达到资源的高效利用和永续利用。土地经济评价既是保护和合理开发土地资源的重要环节，又可以为制定土地税收、实现土地的有偿使用提供科学依据，是土地使用制度和市场化改革的基础条件。

第一节　土地经济评价的概念及评价指标

一、土地经济评价的概念和类型

土地经济评价的理论基础是土地所具有的经济肥力。肥力是土地的客观属性，具有肥力的土地才能视为一种资源。一般来说，肥力是自然过程和人类活动的共同产物。自然肥力是自然力作用的结果，在太阳光能的作用下，地球表面的岩石经物理风化、化学风化、生物风化等一系列的风化过程而形成土壤，这就形成了能够供植物生产的自然肥力。另一种观点认为是长期稳定的光、温、水等气候条件和相对稳定的地形、土壤条件在作物生长发育过程中不断地供应水分、养分、热量和空气，从而形成土壤的自然肥力。自然肥力可以用在未经人工扰动的自然条件下土地的生物生产量来度量。自然肥力一般都比较低。经过长期的生产实践，人类总结出了一条通过耕作、施肥等管理措施来提高土地肥力的方法，在土地的自然肥力的基础上提高的那部分肥力称为人工肥力。因此，人工肥力是在自然肥力的基础上通过人类的劳动所获得的。实际上，人工措施都是通过调节构成土地自然肥力的各个要素(如水、肥、气、热)之间的关系而增加土地肥力的，自然肥力和人工肥力很难区分，这就是说人工肥力已经与土地中原有的自然肥力相结合，在同一块地上综合地形成了另一种肥力，这就是土地的经济肥力，它是在一定生产力水平下能被作物利用的肥力。

土地的肥力是一个可变因素。土地的自然肥力是土地肥力的基础，土地的人工肥力往往是土地经济肥力的主要决定因素，因为土地的自然要素仅仅说明土地具有肥力的可能性，而人类的社会生产活动可以在一定程度上改变土地的自然要素。因此，采用什么样的措施才能使自然肥力最大限度地向经济肥力转化，是土地可持续利用的最重要课题之一。

在当前的社会生产活动中，人们对土地的一切活动都是经济活动，而对越来越集约化的农业，产量已不是衡量土地肥力，特别是经济肥力的唯一指标。农民更加关心的是他们的经济收入，他们在进行生产时，除了劳动力的投入外，其他的投入（如物质和资金投入）已占了很大的比例，有时还以贷款的形式投入。因此，农民在投入时总是非常关心这些投入能有多大的效益，即进行投入、产出的经济效果分析。采用一定的经济可比指标，对土地的投入、产出的经济效果进行评定的过程称为土地经济评价。

土地经济评价是从土地的经济属性出发，在不同的自然条件和社会经济条件下，分析不同质量的土地生产耗费量（投入）与提供产品量（产出）的对比关系，或者在同样的投入条件下，分析不同产出量的经济指标。

土地经济评价可以分为单项经济评价、综合经济评价、土地的经济等级评定、土地估价、土地利用潜力评价和国民经济评价。

（一）单项经济评价

单项经济评价是对某种土地利用类型或方式所进行的专门评价，如某种作物的经济适宜性评价。土地自然评价所提供的成果不足以解决土地合理利用问题，需要进一步掌握在各类土地上各种作物的投入与产出之间比例关系的资料，因此必须进行土地的单项经济评价。土地单项经济评价的指标是"投入—产出"可变系数。最常用的方法是从各种宜种农作物的角度对土地适宜性进行评价，根据同类土地在种植不同农作物时，在产量、级差收入或费用回收率方面的差异分析各类土地宜种农作物的经济适宜性，为合理布局农作物生产提供参考。

土地单项经济评价还可以通过对不同土地上某项费用（如施肥）的增加与其成果（如产量、成本、纯收入）之间的数量分析来实现。这就需要考虑在一定的技术水平下某项费用的效益界限，而后者在不同土地上是不同的。这种评价的成果可应用于土地投资效益的提高和优化。

（二）综合经济评价

综合经济评价是针对某个地区的多种土地利用类型或方式所进行的综合性评价，它可以在单项经济评价的基础上进行，也可以在综合的自然评价的基础上进行。综合经济评价不仅考虑土地的自然特性，同时还考虑土地的区位。为了提高土地利用的集约化水平，需要增加劳动力和固定生产资金。因此，这种评价还需要考虑人工肥力的因素（如灌溉、施肥）与土地自然肥力相结合所形成的经济肥力。其评价标准是经济肥力状况，即表现为各类土地上农业利用的相对经济效益。这种评价成果可以用作地区的土地利用规划、生产布局调整及土地税收政策的制定等活动的依据。

（三）土地的经济等级评定

这类评价以土地的经济性状如经济生产潜力、预期收入等为依据，将某个地区的土地分为不同的等级，从而为土地利用规划等生产活动服务。

（四）土地估价

根据估价目的和待估土地状况，遵循估价原则，按照一定的估价程序，在全面调查和综合分析影响地价因素的基础上，选用适宜的估价方法，对待估土地在估价期日的价格进行估算和判断，也称土地的货币评价。如前所述，综合经济评价是根据年产量或级差收入进行的，但是在解决土地的有偿使用和土地的优化利用等问题时，需要确定某块土地农业利用的经济效益，同时还要顾及时间因素，因此常常需要确定地价。土地的价格除了与土地的生产力有关外，还与土地的权属等问题有关，本章对其不再具体介绍。

(五)国民经济评价

国民经济评价是按照资源优化配置的原则，从国家整体角度研究土地项目对国民经济的净贡献，用货物的影子价格、影子工资、影子汇率和社会折现率等经济参数计算、分析项目投资行为的经济合理性，通过评价指标的合理选择与计算，对土地项目的效益做出正确的评价。它是实现建设项目科学化、民主化，减少和避免投资决策失误，提高经济效益的有效途径。

二、土地经济评价指标

评价指标的选择是土地经济评价的重要内容，常用的土地经济评价指标有单位土地面积的产量、产值，净产值、纯收入，费用偿还率(纯收入率)、成本效果系数。产量是生产的最终结果，也是土地的自然生产力和人类劳动及物化劳动耗费的综合表现，产量以实物指标的重量单位表示，产值是产量的货币表现，通常选用产量(kg/hm^2)、产值(元)作为单位面积上的生产量及其相对价值的鉴定指标；净产值、纯收入反映了土地的投入和产出的经济效果；费用偿还率(纯收入率)、成本效果系数等指标反映了土地的投入和产出关系。从各经济指标的评价作用来看，单位面积产量、产值是反映在生产费用水平和劳动耗费水平差异不大时的土地生产率的评价指标；净产值、纯收入均属土地利用效果的评价指标，反映扣除投入量以后的产出效果；费用偿还率(纯收入率)、成本效果系数等均是土地利用效果的评价指标，反映投入和产出的比例关系。

在土地经济评价中应用的一系列指标成为土地评价的指标体系，它在层次上分为指标类、指标组、具体指标等。指标类包括若干指标组，指标组中又包含若干具体指标。指标类为最高层次，下面依次为指标组和具体指标。

根据指标的不同性质和运用目的，将指标体系分为 3 大类，即土地经济效果(土地生产率)指标、土地经济分析指标和土地经济效果分析指标。土地经济效果指标是土地经济评价的总体指标，可直接用于土地经济评价；后两者为土地经济评价的分析指标，一般用于辅助计算和分析，目的在于揭示土地的具体利用特征。

土地生产率可在一定程度上综合反映农业技术经济效果、费用与劳动耗费的比例关系及土地生产能力，一般用一定时期内(通常为一年)的单位土地面积的产品数量或产值来表示。土地生产率的计算公式为：土地生产率＝产量或产值/土地面积。土地经济效果指标下面不分组，包括①单位农用土地面积产值；②单位面积产量或产值；③单位耕地面积产量或产值；④单位播种面积产量或产值；⑤单位面积净产值；⑥土地盈利率；⑦单位土地面积纯收入；⑧单位面积原木(竹)产量；⑨单位面积林地产品等。

土地经济分析指标类包括 4 个指标组、20 个具体指标(表 11-1)；土地经济效果分析指标类包括 2 个指标组、17 个具体指标(表 11-2)。

表 11-1 土地经济分析指标类指标一览表

类	指标组	具体指标
经济分析指标类	生产资料消费指标组	①农业集约化水平； ②单位面积播种量； ③单位面积施肥量； ④单位面积用水量； ⑤单位面积用电量
	成本费用及资金占有指标组	①单位面积农作物成本(费用)； ②平均耕地拥有资金量； ③平均耕地拥有固定资产(原值、净值)
	土地利用及结构指标组	①农用土地利用率； ②农业土地利用率； ③复种指数； ④作物播种面积比率； ⑤各类草场面积比率； ⑥各类林地面积比率； ⑦森林覆盖率
	社会经济条件指标组	①单位面积耕地上国家财政对农业的投资； ②公路网密度； ③航道密度； ④人口密度； ⑤距主要城镇距离

表 11-2 土地经济效果分析指标类指标一览表

类	指标组	具体指标
经济效果分析指标类	技术效果指标组	①农作物良种化程度； ②适时作业率； ③技术措施增产率； ④水利设施保证灌溉面积； ⑤水井分布密度； ⑥渠系分布密度； ⑦草场载畜量指数； ⑧造林成活率； ⑨造林密度； ⑩采伐率； ⑪单位面积木材蓄积增长率
	生产耗费效果指标组	①每单位物质费用的农产品产值； ②每单位直接生产费的农产品产值； ③成本利润率； ④单位质量商品肥的产量； ⑤施肥的边际产量； ⑥单位质量种子的产量

需要说明的是，以上指标是土地经济评价指标体系的主要内容，由于土地经济评价服务的目的不同、方法不同，各地进行评价时应酌情增减。

第二节　土地经济评价的经济分析方法

土地的经济属性决定了土地在人类的经济活动中的地位，在进行土地评价时必须依据一定经济学规律对土地进行经济分析，经济分析应包括分析土地对不同资本、劳务和管理组合的反应，以及分析生产过程中土地所带来的经济收益。

经济分析可以在2种水平上进行：在市场、劳动、运输以及社会可接受性因素范围内，考虑土地利用变化的可能的影响，这是一种广泛的分析，适合定性的具体评价；根据成本和价格，在财政和经济限度内分析土地利用方式与土地单元的组合，这是一种详细的分析，是构成定量经济评价的主要部分。下面介绍几种定量的经济分析的方法。

一、简单的投入和产出比较分析

土地经济评价原理之一是在投入（经济学上称成本）和产出（经济学上称收入）之间进行比较。

有时为了快速地进行经济评价，可以采用简单的投入和产出比较分析的方法。这种方法通过调查获得投入和产出的有关数据，对二者进行比较分析，得出产出与投入之间的大概关系。这种比较可以是一种土地利用方式的投入产出的比较；也可以是几种土地利用方式之间的投入产出和产投比的比较；可以是同一类土地的比较；也可以是几类土地之间的比较。

对于某种特定用途，比较两类土地之间的差异，通常以2种方法表示：假如2个地区以同样方法管理，则以作物产量差异表示；假如获得同样产量，则以投入差异表示。

投入产出分析的前提条件是获得与实际情况相符的数据，应尽量全面地调查投入和产出的指标，对于某些必需的数据，如果不能通过调查得到，可以采用一定的方法推算或估计，这种推算或估计必须依赖可靠的资料或经验。由于投入产出的指标很多，而且具有不同的量纲，为了得到可靠的可比性，可以将投入产出转换成现金表示。

实际操作中可以采用投入和产出表来分析，它包括所有的投入项和产出项，表中要说明数据的来源和可靠性。

二、毛利分析

毛利分析主要是分析某个生产单位、某个地块或评价单元产品的年收入中扣除生产成本和管理费用而得出的利润或亏损。

毛利分析的目的是研究种植制度的获利性。分析前应先考虑几种单一作物或其他种植农场，然后把这些结合到种植制度中去，步骤要点如下。

(一)挑选对象

利用自然土地评价结果，挑选较有希望的土地作为对象，即作物类型或其他土地利用方式。可以根据需要，采用下列挑选方式。

①从每个土地制图单元所考虑的大量土地利用方式中选择少数非常适宜的有用种类。

②仅选择每种土地利用较适用的土地制图单元，例如，仅选定分析 S_1 和 S_2 的土地，或者

也包括 S_3 的土地。

③仅选定分析某种投入水平，如高投入或中投入(改进发展中国家的传统农业)。

(二)估计每种土地

不同土地适宜性类的经常性投入(实物形态)既包括物质投入(种子、肥料、农药、机械设备、燃料等)，又包括非物质投入(特别是每种农业经营对劳动力的要求)。对于较低适宜性类，投入往往较大，而且小类之间可能有差异。例如，S_{2m}(m 为土壤水分有效性)要求补充灌溉，S_{2n}(n 为土壤养分有效性)比 S_1 土地适宜性分类要求较高的肥料投入。这是最耗费时间的步骤，往往要考虑几百种质量估计，并且要列出许多张表。

(三)估计作物产量

先估计作物单产，之后根据面积求出总产量。估计作物单产是土地评价中最困难的任务之一，亦是经济分析的基础。估计作物单产可以采用以下几种方法：①评价时在代表性地点设立试验小区；②试验站以前的肥料或作物育种试验的资料；③农业情报部门或生产单位的产量记录；④田间抽样估产；⑤根据气象或土壤资料进行理论上的推算。

(四)确定全部投入产品的价格

毛利包括物质投入和非物质投入，特别是劳动力费用；当前的价格可以通过调查得到，而将来的价格则需要采用一定的方法预估。有时可以直接估计产品和投入的比价。

$$\text{毛利}=\text{总产量}-\text{变动成本} \tag{11.1}$$

(五)估计生产单位(如农场)的固定成本

固定成本是指不归于特定农业的成本(如建筑物的维修)。

$$\text{净收益}=\text{毛利}-\text{固定成本} \tag{11.2}$$

下面是生产单位进行毛利分析的实例。

先说明两点：①每个挑选的土地利用方式(如每种单一作物)，毛利等于输出(产量乘价格)减去可变成本。同时可以比较不同作物的轮作或其他种植方式，在种植制度内挑选较满意的轮作，以便改进土地利用方式。②毛利扣除固定成本得出生产单位净收益，生产单位的利润(或亏损)也能得出。作为一种经济上可行的土地利用方式，净收入必须超过设想的“目标收入”或正常利润。

表 11-3 是计算土地毛利和农场净收益的例子，其计算细节已做了高度简化。有 3 种土壤单元：肥沃土、砂土和排水不良土壤。假如全是缓坡地，具有适合一年生作物生长的热带大草原性气候，则考虑两种种植作物：玉米和烟草，两者都采取的是高劳动力集约度和低资本集约度、中等投入水平、小农场经营的方式。假如玉米比烟草需要的肥料多，通过匹配程序推测，砂土上的玉米产量稍低一些。在排水不良地区，两种作物产量都大大下降，但是采用排水设施，肥沃土壤的作物产量可以得到提高，鉴于小农场资金少，排水措施的经费必须由外来资金提供，这也被认为是一项重要土壤改良。种子、农药、工具折旧以及其他投入，概括为除肥料之外的变动成本和固定成本，烟草的变动成本比玉米高得多。

烟草在各种土地单元都是收益较好的作物，但是由于非机械化小农场种植烟草需要花费大量人工，所以最多栽培 1 hm^2。若考虑一种种植制度，一个 5 hm^2 农场种 2 hm^2 玉米、1 hm^2 烟草、1 hm^2 林地以及1 hm^2土地轮作，两种作物结合，农场所获得毛利减去固定成本，得到农场净收益，是以农场每公顷计算的。毛利按栽培作物的每公顷土地计算，而农场净收益按全部土地平均每公顷来计算。

表 11-3　计算每公顷土地毛利和农场净收益

内容	土地单元							
	肥沃土		砂土		排水不良土壤			
土壤改良	无		无		无		排水	
土地利用	玉米	烟草	玉米	烟草	玉米	烟草	玉米	烟草
肥料投入(kg)	200	100	400	200	200	100	200	100
作物单产(kg)	5 000	1 500	4 500	1 500	2 000	300	5 000	1 500
价格:肥料(英镑/kg)	0.12	0.12	0.12	0.12	0.12	0.12	0.12	0.12
作物(英镑/t)	40	200	40	200	40	200	40	200
除肥料之外的变动成本(英镑)	20	60	20	60	20	60	20	60
固定成本(英镑)	30	30	30	30	30	30	30	30
总产值(英镑)	200	300	180	300	80	60	200	200
变动成本(英镑)	−44	−72	−68	−84	−44	−72	−44	−72
毛利(英镑)	156	228	112	216	36	−12	156	228
5 hm^2 农场								
(2 hm^2 玉米、1 hm^2 烟草、1 hm^2 休耕、1 hm^2 林地)								
毛利(英镑/农场)	540		440		60		540	
固定成本(英镑/农场)	−150		−150		−150		−200*	
农场净收益(英镑/农场)	390		290		−90		340	
每公顷净收益(英镑/hm^2)	78		58		−18		68	

* 包括排水工程维修费 50 英镑。

这个结果可以从两方面来理解:土地对各种作物都是最适合的,作物能较好地利用各种土地单元。拿毛利来说,玉米的适宜性顺序:肥沃土＞砂土＞排水不良土壤。对于烟草,肥沃土和砂土结果相同,但对于排水不良土壤,不经过改良是不适宜种烟草的。假如作物经济适宜性分类规定毛利界限为 $S_1/S_2=200$ 英镑/hm^2,$S_2/S_3=100$ 英镑/hm^2,$S_3/N_1=50$ 英镑/hm^2(供固定成本用),则其经济适宜性评价结果见表 11-4。

表 11-4　作物的经济适宜性评价结果

项目	玉米	烟草
肥沃土	S_2	S_1
砂土	S_2	S_1
排水不良土壤	N_1	N_1

假设每个农场目标收入 250 英镑,那么可认为对于 5 hm^2 的农场,肥沃土实现目标显然不成问题,但是对于砂土,则接近边际性。对于后者,可以考虑以增加雇工费用为代价,增加烟草种植面积,减少玉米种植面积。对排水不良地区,根据目前情况来看,无法实现目标。

上述这个例子中对排水不良的情况的分析方法,可以用于其他类型的限制因素。

三、现金流量贴现分析

有时土地改良的成本和其他资本消耗相对于经常性的现金流通来说并不算大，只需进行毛利分析即可。但是如果投资或成本很大时，必须进行现金流量贴现分析。现金流量贴现分析是一种衡量投入资本收益的方法。通过分析现金流入与现金流出的差额可以获得净现金流量。它可以分析改良土地投资和改良后的收益，从而决定土地改良的必要性和经济效益。一般来说，土地改良工程收益周期较长，需要好多年。现金流量贴现是指模拟土地开发过程，预测它们在未来的发生数额，采用折现的方式考虑资金的时间价值，即把土地开发完成后的价值及开发成本用折现的方法进行贴现估价。用于投资的货币可赚取利息，在未来能得到较高的数额。例如，如果 100 英镑利率为 r，那么 n 年之后其数额为 $100(1+r)^n$。因为耗费于土地改良的资本可能已放进某些赚取利息的投资中产生增值，所以在考虑利率之后，可以取将来某一时期的成本和收益进行准确比较。然而，由于投资决策是现在做出的，因此最好把此进程颠倒过来，即将所有成本和收益折算成它们目前的等价值，这称为它们的现值，这一过程称为贴现，贴现可称为利息相加的逆换。如在几年之后所带来的成本或获得的利益 P 的现值 V 为：

$$V = \frac{P}{(1+r)^n} \tag{11.3}$$

其中 $1/(1+r)^n$ 称为贴现因子。

现金流量贴现分析的结果可以用下面的术语表示：①净现值为收益现值减去成本现值；②收益成本比为收益现值除以成本现值；③内部报酬率为收益现值等于成本现值时的贴现率。

这些度量单位可以用于以下几个方面：①分析某一特定土壤改良在商业上是否可取；②分析其是否有社会效益，即对一个地区全体居民是否有益；③比较 2 个或 2 个以上地区投资的经济效果，以及依据土地现状比较土壤改良结果。成本收益分析法比毛利分析法的主观性小，因为后者包括大量的武断假设。如上所述，现金流量贴现分析可以接着毛利分析继续进行。

(一)从自然角度估计必要的土壤改良

例如，要搬运多少立方米的土，要挖掘多长的排水渠。土壤改良的投入一般主要引起适宜性分类和小类的费用差异，如 S_1 土地可能不需要土壤改良，S_{2e}(e=侵蚀危害)土地需要筑堤，S_{3e}土地必须修梯田，S_{2o}(o=氧气有效性)田间要有排水沟，S_{3o}需要更大规模的排水工程。同一土地的土地利用方式不同，土壤改良也不同，如多年生饲料作物实际上可能不需要水土保持工程，而水稻要求平整地面但不需要排水等。

(二)做必要的经济假设

此问题要根据是否由农场主自己付土壤改良费而分成不同的假设方法。发达国家农场主可能希望由银行提供贷款偿还改良费用，在这种情况下，以后的分析是根据实际价格和商业利率而定。发展中国家土壤改良费用几乎是全部由社团偿还，如政府、财政机构，进一步的经济计算依据是社会成本收益分析。必须假设包括以下几个方面。

①根据需要选择实际价格或影子价格，同时还要确定是否考虑机会成本，以及农场主及其家属的劳动是否计价。

②社会贴现率。这是预计的折算社会机会资本成本(倒付利息)的利率。现在它大大低于商业利率。

③项目生命期。它与项目真正结束时间无关，只是一种武断的孤立的观点，通常为20～30年，偶然也定为50年，之后获得的利益从经济分析中划去。

上述这些假设会对某种土地利用的现实经济效应产生巨大差异，就像土地质量改变所产生的变化一样。尤其是社会贴现率，是一种极其武断的假设，但是对包括最初基本建设费用，例如土地改良计划，滞后报酬，或者多年生作物、植树造林的应用等所获得的结果，有极其显著的影响。

(三)按年分配投入和生产的流动资金

较小的土壤改良的成本到年底全部分配，因此不用贴现。对于较大计划，因为资本性资产要延续若干年，所以收益普遍增加。例如，当使用新土地时，基本建设工程完工之后，经常性成本和生产两者都稳定，所以，生产的年净收益持续超过成本。

(四)贴现成本收益

要想计算其现值，就得求出成本收益参数：净现值、收益成本和内部报酬率。随后进行更精细的经济分析，这种分析更多的属于项目评价的范围(与土地评价比较而言)。例如，对项目投资风险性的研究，5年或10年一遇的气候灾害对收益的影响等。

这些程序可以用表11-3所举的排水不良土壤的例子，以及排水工程所进行土壤改良的成本收益分析(表11-5)来说明。

表11-5　通过排水改良土地现金流量贴现分析的实例

A. 数据		
土地单元	肥沃土壤，排水不良土壤	
土壤改良	排水	
经济假设	贴现率5%，项目寿命20年	
土壤改良费用(排水)：		
投资资本	英镑/hm^2	500
年养护费(经常性成本)	英镑/hm^2	50
收入：		
烟草	英镑/hm^2	198
玉米(与非使用地比较)	英镑/hm^2	156
玉米(不排水收益)	英镑/hm^2	100
5 hm^2 农场：		
2 hm^2 玉米		
1 hm^2 烟草		
1 hm^2 休耕		
1 hm^2 林地		
	英镑/农场	398
	英镑/hm^2	80

续表 11-5

B. 烟草现金计算的明细表						
(1)利用年贴现因子的表				现值		
年	费用/英镑	收益/英镑	贴现因子	费用/英镑	收益/英镑	收益—费用/英镑
0	500	0	1.000	500	0	－500
1	50	198	0.952	48	189	140
2	50	198	0.907	45	180	135
3	50	198	0.864	43	171	128
□	□	□	□	□	□	□
20	50	198	0.377	19	75	56
20	—	—	—	1 123	2 467	1 344

(2)利用积累值的表	
经常性费用现值	1～20 年＝50 英镑×12.46＝623 英镑
资本成本	500 英镑
成本现值	1 123 英镑
收益现值	1～20 年＝198 英镑×12.46＝2 467 英镑

C. 结果	烟草	玉米（与非使用地比较）	玉米（不排水）	5 hm^2 农场（不排水）
收益净现/(英镑/hm^2)	2 467	1 944	1 246	992
成本净现/(英镑/hm^2)	1 123	1 123	1 123	898
净现值/(英镑/hm^2)	1 344	821	123	84
收益成本比	2.20	1.73	1.11	1.10
内部报酬率(%)	30	21	9	8

工程的资本成本取 500 英镑，常年养护费取 50 英镑。利用社会性而不是商业性的贴现率为 5%，假设工程寿命 20 年，年收益值取自表 11-3 中的毛利。玉米则假设：①和完全没有使用的土地相比较；②增长超过不排水土地的毛利。

B 部分提供烟草计算的明细表：①利用年折扣因子；②利用累积现值表。

C 部分的结果表明，用排水方法改良土壤对烟草是很适合的，每公顷净现值为 1 344 英镑，收入成本比为 2.2。事实上，从商业角度看，内部报酬率 30%也显示了这种改良是正确的。唯有玉米收入成本比超过 1，不能证明排水对玉米是有效措施。5 hm^2 农场的收入成本比不高，报酬比单种玉米还低，是因为还要附加轮休耕地的排水费用。要证明这种土地采用排水措施是正确的，必须扩大轮休地的烟草（或者收入成本比高的其他作物）种植面积。由于这是配合方法的一部分，在经济分析时，这些修正方法要归并到评价中去。

第三节　土地经济适宜性评价

在土地质量评价或土地自然适宜性评价的基础上，进一步根据经济学标准，应用经济分析的方法，评价某种或某几种特定土地利用方式的适宜程度即土地经济适宜性评价。土地经济适宜性评价的意义表现在两个方面：通过对现有的土地利用方式的经济适宜性评价，衡量其布局的合理性，如果不合理，就为进一步的规划提供依据；为农业投资工程，特别是土地改良工程进行先行性的经济评价，决定工程实施的可行性以及为工程规划提供依据。

土地经济适宜性对象及其评价单元一般与土地自然适宜性评价相同。土地经济适宜性等级的划分与土地自然适宜性等级的划分方法相同，只是划分的标准不一样，一般采用下面 3 种指标。

①土地生产力指数。它是土地就一特定用途相对于最佳土地的自然生产力。相对产量是一个应用较多的土地生产力指数，它是相对于最佳土地来说的单位面积产量，以百分数或分数表示，因此对一给定土地利用方式 S_1 级的土地的最高产量可定为 100%或 1.0，而把 S_2 的最高产量定为 S_1 的一个百分数(如 80%或 0.8)，S_3 定为 60%或 0.6 等，也有用绝对单产或相对总产量作为标准的。生产力可以是当前适宜性分类，也可以是潜在适宜性分类，这种土地生产力指数实际上是一种自然评价，它可以作为经济评价的开端，也具有经济适宜性评价的意义。

②单位净收入。如农场净收入，就是指从总产值中减去可变成本和固定成本后获得的产值。

③项目效益净增量。指项目投资之后，单位土地面积生产力可能的增加量，它是通过估算单位面积在“有”或“无”项目情况下，增长的净收益的差值得出的。

下面以土地灌溉适宜性的经济评价为例，介绍土地经济适宜性评价的过程和方法。评价时选用农场净收入和灌溉效益净增量两种标准。

一、收益比较的收支预算

土地经济评价的标准是投入和产出的关系，那么土地经济适宜性评价的第一步是进行收支预算，所有的经济活动都具有社会性，因此评价某项经济活动的好坏都须依据其所处的社会环境确定一个比较的标准，土地经济适宜性评价也必须有一个比较的标准。有时会用一种土地利用方式作为另一种土地利用方式的标准，有时也用社会上经济活动的平均利润作为标准，有时综合利用这两种标准。

根据自然经济的结果可以知道每一个评价单元中各种可能的土地利用方式的自然适宜性等级，根据这一等级可以估算能够获得的产量。其中，S_1 级的评价单元能够直接获得产量。对于 S_2、S_3 级的评价单元，有两种情况：一种是不进行改良种植的产量，可以直接获得；一种是进行改良的产量，必须在估计改良程度的基础上再估算产量。获得产量和相应的投资(有改良或无改良措施)是进行收支预算的基础，对于没有改良措施的收支预算，只需进行简单的调查和估产。下面将重点介绍有改良措施的收支预算方法(以灌溉项目为例)。

为了弄清各种土地利用方式产量的净产值，就需要进行全部或部分作物或农场的收支预算，预算通常要详细说明一个农场、一个单位面积或一个企业的净收入。

根据自然适宜性评价结果确定土地利用方式后，可进行农场收支预算，以得出用经济价格表示的农场收入。对于任何一个或一组土地单元，都可以推荐一种或几种供选择的土地利用方式，并用部分预算法确定它们的投入和产出水平的差异。

收支预算一般要说明：①“没有”该项目目前的情况；②“没有”该项目未来的情况；③“有”该项目的未来情况。

除非确信将来的情况与目前的情况之间存在某种变化趋势，否则平衡分析的前两者，即"没有"该项目的目前和未来情况是相似的。某些情况下(如在没有项目，预计将来的盐化度升高的地方)，必须考虑环境的退化，从项目实施后有利于防止退化的角度进行预算。表 11-6 是一个部分收支预算的例子，对 2 种投资改善农场灌溉的供选方案与不改善农场灌溉的方案进行了比较，它说明了如何利用农场收入来预算 3 个可供选择的土地利用方式。表 11-7 是一种全农场预算的例子。这种典型的收支预算可以通过对土地利用方式进行分析得到农场净收入。表 11-8 和表 11-9 是这种土地利用方式每公顷的生产成本(C)和劳动力投入(L)的辅助数据。

表 11-6　比较平地后灌溉和喷灌的农场收支预算

(2 种供选择的投资预期总收入的部分预算，面积为 1 hm^2)　　美元

本例是对特定地区土地开发成本采用 3 种农民投资的供选方案(不改良土地的沟灌、平整土地后灌溉和喷灌)的比较。尽管地形凸凹不平，但该土地在天然的灌溉条件下也能耕种。不过，在这种条件下其产量水平并不能发挥其全部潜力。在目前条件下，该土地仍存在下述缺点：产量潜力没有充分发挥，灌溉水不能有效地利用，需要的劳力较多，因水分分布不均而造成肥料损失，某些田间作业的成本较高。平地的基本费用为每公顷 1 000 美元。喷灌系统的投资为每公顷 1 500 美元，使用寿命为 20 年，每年的利率为 12%

第一种情况：确定平整土地后灌溉的投资，并与不改良土地的灌溉(沟灌)比较

损失：		收益：	
多投资的成本：		节省的成本：	
平整土地成本的利息和摊派费用	102	节省的整地费用	2
增加投资的税收	15	节省农田灌溉的劳力	24
每年的维修费用	10	作业资金的较低的利息	4
		减少肥料浪费的价值	20
		减少耕作费用	20
预计收入：	无	其他收入：作物增产的价值	210
总计	127		280

平地灌溉比不改良土地的沟灌所增加的利润：280－127＝153(美元/hm^2)

第二种情况：确定喷灌系统的投资，并与不改良土地的沟灌比较

损失：		收益：	
多投资的成本：		节省的成本：	
喷灌系统投资的利息和摊派费用	152	节省的整地费用	10
增加投资的税收	20	节省的耕作费用	20
每年的维修费用	150	减少肥料浪费的价值	20
发动机的燃料成本	50	节省农田灌溉的劳力	42
多投资的作业资金的利息	9		
预计的收入：	无	其他收入：作物增产的价值	300
总计	381		392

喷灌比沟灌所增加的利润：392－381＝9(美元/hm^2)

表 11-7　最佳土地中土地利用方式 A(1.0)的全农场预算*

（面积为 2 hm^2，印度尼西亚）

土地生产力指数水平为 1.0

类别	没有辅助灌溉项目	有辅助灌溉项目
雨季作物：		
雨养水稻的产量：2.0 t/hm^2	1.0 hm^2	
灌溉水稻的产量：4.2 t/hm^2	1.0 hm^2	2.0 hm^2
旱季作物		
灌溉大豆的产量：0.6 t/hm^2		0.4 hm^2
灌溉水稻的产量：4.0 t/hm^2		1.6 hm^2
总产量		
水稻	6.2 t	14.8 t
大豆		0.24 t
作物总产量(卢比数×1 000)		
水稻(价格为 100 000 卢比/t)		1 480.0
大豆(价格为 195 000 卢比/t)		46.8
总计	620.0	1 526.8
可变成本(按计一览表 C 计算，详见表 11-8；卢比数×1 000)		
雨育水稻(1.0 hm^2)	66.0	
灌溉水稻(1.0 hm^2)	113.0	
雨季(2.0 hm^2)		238.0
旱季(1.6 hm^2)		184.0
大豆(0.4 hm^2)		18.0
总计	182.0	440.4
固定成本(卢比数×1 000)	10.0	12.0
总成本(卢比数×1 000)	192.0	452.2
每个农场的农场净收入(卢比数×1 000)	428.0	1 074.6
每公顷的农场净收入(卢比数×1 000)	214.0	537.3

* 土地生产力指数水平为 1.0 代表最佳的土地。

表 11-8　辅助数据一览表 C

（每公顷的生产成本，印度尼西亚）

土地生产力指数为 1.0　　　　千卢比

项目	具体指标	雨养水稻	灌溉水稻		大豆
		雨季	雨季	旱季	旱季
没有灌溉项目	整地	15.0	15.0		
	种子	4.7	4.0		
	肥料	6.6	33.1		

续表 11-8

项目	具体指标	雨养水稻	灌溉水稻		大豆
		雨季	雨季	旱季	旱季
没有灌溉项目	防治害虫	2.1	8.5		
	收获	6.0	11.4		
	人工	32.0	38.0		
	其他	2.6	3.0		
	总计	69.0	113.0		
有灌溉项目	整地	15.0	15.0	3.0	
	种子	4.0	4.0	6.6	
	肥料	33.1	33.1	3.1	
	防治害虫	8.5	8.5	6.2	
	收获	12.6	11.0	1.0	
	人工	42.0	40.0	22.0	
	其他	3.8	3.5	3.1	
	总计	119.0	115.1	45.0	

注:本表是根据经济分析指标编制出的。

表 11-9 辅助数据一览表 L

(每公顷的劳动力投入,印度尼西亚)

土地生产力指数为 1.0 d

项目	具体指标	雨养水稻	灌溉水稻		大豆
		雨季	雨季	旱季	旱季
没有灌溉项目	整地	40	40		
	种植	34	35		
	作物管理	50	55		
	收获	35	60		
	总计	160	190		
有灌溉项目	整地		40	40	25
	种植		35	35	20
	作物管理		75	75	30
	收获		60	50	35
	总计		210	200	110

注:在经济分析中,所有人工(包括雇工和农家劳力)都算作是一种支出。

全农场预算是针对土地利用方式 A 的生产力指数为 1 的评价单元做的,如果生产力指数小于 1,就可以通过部分收支预算进行修正,比如某一评价单元由于土壤质地较粗,渗透性过强而造成作物产量下降,其生产力指数为 0.75,其部分收支预算方法见表 11-10。

表 11-10　土地生产力指数为 0.75 的土地单元的土地利用方式 A 的部分预算

（有和无灌溉的水稻农场，面积为 2 hm^2，印度尼西亚）

土地生产力指数的水平为 0.75　　千卢比

项目		无补充灌溉项目	有补充灌溉项目
减少的作物产值*		155.0	381.7
减少的费用			
可变成本			
减少的收获			
旱作水稻（1.0 hm^2）		0.9	
灌溉水稻（1.0 hm^2）		2.3	
雨季（2.0 hm^2）			3.8
旱季（1.6 hm^2）			3.5
大豆（0.4 hm^2）			0.1
其他可变成本——没有变化			
收入的净减少		151.8	374.3
土地利用方式 A（1.0）的农场净收入			
	每个农场	428.0	1 074.6
	每公顷	214.0	537.3
土地利用方式 A（0.75）的农场净收入	每个农场	276.2	700.3
	每公顷	138.1	350.15

* 假设对无项目和有项目的作物产量的影响相同，这种情况在土地利用方式因项目变化而产生较大差异时也许不合适。

二、应用成本和收益确定土地经济适宜性等级

根据上面介绍的全部或部分收支预算方法可以估计各种生产力水平下、有或没有项目时，某种作物或土地利用方式在每公顷土地上的农场净收入。上面的计算仅仅考虑了作物田间生产的成本，而没有考虑项目的工程成本和该地区的土地开发成本，显然后两种成本在进行经济适宜性分析时必须考虑。

（一）项目工程的年当量成本的计算

项目工程成本包括项目所用的一切设备、设施、施工费用，以及项目每年的作业费和维修费，如果要进行设备、设施等更新的话，还得考虑更新费用，所有这些费用加起来就是总的项目工程成本。在假设投资利率和项目寿命的条件下，利用现金流量贴现分析的方法计算每一年项目的工程成本，称为项目工程的年当量成本，然后除以项目覆盖的土地面积，就得到单位面积的项目工程的年当量成本 A，具体见表 11-11。

（二）项目所处地区的土地开发成本的计算

如果所处的地区，在项目开始之前必须进行适当的土地开发，如土地清理、平整、排水等，那么所有这些事项都必须考虑到成本，即土地开发成本，与项目工程成本采用同样的经济分析方法可以计算土地开发的年当量成本和单位面积的土地开发的年当量成本（B）。

表 11-11　项目工程的年当量成本的计算

（规模为 2 500 hm^2 的灌溉项目，印度尼西亚）　　千卢比

分项	整个项目	每公顷
项目设施投资	500 000	2 000
年当量值（利率 12%，50 年）	602 000	240
年作业费、维修和更新费	25 000	10
项目工程的年当量成本	627 000	250

三、土地经济适宜性等级的划分

有项目后的农场净收入减去从预算中求出的没有项目的农场净收入即得到农场净收入增量，如果用 C 表示某一个评价单元的某一种土地利用方式的单位面积的农场收入净增量，那么可以通过 C 与 A、B 的关系确定这种土地利用方式的土地经济适宜性。

若 $C \leqslant A+B$，则说明不适宜，适宜性等级为 N_1 或 N_2；若 $C > A+B$，则说明适宜，适宜性等级为 S_1，S_2 或 S_3。要进一步对"适宜"进行划分，可以根据所处地区的实际情况，确定一定的标准，然后划分，下面是一个划分标准（说明等级之间的差别可以大小不一）。

S_1：$C-(A+B)>5\ 000$ 卢比/hm^2；

S_2：$25\ 000$ 卢比/$hm^2 < C-(A+B) < 5\ 000$ 卢比/hm^2；

S_3：1 卢比/$hm^2 < C-(A+B) < 2\ 500$ 卢比/hm^2。

适宜性含义的补充说明：土地经济适宜性是从经济学的角度考虑土地利用方式在某一评价单元中的适宜程度。所有与经济有关的因素都要考虑：①在没有大的投资项目时，所谓适宜性是指在评价单元所处的社会经济条件下，所选的土地利用方式具有经济上的可行性。②在有投资项目时，所谓适宜性是指在评价单元所处的社会经济条件下，针对一定的投资项目，所选的土地利用方式具有经济上的可行性，或者针对一定的土地利用方式，投资项目具有经济上的可行性。

第四节　土地经济分级

土地经济分级是在土地自然评价的基础上，以农地预期收入为标准，确定农地的优劣等级，从而促进土地利用向最佳方向转移，达到资源合理配置的目的。土地经济分级可以为区域的土地利用规划和决策提供依据。

土地经济分级属于土地经济评价的一种，同时它与一般意义上的土地经济评价相比具有一定的特点：①分级所依据的标准是土地预期收入，它是由若干有关指标综合反映出来的，较难直接测定的。一般的土地经济评价所依据的标准是某些确定的反映经济效益的指标，如净收入、标准产量、产值等。②土地经济分级不是对土地利用经济效果的绝对评价，它侧重于根据土地利用的不同经济效果来研究区域内各分级单元的差异性，只是确定分级对象的相对等级，它是对某一地区不同土地利用能力相对差别的判断。③因为土地经济分级以预期收入为标准，因此其分级结果必然体现出预测性，它是在目前经济自然条件下，对分级对象若干年后经济水平的测定。基于这一点，在制定土地规划和计划时，土地经济分级可能更实用一些。

一、土地经济分级理论基础

从理论上讲，土地的优劣可以用地租作为标准进行衡量。土地自然条件好或交通便利的地区产生高额地租，而土地自然条件差、位置偏僻的地区，地租则趋于下降。美国经济学家雷利·巴洛维在其《土地经济学——不动产经济学》中总结了前人的理论，对土地利用能力（土地自然条件与区位因素的总和）与地租的关系做了较为全面地分析，他认为具有最大利用能力的土地通常生产潜力最大，地租收入也最多。土地利用能力与地租的密切关系可用图 11-1 表示。

图 11-1(a)表示了随着土地利用能力由 A 到 D 持续下降过程中，单位产出的成本增加的情况。

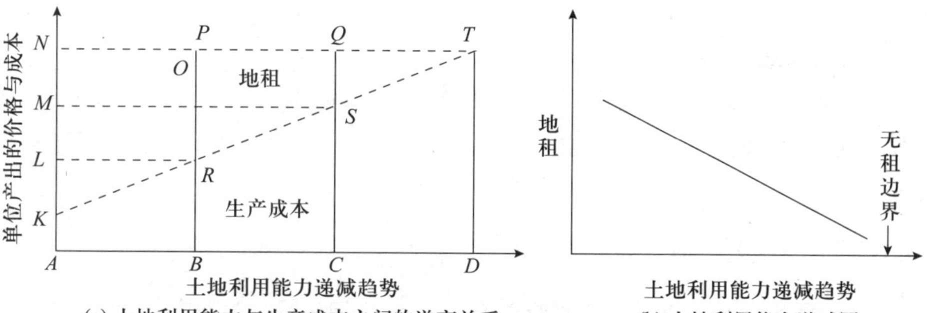

(a) 土地利用能力与生产成本之间的递变关系

(b) 土地利用能力递减图

图 11-1　土地资源利用能力、生产成本和地租之间相互关系

由于社会需求的增加，土地利用层次总是由高向低移动，粗放边际也由 B 向 D 移动。因成本增加，产品价格同样由 LR 上升到 NT 水平。地租总额也由最初时的三角形 KLR 的面积扩大到三角形 KNT 的面积。随着中等地(BC)及次等地(CD)的利用，优等地(AB)所得到的地租总额逐渐由三角形 KLR 的面积增加到梯形 $KMOR$ 及梯形 $KNPR$ 的面积，而中等地(BC)和次等地(CD)的地租总额则只是梯形 $RPQS$ 和三角形 SQT 的面积。

简单来说，把不同利用能力的土地的地租用图 11-1(b)表示，则可清楚地观察到土地利用能力与地租的密切关系。

根据以上论述，我们在评价土地等级时，理论上就可以用地租额的高低来判定土地的优劣了。优等地是指单位面积地租额最高的土地；劣等地是指单位面积地租额很低甚至是无地租的土地；中等地介于二者之间。如果宏观上我们真的能够确定土地经济地租的差异，那么土地的优劣等级就划分出来了。但客观实际中，我们不能直接以地租来衡量土地优劣等级。但我们可以依此理论为核心，指导我们的土地经济评价研究。

目前，常常用预期收入作为划分土地优劣等级的标准。所谓土地(或农地)的预期收入，指在一定的自然因素和社会因素的作用下，单位土地面积在未来的一定时期内用于某种特定用途时，所获得收入水平的高低，它是对土地未来收入状况的预测。

预期收入这一指标不是能够直接测定的，它是多项自然、经济指标综合作用的结果。构成农地预期收入水平的因素有 3 大类：①农地目前收入水平，它是影响预期收入的主要因素，其分解因素又有土地生产率、土地经营集约度、经营规模、经营成果、劳动生产率等指标；②农地收入持续、稳定增长的潜力；③土地自然条件所决定的土地生产能力。上述三大因素一起构成了预期收入的主体。②③是修正因素，表示现状有可能作为影响农地未来收入水平的因素。

三大因素同时又综合影响土地的自然、社会经济等条件,因此通过预估收入水平,可以全面地反映土地的等级。

二、土地经济分级对象与目的

(一)分级的对象

土地资源评价的对象是相当广泛的,包括耕地、园地、林地、牧草地、居民点及工矿用地、交通用地、水域、未利用地等,但重点是对前 4 种类型的土地进行评价,也就是针对农用地的评价。土地经济分级一般也是以农用地为研究对象。如美国的土地经济分级对象是各个农场,尽管农场经营类型多样,但其范围限于农地。因此,分级的实体就是农地。日本村落为土地经济分级的单元,研究的具体对象还是农业生产所依托的农用土地。我国采用的土地经济分级研究还属探索阶段,但已经开始了农用土地和城镇土地的分等定级。

(二)土地经济分级的目的

分级的目的是以预期收入为标准,判定农地的优劣等级、分布范围、数量,为制定土地利用计划和规划提供依据,也可为制定土地赋税提供参考,以期达到土地资源的合理配置、高效利用和永续利用的目的。

三、土地经济分级原则

(一)经济效益、生态效益兼顾,短期效益与长期效益相统一

土地经济分级的标准是预期收入,它是对土地预期所得收入水平及相对差异的预测,是综合的经济效益指标。同时,分级中也要把自然条件,特别是土地的适宜性问题作为重要因素加以考虑,既要保证土地的高效利用又要保证土地的永续利用。经济分级的主体是目前农业收入水平的分级,它表明了土地在短期内的利用效果是短期效益,还要再进一步研究土地收入在未来一定时期内持续稳定增长的潜力,能否获得长期的经济效益,以及达到短期效益与长期效益的统一。

(二)评价单元的实体性原则

土地经济分级的最终结果是以地图形式来反映的。这要求土地分级的每一个单元必须有确定的地点、界限、形态以及数量和质量,要能够在地图上明确的标示出来。这也可以保证评价成果具有实际的指导意义。

(三)定性分析与定量分析相结合

土地经济分级是对分级对象由表及里、由浅及深的认识过程,对土地资源的自然、经济等性状的掌握是通过定性分析与定量分析相互结合而达到的。为了掌握整个地区的基本情况,分级者有必要先进行一番定性的分析,同时还必须用定量分析法来区别区域内土地资源性状的差异性和差异程度,使各单元可以相互比较。定性分析与定量分析是相辅相成的,定性分析是定量分析的基础与指导,定量分析是定性分析的深入和数量化,两者可以相互补充验证。

(四)差异性与统一性相结合

土地经济分级成果为制定土地利用规划、计划提供了依据,而规划、计划的实施一般都是在自然条件和经济条件相似性基础上,结合一定的行政区划完成的,即按县、乡、村逐级贯彻落实。在目前农村双层经营条件下,农户是土地利用和经营的主体,村内农户生产条件和经营水平是有差异的,但我们仍以行政村为基本评价单元,把这些差异统一起来,以村的平均水平作

为代表,使得同一等级的土地在地域上更集中并与行政村相统一。

(五)分级成果要具有适用性和预见性

土地经济分级结果是当地目前以及今后一段时间内土地资源利用重要的指导方针,因此它要先客观地反映实际,要能被当地的经营者乐于接受,自觉应用。这就要求土地经济分级先从现实出发,客观地评价土地目前收入水平基本现状。由于经济分级的对象是自然、社会、经济诸因素相互作用的综合体,每一因素的变化都要影响到土地的等级,如种植业结构的调整、灌排工程的建立、资金投入的重点等。土地在进行经济分级时应考虑上述因素,以一定的指标反映土地经济收入变化的可能性及趋势,对土地未来的等级作准确预测。

四、土地经济分级单元的划分

土地评价单元是进行制图的基本区域。确定土地评价单元是为了保证评价结果落实到相关地域,再对具体地域进行鉴定、评价。出于不同的研究目的和不同的精度要求,对土地评价单元的划分也不同。在进行土地经济分级时,一般以现行的行政村为基本单元,以行政界线划分地域范围。研究的宗旨是鉴定各村的区位等级和土地等级,解释各村土地的生产能力、管理上存在的主要问题及改善经营的途径等。这实际上是把一个村看成一个土地利用和经营的实体,对各村的土地进行经济评价,然后各村间再相互比较,以确定相对等级。

以行政村为土地经济评价单元还要考虑如何以村为单元表述自然条件特性的问题。土地自然条件评价的单元一般都小于行政村范围,一个行政村内往往包括数个性状各异的自然单元。按照经济分级的要求,一个村就是一个单元,村内再无单元,也无等级之差,必须把村内各异的自然性状加以概括,抽象为一个等级。

五、土地经济分级的标准、指标体系与指标选取原则

(一)标准

土地经济分级的标准主要是指预期收入。预期收入是用以决定土地等级高低的综合性指标,由于难以对其直接测定,因此要用影响预期收入的各种自然、经济因素综合反映它,这些影响因素就是经济分级的具体指标,它实际上是对标准的分解,是可以直接得到的。

根据日本土地经济分级的经验,以预期收入为标准的分级适用于以村落为基本单元的较大区域,用以判断整个地区农业的经营水平以及评价土地利用的效果。

(二)指标体系

如前所述,所有对土地预期收入有一定影响的自然经济因素构成了土地经济分级的指标体系。出于土地经济分级的需要,一般从两个方面进行描述与建立。

1. 经济指标

由于土地经济分级主要侧重于对土地经济水平的研究,因此经济指标是这一体系内最重要的一个方面。根据影响农地预期收入的因素,选择的范围包括 5 个方面:①经营规模指标,如户均耕地、劳均耕地等;②经营集约度指标,如单位面积农机动力、单位面积化肥用量、单位面积劳动用工量等;③土地生产率指标,如单位面积产量、单位面积农业收入;④劳动生产率指标,如劳均农业收入、劳均粮食产量等;⑤经营成果指标,如人均收入、户均收入。这 5 类指标只确定了选择指标的范围,具体选择哪一个指标合适,则要视分级对象的具体情况而定。

2. 自然条件指标

这一指标主要是反映土地的自然特性、潜在的和现实的生产能力。它应包括地形、地貌、气候、土壤养分状况、水分条件等有利因素和限制因素。

(三)指标选取原则

与预期收入有关的指标的选择是一个相当复杂的比较与取舍的过程,指标选择合适与否,直接影响着分级的质量,主要考虑如下原则。

1. 选出影响预期收入的主导因素

影响预期收入的因素是复杂的,选择指标时,要保证在不遗漏主要因素的基础上突出主导因素,并尽量使指标简便。

2. 选择指标要简便易行

简便是指选择指标不宜太多;易行是指指标容易收集,可以直接从农村基层统计报表中获取。

3. 所选择的指标要具有连续性

所有指标,特别是经济指标,应是连续若干年的数值,为避免偶然因素的影响,可以取连续几年的平均值,代表指标的一般水平。

六、土地经济分级程序及具体内容、方法

参照图 11-2,予以具体说明。

(一)确定评价范围,搜集有关资料

在进行土地经济分级的前期,必须做好充分的准备工作,要清楚地界定考察的地域范围,确定考察的对象以及要考察的具体内容。例如,要了解哪些自然条件,哪些社会经济情况,需要了解到什么范围和深度等,在明确了工作指导原则及优先考虑的重点地区和重点问题后,就要进行实际调查访问与资料搜集。搜集资料和实地考察是分级的基础,分级成败在很大程度上依赖于这一阶段工作质量的高低。

(二)确定土地分级单元,完成土地经济分级图

将土地分级单元标在地图上,图上内容主要是地区界、单元界;每一单元内主要是地类界、公路、单元编号,这是编绘土地经济分级图的基础。

(三)建立反映预期收入的指标体系,计算指标值

可以参考上文列出的一般性指标,分成两大类:经济指标和自然条件指标,根据指标选择原则一一选用,并确定指标值获取方法。

(四)根据调查研究的结果及所选定的指标进行单项分级

这包括目前农业收入水平的分级、农业收入水平稳定性的分级、农业自然条件所决定的土地生产能力分级。每一单项分级成果都要反映在地图上,形成单项分级图,并以表格汇总。单项分级的具体分级方法如下。

1. 目前农业收入水平分级的方法

进行这种分级是为了确定目前农业收入水平的高低和农业结构的差别,这就要深入分析构成农业收入水平的各个因素。前面已经界定了 5 类指标,选择有关指标后就可以进行分级。分级方法有 2 种:一种是定性的分级方法,另一种是利用聚类分析方法进行分级。

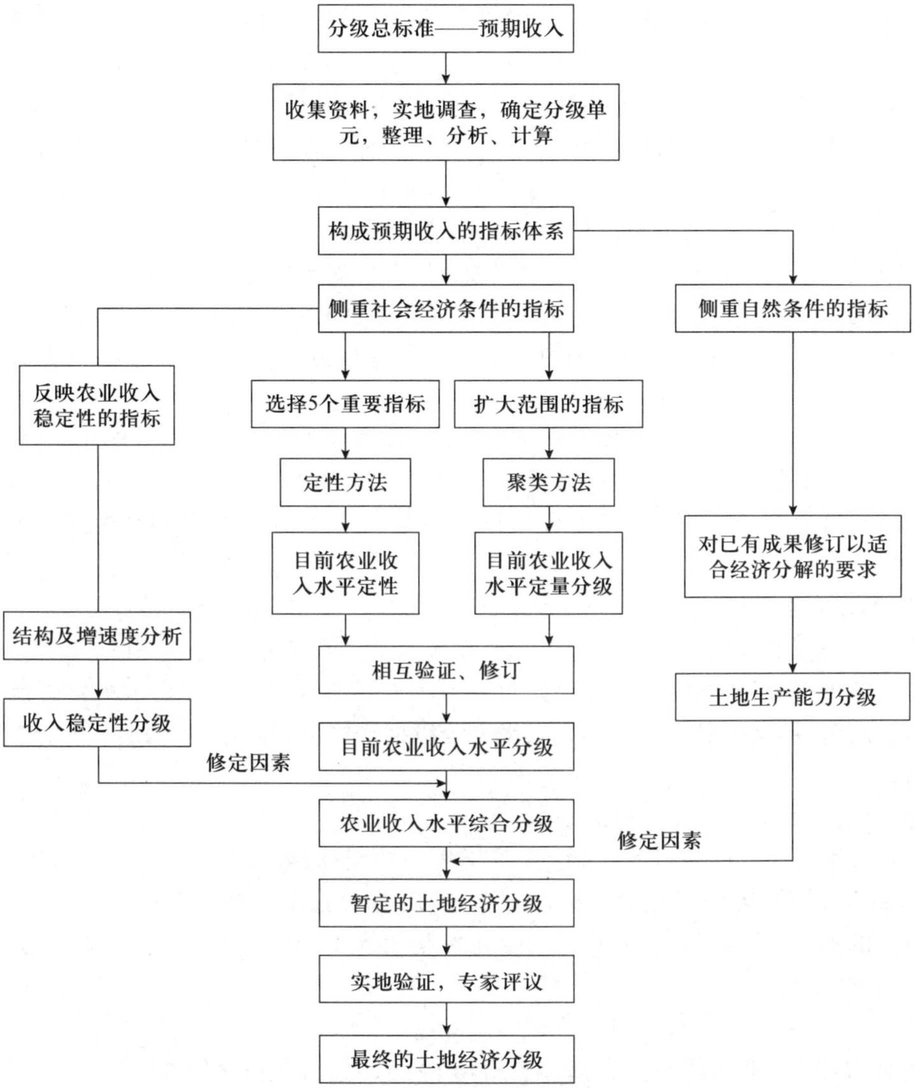

图 11-2　土地经济分级程序框图

(1)定性

分为 4 步：①选取若干个(一般是 5 个)对该地区农业经济水平有重要影响的指标，计算各分级单元相应的指标值，各指标值可以取最近 3 年或 5 年的平均数。②对每一个指标再划分出 3 个等级，使第一等(A 等)单元数量占总量的 25%左右，第二等(B 等)的单元数量占 50%左右，剩余为第三等(C 等)。这样每一个分级单元对应的 5 个指标都有相应的等级。这一分级方法要求土地等级的分布符合正态分布，但事实上并不一定如此。因此我们仅把它当成一种指导性方法看待，在具体分级中还要依情况对这一方法加以变通。③统计每一个单元所对应的 5 个指标的等级(如某单元对应着第一至第五个指标的等级可能是 A，B，B，C，C)，凡是占有 3～5 个一等指标(A)的单元划为Ⅰ等，占有 3～5 个三等指标(C)的单元划为Ⅲ等，其余为Ⅱ等。对前 2 个等级还可以进一步细分，在每等级中若有 2 个一等(A)指标时加“+”号，有 2 个三等(C)指标时加“—”号。如此，应该有 6 个等级，即Ⅰ，$Ⅰ^-$，$Ⅱ^+$，Ⅱ，$Ⅱ^-$，Ⅲ。④依据上述计算结果,把每一单元相应的等级标示在地图上,从而形成目前农业收入水平分级图。

(2)聚类分析

这是多元统计分析中研究分类问题的一种数学方法,分为以下 4 步。

①根据调查所掌握的情况,选择一些对预期收入有较大影响的指标,计算每一单元的指标值。这些指标数量显然要比常规分级所选择的指标多,范围也广。

②利用计算机进行聚类分析运算,并根据运算结果绘制聚类图。

③对聚类结果进行分析、调整,得到若干类别,再根据经验判断和定形分级所得的结果确定每一类别的等级。每一单元所在类别的等级就是其目前农业收入水平等级。

④在地图上将每一单元的等级标明,得到聚类分析方法所确定的土地目前农业收入水平图。

用聚类分析方法进行分级的关键是确定合适的指标,只有选择了合适的指标,才能较为客观地反映分级对象的农业收入的真实水平及各单元之间的差异程度。同时也才能保证与常规的分级方法所得到的分级结果大体吻合,相互印证。选择指标需要根据对地区基本情况的判断反复试算。

2. 农业收入水平长期稳定分级的方法

这一单项分级的目的是通过对构成农地收入水平的有关指标,如经营结构、生产规模、收入增长速度等进行分析,判断各分级单元在今后较长时期内的农业收入水平是否能够持续稳定的提高。之后,用这一成果对目前收入水平分级进行修正,判定土地预期收入。方法主要有以下 2 种。

(1)根据收入构成的变化率进行分级

选择直接影响收入的基础指标,计算若干年内的变化率。对变化率进行比较,将其划为 3 个等级,将各单元的等级情况标示在地图上,然后与农业收入水平图进行比较。一般来说,土地等级高的地区,其若干年内各指标的变化率是较为平稳的,而一些落后地区,其变化率可能忽高忽低,较不稳定。

(2)根据将来收入水平形成因素验证

选定对未来农业收入水平有直接影响的几个指标,针对各单元的指标值进行考察分析,同样也可以分出 3 个等级,而后标注在地图上。与目前农业收入水平分级对照,收入水平高的优等地区,其相应的指标也应是优等的,也就是说,该地区将来的农业收入水平可能是较高的。

3. 根据土地自然条件,划分土地生产能力(或潜力)等级的方法

土地的自然条件是构成农业收入的长期的稳定因素,在没有受到灾变或人为干预的情况下,它极少发生变化。因此,土地条件既可以看成现状条件,又可以看成是一个预测因素,因为它现在的水平与未来一个时期的水平不会有明显变化。根据研究的侧重点,分级工作者应当尽量利用现成的资料和图件,通过技术加工和处理(如单元的重分),完成符合经济分级需要的土地生产能力(或潜力)分级图。目前所具备的图件和资料有土地资源评价图、土地利用现状图、土壤普查资料等。这样可以节省很多时间和人力。

(五)对单项分级图进行修正,完成暂定的土地经济分级图

这项工作是以目前农业收入水平分级为基础,逐步用农业收入稳定性分级图和土地生产能力(或生产潜力)分级图对其验证、修订,逐图叠置编绘,综合分析,形成暂定的土地经济分级图。它不是各项分级图的简单叠合,而是在全面掌握分级地区的自然、社会、经济情况的基础

上，依一定标准所进行的定性分析与定量分析相结合的综合判断。

（六）实地验证，完成最终的土地经济分级图

这一过程是以定性分析为主，对上述理论分析结果的检验。上述暂定的土地经济分级图应回到实地进行验证，并征求当地有关专家和经营者的意见，分析出现不符合实际的地方的原因，调整有关指标值，进行统一修正，完成土地经济分析和最终的分级图。究竟应对多少分析单元进行实地验证，要看人力、物力及时间的允许程度。最好是选择一些典型单元抽样调查，以验证分级结果的可靠性。

（七）编写土地经济分级报告

分级报告应包括地域范围，自然经济评价，分级原则，分级程序和方法，指标体系的建立及说明，分级所需资料来源及处理方法，分级阶段性成果和最终成果。最后要对分级成果予以评述，并指出成果的实际应用意义。

土地资源是各种因素综合作用的实体，分级是涉及多学科的综合研究，所以分级内容很复杂。只有通过深入调查、计算、分析、比较和验证，才能得到较为理想的、接近客观实际的土地经济分级结果。

第五节　城镇土地分等定级方法

一、城镇土地分等定级概述

（一）任务和目的

在一定区域范围内评定城镇土地质量的优劣时，一般将城镇作为一个点来看待，区域中的若干个城镇就是若干个点。区域中这些城镇，各自受其具体的地理位置、交通条件、城市周边经济条件和自然条件，以及人们改造土地、投入资本不同的影响，发挥的作用和所处的地位差异很大。这种差异通过土地表现为生产和生活上收益的差异，带来城镇之间的整体的级差收益差异。我们便把这种级差收益所代表的土地质量差别，称为土地等。也就是说，城镇土地等反映的是城镇之间的土地质量或级差收益的地域差异，土地等的顺序是在一定区域范围内的各城镇间进行排列的。城镇土地分等是通过对影响城镇土地质量的经济、社会、自然等各项因素的综合分析，揭示城镇之间土地质量的地域差异，运用定量和定性相结合的方法对城镇进行分类排列，评定城镇土地等。

当独立地对一个城镇进行研究时，城镇土地表现为面状分布形态，由不同类型和利用方式的地块组成的。这些地块受土地自然条件、经济条件、人工投入资本和管理方式的影响。不同的地块在满足不同城镇职能时对土地的要求有所差异。土地条件优越的地块，被不同的职能部门利用后，就比利用差的地块得到的收益更高，即会出现由土地质量不同而产生的级差收益。城镇土地级是对这种城镇内部级差收益地域分异的反映，土地级的顺序是在各城镇内部统一排列的。城镇土地定级是根据城镇土地的经济、自然两方面属性及其在社会经济活动中的地位、作用，对城镇土地使用价值进行综合分析，提示城镇内部土地质量的地域差异，评定城镇土地级。

城镇土地分等定级的目的是为了全面掌握城镇土地质量及利用状况，科学管理和合理利用城镇土地，促进城镇土地被节约、集约利用，为国家和各级政府制定各项土地政策和调控措施，为土地估价、土地税费征收、建设用地经济评价、城市规划和土地利用规划，以及计划的制定提供科学依据。

（二）分等定级原则

《城镇土地分等定级规程》GB/T 18507—2014 于 2014 年 12 月 1 日起正式实施，此规程规定了城镇土地分等定级应遵守以下原则。

1. 综合分析原则

城镇土地分等定级影响城镇土地质量的各种经济、社会和自然因素。土地级既要反映土地在经济效益上的差异，也要反映经济、社会、生态等综合效益的差异。

2. 主导因素原则

城镇土地分等定级应根据城镇内影响土地优劣的因素种类及其作用的差异，重点分析对土地定级起控制和主导作用的因素，突出主导因素的影响，去评定土地等和级。

3. 地域分异原则

城镇土地分等结果要符合城镇本身的经济特征，充分考虑城镇的宏观地理位置，与区域经济发展水平保持相对一致。城镇土地定级应掌握土地区位条件和特性的分布与组合规律，分析由区位条件不同形成的土地质量差异，将类似地域划归同一土地级。

4. 土地收益差异原则

城镇土地等和级的划分应符合区域和城镇内部的土地收益分布规律。

5. 定量与定性结合原则

城镇土地分等定级应尽量把定性的、经验性的分析进行量化。在确定城镇土地等和级的初步方案时以定量分析为主，城镇土地等和级的调整和最终定案宜依靠定性分析。

（三）城镇土地分等定级体系

1. 工作体系

城镇土地分等定级采用“等”和“级”2 个层次的工作体系。

2. 土地等反映城镇之间土地质量的地域差异

城镇土地分等宜分层次进行。全国开展城镇土地分等，应重点考虑对全国范围内重要的设市城市划分土地等；省域（自治区）开展城镇土地分等，应重点考虑对省、自治区内的城市和县城镇划分土地等；直辖市域开展城镇土地分等，应重点考虑对市域内的市区、地级和县级政府驻地城镇划分土地等。城市所辖的空间与主城区分隔的实体（如独立工矿区、开发区等），只在城市分等基础上，经综合平衡划定等别。必要时，可对跨不同行政区域的城镇进行分等。不同层次的分等工作应相互衔接。

3. 土地级反映城镇内部土地质量的差异

城镇土地定级有综合定级和分类定级 2 种类型。综合定级指对影响城镇土地质量的各种经济、社会、自然因素进行综合分析，按综合评价值的差异划分土地级。分类定级指分别对影响城镇某类型用地质量的各种经济、社会、自然因素进行分析，按分类评价值的差异划分土地级；分类定级包含商业用地定级、住宅用地定级、工业用地定级等。

城镇土地定级主要分析现状土地质量的差异，必要时应考虑城市规划等其他因素对土地级别的影响。市区非农业人口 50 万以上的大城市，宜进行综合定级和分类定级；其他城镇直接进行综合定级，必要时可同时进行分类定级。

二、城镇土地定级的一般程序

(一)城镇土地定级的步骤与内容

城镇土地定级是从形成土地质量(土地条件)差异的原因入手,找出影响土地质量的因素,包括繁华程度、交通条件、基础设施状况、环境条件、人口状况等;将这些因素指标定量化,换算成不同的分值;根据各因素对土地质量的影响程度和重要性,确定各因素的权重;将各因素作用分值加权求和,得到总分;根据总分高低划分土地级别。在土地级别的基础上测算土地级差收益,行业及微观区位增减系数,进行收益拟合和级别验证,最后得到土地级别。整个过程包括以下 6 个步骤。

1. 准备工作与外业调查

准备工作与外业调查主要包括编写土地定级任务书,组织队伍,培训人才,配备必要的设备,同时根据城镇特点广泛调查、收集有关资料。

(1)土地定级任务书

内容应包括①开展土地定级城镇的基本状况;②开展城镇土地定级的地域范围;③城镇土地定级工作所需的技术资料和图件资料;④城镇土地定级工作的组织与领导;⑤城镇土地定级时间安排与经费预算;⑥城镇土地定级成果;⑦土地定级技术方案。

(2)城镇土地定级资料

内容应包括①商服繁华程度,如商业服务业中心位置、数量、范围、商店总数、经营项目、销售额、利润额、占地面积、营业面积、职工数和商服建筑的密度等。②交通条件,包括道路网分布状况、道路类型、道路级别、道路长度和宽度、车流量、公交线路及站点分布状况、停靠次数,其他主要交通工具的类型、交通设施的规模和分布状况。③基础设施状况,包括基础设施的类型、数量、分布状况、技术水平、规模、级别、服务水平及保证率等。④生活设施状况,包括生活设施的类型、数量、分布状况、规模、级别、服务水平及保证率等。⑤环境条件,包括环境质量指数、污染源的分布及污染程度、公园及绿地的分布状况等。⑥社会、历史、人口,包括人口、行政区划、城镇发展史等。⑦用地效益,包括商业服务业、工业企业等的产值、资金、利润及企业的占地面积、营业面积、职工人数等。⑧城镇规划资料,包括城镇总体规划及图件资料、国民经济和社会发展五年计划和年度计划安排的项目情况、以往城市规划或五年计划执行情况。重点收集与调查城镇近期建设中的用地调整,建设项目和计划的文字资料和图件资料,有关商服中心、道路、对外交通、主要基础设施等的规划资料。

2. 定级因素资料的整理与量化

主要内容包括①根据城镇特点,选取对土地定级影响较大的自然和社会因素作为划分土地级别的因素。②在对定级因素资料整理的基础上,依据定级因素与土地质量的相关方式及相关程度,编制各因素分值评定表。③依据定级因素与社会、经济活动和人们生活条件的相关程度确定各因素的相对重要性,即权重值。

3. 定级单元的划分

土地定级单元是所划分出的土地空间单位,其内部土地特性和区位条件相对均一。土地定级单元是各定级因素分值计算的基础,也是评定土地级别的基础空间单位。

4. 土地级别的初步划分与确定

根据划分的定级单元,计算单元内各因素分值,将各分值加权求和,按总分的分布排列和实际情况，初步划分土地级别。再按数理统计要求，在选择适当的数学模型的基础上测算不同土地级别的土地上典型行业的级差收益，以此来验证初步划分的土地级别的合理性。同时可根据测算结果，并结合实际情况对划分的土地级别进行内部调整。

5. 面积量算和土地级别图的编制

土地级别界限落实后，通过面积量算得到各土地级的面积，并通过编制土地级别图，将土地级别的分布状况及地域差异直观地表示出来。

6. 土地定级报告的撰写及成果的验收归档

土地定级报告一般包括定级工作情况；定级对象的自然、经济及社会概况；土地定级方法应用；土地定级成果详述；结果分析和问题建议。此外，还应附上土地级别图、各种表格及数据库等。检查验收主要是指针对每个阶段或每道工序完成后的复验检查，并按照国家标准进行验收。

(二)城市土地定级方法技术要点

城镇土地定级技术路线和方法尽管因城镇的自身特点略有差异，但大体上是一致的。下面对城镇土地定级中所涉及的技术要点进行简要说明。

1. 定级因素的选取和作用分值计算

城镇土地定级受多种因素的影响，相互之间关系密切，为了便于在土地定级中选取最主要的因素，确定参评因素的权重值，有必要通过综合归纳的方法，按主、次、轻、重和有机联系的原则，将其组成一个统一的因素因子评价体系。《城镇土地分等定级规程》(GB/T 18507—2014)中确定了不同定级类型的定级因素及权重值范围(表 11-12 至表 11-15)。

表 11-12　城镇土地综合定级因素

项目	繁华程度	交通条件			基本设施状况		环境条件			
定级因素	商服繁华影响度	道路通达度	公交便利度	对外交通便利度	基础设施完善度	公用设施完备度	环境质量优劣度	绿地覆盖度	自然条件优劣度	景观条件优劣度
选择性	必选	至少 1 种必选		备选	至少 1 种必选		备选			
重要性顺序	1	2 或 3			3 或 2		4			
权重范围	0.2～0.4	0.1～0.3			0.1～0.3		0.03～0.2			

引自《城镇土地分等定级规程》(GB/T18507—2014)。

表 11-13　城镇商服用地定级因素

项目	繁华程度	交通条件			基本设施状况	人口状况
定级因素	商服繁华影响度	道路通达度	公交便捷度	对外交通便利度(客运)	基础设施完善度	人口密度
选择性	必选	至少 1 种必选			必选	备选
重要性顺序	1	2 或 3			3 或 2	4
权重范围	0.25～0.45	0.05～0.25			0.05～0.25	0.1～0.2

引自《城镇土地分等定级规程》(GB/T18507—2014)。

各因素作用分值采用相对值法和距离递减法，按 0～100 分封闭区间赋分。因素指标和作用分的关系按正相关设置，即因素条件越好，作用分值越高。

表 11-14　城镇住宅用地定级因素

项目	基本设施状况		交通条件			环境条件			繁华程度	人口状况
定级因素	基本设施完善度	公用设施完备度	道路通达度	公交便捷度	对外交通便利度（客运）	环境质量优劣度	绿地覆盖度	景观条件优劣度	商服繁华影响度	人口密度
选择性	必选		至少 1 种必选		备选	至少 1 种必选			备选	备选
重要性顺序	1		2 或 3			3 或 2			4 或 5	5 或 4
权重范围	0.2～0.4		0.2～0.3			0.15～0.25			0.1～0.2	0.05～0.1

引自《城镇土地分等定级规程》(GB/T18507—2014)。

表 11-15　城镇工业用地定级因素

项目	交通条件		基本设施状况	环境条件	产业聚集效益
定级因素	道路通达度	对外交通便利度（货运）	基础设施完善度	自然条件优劣度	产业聚集影响度
选择性	必选			备选	
重要性顺序	1		2	3	4
权重范围	0.2～0.35		0.2～0.3	0.1～0.2	0.05～0.15

引自《城镇土地分等定级规程》(GB/T18507—2014)。

2. 土地定级单元划分

(1)主导因素判定法

①用 2 个以上主要定级因素，沿城镇主要方向选一定数目的特征点作各自分值剖面图。②根据因素分值变化规律，选择突变曲线段的位置作为单元边界位置，结合经验，把因素得分基本一致的区域划分为一个单元。

(2)叠置法

①将主要因素作用分图进行叠置，勾画作用分基本一致的区域，形成图斑；②经适当调整后得到定级单元。

(3)网格法

采用计算机系统为辅助手段进行土地定级时，可直接把城镇划分为若干面积相同的网格，并可根据实际情况对局部进行调整。

①按 1/4 或 1/16 公里网格，将城镇划分为若干基本网格；②选择几类不同的典型网格，在四等分点检查每类网格内部 2 个以上主要因素的差异；③某类网格内同一因素分值差异≥100/(n+1)时，对此类网格进行四等分加密。重复检查、加密，直到满足要求得到单元。

(4)其他方法

可以利用地籍管理资料，将宗地直接作为定级单元，或者结合宗地和网格法等划分定级单元。

3. 定级因素权重的确定

权重是一个因素对土地质量影响程度的体现。由于城镇中土地的特征因素很多，不可能都被选为土地定级的因素，只能选取其中较为重要的。选定为土地定级因素的指标对土地质量的影响并不都是一样的，必须要对所选因素对土地的影响程度进行鉴定，按其作用大小分别赋予不同的权重值。其基本要求如下。

①权重值的大小与因素对土地质量的影响成正比。将选定因素按作用大小分别赋值，作用大的权重值高，作用小的权重值低，依重要性顺序，从高到低依次排列。

②各因素权重值在0～1之间变化，同一层次各因素的权重值之和等于1。

③权重值的确定方法。

a. 特尔斐测定法。对各因素进行多轮次的专家打分。权重值的计算公式为：

$$W_i = E_i/100 \tag{11.4}$$

式中：W_i 为 i 因素的权重值；E_i 为 i 因素经多轮打分后的平均分值。

b. 因素成对比较法。对所选因素进行相对重要性的两两比较、赋值，计算权重值。需注意两点：对比结果要符合A因素＞B因素，B因素＞C因素，则A因素＞C因素的关系；对因素所赋的值应在0～1范围内，同时两因素值之和等于1。

c. 层次分析法。对定级因素的相对重要性进行判别，组成判断矩阵，计算权重值。注意：因素相对重要性判别最好使用特尔斐法测定数据；对判断矩阵必须通过一致性检验；同时求算因素权重和因素内的各作用系数。如仅算权重，可用层次单排序计算。

由于具体条件各不相同，各城市选定的定级因素及各因素被赋予的权重存在着显著差异。这点可以从南京和宁波的例子看出(表11-16)。

表11-16　南京和宁波市土地定级因素及其权重比较

城市	土地定级因素					
	商业繁华程度	交通条件	基础设施状况	环境条件	人口密度	合计
南京	0.274	0.326	0.262	0.138		1.000
宁波	0.33	0.29	0.17	0.14	0.07	1.00

引自刘卫东编著的《土地资源学》，1994。

4. 定级单元总分值的计算

采用因素加权分值和法。计算公式为：

$$P_j = \sum_{i=1}^{n} F_{ij} \cdot W_i \tag{11.5}$$

式中：P_j 为 j 单元的土地总分值；F_{ij} 为 j 单元的 i 因素分值，$i=1,2,\cdots,n$；W_i 为 i 因素的权重(某定级因素对土地好坏的影响程度)；n 为定级因素个数。

5. 土地级别的确定

对于城市土地定级工作，在完成定级单元划分之后，就可按单元计算其综合得分准确地反映该单元的综合质量，然后以数轴法、剖面图法、总分频率曲线法、聚类分析等多种方法，进行土地级别的初步划分。再通过土地级差收益测算，对土地级别确定其合理性，并进行土地级别的修订与归并，即进行土地级别的最后确定。

城镇土地定级中土地级的数目，依不同城镇规模、复杂程度而定(表11-17)。

表 11-17　土地定级级别数目表

定级类型	城市等级		
	大城市	中等城市	小城市及以下
综合定级	5～10	4～7	3～5
商业用地定级	6～12	5～9	4～7
住宅用地定级	5～10	4～7	3～5
工业用地定级	4～8	3～5	2～4

土地级差收益的测算中，其效益应包括经济效益、社会效益和生态效益，其计算步骤如下。

①分别计算每级土地中各行业的平均收益水平，并确定各行业的最低收益值。

②将同一行业的各级土地收益值与最低收益值相减，得到各级收益差。

③扣除单位资金占有额、单位面积工资总额的影响，得到各级差收益。

④对土地级差收益进行方差检验、调整，使检验值差异显著，保证土地收益级间差异大于级内差异。

⑤按行业土地利用效益、级差收益情况及微观位置条件，分别编制土地利用效益和土地微观区位增减系数表。土地级差收益的测算，可检验土地定级的正确与否，也可通过土地级与级差收益的关系，制定土地有偿使用费税标准。

城市土地级别的修订和归并，应该做到级之间有实在的、较大的收益差别。如果这种差别很少，那么级就缺少存在的必要性，可以将其归并。在级别确定出来后，考虑到实施情况，应与有关单位及当地政府协商讨论，在不影响级的评定科学性的基础上尽量考虑政府及应用成果部门的要求，可适当增加或减少一些级别数目。

城市土地级别也应进行实地核校和验证，对土地级的范围、边界、级别进行切合实际的修订调整，以保证土地级别高低与土地相对优劣的对应关系基本一致；级之间应渐变过渡；相邻单元之间土地级差不能过大；在边界尽量采用具有地域突变特征的自然界线及人工界线的同时，也要适当保持自然地块及权属单位的完整性，以便后续成果的应用。

土地定级工作完成后，要对其成果加以整理，搞好面积量算、土地定级图的清绘和土地定级报告的编写工作，并组织专家技术人员验收，报上级主管部门审定，申请合格证书，以便成果的科学性和权威性得到社会承认，便于实际应用，发挥其决策价值。

第六节　城市土地基准地价和标定地价评估

一、城市土地基准地价评估

(一)城市土地基准地价评估概述

1. 基准地价的概念

我国基准地价的定义主要有 2 种：一是《城镇土地估价规程》(GB/T 18508—2014)中指出的在土地利用总体规划确定的城镇可建设用地范围内，对平均开发利用条件下，不同级别或不同均质地域的建设用地，按照商服、住宅、工业等用途分别评估，并由政府确定某一估价期日法定最高使用年期土地权利的区域平均价格。二是中国房地产估价师资格考试教材中提出的

"基准地价是在某一城市的一定区域范围内,根据用途相似、地段相连、地价相近的原则划分地价区段,然后调查评估出的各该地价区段在某一时点的平均水平价格。"

2. 基准地价的特征

(1)区片性

基准地价覆盖了城镇内的所有区域,在各区域中应该至少有一种用途类型的基准地价,而且只代表该区域的地价标准,这个地价标准是该片区地价水平。因此,基准地价要注明是哪一级土地(或某个均质地域的土地)。

(2)分类性

由于土地利用规划的要求和类型不同,土地的利用程度就不一样,土地的质量和收益也随之不同,也就有不同的基准地价。因此,必须分别对商服用地、工业用地、住宅用地等类型土地评估基准地价,或者在这 3 种大类型下,再评估不同行业类型用地的基准地价。基准地价是在土地利用现状下的土地价值的表现,所以不能把计划中的用途当作现实用途。

(3)平均性

基准地价反映了区域中在某种用地类型的条件下土地使用权的平均价格。土地的平均价格是土地市场正常交易的价格,反映了土地交易的普通价格。基准地价是城区内一般地价水平的代表,不是个别宗地地价的表现。它反映了各区域用地类型的土地地价的平均价格。那么在评估基准地价中,就应该对基准地价的样点地价做统计检验,剔除与市场平均价格偏离大的样点。

(4)年限性

按照有关法律规定,不同用途的土地使用权出让的最高期限不同,所以不同用途的基准地价的年期也不同。土地使用权的年限性体现了我国土地使用制度的特点,土地所有权与土地使用权分离,土地使用权是通过出让方式取得。因此,基准地价是法定的最高使用年限的地价。

(5)时间性

土地价格是随着不同时期的土地市场行情而变化的。基准地价是通过土地价格测算得到的,它显示了某一个时间上的地价水平。随着时间的变化推移,土地市场会发生变化,基准地价也会发生变化。所以,基准地价有它明确的评估日期。

(6)土地开发性

土地开发性是指土地的开发程度。基准地价是在某种土地开发条件下形成的,反映了特定的土地开发程度下的地价水平。土地开发程度是指该区域基础设施建设的程度,如供水、排水、供电、供气、供暖、通信、通路、场地平整,以及建筑容积率等状况。由于土地开发程度的差异会带来地价的差异,所以不同开发程度的土地会对基准地价产生很大影响,应在基准地价含义中明确,各城镇基准地价开发程度的含义内容也不相同。

(7)标准性

基准地价除了表现土地市场的基本地价行情外,还是土地市场的地价标准,它反映了在标准条件下的一般地价水平。这种标准条件使宗地地价与基准地价建立了具有可比性的联系,有利于基准地价评估时的样点地价修正,以及应用基准地价系数修正法评估宗地地价。标准条件是指宗地标准的开发程度、宽度、深度、容积率等。标准条件是城镇宗地客观存在的、普通的、平均的土地条件的表现。

(8)公示性

按照《中华人民共和国城市房地产管理法》第33条规定,基准地价应定期向社会公布,以便社会及时了解城镇的地价水平及走向,使土地市场更有透明度,并且为调控和指导土地市场的发展,为城镇的社会和经济发展提供依据。这样要求基准地价必须客观准确地反映城镇地价的实际情况。

(9)实用性

基准地价的实用性表现在:一方面为政府管理土地和投资者提供了决策依据;另一方面直接为评估土地宗地地价提供了依据和方法。目前,我国主要用基准地价系数修正法评估宗地。此法广泛应用于企业改制,如土地出让、转让、出租、抵押等经济活动中。我国的社会主义市场经济正在培育之中,土地评估中的比较法、收益还原法、剩余法、成本法等在应用中还有一定的局限性,基准地价系数修正法在今后较长的时期内仍然是主要的评估方法。因此,需要明确基准地价含义,便于更准确地应用基准地价。

3. 基准地价评估的意义

从基准地价的定义可知,基准地价评估主要在于揭示城市土地利用结构与功能的地域差异,并对其区域平均地价做出科学合理的估计、推测与判断。基准地价评估的意义在于以下几个方面。

①有利于国家进行土地资产核算,查清土地资产存量。使土地管理工作由单纯的资源管理转向资源资产管理相结合,产品管理和价值管理并重。以充分发挥市场机制高效率配置资源的作用,优化土地管理,深化土地使用制度的改革。

②提供合理征收土地税费的依据。从价征税是国际上征收有关土地税的惯例,也是合理调节社会经济发展造成土地增值的主要经济手段之一。基准地价提供了征缴土地税费的价格标准,有力地保障了土地所有者和使用者的合法权益,有助于防止国有资产的流失,使企业在市场中平等竞争,在城市土地利用和开发过程中达到公平与效率的统一。

③提供进一步评估标定地价、出让底价等宗地地价的基础,起到估算基值和修订初始值的作用。它可以有效地调控地价水平,正确引导房地产价格的走势,使房地产市场健康发展,减少土地投机的不利影响和危害。

④可以充分体现政府对城市区域经济发展、产业结构和布局调整,以及城市建设规划设计的意图,为房地产开发者提供投资决策依据。促进土地与其他生产要素(如资本、技术、劳力、设备等)的合理组合,使土地利用合理化。

4. 城镇土地基准地价评估的技术途径

国家质量监督检验检疫总局于2014年7月24日作为中华人民共和国国家标准发布,于2014年12月1日起正式实施的城镇土地估价规格规定,基准地价评估有以下2个技术途径。

①以土地定级(或影响地价的土地条件和因素划分的均质地域)为基础,用市场交易价格等资料评估基准地价。从整体上看,城镇是由不同的用地类型组合而成的,而不同的用地类型在经济效益上相差很大,故是非均质的。但是从另一个角度看,各类用地又是在规划指导下落实到地块上的。因此在土地利用上形成了同质的各种区域,如商业区、居住区、工业区、文教区等,它们内部不仅用地性质基本相同,而且土地的区位、基础设施等也基本相似,因此有条件成为评估基准地价的基础,即可在这类均质地域内主要依据土地市场交易资料评估基准地价。

②以土地定级为基础、土地收益为依据、市场交易资料为参考评估基准地价。土地价格从

本质上说是土地权利利益的价格，是用来购买土地效用或预期经济收益应付出的代价。因此，地价(基准地价)的评估必须以土地收益为主要依据。但要注意的是，土地收益应区分为实际收益和客观收益2种。实际收益是在现状下实际取得的收益，它一般不能作为评估基准地价的依据。客观收益是排除了实际收益中属于特殊、偶然的因素后所得到的一般正常收益。因此，地价评估应以客观收益为依据。

(二)城镇土地基准地价的评估方法

1. 按照基准地价的定义来计算基准地价

(1)基准地价是我国地价体系的一种土地价格类型

基准地价和其他类型的地价具有本质上的相通性，即地价是地租的资本化。因此，基准地价的测算和其他地价的测算一样，可以遵循3种基本途径进行。

①以土地收益为依据求取地价。即：

$$P = A/r \tag{11.6}$$

或者

$$P = A/r \times [1 - 1/(1 + r)^n] \tag{11.7}$$

式中：P 为土地价格；A 为土地年收益(地租)；r 为土地收益还原率；n 为土地使用年限。

②按照等价交换原则求取地价。即：

$$P = P_o \times K \tag{11.8}$$

式中：P 为基准地价；P_o为市场上同样使用效用土地的基准地价；K 为评估对象与比较案例的价格比较修正系数。

③根据地价形成原理求取地价。即：

$$P = V_1 + V_2 + V_3 + V_4 + V_5 \tag{11.9}$$

式中：P 为基准地价，V_1 为土地取得费用(征地安置补偿、补偿费或者拆迁安置、补偿费)；V_2 为土地开发成本；V_3 为土地开发投资利息；V_4 为土地开发投资利润；V_5 为土地所有者权益。

(2)基准地价是城市土地定级单元或者均质单元的区域平均地价

基准地价计算公式为：

$$P = \sum_{i=1}^{N} P_i / N \tag{11.10}$$

式中：P_i 为土地交易样点价格修正后的标准地价；N 为城市土地定级单元或者均质单元区域范围内的土地交易样点或标准宗地的总个数。

2. 按照城市土地基准地价研究的途径求取基准地价

(1)利用土地级差收益计算基准计算地价

在城市土地定级或均质地域划分的基础上，运用多因素综合评价方法和级差地租测算模型，求得城市土地的绝对地租和级差地租，再将地租还原为地价。

(2)利用市场交易地价资料计算基准地价

在城市土地定级或均质地域划分的基础上，用区域或级别内可利用的不同用途交易样点地价修正后的标准地价的平均值，作为该区域或级别的基准地价。

(3)利用城市土地市场交易价格和城市土地定级多因素评价资料计算基准地价

①在城市土地定级的基础上，通过建立样点地价与土地级别的关系模型求出各用途级别的地价级差系数，再用地价级差系数等参数来计算级别基准地价。模型为：

$$Y_n = A(1-r)^n \tag{11.11}$$

或者

$$Y_n = A(1-r)^{an} \tag{11.12}$$

式中：Y_n 为第 n 级城市土地交易样点价格(求基准地价时是级别基准地价)；A 为常数，是最优土地级别的基准地价；r 为土地级差系数；n 为土地级别；a 为待定系数。

②在城市土地定级的基础上，通过建立样点地价与土地定级因素的关系模型求出各用途各级别的地价样点的修正标准地价，再根据样点标准地价计算级别基准地价。数学模型为：

$$Y_n = A(1-r)^n \tag{11.13}$$

或者

$$Y_n = A(1-r)^{an} \tag{11.14}$$

式中：Y_n 为第 n 级城市土地交易样点价格(求基准地价时是级别基准地价)；A 为常数，是最优土地级别的基准地价；r 为土地单位分值价差系数；n 为土地定级因素综合作用分值；a 为待定系数。

或者

$$Y_n = A + \sum_{i=1}^{m} b_i X_i \tag{11.15}$$

式中：Y_n 为第 n 级城市土地交易样点价格(求基准地价时是级别基准地价)；b_i 为土地定级第 i 个因素的回归系数，X_i 为土地定级第 i 个因素的作用分值。

基准地价的计算公式为：

$$P = \sum_{i=1}^{N} P_i / N \tag{11.16}$$

式中：P 为基准地价；P_i 为土地交易样点价格修正后的标准地价或者标准宗地地价；N 为城市土地定级单元或者均质单元区域范围内的土地交易样点或标准宗地的总个数。

二、城市基准地价的更新

(一)城市基准地价更新的目的和意义

为了使土地估价成果符合客观实际，保持基准地价成果和宗地地价评估标准的现实性，在土地市场发生变化或影响土地价格的种种因素发生变化后，必须对地价进行重新评估，并更新基准地价成果和宗地地价评估标准。

基准地价更新是在土地定级或划分均质地域的基础上，利用市场交易、土地收益或地价指数等相关资料全面或局部调整基准地价的过程。为了使土地估价结果符合客观实际，保持基准地价成果的现势性，在土地市场或影响土地价格的各种因素发生变化后，应对地价进行重新评估，更新基准地价。通过基准地价更新来量化城市基础设施建设和城市生态环境建设的经济效益和社会效果，有利于增强对外招商引资的信心和对投资者的吸引力，提高城市的综合竞争力。

通过基准地价更新，以土地价格的地域分异来体现城市规划对城市土地利用效益的影响，运用城市土地级差收益杠杆，促进城市土地资源的合理配置，推动城市产业经济结构升级和生产力布局优化，以市场机制来保证在城市建设和发展过程中对城市规划的全面贯彻和落实。

(二)基准地价更新的原则

1. 现势性

城市基准地价更新是在现实土地利用效益、地租和地价基础上，通过估价样点的资料分析和地价测算后，重新求取各个土地级别的土地使用权平均价格的过程。城市基准地价应当是目前城市土地价格水平的综合反映，也能够和宏观经济发展态势、城市发展方向和扩张趋势、城市规划区内行政管理体制改革相协调、一致。

2. 连续性

城市基准地价更新是在以往基准地价研究的基础上进行的，它必须和现行的地价体系相衔接，与原来的地价成果保持一定的连续性。

3. 科学性

城市基准地价更新应当按照科学的土地估价和房地产估价原则和方法来开展城市土地价格的评估。土地估价中的一些原则，如预期收益原则、替代原则、最有效使用原则等都必须在基准地价更新过程中得到坚持，土地估价也应当采取多种方法同时运用，使不同方法得出的土地价格评估结果可以相互印证，相互检验。

4. 应用性

城市基准地价更新所确定的基准地价，应当能够被政府和土地使用者所接受，能够方便地应用它进行土地资产管理和从事各种城市土地宗地价格评估。城市基准地价也应当注意与全国各地相关城市地价进行比较，参考周围城市土地的价格水平，按照综合平衡的原则，处理好城市土地配置的市场机制与宏观调控机制的关系，以基准地价推进城市经营和管理，促进土地资源的集约利用和土地资产保值增值；以地价政策推动城市的可持续发展。

(三)城市基准地价更新实例

以宁波市为例。

1. 基准地价内涵的确定

宁波市基准地价更新中，要确保其地价内涵与国土资源部的统一规定的“基准地价”概念相一致，以保证我国所有城市的基准地价成果具有可比性，能够实现全国城市地价的相互查询和动态监测。

按照国土资源部的统一定义，基准地价是城市各土地级别或均质地域内的“五通一平”（或“七通一平”）土地开发程度及平均容积率下，同一用途的完整土地使用权的平均价格。城市基准地价按照城市主要用地类型评估，按商业、住宅、工业等用途区分，各用途的使用年期确定为法定最高出让年限。基准地价评估时点为 2001 年 1 月 1 日。

宁波市基准地价的具体内涵：商业用地基准地价是在宁波市城市规划范围内，城市土地开发程度为“五通一平”，容积率为 2.5 情况下所评估的，估价时间为 2001 年 1 月 1 日时，土地使用年限 40 年的城市各土地级别或均质地域的商业用地完整土地使用权的平均价格见表 11-18。

住宅用地基准地价是在宁波市城市规划区范围内，城市土地开发程度为“五通一平”、容积率为 1.7 情况下所评估的，估价时点为 2001 年 1 月 1 日，土地使用年限 70 年的城市各土地级别或均质地域的住宅用地完整土地使用权的平均价格。

工业用地基准地价是在宁波市城市规划区范围内，城市土地开发程度为“五通一平”、容积率为 0.7 情况下所评估的，估价时点为 2001 年 1 月 1 日，土地使用年限 50 年的城市各土地级别或均质地域的工业用地完整土地使用权的平均价格。

表 11-18　宁波市城市土地基准地价的标准内涵

用地类型	估价时点	城市土地开发程度		平均容积率	土地使用权出让年限
		规划红线外	规划红线内		
商业用地	2001 年 1 月 1 日	“五通”，即通路、通上水、通下水、通电、通电话	“一平”，即平整土地	2.5	40 年
住宅用地				1.7	70 年
工业用地				0.7	50 年

2. 商业用地基准地价的更新

宁波市商业用地的基准地价是在城市土地定级的基础上，以商业街道路线为主，按照城市定级单元区域沿边的路线价，分别计算其沿街地块和里地地块的土地价格，并结合大型市场地价（办公楼地价、宾馆酒店地价、专业市场地价和农贸市场地价）进行加权平均后确定的。其计算公式为

$$P_i = \omega \times \left[2D \times \sum_{k=1}^{m} P_k L_k + \frac{A_i - 2D \times \sum_{k=1}^{m} L_k}{2D \times \sum_{k=1}^{m} L_k} \times 2cD \times \sum_{k=1}^{m} P_k L_k\right] \div \left[A_i + (1-\omega)\sum_{J=1}^{n} P_j / n\right] \quad (11.17)$$

式中：P_i 为第 i 级住宅用地基准地价；ω 为权重系数；P_k 为第 i 级商业用地中的第 k 条主要街道路线价；L_k 为第 i 级商业用地中的第 k 条主要街道路的长度；D 为街道标准深度；c 为路线价格里地系数；A_i 为第 i 级商业用地中的面积；P_j 为第 i 级商业用地第 j 个地价样点（大型市场地价、办公楼地价、宾馆酒店地价、专业市场地价和农贸市场地价等样点）单位面积地价，n 为第 i 级住宅用地地价样点（大型市场地价、办公楼地价、宾馆酒店地价、专业市场地价和农贸市场地价等样点）总数。

经过计算，宁波市城市土地商业用地的基准地价如表 11-19 所示。

3. 住宅用地基准地价的更新

宁波市住宅用地的基准地价是在城市土地定级的基础上，以房地产市场交易价格资料为主，通过对各个住宅小区地价的测算，然后对住宅小区地价进行地价内涵标准修正以后，而求算出来的区域平均地价。其计算公式为：

$$P_i = \sum_{j=1}^{n} P_j / n \quad (11.18)$$

表 11-19　宁波市城市土地商业用地的基准地价

土地级别	单位面积地价/(元/m^2)	楼面地价/(元/m^2)
1	6 326	2 530
2	4 703	1 881
3	3 630	1 452
4	2 752	1 101
5	2 069	828
6	1 566	626
7	1 186	474

引自刘卫东等著《城市土地价格调查、评价及动态监测》。

式中：P_i 为第 i 级住宅用地地价；P_j 为第 i 级住宅用地第 j 个地价样点单位面积地价；n 为第 i 级住宅用地地价样点数。

经过计算，宁波市城市土地住宅用地的基准地价如表 11-20 所示。

表 11-20　宁波市城市土地住宅用地的基准地价

土地级别	单位面积地价/(元/m^2)	楼面地价/(元/m^2)
1	3 269	1 923
2	2 675	1 574
3	1 821	1 071
4	1 459	858
5	818	481
6	718	422

引自刘卫东等著《城市土地价格调查、评价及动态监测》。

4. 工业用地基准地价更新

宁波市工业用地的基准地价是在城市土地定级的基础上，经房地产市场交易价格资料和多因素综合评价以及级差收益测算模型进行样点地价的测算，然后对住宅小区地价进行地价内涵标准修正以后，而求算出来的区域平均地价。其计算公式为：

$$P_i = \sum_{j=1}^{n} P_j / n \qquad (11.19)$$

式中：P_i 为第 i 级工业用地基准地价；P_j 为第 i 级工业用地第 j 个地价样点单位面积地价；n 为第 i 级工业用地地价样点总数。

经过计算，宁波市城市土地工业用地的基准地价如表 11-21 所示。

表 11-21　宁波市城市土地工业用地的基准地价

土地级别	单位面积地价/(元/m^2)
1	规划严格控制工业发展区域
2	规划一般控制工业发展区域
3	396
4	315
5	251

引自刘卫东等著《城市土地价格调查、评价及动态监测》。

三、城市土地标定地价评估

(一)标定地价评估概述

1. 标定地价的概念

标定地价是政府为管理需要确定的,标准宗地在现状开发利用、正常市场条件、法定最高使用年期或政策规定年期下,某一估价期日的土地全力价格。

2. 标准宗地的概念

标准宗地是指在标定区域内,土地条件、土地利用状况等特征具有代表性,且利用状况相对稳定,地价水平能够起示范和比较标准作用的宗地。

3. 标定地价的内涵

①估价期日为每年1月1日。

②权利特征宜为相对完整的土地权利价格,不考虑抵押权、地役权等其他项权利的限制。

③价格类型应反映标准宗地的使用权类型现状。其中,出让土地的标定地价应为出让土地使用权价格,划拨土地的标定地价应为划拨土地使用权价格,租赁土地的标定地价应为以年租金形式表现的土地使用权价格。

④建设用地的土地用途、容积率、开发程度等指标取值,原则上依据标准宗地合法的现状条件设定,其中红线内开发程度的设定,原则上仅包括场地是否平整;农用地的用地类型、耕作制度、农田基本设施状况等,可依据标准宗地合法的现状情况设定。

⑤出让土地的使用年期按各用途的法定最高年期或政策规定的年期设定,划拨土地一般宜按使用年期无限制设定。

⑥市场特征为平稳正常情况、公开竞争市场条件(对划拨土地等法律政策有特殊规定的,遵守其规定)。

⑦建设用地的建筑容积率高于1时,评估价格表现形式宜包括楼面地价和地面地价。

4. 评估原则

标定地价的评估除了要遵循《城镇土地估价规程》(GB/T 18508—2014)等规定的土地估价基本技术原则外,还需要考虑如下几方面的原则。

①公开市场原则。评估结果在公平、公正、公开的土地市场上可看到。

②价值主导原则。土地综合质量优劣是对土地价格产生影响的主要因素。

③审慎原则。在评估中确定相关参数和结果时,应分析并充分考虑土地市场运行状况、有关行业发展状况及存在的各种风险。

(二)标定区域的划分

标定区域是在土地级别或均质地域基础上划定的,土地条件、土地利用状况等特征基本相似,地价水平接近的空间闭合区域。根据《标定地价规程》的要求,标定区域的划分应遵循如下原则、要求、方法、程序和更新。

1. 划分原则

①均质均价原则。同一标定区域内,土地的利用类型、利用状况、主导地价影响因素等相似,地价水平接近。

②管理便利原则。标定区域界线不宜突破行政区划、产业区划、商业商务区、成片保障性

住房等规划范围边界。

③宗地完整原则。标定区域界线应保持内部的宗地完整性。

2. 划分要求

①标定区域的划分应在已有土地级别或均质地域的基础上，结合地质地貌、水土条件、土地利用和市场发育程度等进行；在已建立地价动态监测体系的地区，标定区域的划分宜参照具有较好现势性的地价区段。

②建设用地标定区域划分时，除区位因素外，还应关注土地的位置、面积、形状、宽度、深度、临街状况、地形、地势等土地条件及土地的用途、开发程度、建筑密度、建筑容积率、地上地下主要建构筑物的用途、建筑结构、建筑成新率等土地利用状况。

③农用地标定区域划分时，应关注的土地条件主要包括≥10℃有效积温、降水量、降水均衡度、无霜期、灾害性气候状况、地形坡度、土壤质地、有效土层厚度、土壤障碍层深度、土壤有机质含量、土壤盐渍化程度、地下水埋深、田块大小、地块形状等；土地利用状况主要包括土地的利用方式、耕作制度、相关设施配套程度、农作物的投入与产出水平等；区位差异影响显著地区应体现区位因素的一致性。

④标定区域的分界线，宜采用河流、沟渠、道路、堤坝等线状地物，产业、商业商务区、成片住宅等的规划或现状范围边界，行政区划界线以及有明显标志的权属界线。

⑤标定区域的数量和空间界线宜根据市场发育的水平差异及政府的服务与监管需求动态调整。

⑥每个商业商务区原则上应划分为独立的标定区域，如果区域内土地利用条件和地价水平差异较大，可划分为两个或多个标定区域。

⑦每个产业园区原则上应划分为独立的标定区域，如果区域内土地利用条件和地价水平差异较大，可划分为两个或多个标定区域。

⑧商业商务区、产业园区等范围内成片的现状住宅用地，应划为住宅用途标定区域。

⑨以宗地混合利用为主的区域，可单独划分为特定类型的混合利用标定区域，独立的大型城市综合体、地标性建筑物可划分为单独的标定区域。

⑩划分农用地标定区域时，应将土地特征差异，地貌部位、地质基础、水热分配、土壤条件、土地利用类型及方式等有明显差异的空间，划分为不同的标定区域。

3. 划分方法

①多因素综合评价法。城镇范围内的建设用地参照《城镇土地估价规程》(GB/T 18508—2014)进行划分。

②地价水平归纳法。按照标定区域的划分要求，参考市场交易样本、地价监测点等样点地价水平，将土地利用类型与利用状况相似、地价水平接近且位置相邻的区段归并为同一标定区域。

③专家评判法。依据专家经验，以现有的基准地价、地价动态监测等地价成果为基础，结合各用途地价分布的空间特征，根据土地市场变动情况和地价影响因素做出综合判断，划分标定区域。

④叠加法。以地形图及土壤图、土地利用条件各要素的等值线及其作用边界、城乡相关规划的功能分区界线与地价水平要素逐步叠加后形成的封闭区域为基础，结合实地调查调整，形成标定区域。

4. 划分程序

①初步划分。在已有土地级别或均质地域的基础上，参照地价监测中的地价区段或农用地的定级单元，调查并整理土地利用与地价信息，通过多因素综合评价、地价水平归纳、专家评判、要素叠加调整等方法，初步划分各用途标定区域。

②实地核查。实地核查土地利用现状，核实内业资料信息。

③确定标定区域。根据内业与外业调查资料，结合区域内宗地的分布情况，通过综合平衡与局部调整，确定标定区域。

④编码登记。对各标定区域进行编码与登记。

5. 标定区域的更新

下列情况下，应对标定区域进行适当更新。

①相关规划有重大调整。

②标定区域内地价空间分布特征明显变化。

③标定区域的土地条件、主要土地用途、土地利用状况等发生重大改变。

④行政区划或产业园区范围、标志性权属界线等发生变更。

(三)标准宗地的设立

标准宗地的设立应遵循代表性、确定性、标识性等基本原则。

1. 设立要求

(1)一般要求

①每类用途的每个标定区域内，有且仅有 1 个标准宗地；②标准宗地的土地用途以证载用途为准，现状开发利用应符合法律、法规及相关规划的要求，地上物的实际用途与土地用途原则上应保持一致；③标准宗地的土地用途及其实际利用方式应与所在标定区域的主导用途、普遍利用方式一致；④建设用地标定区域内的标准宗地宜完成开发建设并正常经营与使用，或具有明确、详细的规划条件；⑤优先选取符合要求的地价监测点；⑥有公示必要的地标性用地可单独设立，同标准宗地管理；⑦原则上不选择无明确利用方式的空地或闲置土地作为标准宗地。

(2)商服标准宗地

①选取范围包括现状的批发零售用地、住宿餐饮用地、商务金融用地及其他商服用地；②对于经营业态较为一致的标定区域，优先选取相应业态的商服用地作为标准宗地；③宜选取经营性的商服用地，避免选取非经营性的办公场所用地。

(3)住宅标准宗地

①在城镇住宅用地区域内，住宅类型以普通商品住房为主；②对于保障性住宅用地、现状低密度住宅用地等集中的标定区域，可选取有相应代表性的住宅用地作为标准宗地；③不应以住宅楼中某一单元房的分摊用地作为标准宗地。

(4)工业标准宗地

①选取范围包括工业用地与仓储用地；②标准宗地上企业的主营业务应与所属标定区域的主导产业方向基本一致；③对于研发类工业较为集中的产业园区，可选取有代表性的研发类工业用地作为标准宗地。

(5)混合用途标准宗地

①对于同一宗地上含一种以上用途的、情况较为集中的标定区域，宜选择混合利用的土地

作为标准宗地；②混合用途标准宗地的土地利用情况、地上物形态、不同用途的规模占比等应在标定区域内具有代表性。

(6)其他用途标准宗地

公共服务项目用地等其他用途标准宗地的设立应关注该类用地的管理政策、市场发育水平及空间分布特征，体现其表征性。

2. 设立程序

(1)初步选取

优先将符合条件的地价监测点纳入标准宗地；进一步补充其他宗地，形成备选样点资料库；通过地籍调查、不动产登记等相关工作成果，确定宗地位置和基本信息。

(2)实地核查

通过核查宗地现场、查阅当地国土资源主管部门相关档案和走访相关机构，核实并补充信息，调查土地利用现状、周边环境、不动产价格水平、农用地耕作便利度及土地生产力水平等。

(3)确定宗地

结合内业调查和外业核查资料，分析样点的宗地条件和土地利用状况，根据标准宗地选取要求，筛选并确定标准宗地。

(4)编码登记

对标准宗地进行编码登记。

3. 标准宗地的维护更新

对标准宗地进行定期跟踪检查，调查核实土地利用状况、地价影响因素等方面的变化，及时更新登记信息。标准宗地应保持相对稳定，但在下列情况下应予以更新。

①宗地或地上建筑物灭失，或正在灭失、翻建过程中。

②宗地用途或土地利用条件发生重大改变，不具备区域代表性。

③宗地被合并或分割，影响其区域代表性。

④宗地被长期低效利用。

⑤标定区域调整更新后，标准宗地不再满足设立要求。

(四)评估方法选择与应用要点

1. 评估方法的选择

标定地价评估方法选取的基本要求参见《城镇土地估价规程》(GB/T 18508—2014)；标定地价系数修正法不应用于评估标定地价；原则上不宜使用基准地价系数修正法评估标定地价，确需使用的，慎用成本法；对于交易日期距估价期日不超过一年的标准宗地，可根据其交易价格直接修正评估标定地价内涵下的价格。

2. 评估方法的应用要点

除遵循《城镇土地估价规程》(GB/T 18508—2014)的相关规定外，标定地价评估时还应注意以下要点。

(1)收益还原法

确定土地收益，应通过调查、比较市场案例后得出，符合当前市场的正常客观收益水平，并假设该收益水平在评估设定年期内保持稳定；确定还原率时应充分考虑投资年期与收益风险之间的关系；测算农用地年收益时，应以所在宗地作为评估单位，而不是该宗地内的收益面积，计算的年纯收益应与其权利状况相对应。

(2)市场比较法

优先选用正常市场环境下的实际交易案例，原则上不采用竞价轮次较多、溢价率较高或建设用地楼面地价为历史极值的交易案例；各比较案例的修正幅度不宜超过30%；进行期日修正时，应根据用地类型选择适宜的价格指数，合理确定期日修正系数。

(3)剩余法

设定项目开发周期一般不超过3年；不动产售价取评估期日的当地市场同类不动产正常价格水平；评估建设用地时，利润率应反映当地同类型建筑开发项目的平均利润水平；评估农用地时，利润率应根据当地类似农用地开发项目的平均利润率确定。

(4)成本逼近法

土地取得成本应通过调查当地正常情况下取得土地实际发生的客观费用水平确定，需注意与当地集体土地征收安置补偿、城市房地产征收等文件标准的差异；土地开发程度分析应注意用地类型差异，农用地宜分述田块内外的开发程度，土地开发成本的确定应通过调查所在区域同类土地的客观成本费用水平进行；对实际支出的个例，原则上不能纳入成本；在土地出让收益中计提的各类专项基金、税费等不能重复纳入土地成本。

(五)标定地价的确定

1. 评估师初评

在市县国土资源主管部门或其委托的技术承担单位的组织协调下，每个标准宗地的价格由两名土地估价专业评估师分别独立负责评估，并按标准格式填写相应表格，说明评估要点，编制评估报告。

2. 提出标定地价建议值

受市县国土资源主管部门委托的技术承担单位，应依据两名评估师的评估结果，提出标定地价建议值，并填写相应表格。当两名评估师的评估结果差异率不超过20%时，以二者算术平均值作为标定地价建议值；否则可建议二人重新评估，或由第三方独立评估后综合确定，并提出建议值。

3. 标定地价的审议与确定

市县国土资源主管部门对初步提出的标定地价建议值进行审议和确定，对价格水平异常的标准宗地进行重点核查，并提出处理意见；处理意见可以包括要求原估价师重新评估或指定其他土地估价专业评估师评估等。标定地价的确定过程及结果应予以记录，并填写标定地价建议及结果表中的相关内容。

4. 标定地价修正体系表的编制

标定地价修正体系是构成标定地价成果的重要内容；标定地价修正体系应以个别因素为主要构成。修正体系表的格式及修正系数测算思路、方法参见《城镇土地估价规程》(GB/T 18507—2014)。

思考题

1. 什么是土地经济评价？
2. 常用的土地经济评价指标有哪些？
3. 什么是简单的投入和产出比较分析？什么是毛利分析？什么是现金流量贴现分析？
4. 什么是土地经济适宜性？土地经济适宜性等级划分的标准是什么？

5. 简要说明土地经济适宜性评价的方法和过程。
6. 什么是土地经济分级？其分级目的、分级标准、分级对象分别是什么？
7. 如何进行土地经济分级单元的划分？
8. 土地经济分级的指标体系包括哪些内容？指标选取的原则是什么？
9. 系统阐述土地经济分级的具体步骤和内容。

第十二章　土地评价专家系统

土地评价专家系统(land evaluation expert system,LEES)是一种基于地理信息系统开发应用的计算机人工智能系统,它以地理空间数据库和土地资源数据库为基础,采用地理空间分析方法和土地评价模型相结合的知识表达和知识推理技术,自动完成各种土地评价的过程,适时提供准确的土地评价结果,为土地资源管理和规划决策提供服务。

第一节　土地评价专家系统的基本结构

一、土地评价专家系统建立的目标和特点

(一)目标

土地评价专家系统的目标是以土地资源及相关的社会经济要素为研究对象,以地学分析为基础,综合运用信息科学、系统科学和计算机科学的方法和手段,以解决土地评价为目标的多层次、多学科、综合性的区域专题性信息系统。其基本目标如下。

①利用计算机硬软件系统建立区域土地资源和有关社会经济信息在内的基础数据库,达到信息资源共享的目的。

②通过建立具有数据采集、编辑、数据库管理、制图等功能的软件系统,实现土地信息的查询、检索、分析、预测和输出。

③通过模型分析与专家系统辅助的决策,为土地资源的合理利用和科学管理提供依据。

(二)特点

地理信息系统支持下的土地评价,与传统的手工方法相比,具有以下几项明显特点。

①提高了数据存储、检索和处理的能力。由于计算机有完善的内、外存储设备,因此可存储丰富的数据资料;又由于计算机具有数据输入、查询、检索、修改等功能,且运算速度快,因此可以做到适时修改、补充、更新数据,大大加快了研究的速度,扩展了研究的广度,提高了研究结果的现势性。

②方便多方案研究。土地评价专家系统可以充分利用计算机丰富的数据资料,科学的分析方法,众多的应用模型和完善的软件;借助人机交互的工作方式,方便地调配、驱动、检验模型,能迅速在短时期内反复检验结果,进行多方案比较,通过优化方案确定最佳方案,确保研究质量。

③模拟专家经验,集思广益,提高研究的科学性。土地评价是一项综合性工作,涉及部门广、学科多,借助土地评价专家系统可以集各部门、各学科专家的经验,建立评价模式和应用模式,形成专家系统,从而大大提高评价研究的科学性。

④可通过空间建模分析、遥感图像分析和各种数学模型分析,使土地评价结果具有准确定位和精确定量的特点。

二、土地评价专家系统的框架结构

土地评价是一个多因素多目标的系统，由于因素与目标之间的关系不仅复杂，而且许多关系目前还不是十分清楚，因此土地资源利用与管理决策过程主要靠一些经验性的认识。土地评价除了要处理大量的数据信息外，还要处理参与决策分析的各类人员的经验，这时就需要GIS支持下的专家系统来解决这一问题。专家系统是一个智能计算机程序系统，其内部具有大量专家水平的某个领域知识与经验，专家系统的主要功能取决于大量的知识，一般的专家系统包括数据库、知识库、推理机、解释器和知识获取器5个部分，设计专家系统的关键在于知识表达和知识运用。

一个理想的土地评价专家系统应该将数据库、模型库、方法库、专家系统与GIS紧密结合与集成，既能模拟专家经验，形成专家系统，又能充分利用计算机科学与GIS技术的优势，快速精确完成土地评价任务。图12-1就是这样一个土地评价专家系统结构。

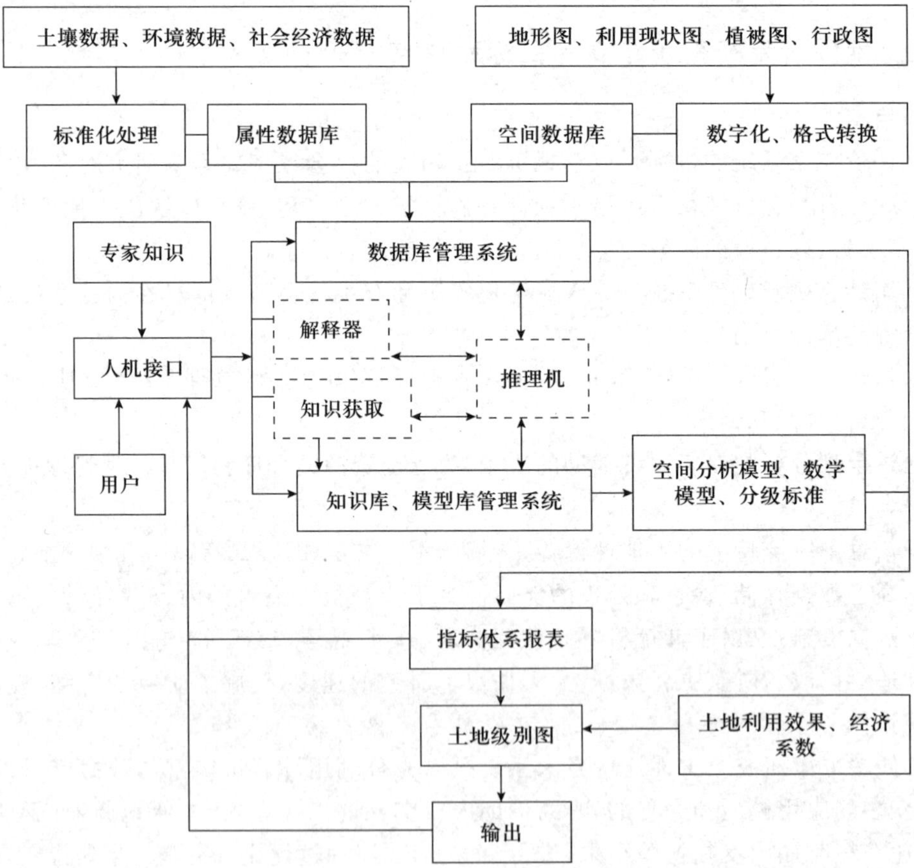

图 12-1　土地评价专家系统结构

(一)数据库

GIS的数据库可以为土地评价提供大量数据，GIS涉及空间数据，也涉及属性数据，空间数据与地图要素的几何特征有关，而属性数据用来描述地图要素的特征。空间数据与属性数据在矢量地图要素中很好区分，其中地理关系模型采用分开的数据系统存储空间数据和属性数据，即把空间数据和属性数据分别以单独的文件存储，这两种数据文件由要素的ID码来相互关联从而达到同步化，使得两种数据都可以进行查询、分析和显示，目前多采用这种模型来管理属性数据和空间数据。面向对象数据模型也是将空间数据和属性数据区分开来，但将两种数据存在同一数据库中。

（二）知识库

知识库是基于知识的智能性系统（图 12-2），主要来存储和管理土地评价专家系统的知识和经验，供推理机利用，具有知识存储、检索、编辑、增删、修改和扩充功能。土地评价专家知识是人们在长期的土地利用与管理实践中积累起来的财富，是领域知识与具体问题的解决方案相结合的产物，这些知识常可以分为描述型知识、方法性知识、过程性知识、确定性知识与不确定性知识、逻辑性知识与形象性知识等。知识库具有 4 个方面的作用：①使信息和知识有序化；②加快知识和信息的流动，有利于知识共享与交流；③有利于土地资源管理部门之间的协作与沟通；④有利于知识的高效管理。

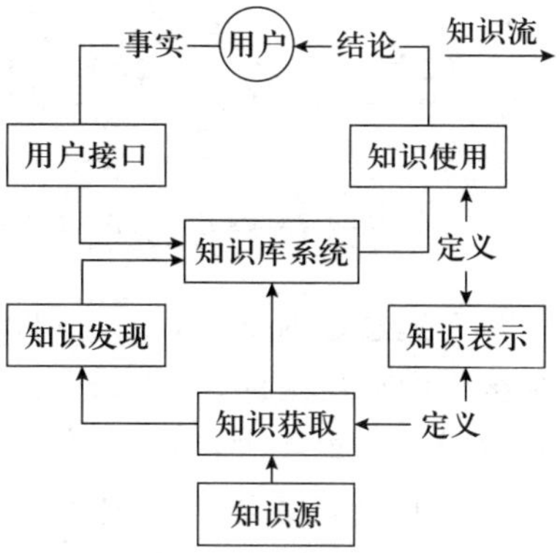

图 12-2　知识库系统

（三）推理机

推理机实际上也是一组用来协调控制整个系统以决定如何使用知识库中的知识，根据人类推理的方向和计算机的客观方法，主要包括正向推理、反向推理和正反向混合推理，这 3 种推理方式又可进行精确推理和不精确推理。土地评价的特点主要是用不精确的知识进行推理，这主要是根据知识库和模型库中的一些经验规则和模型来完成。土地评价专家系统的核心是确定影响土地质量各因素因子的权重、各因素因子优劣评价的模型及标准。值得注意的是，地学研究和分析中往往涉及复杂的分析过程，这些过程尚不能完全用数学和算法来描述，即便能用数学模型描述，也应该是一个复合型的模型，所以基于知识而建立针对某个地学过程的应用空间分析模型是非常关键的，也是一个很有前途的研究领域。

（四）解释器

解释器指解译接口，又被称为解释模块，是一个人机交互程序，即专家系统与用户的“人—机”接口，它主要用来负责针对用户的提问进行推理解释，使用户能够清晰地知道整个推理的过程，为用户之间的推理过程和系统维护提供方便的手段。其功能是向用户解释系统的行为，包括咨询理解和结论理解两部分。咨询理解是指对用户咨询的提问进行“理解”，将用户输入的提问及有关事实、数据和条件转换为推理机可以接收的信息。结论理解是指向用户输出推理的结论或答案，并且根据用户需要对推理过程进行解释，给出结论可信度的估计。

（五）知识获取器

知识获取一般包括知识抽取、知识建模、知识转换、知识输入、知识检测以及知识库的重组 6 个任务。知识获取包括狭义的知识获取和广义的知识获取。狭义的知识获取是指通过系统设计、程序编制和人机交互，使机器获取知识，即通过人工移植的方法，将人们的知识存储到机器中去。广义知识获取是指除了狭义知识获取之外，机器还可以自动或半自动地获取知识。通过机器学习进行知识积累，或者通过机器感知直接从外部环境获取知识，对知识库进行增删、修改、扩充和更新。知识库中的知识一般都是通过人工移植的方法获得。

知识获取器是专家系统与专家的“界面”，用来从评价专家那里获取知识，并且为修改和扩充知识库提供手段。“界面”就是知识工程师采用“专题面谈”“口语记录分析”等方式获取知识，整理后输入数据库。为了提高知识工程师获得专家知识的效率，"知识获取辅助工具"被用来辅助专家整理知识或辅助扩充和修改数据库。近年来，机器学习、机器识别和半自动化、深度学习等方法也逐步被用于获取知识。例如，耦合人工神经网络与元胞自动机模型开展土地价格空间格局的模拟与预测。

第二节　土地评价专家系统中常用的空间分析方法

一、土地信息的空间分布

土地数据的空间数据可以用 GIS 进行空间分析，空间分析功能的强弱是评价一个 GIS 系统优劣的首要指标。空间分析是指用于分析空间目标的一系列技术，这有利于认识空间现象和空间过程的规律和机制，实现空间现象和空间过程的预测，可以定量化确定各影响因素因子在空间上的作用强度，支持空间过程的调控和决策。

影响土地质量各因素因子的空间分布类型是不同的，总结一下共有 7 个基本类型，具体见表 12-1。针对不同的分布类型，GIS 软件平台及其扩展模块都会提供或多或少的空间分析工具，这些空间分析工具的基础就是针对不同分布类型的空间数学模型。

表 12-1　空间分布类型及其示例

名称	空间分布类型						
	1	2	3	4	5	6	7
	沿线状要素的离散点	沿线状要素连续分布	面域上的离散点	线状分布	离散的面状分布	连续的面状分布	空间连续分布
	高速公路或河流沿线的车站(码头)	河流流速、流量、高速公路车流量	城市分布、火山分布、学校分布	河流、交通网	草场分布、农田分布	人口普查区域、行政区划	地形、降水

二、常用的土地空间分析方法

(一)空间信息量算模型

1. 几何量算

主要是线状目标和面状目标的几何参数量算，现状目标有长度、弯曲度、曲率、方向等参数；面状目标则有面积、周长、重心等参数。

2. 形状量算

主要是面状目标，如延伸比、圆度、紧凑度等。

3. 分布中心量算

对于离散分布的点状和面状目标群，其分布中心可以概括地表示其分布总体的位置，分布中心有算术平均值中心、加权平均值中心、极值中心等。

空间信息量算结果还可以通过多个景观指数的综合计算。近年景观生态学形成了一些常用的或者是很有潜力的数量研究方法，这些方法与 GIS 等相结合，可以使人们比较容易地定量、定位了解景观变化的格局和过程。特别是景观分析方法已经比较成熟，具体见表 12-2。

表 12-2　景观空间格局特征常用指标及其生态含义

名称	计算方法	生态意义
嵌块面积(A)和嵌块周长(P)	GIS统计获得	景观空间分析的基础
嵌块分维数(D)	$D=2\ln(P/4)/\log(A)$	反映斑块形状的复杂程度
嵌块形状指数(G)	$G=P/\sqrt{(A\times\pi)}$	反映斑块形状的复杂程度
景观优势度(D_D)	$D_D=(R+F)/4+L/2$ (R 为嵌块体 i 的数目 / 嵌块体总数目;F 为嵌块体 i 出现的样方数 / 总样方数;L 为嵌块体 i 的面积 / 样方总面积)	反映嵌块体在景观中占有的地位及其对景观格局形成和变化的影响(R 又称景观密度;F 又称景观频率;L 又称景观比例)
多样性指数(H)	$H=-\sum_{i=1}^{m}P_i\times\log_2 P_i$ (P_i 为嵌块体 i 的景观比例;m 为嵌块体的种类)	反映景观中各类嵌块体的复杂性和变异性的量度
景观破碎度(C)	$C=\sum N_i/\sum A_i$ $\sum N_i$ 为景观类型嵌块的总个数; $\sum A_i$ 为景观的总面积	反映景观的破碎化程度

(二)多边形叠置分析

叠置分析是将两层或者多层地图要素进行叠置产生一个新要素层的操作。新要素层上的空间对象通常是从原要素层上的空间对象分割的,其属性综合了原来两层或者多层要素所具有的属性。具体来说,叠置分析往往是对两个或者多个要素层的空间信息和相应的属性信息进行集合运算,或者对属性信息进行其他数学运算。叠置分析根据输入数据层的不同,可以分为 3 种类型。

①多边形叠置,即将 2 个多边形要素层进行叠置,并产生一个新的多边形要素层及其属性信息。

②点与多边形叠置,即将点要素层与多边形要素层进行叠加分析。

③线与多边形叠置,即将线要素层与多边形要素层进行叠加分析。

由于叠置分析产生的新要素层综合了原来多个要素层的信息,因此是一种重要的分析手段,在土地评价中的应用也很广泛。例如,评价单元的划分,评价单元是土地自然性状基本一致的独立的土地单位,是土地评价中的最小单元。评价单元的划分应以影响土地质量的关键性因素为依据,目前评价单元的划分依据有土壤类型、土地利用类型、地理网格、行政区划单位等,但较多则依据地貌—土壤—植被(利用)类型等多因素的组合单元。人工的图幅套合划分方法存在工作量大、速度慢、精度差的缺点,而采用 GIS 支持下的叠加分析方法则可快速实现对评价单元的划分。

(三)缓冲区分析

缓冲区分析是在点、线、面实体目标周围建立缓冲区多边形的过程。缓冲区分析有 3 种情况。

①点实体的缓冲区。通常以点实体为圆心、一定距离为半径的圆。例如,一所学校或者一

个大气污染型企业对周围的影响。

②线实体的缓冲区。通常是距离线实体一定距离的平行条带状多边形。例如,交通要道两侧的噪声带、道路影响度等。

③面实体的缓冲区。通常是面实体边界向外或向内扩展一定距离生成的新多边形。例如,湖泊周围的潮湿地带、城市商服中心影响度等。缓冲区分析还可以考虑权重因素,建立非对称缓冲区,比如大气污染物的扩散存在方向性,顺风方向扩散较远,可以建立污染源周围的非对称缓冲区。缓冲区分析在土地评价专家系统应用极其广泛,无论对农地还是城市土地,要量化那些对土地质量有影响的点、线、面因子,都要以其作用半径为缓冲半径形成缓冲区,再根据其衰减类型来确定是指数衰减还是直线衰减,结合评价单元到点线面实体的直线距离求取每个评价单元的分值。

(四)网络分析

网络分析是依据网络拓扑关系,并通过考察网络元素的空间数据和属性数据,对网络的性能特征进行多方面的分析计算。城市基础设施网络(各种交通网络、供排水网络等)、城乡联系网络(交通网络、市场销售网络)、农田灌溉排水网络、防护林网都可以抽象为网络数据模型。

常规的网络分析功能主要有路径分析、资源分配和选址优化。路径分析的核心是求解最佳路径。所谓最佳路径,就是将网络中两个指定的结点连接起来的一条阻碍强度最小的路径。资源分配可以模拟资源如何在中心和它周围的网络元素之间流动。选址优化的实质是通过对一个设施或者一个设施网络的供给和需求两方面的相互作用来实现其位置分布模式的优化。

(五)数字地形模型

数字地形模型(digital terrain model,DTM)是对地理空间起伏变化的连续表面的数字表示形式。一般情况下,被描述的连续表面是地形面,即高程值在地理空间上的变化,称为数字高程模型(digital elevation model,DEM)。数字地形模型在土地评价和研究中有广阔的应用,特别是在山地丘陵地区。数字地形模型可以计算地面坡度、日照、降水等因素,土地适宜性评价还可以应用到景观规划、市政工程、洪水灾害评价、交通规划等方面。

(六)空间插值

空间插值常用于将离散点的数据转换为连续的数据曲面,以便与其他空间现象的分布模式进行比较,包括空间内插和外推等算法。空间内插算法是一种通过已知点的数据推求同一区域其他未知点数据的计算方法;空间外推算法是通过已知区域的数据,推求其他区域数据的计算方法。

在土地评价中,人们观测到的绝大多数数据都是离散点的数据,比如土壤数据都是土壤样点的观测或者化验数据,现有的数据不可能完全覆盖所要求的全部区域,而评价结果要划分等级,并且要求覆盖全部区域,这时就应该进行插值,将离散的采样点数据内插为连续的数据表面。常见的空间插值算法主要有距离反比法、样条函数法、趋势面分析法、克力格法等。

(七)空间统计分类分析

多变量统计分析主要用于数据分类和综合评价,分类和评价一直是相互关联的。

1. 主成分分析

土地质量是自然因素和社会经济因素综合作用的结果,由于影响土地质量的因素种类繁多又相互关联,影响强度相差甚远,因而科学地选择指标对土地评价具有重要意义。主成分分析法是把原来多个变量化为少数几个综合指标的一种统计分析方法,从数学角度来看,采用主成分分析法筛选因素，是一种降维处理技术，即用较少几个综合指标来代表原来较多的变量指标，而且使这些较少的综合指标能尽量多地反映原来较多指标所反映的信息，同时它们之间又是彼此独立的。

2. 回归分析

回归分析是研究因变量和自变量之间变动比例关系的一种方法，最终结果一般是建立某种经验性的回归方程。回归分析根据变量的多少有一元回归和多元回归之分，而多元回归又可分为一个因变量对多个自变量之间的回归和多个因变量对多个自变量之间的回归。每种回归又可分为线性回归和非线性回归。在土地评价过程中，经常要用到各类回归分析方法研究土地资源利用动态变化的驱动因素及其驱动机制。

3. 层次分析

层次分析是把人的思维过程层次化、数量化，并用数学方法为分析、决策、预报和控制提供定量的依据，事实上是一种定性与定量相结合的方法。它的基本原理就是把要研究的复杂问题看作一个大系统，通过对系统的多个因素分析，划分出各因素相互联系的有序层次；再请专家对每一层次的各因素进行客观的判断后，给出相对重要的定量表示，建立数学模型，计算出每一层次全部因素的相对重要的权数，并加以排序；最后根据排序结果进行规划决策和选择解决问题的措施。

4. 系统聚类分析

系统聚类是根据多种地学要素对地理实体进行划分类别的方法，不同的要素划分类别往往反映不同目标的等级序列，如土地等级、水土流失强度等级。系统聚类的步骤一般是根据实体间的相似程度，逐步合并若干类别。

5. 判别分析

判别分析与聚类分析同属于分类问题。不同的是，判别分析是预先根据理论与实践确定等级序列的因子标准，再将有待分析的地理实体安排到序列的合理位置上的方法，比较适用于诸如水土流失评价、土地适宜性评价等具有一定理论根据的分类系统定级问题。

（八）空间数据挖掘、模拟与预测

1. 模糊神经网络

如何确定评价指标体系中的权重或贡献率一直是制约指标合理的瓶颈。传统确定权重的方法难以摆脱人为因素及模糊随机性的影响。为了弱化权重确定中人为因素的影响，近年来，模糊神经网络模型开始受到关注。模糊神经网络本质上就是将常规的神经网络赋予模糊输入信号和模糊权值。神经网络是指利用工程技术手段模拟人脑神经网络的结构和功能的一种技术系统，通过许多简单的关系连接来表示复杂的函数关系。神经网络由大量的神经元组成，因此它对信息的存储具有分布式的特点；对信息的处理及推理的过程具有并行的特点；同时神经网络对信息的处理具有自组织、自学习、容错能力强等特点，并且可在 0～1 之间连续取值。将这两者结合起来形成的模糊神经网络可减少神经网络对存储器的要求，增加网络的泛化能力和容错能力等。模糊神经网络是在传统的神经网络中增加了一些模糊成分，它继承了常规神经网络的学习算法，但由于模糊信息的特殊性，又形成了一些独特的算法。模糊神经网络融合了模糊逻辑和神经网络的优点，既能表示定性知识，又具有自学习和处理定量数据的能力。因此将两者结合起来形成的模糊神经网络就同时具有模糊推理和神经学习的能力。

2. 马尔可夫链

马尔可夫链(Markov)模型是利用变量的现在状态去预测该变量未来的状态及其动向的一种分析手段和预测方法,它应用概率论中的马尔可夫链理论和方法研究分析随机事件变化规律,并预测未来变化趋势的一种优化控制理论方法。在土地评价过程中,基于土地系统各变量的初始状态以及它们时间上的转换概率,Markov 模型能够预测未来土地系统状态的变化趋势。因此,确定转换概率是能否成功运用该方法的关键因子。

3. 元胞自动机

元胞自动机(cellular automata,CA),也被称为细胞自动机、点格子自动机或单元自动机,是一个时间和空间都离散的动力系统,它是由散布在空间上各项同性的一系列元胞(cell 或者 grid)组成的且遵循同样的作用规则,依据确定的局部规则来同步更新,用于模拟和分析各种现象的空间几何特征。CA 模型不同于一般的动力学模型,它没有明确的方程形式,而是包含了一系列模型构造的规则,凡是满足这些规则的模型都可以算作元胞自动机模型。元胞自动机的模型构造规则归纳起来有 5 个方面的特征:①采用“自下而上”建模原则,CA 没有一个既定的数学方程式,比较方便不同专业领域的 CA 模型构建;②时空上的离散性和状态的有限离散性,比较容易进行计算机建模;③以栅格单元空间来定义元胞自动机,使各空间数据集兼容性强;④时间和空间的局部性和多尺度特征;⑤建模者可以更方便对元胞自动机模型进行扩展。

4. 随机森林

随机森林(random forest,RF)算法是建立在决策树基础上的一种分类和预测模型,通过自助法重抽样技术,从原始训练样本集 $\boldsymbol{N}$ 中有放回地重复随机抽取 n 个样本生成新的训练样本集合,然后根据自助样本集生成 k 个分类树组成随机森林,新数据的分类结果按分类树投票多少形成的分数而定。随机森林在分类识别方面比它产生以前的所有方法都精确。此外,对于大的数据库,此法效率较高,即使面对数千变量,它不但不必删除变量,还可给出分类中各个变量的重要性。随着森林的增长,可产生一个内部无偏的一般误差估计,并能有效地估计缺失值,同时在数据缺失比例较大时仍然保持精确。近年来,RF 算法已经应用到地表覆盖分类、土壤有机质预测、滑坡制图等领域。

第三节　土地评价专家系统实例

本节将介绍一种结合专家系统和地理信息系统技术进行土地适宜性评价的模型。该模型是基于联合国粮食及农业组织提出的土地适宜性评价方法,使用专门编写的基于智能地理信息系统的土地评价软件——LEIGIS,对土地的自然适宜性及经济效益进行评价。专家系统旨在帮助土地评价顺利进行,并允许根据实际情况改变其规则。地理信息系统功能有助于管理空间数据和可视化结果。研究区为希腊马其顿中部的农业用地。

一、研究区概况

本案例所选取的研究区是希腊马其顿中部的农业用地。希腊土地的特点是面积小且农业用地少,12.1%的土地面积小于 0.5 hm^2,25.4%的土地面积小于 1 hm^2,只有 2.6%的土地面积大于 20 hm^2。希腊景观的另一个特点是一些土地特征变化强烈,而发达国家现有的土壤图往往比例非常粗略，不适合希腊的农业实践状况。因此，进行精细土壤调查以收集区域数据非常重要。

二、系统的构建及运用

(一)系统介绍

①软件：由智能地理信息系统创建的土地评价软件(LEIGIS)。

②编程环境：图形语言。

③专家系统组成：知识库、事实库。

④专家系统运行：在运行时，专家系统外壳"CLIPS"以微软视窗动态链接库(dll)的形式为事实库分配内存，加载和编译各个专家系统，等待数据满足规则的条件，并开始运行分类模型。专家系统由规则和事实组成，事实激活运行规则，并产生其他事实，直到事实库中没有足够的事实来满足任何规则，过程结束。此过程将生成分类值并报告错误消息，结果将保存在相应的数据库中。

(二)专家系统执行规则的过程

①检查字段输入值的有效性。如果出现极值或没有值，模型将返回零分，提示用户检查相应数据。

②将连续值映射到不同的类。土壤调查提供的数据通常是连续的数据，因此有必要采用一种分类方案，为各类土地特征打分。该方案基于将值区间映射到得分区间的线性插值函数。如果观察值为 x，并且落入区间$[a,b]$，则需要得到落入区间$[c,d]$的得分 y。计算 y 的公式：

$$y=\frac{d-c}{b-a}\times x+c-\frac{d-c}{b-a}\times a \quad \text{or } y=\frac{c-d}{a-b}\times x+\frac{ad-bc}{a-b} \tag{12.1}$$

③通过线性加权各指标得分计算作物适宜性。

三、评价因素的选取与分级

(一)自然适宜性评价

①评价指标。选取 17 个指标对土地的自然适宜性进行评价，并根据各指标的属性将其分为 A、B、C 三类(表 12-3)。

表 12-3　土地自然适宜性评价指标体系

土地特征/等级和分值		等级	0	1	2	3	4
		分值	100～98	98～85	85～65	60～40	<40
土壤毒性	A1	有机质含量(%)	>1.5	1.5～1	1～0.6	<0.6	—
	A2	盐基饱和度(%)	>60	60～50	50～40	<40	—
	A3	阳离子交换量	>18	18～12	12～6	<6	—
	A4	碳酸盐(%)	0.3～10	10～30	30～50	50～80	>80
	A5	硫酸盐(%)	0.2	2～4	4～10	10～15	>15
	A6	pH	6～7.5	5.5～6	4.5～5.5	4.0～4.5	<4

续表 12-3

土地特征/等级和分值		等级	0	1	2	3	4
		分值	100～98	98～85	85～65	60～40	＜40
土壤毒性	A7	深度	＞90	90～60	60～40	40～20	＜20
	A8	细砾量(%)	0～15	15～40	40～75	＞75	—
		粗砂砾量(%)	0～3	3～15	15～40	40～75	＞75
生根条件	A9	石块量(%)	0～3	3	3～15	15～40	40～75
	A10	坡度(%)	0～3(A)	3～12(B)	12～18(C)	18～36(D)	＞36(E)
	A11	侵蚀灾害	E0	E1	E2	E3	E4
	A12	土壤动力	SiCL,SCf SiL,L C-50f	Si SCL C-60f	SL,Cm SiCm*	LS SC＋60 m	S C＋60 m
盐过量	B1	盐分(EC)	4～0	8～4	10～8	14～10	＞14
	B2	钠(ESP)	8～0	12～8	20～12	30～20	＞30
水位、洪水风险、排水	C1	水位	＞120	60～120	40～60	20～40	＜20
	C2	洪水灾害	F0	F1	F2	F3	F4
	C3	排水系统	A	B	C	D 或 E	F 或 G

②分级标准。根据联合国粮食及农业组织(FAO)提出的土地适宜性分类系统将土地分为五类。

S1:高度适宜;

S2:中度适宜;

S3:勉强适宜;

N1:当前不适宜;

N2:永久不适宜。

(二)经济评价

使用平均产量和生产价格进一步对土地进行经济评价。经济评价的思路一是根据地块的自然适宜性评价得分和相应最高产量计算预期产量,二是计算所有可能种植类型的预期收入,三是选择最高预期收入的作物进行种植。具体过程如下。

①通过对 FAO 公布的 1995 年希腊农产品市场信息的数据进行分析,计算出每公顷土地的平均产量。

②使用同一年产品的平均生产价格计算每公顷土地的预期收入(表 12-4)。

③根据得分,运用表 12-5 中的公式计算土地使用预期收益占最佳收益的百分比。

④假设平均产量为耕种具有平均生产能力的土地所得产量,那么联合国粮农组织提出的适宜性等级中的适宜性中间值应为 75。根据表 12-5 中的 S3 方程可知,预期收益是最佳收益的 47.5%[预期收益=1.25×分值－46.25(分值=75),计算得出预期收益=47.5]。因此,最佳收益应该是预期收益的 1/0.475=210.5%,这是本例中的平均值。将此与基于农民报告的最大产量的经验值进行比较,决定将此系数调整为 201.5%。将表 12-6 中给出的平均收益乘以 2.015 后,表 12-7 给出了各类作物的最佳收益值。

⑤分别计算各地块上每种耕种方式可能的得分来计算预期收益(最大值的百分比),将其乘以适当的最大预期收益率;将后者的结果乘以作物的平均生产者价格以获得预期收入结果;最后从5个计算值中选择最大值作为该地块最适宜种植的作物(表12-7)。

表12-4　各适宜性等级土地预期收益和盈利能力

等级	FAO分类	分值	预期收益:最佳收益的百分比	预期利润:最佳情况下的利润百分比
0	S1	98～100	>90	>75
1	S2	85～98	60～90	25～75
2	S3	65～85	35～60	<25
3	N1	40～65	<35	—
4	N2	<40	—	—

表12-5　预期土地收益计算公式

等级	FAO分类	分值	预期收益:最佳收益的百分比	
0	S1	98～100	EP=0.2×分数+80	90～100
1	S2	85～98	EP=2.3×分数-135.5	60～90
2	S3	65～85	EP=1.25×分数-46.25	35～60
3	N1	40～65	EP=1.4×分数-56	0～35
4	N2	<40	0	0

表12-6　各类作物平均产量与平均收入

1995年希腊数据	生产价格(Lc/kg)	平均产量(kg/hm^2)	经验产量(kg/hm^2)	平均收入(欧元/hm^2)
大麦	45.470	2 632.8	1 000～5 000	351
小麦	63.290	2 634.1	1 000～5 000	489
棉籽	280.510	3 157.1	500～4 000	2 599
甜菜	17.734	63 290.3	60 000～90 000	3 294
玉米	44.640	10 076.2	10 000～15 000	1 320

注:Lc为希腊货币单位德拉克马,1人民币≈45.97Lc(2021年11月)。

表12-7　各类作物最高产量与最大收入

1995年希腊数据	预期最高产量(kg/hm^2)	生产者价格(欧元/t)	最大收入(欧元/hm^2)
大麦	5 305.1	133.441	707.92
小麦	5 307.7	185.737	985.84
棉籽	6 361.6	280.510	1 784.49
甜菜	127 530.0	52.044	6 637.17
玉米	20 303.5	131.005	2 659.86

四、评价结果

(一)自然适宜性评价结果

部分评价结果见图12-3和图12-4。城市地区代表住宅区、商业区或工业区。水域代表河流、小溪、水库、潮湿的土壤和季节性干旱的溪流。“无数据”类别表示评估后得分为零的土地。零分是由于错误的数据、缺失或超出类别值而获得的。对于这类土地，应该对它们进行更为详细的调查，因此目前没有将它们划入 N1 类。种植一般作物与小麦的土地适宜性评价结果见图 12-3 和图 12-4。在图 12-3 中，没有 S1 和 S2 等级的土地表明土地需要开发和施肥。在图 12-4 中，大多数地块为勉强适宜(S3)与当前不适宜(N1)。

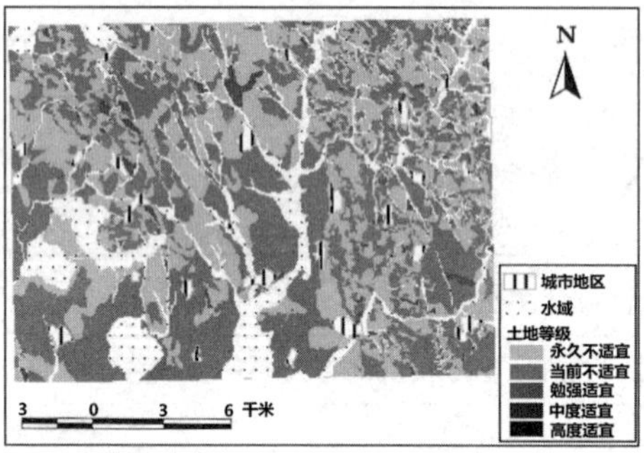

图 12-3　一般作物的土地自然适宜性

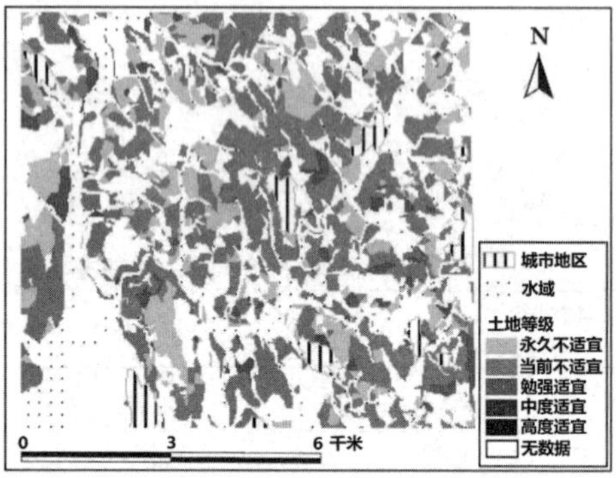

图 12-4　小麦的土地自然适宜性

(二)经济评价结果

选择一个含有五种不同作物的地块，计算其预期收益、预期产量与预期收入，结果见表 12-8。结果表明该地块建议种植甜菜。图 12-5 和图 12-6 分别为研究区五种作物的经济用地评价和三种谷物的经济用地评价结果。

表 12-8　五种不同作物的经济评价结果

作物	分值	FAO 分类	预期收益	预期产量	预期收入
大麦	56	N1	22.4	1 188.3	158.6
小麦	52	N1	16.8	891.7	165.6
棉籽	64	N1	33.6	2 137.5	599.6
甜菜	59	N1	26.6	33 923.0	1 765.5
玉米	63	N1	32.2	6 537.7	856.5

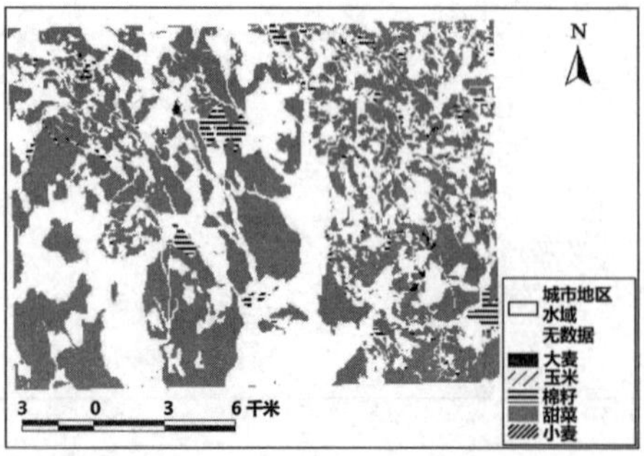

图 12-5　五种作物的土地经济评价

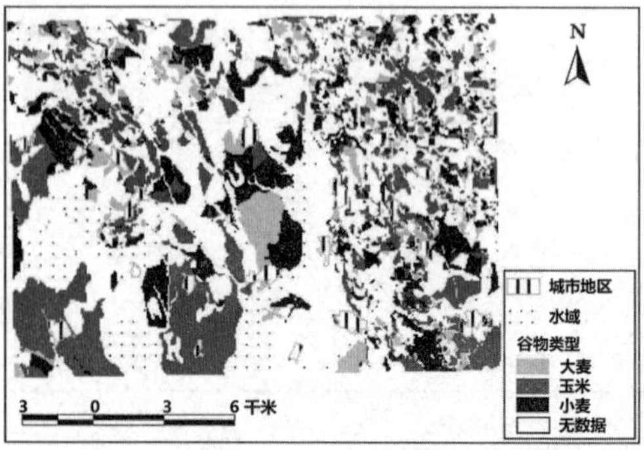

图 12-6　三种谷物的土地经济评价

思考题

1. 土地资源数据具有哪些特点?
2. GIS 支持下的土地评价专家系统有什么优越性?
3. 总结一下土地评价专家系统中常用的空间分析方法。

参 考 文 献

[1]CLEVERS J G P W,VAN LEEUWEN H J C. Combined use of optical and microwave remote sensing data for crop growth monitoring[J]. Remote Sensing of Environment, 1996, 56(1) : 42-51.

[2]DUNCAN W G,LOOMIS R S,WILLIAMS W A,et al. A model for simulating photosynthesis in plant communities[J]. Hilgardia,1967,38: 181-205.

[3]FAO,ORGANIZA F A. Agro-ecological Zoning:guidelines[M]. Rome:Food and Agriculture Organization of the United Nations,1996.

[4]FOLKESON C. Geographical Indications and Rural Development in the EU[D]. Lund:Lund University, 2005.

[5]KALOGIROU S. Expert systems and GIS:an application of land suitability evaluation[J]. Computers,Environment and Urban Systems,2002,26(2):89-112.

[6]MAAS S J. Use of remotely sensed information in agricultural crop growth Models [J]. Ecological Modelling,1998,41(3/4) : 274-268.

[7]MATSUSHITA B,TAMURA M. Integrating remotely sensed data with an ecosystem model to estimate net primary productivity in East Asia[J]. Remote Sensing of Environment,2002,81(1).

[8]MORAN S M, MAAS S J, PINTER P J. Combining remote sensing and modeling for estimating surface evaporation and biomass production[J]. Remote Sensing Reviews, 1995, 12:335-353.

[9]WIT C T. Photosynthesis of leaf canopies[R]. Wageningen,The Netherlands: Agricultural Research Report 663,PUDOC,1965: 1-5.

[10]YOUNG A. Tropical Soils and Soil Survey[M]. Cambridge: Cambridge University Press, 1976.

[11]鲍佩琪．关于高速公路项目国民经济评价及分析[J]. 城市道桥与防洪,2017(8):24,230-232.

[12]陈士银．土地生态评价研究进展[J]. 农业开发与装备,2020(2):42,52.

[13]邓军,葛山运．地理国情调查与监测技术[M]. 北京:中国矿业大学出版社,2018.

[14]杜红悦,李京．土地农业适宜性评价方法研究与系统实现——以攀枝花为例[J]. 资源科学,2001(5):41-45.

[15]傅伯杰．土地评价的基本理论问题初探[J]. 地域研究与开发,1991(1):1-4,63.

[16]过宝兴．世界各国土地分类单位等级系统比较．土地科学与区域发展[M]. 上海:上海科学技术文献出版社,1990.

[17]黄尔双,王萃．3S一体化综合调绘技术在分宜县第三次全国国土调查中的应用[J]. 江西测绘,2020(1):56-59.

[18]亢新刚．森林经理学[M]．北京：中国林业出版社，2011.
[19]李保国．土壤变化及其过程的定量化[J]．土壤学进展，1995，23(2)：33-42.
[20]李相国．坚持最严格耕地保护制度和最严格节约用地制度[N]．吉林日报，2020-06-25(002).
[21]联合国粮农组织．旱地农业土地评价指南[M]．北京：中国农业出版社，1990.
[22]联合国粮农组织．土地评价纲要[M]．罗马：联合国粮农组织，1976.
[23]林培．土地资源学[M]．北京：中国农业大学出版社，1991.
[24]刘军．中国湿地现状综述[J]．中国环境管理干部学院学报，2004(2)：64-67.
[25]刘卫东．城市土地价格调查、评价及动态监测[M]．北京：科学出版社，2002.
[26]刘卫东．土地资源学[M]．北京：科学出版社，1994.
[27]刘晓冰，杨春立，孙伟．产品设计知识库建立方法研究[J]．计算机集成制造系统，2003，9(8)：621-625.
[28]刘一苏，刘喜广．基于熵值法的泰安市土地可持续利用评价[J]．安徽农业科学，2006(12)：2625-2626.
[29]陆汝钤，石纯一，张松懋，等．面向 Agent 的常识知识库[J]．中国科学 E 辑：技术科学，2000，5：70-80.
[30]鹿琳琳，郭华东，韩春明．微波遥感农业应用研究进展[J]．安徽农业科学，2008(4)：1289-1291，1294.
[31]马晓妍，洪军．全民所有自然资源资产的价值核算问题[J]．中国土地，2019(12)：31-34.
[32]麦克雷，伯恩翰合集．土地评价[M]．历力民，译．北京：中国展望出版社，1986.
[33]毛赞猷，朱良，周占鳌，等．新编地图学教程[M]．北京：高等教育出版社，2012.
[34]毛志红．耕地保护之弦任何时候都不能松[N]．中国自然资源报，2020-08-18(003).
[35][美]雷利·巴洛维．土地资源经济学——不动产经济学[M]．北京：北京农业大学出版社，1989.
[36]倪绍祥，刘彦随，张贵祥，等．中国东南沿海地区耕地资源保护与可持续利用[J]．长江流域资源与环境，1999(3)：49-54.
[37]彭慧，昌亭，薛红琳，等．土地生态评价研究综述[J]．国土资源科技管理，2013，30(6)：28-35.
[38]蒲坚．中国历代土地资源法制研究[M]．北京：北京大学出版社，2005.
[39]任军，张加恭．土地资源调查的国内外比较研究[J]．资源与产业，2006(4)：113-116.
[40]苏广实，胡宝清，罗华艳．基于网格法与 ANN 的县域喀斯特土地可持续利用评价——JP以广西都安瑶族自治县为例[J]．水土保持研究，2010，17(4)：262-268.
[41]王笑冰．地理标志法律保护新论[M]．北京：中国政法大学出版社，2012.
[42]王长耀，赵英时，张圣凯．利用遥感技术研究黄淮海平原水域的演变[J]．环境遥感，1988(1)：3-9.
[43]温明炬，唐程杰．中国耕地后备资源[M]．北京：中国大地出版社，2005.
[44]吴群．不动产估价[M]．北京：中国农业出版社，2020.
[45]吴长彬，孙在宏，王履华，等．土地管理信息系统[M]．北京：科学出版社，2019.
[46]吴征镒．中国植被[M]．北京：科学出版社，1995.

[47]肖笃宁．景观生态学理论、方法及应用[M]．北京：中国林业出版社，1991.
[48]谢家艳，曾刚．长三角地区复杂知识的空间特征及地方知识库类型[J]．地理科学进展，2019，38(12)：1968-1979.
[49]徐晶，张正峰．面向 SDGs 的中国土地可持续评价指标研究[J]．地理与地理信息科学，2020，36(4)：77-84.
[50]杨永．地理标志的文化价值研究[M]．北京：法律出版社，2018.
[51]姚云军，秦其明，张自力，等．高光谱技术在农业遥感中的应用研究进展[J]．农业工程学报，2008(7)：301-306.
[52]于波．地理标志保护制度[M]．上海：上海人民出版社，2018.
[53]岳健，杨发相，罗格平，等．农用土地评价参评因子的权重问题[J]．干旱区研究，2004(01)：55-58.
[54]岳文泽，熊昌盛．土地信息系统理论与实践[M]．北京：科学出版社，2019.
[55]张德粹．土地经济学[M]．中国台湾：台湾正中书局，1979.
[56]张凤荣.中国耕地[M]．北京：中国农业大学出版社，2021.
[57]张俊福．应用模糊数学[M]．北京：地质出版社，1988.
[58]郑红玉，吴次芳，徐忠国，等．面向生态文明建设的土地价值认知反思与重塑[J]．中国土地科学，2020，34(4)：10-17.
[59]中国地理学会．中国地理学会陆地水文学学术会议文集[M]．北京：科学出版社，1981.
[60]中国科学院《中国自然地理》编辑委员会．中国自然地理[M]．北京：高等教育出版社，1984.
[61]《中国农业百科全书》编辑部．中国农业百科书(林业卷)[M]．北京：农业出版社，1989.
[62]中华人民共和国国土资源部，国务院第二次全国土地调查领导小组办公室.中国土地调查技术[M]．北京：地质出版社，2017.
[63]周德．基于 GIS 与地统计学方法瓦房店市 25 年来土壤养分时空变化研究[D]．沈阳农业大学，2008.
[64]朱道林．不动产估价[M]．北京：中国农业大学出版社，2017.
[65]朱德举．土地评价[M]．北京：中国大地出版社，1996.
[66]自然资源部自然资源调查监测司.林草水湿海资源综合调查监测机制研究[M]．北京：中国商务出版社，2021.